纵横捭阖

中国财税文化透视

翁礼华／著

第二版

中国财政经济出版社

图书在版编目(CIP)数据

纵横捭阖：中国财税文化透视／翁礼华著. —2版. —北京：
中国财政经济出版社，2010.5
ISBN 978-7-5095-2198-4

Ⅰ. 纵··· Ⅱ. 翁··· Ⅲ. ①财政管理－文化－研究－中国
②税收管理－文化－研究－中国 Ⅳ. F812

中国版本图书馆CIP数据核字（2010）第071561号

中国财政经济出版社 出版
URL:http://www.cfeph.cn
E-mail: cfeph@cfeph.cn

社址：北京市海淀区阜成路甲28号
邮编：100142
印刷：北京外文印刷厂印刷
经销：各地新华书店经销
开本：787×1092毫米 16开
印张：23.5印张 500 000字
印次：2011年4月第2版 2011年4月北京第1次印刷
印数：1—4100册
书号：ISBN 978-7-5095-2198-4/F·1744
定价：48.00元
(图书出现印装问题，本社负责调换)
本社质量投诉电话：010-88190744

序

我最早发现学理科、干工科，再从政的翁礼华善于运用文化视角审视财税，是在1993年上半年。当时，我以财政部长身份两次赴浙江调研，而他作为财政厅长一路陪同。在交谈中，他不时用文化附会财税，妙趣横生。如说源于印度的佛家文化憧憬来世，而产生于中国本土的道家文化着眼现实。佛家的来世，虚无缥缈，预留了人们想象驰骋的无限空间；道家的现实则是不可回避的面对，无想象之美好。因而前者信徒之众，远非后者可以比拟。同样在世俗社会，前者似建筑学图案，描绘美妙物体，让人充满想象空间，赞者如云；后者恰似财政，以有限之财力面对无限之求欲，捉襟见肘，却难以回避，不但想象无空间，而且那种恨不得将一个钱掰成两个用的做法，不免惹人讨厌，甚至被人视为抠门小气，面目可憎了。

后来，他连当了两届财政厅长（兼任省地税局长和省国资办主任），不但在财税工作中有所创新，颇多建树，而且在工作之余笔耕不缀，写了近500万字的财经文化散文，出版了15本书，其中《长河东去》一书还获得了浙江省第五届鲁迅文学艺术奖。2003年3月卸任后，他改任浙江省政府经济建设咨询委员会副主任、中国财税博物馆馆长，并应邀兼任浙江大学财经文史研究中心主任。作为浙江大学特聘教授，他根据潘云鹤校长关于财经学科要与人文学科交叉融合的要求，为研究生开设了一门与众不同的《财经文化研究》课程。

我很幸运，较早就读到了这本课程教材。这是一本50余万字的白皮书，共有九章，讲授36个课时，2个学分，系翁礼华自成一体地撰写而成。因为他不是教师出身，没有框框，更没有太多的陈规戒律，所以能够无所顾忌地用生动活泼的文学语言洋洋洒洒地把厚重的财税史和文化史自如地融合在一起，让人读起来兴趣盎然，绝无一般专业书籍那种枯燥无味，以至于不忍卒读之感。用他常说的俏皮话来解释，英文的历史叫“History”，拆分开来，其中“His”中文意思是“他的”，“Story”是“故事”，因此，历史应该写成他的故事（His—Story），即有趣是题中之义。书中第一章用轻松的文笔叙述财税、文化及其相互之间的关系，相当于绪论；第二章到第五章写赋税制度、地方政制、财政体制和官吏制度变革，融文化于财税，揭示了行政区划设置，官吏的选、任、监、退、俸禄待遇，师爷佐治等诸多制度文化与财税的密切关系，具有独到见解；第六章至第九章叙述公天下的儒佛道文化与财税的互动，融财税于文化，精辟地剖析了财税与中国传统文化不断斗争和融合的变迁关系，其中对人的特点分析尤为精彩，具有开创性的意义。全书纵向贯通古今，横向融会财经文史哲等诸多学科，不仅内容丰富，文笔洗练，而且互相渗透，角度独特，多有突破，令人读后为之耳目一新，以至于爱不释手。

据说前些时候这本融会财税文化，力透古今变革的白皮书教材，在人们手头流传之际，偶然被目光敏锐的中国财政经济出版社发现，他们认为此书可读性极强，非常适合高等学校财经专业师生、广大财税工作者及爱好者作为增长文史哲知识融会财经科学的学习资料，于是请作者对文字作了压缩和删改，并组织力量编辑出版本书。由于出版社听说我属于比较早就读过教材的财税界同仁，便动议请我作序。鉴于却之不恭，更兼我对作者开创性的研究和写作方式也很推崇，常能心心相印，引为朋友，故抽空写下上述简短感言，忝为序。

刘仲藜

2004年7月7日

目　录

第一章 峰岭多姿的财税文化

北宋时，著名文学家苏轼来到了位于庐山西北麓的佛教胜地西林寺，此寺最初是晋代名僧竺昙的禅室，东晋太元二年（公元377年）始建为寺，唐宋两代香火极盛。在寺中倚栏东望拔地而起的庐山，不仅气势雄伟，而且奇峰叠翠，在云雾中若隐若现，朝夕之间，晴雨之中，移步换景，变幻莫测。经过几天的观察以后，深有感触的东坡先生挥毫在西林寺的粉墙上写下了《题西林壁》一诗："横看成岭侧成峰，远近高低各不同。不识庐山真面目，只缘身在此山中。"这首盛名久负的诗作，指出庐山各峰从不同角度看去都呈现出不同的姿态，使人难以认识它的真面目。从而向人们揭示了这样一个哲理，即人们观察事物的角度不同，往往会得出不同的印象，要得到真相，应当跳出局外，不为局部片面的现象所迷惑。在这里，诗人通过富有理趣的表述，给人们以形象的感受，使人读了此诗不难想象出从西林寺一带观看庐山，更觉云烟变幻、峰岭多姿的情景。

今天我们面对的财税与文化亦犹如两座不同风采的庐山，同样会出现"横看成岭侧成峰"的问题，如何跳出财税看财税，跳出文化看文化是认清它们真面目的关键。至于它们之间的关系亦有一个西林寺与庐山的问题，如果文化是西林寺我们看到的庐山便是财税，站在中国文化大地上的西林寺看财税的庐山，我们不难发现在中国财税这座庐山上有不少与众不同的奇观。例如，有些在西方实行起来效果卓著的财税调控政策在中国却收效甚微，甚至会大相径庭；反过来在西方不可能有差异的税收征管力度，在中国这块充满人情的土地上却处处不同，令西方人为之惊讶，令经济学家大跌眼镜。这也许就是西方经济学进入中国以来往往很难对中国经济走向作出事先的准确预测，而更多的只能作些事后分析的根本原因，因为驾驭人的思想、支配人们行为的东西方文化背景差异实在太大了。

第一节 财税的由来

财税随着国家的出现而产生，由于史学界通常将公元前2023年夏朝诞生的那一天作为中国出现国家之始，所以财税在中国的出现已经长达4000余年。而现代中国人日常生活中所说的财税常指财政与税收，从大财政的角度来看财政包括收入和支出两大方面，税收只不过是财政收入的主要来源而已，因此财政涵盖税收。难怪在全世界绝大多数国家和地区税务局及海关都是财政部内部的职能部门，而将财政与税收分设为两个互不统属的部级单位的国家仅仅是中国、加拿大等少数国家而已。

一、财政的由来

“财政”这个词由“财”和“政”两个字组成，“财”则有“贝”与“才”两个偏旁，左偏旁的“贝”指南海齿贝，是最早使用的货币。当时人们还将10贝称为“朋”，而朋以后又发展为名词“朋友”，由此可见，朋友并非仅仅只有友谊，还应该有一定的经济基础。后来随着生产力的发展，自然界齿贝在数量上满足不了市场流通的需要，人们便用黄金、白银、青铜等有色金属铸造形状相似的贝作为补充，当然数量最大的还是铜贝。此后随着岁月的推移和手工业的发展，人们用青铜铸造了不少铲、刀、戈等不同形状的生产工具和武器，并在市场上用以交换粮食、牲畜等农牧产品。这时人们才发现除了铜贝以外，铸造形体小于实际使用的生产工具和武器的青铜铸件也能成为人们实现市场交换的等价物，于是市场上就出现了所谓铲币、刀币、布币等新货币。由于这些工具形和武器形的货币造型，多有锋利的棱角，容易刺伤人体，携带也不方便，到战国晚期人们便根据中国人“天圆地方”的哲学思想，开始制造方孔圆钱，当时为了保证钱币含铜量与交换物等值，钱币都以重量计算，如秦半两、汉五铢钱，到了唐高祖武德四年（公元621年）才将重量制改为通宝制，使标志社会财富的钱币向象征性意义上迈进了一大步。此后人们所看到的中国钱币都叫“某某通宝”、“某某重宝”、“某某元宝”，如人们常见的唐代玄宗时的“开元通宝”、宋代徽宗时的“大观通宝”、清代咸丰时的“咸丰元宝”……尤其“大观通宝”4个字还是书写瘦金体著称的宋徽宗本人的手迹，极具艺术价值。由于一个方孔圆钱又叫一文，于是汉语中形容没有钱的人就有了“一文不名”的成语，形容不计报酬者为“分文不取”。同时由于人们将1000个方孔圆钱用绳子串起来就叫一贯和一缗，后来便发展成为形容自始至终坚持做好某项工作的词语，如“一以贯之”、“一贯”、“贯彻”等等。

图1-1 各类贝币

图1-2“官考”空首布

图1-3 齐建邦之法化

到了宋代，一方面开国皇帝赵匡胤“不抑兼并”的政策有力地推动了生产力的发展，使市场上货币需求量大为增加，另一方面由于佛教的兴盛，民间多将铜钱捐献给寺院用于铸造铜佛像和宗教器具，从而造成了流通货币大幅度减少。为了解决铜钱奇缺的通货紧缩问题，北宋政府不得不以生铁铸钱应付“钱荒”。由于铜作为有色金属的价值大于黑色金属的铁，为了取得百姓的信任，铁钱不得不做得比铜钱大一点，重一些。当时的铁钱重量分为大小两种，大铁钱每10贯（即1000钱）重量为120斤，小铁钱则为65斤。如此沉重的铁钱，对商人来说腰缠万贯简直不可思议，1万贯的大铁钱有12万斤重，即使车载船装也十分艰难，于是四

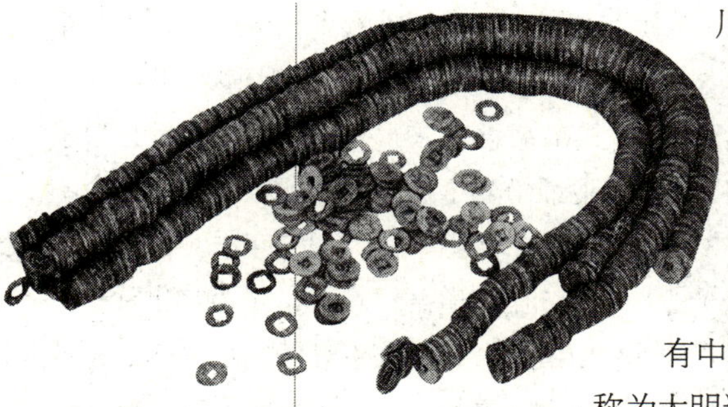
图1-4 铜钱一贯

川16家富商联合起来发行称为交子的纸币。宋仁宗天圣元年（公元1023年），朝廷看到了纸币发行有利可图，决定收为官办，并将交子改名为钱引，还扩大了流通范围，在全国发行。南宋继续发行纸币，称为关子、会子。元代更变本加厉禁止金银、铜钱交易，实行纯纸币流通制度，其纸币品种主要有中统元宝交钞、至元通行宝钞。明朝政府开始也发行称为大明通行宝钞的纸币，后来由于这种无准备金和实物作保证的纸币造成了极其严重的通货膨胀，为了避免重蹈元朝大量发行纸币导致政权倾覆的厄运，明中叶以后开始实行银本位制。一方面由于国内银矿的开采量增大有了这种可能，另一方面白银作为低熔点可分割的贵金属有着非常适合作为主要货币的优良性能，更加上哥伦布发现美洲新大陆后墨西哥银矿的大量开采为中国在中西贸易中获得白银提供了方便。因此晚明至清，中国民间大额支付皆用白银，小额支付才用铜钱。到晚清也开始使用银元，并发行过大清宝钞和户部官票，即后来人们把纸币通称为“钞票”的最初来源。但这些为数不多的宝钞和官票的发行并没有从根本上动摇银本位制的货币格局，直到1934年美国通过购银法案导致中国白银大量外流，以至于1935年南京国民政府不得不宣布白银国有，实施法币政策，禁止各种银元流通，中国货币的银本位制才宣告结束，完全彻底地进入了纸币时代。

正因为“贝”代表货币，“才”为人才，足见创造文字者的良苦用心在于有才能者才会拥有更多的财富，而财政的“政”字按孙中山先生的解释就是“众人之事”，“财”与“政”合而称之则应该是 “为众人理财”的意思，也就是说财政要把为人民大众服务作为目标。实行世界上多数国家所认同的“公共财政”，即财政要从事企业和个人干不了或不能干的事，如环境保护是企业和个人干不了的大事，司法、国防和社会治安则是企业和个人不能干的事，这些都应该进入公共财政的领域。

公元前2023年在国家诞生的那一天开始，中国同时产生了财政。但历史上中国人并没有将其命名为财政，而是称之为“度支”、“理财”、“国计”、“国用”，直到光绪二十四年（公元1898年）光绪皇帝才在诏书中第一次使用“改革财政，编制国家预算”的文字，诏书中的“财政”一词是外来文化，它与科学、文化、体育、卫生、社会、革命等词汇一起自日本传入，这是继东汉、南北朝佛教文化大规模进入中国的第二次外来文化传入高潮。

在第一次外来文化传入高潮中，中国有了口头禅、一尘不染、头头是道、心心相印、想入非非、恍然大悟、火烧眉毛、菩萨心肠、超凡脱俗等词语。至于从佛教生活中衍化出来的语言就更多了，如人们常说的“临时抱佛脚”、“庙小菩萨大”、“外来和尚好念经”、“不见真佛不烧香”……而第二次外来文化传入的“革命”一词则属于出口转内销。早在古代中国就有“汤武革命，应乎天而顺乎人”的记载，但清末的孙中山先生却一直找不到合适的词汇来描绘他的事业，经常使用的还是“发难”、“起事”等词汇来形容他的变革事业，直到有一次他乘轮船到

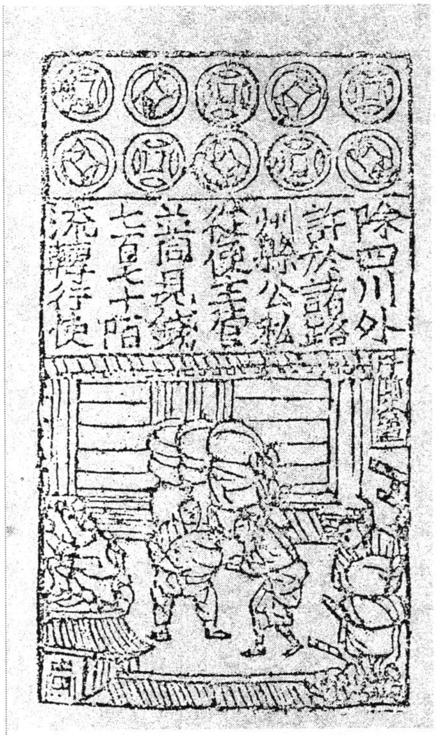

图1-5 北宋钱引

神户，一上岸就看到日本报载，中华革命党孙逸仙抵神户的报道时才发现用“革命”两字来形容他所从事的反封建事业最恰当不过了。从此近百年来革命不但成了中国十分时髦的字眼，而且，以传统儒家道德理想主义作为文化背景的中国革命，相信人是为了崇高的道德理想而活着的，因此革命者无不以抛头颅洒热血，透过政治去实现道德理想为荣，于是前赴后继掀起了一波又一波的革命高潮。至于20世纪70年代以来第三次外来文化传入高潮中进入中国的词汇就更多了，如百分之百用汉字的博导、硕导、网吧、上网，以及汉英文字混用的卡拉OK，直至纯粹用英文字母书写的DVD等等，举不胜举。

二、税收的由来

税收之“税”，从“禾”，从“兑”，乃实物税之义，产生于公元前594年鲁哀公实行的“初税亩”。中国文化有个特点，统治者往往喜欢拣好听的字眼来对付百姓。早在公元前2023年大禹建立夏王朝之初所征之农业税为收获量的10%，但它并不称为税，而是使用极其美妙的字眼叫“贡”，即“贡献”，是一种无人强迫的自觉自愿，其与清末民国的“捐”，当今的“赞助”是一脉相承的传统文化。当然相当于税这种中性的称谓还有租、赋，都是税的意思，其中租产生于秦，赋产生于西周。“赋”，从“贝”，从“武”，乃兵车之费作军事之用。开始向居住在城市中的贵族征收，后来扩展到所有老百姓，以至于今日人们还常常将赋与税合而称之，曰：“赋税”。不过赋到西汉的时候开始异化，不仅是税收的称谓，也成为介于散文与诗歌之间一种文学形式的称谓，如当时著名文学家司马相如就曾写过《子虚赋》等作品，这些作品直至今日还脍炙人口，如“子虚乌有”成了人们对捏造事实者的不屑一顾。而且在汉代的赋发展到顶峰时，与此后唐代的诗，宋代的词，元代的曲，明清的小说齐名，共同走向中国文学史的高峰。尽管当年的“租”在今天已与“税”的概念相距甚远，但它的使用仍然十分广泛，尤其是经济学家始终念念不忘地把它与“设”、“寻”

图1-6 明户部银锭

两字分别合在一起称为“设租”、“寻租”，而且如何避免有人“设租”、“寻租”成了市场经济条件下反腐倡廉的关键。

第二节 中国财税发展的脉络

一、禹杀防风及什一税

中国早在公元前2023年开始建国时，就由于境内以水旱灾害为主的自然灾害十分频繁而推举治水专家大禹为首位国家领导人。当时国家征收的税收“贡”税率是10%，也称为“什一税”。但当时作为组成国家的各部落，也有不愿纳税的，其中最为著名的抗税部落酋长便是居住在今浙江德清一带的防风氏，直到年终大禹在今绍兴柯桥召开会议，亲自审计税收收入时，他仍然我行我素，既不补缴税收，也不出席会议，大禹三番五次派人去德清催请，他才姗姗来迟，而且态度也十分傲慢，藐视作为国家领导人的大禹，在势不两立的情况下，大禹为振纲纪不得不下令将身材十分高大的防风氏当场处以死刑。由于刽子手身材矮小无法用石刀将其斩首，曾筑一土塘垫高位置以便行刑，因此至今他被处死的地方仍被人们称之为刑塘。当然由于所处的立场不同，对防风氏之死至今钱塘江两岸的百姓还持有不同的看法，钱塘江北岸的百姓认为是冤案应予平反昭雪，早在五代临安籍的吴越国国王钱镠就为防风氏在今德清封禺两山之间建了一座壮观的防风庙以示平反昭雪；而钱塘江以南的百姓尤其是绍兴人认为大禹杀防风氏有理，故当年防风氏受刑处仍称“刑塘”，后来为了文雅一点在“刑”字下面加了一个“土”字，成为型塘。据说明朝人在柯桥建造纪念唐代诗人贺知章祠时还挖到过防风氏长达7市尺的小腿骨，因此建成后的祠堂又俗称“七尺庙”，其位置就在今柯桥酒厂仓库，同时当年为了纪念国家财政年度审计会议的召开，大禹还下令把附近的茅山改名为会稽山，以示国家重视会计工作，因此古代“会稽”与当今的“会计”是同义词。

自夏以降的商、周两朝仍然实行“什一税”的农业税制度。只不过已使用青铜器的商代实行的井田制，每户分配耕地从夏代的50亩（约合今0.2亩）增至70亩，8户合耕当中一块公田，作为国家税收，实际税率为11.1%，称为助法。到周代由于铁器的使用，每户分配耕地增至100亩，鉴于人们耕种公田的热情减退，公田产量下降，朝廷不得不改为彻法，以公私田总产量1/9作为实际缴纳农业税的依据。“溥天之下，莫非王土”的夏商周三代在土地公有制的前提下实行劳役地租制度，它们的财政收入除了供给王室享用以外，主要用于祭祀和养兵，因此古籍中常常有这样的记载：“国之大事，在祀与戎”。由于三代前期实行部落制，后期实行分封制，中央与地方的财政关系也毫无疑问地属于分税制的范畴。

二、财税体制的兴革跌宕

秦汉时期国家实行土地私有制，税收制度也改为田租口赋力役制度。由于秦始皇横征暴敛，称之为田租的农业税按“泰半”标准即收获量2/3征收，口赋即人头税每人每年征收1000钱，力役则无明确期限以至于民间至今还流传着孟姜女哭倒长城的故事，苛重赋役导致民不聊生，忍无可忍的陈胜吴广揭竿而起，建国仅15年貌似强大的秦王朝在风雷激荡的农民大起义中被江苏沛县的农村基层干部、泗水亭长刘邦取而代之，建立了汉王朝。汉王朝接受了秦亡于苛政的教训，实行黄（帝）老（子）无为而治的政策，轻徭薄赋，田租先降为1/15后再降为1/30，并成为定制；人头税称为口赋和算赋，其中口赋向7—14岁未成年人征收，每人每年为20钱，汉武帝时曾一度将最低起征年龄降为3岁，标准增至每人23钱，算赋向15—56岁的成年人征收，汉初时按每人120钱征收，后来降为40钱，力役最多不超过30天。秦汉时期秦代财政实行高度集中的统收统支制度，而汉代则实行中央集权和地方分权相结合的办法，由于轻徭薄赋和财政适当分权调动了地方的积极性，从而使汉代据有天下长达426年之久。

东汉末年由于战乱和灾荒，到三国时全国人口从汉代最高近6000万人骤减为700万人，人少地多劳动力缺乏成了国家的主要矛盾。当时据有中国北方、挟天子汉献帝以令诸侯的曹操，便适时地宣布实行土地公有制，将汉代的田租口赋力役制度改为租调制，即每亩地征收4升粟米称为租，每户征收2匹绢、2斤丝绵称为户调，一定程度上减轻了农民的负担。到隋开皇三年（公元583年），隋文帝宣布老百姓可以“输庸作役”，即交纳实物免除劳役，这对于松解百姓对封建朝廷的人身依附作用，取得人身自由有着划时代的意义。从此以后租调制便成了租庸调制，这一税收制度一直实行到唐中叶，直到“安史之乱”爆发，以土地公有制为基础的均田制遭到彻底破坏后，才改弦易辙。南北朝时期由于国家分裂，地方割据势力十分强大，财政体制不得不被迫实行中央和地方分权的分税制。

唐代建中元年（公元780年）为解决国家财政危机，免除贫苦百姓税外加征之苦，唐德宗采纳了宰相杨炎的建议，认可客观存在的土地私有制，实行两税法。两税法以唐初以来的户税、地税为主，统一各项税收发展而成，分夏秋两季征收，以资产、田亩为纳税依据，依户等纳钱，依田亩纳米粟，从而保证了国家的财政收入稳步增长。这一制度一直实行到明中叶才产生了新的问题，导致“一条鞭法”的出现。隋及唐前期财政体制属于中央集权的统收统支，“安史之乱”以后才出现唐王朝与地方分权体制，当时的财政分割为“留州、送使（指节度使）、上供（指朝廷）”三部分，根据有关资料估算唐后期上供中央政府的财政收入约占全国财政收入的1/3左右。

纵观历史，凡王朝建立之初统治者尚能接受前朝亡国教训，锐意兴革，政治较为清明，执行财政税收法度也较为严格，但时间一长随着岁月推移便会产生腐败，穷奢极欲，支出猛增，瞒田隐产，纷至沓来。明朝开国皇帝朱元璋建国之初曾给予58位分封的宗族亲藩以免税特权，到嘉靖四十一年（公元1562年）竟然剧增至28840人，由于如此之多的皇亲国戚肆意兼并造成国家免税田亩迅猛增加，赋税大量流失，以至于仅仅到弘治年间（公元1488—1505年）能给国家缴纳赋税的土地只有423万顷，仅占全国土地总额836万顷的50.6%，日益入不敷出的明王朝不得不依靠税外加派来增加财政收入以维持国家机器的运转。因此，到了万历九年（公元1581年）首辅大学士（相当于明初及以前朝代的宰相）张居正不得不在全国取消两税法，改行“一条鞭法”，将徭役与地税合并，按亩征纳，并规定无论粮税、差役一律改为征银。因为规定必须征银，农民所生产的农产品不得不到市场上出售以换取银两，从而客观上使改革起到了推动农产品的商品化作用。由于改革实施的第二年张居正便撒手人间，且不久受太监冯保案牵连被问罪查抄，因此明代的“一条鞭法”并未全面实施，直到清代雍正年间诏令“地丁合一，摊丁入亩”，彻底的“一条鞭法”才在全国范围内全面推行和确立，并一直执行到1912年2月清帝逊位为止。

五代时期由于地方割据，国家分裂，财政体制处于被迫分税状态。宋代的财政体制基本上承袭唐王朝的做法，地方财赋除上供部分外，还有军资库钱（即留州）、公使库钱（即送使），是属于中央和地方规范分税的体制，只不过宋代上供赋税远比晚唐为高。元代中央与地方的财政关系，总体上是重中央轻地方，通过聚财于省，实现财政高度中央集权，据资料估算中央与省的大致分配比例高达7∶3，由于元代的省并非地方财政单位而是中央政府的准金库，因此在3成的留省比例中路、府、州、县基层地方政府能得到的财政收入份额少得可怜。明代财政实施中央集权制，但地方与中央财政分割比例比较明确，或为3∶7，或为2∶8。清代中央与地方的财政体制分为二个阶段，太平天国起义以前的200余年为中央高度集权制，太平天国后的60年则由于地方督抚势力的强大不得不被迫实行分税制。

图1-7 各种印花税票

民国在北洋政府时期由于政局不稳各自为政，财税比较混乱，1927年南京国民政府建立以后对全国财税和金融进行了整顿，并建立了具有现代税收特征的新税制，由于连年战争和军阀割据，南京国民政府能直接征收税收并取得财政收入的只是其直接控制的部分省市而已。1949年中华人民共和国建立以后，政务院于1950年1月31日颁布了《全国税政实施要则》，重申了货物税、工商业税（包括营业税和所得税两部分）、盐税、关税、薪给报酬所得税、存款利息所得税、印花税、遗产税、交易税、屠宰税、房产税、地产税、特种消费行为税和使用牌照税等14种正税为新中国的税收，并宣布废除国民党政府税外加征的其他苛捐杂税。20世纪50年代开始由于受苏联非税思想的影响，我国的税种不断减少，1958年降为9种，1973年降为7种，对经济和社会的调节作用逐渐减弱。1978年党的十一届三中全会以后才逐步增加，到1993年上升为32种，1994年实行分税制改革后减为24种。在1994年以前，我国一直实施统收统支的财政体制，自1994年算起我国实施分税制财政体制已逾10年了，应该说这一时期是新中国成立以来财政体制最稳定的历史时期。

第三节 文化的涵义与层次

一、文化的涵义

在中国，文化是由“文”与“化”两个字合成的词。“文”字的本来意义就是纹理，引申为一切有条理、有秩序、有美感的东西；“化”字左右两个偏旁分别是直立与倒立的两个“人”，象征着截然相反的重大变化。早在2300多年前的战国后期《周易》一书已出现“观乎天文，以察时变；观乎人文，以化成天下”的文与化的并用，这大概是中国人论述“文化”最早的文字，但在书中“文”与“化”两个字毕竟还没有连在一起作为整词。它的意思仅仅是当政者通过观察天象可以了解时序的变化；通过观察人类社会的各种现象，就可以用教育感化的手段来治理天下。“文化”作为“文”与“化”合用的整词，最早出现在西汉刘向所著的《说苑》一书中，他说：“圣人之治天下也，先文德而后武力。凡武之兴，为不服也，文化不改，然后加诛。”这就是说“文化”仅仅指与武力镇压相对应的文治教化，即以体现封建伦理道德的诗书礼乐来教育感化世人。同时，从古代中国“文”与“纹”两字通用的文字学渊源来看，“文”之外化为群体性的习俗风尚即为“纹”，“纹”之内化为人的心境气质则为“文”，由此可见古代中国的 “文化”具有与今天不完全相同的特殊内涵。

现代汉语中的“文化”一词迟至19世纪末才从日本传入中国，而日本则来源于西方。西方“文化”一词，来源于拉丁文Cultura，它的意思是耕种、居住、练习、注意等等，法文的Culture，也是栽培、种植之意，但又引申为从人的物质生产到精神生产两个领域，比中国古代“文化”的含义要宽泛得多。随着19世纪中叶西方兴起对人类学、社会学、民族学等等人文新学科的研究，文化的含义就更加丰富了，以致1871年英国人类学家泰勒在《原始文化》一书中给“文化”下了“包括知识、信仰、艺术、道德、法律、习俗和任何人作为一名社会成员而获得的能力和习惯在内的复杂整体”的定义，这不仅是世界上对文化见诸文字的最早定义，而且直到今天，还可以作为我们了解和认识“文化”的参考，在世界文化史上具有开创性的影响。此后从西方到东方不少受泰勒启发的学者都纷纷用自己的理解和认识来给文化下定义，其中，有的侧重历史性，有的侧重规范性，有的侧重心理性，有的侧重结构性，有的侧重遗传性等等。迄今为止，世界上对文化的定义有数百种之多，早在1952年美国有两位学者收集到的从1871年至1951年前后80年间世界上对文化的定义就已有164种之多。无论“文化”有多少定义，但有一点却是无可争辩的，即所谓“文化”应该是人类生活方式的整体表现，诸如长袍阔袖，在四合院里揖让雍容，在幽谷藏阁中谈玄说佛，是一种文化；西装革履，在哥特式殿堂里高谈阔论是一种文化；穿着运动衣裤，在运动场中一比高低也是一种文化；围炉烧烤、鱼肉火锅、自助快餐等不同进食方式亦是文化。而且文化的核心问题是人，有了人才能创造文化，文化是人类智慧和创造力的高度体现。自古以来，创造文化的人既享受文化，也受制于文化，最终又要不断地改造文化，而且不同种族、不同民族、不同国家的人创造不同的文化。也就是

图1–8 孔庙外景

说，各种文化以其丰富的多样性存在于人类世界，相互之间有特色之别，但不能作优劣之分，否则便会陷入种族歧视之泥潭。

二、文化的层次

一是物态文化层，或称“物质文化”。所谓“物态文化”，是由“物化的知识力量”所构成的，包括人类加工创制的各种器具是可以看得见、摸得着的具有物质实体的文化，也就是人们的物质生产活动方式和产品的总和。例如人们衣、食、住、行所凭借的物质条件，又如衣、帽、鞋、袜等服饰，再如柴、米、油、盐、酱、醋、茶等生活必需品，还有城市、乡镇的街道、店铺、住房、桥梁、隧道，诸如宫殿、平房、楼房、窑洞、帐篷、吊脚楼、蒙古包，乃至汽车、火车、飞机、轮船等现代交通工具，更有雄伟壮观的万里长城，庄严肃穆的北京故宫，巍峨壮丽的曲阜孔庙，妩媚动人的杭州西湖，清静幽雅的庐山白鹿洞书院，小巧玲珑的苏州园林，气势宏大的秦始皇陵兵马俑，钟声悠扬的海上佛国普陀山等，都是“物化的知识力量”，统称之为物态文化。当然，不同时代、不同民族，物态文化的风貌也各不相同。比如战国时期西北游牧民族服装的特征为短衣、长裤、革靴，衣服紧窄，与汉族当时的宽衣博带不同。中原地区的赵国（国都在今河北邯郸）武灵王为了组织骑兵，最早推行西北游牧民族的服装——“胡服”，并且学习他们的骑射等技艺，史称“胡服骑射”。又比如唐代女子服饰的特点是梳螺髻，穿窄袖短襦，半臂，肩上搭有披帛；而宋代女子服饰的特点是梳高髻，戴高冠，穿窄袖对襟背子。明代的官服是戴乌纱帽，穿盘领袍；清代的官服则是戴暖帽或凉帽，穿马褂长袍。自宋代开始至明清官服上皆以禽兽图案标识文武官员的品级高低。宋代之图案置于背部，明代置于肩部，清代置于前胸，明朝规定：文官用禽，一品仙鹤，二品锦鸡，三品彩雀，四品云雁，五品白雉，六品路鹭鸶，七品紫鸳鸯，八品黄鹂，九品鹌鹑；武官用兽，一、二品狮子，三、四品虎豹，五品熊罴，六、七品彪，八品犀牛，九品海马。民间俗称这种规制为“衣冠禽兽”。本来这4个字组成的是中性词语，想不到后来竟然衍化成为今日专用于道德败坏者的贬义成语。其与当年赞美景色优美的诗句“满园春色关不住，一枝红杏出墙来”，后来被人把红杏暗指成耐不住寂寞的青年女子，从而使“红杏出墙”衍化为贬义成语相仿佛，因为它们都高度体现了中国人喜欢反话正说的含蓄文化传统。

图1–9 苏州园林

二是制度文化层。所谓“制度文化”，是由人类在社会实践中组成的各种行为规范、准则以及各种组织形式所构成的。制度文化所反映的是人与人之间的关系，这种关系表现为各种各样的制度，包括政治制度、财经制度、文化制度、教育制度、军事制度、法律制度、婚姻制度等。例如中国封建社会的官制、铨选制、田制、兵制、刑制、爵制、勋制乃至姓氏制度等一系列典章制度。再例如，贫苦农民出身的明代皇帝朱元璋，身经百战，在元代统治者手中夺取了政权，他目睹元代蒙古族统治者由于推行税收商人承包制导致横征暴敛，激起了老百姓对政府的强烈不满，最后引发大规模的农民起义走向亡国的深刻教训，决心实行一种不设税务征收官吏，以“良民治良民”的新办法。他下令从洪武四年(公元1371年)开始，在各州县设立由粮长负责征解税粮的制度，其办法是每州按征收粮食大约一万石税额划分为若干粮区，各区设粮长。这种制度先在南直隶（今江苏、安徽省）等地推行。由于辖区大，粮额多，征收税粮任务繁重，粮长以下便采用里长、甲长分级负责制，由里长、甲长催征，粮长收解。另外，苏州、松江（今上海市）等府的粮长之下设专司统计的“知数”1人，斗级20人，粮米运夫数百至千人。粮长制是中国封建社会一种独特的社会经济制度，也是一种独特的制度文化。这种制度文化在“鱼米之乡”、税粮重地的江浙一带显得更有特色。例如今浙江浦江县的郑宅镇就曾有一位郑姓粮长不仅获得朱元璋的亲自接见,并且在洪武十八年(公元1385年）得到了“江南第一家”的御赐匾额褒奖，直至今日此匾仍然高悬在其故宅的门楣之上。

三是行为文化层。所谓“行为文化”，是人类社会实践中尤其是在人际交往中约定俗成的行为习惯，往往是以礼俗、民俗、风俗等形态出现的行为规范。例如在我国传统节日习俗中，除夕夜吃“团圆饭”，元宵节赏灯，清明节扫墓，端午节裹粽子和赛龙舟，中秋节赏月吃月饼，重阳节登高、赏菊等。遗憾的是今天随着西风日渐，拥有“以人为本”丰富内涵的洋节日诸如圣诞节、情人节、母亲节、愚人节逐渐取代了以伦理道德为本的中国传统节日，为年轻人所追捧，再加上长期以来我们不再将中国除春节以外的传统节庆作为公众假日，从而更进一步淡化了年轻一代对元宵、清明、端午、中秋、重阳等传统节日的记忆。同样，古代的科举选士制度也有行为文化，如唐人中进士者皆要参加杏园探花宴，且在长安大雁塔集体题名，其中之年纪最小者还要充当探花使（亦称探花郎）骑马踏遍长安大小名园，采摘早春鲜花向人展示金榜题名的得意心态。从宋代开始朝廷将进士一甲三名称为“探花”即源于此。

今天，假使你有机会前往浙江中部地区览胜，就应当去一趟浙江省浦江县郑宅镇。那里有个“郑氏义门”，从南宋到明中叶历宋元明三代，在长达360年的漫长岁月中，15代人一直累世同居不分家，共财聚食和睦相处，从始祖郑绮开始一直实行耕读一体，按需分配，几百口人晨起敲钟下田劳作，日落收工食堂就餐，成为古人实践“天下大同”的中国儒家理想社会的楷模。元明两朝屡次受到帝王显宦的旌表和赞扬，他们为了规范和维护这种与众不同的行为，列祖列宗一直强调“和为贵”、“善施与”、“己所不欲，勿施于人”，要求族人不慕富贵、俭朴勤耕、修桥铺路、拒收不义之财，出仕者以报国为务，不妄取于民，勿玩物丧志等为优良品德。为了贯彻执行，他们还在早年58则《家范》的基础上于元末明初请大学问家宋濂执笔修定了完备的家庭法典《郑氏规范》，其精华有三：一是厚人伦，崇尚孝顺父母、兄弟恭让、勤劳俭朴的持家原则；二是美教化，办私学东明精舍，注重教育，且教子有方；三是讲廉政，从家庭角度制约为官者“奉公勤政，毋蹈贪黩”。正是因为“江南第一家”拥有如此美好家范，数百年来由“江南第一家”繁衍而成的郑宅镇，今天仍保持着许多中华民族的传统美德。

四是心态文化层，或称“精神文化”、“社会意识”。所谓“心态文化”，是在人类社会长期的实践和意识活动中形成的价值观念、道德情操、审美情趣、思维方式、宗教感情、民族性格等，这些都是文化整体中的核心部分。如儒家、道家、墨家等哲学思想，又如《诗经》、楚辞、汉乐府、唐诗、宋词、元曲、明清小说等文学艺术，再如佛教、道教、伊斯兰教、基督教等宗教。作为心态文化重要特征之一的思维方式，中西方也有较大的差异。中国人传统的思维方式往往是把世界看成一个动态平衡的整体，有所谓的“天人合一”说，认为天与地、人与世界是一个整体，两者之间相互协调，和谐一致，因而往往侧重于内向的、亲和的、协调的而又直觉的思维。与此相反，西方人的思维方式是较多地强调人与物、人与社会、人与人之间的对立与冲突，因而侧重于外向的、个人的、功利的而又是逻辑的理性思维。因此表现在医学上便有了综合思维的中医和分析思维的西医之不同。心态文化不仅具有鲜明的民族特点，而且具有较强的时代和地理特点，如唐人对东去富庶繁华的扬州皆兴高采烈，对西出荒凉贫瘠的阳关则十分忧伤，因而有了李白在江州（今湖北武汉）所作的《送孟浩然之广陵》中“故人西辞黄鹤楼，烟花三月下扬州”的美好诗句和王维送别元二先生出使安西（今新疆境内）时所作的《渭城曲》中“劝君更尽一杯酒，西出阳关无故人”的凄孤心态。

由于物态文化、制度文化、行为文化和心态文化等各个层面各有侧重，同时又相互依存、相互渗透、相互制约、相互推动，这就决定了财税文化有着侧重于制度和心态文化的特点，又由于在中国这块土地上生根发芽的中国财税文化有着不同于西方财税文化的特色，正如章太炎先生曾说过的那样“中华之名词，不仅非一地域之国名，亦且非一血统之种名，乃为一文化之族名”。今日随着市场经济体制的推进，历来属于高雅范畴的“文化”一词犹如东晋时代南京乌衣巷衣冠望族的王谢堂前燕，飞入了寻常百姓家，什么茶文化、酒文化、企业文化、服饰文化、饮食文化、建筑文化……差不多成了人们的口头禅，几乎到了家喻户晓、尽人皆知的程度。因此我们在这里谈论财税与中国文化及其相互影响，人们绝不会少见多怪，肯定比过去更有兴趣了。

第四节 中外文化交流

古代人类不同文化之间的交流有三个最主要的载体：一是战争，二是贸易，三是宗教。前两者是利益，后者是信仰，换言之，利益和信仰是驱动不同文化进行交流的两个主要动力。

一、张骞出使西域及中西物产艺术交流

文化交流既有中华民族内部的交流，也有中国与外国的文化交流，而最早的文化交流应是中原与西域的交流。早在战国时代匈奴的中心在今内蒙古五原县一带的头曼城，对当时的燕、中山、赵、秦等诸侯国形成重大威胁。秦汉之际，匈奴控制了西域，中西陆路交通处于匈奴控制之下。秦汉初皆以修筑长城以及运用和亲手段来缓解矛盾。汉武帝刘彻（公元前140—前87年）即位后，开始重视联络西域各国共同夹击匈奴，于是在公元前139年，汉武帝派遣张骞出使被匈奴远逐西去的大月氏国。

图1–10 张骞出使西域图

张骞从长安（西安）出发西行经今天水（古秦州）、兰州（古金城）上河西走廊，或从陕西彬县越六盘山至武威（古凉州）入河西走廊，然后再由河西走廊经张掖（古甘州）、酒泉（古肃州）、敦煌出阳关或玉门关，分别经过以天山为界的南北两条线路西去中亚、西亚地区，其中北线称天山北路，南线为天山南路。公元前119年，汉军大败匈奴不久，张骞便以中郎将头衔率300人的使团第二次出使西域，其副使持节到了大宛、康居、月氏、大夏等西域诸国，开创了以丝绸之路闻名于世的文化交流新纪元。两汉时期，中西贸易往来不断，不但丝绸成为西方诸国孜孜以求的产品，而且中原发达的冶金技术和凿井技术也传到西域，并向中亚和西亚地区扩展。在西域优良的种马被引入中原，汉人养育优良种马的同时，又广泛引种苜蓿。以苜蓿为先导，西域的瓜果、蔬菜等农作物也大量涌入中国内地，如黄瓜、石榴、葡萄、蚕豆、豌豆、香菜、大蒜、芝麻、核桃、茄子等。另外，还引入了品种繁多的香料，如波斯湾沿岸的乳香、伊朗的安息香、索马里的芦荟、没药、北非的迭迭香、东非的紫檀，其中以罗马的苏合香为上品。至于引进的珍禽异兽、奇珠宝石，诸如孔雀、狮子、沐猴、犀牛、珊瑚、玳瑁、琥珀、明月珠、夜光璧等更是不可胜数。玻璃制品则包括埃及的十色玻璃、干涂的火齐屏风，罗马的火浣布、印度的玻璃马鞍。与埃及一样，中国也是世界上较早制造玻璃的国家，但中国所制造的玻璃属于铅钡玻璃，与埃及较为先进的钠钙玻璃完全不同，埃及的玻璃制品流入中国，大致从公元前2世纪便已开始，一直持续到公元5、6世纪仍未中断。在各种进口的玻璃器和玻璃珠中，最受推崇的是埃及白色透明玻璃，自汉代以来便有玉晶、水晶的雅称。在埃及玻璃制品成批输入的同时，其先进的制造工艺也传入中国南方沿海地区。公元3世纪广州一带就出现了仿制外国水晶碗的工场，5世纪时，中国北方已能制造五色玻璃。同样，在丝绸贸易过程中，中原的蚕桑和丝织技术也传入新疆，并继续往西传播。于阗（今和田）初传蚕桑，只能

是漂渍丝绵，后来才能缫丝织帛。到5世纪时，天山以南的吐鲁番（古高昌）、库车（古龟兹）、喀什（古疏勒）都能纺织丝绵了。与此同时，新疆的养蚕缫丝织绵技术直接传入了中亚的费尔干那和波斯。波斯以墨桑养蚕，取得成功，嗣后又纺织锦绮。至少在5世纪时，波斯已拥有自己的丝织业了。波斯成为丝织国家之后，影响波及周边国家，一直依靠进口的拜占庭也学会养蚕缫丝，同时印度也从新疆这个蚕业西传的前哨学会了养蚕制丝技术。

随着中西物产的相互往来，文化艺术便不可避免地相互传播。西汉时期的丝织图案中，有许多有翼动物的形象显然是受希腊艺术风格的影响。在有翼动物中又以狮子最为醒目，这意味着善于饲驯狮子的波斯人作了中西文化交流的中介。直至今天当我们从博物馆中找到西汉唐时的小小圆铜镜，仔细观察镌刻在上面的有翼兽图案和葡萄纹时，便会不言自喻地体会到张骞开辟的“丝绸之路”在中西文化交流中所起的重要作用。至于当年传入内地的西域音乐、舞蹈、杂技更使中原汉人耳目一新，乐器如琵琶、箜篌、羌笛、笳、角；杂技如吞刀吐火、倒立、缘杆、杠鼎、跳丸、弄剑，还有十分惊险的人兽搏斗的“大校腊”。

二、外来宗教走进国门

汉武帝通过对匈奴的战争和丝绸贸易向西拓展，而西方国家则出于商贸获利的欲望和传播宗教信仰的热诚也纷纷来到中原，带来了他们的文化，从两汉之交开始，佛教大规模进入中国本土，开始了中国历史上影响最大的第一次中西文化交流。由于五河流域居民与新疆于阗之间往来频繁，公元前1世纪佛教由克什米尔传入于阗，这以后佛教在西域诸国广为流行。由于他们的传输，佛教也进入中国，东汉中后期，印度、月氏、安息、康居等国高僧纷至沓来，络绎于途，他们以洛阳为中心与汉人佛教徒亲密合作，从事梵文经书的翻译工作。自汉至唐经过数十代人前赴后继的努力和国家财政的长期支持，差不多花了700多年时间终于成就了一项中外文化交流史上最了不起的佛经翻译事业。佛教传入后，深刻地影响了中国的雕刻与绘画艺术。当代的考古工作者发现了许多早期的佛像和佛画蓝本。东汉桓、灵时期，西自新疆，东至山东滕县、沂南，北达内蒙和林格尔，南至四川彭山、乐山，佛教图像都有传播。一种在当地大夏艺术的基础上，在希腊、罗马、波斯艺术影响下形成的新佛教艺术形式——犍陀罗艺术，随着佛教的传播深刻地影响着我国西北地区的石窟造像和绘画。佛教经典的翻译和佛教的传播，导致汉语里出现了很多佛教的借词，特别是譬喻文艺和传说故事，对中国后世文学和史学产生了举足轻重的影响。随着佛教的东传，梵文语音学也传入中国，对中国的音韵学的发展起到了很大的促进作用。

佛教进入中国以后，其他外来宗教也纷纷先后传入中国。其中，袄教（琐罗亚斯德教）早在北朝时即已进入中国。摩尼教、景教、犹太教等也相继跟随着东来的富商大贾，沿着“丝绸之路”进入中原，在不同程度上影响着当地居民的宗教和世俗生活。从北齐开始，皇帝就专赏胡戎之乐直至唐代此风依然，乐府伶工仍多外国世家，其显贵者竟至封王开府。唐代长安100万总人口中，外国人有2万之众，连同突厥后裔超过5万人，公元787年人口普查长安“胡客（侨民）”有田宅者逾4000之众。

图1-11 唐金箔盘

至于出入京师的外国人则更多了。

唐代的中国与周边国家关系密切，文化交流频繁。波斯人曾被唐人视为胡人的代表，也是当时的中国人对以今日伊朗为中心的中亚、西亚人的泛称。他们称波斯商人为粟特人，粟特商人活跃于丝绸之路，将东方的丝绸、瓷器、茶叶、金银器等商品运往西方，也将西方的奇珍异物及货币东运长安。在这一贸易过程中，波斯文化也随之进入长安，当时的长安无论在饮食、服饰、游戏、娱乐乃至建筑皆受波斯文化的影响。长安的波斯寺、波斯邸、大秦寺、摩尼教、袄教、景教的出现同样渊源于波斯。

作为中世纪阿拉伯伊斯兰帝国的大食，几乎与大唐帝国同时崛起，并在7世纪通过“圣战”控制了西亚、北非、中亚及欧洲南部的大部分地区。公元751年唐朝廷与大食为了争夺对丝绸之路的控制权，爆发了怛罗斯之战，高仙芝所率的唐军战败，一批工匠被俘。这些中国战俘后来协助阿拉伯人在今乌兹别克斯坦共和国南部的撒马尔罕开办了造纸厂，使中国的造纸技术传入了阿拉伯地区。此后连同中国丝绸的制作、金银器的加工、画法技术也通过阿拉伯人西传。阿拉伯商人活动十分广泛，长安、洛阳、广州、泉州、杭州、扬州都有他们的定居点。伊斯兰教也通过他们传入中国。

三、伊斯兰教的兴起

伊斯兰教作为一种意识形态，兴起于7世纪初阿拉伯半岛的麦加城(在今沙特阿拉伯境内)。它的创始人穆罕默德(约公元570—632年)，本是一个没落贵族的后裔，自幼父母双亡，由他的祖父和伯父抚养长大，12岁就跟着伯父到叙利亚等地经商，25岁时，被麦加一个富孀雇用，替她经商，随后跟她结婚，一跃而成为麦加的富翁。由于当时的阿拉伯半岛连年战争，社会动荡不安，阶级矛盾异常尖锐，寻求一种能够实现统一和安定的力量是社会发展的客观要求，伊斯兰教于是应运而生。这时的穆罕默德已经40岁了，由于受到当时犹太教、基督教和反对多神崇拜的哈尼夫信仰的影响和启发，也由于穆罕默德本人出身贫苦，痛感人间不平，他就针对阿拉伯地区的社会情况，开始宣扬末日审判、死后复活、行善济贫者入天国、作恶者入火狱等初期教义，并利用家中资产进行施舍救济，很快博得穷苦人民的拥戴和支持。随后，他声称自己是安拉神的使者，于公元612年在麦加公开传教，宣扬安拉神是宇宙唯一的主宰，要求人们反对多神崇拜。穆罕默德的宗教主张和传教活动，直接威胁到麦加奴隶主贵族的多神信仰，因而遭到麦加贵族的反对和镇压，被迫与教徒们逃到埃塞俄比亚。公元622年他回到在今沙特阿拉伯境内的麦地那，在当地一些部落的支持下继续传教，积极壮大伊斯兰教的力量。这时的穆罕默德开始建立自己的武装，并改革政治、经济、军事和宗教制度，建立政教合一的宗教公社，自任政治、军事和宗教首领。在此期间，他用武力征服了犹太教的一些部落，并多次对麦加贵族发动战争。公元630年，穆罕默德的伊斯兰大军包围了麦加，麦加贵族被迫与穆罕默德妥协，宣布接受伊斯兰教，承认穆罕默德为最高权威，原多神教的克尔白庙改为伊斯兰教的朝拜中心，伊斯兰教取得了最终胜利。第二年，阿拉伯半岛各部落纷纷皈依伊斯兰教，阿拉伯半岛也归于统一，初步形成了政教合一的伊斯兰大国，穆罕默德就是这个国家的首脑。公元632年，穆罕默德死于麦地那，而伊斯兰教也成了阿拉伯地区占统治地位的意识形态和政教合一政体的精神支柱。

四、伊斯兰教基本教义及在中国的传播

伊斯兰教的教义集中在该教信奉的《古兰经》里。《古兰经》又译作《可兰经》，共30卷，114章，6200多节。总体上分为“麦加章”和“麦地那章”两个部分，是穆罕默德在传教过程中以安拉神的名义陆续发布的训诫、告示和谈话，最初由他的弟子默记或记录在兽皮、椰树叶和石板上，后来才归纳整理成册。可见，“君子动口不动手”自古如此，世界上凡是异乎寻常的领袖人物往往都只须口述而用不着动手写作，不仅伊斯兰教领袖穆罕穆德如此，佛教领袖释迦牟尼也如此，古代圣人孔夫子也不例外，几乎都是以讲话的形式表达其思想。《古兰经》全书内容十分庞杂，包括了伊斯兰教的基本信仰和基本功课；伊斯兰教的宗教制度和社会主张；与犹太教、基督教辩论的记述以及穆罕默德传教时引用的阿拉伯民间故事、传说、谚语等等。伊斯兰教的基本教义可归纳为“六大信仰”，也简称“六信”：一是信仰安拉是唯一的神，认为安拉是创造宇宙万物、主宰万物、无所不在、唯一永恒的神，他独一、无偶、永恒、无限、无始、无终、全知、全能、超时空、超万物；二是信仰穆罕默德是安拉派遣的最后一个使者，称为“封印至圣”，专门传达圣意，开导世人；三是信仰天神，认为天界有无数的天神存在，他们是安拉创造出来的一群精灵，没有性别之分，用肉眼也看不见，但他们遍布天上人间，神通广大，变化莫测，供安拉驱使，有各自不同的职责；四是信《古兰经》是安拉启示的经典，认为《古兰经》是安拉语言，是万古不变的教条，穆斯林生活的准则；五是信一切皆由安拉前定，认为人的富贵贫贱、吉凶祸福、生死寿限以及国家的兴衰等，都是由安拉决定和操持的，既不能预测也不能改变；六是信“死后复活”和“末日审判”，认为人在结束现世生活而死亡后，将有一天被安拉复活，接受末日审判，依据各人在现世的善恶表现，由安拉裁定永居天堂还是永入火狱过后世生活。

图1-12 伊斯兰清真寺外景

为了坚定教徒的这些基本信仰，伊斯兰教规定教徒必须作五项功课，即所谓

"五功"：一是念功，教徒必须经常念诵《古兰经》中"除安拉外，再无神灵，穆罕默德是安拉的使者"等条文；二是礼功(亦称"拜功")，即每天礼拜5次，分别叫做"晨礼"(日出以前)、"晌礼"(午后)、"晡礼"(午后4时)、"昏礼"（日落以前)、"宵礼"(晚上)，每星期五午后在清真寺作集体礼拜，称为"聚礼"，在礼拜之前，都要沐浴净身，以示涤罪；三是斋功，凡是教徒，除了病人、孕妇、婴儿、旅行者和作战士兵以外，都必须在每年的回历9月斋戒一个月(称为"斋月")，在斋戒之月每天从凌晨到日落须戒除一切饮食和房事；四是课功，即纳"天课"，是该教以安拉神的名义向教徒们征收的一种课税，规定教徒在资财达到一定数量时，每年须按规定税率缴纳，目的是为了拯救贫民；五是规定有条件者一生中应到麦加克尔白神庙朝觐一次。除此"五功"外，伊斯兰教还有严格的禁食制度，如禁食自死物、血液和猪肉等。

图1–13 伊斯兰教徒做功课的场景

伊斯兰教于唐永徽二年（公元651年）传入中国。这一年穆罕默德的第三任哈里发奥斯曼派遣使者到长安来觐见中国皇帝，介绍了阿拉伯帝国的情况和伊斯兰教的教义，从此伊斯兰教正式传入中国。伊斯兰是阿拉伯文"顺从"的意思，穆斯林的涵义则是"顺从者"。伊斯兰教传入中国的路线主要有两条：一路是从大食首都经波斯、过天山南北，穿越河西走廊进入中原，即沿着古代"丝绸之路"而来；另一路是从大食渡印度洋到天竺(印度)，过马六甲海峡到安南再到广州、泉州，即沿着古代"香料之路"而来。

伊斯兰教在中国的流传，大致经过了蕃坊时期、元明时期和清朝以来三个阶段。首先是蕃坊时期，即唐宋时期。这一时期，中国的伊斯兰教基本上是外国商人和侨民即"蕃客"的宗教。当时从陆、海两路来华经商的蕃客以波斯、大食人为多，以长安、广州、扬州和泉州等沿海城市为聚居地。《旧唐书·邓景山传》载：田神功兵掠扬州，"商胡大食、波斯商旅死者数千人"。扬州一地如此，可见当时来华蕃客之众。这些侨居在中国的阿拉伯人，由于信仰伊斯兰教，需要经常做礼拜，就比较集中地住在一处，形成所谓的"蕃坊"，并于坊中建清真寺，于附近建公共墓地，杭州的柳浪闻莺公园便是当年杭州蕃坊的墓地，至今重新恢复的元代阿拉伯来杭传教的商人兼阿訇卜克提亚墓仍耸立在公园东侧。这些阿拉伯侨民在华久居，其后裔就成了中国的穆斯林。这一时期，伊斯兰教在中国尚未产生多少影响。其次是元明时期。公元13世纪时，成吉思汗领兵西征，有大批包括阿拉伯人、波斯人和中亚人在内的"西域亲军"和工匠随蒙古征服者来华，他们散居中国各地，并与当地居民结婚生子，繁衍后代。这样，加上此前早已在华定居的蕃客后裔，不仅穆斯林在华人数大增，而且逐渐形成中国民族大家庭的新成员——回族，史书上称为"回回"。元代统治者对这些各色名目的"色目人"也相当重视，不仅为回回子弟建立了专门的学校——回回国子学，进行教育，而且在中央和地方各级政府设立了“回回哈的司属”(后改称“回回掌教哈的所”)的机构。元代“色目人”的地位也高于汉人（北方的汉人）和南人（南方的汉人），不少穆斯林在元朝政府中担任各种不同的官职。据记载，元世祖忽必烈所任命的丞相中，非蒙古族者有16人，其中12人为色目人，占75%，他们都是伊斯兰教教徒。以至于史书中有“今回回皆以中原为家；江南尤多”的记载和“元时回回遍天下”的盛况。到明代初年，回回已形成民族共同体，伊斯兰教由原来的个体信仰变为一种民族共同体信仰，成为中国宗教信仰不可分割的一部分。再次是清朝以来，穆斯林的地主通过土地兼并，势力增长，形成门宦制度，出现了三大教派：格底目、依黑瓦尼、西道堂；四大门宦：苏非派之虎夫耶、哲赫耶、嘎的林耶和库不忍耶。目前，在我国有10个民族、1000多万群众信仰伊斯兰教。但该教传入中国后一直没有正式名称，唐称“大食法”，宋称“大食法度”，元称“回回”，明称“回回教”、“天房教”，清初则称“清真教”。

五、伊斯兰教对中国文化的影响

伊斯兰教在中国历经1000多年的传播发展，对中国文化产生了深远而广泛的影响。首先，伊斯兰教的传播影响了中国的民族成份，促成了回族的形成和各民族间的融合。到目前为止，我国的回族已拥有近800万人口，人口总数在全国所有民族中居第三位。回族与汉族杂居，使用汉族语言文字，与汉文化有着极为密切的关系，但又保持了伊斯兰教的许多习俗，并因普遍信仰伊斯兰教而与其他也信仰该教的少数民族发生一定的文化联系，在全国各民族的大团结中起到了特殊的作用。他们中的许多人对中国民族的历史发展做出过重大贡献。例如，明代的开国元勋常遇春、大航海家三宝太监郑和、著名学者李贽都是穆斯林。

其次，随着阿拉伯人的东来和伊斯兰教的传入，阿拉伯文化也进入中国，其中最重要的如天文、历法、数学、医学等，都对中国文化产生过重要影响。如回回历，从元代到清初沿用达400余年之久。

再次，促进了东西方文化的交流。阿拉伯地处欧亚大陆之间，是东西方商业贸易和文化交流的桥梁，我国的造纸术、炼丹术、指南针、印刷术、火药等发明创造，都是由阿拉伯商人带回阿拉伯地区，再由阿拉伯人传到欧洲大地的。这些交流活动，虽然都是由商人进行的，但也同伊斯兰教的流传有关。这种文化交流的结果，扩大了中国文化的对外影响，也丰富了中国文化的历史内涵。

六、与亚洲诸国的交流

中国与印度早在西晋时便有僧侣往还，到唐代西行求法者络绎不绝，载入史册者多达52人，其中以玄奘最为著名。这一时期印度僧人同样不远万里来到中国，尤其是善无畏、金刚智、不空等开元三大士在长安的活动对佛教的中国化以及印度文化的输入起到了重要作用。中国从印度输入胡椒、白豆蔻、郁金香、菩提树、蜜草、天竺火珠以及熬糖法、天文学、数学等知识。唐代大科学家一行和尚便是印度高僧善无畏的学生，他实测子午线时应用了印度的天文、数学知识。

中国与日本的交往从秦代徐福东渡算起至少有2200多年历史。隋唐时期日本政府就不断地派遣留学生、学问僧、外交官来华，仅从公元631年算起，日本来华的“遣唐使”、“迎入唐使”与“送客唐使”多达19次，这些西渡的船只携带了大批留学生和学问僧前来学习中国文化，最多的一次达500余人，日本大化改新就是日本留学生协助孝德天皇进行的，其所拟订的制度，弥漫着深厚的唐风，文武天皇在今日本京都所建的平安京，几乎是完全仿效长安内外城里坊样式建造。公元701年日本的《大宝律令》与唐律也十分相似，日本官制的二官八省也有唐三省六部的影子。佛教在中日文化交流史上更为突出，最早到长安来的学问僧智能与智克，曾将玄奘所创的法相宗带回日本，女皇武则天执政时，日本学问僧道慈在长安学三论宗，后来成为该宗的日本鼻祖。唐玄宗时，中国律宗高僧鉴真应日本僧人荣睿和普照所请6次东渡5次失败，并承受双目失明的痛苦，终于于公元753年成功抵达日本，被日本天皇授予传灯大法师位，迎入首都奈良东大寺，成为日本律宗的初祖。而且鉴真和尚公元759年主持修建且高度体现当时中国建筑水平的唐招提寺，其木雕形式长期被日本工艺美术界树为楷模竞相仿效。同样，在唐代也有出类拔萃的日本留学生受到中国皇帝的赏识，甚至出任官职，最著名的要算公元717年到达长安学习，并考中进士的阿倍仲麻吕，他被唐玄宗赐名朝衡，又作晁衡，曾任门下省左辅阙、左散骑常侍、秘书监等官职，与大诗人王维、李白皆为知交，建立了深厚的友情。他们常常以诗歌唱和，留下许多动人的佳作。也许叶落归根的思念时时萦环心头，在中国度过了数十个春秋的晁衡，始终抑制不住长期深藏在内心的思乡之情，多次提出回国的要求，唐玄宗在挽留不住的情况下，终于答应他作为护送第十次日本遣唐使回国的中国使节公费返回日本。

图1-14 京都平安时代醍醐古塔

得知晁衡归国的消息，长安的诗友们为他举行了盛大的告别宴会。王维即席写下《送秘书监还日本国》的诗篇。晁衡解下心爱的宝剑，赠给中国诗友，也挥毫赋诗：“衔命将辞国，非才忝侍臣；天中留明主，海外忆慈亲……西望怀思日，东归感义辰；平生一宝剑，留赠结交人。”公元753年十月，晁衡等人乘坐4艘帆船，从苏州黄泗浦启航，驶往日本。令人难以忘怀的是，船队中还有一位扬州的著名高僧鉴真和尚也和他同行。这位65岁的高僧从11年前接受日本友人邀请，决心东渡日本讲学，已曾5次率弟子渡海，但都被风浪所阻而没有成功，这次是鉴真第六次出海。

图1-15 婆罗浮屠佛教寺院

不幸，船队在中途遇到了大风暴，他们被冲散了。鉴真坐的那条船和其他两条船各自开到了日本，而晁衡所乘的船下落不明，直到次年三月，仍然杳无消息。晁衡遇难的消息传到唐朝，在南方漫游的李白非常难过，痛哭流涕，当即挥毫疾书，写下了《哭晁卿衡》诗：“日本晁卿辞帝都，征帆一片绕蓬壶。明月不归沉碧海，白云愁色满苍梧。”写出了对诗友晁衡悲切的思念之情。然而，值得庆幸的是，晁衡的船并没有沉没，他们随风飘泊到了安南（今越南）沿岸。公元755年，晁衡和10多位幸存者历尽艰险，回到长安。此后，他又担任过唐王朝中央和地方的一些官职。公元770年一月，人生七十古来稀的晁衡在长安去世，作为日中友谊的使者永远长眠在中国的土地上。

图1-16 朝鲜海印寺

朝鲜半岛上的新罗王国与唐王朝的交流十分频繁，不仅新罗首都平壤皇城仿唐都长安而建，而且其朝廷官制也有唐制内容。由于贸易的发展，中国的丝绸织物、金银器、瓷器大量进入新罗，文献典籍也被新罗人大量阅读，新罗留学生李同、崔彦为还考取了专门为外籍人士设置的科举学位“宾贡进士”，受到了唐玄宗“新罗号为君子之国，颇知书记，有类中华”的赞扬。中国佛教对朝鲜也有很大影响，早在北朝前秦苻坚控制长安时，便派僧人送去佛经、佛像，朝鲜佛教有所谓“五教九山”都是受中国佛教宗派影响演化的结果。入唐求法的朝鲜僧人，不仅传播佛教，而且致力于算学、历学、医学、神学、文学、建筑、美术、工艺方面的开拓，将中国文化引入朝鲜，并结合本民族实际进行创造。

唐王朝与斯里兰卡的三次遣使联系离不开以佛教作为开路先锋的玄奘、义净西行，更离不开公元741年开元三大士之一的印度高僧不空首次进入狮子国的先导作用。不仅如此，唐王朝还与吐火罗（今阿富汗），拂森（东罗马）及非洲也有联系，东罗马使臣公元643年来过长安，并带来许多珍稀物产与杂技。长安城内不仅当年使用过来自非洲东海岸的黑人奴隶——昆仑奴，而且在怛罗斯之役中被俘的中国官员杜环还被大食人押送至埃及、苏丹、埃塞俄比亚，成了最早到达非洲的汉人。

七、汉唐宋的海上交流

今天如果你有机会去广东、广西沿海，你就会发现中国古代除了汉武帝开辟的通往西域的陆路交通之外，还有一条历史更为悠久的海上丝绸之路。倘若你到广西合浦县实地参观博物馆，并到古码头进行考察时，你就会坚信《汉书·地理志》记述从广东、广西沿海经中南半岛、东南亚有一条前往“黄支国”和“已程不国”的海路是真实可信的。的确西汉时中国海船已能抵达南亚次大陆的南端斯里兰卡，东汉时罗马帝国的商人开始从红海直航远东。三国魏晋南北朝时期长达370年时间里，中国南方与西方诸国的陆路交往因国家分裂南北分割所阻隔，不得不主要依靠海路与海外交通。这一时期往来于中国与南亚之间的僧人大多取道海路，各种贸易也遁海路往返，至今合浦县的博物馆中还珍藏着当年从西方输入中国的琥珀、水晶、珊瑚、玻璃制品等舶来品，就是一个有力的证明。

图1-17 指南针

也许正是由于南北朝的对峙，南朝的统治者更需要海运的畅通，因而客观上重视和推动了航海技术的发展。唐宋时代中国的导航技术在世界上已处于遥遥领先的地位，除了过去传统的导航技术之外，以量天尺为测量工具的大洋天文定位术和全天候磁罗盘导航的使用，是这一时期导航技术发展的基本标志。通过指南针可以测定航向，观星术则可以确定船在海中的纬度，两者配合使用可以确定船在海中的位置。这正如人世间只有自知之明的人才能自我定位，找准前进的方向，对人生旅程起到重要作用。13至14世纪，南印度和中国之间海上交通几乎被拥有先进导航术的中国帆船所操纵，他们在印度、阿拉伯南海以及东非和伊斯兰世界进行着频繁的海上贸易。在中国出口货物中，大多以金、银、缗钱、铅、锡、杂色帛、瓷器为主，其中又以丝帛和瓷器为大宗产品，出口港则以广州、泉州、明州（今浙江宁波）等三个港口最为著名。宋代的瓷器不但远销日本、朝鲜、东南亚、印度和阿位伯各国，遍布整个亚洲和非洲东部沿海，有些还进入了地中海和欧洲。

八、马可·波罗及元代的交流

元朝依靠成吉思汗率领下的蒙古骑兵，驰骋亚欧两大洲，建立了版图东到太平洋，西达地中海，北尽北冰洋，南至印度和东南亚的空前大帝国。战争突破了过去长期限制人们交往的疆界，不同民族的庶民百姓几乎一夜之间都成了蒙古贵族的奴仆和臣民，这种特定历史条件下的“全球化”仿佛把地理距离缩短了，所有道路都畅通了，征服世界的企图使元朝成为东西方文化交流空前繁荣的时代。很多西方人来到了中国，信奉伊斯兰教的阿拉伯人还建立了聚居地，形成了今日的回民，其中可与中国唐代玄奘相媲美的大旅行家马可·波罗则是其中最著名的一位意大利人。这位公元1254年出生在威尼斯的旅行家，17岁时跟随其做商人的父亲携带着十世教皇高利致忽必烈的信件经伊朗、乌兹别克入新疆的喀什，再经叶城、和田、若羌至河西，在经过长达4年的跋涉以后，于公元1275年到达元代的上都——开平。青年的马可·波罗聪明伶俐，深得忽必烈的喜爱，被留在元廷为官并奉命以随员的身份巡视中国各地。公元1291年在中国居住达16年之久的马可·波罗一家3口启程回国，同样走了4年，于公元1295年抵达威尼斯。次年，马可·波罗参加威尼斯与热那亚海战时被俘。由于他有幸与文学家鲁斯梯安诺同狱，于是他的经历便于公元1298年成了作家笔下的《马可·波罗游记》。这本游记提到许多中国城市，如今日的北京（大都）、开平（上都）、京兆（西安）、成都、大理、济南、扬州、镇江、杭州、福州、泉州，以及那里的风土人情；提到了一些元朝的重大政治事件，如海都、乃颜之乱，阿合马被千户王著刺杀事件，大体上与文献记载相仿。由于他的叙述中有许多夸大不实之处，也有人认为马可·波罗并无其人，是后人伪造的游记，但从公元14世纪初，意大利北部韦罗那城统治者自称为“大汗”，使用这个来自蒙古人的称号显然当时就受了《马可·波罗游记》的影响。至于许多欧洲人直到现在还认为意大利面条是马可·波罗从东方介绍过来的，更说明当年的确有个在中国生活过16年的意大利人马可·波罗。在中世纪结束以前，这本有广泛影响的《马可·波罗游记》一

图1-18 马可·波罗像

直是欧洲人了解东方的主要信息源，地理大发现之前，许多著名航海家都读过这本书。哥伦布因为相信《马可·波罗游记》的记载而向东远航，起先目标设定抵达日本，最后却歪打正着发现了美洲。可见，马可·波罗不但有其人，而且他的叙述在欧洲产生过巨大影响，开启了一个地理大发现的新时代。

九、郑和下西洋及明代的交流

宋元时代数百年间，中国航海事业长期处于鼎盛状态，中国东南沿海地区的通航范围已经遍及亚洲各地及东非港口，尤其是元代蒙古人建立了一个横跨欧亚的大帝国以后，为中国创造了一个学习阿拉伯航海知识的机会，使中国航海有了另一个参照系，登上了新的台阶。尤其是明初郑和七下西洋，更标志着古代中国航海事业达到了光辉的顶点。郑和七下西洋原因复杂，说法各异，大致有三方面：一是燕王朱棣在朱元璋死后不久便发动靖难之役，从其侄子建文帝朱允炆手中夺得帝位，建元永乐，登上帝位的朱棣一直担心不见尸体的朱允炆逃往海外；二是担心支持元王朝的色目人会在海外积聚力量配合逃往大漠的元代皇帝复辟，所以一直继续始于朱元璋的海禁政策；三是客观上兴盛的海外贸易难以禁绝，海上走私活动屡禁不止，明成祖朱棣为了取得官方对海外贸易的全面控制，彻底堵塞走私集团的活动以及防止元王朝和建文帝来自海外的复辟，不惜耗费国家财政巨款让三宝太监郑和率领船队，一次又一次地下西洋，企图用政府的政治威望和经济资源将海外可能存在的复辟势力扫除干净，把整个印度洋国际贸易网置于自己的卵翼之下。从公元1405年十二月到公元1433年七月最后一次返国为止，中国航海家驾驶着本国的船队在东起琉球、菲律宾和马鲁古海，西至莫桑比克海峡和南非沿海的广大海域，定期往返，和亚非两大洲许多国家和地区建立了友好关系和贸易往来，交流了彼此的文化技术，沟通了海上交通，在短短的28年中创造了南海和印度洋地区蓬勃发展的政治和经济局面。永乐十五年（公元1417年）菲律宾苏禄群岛上苏禄国的三位国王一起回访中国觐见永乐皇帝，便是这种友好往来的典型反映。

图1–19 郑和铸大铜钟

公元10世纪，我国唐末宋初之际，菲律宾的苏禄群岛上出现了一个苏禄国。到我国明朝初年，苏禄国同时有三个国王，即东王、西王和峒王，其中势力最强大的是东王。由于明三宝太监郑和曾率强大的船队下西洋，并向他们馈赠了为数不菲的中国特产，从而使三位国王对中国产生了无限向往之情。永乐十五年(公元1417年)，以东王为首的苏禄三王经过长期酝酿和周密准备以后，率领由王妃、王子及随行人员340多人组成的大型友好使团，携带着珍珠、宝石、玳瑁等礼品漂洋过海，长途跋涉，终于在农历八月初一到达明王朝的新都——北京。东王一行不仅受到明成祖朱棣的亲切接见和热情款待，并且在明王朝鸿胪寺(相当于今外交部)官员的陪同下参观游览了正在大兴土木的北京城，方圆数十公里的巍峨城垣，无数高耸的敌楼和金碧辉煌的新皇宫使他们一路赞叹不已。再加上农历八月正是北京秋高气爽、景色宜人的季节，西山红叶，海子碧波，点染了无限风光，令他们流连忘返。也许是天公不作美，20多天后突然北方冷空气南下，长期生活在赤道地区的苏禄人受不了这突如其来的风寒，不得不依依不舍地告别了北京，带着明成祖馈赠的丝织品、玉带和金银饰物等珍贵礼品顺京杭大运河南下，准备从长江口下海乘船回国。当苏禄客人的船队将到山东德州时，寒潮又一次袭来，天气突然恶化，彤云密布，寒风凛冽，苏禄东王本来体弱畏寒，又加上旅途劳顿，由感冒引起急病发作，抢救无效，不幸于农历九月十三日病逝。

噩耗传到北京，明成祖深为痛惜，不仅亲自撰写祭文，并派官员赶到德州吊祭，还亲笔写信慰问东王长子都麻含，命令户部(相当于今财政部)拨款为苏禄东王修造墓穴。农历十月初三，明政府以极其隆重的葬礼，将苏禄东王安葬在德州北郊。经东王家庭成员再三磋商，决定长子都麻含继承王位与西王、峒王一起回国，东王妃子葛木宁和次子安都鲁，三子温哈喇等10余人留在德州守墓，3年期满后返国。明朝廷不仅认可了他们的计划，并拨出官田238亩为祀田，免去赋税，作为祭祀东王的经费，还命令德州地方政府每年清明和仲秋代表朝廷祭祀。为了尊重苏禄东王和守墓人的伊斯兰教信仰与生活习惯，明政府特地从德州和历城(即今济南市)拨出了3户回民协助守陵，并照料他们的生活。此后，明成祖为进一步显示泱泱大国皇帝对小国之君的优渥，又拨出财政专款，指令山东地方官员为苏禄东王在墓前按中国习俗修起明楼、享殿，供奉其画像。神道两侧的石人、石马、石虎、石豹，与精美的牌楼、配殿在苍松翠柏的掩荫下交相辉映，形成了一个庄严肃穆的王陵区。受到如此优待的守墓人无不感激涕零，除了东王妃葛木宁在永乐二十一年(公元1423年)曾回东禄国，次年返回中国外，其余守墓人皆乐不思蜀，绝口不提3年回国之事。随着时光的流逝，所有留下来守墓的苏禄人代代相传，都成了侨民，苏禄东王墓后面的3个坟头就是老死德州的东王妃葛木宁、次子安都鲁和三子温哈喇的墓葬。

清雍正九年(公元1731年)，苏禄国王苏老丹又一次率团来中国访问，他不仅到德州瞻仰了苏禄东王墓，而且亲切慰问了这些留居中国的侨民。侨民们希望苏禄国王能代他们向清政府申请加入中国国籍，享受国民待遇，因为具有中国国籍才能参加科举考试，入朝为官，名正言顺地融入中国社会，不为他人所鄙视。清政府不仅爽快地答应了他们的请求，还允许东王的八世孙安汝奇、温宗楷等人以安、温为姓加入中国国籍，成为大清王朝的子民。从此，苏禄东王的后代就成了中国人民的一部分，安、温两姓除了在山东德州北营聚居外，随着子孙的不断繁衍和迁徙，今江苏、河北、天津等地都散居着安、温两姓的苏禄东王后代。

当年成就了这桩中菲友谊佳话的三宝太监郑和是回回人，原姓马，小字三保，或作三宝，出生于云南昆阳和代村，是阿拉伯移民马哈只的次子。洪武十四年（公元1381年），朱元璋平定云南梁王后，郑和作为回回幼童被明军掳阉后，入燕王朱棣府中当太监，燕王起兵篡位后，他因作战有功被赐汉姓“郑”。郑和自幼好学，身为回回后裔与西亚民族有着天然的血缘关系；又信仰佛教利于与东南亚、南亚佛教国家沟通；且知兵习战，有统率才能；再加上本身是皇帝身边的近侍深受皇帝的信任，一系列主客观的有利条件使他幸运地被明成祖一眼相中，任命为率领水师出洋的舰队司令。

郑和下西洋动用的船只最多时达63艘，每次出行都有大批军士和船员随行，第一次出洋时奉使人员即达27550人。船上装运的货物，不但数量可观，而且更以产品独特见长，既有世界上首屈一指的传统特产锦绮、纱罗、绫绢、纻丝，还有新开发的青花、釉里红瓷器，更有青瓷碗、烧珠、麝香、大黄、肉桂、铁鼎、铁铫、铜器等大宗产品，至于并非朝廷钦定的商品铜钱、金银也随之大量外流，出现了无法封禁的趋势。

本着有来有往的原则，郑和从海外带回中国的货物也同样名目繁多，据统计有185种，其中香料29种、珍宝23种、五金17种、药品22种、布料51种、食品3种、颜料8种、木料3种、动物21种，其他用品8种。郑和的船队出没于印度洋各个港口，不但使阿拉伯航海界为之耳目一新，而且也轰动了那些往来于霍尔木兹、亚丁的威尼斯商人，从而对欧洲的船舶设计产生了新的启示和影响。

在今天我国普遍种植的蕃薯、马铃薯、玉米、花生、西红柿都原产于南美洲，是哥伦布发现新大陆以后，才于明代中后期传入中国的外来农作物，苹果则是明末清初从中亚和土耳其传入中国，至于原产尼泊尔的菠菜、非洲的西瓜，则分别早在唐代和宋代即已传入中原。尤其是蕃薯、马铃薯、玉米等高产旱地粮食作物传入中国，并在清中叶迅猛推广，使中国适于种植的耕地迅速扩大到海岛、丘陵、山区等广大地区，粮食产量亦随之大增，再加上清政府“摊丁入亩，地丁合一”，取消人头税政策的落实，导致中国人口从清初的数千万人激增至中后期的三四亿之众。可见世界上任何事物都是一分为二的，有利必有弊，一旦解决了粮食和赋税两个政策瓶颈，人口的压力便尾随而来，真是“福兮祸所伏，祸兮福所倚”。

十、基督教的兴起

基督教大约在公元1世纪中叶产生于奴隶制罗马帝国统治下的巴勒斯坦地区，逐渐流传于罗马帝国全境。那时的罗马帝国，阶级压迫极为严重，不仅千百万奴隶受到残酷迫害，连自由民也陷入穷困潦倒的境地。为此，他们进行了激烈的反抗，发动了多次奴隶起义，例如斯巴达克起义和“犹太战争”，就是其中之典型。但是，由于奴隶主国家政权的强大，这些起义都以失败告终。广大下层的人民群众，陷入极度压抑、绝望和萎靡的状态，总是念念不忘地幻想找到一条逃避苦难的出路。这时，流传于巴勒斯坦和以色列地区的犹太教，信奉雅赫维(即基督教所说的“耶和华”)为“独一真神”，并相信他作为救世主将降临人世，拯救人类。在这个基础上，又吸收了当时流行的天堂、地狱、灵魂不死等观念和古希腊、古罗马哲学家所宣扬的忍耐、弃世、禁欲等说教，逐渐形成了原始基督教。可见，基督教是罗马帝国时代奴隶制压迫的产物。

图1–20 埃特纳雷大教堂

基督教因信仰耶稣基督而得名。据基督教义

称，基督教是由耶稣基督和他的门徒在今巴勒斯坦、以色列地区创立的。说耶稣于罗马帝国奥古斯都时代(公元前27—公元14年)出生在犹太伯利恒一个木匠的家庭里，是他母亲玛利亚“因圣灵降孕”而生，13岁起开始宣传上帝的“福音”，并招收了12个门徒，其中有渔夫、农民、穷人和政府的官吏等。在耶稣的身上有许多“神迹”，他能使盲人复明，死人复活，以5个饼子2条鱼分给5000人食用，等等。他的说教得到了许多群众的信仰，但也遭到犹太教祭司和罗马统治者的反对，最后被罗马派驻犹太的总督彼拉多判以极刑，钉死于十字架上。他死后3日又复活；显现于其门徒之前，第40日升天，升天前命他的使徒至普天之下宣扬“福音”。

早期基督教所宣扬的救世主解救人世苦难的思想，在一定程度上反映了被压迫阶层的愿望，理所当然地赢得了许多人的信仰，同时也受到统治者的残酷迫害。因此，基督教的初期也可以说是被压迫者的宗教。但随着它在群众中的传播，一些富有阶层逐渐加入，他们宣扬顺从忍耐，祈求死后从上帝那里得到报答，其主旨逐步适合了统治者的需要。公元313年，罗马帝国的军事统治者君士坦丁一世颁布米兰敕令，承认基督教的合法地位，确认基督教与其他宗教享有同样的权力。4世纪末，基督教正式成为罗马帝国的国教。

公元476年，西罗马帝国灭亡。在中世纪的1000多年中，基督教传播到整个欧洲大陆，并与封建统治阶级逐步结合，建立起封建神权统治，教会发展到全盛时期，在经济、政治、思想诸方面都占据了统治地位。罗马主教在西方的影响逐渐加强，成了西欧最大和最富有的封建主，并且在公元756年拥有了自己的领土，建立了独立的教皇国。但是，基督教同其他宗教一样，在它发展的过程中，逐渐形成了西部的罗马和东部的君士坦丁堡两个中心。东、西教会为了争权夺利和保持自己的地位，长期进行激烈的斗争，最终导致了公元1054年的东西教会大分裂。从此，东部教会称“正教”(即“东正教”)，西部教会称“公教”(即“天主教”)。

中世纪的基督教逐步成为封建统治的精神支柱和对外侵略扩张的工具。公元1095年以后，罗马教皇为了从穆斯林手中夺回圣地耶路撒冷，先后发动了八次“十字军东征”，历时近200年，是一场旷日持久的侵略战争。罗马教廷为了维护自己的统治，禁止人民的思想自由，敌视科学研究，对所谓的“异端运动”采用了非人道的镇压手段，并于公元1183年设立“宗教裁判所”作为宗教法庭，数百年间被残杀的人士达30万人，其中意大利的天文学家布鲁诺，就因宣传哥白尼的日心说而被活活烧死。16世纪，德国维登堡大学神学教授马丁·路德率先举起宗教改革的旗帜，反对罗马教皇的封建统治。德国农民思想家闵采尔与之呼应，掀起了反教会的农民斗争，从此展开了一场轰轰烈烈的宗教改革运动。在这一场宗教改革运动的冲击下，代表欧洲新兴资产阶级利益的基督教新教应运而生，并宣布脱离罗马公教(天主教)，因其对罗马公教抱抗议态度而称为“抗议宗”。随后，新教又分为信义会、长老会、圣公会、浸礼会、公理会等等。

如果说宗教改革是对社会的愚昧发起攻击，那么14世纪始于意大利，后波及北欧，至16世纪中叶达到高潮的文艺复兴运动则是人性与理性的解放。这场以古典美术、艺术和建筑的复兴为基础，提倡尊重人，以人为中心的人文主义运动，是人本位的回归。它与宗教改革一起构成了现代资本主义精神，推动着西方国家生产力的迅猛发展。

基督教所依据的经典为《圣经》，包括《旧约全书》和《新约全书》。前者是从犹太教继承而来，用古希伯来文写成，约成书于公元前3世纪至公元1世纪，内容主要是犹太人关于世界和人类起源的神话以及犹太教的法典和教义；后者是基督教自身的经典，用希腊文写成，约成于公元1世纪至2世纪，内容是基督教早期的活动和教义。现在通行的《新旧约圣经》是4世纪的定本，是糅合犹太教和早期基督教各派主张的产物。

十一、基督教基本教义及在中国的传播

基督教义由三位一体与创世说、原罪与救赎、教会以及来世说组成。首先，它认为："天主"只有一个，但包含了圣父、圣子、圣灵三个位格。它无始无终，超越时空，完美永恒，是宇宙的始因及万物的创始者，天主全善、全爱，人民必须对他敬畏顺从，听他安排；圣子耶稣在未降世前便与圣父同体，称为"道"，后来以肉身的形式由圣母玛利亚所生，叫"道成肉身"。耶稣的神、人二性统一在一个位格之中。圣灵与圣父、圣子同体，又由圣父、圣子差遣，进入人心，感化人的心灵。其次，它认为人为天主所造，但人类的始祖亚当和夏娃违反上帝禁令，偷吃禁果，造成"原罪"。他们的罪亦传给世上每一个人，所以人人都有"原罪"。天主派他的儿子耶稣来拯救人的罪恶(包括原罪与后天所犯之罪)。耶稣藉其生、死、复活及升天来救赎人类，世人则应以信仰及悔改而得救。再次，教会是全体在世或已死基督徒的总体。教会继承耶稣基督以完成拯救世人的使命。同时，人的肉身死后，生命并未终结，灵魂脱离肉体后，善者升入天堂享永福，恶者下地狱受处罚。但如善者生前尚有罪未赎尽，其灵魂则先入炼狱将罪赎尽再升入天堂。在世界的末日，耶稣基督将进行最后的审判，他要审判古今全人类，得到救赎的可升入天堂，不得救赎者将下地狱。

基督教要求教徒遵循"十诫"，即：除上帝外，不崇拜别的神；不制造和敬拜偶像；不妄称上帝之名；守安息日为圣日；孝敬父母；不杀人；不奸淫；不偷盗；不作伪证；不贪恋他人之妻财。在宗教仪式方面，天主教和东正教都有所谓的七件"圣事"：一是洗礼，入教仪式；二是坚振，坚定教徒的信仰；三是告解，教徒向神父告明自己所犯之罪并忏悔，神父则指示其如何赎罪，或为其赦罪；四是圣体(或圣餐)，领食象征耶稣血肉的圣饼，以示获得耶稣的生命；五是婚配，为教徒的婚姻祝福，教徒结婚时在教堂里由神父主持礼仪；六是终傅，教徒临死前由神父赐圣油并为其敷擦与祈祷，以示赦免其罪过，减轻其痛苦；七是神品，一种教会授予神父或主教神职的礼仪。新教的圣事比较简单只有两种：洗礼和圣餐。

图1-21 圣马丁大教堂

基督教的组织以天主教最为严密，罗马教皇为天主教的最高首领，被认为是"基督在世间的代表"，其教廷设在梵蒂冈，采取封建集权制的组织形式，统治着全世界的天主教和教徒，在有天主教的国家，还分成教省、

教区，由神职人员进行管理。除教皇外，天主教的神职人员主要有：枢机主教，即通常所说的“红衣主教”，他们由教皇任命，有选举和被选举为教皇的权利，一般都担任罗马教廷和各国教会的重要职务；首席主教(又称“宗主教”)，为各国天主教会的首脑；总主教，负责一个教省的主教；神甫(也称神父)，在基层教堂工作，直接管理教徒；修士和修女，是终身为教会服务的传教人员。东正教教会在各国的组织是独立的，彼此间只有松散的联系。有一个不定期的东正教最高会议起协调作用。东正教没有教皇和枢机主教，而实行牧首制，其主要神职人员有：牧首、都主教、大主教、主教、大祭司、祭司、修士等。新教的组织活动更为松散，神职人员的等级也比较简单，只有牧师和传道员，牧师负责宗教活动，一般在某个教堂工作，传道员则属于教会下层的宗教工作人员。

随着海上新航路的开辟和欧洲资本主义的发展，东来的殖民主义从大西洋海岸诸港绕好望角直接前来中国，使传统的中国—中亚—西亚和北非各国的中西文化交流，完全转移到欧洲国家，其内涵也从以前伊斯兰文明的传入，转变为欧洲基督教文明与中华文明的交流。

基督教传入我国的时间在唐太宗贞观九年（公元635年）。据保存在西安碑林的《大秦景教流行中国碑颂》记载，贞观九年，波斯僧阿罗本抵达长安，唐太宗命中书令房玄龄迎于西郊。阿罗本进入长安后，便奏上景教经典，并向唐太宗解释教义。贞观十二年(公元638年)，唐太宗诏敕在长安义宁坊建波斯寺，度僧21人。到唐高宗时，景教已有“法流十道，寺满百城”之盛，在长安、洛阳、沙州(敦煌)、成都等地都建有景教寺。唐玄宗时，命景教僧与来自大秦(东罗马帝国)的主教一起，在兴庆宫举行宗教仪式，唐玄宗还下令从此将波斯寺更名为大秦寺。唐德宗建中二年(公元781年)，景教僧徒在长安附近建立了大秦景教流行中国碑，记录了景教传入中国后146年的历史。但到会昌五年(公元845年)，唐武宗下令灭佛，景教亦同时被禁绝。此后，一直到13世纪，成吉思汗及其继承者们连续西征，打通了东西交通，使景教在中国复活，也引进了罗马天主教，通称为“也里可温教”。据《马可 · 波罗游记》记载，当时北京、杭州、西安、甘肃、宁夏、镇江、泉州等地皆设有十字寺(教堂)，并有专管基督教徒的宗教管理机构“崇福司”。元亡后，也里可温教在中国几乎绝迹。明代前期的200余年，都没有基督教的任何活动。直至16世纪末，天主教再度传入中国。

图1-22 索非亚大教堂

图1-23 米兰大教堂

东正教在我国的传播，约在17世纪中叶。早在公元1689年《中俄尼布楚条约》签订以前，东正教在我国的境内就有所活动。康熙五十四年(公元1715年)，沙皇俄国向我国派出了第一个传教使团，雍正五年（公元1727年），《中俄恰克图界约》签订后，该使团变为常设机构，加强了对华传教活动，势力扩展到华东、华北、西北各地，到1949年前教徒已发展到数万人。

新教传入我国在鸦片战争时期，最早来华的是英国东印度公司秘书马礼逊，他于嘉庆十二年(公元1807年)到达广州。公元1823年，他出版了汉文的《神天圣书》(即《新旧约全书》。而后，随着西方侵略势力在中国的扩大，新教也获得迅速传播，其影响较大的宗派有路德宗、长老会、圣公会、公理会等。

鸦片战争后，清政府与英、法、美等国签订了一系列丧权辱国的不平等条约，在这些不平等条约的保护下，大批传教士进入中国内地。一部分传教士倚仗条约横行乡里，包揽诉讼，强夺民产，引起各地人民的公愤与反抗，从公元1856年到公元1899年的40余年中，全国共发生大大小小的教案300余起。后来反洋教斗争愈演愈烈，终于酿成了1900年的义和团运动。

20世纪初期，受到义和团运动打击的天主教与新教为了适应新的形势，都不同程度地改变了以往的传教方针，教会发展较快。教会内部为了减弱其“洋教”色彩而进行了“本色化运动”和“教会合一运动”。新教还大量开办了学校和医院，力图扩大影响。1946年，罗马教廷将中国天主教会由“代牧制”改为“圣统制”。至解放前夕，根据国际天主教研究与资料中心统计，中国有基督教徒500万人；中国统计，有基督教徒327.9万余人，其中天主教徒257.9万人，新教徒70万人，教堂2.5万余座，教区140个，教派70余个。据20世纪30年代统计有教会大学16所，中学231所，小学6812所，各级学校在校生总数为33.7万人，外籍教师在华出版的著作有27类，3000余种，报刊杂志136种。

十二、基督教对中国文化的影响

在近代的中西文化交流中，欧洲基督教各国的传教士所起的作用特别重大。尽管第一个绕过好望角航路前来中国的耶稣会的传教士是方济各·沙勿略，但真正在中国为基督教传道打下基础的却是意大利籍的利玛窦。他事先学会汉语，于明万历十一年（公元1583年）从澳门进入内地后，易袈裟为儒服，言必说汉语，行必遵中国礼俗，并于万历二十九年（公元1601年）用从欧洲带来的“西洋奇器”，如自鸣钟、天象仪器、圣母画像等进呈万历皇帝，以吸引中国人的注意。他主张习儒归汉，将天主教教义附和于中国儒学，使天主教中国化，争取中国士大夫的支持。他从肇庆、韶州辗转南京、南昌等地，著书传教，广结善缘，使天主教在中国获得了迅速发展，其本人也获准在北京宣武门居住。在他结交的中国官员和学者名流当中，最著名的首推我国明代大学问家徐光启、李之藻、杨廷筠等人。至于清兵入关以后，在华耶稣会传教士中最负盛名者应推留居北京的传教士汤若望，他不仅深得顺治皇帝的欢心，被尊称为“玛法”，即满语之长辈。他和利玛窦一样对天主教和西学在中国的传播起过历史性的作用 。在宗教方面，利玛窦编写了《天主实义》等宗教著作；在天文学方面，欧洲传教士到中国后，不仅翻译介绍了许多西方天文历算方面的书籍，而且引进、制造了一批天文仪器，如地球仪、天体仪、望远镜等；在数学方面，利玛窦和徐光启合译了欧几里德的《几何原理》，使逻辑推理方法在中国广为传播，从而大大丰富了中国几何学的内

图1-24 郎世宁《平安春信图》

容和表达方法。除此，利玛窦还与李之藻合译了介绍欧洲笔算的著作《同文广指》，使17世纪的中国计算工具从唯一的珠算增加了笔算，此后又由于西方传教士的介绍增加了筹算和尺算。最早将西洋大炮从澳门带到北京的是葡萄牙人，当时人称“红衣大炮”。因为葡萄牙被称为“佛朗机”，所以又称“佛朗机炮”。来自科隆的德国人汤若望来华时因战争需要也奉命为朝廷铸造大炮，他不仅口授了《火攻挈要》，出版了专门传播火炮图样、制作和应用的著作，还在短短的两年时间里组织技术工人造出了320门大炮。同天文学和数学一起传入中国的是西方的地理学，利玛窦编绘的《坤舆万国全图》第一次向中国人展示了地球的全貌，并且多次刻印、有多种改进本行世。意大利传教士艾儒略撰写的《职方外记》则是第一部向中国人全面介绍近代世界地理知识的著作，至于被欧洲人称为“中国地理学之父”的意大利人卫匡国更因著有《中国新地图集》而闻名于世。清康熙年间，朝廷曾委托雷思孝、白晋、杜德美等传教士花了10年时间对全国进行全面测绘，完成了《皇舆全览图》，其准确程度超过了当时欧洲的所有地图。与此同时欧洲传教士还把西方的生物学、医学知识介绍到中国。如法国传教士洪若翰、刘应曾用奎宁（金鸡纳霜）治好了康熙的疟疾，外科医生罗德先还为康熙皇帝治好了心悸病和上唇瘤。来到中国的欧洲传教士还将欧洲的建筑艺术与风格带到中国，如意大利传教士郎世宁主持设计的圆明园附园——长春园的一部分，是仿法国宫殿风格设计建造的。郎世宁不仅将西洋的建筑技术和风格传入中国，而且将西方的绘画艺术带入中国，他随身带来的一批西方典籍，集中了文艺复兴以来欧洲的艺术成就，并通过编写教材，开班授徒将西方透视、明暗表现等科学技术传播给中国画家。在西方精于写实的基础上，他吸收了中国的传统画法，使得花鸟造型富于生气，各种马姿尤为精神，人物风度服饰也相当中国化，但面部则用西方立体明暗表现，形成了中西合璧的崭新画艺。这种中为洋用，不仅表现在绘画上，而且在广泛的领域里展开，如中国的儒家经典，诸如《大学》、《中庸》、《礼记》、《诗经》、《乐经》、《易经》、《孝经》等，都被传教士翻译成西方文字介绍到欧洲。除了翻译经书之外，欧洲还有专门研究经书和孔子学说的著作印行。传教士马若瑟将中国的《赵氏孤儿》译成法文，伏尔泰据此写出了《中国孤儿》的剧本，于公元1755年在巴黎上演。公元1761年英国刊印了第一部英译的中国小说《好逑传》。无论是中国艺术的西传还是儒家学说西传都在欧洲激起了波澜，前者酿成了一场风靡全欧的“罗可可运动”，后者则为西方启蒙思想的崛起送去了东方“理性”的酵母。

明末清初之所以能出现这样一个有利于西方文化传播的空间，离不开当时中国国内的特殊形势，因为当时统治者的注意力几乎都集中在朝代交替的战争和如何维护社会稳定上，对欧洲传教士在中国的活动不仅无暇顾及，而且还有所凭藉和依赖，从而有利于传教活动的相对自由。这一局面的出现，不仅使天主教在中国迅速发展，到清康熙三十九年（公元1700年）天主教在中国已拥有教徒30余万人，而且也使欧洲的科技文化在中国得以初步传播，出现了又一次中西文化交流的高潮。但这一高潮，随着代明而起的清王朝统治的巩固和文化专制主义的推行很快就结束了。康熙后期由于来华传教士内部在传教方针上的冲突，引发了造物主之名能否译作“天”或“上帝”以及是否允许中国教徒保留祭孔祀祖的习俗的所谓“中国礼仪”之争，还为此颁发了“禁约”引起清政府的不满，再加上先后有几位教皇下谕裁决，最后终于导致教皇与康熙皇帝的直接冲突。而此时的清王朝为了镇压用诗文反清的汉族士子正在推行文化专制政策，于是康熙断然下令禁止西方传教士在中国传教，只留有技艺者在宫中服务。雍正以后各朝教禁更严，天主教处于十分衰微的境地。通过传教士掀起历时百余年的中西文化交流也就此宣告结束了。但夜郎自大的清政府并不就此罢休，他们视外国为蛮夷，继续其排夷政策，认为“非我族类，其心必异”，以世界中心自居，居高临下地加以提防，如不准夷商学习中国语言文字，购买中文书籍，不准夷商在广东过冬，更不准携带武器。乾隆皇帝接位后，不仅继续实行教禁，还实行紧缩国际贸易政策，不止一次地以皇帝名义下令收缩通商口岸，从粤、闽、江、浙4省减少到广东1省，从大小100多个口岸减少到仅剩广州1个口岸，并对丝绸、茶叶等传统商品的出口量严加限制，同时对中国商船的出洋贸易也规定了许多禁令，从此中国又一次进入了闭关锁国的时代。

十三、百年来的西学东渐

在经历了“中国礼仪”之争，天主教被禁止在中国传播以后的一个多世纪里，中西文化交流处于衰微状态，致使乾隆五十八年（公元1793年）英国的马戛尔尼率领使团要求扩大中英贸易关系的请求也被中国乾隆皇帝所拒绝，嘉庆二十一年（公元1816年）以阿美士德为首的英国使团再次来华要求扩大通商与联络邦交时，由于无法接受觐见时的三跪九叩礼仪，连皇帝都没有见到便被驱逐出境了。直到公元1840年，鸦片战争炮火轰开了闭关锁国的国门时，在血的教训面前，中国人才不得不睁开眼睛看西方，走上了向西方学习和借鉴的艰难历程。鸦片战争后，面对西学东渐，中国人经历了始而言技，继而言政，进而言教的过程。也就是说中国对西方文化的借鉴，首先集中在物态文化层，然后上升到制度文化层，进而集中于心态文化层。

对西方物态文化层的吸收由表及里，从浅入深可分为学习、行动和挽救危亡三个阶段。首先是“师夷之长技以制夷”。第一次鸦片战争的失败，使中国有识之士从西洋船坚炮利中认识到学习西方科技富国强兵的重要性，在林则徐、魏源等人的积极呼吁和倡导下，在引进西方军事技术和装备方面取得了显著成果，并且相继出版了一批有关西方武备制度及攻防战术的专著。其次，是第二次鸦片战争失败后的“洋务运动”。第二次鸦片战争的失败使奕䜣、文祥、曾国藩、左宗棠、李鸿章、张之洞等满汉高官有了进一步觉醒，他们认识到知易行难，“师夷之长技以制夷”必须落实到自行设厂生产的行动上。从19世纪60年代开始，他们身体力行，亲历亲为，大张旗鼓地仿照欧美资本主义国家的办法制造新式枪炮和轮船，编练新式陆军和海军，举办近代军事工业和民用企业，通过开矿山、筑铁路、通邮电、办学校、派遣留学生出国，掀起了一股办洋务的热潮。再次是在甲午战争惨败后，掀起抵制“洋商洋厂”，发展民族资本主义挽救危亡的高潮。

在甲午海战以前中国海军拥有总排水量8万吨的舰队，日本尚不足6万吨，而战争的结果却大大出乎人们的意料之外，是以中国惨败而告终。这说明国力的强弱、战争的胜负不仅仅是物态文化层的较量，而有着更深层次的制度文化层的优劣比较，从而促使中国向西方文化的学习朝着一个新的层次迈进。这一层次也分为三个阶段：首先是维新运动。开始着眼于政治制度的改革，提出了反映新兴资产阶级利益和愿望的改良主张，最终形成了一场全国规模的维新变法运动。维新派人士在光绪二十一年至二十四年（公元1895年至1898年）短短三年间建立了103个学会、64家报纸、185所学校。他们主张君主立宪的政治体制，鼓吹“民权”学说，介绍“物竞天择，适者生存”的进化论观念，影响巨大。其次是辛亥革命。随着戊戌变法失败，孙中山求见李鸿章遭拒，君主立宪成为泡影。资产阶级革命派对清政府完全失望，这些绝大多数留学海外，身受欧风美雨熏陶的热血青年决心发动革命，建立欧美式的共和政体，受王朝派遣公费出洋者到头来会成为埋葬旧王朝的中坚力量，则是统治者始料不及的。再次是“五四”新文化运动。辛亥革命以后，历经袁世凯称帝、北洋军阀混战、帝国主义列强的欺凌，中国进入了民不聊生的阶段，先进知识分子深知在文化上破旧立新的重要意义，他们高举民主与科学大旗，以西方资产阶级的民主自由为武器对中国传统文化进行了深刻的批判。这个时期马克思、恩格斯的科学社会主义，施蒂纳的无政府个人主义，蒲鲁东的社会无政府主义，克鲁泡特金的无政府工团主义，欧文等人的社会民主主义，还有资产阶级上升时期的民主主义、人文主义、实用主义、生命哲学、新康德主义以及帝国主义时期的哲学流派，统统被作为新文化和新思想介绍到中国，引发了激烈的论战，中

图1–25 孙中山像

国出现了自春秋百家争鸣以来思想最活跃的辉煌时期。再加上西方哲学大师罗素、杜威来华讲学更为西方社会政治学说的传播架设了桥梁。无形之中引导了一批有志青年远涉重洋赴欧勤工俭学，寻求真理，为以后改变中国面貌准备了新的思想武器。

近代在以民主为核心的政治学说传入中国的同时，19世纪60年代以后，各种科学及人文学说也大量传入中国，如天文、地理、动物、植物、矿学、物理、化学以及伦理学、教育学、逻辑学、语言学、法学等举不胜举。这一时期翻译的外国文学作品即超过400种，科学研究的风气也渐趋浓厚。1914年6月中国留美学生组织科学社，刊行《科学》杂志，广译各国科学书籍，设立图书馆、博物馆、研究所，组织科学演讲团，出现了一批有研究成果的科学家，从而掀起了中国历史上继汉唐佛教文化传入以来的第二次外来文化传入高潮。它在政治、经济、文教、风俗习惯等诸多方面都对中国产生了不可估量的影响。鸦片战争以后进入中国的西方文化改变了中国人传统的生活方式、价值观念和思维方式。马克思主义等先进思想的传播，导致了中国天翻地覆慨而慷的巨变。它不仅极大地改变了亿万人民的传统生活，更使神州大地进入了旷古未有之大变局。在这千载难逢的大转折面前历史考验着五千年文明古国和中华民族的开放胸怀。

面对今日高速发展的中国，我们不能忘却吸纳外来文化的重要性。林则徐曾说过："海纳百川，有容乃大"，指的不仅是人的胸怀，即便是国家、民族的胸怀也同样如此。中国文化的形成与发展不仅与国内外各民族文化之间的碰撞、交流、融合密切相关，而且与国家领导者的胸怀有关，凡是能以宽阔的胸怀容纳外来文化的时代，文明发展的速度就快，凡是以排斥以至于拒绝的态度对待外来文化的时代，文明发展的进程就缓慢。汉唐的强大源于它的有容乃大，明清的落后离不开明代中后期开始的闭关锁国，这不仅已被历史一再证明，而且将继续被未来的历史所证明。由此可见，现代中国的出路绝不是封闭而是更大范围的开放！

第五节 财税与文化的互动

一、"税外加征"与表面文章

中国人口众多，生存竞争激烈，再加上儒家学说的长期灌输，张扬个性实现自身价值成了仁人君子之大忌，口是心非做表面文章反而成了不少人自幼养成的正常习惯。例如，我们到某一朋友家做客，当主人要给大家倒茶时不少人都会自觉不自觉地说，坐一会就走不要倒了。倘若主人真的不倒茶人们出门后一定会议论纷纷，指责主人不够客气，这种表里不一的现象不仅在日常生活中司空见惯，就是在中国财税史上也屡见不鲜，成了挥之不去的痼疾。

凡在一个朝代建立之初目睹前朝统治者横征暴敛导致亡国惨痛教训的皇帝都会实行轻徭薄赋的财税政策，并且还会信誓旦旦地表示从今以后决不加征，例如清代的康熙皇帝在他晚年即康熙五十一年（公元1712年）就作过以康熙五十年的纳税额为标准“滋生人口，永不加赋”的承诺。但随着岁月的推移，官员的腐败，以“耗羡”等名目出现的加征便愈演愈烈，在明代以前这种加征往往以杂税形式出现，清代后期和民国则以“捐”问世，当今则以“费”著称。早在新中国成立之初，以陈毅为市长的上海市政府一次性废除原南京国民政府在上海市内征收的苛捐杂税即达300余项之多，而当时国民政府的正税仅仅只有14种，两者以种类计算税外加征为正税的20余倍，税外加征真是令人触目惊心！

二、“税收优惠”与尊卑文化

税收是国家凭借政治权力，按照法律预先规定的标准，强制地、无偿地、固定地向人们征收的收入，其与人们赞助某项事业完全不同，它既没有名，也没有利，仅仅是一种义务而已。所以，如果没有法律的硬性规定是没有人会自愿纳税的。尤其在盛行尊卑文化的中国，只要位尊权大者都希冀获得减免税的特权，例如满脑子“一人得道鸡犬升天”思想的明代开国皇帝朱元璋就曾在洪武初年给了他的58位宗族亲藩以这样的特权，导致这些肆无忌惮的宗族亲藩不仅人口成倍繁衍，而且贪得无厌地大量兼并土地，结果不到200年便造成全国1/2耕地优免不纳税的局面，使国家财政陷入了严重的危机之中，迫使不敢得罪宗族亲藩的朝廷自天启年间（公元1621—1627年）开始屡次向普通百姓加派“三饷”，明目张胆地增税以解燃眉之急。面对不公平的苛重税负，大批无地或少地的农民难以忍受，只好流亡到外地“趁食”，最多时流民人数高达600万人之巨，几乎占当时全国总人口数的1/8，随着流民力量的积聚，民怨沸腾最终导致大规模农民起义的爆发和明王朝的毁灭。长期以来，这种由尊卑文化衍化而成的特权思想大行其道，只不过时代不同，其表现形式有所不同罢了。难怪有人说在西方做百姓易，当名人难，而在东方正好与西方相反，当名人易，做百姓难。因为替尊者讳，贤者隐乃东方传统思维定势。

三、“利益共享”与和谐关系

人是群体活动的动物，中国人更是如此。2000多年来，中国一直把地球上1/5的人类凝聚成单一文化、社会、政治、经济群体，这真是奇迹！创造这一奇迹的自然因素，主要有两方面：一是中国疆域东临汪洋大海，西为高原雪山，北为冰天雪地，南为山区丛林，在古代的交通条件极易形成封闭的“天下观”；二是地球上10条大河流中的2条，即长江和黄河从头到尾都在中国境内流过，而其他8条都是国际河流。创造这一奇迹的人为因素，离不开大一统的中国传统文化。

中国传统文化主要反映在儒佛道三方面，其中本土文化主要反映在儒道两方面。儒家思想强调不偏不倚，调动两个积极性的常行之道，即“中庸”。道家思想的形象反映便是人们常见的太极图。太极图中有两条鱼，被称为阴阳鱼，常见的是一白一黑，白鱼有黑眼睛，黑鱼有白眼睛，白鱼的头与黑色尾巴相接，黑鱼的头则与白色的尾巴相连，这说明两者不仅有彼消此长的相互演变，而且你中有我，我中有你，相互依存，缺一不可。

这种互相渗透的依存理念不仅导致自古中国人将社会家庭化，习惯于把领袖称为爷爷、父亲，将军人称为子弟兵，将官员称为“父母官”，将友好城市称为“姐妹城市”，将相关单位称为“兄弟单位”，将流经当地的河流称为“母亲河”等等。这种依存关系表现在就餐方面就是共餐不分食，即使在“非典”肆虐以后的今天，人们仍然坚持共桌就餐用筷子在同一碗里夹菜的不卫生习惯。同时由于这种家庭化的思想在中国影响深远，以致不可动摇，所以从西方引进且按税种截然分开的分税制在中国就会被异化成互相关联的你中有我、我中有你的综合分成。例如1994年1月1日开始全国实行分税制的财政体制改革，其出发点是尽可能按税种将中央收入和地方收入分开征收，国税局、地税局各收各的税，改变实行多年的按总额分成的财政格局，但10年过去了，税种不是分得越来越清楚，而是越来越模糊了。如原来属于地方税的两个所得税，即个人所得税和企业所得税又重新变成了地方与中央按4∶6分成的共享税，而且出现了一种企业所得税竟然由两个不同的税务局征收的你中有我、我中有你的新局面。至于10年前分税制改革时，为了与世界各国出口退税政策接轨，财政部要求各省将地方负担的20%退税款划转上解，从1994年起出口退税100%由中央财政负担，10年后的今天，由于中央财政单方面负责出口退税工作缺乏地方支持，产生了诸多问题，其中最为突出的是包括被骗的税款在内，拖欠的退税款越积越多，截至2003年年初已累计高达2000多亿元，中央财政忍受了巨大的压力。为了改变这种被动局面，中央财政于2003年10月决定让地方恢复负担25%退税款的措施，花了10年时间希冀实行税种截然分开的分税制又重新开始了综合分成的办法，只不过以前是按总额分成现在是按税种分成。

四、“财税政策”与佛教转型

靠人施食为生，走苦行僧之路的佛教产生于印度，其之所以能在公元前2年传入中国，这与西汉武帝于公元前135年至前119年的17年间不惜花费财政国库1000亿铜钱（相当于当时国家财政25年的收入）组织武装力量打通中国通往西域的丝绸之路是分不开的。当年最早定居中国的印度高僧竺法兰和摄摩腾，也是公元64年由东汉明帝派人从今阿富汗迎接到洛阳，开始住在相当于今日外交部的鸿胪寺，后来还由国家财政拨款替他们建造了一座白马寺作为宗教活动场所。到唐代，尤其是唐太宗在洛阳接见从印度取经归来的玄奘以后，唐朝政府财政连续100多年拨款组织中外高僧翻译了几乎所有从印度传入中国的佛经，从而奠定了佛教在中国形成八大宗派的理论基础。

但到后来特别是南北朝中国佛教化时期，庶民百姓纷纷带着包括土地在内的资产投身佛门，最严重时僧人要占北方总人口的1/5强，而且不断获得达官贵人巨额捐助的佛寺，由于有了雄厚的资本便直接经营碾坊、磨坊、油坊、典当、旅店、商铺和高利贷等工商业，明目张胆地与国家争利，甚至参与政治，拿起武器对抗朝廷，从而激起了朝廷的反感，引发了南北朝时的北魏太武帝、北周武帝、唐朝的武宗、五代时期的后周世宗的连续四次灭佛，使一度翘起尾巴的佛教遭到了沉重打击，以至于不得不一改以乞讨和靠人施舍为生的印度佛教生存方式，走上了自己种地自己打柴自己碓米的自力更生之路。著名的百丈禅师还提出“一日不作，一日不食”的口号，并且在宋代兴起了居士佛学，使出家为僧者大为减少，从而缓和了在赋役问题上与朝廷的矛盾，通过提倡“庄严国土”和高呼“当今皇上万岁，万岁，万万岁”的口号改善了佛教与政府的关系，尤其是隋唐时代产生的中国佛教的八大宗派通过斗争和融合走上“禅净合一”的人间佛教之路以后，佛教徒不再沉湎于读诸多的经书，而是在于“众生是佛，佛即我心”的领悟，这对长于悟性，短于逻辑的中国人来说，不啻是一大福音。在财税政策的影响下，承受压力的印度佛教终于变压力为动力，彻底地走上了中国化之路。

五、“不抑兼并”与儒学哲学化

水力发电站，落差越大，势能转化为动能越多，发电能力就越大，但如果落差超过750米，则会造成机毁人亡，因为目前的材料和设计达不到如此之高的要求。社会发展也与水力发电站相似，越是拉开穷富差距，生产力发展就越快，因为有的人有资本，有的人只能出卖劳动力，就能形成最好的资源配置，但是穷富差距也不能拉得过大，倘若穷人生计无着，忍无可忍，便会揭竿而起，一夜之间社会就会陷入动乱之中。因此，中国历代统治者为了稳定社会不得不秉持“均贫富”的原则，动用包括征收重税在内的财税手段来限制富人对穷人的兼并，如明代贫苦农民出身的开国皇帝朱元璋就要求全国各地将拥有700亩以上耕地的地主名单上报给他，以便他随时调阅；中国民主革命的先行者孙中山先生在他的《建国大纲》中，公开声明要“平均地权，节制资本”；20世纪50年代初，为限制引发个人致富的私营经济发展，规定凡私营企业产品委托加工增值要全额征税，公营企业仅按加工费额征税，两者之间有着极大的税基差距。不仅如此，后来为了寻求更大范围的社会公平，干脆下令在全国推行“一化三改造”政策，不数年便彻底消灭了中国土地上的私营经济，使穷富差距顿时缩小。

图1–26 清津贴银锭

正因为中国有着这样的文化背景，而且人们也知道，文明产生于财富的绝对增长和相对集中，但很少有国家领导人会冒天下之大不韪，公开站出来说允许一部分人先富起来的，在中国历史上至今还只有两个人：除了当代的邓小平以外，就是北宋的开国皇帝赵匡胤。赵匡胤在北宋建国之初便公开声明“不立田制，不抑兼并”，宣布打破坊市制度放开城郭经商限制，在全国广建草市，实行市场政务公开的“书市买牌”制度。南宋高宗在建炎年间（公元1127—1130年）为了融通资金搞活金融，还明令对开设典当铺者授予朝奉郎（正六品上散官，官衔高于七品知县，相当于今副地、厅级非领导职务），享受着皂衫、角带、不顶帽的吏员装饰，免除赋税徭役的优惠，这一系列鼓励工商业发展和市场繁荣的财税配套措施，推动了宋代商品经济的蓬勃发展，以至于今天西方有些历史学家还认定我国宋代已出现资本主义萌芽。由于宋代社会在物质文明发展过程中过于迅猛，物欲横流，利欲熏心，丧心病狂地追求发财致富成了社会发展中的一大弊端，而西汉董仲舒“废黜百家，独尊儒术”的三纲（君为臣纲，父为子纲，夫为妻纲）、五常（仁、义、礼、智、信）又近乎神学，已经不能适应稳定社会的需要，从而导致更加哲学化、具体化的程朱理学应运而生，尤其是“格物致知，只是穷理”的程朱理学打出的“灭人欲，存天理”大旗成了南宋宁宗（公元1195—1208年）以降封建王朝求之不得的“以德治国”的强大武器。到了明代，由于财税政策的放开，推动了商品经济的进一步发展，朱熹把心与理一分为二的格物致知已经适应不了社会发展和人们张扬个性实现价值的需要，开始笃信程朱理学的王阳明曾整整花了7天时间去格竹子，希冀获得“格物穷理”的启示，结果不但什么也没有格出来，反而冥思苦索累得生了一场大病，不过他在这个格物的过程中，也不是无所斩获，他悟出了“心即理”的“心学”，提出了“知行合一”、“致良知”的理论。王阳明认为“人人都有良知，满街都是圣人”，他完全站在市民和农民的立场上，呼吁思想解放，迎合了当时的社会思潮的需要，起到了程朱理学所不能起到的作用。由此可见，财税政策对文化的发展所起的作用是难以估量的。

图1–27 清捐输银锭

第二章　永无止境的税制变革

当今世界流传着“纳税与死亡一样不可避免”的口头禅。它不仅说明赋税与人民群众的福祉息息相关，而且昭示着赋税与国家的生存和发展紧紧地联系在一起。的确，赋税随着国家的产生而产生，它是国家为了实现其职能，凭借政治权力，按照法律预先规定的标准，强制地、无偿地、固定地参与一部分社会产品的分配。英文中的赋税一词称“Tax”，来自拉丁文的“TAXO”，包含必须忍受、必须负担的意思。马克思说：“赋税是喂养政府的奶娘，国家存在的经济体现就是捐税。”所以，赋税从它一问世，就在国家政治经济生活中起着重要作用。

中国古代以农立国，前后历夏、商、周、秦、汉、魏、晋、南北朝、隋、唐、五代十国两宋、辽金元、明、清等14个历史阶段，4000多年时间。为适应社会历史发展的需要，赋税制度从无到有，逐步变革，先后建立了夏商周（公元前2023—前222年）时的劳役田租税制，秦汉（公元前221—公元219年）时的田租口赋力役税制，魏晋南北朝隋至中唐（公元220—779年）的租庸调税制，中唐以后至明中后期（公元780—1580年）时的两税法，明后期至清代（公元1581—1911年）的一条鞭法等5个相对稳定、实行时间较长，且以农业赋税为骨干的主流税制，推动了商品经济的进一步发展与社会的进步。但是，长期以来，由于不少统治者不思节俭、穷奢极欲和冗员泛滥、战乱频仍，造成国家仅靠主流税种收入难以解决入不敷出的问题。为了增加收入，平衡财政，各个朝代在主流税制基础上都作了不同程度的附加，有时这些被贬称为“杂派”的附加超过甚至数倍于正课，形成了中国赋税制度外长期加征的积弊，从而屡屡引发了忍无可忍的农民起义，导致改朝换代。

为了缓解社会矛盾，历代王朝都试图通过改革农村赋税制度来减轻农民负担，巩固自身统治。除了汉初和曹魏两次减负改革取得实质性成效以外，其余几次并税改制都催生了若干年后的“杂派”高潮。这种现象是南宋自学成才的思想家李心传（公元1167—1244年）最早发现并在其《建炎以来朝野杂记甲集·身丁钱》中指出：“唐之庸税，杨炎已均入两税，而后差役复不免焉，是力役之征既取其二也。本朝王安石令民输钱已免役，而绍兴（南宋赵构年号）以后，所谓耆户长、保长雇钱不复给焉是取其三也。合丁钱论之，力役之征盖取其四也。而一边有事，则免夫之令又不得免焉，是取其五也。”明末清初浙江余姚籍的著名思想家、史学家黄宗羲（公元1610—1695年）在《明夷待访录·田制三》中又作了进一步的论述，他说唐初的租庸调制度本来分为租，征收谷物为土地税；庸，征收绢帛为人头税；调，征收麻布为户税。唐代杨炎改革为两税法，全都以贫富为标准（主要是拥有土地多寡）来征收，虽然没有了户税和人头税的名目，其实这两项征收已经并入土地税中。相沿至宋期，一直没有从中减去户税和人头税，然而却在此之外重又开征新人头税目（丁身钱米）。后人习以为常，认为“两税”只是土地税，“丁身”才是户税和人头税，其实那是重复征收的。如果当初不把庸调之名目取消，何至于此？所以杨炎税制改革一时有小利，给后世却留下大害。到明代，在两税、丁口税之外，又征役（力差）和代役租（银差），本来是10年轮一次的到嘉靖末年改革为一条鞭法，把两税、丁口、差役和各项杂派全都归并到一起征收，原来每10年中轮值1年的差役负担，如今分摊到10年里征收了。这实际上是把银、力二差又归并到两税中。但不久每到轮值之年，各种杂役又派了下来，后人习以为常，认为“一条鞭”只是两税，而杂役则是该轮流当差的，谁知道那是重复征收的。如果当初不取消银差、力差的名目，何至于此？所以一条鞭法也是一时有小利，却给后世留下大害。到明末，朝廷又先后加派旧饷（辽饷）500万两，新饷（剿饷）900万两和练饷730万两。户部尚书倪元璐要改革，又把三饷归一，实际上是把这些杂派又并入正税（两税）。如今人们以为两税之征理所当然，岂知其中包含的三饷加派正是导致明朝灭亡的原因之一！设若三饷之名目不改，人们或许还会顾其名思其义，知道这是税外的加派。后人没有将这种愈改革农民负担愈重的现象称为李黄定律，而是简称为黄宗羲定律。遗憾的是，李心传、黄宗羲先生只看到问题的现象，并没有看到问题的本质，因为赋税制度同世界上万事万物一样，变是绝对的，不变是相对的，问题不在于变，而是在于为什么会变，如何变，因此我们有必要纵观中国历史上的赋税及其改革的成败得失，以便从中悟出一些教益。

第一节 劳役田租税制的演进

图2-1 夏代铜爵

夏、商、周三代（约公元前2023—前222年）前后共历1800余年，是我国劳役田租制度为主要内容的赋税从无到有、逐步形成的阶段。孟子（约公元前372—前289年）是战国时代的学者，他根据当时的传说对滕文公讲了夏商周的赋税制度，于是在《孟子·滕文公上》中就有这样的文字记载：“夏后氏五十而贡，殷人七十而助，周人百亩而彻，其实皆什一也。”也就是说，夏商周三代都规定向国家贡献大约10%的农产品。贡献物品名义上用于祭祀社神，实际上贡献就是国家官吏生活的惟一来源，是初始的赋税。

一、夏代的贡法

自古以来，中国就是一个自然灾害频繁的国家。作为在帝舜时掌管

图 2–2 “众人协田”牛骨刻碑

水土的“司空”(相当于今水利部长)，禹因治水有功，继舜做了部落联盟领袖。大约公元前2023年，禹建立了我国历史上第一个朝代夏，即“夏后”。通常我们称为华夏民族之“夏”即出典于此。与中国人将传说中的人文始祖炎帝、初祖黄帝合称为炎黄，自称炎黄子孙同出一辙。在原始社会，由于生产力低下，生活资料极其贫乏，人类劳动没有剩余产品，因此还没有产生占有，产生赋税，产生国家。司马迁在《史记·夏本纪》中写道“自虞、夏时，贡赋备矣。”也就是说，在夏禹前夕，虞舜的时代的生产力水平已有所提高，已经具备产生占有、产生贡赋的条件，从而使禹建立国家成为可能。

相传夏代将土地以50亩分为一个征收单位，即一夫种田50亩，必须将1/10即5亩的产品贡献给国家，土地出产什么，使用者就向国家交纳什么，这便是当时的“任土作贡”。这种美称为“贡”的税收制度规定，离王城100里以内纳全禾；100—200里纳禾穗；200—300里交秸秆；300—400里交粟；400—500里交精米；并把土地分为九个等级，把田赋也分为九个等级，由于各州生产情况不同，田等与赋等并不完全一致。同时，由于5亩产品因年成好坏而有多有少，故以数年为标准，平均收获量为定额，即所谓“贡者校数岁之中以为常”。贡献是夏代财政收入的主要来源，负责征收管理贡献的官吏叫“啬夫”。据《春秋·左传》记载，夏禹还曾向各路诸侯索取贡物：“禹合诸侯于涂山，执玉帛者万国”，“远方图物，贡金九牧，铸鼎象物”。将索取之青铜铸成钟鼎便成为国家权力的象征。禹向各路诸侯索取的其他贡物还有豫州贡漆、丝、絺(细葛)、纻；青州贡盐、絺、海物(海鱼)；扬州贡金三品等。明末顾炎武在《日知录》中立论：“古来田赋之制，实始于禹，水土既平，咸则三壤，后之王者，不过因其成迹而矣。”

二、商代的助法

商王汤原居于商丘，商国原是一个善于贩运的兴旺小国，随着商业的发展，交易的扩大，可以有更多的奴隶从事生产，在农业和手工业方面都比夏进步。夏最后一个君主夏桀（名履癸），居洛阳，荒淫残暴。汤从商丘徙亳（山东曹县），作伐夏准备，先灭韦（河南滑县）、顾（河南范县），乘势攻桀。桀率兵到鸣条迎战，但士兵败散而逃至昆吾，汤灭昆吾，桀又逃至南巢（安徽巢县），夏亡。汤回亳都，约在公元前1562年建立商朝，传十代到盘庚，迁都殷（今河南安阳小屯村一带）。

助法是商代的税法，“殷人七十而助……助者借也”，这里既包括了田制，也包括了税制。田制方面，“商人始为井田之制，以六百三十亩之地，画为九区，区七十亩，中为公亩，其余八家各授一区”。税制方面，“但借其（八家）力以助耕公田，而不复税其私田”。也就是说商代实行的井田制，是把六百三十亩土地分为每块七十亩的方田，共九块，交给自由民耕种。井田的四周八块是自由民私有的耕地，收获归私有，中间那块是公田，收获全部归统治者所有，而在四周的自由民必须为统治者耕种公田，以力役形式向统治者提供租赋。在《孟子·滕文公上》中将此法记载为“惟助为公田”。

从夏的每家耕种50亩到商的70亩，应该说这是青铜器的广泛使用促进了生产力水平的提高，使可耕种的土地面积大大增加。同时夏禹立朝之初包括禹本人在内的统治者尚能以身作则参加生产劳动，后世夏禹之各种画像皆荷铲而立便是明证。因此当时还没有公田无人耕种的问题。以后随着生产力的发展，统治者完全脱离劳动，就需有人耕种公田，助法可能就是在这样的背景下产生的。从征率上来看，八方助耕一公田，力役为1/9，对统治者来说农民纳了11%强的税率，与孟子所说的什一而税大致相去不远。毫无疑问，助法是在贡法的基础上发展起来的，统治者创造了这种劳役田租，使收获更有保证，更便于征纳，可以说助法比贡法的剥削程度更甚，但就赋税制度本身来说，应该是向前迈进了一步。

三、周代的彻法

随着农耕的发展，有着同一水源的黄河流域开始有了统一灌溉和航运的客观要求。在诸多竞争者中间，历史选择了奋发图强的西部小国周。周文王姓姬，名昌，居岐（今陕西岐山县）。文王重农节俭，施行裕民政策，推行封建制度，征收田租较有节制。与其相反的是商纣王堕落腐化，淫乱好色，为政暴虐。到周文王晚年，疆土已达天下2/3，灭商的条件成熟。约在公元前1066年，周武王出兵伐纣，纣兵纷纷倒戈，只用了一个来月时间便攻入商王住地朝歌，商亡。由于商族人历来善于驭马和长途贩运，商亡后大批商朝的贵族便重操旧业。于是从事贸易经营群体便被人称为商人，他们所从事的职业便被称为商业。因为商朝对周朝来说是失败者，所以在四民分业后，商也只好屈居于士农工商之末位。

图2–3 宜侯矢铜簋

周朝在开始时也行劳役田租性质的助法，大抵在共和（公元前841—前832年）后，由于生产力的进一步发展，人均耕种田亩数不断增加，加上助法行久弊深，边际效益下降，农民对私田耕作全力以赴，对公田耕作不力的问题日益突出，王畿内的助法不得不顺应潮流，改为彻法。《孟子·滕文公上》所说的“方田而井，井九百亩，其中为公田。八家皆私百亩，同养公田；公事毕，然后敢治私事”就是指这种彻法。也就是说实行“彻田为粮”，彻，意为抽取。宋代学者朱熹将之理解为：“通力合作，计亩均收，大率民得其九，公取其一”，也就是说彻法是一种在合作制度下的什一实物租赋制度。在耕种时，由一井农民“通力而作”，收获时不论公私都“计亩而分”，即将实物总产量依公私田亩数量的比例予以分配。这样，可以防止农民耕作公田不力之弊，使公田、私田都能以同等的劳动耕种。从此，劳役田租的形式有了实物田租的内容，为日后井田制的消亡和走向履亩而税的完全实物田租制度打下了基础。西周的赋税收入分为两大类：一类是诸侯对王室的贡纳，又分为职贡与朝贡两种。职贡按所封诸侯国内的主要生产物为贡纳品，每年均须缴纳，是具有完全强制意义的征收。朝贡是以所封诸侯国内的珍奇物品为奉献，不一定年年奉献，间隔时间随所在国距王城的远近而异。贡物数量取决于爵位的高低，一般是爵位高者地广而贡多；反之则贡少。另一类是人民对王室的贡纳，分贡赋与力役两种。贡赋是按土地面积征收实物，采用彻法。王畿贡赋之征收标准是：越接近王城者其税越轻，越远者越重。《周礼·地官》载："园廛二十而一；近郊十一；远郊二十而三；甸、稍、县、都无过十二；惟漆林之征，二十而五。"说明由近及远，税率分别是5%、10%、15%、20%，仅仅只有漆林一类的经济作物税率为25%。近者赋轻的原因是"近者多役"，即以多服徭役以补赋轻之不足。凡国中（都城内）之人身高7尺（周尺之实际长度仅及现代市尺的0.7—0.8尺），20岁至60岁，郊野自身高6尺，15岁至65岁，都得服徭役。力役规定每年"使民不过三日"，不管路近路远，都必须自带粮食前去服役。据说成王时周公赞成以洛邑（今河南洛阳）作为都城的一个重要理由，就是洛邑居"天下之中，四方入贡道里均"。此后河南便成了中州，并且以洛邑为中心确定了五岳的位置，即今东岳泰山、西岳华山、北岳恒山、中岳嵩山和南岳衡山。

西周时军费由贵族内部筹集，征集率为1/10，即10%，称为"赋"。"赋"字从贝从武，指兵车之赋，即军赋，含有整军经武之义，是税收的另一种别名。后来，汉代创造了一种介于散文与诗歌之间的文学形式也称为赋，这不但是中国历史上文史分途之发端，而且从此赋就有了税收和文体的双重含义。它与贡献、互助、彻底等现代使用频率很高的词汇一样，都源于赋税。

对于商业和手工业，周初都是官府经营，一律不征税，即所谓"市廛而不税，关讥而不征"。齐国的管仲就主张"官山海"，实施盐铁专卖收私益于国家。

四、春秋战国的转折

随着经济的发展，春秋战国时期，铁制农具使用日广，田野耕作与开辟新耕地都获得了空前便利，生产力大大提高。再加上这一时期群雄角逐，战争频繁，军费增加，开支浩大，仅仅依靠助、彻两法的什一税收入，已不足以供应国家需要。因此，四民分化，士农工商各有分业，井田制便逐步瓦解。国家的土地尤其新开垦的非井田允许农民或地主耕种，然后按土质和条件的好坏履亩征税。矿山、河海、林木对人民开放，允许经营工商，国家从中征税。从公元前594年最先在鲁国实行"初税亩"开始，"税"在各诸侯国普遍推行。"税"字从兑从禾，实物税之义，征收的主要是实物。与西周时的劳役田租不同，赋在西周由贵族负担，春秋以后改由农民负担。赋、税逐渐合流。《汉书·食货志》上说："有赋有税，税谓公田什一及工商虞衡之入也。赋共（供）车马甲兵士徒之役，充实府库赐予之用。税给郊社宗庙百神之祀，天子奉养百官禄食庶事之费"。"赋谓计口发（征）财，税谓收其田入也。什一，谓十取其一也。工、商、衡、虞虽不垦殖，亦取其税者，工有技巧之作，商有行贩之利，衡虞取山泽之材产也"。赋税制度的改变是生产力和生产关系发展的结果，对生产力的发展又起了促进作用，如这一时期修筑的著名水利工程都江堰和郑国渠，使成都平原成了天府之国，关中平原成了旱涝保收的八百里秦川，这就是政策效应的有力证明。但与此同时，人民的负担也随之大大加重了。当时赋税主要有田税和户口税，户口税是新增加的。有的诸侯国还征收山泽税、宅园税、牲畜税、农具税、蚕桑税等杂税。对私营工商业者征收关市税。赋税除征收谷物外还有纺织品、柴禾、蔬菜、土特产、货币等，税率超过20%甚至达到50%以上。

战国时期，秦孝公即位（公元前361年），任用商鞅变法。商鞅变法中与赋税有关的措施，一是废除井田制，承认土地私有和自由买卖，国家对土地征税；二是废除旧的爵禄制，根据军功行赏；三是实行重农抑商政策，禁止弃农经商，以为国恃农而安，主恃农而尊，要发展农业，就要用税收政策调节农商关系；四是鼓励分居立户，禁止父子兄弟共业，“民有两男以上不分异者，倍其赋”；五是按土地多少征赋税，按人口抽人头税，按人丁征兵，全国设31县，实行郡县制和连坐法。商鞅变法确立了封建的政治和经济体系，为秦兼并六国奠定了经济基础。但是商鞅在变法过程中为建功立业，不惜动用严刑峻法，甚至不择手段来达到目的，使他失却了受人尊重的人格。如为了镇压反对变法者，他不仅开创了中国历史上以言论罪和株连无辜的先河，而且竟然一天之内就在渭水之滨处决了700多名反对变法者，以至于“渭水尽赤，号哭之声动天地”。公元前342年，为了与魏国争夺河西地区，他作为堂堂秦国国相，不惜欺骗曾是上级和朋友的魏国统帅公子卬(音：昂）来营饮酒言和，并在耳热酒酣之时，发动偷袭，击败了毫无准备的魏军，取得了不义之胜。在极端推崇信义的中国，商鞅的做法不啻是冒天下之大不韪，人们咬牙切齿等待机会。当公元前338年他的后台秦孝公去世、太子驷接位后，他被人诬告谋反，并在走投无路时不得不在封地商举兵反抗，结果最终被捕，受酷刑车裂而死。可见，推行任何变革绝不可以残忍为手段，丧失个人信义为代价，否则将会搬起石头砸自己的脚，人们最终会以其人之道还治其人之身！

第二节　田租口赋力役税制的推行

秦始皇二十六年（公元前221年），秦国击败六国，结束了诸侯割据称雄的战国时代，秦王嬴政建立了中央集权的统一国家。“王”改为“皇”，君主的权力被神圣化而不受任何制约。尽管秦代的存续期很短（公元前221—前206年），首尾仅16年，但其在各种典章制度上有重大改革，赋税制度亦为其中之一。汉在秦的基础上巩固发展，统治达425年之久（公元前206—公元220年），其赋税制度几经变革逐步适应了封建统一国家的需要。

图2–4 秦始皇像

一、秦代的横征暴敛

秦始皇统一六国以后，为了便于控制，利于监督，以防叛乱，巩固政权，于是聚诸侯财宝于三辅，徙天下豪富12万户于国都咸阳，“收天下兵（器）聚之咸阳，销以为钟，铸金人十二，重千石，置廷宫中”。接着，秦始皇有五次出巡，封禅，望祭山川；修建宫殿，覆盖三百里；对外用兵，又筑万里长城。此外，还发童男童女数千人入海求仙，并遣人求长生不死之药。这样浩繁支出，财用耗竭，不得不增加赋税。秦代的赋税分为田租、口赋、力役三种。田租按亩计征“泰半之赋”，泰半即2/3，也就是说税率高达66.7%。口赋是人头税，每口1000钱。力役的征收，更为严重。当时全国人口约2000万，劳动力占40%，约为800万人，其中男劳力约400万人，而每年所征用的劳役起码不下300万人，占男劳力的75%。如骊山始皇陵，在嬴政即位后即修建，统一六国后又征发刑徒70余万人继续建造，直到他本人葬入墓中为止，前后历时数十年之久。至于修建万里长城动员的劳动力更多，以致民间千百年来流传着新婚不久的孟姜女找不到被拉伕服役的丈夫万喜良而悲愤万分哭倒长城的故事。所以汉董仲舒说：“（秦）力役三十倍于古；田租、口赋、盐铁之利，二十倍于古”。造成全国“男子力耕不足粮饷，女子纺织不足衣服，竭天下之资财以奉其政（通‘征’），犹未足以澹（通‘赡’）其欲也”。终于爆发了中国历史上首次载入史册的陈胜、吴广起义，推翻了秦王朝的统治。

二、汉代的轻徭薄赋

秦代沛县（今江苏沛县）泗水亭长出身的汉高祖刘邦夺取政权后，从秦王朝覆灭的历史事实中汲取了深刻的教训，开国之初就实行节省开支和减轻赋税并行的财税政策，并使这一政策基本上贯穿于汉朝始终。例如，刘邦的儿子刘垣继位后，以身作则，不仅乘坐牛车作交通工具，而且还常常穿着打补丁的衣服上朝，成了历代帝王艰苦朴素的典型。《汉书》对“孝文帝即位二十三年宫室苑囿，车骑无所增益”、“损食膳，不听乐”，所幸慎夫人“衣不曳地，帷帐无文绣”的“以示敦朴，为天下先”大加赞扬。该书还谈到本来宫内欲建一露台，召来工匠估算，需用黄金100斤，文帝认为“百金，中人十家之产也，吾奉先帝宫室常恐羞之，何以台为”，遂取消计划，并屡次下诏禁止郡国向宫廷贡献奇珍异物，从而带动了全国范围内上行下效的节俭之风。刘垣死后，经大臣廷议，一致认为应谥为“文帝”，以肯定他生前经纬天地善于治理的功绩。纵观历史，汉初70年间，与秦代形成了鲜明的对比。秦代的财政是扩张的，汉代的财政是从紧的，所以秦感赋税不足，汉感赋税有余。

图 2–5 西汉五铢

汉初的田租十五税一，即税率6.7%，文帝时改为三十税一，即税率3.3%，还曾一度免除田租。景帝以后仍三十税一成为定制。汉代的口赋即人头税，分为两种：一种算赋，凡民15—56岁为具有劳动力的成人，每人每年向国家交纳120钱，称为“一算”。文帝时减为40钱。一种叫口钱，凡7—14岁，每人每年缴20钱。现代中国常将“人口”两字合为一词，即出典于此。汉代更赋即徭役，包括“更卒”、“正卒”、“戍卒”三种力役或兵役。农民每年在地方服劳役一个月，称为“更卒”。男子23—56岁须服兵役两年，一年在本郡服役称为正卒，另一年戍守边境或守卫京城皇宫而称为“戍卒”或“卫士”。

中国历代皇帝对边患一般采取两种处理办法，即打得过打，打不过就采用和亲或给予钱帛的怀柔政策。汉武帝（公元前140—前87年）时，社会经济已获得恢复与发展，国力渐趋强大，武帝在加强中央集权抑制豪强的基础上，乃于元光二年（公元前133年）改变对匈奴的和亲政策，实行战争防御，于是引起多次战争，支出了巨大的军费。同时，对内大兴土木，广修水利，工程支出超过财力所能承受的能力。于是不得不在赋税方面采取了一系列加重人民负担的政策。其内容有：一是加重对农民剥削，田30亩按100亩征收租税，口钱20改为23，7岁起算改为3岁起算，弄得贫困百姓杀死出生的婴儿；二是将铸钱、冶铁、煮盐、酿酒收归官营；三是由政府经营运输和贸易，即所谓“均输、平准”；四是向商人和手工业者征收财产税，就是所谓“算缗”，即“率缗钱二千而一算”，乃指价额2000文而税120钱（一算），税率6%，这比田租三十税一的3.3%高得多，税重使得富豪隐匿财产以逃税或逃免献金，武帝大怒，遂又鼓励“告缗”，即奖励人民告发隐匿，对告发有功者奖给没收财产之半，弄得许多工商业者破产；五是国家在边疆地区开垦荒地，种植粮食。这些措施增加了政府赋税，限制和打击了富商大贾及豪强势力，暂时解决了由于战争和奢侈浪费所造成的困难，加强了中央集权的经济力量，但也造成了严重后果。《汉书·夏侯胜传》说：“武帝虽有攘四夷广土斥境之功，然多杀士众，竭民财力，奢泰亡度，天下虚耗，百姓流离，物故（死亡）者半。蝗虫大起，赤地数千里，或人民相食，畜积至今未复”。不少地区爆发农民起义。武帝到晚年才有所悔悟，下轮台罪己之诏，宣布：“当今务在禁苛暴，止（废除）擅赋，力本农”，表示与民更始（除旧布新），发展生产，与民休息。

由于武帝后期人口锐减，民力疲弊，昭帝（公元前86—前74年）、宣帝（公元前73—前49年）统治时期，专力内治，继续执行汉初以来轻徭薄赋、与民休养生息的政策，同时也坚持武帝时期的盐铁官营政策。如桓宽的《盐铁论》载，始元六年（公元前81年），昭帝以皇帝办公会议的形式召贤良文学，问民疾苦，这是中国历史上第一次有文字记载的最高规格的治国思想研讨会。会议所讨论的问题似乎仅仅囿于盐、铁、酒专卖，而实质上却是一场民富国强还是国强才能民富的大辩论。贤良文学代表商人和豪强利益，坚持民富才能国强的观点，痛论盐铁专卖之害，建议废置，但桑弘羊等政府要员站在国强才能民富的立场，坚持盐铁专营。作为对贤良文学的妥协，朝廷仅仅废除了酒的专卖。这一决定所产生的后果极其严重，导致桑弘羊以国家经营工商业为核心的专卖思想在中国延续了1900年之久，并且此后的每次财政改革都以强化国营工商业为先导，不仅严重抑制了重商主义在中国的发展，而且也阻碍了中国封建经济向资本主义经济的转化，以致今日之中国不得不重新补初级阶段之课。为了贯彻轻徭薄赋的国策，昭、宣二帝先后七次颁布减免田租、口赋及其他杂税的诏令，六次颁布赈贷种、食和“勿收责（债）”的诏令。凡遇郡国遭受地震、水旱等灾害，当年租税徭役皆免。宣帝还下令“勿行苛政”，减盐价，禁止官吏“擅兴徭役”。昭帝以后到平帝（公元1—5年），六世（昭、宣、元、成、哀、平）之间，休养生息，人口增加，田亩开辟，国家富裕，其时“府库之藏已侈，百姓訾富”，人口比周成王时增加三倍多，达到5959.5万人，垦田达到827万顷。可见西汉末年赋税充足，财政殷实。这一时期轻徭薄赋、与民休息的政策，对汉朝立国425年之久起到了承上启下的历史性作用，以致今日我们还自称汉人、汉族，以“汉”为骄傲。

图2–6 “汉并天下”瓦当

东汉初年，由于战争和灾荒人口大减，仅及西汉末年的1/3。光武帝为发展农业生产，释放奴隶和囚徒，以增加社会劳动力；把国有荒地和苑囿以及山林川泽租供给流民进行生产，国家向租种者征收40%以上的“假税”；一般耕地的租税仍为1/30。但光武帝有关丈量土地和清查人口以增赋税的诏令，因遭到豪强地主的强烈抵制而被迫取消，这条增加赋税之路亦被堵塞。和帝时，临朝的窦太后为取得豪强的支持，宣布取消盐铁官营政策，再加上东汉中后期，朝政轮流掌握在外戚与宦官手中，政治腐败，赋税混乱，更加上桓、灵二帝纵欲挥霍，耗费惊人，东汉政府财政陷入了“仓帑为虚”的困难境地。如桓帝因对羌族用兵，每亩附加田租10钱，灵帝为修缮宫殿，每亩再附加10钱。不仅如此，桓、灵二帝为满足其奢侈欲望，还公开卖官鬻爵，大肆聚敛。桓帝时，“占卖关内侯，虎贲、羽林、缇骑、营士、五大夫钱各有差”。到灵帝时开西邸公开卖官，公布卖官价格，二千石官2000万钱，四百石官400万钱，县令长按县土丰瘠各有定价，富者先交钱，贫者可赊欠，到任后加倍缴纳。始于秦始皇四年（公元前243年）的以爵换粟是为了赈灾，续于汉文帝的卖爵是为了解决戍边的军饷。武帝时，入奴婢和财物者，也可以补买官，或授予武功爵称，但限于较低官爵，数量也不多。东汉后期则变本加厉，连号称“三公”的太尉（军队统帅）、司徒（丞相）、司空（御史大夫，负监察之责）都标价出卖。政府为了多卖官，还经常调换官员，甚至一个地方一个月内调换几个人。灵帝还规定，郡国的大司农（专管郡国财政的长官）、少府（专管郡国王室财政的长官）上交各级租税贡献时，都先抽一分交入宫中，叫做“导行钱”。他还巧立名目，任意科派。如官吏升迁都要缴纳“助军钱”、“修宫钱”，大郡数至二三千万钱之多。横征暴敛，再加上水旱蝗雹及瘟疫流行之灾，内忧外患俱至，在农民起义的浪潮中，穷奢极欲的汉统治者传到献帝（公元190—220年）一代终于走向灭亡。

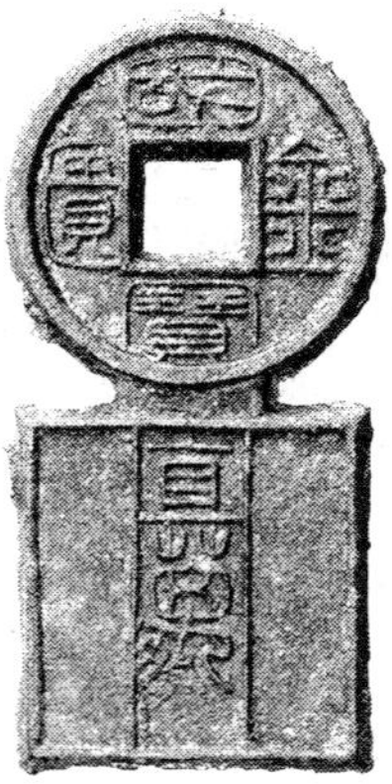

图2–7 王莽“国宝金匮”钱

图2–8 汉五铢钱

图2–9 汉五铢钱

汉代还有一些小税种，主要有：一是赊贷税，亦称贳贷税，即资本利息税，乃指贷出金钱或粮食，收取利息，从而课之以税，税率6%；二是牲畜税，亦称马口钱，原仅指对马匹从价课税，后扩大至牛羊等六畜，税率2%；三是关税，亦称关市之征，系商品通过税，始于春秋，汉高祖废置，武帝时复开征，税率10%以上；四是市租，以商品出卖总额课税；五是山泽园池之税，山泽税中盐铁两项武帝时实行专卖，海租为渔业税，向渔民征收；六是租铢，以买卖价格为课税标准的物品税，景帝时“赀万钱，算百二十七也”，即有资产万钱，便抽税127钱，税率1.27%。汉代也有一些杂项收入，主要有：一是贡献，汉代的贡，为诸侯王对中央财政的一种负担，名为贡献，实为租税。贡献在汉初无定制，高祖十一年（公元前196年），始规定诸侯王向人民征收货币，每人63钱，然后用此钱于每年十月收购郡中特产进贡中央。二是酎金，酎为醇酒之意，以供宗庙祭祀，因其由诸侯王列侯献金助祭，故称酎金。酎金献纳的金额，以人口多少为标准，每千口纳金四两；不满千口，而在五百口上者，亦仍为四两。如果诸侯王完不成交纳酎金任务或没有达到完成标准的，还将受到处罚。汉酎金律中规定“金少不如斤两，色恶，王削，县侯免国”。故元鼎五年（公元前112年）九月，“列侯坐献黄金酎祭宗庙，不如法，夺爵百六十人，丞相赵周下狱死”。可见惩罚之重。

第三节 租调制在不得已中诞生

魏晋南北朝，起自三国，迄于隋统一中国之前（公元220—589年），前后共历370年。这一时期中国基本上是不统一的。首先是魏、蜀、吴三国鼎峙，持续了四五十年；其次是晋的短期统一，其后即入南北朝。在南方有东晋、宋、齐、梁、陈相接；在北方有北魏（后分裂为东魏与西魏）、北齐、北周的交替。尽管370年间政治局面动荡，人口减少，但经济发展却没有停顿。水利与农业技术受到重视，农业生产水平不断提高；手工业与农业的进步推动了工商业繁荣；中原战乱，人口大量南迁，新增劳动力及其带来的技术促进了江南经济文化的开发。如中国历史上的著名书法家王羲之就是从山东瑯琊（今临沂）南迁浙江绍兴的北方人。

一、曹操的租调制

汉末，战火纷飞，灾害肆虐，人户流亡，土地荒芜，原来繁荣的关中地区数百里无烟火，江淮之间村落尽空，“天下户口减耗，十裁一在”。在这种情况下，作为比例税的汉代田租，由于政府无法派人下乡估算产量，征收口赋也因户口制度不健全，难以确定纳税人口及其年龄。于是曹操便在汉献帝建安九年（公元204年）决定取消实行了400年之久的田租、口赋、力役税制，建立适应战时需要的定额税制——租调制，使田租与户调成为最大宗的赋税。租是田租，调为户调。“调”起于东汉后期，那时支用浩繁，国库空虚，政府常额外征调物品，这种临时勒索称为调。曹操将原按比例征收的田租固定为按亩征收，取消按人头按年龄段征收的口赋，把称为调的附加税加以固定化，且按户征收，称为户调。这一改革不仅使赋税征收手续大为简化，而且也在一定程度上减轻了农民负担，公平了税负，解决了“不患寡而患不均，不患贫而患不安”的问题。租调制规定自耕农每亩交租粟4升，每户交纳绢2匹、绵2斤（此绵指丝绵，到宋代中国始有棉花引进）。户调是一种新的赋税制度，更适应自耕农、农业和家庭手工业密切结合的特点，有利于促进手工业的发展。但由于户调从户而税，为了避税，累世同居不肯分炊，形成中国古代大家庭格局。西晋的田租、户调，与曹魏相比，田租增加一倍，户调增加1/2。东晋鉴于当时“百室合户，千丁共籍”，欺田逃税现象严重，为了增加税源，太元元年（公元376年）将田租从度田收税，改为从丁收税，王公以下一口征米3斛，太元八年确定一口征米5石。东晋户调数量与西晋相仿，主要征收范围东晋较宽于西晋。

南朝宋、齐时期的田租因袭东晋旧制，每人收租米5石，户调为输布4匹，户调较西晋规定的“绢3匹、绵3斤”轻一些。

二、北魏的均田

北朝的北魏鉴于战乱以后地多人少，豪门大族又占地过多，造成一般百姓欲

图2–10 魏晋"耙地"壁画砖

耕无地，人不着地，政府便失去劳动力，也失去直接掌握的纳税户，于是决定实行计口授田的均田制及与之相联系的新租调制。新租调制规定：一夫一妇每年出帛（麻乡出布）1匹，粟2石。从制度上看，农民负担比魏晋时轻。北魏征收户调时，将民户分等级，中产者与下贫者在三年内有所减免。北齐北周均承袭北魏旧制，北齐一夫一妇绢1匹，绵8两，垦租2石，义租5斗，无妻者半额，北周有室之男绢1匹，绵8两，田租粟5斛，无妻者半额。北周户调与北齐相同，田租为北齐的2倍。

三、工商税及其他杂项的收入

关税自东汉以来税率较高，曹丕称帝后改为从价什一税，即税率为10%；东吴、西晋征收关税或收或免，到了东晋，关税之征还维持什一税；南齐关税较重而又混乱，导致梁、陈时皇帝不得不下轻税优商诏；北魏不征关税；北齐因财政困难，复征关税，但其关税不充军国之用，尽耗于宫廷声色之费，遂导致亡国。

汉代将市税（相当于现代之营业税）称为市租，魏晋南北朝均征收。西晋泰始元年曾免征一年。南齐的市税实行包税。《魏书·食货志》中记载："税市，入者人一钱，其店舍又为五等，收税有差。"这就是说北朝入市课税每人1钱，店铺分五等征税。西魏废帝（公元552—554年）时曾废除，到北齐后主武平（公元570—576年）后，又恢复征收。北周时，入市税（市门税）时兴时废。南齐的市税包税，是我国赋税征收行包税制之始。

估税与散估均为交易买卖之课税，始于东晋年间。东晋对买卖之大额交易，立有文据者课估税，税率4%，由买卖双方"一三"分摊，估税即为后世契税之起源。对买卖之小额交易，不立文据者课4%，称为散估，税款由卖方支付，然后转嫁于买方，是后世交易税之雏形。此项税收制度，宋、齐、梁、陈皆沿袭施行，故《隋书·食货志》记载："历宋、齐、梁、陈如此，以为常"。其税率亦无变化。由于中国古代行重农抑商政策，故税收皆以卖方为主交纳，以示抑制。当今中国不再抑商，故税收改以买方交纳，以示对卖方商业行为的鼓励。

东晋时，为利行人，秦淮河上建有24座浮桥。其中朱雀、丹阳、竹格、骠骑四桥征收通行税，直至东晋宁康元年（公元373年）才停止征收；船只过坝须用水牛牵引，南齐曾征收使用费性质的牛埭税，久而久之牛埭税就变成了通行税。东晋始开我国桥、坝征收通行费先河，今日路、桥、隧道、航道征收通行费已遍及全国。

专卖收入主要为食盐，其次为酒、醋。东汉和帝（公元89—105年）时废置专卖，到献帝建安（公元196—220年）初又恢复专卖；三国时食盐专卖先始于曹操势力范围，鼎立后吴、蜀两国亦行专卖；西晋对食盐实行专卖，并设有司盐都尉，司盐监丞之官；东晋对食盐似未行专卖；南朝陈对食盐课税而不专卖；北魏实行食盐专卖；东魏行专卖，西魏行征税；北齐沿用东魏制；北周亦行食盐专卖。

西汉昭帝（公元前86—前74年）时废酒专卖；其后魏及南朝亦承袭征税制；三国时吴国实行专卖；北周亦专卖；北魏醋专卖。西汉是我国盐铁酒专卖之始，醋专卖则起自北魏。

魏晋南北朝时，禁止私人开铁矿，生铁由政府供应，铜矿亦行官营；南朝宋允许百姓开银矿，但须纳税；魏晋南北朝时，有山泽之禁，但允许百姓纳税开采（有时也行专卖）。

赀税是一种财产税，始于南朝宋文帝元嘉二十七年（公元450年）。《宋书》卷九十二中记载："军用不足，扬、南徐、兖、江四州富有之民，家赀满五千万，僧尼满二千万者，并四分换一，过此率讨，事息即还。"名为借用金额的25%，实为强制献金之财产税；北齐将百姓分为九等，六等以上为富户，便得出钱，付财产税；北魏除常赋外有杂调15种，其中亦有包括财产税税种。

南朝宋、齐、梁、陈均征收人头税性质的口钱。《南齐书》卷二十二记载："以谷过贱，听民以米当口钱，优评斛一百。"即高评米价，每斛按100文换算。

徭役主要是兵役，兴土木、修城垣的力役。地方上的徭役，主要有塘丁役，尤其是浙东一带以滨海筑塘为主要内容。魏、西晋时徭役并不太重，到了东晋徭役便重。《晋书》卷七十五记载："古者使人，岁不过三日，今之劳扰，殆无三日休停。致有残形剪发，要求复除，生儿不复举养，鳏寡不敢妻娶"。南齐规定男子年18岁至60岁每岁服役20日，并"率十八，出一运丁役之"，16—17岁与61—65岁服半役。北周每年服役30日，最长时达45日。

第四节 租庸调被迫向两税法过渡

隋代开国皇帝杨坚，原任北周的隋国公，后自称隋王，并于大定元年（公元581年）运用宫廷政变手段篡夺北周政权，建立隋朝。隋立国时间虽然很短，前后仅37年（公元581—618年），但在我国历史上却占有相当重要的地位。因为魏晋南北朝分裂达300多年，典章文物，渊源秦汉，进步较少。至隋文帝，能适应当时形势，采取一系列改革措施，对后世产生了深远影响。诸如，选拔官吏，废除九品中正制，改用科举制，从此"选无清浊"，任官不全凭门第，而多凭才学，一扫门阀士族把持政权的局面，用人大权完全收归中央；在中央政府确立三省六部职官制度，对地方政权废除郡级，建立州县两级，精简机构四成，裁并冗员五成，节省开支过半；发展北魏北周以来的府兵制，籍民为兵，免其租调，将兵制与田制结合起来，通过均田制以保证兵源，做到"兵农合一"、"寓兵于农"。这些改革举措对增加武备，排除士族势力，实现中央集权，促进全国重新走向统一起了不可磨灭的作用。也许正是因为隋代的改革过急过猛，触犯了大批官僚和士族的既得利益，再加上隋炀帝不思节俭、穷兵黩武和大规模开凿运河等超越国力的好大喜功，导致民怨沸腾，揭竿而起，功败垂成，成了与秦朝那样短命的过渡王朝。

唐代开国皇帝李渊，原任隋太原留守，在隋末群雄割据时，于公元617年起

图2–11 隋陶女骑马俑

图2–12 隋青瓷莲花尊

兵攻陷长安，并于次年建立唐王朝，五年后（公元623年）统一全国。唐代（公元618—907年）对隋的改革发扬光大，在政治、经济、文化各方面都取得了长足进步。“贞观之治”和开元、天宝年间的繁荣在中国历史上是极其光辉的一页。以致后世常将唐代的繁荣与汉代并列誉为汉唐盛世。

隋文帝杨坚用宫廷政变手段轻易取得政权，因此他也是最担心轻易失去政权。他总结前朝经验，告诫太子杨勇“历观前代帝王，未有奢华而得长久者”。节俭遂成为文帝统治时期的一条基本国策，对隋代的赋税制度产生了一定的影响。

一、隋代的租庸调制

隋朝赋税分为租、调和力役三种。开皇二年规定：一夫一妇为一床，交纳租粟3石。调视桑田和麻园不同而纳物不同，桑田纳绢（粗绸）1匹（合4丈）和绵3两，麻田则纳布1端（合6丈）和麻3斤。丁男每年服役1个月。开皇三年，成丁由18岁提高为21岁，每年服役期限由30日减为20日，调绢由1匹（合4丈）改为2丈，并且规定不役者收庸（用缴纳布帛代替力役）。开皇十年又规定丁年50岁免役收庸。这一措施不仅松解了农民对封建国家的人身依附，也为实现个人劳动价值最大化创造了良好的环境。同时，为了使更多的农民从士族豪强的荫庇户变为国家掌握的纳税户，以开辟税源，隋文帝进行了“大索貌阅”和“输籍走样”，即大规模清查户口和预先确定纳税等级工作，使农民懂得，“为浮客（指为了避税，作豪强佃家），被强豪收大半之赋；为编甿(农村居民)，奉公上，蒙轻减之征”。隋代的轻徭薄赋还反映在隋文帝废除了官卖盐、酒制度，连盐税、酒税也停止征收。为减轻农民负担，隋文帝命令长城沿线驻军屯田垦荒，以充实边塞粮食储备减少粮食调运，并开凿广通渠以利京师漕运，减省了转运粮食的劳役。文帝本人以身作则，厉行节约，再加上精简机构，行兵农合一之府兵制大大减少了支出。至隋文帝末年，“中外仓库，无不盈积”；“计天下积储，得供五六十年”；“古今称国计富者莫如隋”。隋朝第二代皇帝杨广一反文帝轻徭薄赋的政策，横征暴敛，租赋之外任意征课，甚至预收未来10年田租。徭役、兵役更是繁重，不断征发农民筑西苑、营洛阳、缮离宫、修长城、开运河。每项工程，大的常年力役一二百万人，较小的也要一二十万人。发动三次大规模对高丽的战争，男丁不够用，妇女也被逼服役。多次巡游全国各地，随行服役人员最多的一次竟达50万人。隋炀帝的荒淫无道搞得民穷财尽，终于激起了人民反抗的浪潮，公元618年隋亡。

二、唐代税制的转折

唐朝是在隋末农民起义中建立起来的，故统治者深知：“为君之道，必须先存百姓，若损百姓以存其身，犹割股以啖腹，腹饱而身毙。”因此，唐初财政实行“去奢省费，轻徭薄赋”的政策。

唐前期主要实行均田法的田制和租庸调的税法。“有田则有租”，丁男每年向国家交纳粟2石，称作租。“有户则有调”，每户交纳绢2丈、绵3两或布2丈5尺、麻3斤，称作调。“有身则有庸”，每丁每年服徭役20天，如不服役，每天输绢3

尺或布3尺7寸5分，称作庸，也叫“输庸作役”。租庸调之外还有杂徭，以及按户等高下所征收的户税和按每亩交纳2升的地税。唐太宗非常重视节省政府开支，通过撤并州县，缩减中央机构，将官员从2000多人精简到600多人，严惩贪官污吏，使府库充盈，物价便宜，社会安定，创造了值得称道的“贞观之治”。

中唐以后，由于土地买卖限制日宽，土地兼并日益激烈，少数人集中了大量的土地，庄园制度应运而生，均田制受到了严重破坏。失去土地的农民大量逃亡，并归附于庄园主成为隐户，导致国家失去了大量的纳税户，“王赋所入无几”。今天人们所熟知的小说《西游记》中的高老庄就是这类集中了大量隐户的地主庄园。由于庄园泛滥，从丁而税的租庸调法实行不下去，国家财政陷入危机之中。为了维持国家机器的运转，杂派和强买强卖成了正税的附加。如唐代宗大历（公元766—779年）初，为解决财政问题，令天下苗一亩税15钱，后来又以国用紧迫为名，改秋天征收为见青苗即征税，不久又增加杂派地头税每亩20钱。古人高斯得在《增赋》“吾哀天宝后，刻剥穷锥刀……租税责三倍，田野晨号吼”诗中，就真实地反映了唐代推行两税法以前老百姓蒙受的增赋之苦。至于脍炙人口的白居易诗作《卖炭翁》，则反映了强买强卖的不等价交换，这种称为宫市的不等价交换比杂派有过之而无不及，它产生于唐德宗贞元（公元785—805年）末年，当时皇宫以在市场上向民间购物为名置宫市，并以太监为宫市使。太监们用自己估定价钱的绢帛和破旧衣服偿付购物款项，并向农民索取相当于市场管理费的进献钱、门户银和搬运费，老百姓深受其害。诗歌对太监以所谓“宫市”的形式，仅仅用“半匹红纱一丈绫，系向牛头充炭值”换得了一车重达千余斤之炭的变相剥夺，给老百姓带来的痛苦深表同情。

图2–13 唐开元通宝钱

建中元年（公元780年），为了规范名目繁多的杂派和解决财政危机，德宗采纳宰相杨炎的建议，实行从田而税的两税法。从此，北魏以来近300年历史的均田制宣告结束。两税法是以唐初以来的户税、地税为主，统一各项税收发展而成的并税制改革，它分夏秋两季征收，夏税不超过六月，秋税不超过十一月，以资产、田亩为纳税依据。依户等纳钱，依田亩纳米粟，匡正了从丁而税之弊，实行了从田、从产而税之法。也正因为两税法既纳钱又纳粮，合而称之为“钱粮”，从此钱粮便成了中国古代赋税的代名词。到了清代，由于州、县衙门普遍设置专管钱粮的师爷，钱粮一词传播也更为广泛了。两税法明确“量入制出”的原则，要求“凡百役之费，先度其数，而赋于人”，以大历十四年（公元779年）的垦田数为准均平征收。没有固定住处的商人，所在州县依照其收入课1/30的税。《旧唐书》卷十二载，建中二年（公元781年），赋税收入增至“一千三百五十万六千零七十五贯，盐利不在此列”。比大历年间600万贯收入增加了一倍多。

唐初沿隋制，食盐无税。自隋开皇三年（公元583年）至唐开元九年（公元721年）130多年间，盐均免税。开元年间始征盐税。唐代盐专卖始于肃宗（公元756—762年）时，安史之乱后，支出浩繁，入不敷出，当时只有四川、江南尚由朝廷直接控制，该地多盐，遂成为重要税源，盐制盐税亦趋成熟。凡制盐之人，须先登记成为亭户，亭户所制之盐，必须由官收买，然后由官转卖，这便是“民制、官收、官运、官销”的办法。当时官收官卖，斗盐卖价110钱，由于官运官销设官太多而扰民，到了代宗宝应时（公元762年），创立就场征税之制，即“民制、官收、商运、商销”的办法，通过“寓征于价”的措施实行就场征税的制度。但因其寓征于价，实质上还是一种专卖制度。代宗大历末年（公元779年），盐的税利收入600万缗，占全部国家赋税收入的一半。

茶税始于唐代。唐代以前，尚无饮茶之风，至唐代，人们逐渐以饮茶为生活习惯，陆羽方著《茶经》。贞元十年（公元794年），茶税三等定估，十税其一，税率10%。穆宗（公元821—824年）时茶税又增加一半，即旧额100文，加税50文，税率由10%增至15%。唐时贩私茶三次，总数达300斤，即处死刑。种茶园户只要私卖100斤以上，便须“杖脊”，如有组织的“长行群旅”，进行武装贩茶，即使“茶虽少，皆死”。

隋文帝初，依北周旧制置酒坊收利，开皇三年废酒坊，酒无税。唐初，酒亦无税。自代宗（公元763—779年）以后，因军费开支浩繁，始征酒税。其征课方法，时而专卖，时而课税。如德宗建中时，禁止人民卖酒，官府置酒肆酿酒，每斛收钱3贯。

建中三年，对茶、漆、竹、木各课税1/10，即税率10%。唐时，金、银、铜、铁、锡矿有186个，唐初有人建议征税，唐太宗不允。开元十五年（公元727年）始对伊阳五重山的银、锡课矿税。唐天宝以后，杂税逐渐增加，《旧唐书·食货志》记载：“通津达道者税之，时蔬艺果者税之，死亡者税之。”

唐代还有一些杂项收入，主要有：一是借钱，这是临时财产税性质，是对富户强制举债。例如天宝末年（公元756年）率贷，征豪商富户财货畜产1/5，即征收税率为20%的财产税。二是捉钱，亦称“公廨本钱”或“月料钱”，是唐代政府机关通过经商谋利弥补经费不足的一项措施。具体办法是，为官纳本钱，令私人经营运用，从而纳息于官。三是青苗钱，这是对垦地面积所课之税，其性质是地税上的附加税。始于代宗广德二年（公元764年），用于补足百官所减俸钱，始为每亩纳钱10文，广德三年增至15文，八年京师增至30文。四是间杂税，以房屋为征税对象，是一种房产税，亦为战时税，建中四年(公元783年)规定工架为间，上间纳税2000文，中间1000文，下间500文。五是除陌钱，“公私给予及买卖，每缗(1000钱)官留五十钱”。相当于市场交易税，按交易额征收税率5%。六是僦匮纳质钱，为典

图2–14 唐代银锭

当税，税率为营业额的25%。此税税率极高，效果极差，《文献通考》称："长安为之罢市，遮邀宰相哭诉。乃以钱不及百缗，米粟不及五十斛者，免。"百姓怨声载道，全国"所获才二百万缗"。

第五节 两税法为之蜕变

唐末藩镇割据，内战不息，混乱达60多年。黄巢起义横扫大半个中国，转战十余年终告失败。在此同时，唐王朝政权亦被彻底打垮，继之而起的是五代十国。五代十国自朱梁（公元907年）起，止于宋的开国（公元960年），共延续了50多年。其中立国中原，更迭存在梁、唐、晋、汉、周五个朝代，十国则是唐代藩镇的外延与发展，他们见朱温篡唐建梁朝，也纷纷独立成国，有吴越、吴、闽、南汉、楚、荆南、前蜀、后蜀、南唐、北汉等十国。五代十国最长的吴越国存在86年，最短的汉只有3年。一般来说，十国享国都长于五代诸国。

图2–15 宋太祖像

一、路转运使的设置

宋开国皇帝赵匡胤，原为后周之殿前都点检（相当于今卫戍司令），显德七年（公元960年）在开封郊区陈桥驿（驿，为古代传递公文的机要通信站和出差官员的食宿招待所）发动兵变，黄袍加身夺取政权，建立宋王朝。继而击败十国，建立了统一国家。鉴于晚唐及五代的分裂和混乱，宋太祖采取包括"杯酒释兵权"、以文官代替武官、中央直接管辖地方政权（路、道、州、县）、一切军权均由皇帝掌握等手段加强了中央集权，促进了国内秩序安宁，推动了经济的开发。五代至两宋财政比较困难，为了突破困难，不惜建立了以赋税转运为网络的路级行政督察区，设置了相当于大区财税长官的路转运使。由于宋代财政一贯崇尚开源，忽视节流。因此，对这一时期赋税制度扩张型的演变产生了相当大的影响。其最典型的观点便是王安石"因天下之力，以生天下之财；取天下之财，以供天下之费"的理财思想。

二、两税的调整

这一时期继续实行中唐（公元780年）以来的两税法。由于五代十国群雄割据，两宋与辽金元战事频繁，造成人民流离失所，田园荒芜，两税法为之蜕变，两税税基不得不重新整顿。所以，这一时期为我国历史上第四大主流税制两税法的调整实施期，也是中国第一次并税制改革陷入了愈改农民负担愈重怪圈的重要历史阶段。

五代直到宋初大致沿用唐中期以后的两税法，分夏秋两季征收，夏税纳钱、秋税纳米。但因当时群雄割据，人户逃亡，田园荒芜，两税核定及征收十分困难，而军费骤增，财力不足，不得不用附加预征等手段增加岁入，从而导致杂派泛滥，两税法蜕变。始于五代的杂派主要有附加耗羡、官库出纳行省陌法、加收农器钱、加收曲钱、牛皮税、头子钱、义仓税、进际税等。附加耗羡，耗指省耗、雀鼠耗，羡指羡余。省耗始于后梁，当时规定应纳两税，每斗加征1升，谓之省耗。到后汉时省耗每亩增加2斗，且另创雀鼠耗，每亩加输2斗；官库出纳行省陌法，原以八十为陌，即百姓向官府缴钱以80文当100文，后汉隐帝时，民输者如旧，而官给付百姓却减为以七十七为陌，一进一出每百文官府可多得3文，称为省陌，实为变相附加；加收农器钱，农器（即农具）本由官府专卖，由于专卖质次价高，遂令百姓自造，所课之税为农器钱；加收曲钱，五代时对于造曲，时行官造，自行私造，在准许人民自由造曲时，均须课税，此税称为曲钱，其征收按田亩计，每亩缴纳5文，后唐长兴元年曾减为2文；牛皮税，由于牛皮、牛角、牛筋为制造衣甲的军需材料，政府规定均输于官府，严禁出境，后遂令牛皮为税，随两税缴纳。如北周规定，每秋夏苗共10顷，纳连角牛皮1张，其黄牛纳筋4两，水牛半斤。宋太祖规定，“每民租二百石，输牛革一，准钱千五百”；头子钱，川陕等地为弥补仓库损耗，随两税征收的附加税，开宝时定为每贯7文，徽宗时增至每贯23文，南宋高宗时增为43文；义仓税，相当于现代之社会保障税，其始于北宋仁宗庆历元年（公元1041年），比德国铁血宰相俾斯麦出台社会保障税要早800余年。此税发端于民间自发备荒，嗣后政府参与办义仓，这样必须筹集资本，于是产生了义仓税，庆历（公元1041—1048年）时，规定上三等之民（即富户），每岁米2斗，输1升，即附加税率为原纳税额的5%；进际税，是吴越国在两浙的附加，以进际为名虚增税额，即每10亩田，虚增6亩，计纳绢3尺4寸，米1斗5升2合，桑地10亩虚增8亩，计每亩纳绢4尺8寸2分，此税北宋照收，直至南宋未除，孝宗乾道二年（公元1166年），始减半征收；预借，即预征田赋，唐代以征青苗为名，在青苗时就预征秋粮，称为秋税夏征，五代后唐庄宗（公元923—926年）开始预征，宋代不仅仿行，且常预征七、八年之多。

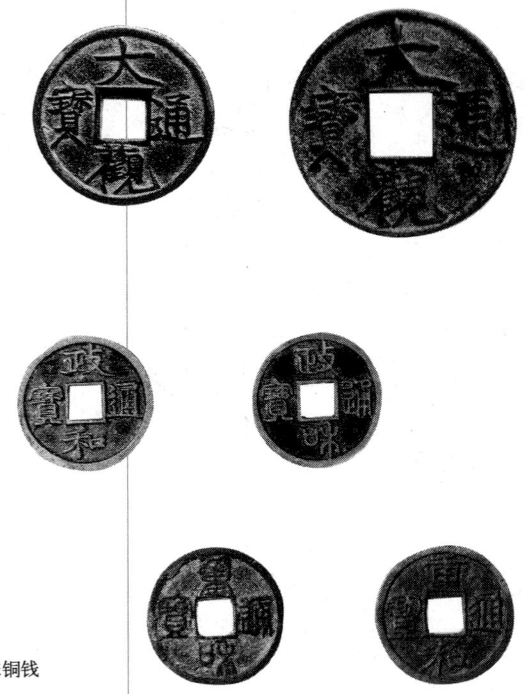

图2–16 北宋铜钱

宋初田制未立，再加赵匡胤倡言“不抑兼并”，形成豪强有恃无恐，庄园日趋强大，这些庄园地主，隐瞒田亩人口，不纳或少纳两税，使“地之垦者十才二三，税之入者，又十无五六”。于是就有厘定田制，清理赋税之必要，这便是方田、经界、推排、手实等法产生的原因。这四种方法最重要的是方田、经界两法，通过丈量田亩，得出田亩确数，从而扩大两税税基，增加赋税收入。

方田是测量田地面积，视土地厚薄、肥沃程度，把田分为五等，制定地籍，以为课税基础，然后在此基础上行均税之法，以州县租额税数为限，均摊分配，不得越额征收。

经界法始于宋绍兴十二年（公元1142年），该法主要内容是，令民所有之田，各置砧基簿图，田之形状及其亩目四至，土地所宜，永为照应，即田不入簿者，虽有契据可执，并拘入官。诸县各有砧基簿三，一留县，一送漕，一送州。凡漕臣若守令、交承，悉以相付。显而易见，经界法就是通过整理地籍，揭露隐田，扩大税基，以达到平均税负、增加税收的目的。

推排与手实目的与方田、经界法相同，但为谋简便，不搞实地清丈，仅据陈报（如陈报不实，许人告发）登记地籍，其准确性较差。

三、五代与两宋的盐、铁、茶、酒、契税

五代盐税，国有不同，时有改变，但都是官卖与通商（即商运、商销）并行。后梁（公元907—923年）时，沿唐制，用就场粜商之制。后唐（公元923—986年）行官商并卖法，在州府县镇，置榷盐场院，由官自卖，乡村僻壤，才准许通商。在官卖地域，恐销售不畅，实行“计口授盐”的按户俵配政策。凡州府县镇，计口授盐称为屋税盐，即根据缴纳屋税数量，按比例授与盐斤，并征收盐钱；乡村人口，在育蚕时俵散盐斤，至放丝时随田税缴纳盐税。计口授盐只准食用，不准转卖，故名“食盐”，并成为专用名词一直沿用至今。后晋天福元年（公元936年），仍行官商并卖，但可折钱收税，即盐每斗纳米一斗五升，可折成货币课征。后因盐税过高，盐价太贵，流弊太多，决定废除官卖，实行商卖，改行“计户征税”，户分五等，自200文至1000文分等缴纳。至后晋出帝（公元943— 947年）时，又在关津要路征课过税，每斤7文，城乡店铺征课住税，每斤10文。这种一物两课的重复征税称“过住两税”。后汉、后周均承袭此法，而且税负比晋出帝时更重。后周世宗显德（公元955—959年）时，城镇实行专卖，乡村仍允商销，但在北方地区，因辽国产的食盐大量低价输入倾销，地产盐难以专卖销售，因此只好将食盐钱均摊于田赋内，称为“两税盐钱”，后世之课归地丁即出于此。为了确保官卖，对贩私盐者，处罚苛重。后晋初，凡带私盐10斤以上者处死刑。刮硷煎盐者，不论斤两皆死。凡告发者重赏，奖金额可达2万钱至5万钱。

宋初盐制沿袭后周旧制，统一全国以后，始明定官卖通商之制，不过亦时有变更。官制官鬻，是完全专卖，官制商运是局部专卖，因其是专卖，寓税于价，收入颇丰。宋时盐税课征除计口授盐和课归地丁外，还行其他办法。主要有：一是钞法，令商人边郡入钱，四贯八百，售一钞，至解池请盐200斤，任其私卖，得盐钱以实塞下，省数十郡搬运之劳；二是入中，商人输粟至沿边州郡，是为“入中”。入中后，按道路远近，折合时价，优给其值授以票券，谓之“交引”。商人持赴京师，按券面价格偿付现钱，或移文江淮及解池，以盐偿之，谓之“折中”；三是盐引，神宗熙宁（公元1068—1077年）时，为使盐商专卖，发售盐引。崇宁（公元1102—1106年）时，又变钞票法，分为长引与短引，长引运盐至距离较远之地，限期一年，短引运盐至距离较近之地，限期一季，后世盐引法即出于此；四是变盐法，绍兴二年（公元1132年），四川始行变盐法，置合同场收引税钱，每斤输引钱25文，土产税及增添9.4文，过税钱0.7文，住税钱1.5文，每引又另纳提勘税钱66文，其后又增加输等钱，盐税内容渐趋复杂，附加税大大增加。

宋初朝廷对茶实行官卖，全国设6个管理茶税及交易的榷货务和13个生产茶叶的山场。种茶的园户从官府领取本钱，将所制之茶除输租外，尽纳于官府，由官府通过榷货务发卖。至嘉佑（公元1056—1063年）中，全国改行通商法。园户种茶，官府收租钱，商贾贩茶，官再课税。至于茶商与园户交易，则听其自便。对于私茶，取缔甚严，重者处死，轻者没收。宋末，少数民族以马易茶，政府设茶马司，相当于国营外贸公司，司交易之职。

五代对于酒税，办法各异。后梁开平（公元907—911年）时，“听诸道州府百姓，自造曲，官中不禁”。后唐时，酒曲有禁，私曲5斤以上皆死。明宗天成（公元926—930年）时，诏乡村人户，于秋田苗上，每亩纳钱5文，叫民自造曲酒，其城坊亦自造，而榷其税。

北宋时，采用官酤与卖曲并行。在诸州城内，采用官酿，寓征于价。今日杭州曲院风荷景点即为当年官办酿酒厂（曲院）遗址。在县镇乡间，北宋朝廷准许民酤，征课酒税。在京师则由官卖曲。北宋酒税，岁有定额，以多收的州为标准确定，如额外增收，则有特赏。

图2–17 南宋出门税银锭

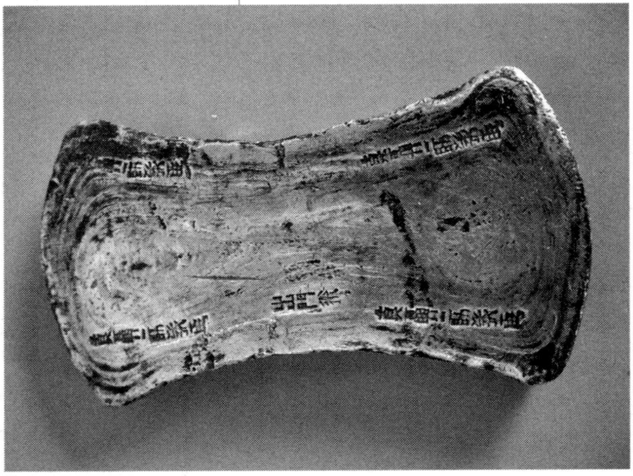

南宋提倡饮酒，加重酒课，以敛民财。其课酒方法，一是隔槽法，即官置隔酿，设官槽，民以米入官自酿，斛输钱三十，头子钱二十二，普遍推行于全国，酒税为之大增。二是扑买法，即于乡村分地扑酒，任民增钱夺买。或来不及卖出，则为败缺，理该停闭，但停闭之后，仍须出税。故扑买坊场酒利，实为包税。三是添酒钱，始于建炎四年（公元1130年），每升上包课20文，次包18文。

宋对酒税犯私，苛以重刑。建隆二年（公元961年）规定：“犯私曲十五斤，以私酒入城至三斗者，始处极刑，余论罪有差。”

宋代商税分为两种：一种是过税，值百抽二，即税率2%；一种是住税，值百抽三，即税率3%。课税范围甚广，凡布帛、什器、香药、宝货等，民间典卖庄田店宅、马牛驴骡橐驼及商人贩茶盐均在征课之列。如有藏匿货物一经发现，便没收1/3，并以其半赏给捕捉者。

图2–18 北宋英州军资库银锭

契税始于东晋，废于隋唐，复盛于宋。契税对象以田宅等不动产为主，但卖牛畜者亦有契税，税率4%，由买卖双方按“一三”比例分摊。宋绍兴二十七年（公元1157年），耕牛买卖免征契税。

四、两宋的杂税和摊派

由于宋代是通过陈桥驿兵变取得政权的朝代，开国皇帝赵匡胤不但运用“杯酒释兵权”的手段解除了开国元勋的军权，还给包括五代十国旧臣在内的所有军政官员以优厚的生活待遇，从而使宋代成了中国历史上官吏待遇最好的时期。有正俸、禄粟、职田、京官职钱、外官公用钱、差旅费性质的给卷、厨料、薪炭、傔(侍从）人餐钱，与待遇最差，仅有极低俸禄的明朝成了鲜明的对比。由于赵匡胤一向认为“凶年饥岁，有叛民而无叛兵”，每当灾荒之年，宋廷便在灾区大肆招兵，从而使宋代不仅官吏冗滥，而且冗兵也极多，这样便造成了财政入不敷出，只有增加杂派一途。宋代的杂派主要有经制钱、总制钱、月桩钱、板账钱、和买绢、折帛钱、身丁钱等。经制钱，在若干旧税上附加征收的间接税，例如卖酒、鬻槽、商税、牙税、头子钱、楼店务房钱等，原有税钱，略增其数，别列一系称为经制钱，其称谓来历乃系徽宗宣和末年（公元1125年），为镇压浙东方腊起义，命陈遘任发运使经制东南七路财赋，首创此税，故有经制之名；总制钱，与经制钱性质相仿，翁彦国为总制使，仿其法又增收此类地方附加税，称为总制钱，常与经制钱合称为经总制钱；月桩钱，是州县加征以用于军饷的税收总称。月桩之桩为打入泥土之桩，与封桩之桩同义，是指不能移作他用而专用于军需之义；板账钱，亦是筹措军费的一种摊派；免役及助役钱，上等户原有职役，可出钱免役，下等户及单丁等原来无役，亦要出钱，力役改为货币税，是必然的道理，但使原来无役的下等户重新纳税是一种额外聚敛；和买绢，和买原非征税，始自唐后期，宋太宗（公元976—997年）时，农民每当春季，政府贷资予农民，待蚕茧上市时，以绢绸偿还。到徽宗（公元1101—1125年）时，改行钞法，既不给钱，也不如仁宗宝元（公元1038—1040年）时给盐七分、钱三分，却要农民无偿纳绢，这样和买变成勒索；折帛钱，南宋时政府用绢绸有限，于是对和买的多余部分，令农民折钱缴纳，这就叫折帛钱；身丁钱，宋代的身丁钱，计口输钱，为人头税，相当于汉代的算赋，但其具体征课有所不同，宋身丁钱只课20—60岁的丁男（如两浙身丁钱每丁360钱）。从仁宗开始，发行没有准备金的纸币，这也是宋代变相搜括民财的一种办法。

五、王安石变法

宋代尽管通过“不抑兼并”的手段拉开贫富差距，使生产力有了很大的发展，西方学者也曾认为中国宋代有了资本主义萌芽，以至即使今人见了宋人张择端所绘的《清明上河图》，也多为当年京师开封的繁华所震惊，但谁又能知道在繁华的背后却是老百姓沉重的赋税负担。例如历史上著名的“熙宁新政”，就是当年任宰相的王安石所进行的一系列变法活动。他通过青苗法、免役法、均输法、市易法、农田水利法、保甲法、将兵法以及有关学校和科举制度等一系列改革措施的推行，限制和削弱了豪强商贾兼并土地、经商谋利和高利贷盘剥的权利，开辟了财源，增加了国家财政收入。尤其是一些推动农业进步的措施，促进了生产力的发展，在相当程度上缓解了宋王朝因财政困难而带来的“积贫”问题，使全国财政收入也从宋初的1600万贯猛增至6000多万贯，“中外府库无不充衍，小邑积钱米亦不减二十万”，各路积钱谷可支用20年，改革成效显而易见。但从他所推行的青苗法将民间借贷改为国家财政借贷，均输法和市易法将私营商业经营改为国营商业经营，都没有跳出春秋时期的管仲、西汉的桑弘羊那种与民争利，国家直接经营商业，聚敛钱财的理财思路。这不仅与中国传统社会所提倡的“施仁政，反聚敛”的精神格格不入，为士大夫所不齿，而且由于没有抓住节流的关键，将裁汰冗员、冗兵和冗费放在改革的首位，反而片面强调开源，使财政支出基数进一步扩大，成为加重老百姓负担的渊薮，从而招致各方面的强烈反对。宋神宗熙宁九年（公元1076年），第二次罢相的王安石终于离开了中央政府，没有东山再起。幸好王安石为官清廉，反对派无把柄可抓，再加上宋代实行皇帝与士大夫共天下的宽容政策，王安石既未像秦代商鞅那样由于缺乏信义遭受车裂之祸，也没有像明代张居正那样以贪贿问题死后遭受削夺、查抄，以至长子敬修自缢身亡、三子懋修自杀未遂，全家十余口活活饿死之冤，其下场在中国封建社会三大著名改革家中还算是最幸运的一个。至于其身后不尽的是非、恩怨和议论，在历史的长河中却始终没有停息，对"熙宁新政"褒贬不一的评论导致王安石声名远扬，以至今日仍有不少人只知王安石是北宋变法的著名改革家，却不知他是曾跻身于唐宋八大家行列的大文豪。

第六节 五花八门的辽金元税制

宋时，在中国北方，契丹族建辽国，女真族建金国。元继金、宋，是蒙古族在中国所建立的王朝。

契丹，源于东胡，在今辽河上游一带游牧。唐末，迭剌部首领阿保机统一契丹及邻近各部建立辽朝（公元916—1125年），嗣后据有汉族地区的燕云十六州。辽、金两朝与五代和北宋相继并立。

女真，本名"珠里真"，讹为"女真"，又名"女直"，来源于唐代黑水一带，五代时（10世纪初）分布于松花江、黑龙江下游，东至滨海。北宋末（12世纪），阿骨打统一女真各部，建立金国政权（公元1115—1234年）。以后部分女真人迁居中原，与汉族融合，留居东北部分，成为满族的主要组成部分。

一、商包征税法的出现

元太祖成吉思汗等经过30年征伐，至太宗窝阔台时灭金国（公元1234年），到世祖忽必烈十六年（公元1279年）时灭宋，统一中国。蒙古族的游牧经济落后于汉族的农业经济，在统治中国的97年间，其欲以低级的生产方式来取代汉族进步的生产方式，从而延缓了我国封建经济的进一步发展，并对这一时期的中国赋税制度产生了很大影响。元代的赋税征收广泛采用名为"扑买"的商包制，即政府将某项税收向社会发包，商人通过竞争中标，并一次性缴足所承诺的税款。中标者再以较高数额向纳税户征收税款，其差额即为承包商的利润，其好处是省却了税务征收人员。在此以前，南北朝南齐的市税征课，五代后唐酒曲在城"扑断货卖"、宋酒税的"买扑"、金的"结揽民税"都有包税性质，但毕竟都是小税种，而且施行地区狭小，为偶然行之，未作为久远之计。而元代则普遍推行，作为主要征税手段，其弊害极大。元中书令耶律楚材指出，"贪利之徒，罔上虞下，为害甚大"。尽管他竭力劝阻，但未被元太宗采纳，致使他感到"扑买之利既兴，必有蹑迹而篡其后者，民之穷困，将自此始矣"！

二、辽金元的田赋

辽的田赋分为三种：一是公田，即契丹平民靠自己耕种或牧畜的土地为公田，在公田上劳动，除须随时应召作战外，不必负担任何赋税；二是在官闲田，汉人地区的无主荒地和公地便是在官闲田，募汉人耕种，收取租赋；三是私田，对汉人私田沿袭原有办法征收租赋。

金的田赋也分为三种：一是官地，租与汉人耕种，收取田租；二是私田，汉人耕种私田循例征税，计亩定税，分夏秋两期征收，夏、秋税均征米粟，夏税交纳期六至八月，亩取3合，秋税亩取5升加纳15斤的秸一束，远路交纳者有所减免，“凡输粟麦三百里外，石减五升，以上，每三百里递减五升，粟折秸一百称者，一百里内减三称，二百里减五称，不及三百里减八称，三百里及输本色槁草，各减十称”；三是牛头税，是向女真人收的税，耒（耕）牛3头为1具，每牛1具耕种田4顷4亩，缴粟5斗（后改为3斗），这一税收显然低于汉人耕种私田的征课。

元的田赋亦因官民田而不同，官田系蒙古族入主中原以后，到处圈占耕地，同时因战乱造成荒地，此两种土地均成为官田。在江南地区，凡民户有田1顷以上，均抽一部入官助役，称“助役田”，这种官田，“许命佃种，输租”；民田系元廷将土地赐与蒙古贵族、色目官吏、僧道，或他们强夺的民田，作为私田。私田可由佃户耕种，他们坐收田租。一般平民所耕之田所占比例较少。元代对民田课税称为税粮，在灭宋（公元1279年）以前，是从畜产、从人丁、从户而税的一种征取实物的牲税，适合于游牧民族的经济特点。当然太宗（公元1229—1241年）时，也有从田而税，曾规定：地税征收中田每亩2.5升，上田3升，下田2升，水田5升。灭宋后，将江南税制改为亩税，称秋税夏税，也就是沿用南宋的两税法，主要是“税随地出”，秋税征粮，夏税征木棉、布绢、丝绢等物。每亩税粮从1升到3斗甚至更多，差别很大。元代两税的税额大致比南宋超出50%。北方田赋与南方不同，北方税粮又分为丁税和地税，主要是丁税，又叫“丁石”。实际征收时，丁多地少的纳丁税，地多丁少的纳地税。世祖至元十七年（公元1280年）赋税则例规定：全科户每丁纳粟2石（人头税），驱丁（奴隶、仆役）纳粟1石，地税每亩纳粟3升。减半户每丁纳粟1石。近仓输粟，远仓折纳；富户输远仓，下户输近仓。输纳期分为三限，初限十月，中限十一月，末限十二月。此外还有附加税，交纳时，每石附征“鼠耗”3升，手续费“分例”4升。一般来说，田赋的负担南方重于北方，汉人重于女真人，女真人重于蒙古人。而且元廷还对南方的汉人采取征借数年田赋的办法，以满足财政的需要，元代诗人陈高在《即事漫题》“悍吏登门横索钱，人家供给正忧煎。官粮预借三年后，军食尤居两税先”的诗句中，就真实地反映了元代江南百姓赋税负担沉重之苦。

图2–19 元代至元五年兴国路银矿税银锭

为平衡负担，增加收入，必须清理地籍。其清理办法一般有两种：一种是土地丈量，二是土地陈报。宋代的方田、经界等法为土地清丈性质；而金采用的通检推排法，即由官民双方估定，元的经理法则由民自报，都属于土地陈报性质，只不过元的经理法是简单而粗糙的地籍整理办法。元在经理法前，局部地区也实行过括田法，其内容与经理法类同。

三、其他杂税及专卖

科差，亦称差科，相当于唐代的调，以户为课税对象，“各验其户上下而科焉”。科差在南北方实行方法有所不同。

科差在北方征丝料与包银，按户征收。丝、银全科户，丝料1斤6两4钱，包银中统钞4两；减半科户丝、银都折半；止纳丝户，丝料1斤6两4钱，包银不纳。科差输纳，定有期限。中统二年（公元1261年）规定，丝限八月，包银初限八月，中限十月，末限十二月；次年，改为丝料不超过七月，包银不能超过九月。北方科差主要用丝纳，不用谷物。这因为当时欧亚交通发达，丝为出口的主要商品。至元世祖时行钞法，即丝为钞本，正如明后期以银为货币本位那样，元代以丝为货币本位。

科差在江南纳户钞与包银。户钞定额是“于一万户田租（税粮）中输百钞（锭），准中原五户丝数，谓之江南户钞”，所以江南户钞相当于北方的五户丝。江南包银始于仁宗延祐七年（公元1320年），其税率为每户2两，户钞与包银都征银。

金的盐税，仿宋制，行钞引法。商人贩盐须按引缴价，领得钞引，然后可凭钞引到盐场领盐运销。盐引的批发由盐司主管，盐引的缴销由各州县办理。金盐课每石收正课150斤，外加耗盐22.5斤。

元行引盐法，商人欲运盐，先购盐引，每引400斤，须出价银10两，后来不断提高为中流钞150贯。换得引票，便取得公开运盐权。专商运盐，各有区域，不可越出规定郡邑运销，凡犯界者以其盐一半没入官府，一半赏给告发有功者。文宗天历（公元1328—1330年）时，盐课总数为行盐260.4万余引，盐课钞766.1万余锭。

金所用之茶，输自南宋，后因“费国用而资敌”，遂于章宗承安三年（公元1198年）设官制茶，并用茶引制度，买引者纳钱或折物，各从其便，袋装茶每斤售价600文，后减为300文。承安五年（公元1200年）罢造茶之坊，限七品官以上方许饮茶。

元代茶课，用引岸制。世祖至元十三年（公元1276年），定长引与短引法。长引者，每引茶120斤，取钞5钱4分2厘8毫；短引者，每引茶90斤，收钞4钱2分8毫。至元三十年（公元1293年），茶引之外又设“茶由”。茶由是给予零售商的，每由茶自3斤至30斤不等，分为10等课税。至元十八年（公元1281年），茶税达24000锭。

金初由官家招酒户酿酒，实行专卖。后改行课曲税，由民自酿。元对酒醋，实行官制官卖为主、民制官收官卖为辅的专卖政策。前者为全部专卖，后者为局部专卖。醋课税时有时免，酒则经常有税。酒课的税率寓于价格之中，一般是每石取银10两。

元初商税没有定制，至元七年（公元1270年），对国内贸易“定三十取一之制，以银四万五千锭为额，有溢额者别作增余”。至于对外贸易，则“往还互易舶货者，其货以十分取一，粗者十五分取一”。这就是说内贸商税税率为3.3%，外贸税率为6.7%—10%。当时商税大都不征收现钱，只对商舶所载之货，十分抽一，或十五分抽一，称为“抽分”。至元二十九年（公元1292年），泉州于抽分之外，又取1/30（即3.3%）为税，其他地区亦照例仿行。又货物转输（进口课税，以后又再行转输），则细色补课1/25(即4%)，粗色补课1/30(即3.3%)。

至元二十一年还有官营对外贸易。在杭州、泉州设市舶转运司，选人出洋贸易，赢利按“七三”比例分成，官取七，商取三。

元代对天地自然之利课税。凡山林川泽的出产，如金、银、铜、铁、珠、玉、水银、铅、锡、矾、硝、竹木之类皆为课税对象，主要应属于矿税。例如，银矿产银，税率30%；锡矿每引100斤，课钞300文；矾十取其二，即税率20%。

元代还靠滥发无准备金或实物的钞票作为解决财政困难的手段。元顺帝时，钞票10锭买不到1斗粮食，每天供军用的钞票竟用舟车装运。

第七节 一条鞭法应运而生

元代，蒙古贵族将百姓分为蒙古人、色目人、汉人和南人四种，其中蒙古人等级最高，色目人（包括西夏、回回、西域及部分留居中国的欧洲人）次之，汉人（包括北方的汉族人民、契丹、女真人）再次之，南人（包括原南宋辖区人民和西南各族人民）等级最低。统治者极尽奴役剥削下等人之能事。整个时期，人民的反抗不断，在元末农民大起义的浪潮中，凤阳贫苦农民朱元璋起兵征战多年，终于推翻了蒙古统治者，统一了中国，奠都南京（永乐帝时迁都北京），建立了新的王朝——明朝（公元1368—1644年）。这是中国历史上惟一直接从贫苦农民起兵登上统一国家皇帝宝座的君主。

明初，鉴于左丞相胡惟庸和大将蓝玉图谋不轨，从此在中央政府不再设置丞相，仅提高六部地位，分任朝政；军事上分原大都督府为中、左、右、前、后五府，五府亦只管兵籍与军政，不直接带领军队。这样，军政两权均集中于皇帝，达到了高度的中央集权。这一制度，也为明中后期宦官干政埋下了隐患。

元末，农民起义和明初农民反抗斗争，沉重地打击了封建统治，使封建生产关系与生产力的矛盾有所缓和。明朝初年，地多人少。明政府为了维护和巩固它的统治，采取了一些客观上顺应生产发展的措施。如，明律中规定：“若庶民之家存养奴婢者，杖一百，即放从良”；取消元代地主打死佃户仅赔烧埋银了事的规定；奖励垦荒，垦荒者可免税3年，甚至“永不起科”，有必要时，官可给耕牛、种子，助其生产；政府设营田司，专管兴修水利。这些措施推动了明初农业生产的恢复和发展。

全国的统一与农业生产的恢复，为手工业和商业的发展奠定了良好的基础。再加上明政府采取了诸如解放工奴；对日用品课轻税或免税；开办官营手工作坊；用银作货币，用银纳税和加工银饰品，促进银的开采冶炼与白银输入等办法，促进了工商业繁荣和明中后期的资本主义萌芽，如机户出资、机工出力的生产关系即是此种萌芽的发端。

明初，陆路国际贸易由于元蒙王朝的崩溃有所梗阻，但在海洋贸易方面，由于明成祖朱棣从侄儿手中夺得政权后，恐怕失踪的建文帝朱允炆复辟，派遣三宝太监郑和七次下“西洋”（中国古代以今婆罗州为界，以东称东洋，以西称西洋）寻觅，尽管没有找到建文帝，但客观上促进了海外国际贸易，使国境关税的征课成为重要岁入。

明朝神宗万历九年（公元1581年）前赋税制度基本上沿袭中唐以来的两税制，之后始行一条鞭法。

一、以良民治良民的粮长制

明初行两税法，但由于元末战乱，人户逃亡，田园荒芜，户籍地籍混乱，赋税来源困难，于是政府着手整顿，并创制黄册和鱼鳞册，扩大和稳定了税源基础，并影响及清代。鉴于元末官民矛盾激化导致元王朝灭亡的教训，农民出身的开国皇帝朱元璋在开国之初便决定以“良民治良民”的“民收民解”办法来解决税收征管问题，即以纳粮万石设一区，推税粮最多者为粮长，次之为副粮长，区内由粮长与副粮长负责向纳税户征收，并按指定时间与地点将税粮运至目的地。这样既具备元代商包法省却专职税务征收人员的优点，也缓解了政府税务人员与纳税百姓的矛盾，而且还降低了国家税收征收成本。这一理想化的征收方式开始时依靠朱元璋建国之初的威望和强有力的推行，以及皇帝不断接见和嘉奖粮长而兴旺一时，但随着岁月的推移，弊端日益显现，以至于后来不得不重新走上由政府税务人员负责征收之路。

图2–20 明金花银银锭

明代田制分为官田与民田，官田系宋元以来的官地及原来加入的各种官田，是封建国有制土地，官田之外则为民田。官田分屯田（民屯与军屯）和百姓佃种的官田，税法上所指的官田即后一种官田。

明代户口分为三种，即民户、军户和匠户。民户是纳税的中坚。为整理赋役，明政府“命天下郡县编赋役黄册”，该黄册以户为主，详具旧管、新收、开除、实在之数，为四柱式。建立黄册是清查户口，掌握纳税户。与此同时，明政府通过土地丈量、质量评定，编制鱼鳞册，掌握地籍情况。这样，隐匿的人口和土地就反映出来了，国家赋税增加就有了基础。正因为有户口就有赋税收入，故从唐代开始，财政部门便被称为户部，直至清末最后几年才改为度支部。

明代田赋为什一税率，即税率10%。农民每年分夏秋两季向政府交纳赋税，夏交麦，称“夏税”；秋交米，称“秋粮”。一般“官田亩税五升三合五勺，民田减二升，租田八升五合五勺，芦地五合三勺四抄（撮），草塌地三合一勺，没官田一斗二升”。用米、麦缴纳，是为“本色”，用钞绢折价缴纳，是为“折色”，其中间过程以折征金花银[英宗正统元年（公元1436年）]为“折色”（米麦1石折银2钱5分）。以上征纳系指一般情况而言，在实际征收过程中有轻重不同之分。如，江南地区收税较重，“每亩四、五斗，七八斗至一石以上”。与全国相比，苛重的浙西（指今钱塘江以西地区）官民田赋税又“大抵苏（州）最重，嘉（兴）湖（州）次之，杭（州）又次之”。浙西田赋苛重，始于南宋淳祐、宝祐年间（公元1241—1258年）贾似道收买公田。为了增加财政收入，作为丞相的贾似道不满足于收税，而是要直接由国家当地主，于是将官户逾限之田抽1/3买回充作公田，继而以200亩为限，余各买回1/3，后来即以百亩之家亦被买回1/3，再加上基层官吏投贾所好，以多买争宠，因此浙西六郡被朝廷买回350万亩，每年收租达200余万石。南宋亡后，元代沿袭未改，明太祖朱元璋因恨元末苏州人帮张士诚守城，不减苏州田赋，以至每亩收租高达9斗8升之多，为浙西之最。

二、一条鞭法应运而生

明初，经过黄册和鱼鳞册的创制，整顿了户籍和地籍，使两税法的实施井然有序，赋税收入有了保证。但行之既久，流弊显现。豪强逃避赋役，官吏受贿浮

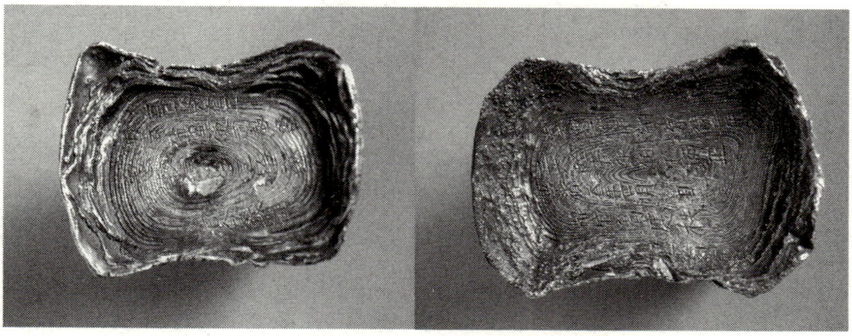

图 2–21 明两广盐运使银锭

图 2–22 明轻赍银锭

征，杂派徒增，赋役失率，税收减少。原定黄册10年一造，但到期改造即被任意窜改；田亩与丁口失实；官田与私田相混淆；私田卖田不卖税；丁口与资产，生没增减，含混不清。对上述流弊稽查十分困难。直至现代，有些地区按册籍所载土地已全部征用，而实际土地还有多余，这都是历朝历代瞒田隐产的结果。

针对上述流弊，嘉靖（公元1522—1566年）年间即有人试行并税改革。如：嘉兴知府赵瀛作田赋改革实施“征一法”，“田不分官民，税不分等则，一切从三斗起征”；役法方面的改革有“鼠尾法”，“毋论都图里甲，先丁粮多者毕，以次编其小者居后，自极大至极小，造鼠尾册，以差次填编之。上户力差一名或二名，下户朋编一名，其丁粮不满斗升者并免……”还有“纲银”、“一串铃”、“提编”等牵涉到赋役两方面的改革。

一条鞭，就是化繁为简，把徭役与地税合并，按亩征纳，将繁复的赋役项目合编为一条，故称为“一条编”，后演变为“一条鞭”。此法首创于浙江巡按御史庞尚鹏，其后江西巡抚刘光济试行于辖区。万历九年（公元1581年）张居正任内阁首辅后颁布一条鞭（一条编）法，《明史》中记载：“一条鞭法者，总括州县之赋役，量地计丁，丁粮毕输于官。一岁之役官为佥募，力差则计其工食之费，量为增减；银差则计其交纳之费，加以增轻。凡额办、派办，京库岁需，存留供亿诸费，以及土贡万物悉并为一条，皆计亩征银，折办于官，故谓之一条鞭。”即把原来按照户、丁派役的办法改为按照丁粮派役，或丁六粮四，或粮六丁四，或丁粮各半，然后再与夏秋两税和其他杂税合编为一条，无论粮税、差役一律改为征银（明代使用银子渐广，英宗后货币进入银本位制），差役统一由政府雇人充当。简化了赋役的名目和征收手续，使官吏不易与豪强勾结通同作弊，松解了农民对封建国家的人身依附关系。从此，历代平行征收的赋役，趋于合一，达到均徭平赋，减轻徭役，

增加税收的目的。封建税制由赋役制走向租税制，实物税改为货币税，推动了商品经济的扩大与发展。经过改革，“小民得无扰而事亦易集”，赋税增收，财政好转。万历十年至十五年（公元1582—1587年），太仓积粟1300余万石，国库积银600多万两。

但是这一改革在偌大的中国推行也是不平衡的。根据摊丁入亩执行情况的差异大致可分为三种类型：一种是完全摊丁入亩的一条鞭法，如海瑞在巡抚南京京畿地区时将丁银全部摊入田亩之中。另一种是部分摊丁入亩的一条鞭法，即按丁、粮均匀派投，如陕西白水县将40%的差徭摊入田赋，60%按人丁征收；山东多数地区，一半按地征，一半按丁征；江南一些地区按丁征1/4，按地征3/4。第三种是除实行并税外，基本上没有摊丁入亩或完全沿袭老办法征收赋税。由此可见，明代的一条鞭法只完成了从实物税向货币税转变，还没有完成人丁税向资产税转变的任务。

万历十年（公元1582年）主持朝政长达10年之久的首辅张居正在完成了一条鞭法和官吏考成、整顿驿传、清理官学、裁汰冗官、取消外戚封爵世袭等一系列改革后溘然长逝，皇帝谥他为文忠公，并厚葬故里。作为封建社会后期的改革家，他信仰国强才能民富的治国思想，成了“愿以深心奉尘刹”的聚敛之臣，尤其是他推行一条鞭法计亩征银，损害了官僚大地主的利益，为朝臣所侧目，死后不久便被太监冯保贪贿案所牵连，以其父在湖北江陵老家坐收全国各地礼物，报领荆州浮出水面的公共沙滩，将辽王废府归于己有，将乡绅捐资建造牌坊的银两维修住宅等贪贿之罪被弹劾和查抄，最后以家破人亡而告终。一条鞭法关于不再征收杂税的承诺也随着张居正本人的身败名裂而烟消云散。明政府为解决财政困难，借口边防需要，不久便开始在田赋之外加派。

三、明代的加派及杂税

明代田赋，除正课外，常有加派。加派之先例始于武宗正德九年（公元1514年），为兴建乾清宫，加赋银100万两。在加派中以明末为抵御满族和镇压农民起义的辽饷、剿饷、练饷三种军费数额最大。辽饷，用于辽东方面战事，是一种抵御外族入侵的军费，始于嘉靖（公元1522—1566年）中，万历、崇祯年间连续加派4次，征收额达680余万两银子。剿饷，用于镇压农民的军费，崇祯（公元1628—1644年）年间增赋银330万两。练饷，增练兵员73万人及在州县训练民兵，于崇祯十二年（公元1640年）设练饷，亩增银1分，共增银730万两。一条鞭法改革终于跌进了愈改百姓负担愈重的历史陷井。

明初，对盐课税，税率二十取一，即从价征收，税率5%。其后曾增税一倍，为10%，不久又恢复原税率。明代盐税及食盐销售因时因地，各有不同，税率亦有差异。盐税制度有纳米中盐法、计口配盐法、户口食盐纳钞法、纳钞中盐法、纳马中盐法、纳布中盐法和纳铁中盐法。诸法之实质为，盐课是交易中介，政府需要什么便开“中”交换什么。食盐的销售制度有定场定额制、纲法等。

明代茶税行茶引制。明太祖令商人于产地买茶，须纳清钱引方许运茶贩卖。规定：每引茶100斤，纳引钱200文；不及引者曰畸零，别置由贴给之。无由贴及茶引，或有引而与茶分离者，便成私茶，可以告捕。在一些特殊地区，茶税征收方

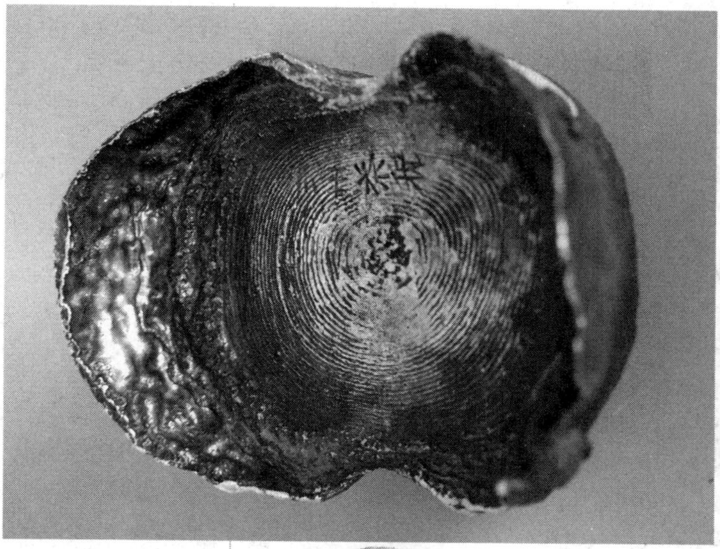

图 2–23 明茶税银锭

式也有不同，如陕西、四川十取其一，即课10%以易马匹。明代各朝始终遵行茶引制度，但在运用方式上各有不同。如以米易茶，以茶易盐，以茶易马等。

因朱元璋系贫苦农民出身，深知饥荒之痛苦，明初即下诏禁酒，并不准民种糯米，以绝酿酒之原料。至英宗正统七年（公元1442年），始开酒禁，令各地征酒税，其税率每10块酒曲收税钞、牙钱钞、塌房钞各340文或准曲投税，每百分取二，即税率2%。明代不禁制醋，并征醋税，洪武十八年（公元1385年）令折取金银钱钞，不收实物税。

图 2–24 明禄米银粮长银锭

明代冶铁业官矿衰落，民矿发展，铁课税三十取二，税率为6.6%；永乐元年民间交铁79800多斤；明初商税三十取一，税率为3.3%；宣德年间，设钞关对舟船受雇装载者，按所载料之多寡及路之远近纳钞，是为钞关，税率视量船的大小，修广而差其额，称船料，每船百料，课百贯；英宗（公元1436—1449年）时，对资本主义萌芽的商业资本课税"每季缎铺纳钞一百二十贯，油磨糖机粉茶食木植翦裁绣作等铺三十六贯，余悉量货物取息及工艺受直多寡取税"；弘治、正德间（公元1488—1521年），北京崇文门课客货进口税，每钞1贯，折收银3厘，钱7文折银1分；对外商租地也征税收。

第八节 实行彻底的一条鞭法

由于明末统治者横征暴敛，中国社会经济早已凋蔽，民不聊生，最后终于爆发了以李自成、张献忠为代表的大规模的农民起义。崇祯十七年（公元1644年），东北的满族统治阶级乘机入侵关内，大肆屠杀和劫掠，使中国社会经济遭受进一步惨重破坏。尤其入关之初四十年（公元1644—1684年），清代统治集团大规模的圈地运动，使广大汉族人民失去土地，流离失所。对江南富庶地区的野蛮焚掠，使不少城镇和工商业遭到了严重破坏，许多地区花了几十年以至上百年时间才恢复过来。

清朝前期（公元1644—1839年）的统治者为了巩固政权，缓和阶级矛盾，取得更多的赋税，逐步推行了一系列恢复农业生产的措施，如：宣布将圈地的一部分

图 2–25 清光绪漕粮税票

拨还汉人耕种并称更名田；免税缓课及奖励地方官的办法招人垦荒。经过近百年的恢复，到乾隆年间人口增加，耕地扩大，经济才有了发展，这是中国历史上恢复期最长的朝代。同时，从明中叶（16世纪）以后，江南许多城镇工商业发达，出现了资本主义萌芽，但由于清朝统治的入侵，及其限制工商业发展的政策，阻碍了这一新生的社会生产力的发展，从而使这些地区的社会进步推迟了几十年乃至一百年之久。清代前期的经济政策对其赋税制度产生了很大的影响。

一、地丁合一及火耗归公

清初宣布以明代的一条鞭法征派赋役，并免除一切杂派和“三饷”（辽饷、练饷、剿饷合称三饷）。康熙五十一年（公元1712年）宣布以上一年全国丁银额为准，“滋生人丁，永不加赋”，从而固定了丁额和役银，当时人丁额为2464万人，丁银额为335万两。雍正时，又进一步采取“地丁合一”、“摊丁入亩”的办法，把全国335万两丁银平均摊入各地田赋银中，一并征收，称“地丁制”，从而完成了明代推行一条鞭法时尚未完成的人丁税向资产税转变的历史任务。由于各地情况差异很大，分摊办法也有所不同，有按每两田赋银平均分摊丁银计算，如最高为直隶（今河北省）0.207两，最低为福建0.0527—0.0312两；也有按土地面积平均分摊，如江苏为每亩0.0011—0.0629两。

图 2–26 清地丁银锭

火耗（征收入库的碎银以火加热融化铸成银锭时的折耗，亦称耗羡），是从明代继续下来的正粮项外的一种额外加征。由于各地不仅加派数额不规范，而且演变成为州县官员孝敬上司和贪污肥私的来源，雍正二年（公元1724年），清廷规定火耗每两不超过2钱，由政府统划一征收入库。雍正帝采纳了山西官员的建议，说“与其州县存火耗以养上司，何如上司拨火耗以养州县”。将火耗分拨州县“养廉”，又称“耗羡归公”。当时地方上总督每年只有俸银180两、俸米180斛；巡抚只有俸银155两、俸米155斛，而养廉银却都有上万两之多。知县俸银每年只有45两、俸米只有45斛，养廉银亦可达数百两以至上千两之多。这条措施对限制横征加派，改变官场上下公开贪污的积弊起了一定作用。但是清代这一制度所带来的后遗症也十分明显。首先是正俸和养廉银产生严重倒挂，养廉银收入十数倍乃至上百倍于正俸；其次，各省督抚的养廉银与本省征收的火耗挂钩自行发放，失去了监督，且省与省之间差距很大，尽管雍正以后作过几次调整，还是首次公开上报时胆大的省份养廉银高于胆小的省份，如总督最低的只有1.3万两，最高的有2万两，巡抚最低的1万两，最高的1.5万两，知县最低的600两，最高的2259两；再次，同一品级的京官尽管有正常俸禄外的恩俸、公费、役食等收入，但与在地方任职的外官相比，实际收入还是相差10—20倍之多，以至乾隆皇帝也不得不承认“人情喜外任而不乐京职，大抵皆然”。不仅如此，这一制度缺陷还流弊后世，直至今日全国行政官员名之曰有统一工资标准，实际收入省与省不同、市与市各异、县与县不一样，即使同一地区的不同部门也存在天壤之别，可以说中国官员的收入问题达到了积重难返的程度。

二、清代的其他税收

清初盐税，是按明万历年间旧额，按引征课（每引运盐斤数不同，两浙多达800斤，山东仅225斤），实行引岸制，税负较轻。 每斤税率各省不同，少者不满1文，最高不过8—9文，一般在1—3文之间。咸丰、同治（公元1851—1874年）以后，税率最高时竟增至10余倍。这主要有三方面原因：一是改引行票；二是盐税抽厘；三是盐的加价。到光绪末叶，国家盐税岁入达到银2400万两；宣统三年预算数字则达到了4500万两。前者是清前期盐税收入700余万两的3倍多，后者为6倍多。康熙十四年制订开采铜铅条例，允许百姓申请开采，以产品2/10纳官，即税率20%。清初的关税即为后世之常关税，包括正税、商税、船料税三种，征税范围广、税率高，如木植取2/10，即20%，缎布皮张取1/10，即10%，但收入上不占重要地位。清初茶税，承袭明制行三法，即官茶（储边易马）、商茶（给引征税）、贡茶（供皇室用）。清代前期酒税不列入国家收入，乾隆初始征税，每酒10坛（约200斤）税银2分。牙税系向中介商人所课之税，税率各地不同，如江西上则纳银3两，中则2两，下则1两。当税系当铺业营业税，为清初康熙三年（公元1664年）始创，上等每年纳银5两，中等2.5两。契税，对买卖田地房屋等不动产所课之税，清初课契税，只征课买契，不课活契（典契），买契税率顺治四年（公元1647年）为3%，雍正七年（公元1729年）为4%，以后均征9%，清末宣统三年（公元1911年）始课活契（典契），税率6%。矿税大半按“二八”定例征收，即官税2/10，税率为20%。捐纳是清政府筹集军费的办法之一，始于顺治六年（公元1649年），嘉庆朝各年捐纳200万两至500万两之多，约占全国岁课收入30%以上。

图2-27 清厘金局银锭

图2-28 清湖北盐饷银锭

图2-29 粤海关银锭

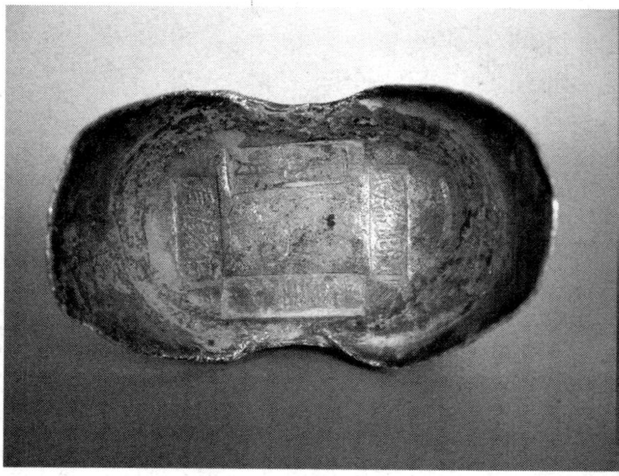

第九节 近代税制的转折

清后期（公元1840—1911年），产业革命后迅猛发展的欧美资本主义列强的不断入侵。中国在道光二十年（公元1840年）的第一次鸦片战争，咸丰六年（公元1856年）的第二次鸦片战争，光绪二十年（公元1894年）的中日甲午战争，光绪二十六年（公元1900年）八国联军战争，连续战败求和，丧权辱国，赔款达白银数亿两之多。帝国主义终于用洋枪大炮打开了中国的国门。另一方面，国内腐朽的满清王朝和封建官僚买办势力阻碍着中国资本主义生产方式的正常发展。清后期的中国在政治上、经济上都日益丧失独立性。这一时期的赋税制度反映了中国走向半封建、半殖民地社会的特征。

一、清后期的工商税收

鸦片战争后，由于大量对外国赔款和镇压农民起义的军费开支，清政府不再履行清初"永不加赋"的诺言，因为在中国"言而无信"亦是"讲政治"的"与时俱进"。清政府开始征收的新税，最为大宗的是厘金和关税。厘金是一种新创的商品通过税，其税率名义上是1厘（即值百抽一，后来不止此数），但常随地设卡征课，随意定物征课，税额可观，税收旺盛，所以太平天国战事结束，亦无法再废除，一直沿续到民国中期。

图2–30 清牙厘总局银锭

关税分为进口税、子口税、复进口税（沿岸贸易税）、出口税、船钞税、机器制造货出厂税、洋药厘金等七种。具体内容是：进口税，在洋货进口时征收，值百抽五，即税率5%；子口税（子口半税），此税按海关进出口税之半，即2.5%征收；复进出口税，土货纳完出口正税后由这个通商口岸转运到其他通商口岸时须再纳复进口税，其税率为2.5%；船钞，是在各通商口岸向往来船舶所征收的税。因其按吨数计算（一吨为122斗），故亦名吨税；机器制造货出厂税，凡洋商在中国口岸或华商在中国各地用机器制成棉纱、棉布，须纳出厂税，其数倍于进口正税，如棉花来自国外则将进口税发还，如来自中国则将已缴各税一并发还。各厂商缴纳出厂税后，即可免纳出口正税、出口加税、复进口半税以及销场税等。洋药厘金为对鸦片进口时所课的正税与厘金，光绪年间每100斤鸦片征银110两，至宣统三年（公元1911年）加至350两。清后期关税的税额增加很快，咸丰末年（公元1861年）仅490余万两白银，同治末年（公元1874年）增至1140余万两，光绪三十四年（公元1908年）增为3290余万两，宣统三年增为3617万两，但关税主权却为帝国主义所侵夺。关税收入作为赔款或外债偿还担保，清政府所能利用者，仅只有"关余"而已。

二、公债的发行

清末除借外债外，中央政府也曾发行过几次内债，计有光绪二十年（公元1894年）发行额不限的"息商借款"，光绪二十四年（公元1898年）发行总额为1亿两

图2-31 清末向外商发行的铁路债券

的“昭信股票”和宣统元年（公元1909年）发行额为3000万两的“爱国公债”。这些债券最后都以应募不足中途停募。

此外，还有光绪三十一年（公元1905年）北洋总督袁世凯、宣统元年（公元1909年）湖广总督陈夔龙、安徽巡抚朱家宝，分别发行过480万两、240万两和120万两的地方公债。

第十节 近现代税制沿革

一、北洋军阀时期(1912—1927年)

1911年10月孙中山领导的辛亥革命，推翻了满清王朝，中华民国成立。但三个月后，袁世凯篡夺革命成果，中国处于军阀纷争之中。在此后15年间，政权分割，财政枯竭，经济停滞。其主要表现为：首先，旧赋加重、新税扩增。自鸦片战争后，清廷为筹措历次战争赔款，分向各省摊派，加上清末筹办“新政”，旧赋不断加重，新税多有扩增，到了北洋政府时期，更为严重。

田赋，包括地丁、漕粮、租课、差徭和什税五项。仅地丁一项除保留清末的地粮和丁赋外，还将各种名目的附加税全部并入正项，当时中央曾明定地方征收田赋附加税，不得超过正赋30%，事实上地方军阀各自为政，又扩增了不少新的附加税目，浙江新增附加税名目有74种之多。各项田赋收入在北洋军阀时期较清末增加了64%。

关税和盐税。本为政府赋税收入之大宗，均超过田赋收入。但关税、盐税收入的大部分用作偿还外债担保，收支保管权均操于帝国主义之手，中国无权支配。关税中有常关税一项，每年总收入约600余万元，又都被各地军阀截留；盐税也同样遭截留，还新增了不少附加名目。

厘金和烟酒税。沿袭清末旧例而更为混乱，名称百出，税率各异。当时有过改办产销税统一整顿之议，然未能施行。相反在厘金税之外又增产销税等新的征课项目。烟酒税征率高的达55%，一般采用从量计征并于产地征收，酒按池、按缸、按斤，烟按担、按箱，由商人认税，按期包缴。1914年开征烟酒牌照税，分别批发及零售商，分等定额课征。1915年起，于征税外实行烟酒专卖，官督商销，按价收取10%—15%公卖费，由分栈代征，公卖费实际上是一种新增的变相税收。

契税和印花税。契税类收入包括契税、不动产税、验契税和契税附加四项，前三项为中央专款，后一项属于地方收入。印花税在清末已议订税则，民初开征，但扩大了征税范围，凡各种商事人事凭证均须贴花缴纳。

其他各税和苛捐杂税。其中矿税、牙税、当税、房税、茶税、屠宰税等均沿清代旧制，至于地方自创种种苛捐杂税，不胜枚举。1934年浙江省政府曾决定废除的苛细税捐达457种之多，由此可见一斑。故当时有“自古未闻粪有税，如今只剩屁无捐”之谚。

其次，赋税虚有划分，征留各自为政。民国初年，曾确定国、地两税划分，既

BB-1
11.5° 金永武 25

BB-2
11° 绍兴 25

BB-3
17° 严属 30

BB-4
11° 处属 20

BB-5
11° 处属 20

BB-6
17° 处属漏齿 40

BB-7
11° 松遂宣 25

BB-8
14° 处属 35

BB-9
12° 杭县 20

BB-10
11.5° 杭县 20

BB-11
17° 杭县 30

BB-12
11° 杭县 ★

BB-13
11.5° 诸萧 25

BB-14
11.5° 余上慈 30

BB-15
11° 吴兴 25

BB-16
14° 崇桐德 30

BB-17
17° 嘉兴 30

BB-18
17° 鄞奉 30

BB-19
17° 鄞奉漏齿 50

BB-20
12° 鄞奉 ★

BB-21
11° 镇海窄幅 40

BB-22
17° 镇海宽幅 40

BB-23
11° 衢属西 30

图2-32 民国印花税票

作为编制预算依据，又得以集中财权。1914年修订公布的国家税和地方税法草案中规定，列属中央管理的国家税有：田赋、盐税、关税、常关税、统捐、厘金、矿税、契税、牙税、当税、牙捐、当捐、烟税、酒税、茶税、糖税、渔业税共17项；属于地方税的有：田赋附加税、商税、牲畜税、粮米捐、土膏捐、油捐及酱油捐、船捐、杂货捐、店捐、房捐、戏捐、车捐、柴户捐、茶馆捐、饭馆捐、肉捐、鱼捐、屠捐、夫行捐及其他杂税杂捐共20种。另拟新设的国家税有：印花税(其实印花税

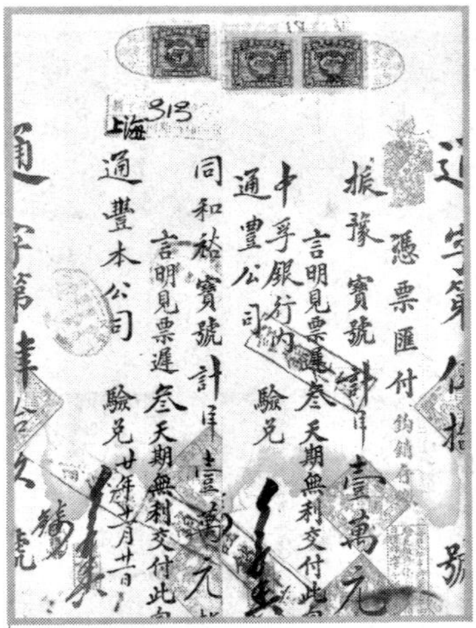

图2-33 民国时期粘贴在票据上的印花税票

法1912年即已颁布)、登录税、继承税、营业税、所得税、出产税、纸币发行税等；拟新设的地方税有：房屋税、入市税、使用物税、使用人税、营业附加税、所得附加税等。

明确赋税权限，本是我国赋税管理体制上一个具有历史意义的创始，但由于当时政局动荡，中央不能驾驭地方，故此法难以施行，不久即下令取消国、地两税划分，改由主管官署统筹支配，所有各种税款，复行统一收支，并另采用“中央专款”制度，划定验契税、印花税、烟酒税、烟酒牌照税、牙税5项列为中央专款，由各省议定税额、按月报解中央。嗣后曾增列屠宰税、牲畜税、田赋附加税及厘金附加为中央专款。到1919年后，专款税目经多次整理变更，最后仅留契税、牙税、矿税3种。1922年再次按赋税性质划分国、地税征管权限。属于国税的为所得税、矿税和烟酒牌照税、丝茧税、茶税、糖税、出产税、销场税以及印花税、登录税、继承税、运输税等项。属于省税的为田赋、房屋税、宅地税、牲畜税和屠宰税、谷米税、代谷税以及契税。所列登录税、继承税、运输税、宅地税均为拟税而未征的税目。这项划分又因皖系军阀政变而未能实施，仍实行中央专款办法，事实上所有中央专款的赋税多被地方操纵截留，或早已转成拨款，中央实得很少。总之，十五年中各项赋税仅有划分之名，并无划分之实，管理体制失控，局面极为混乱。

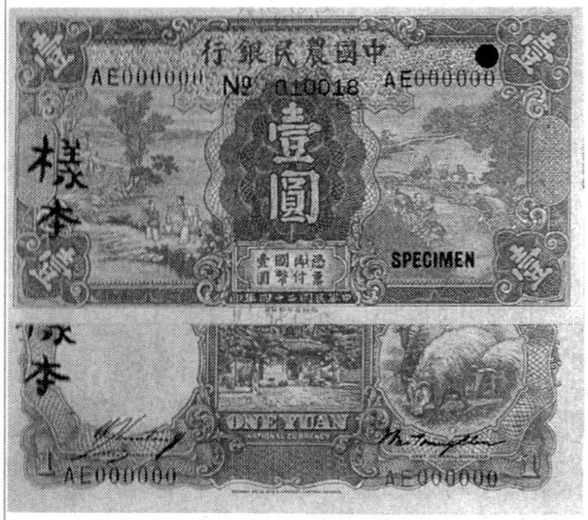

图2-34 中国农民银行纸币

二、十年内战时期(1927—1937年)

1927年蒋介石在“四·一二”后建立南京国民政府，出于发动内战之需要，对统治区各种赋税，针对北洋政府时的财政分割混乱，从体系的划分到征收制度的厘订，曾作整顿，以确立中央和地方赋税体系。1928年8月制定《划分国家收支标准案》，确定中央和省两级税收体制。划分中央和地方税系，当时列为中央税项的有：盐税、海关税、内地税、常关税、烟酒税、煤油税、厘金、通过税、邮包税、印花税、交易所税、公司及商标注册税、沿海渔业税、所得税、遗产税15种，其中有些为拟待实施的税项；列为地方税项的有：田赋、契税、牙税、当税、屠宰税、内地渔业税、营业税、市地税、所得税附加、船捐、房捐、其他收入等15种，也有些属于拟议的税项。当时县作为省的附属，无明确的税收来源，一般采取加征附加，开征杂捐和摊派等方式，自筹收入，支给经费。1934年全国第二次财政会议，鉴于各县财政收支混乱，确定县为自治单位，进一步厘定为中央、省、县三级财政体制，将田赋附加、土地呈报后正附溢额田赋的全部、印花税的三成、营业税的三成、房捐、屠宰税及其他依法许可的税捐，划为县级财赋收入。在中央收入的国税中，关、盐、统三税占支柱地位，

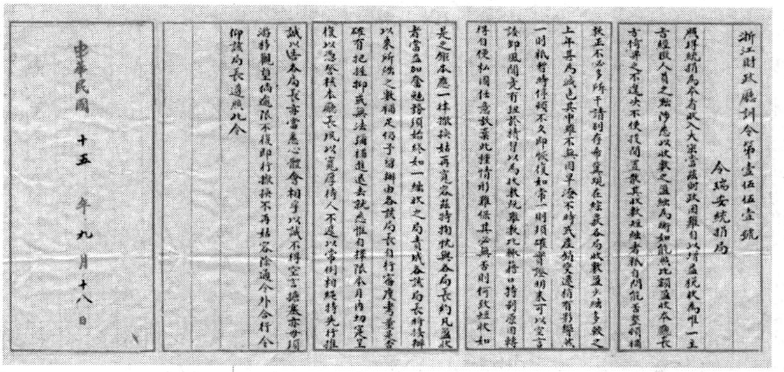
浙江财政厅训令第壹伍伍壹号
令瑞安统捐局
中华民国十五年九月十八日

图 2–35 民国财税公文

几占中央收入的90%以上。在地方收入中，田赋成为重要来源，占地方收入比重80%—90%。

这一时期税收的主要变化是，国税中关税的收入，形式上因收回主权、重新修订关税税率而大有增长，列居各税收入之首，但仍屈从帝国主义利益要求，偏重于财政性征收，为外国商品倾销开路。盐税收入因“改善税制”、提高盐价而不断激增，列居国税收入中的第二位。十年中国民党政府在“改善税制”名义下，多次提高盐价，盐税收入增加一倍以上。裁撤厘金、改征统税，税源由分散趋向集中，收入由地方转归中央而成为财政重要来源之一。田赋虽成为地方财政收入的大宗来源，由于地方支出膨胀，普遍存在收不抵支，各种名目的附加、摊派和浮征勒索，层出不穷，超过正税，更加重了人民的负担。

三、八年抗战时期（1937—1945年）

抗日战争时，国民党军队节节败退，失地扩大，军费有增无减，财政严重危机。故在国民党统治区实施通货膨胀政策，采取增加赋税成为其应付战时财政的主要手段。1935年11月国民党政府推行法币政策，建立中央、中国、交通、农业四家银行为首的金融体系，将白银收归国有，并移存国外作为准备金，使发行统一、准备集中。抗战后，随着沦陷区的扩大，赋税收入的锐减，军费需要的激增，财政赤字越来越大。1940年后国民党政府不顾后果，采取借助通货膨胀以维危局的恶性发展政策，形成财政赤字、通货发行和市场物价之间竞相发展的恶性膨胀。

同时，国税收入在国库总收入中的地位不断下降，战前以关、盐、统三大税为支柱组成的工商税系，通过各种增税新措施，形成货、盐、直、关四税的新体系，使国民党统治区的人民更加重了赋税负担。一是扩大转口税征收范围，并开征战时消费税以弥补关税的下降。1937年10月起，凡民船及铁路运输货物，除已征统税及烟酒税外，经海关及其分卡时，规定均须征收转口税，税率从量为值百抽五，从价则按原正附税合计值百抽七点五。至1942年废止转口税，改为开征国货战时消费税，系对出入国统区的货物课征的内地通过税。1945年初，中印公路修通，重开国防贸易后停征。二是盐税改行专卖制，另征附加费。当时盐源萎缩，税负却大大增加，使盐税居战时工商业各税收入之首。抗战时盐源较前减少80%，为此，于1942—1945年间改行专卖制，原来食盐产销税改为专卖利益。最高地区每担征收专卖利益100元，最低地区定为30元，后又统一定为110元。1943年，因财政支绌，又另征名目众多的中央附加税。如战时附税，每担1000—6000元；国军副食费附加每担1000元；偿本费每担8—25元，此外还有整理费、盐工福利费、管理费等。三是原来的统税扩大为货物税，成为无物不征的杂税，收入跃居工商各税的第二位。战前以大宗机制品为课税对象的统税，由于这类工厂比较集中的大城市多半沦陷，为弥补损失，乃改征货物税，而且征税区域扩大、征收品目增加到无物不征。

为使税收与物价同步，征收标准改从量为从价，原订税率也分别作了调整提高。四是除已开征所得税外，又开征战时利得税等形成独立的直接税体系，使国统区工商各业“虚盈实税”，难以维持。抗战前夕已制定所得税法，试行营利事业、薪给报酬和证券存款所得税。为弥补战时财政不足，1938 年 10 月和 1939 年 1 月又公布开征非常时期过分利得税。1943 年 1 月和 1945 年 4 月又先后开征财产租赁出卖所得税和个人综合所得税，连同 1940 年开征的遗产税，暨土地税的开征，组成了新的直接税体系。

田赋收归中央改征实物，并实行粮食征购和征借措施，成为税外搜刮的一项重要来源。1941 年 6 月国民党政府召开第三次全国财政会议，决定改变财政收支系统，将全国财政分为国家财政和自治财政两大系统，原省级财政划入中央财政，成为中央、县(市)两级财政。田赋收归中央统筹，制定《战时各省田赋征实暂行办法》，规定田赋正附税额每元征收稻谷 2 斗为标准，产麦及杂粮地区折征等价小麦及杂粮。1942 年，折实标准提高为每元折征稻谷 4 斗，或小麦 2 斗 8 升。同时实施粮食征购办法，随粮带购，征购标准与征实物同，征购价格则由政府按远低于市价的标准核定，征购价款按三成法币、七成粮食库券搭发，等于无偿强索。1944 年又改征购为征借，废去粮食库券，仅在交粮后的粮票上加注，作为借粮凭证，更成为变相的田赋加征。这一切就组成当时的“田赋三征”。此外还有随粮带征县级公粮 30%、地方积谷 13% 和收粮折耗 1% 等附加征收的名目。

四、解放战争时期（1945 — 1949 年）

1945 年 8 月 15 日日本宣布无条件投降后，国民党政府在国统区内运用财政和赋税手段肆意榨取，至后期又采用发行金元券在疯狂挣扎中进行最后掠夺。

1946 年 3 月，国民党六届二中全会决议恢复中央、省、县(市)三级财政体制，具体税制较抗日战争时期并无太大的变化，但作为赋税主要支柱的工商各税，由于收复区的接管，收入比重起了新的变化。一是盐税地位降低，这是因为大部分盐场为共产党所掌握，国民党可控制的盐区有限。虽通过不断提高税率，加强征收，但收入增加有限。到 1948 年已仅占各税预算收入的 13.4%，居于四项税种之末。二是关税收入上升，主要原因是上海、天津、广州、九龙等沿海地区受内战影响不大，而进口贸易又大大扩增。三是货物税收入跃居首位，主要是由于税源集中于少数大城市，当时受内战影响也不大，同时通过提高税率，扩大征收名目，加上相对较易控管，这就使其税收数迅速增长。四是直接税的征收内容项目也有了修订扩充，原来分为三类的综合所得税，修订后改为营利事业、薪给报酬、证券存款、财产租赁和个人综合所得五类，原来的非常时期过分利得税改为特种过分利得税，印花税也不断修订提高。

继续运用田赋“三征”。抗战胜利之初，国民党政府一度宣布“陷敌各省豁免田赋一年，其他后方各省，俟明年度亦予豁免”的命令，旋即命令各地征购军粮，发动献金、献粮，造成以豁免为名，照征超征是实。不久，全面内战爆发，宣布继续恢复田赋征实办法。规定后方各省每亩田赋征收稻谷 4 斗，征借稻谷 4 斗，另再带征公粮三成，共征取稻谷 9 斗 2 升，折米 5 斗余，超过抗战时的负担水平。

图2-36 川陕省苏维埃政府纸币

五、革命根据地和解放区赋税

新民主主义革命时期(1927—1949年)，中国共产党为了保障革命战争的供给，在革命根据地和解放区也都建立了税收制度，并经历了第二次国内革命战争、抗日战争和解放战争三个时期。

第二次国内革命战争时期(1927—1937年)

自1927年4月12日以后，中国共产党在农村创建了中央革命根据地和闽浙赣、鄂豫皖等革命根据地。根据地建立之初，中国共产党即宣布废除旧政府的一切苛捐杂税。工农红军的供给，主要通过打土豪、摊派、募捐等形式获得。随着苏维埃政权的建立，在一些较大且相对巩固的苏区，根据1928年7月中共六大通过的《十大政治纲领》关于 “取消一切军阀地方政府的一切苛捐杂税，实行统一累进税”的决议，逐步建立起税收制度。当时的税收，主要是农业税、出口税、货物税、佣金税、屠宰税等。尽管各根据地处在被分割的战争环境，各地征收的税种和征收办法不一，但都贯彻了税收负担主要放在剥削者身上和贫苦者减免税的原则。这一时期的税制，是在废除苛捐杂税的基础上逐渐建立起来的新型税收制度的雏型，税制比较简单，征收面比较狭窄。

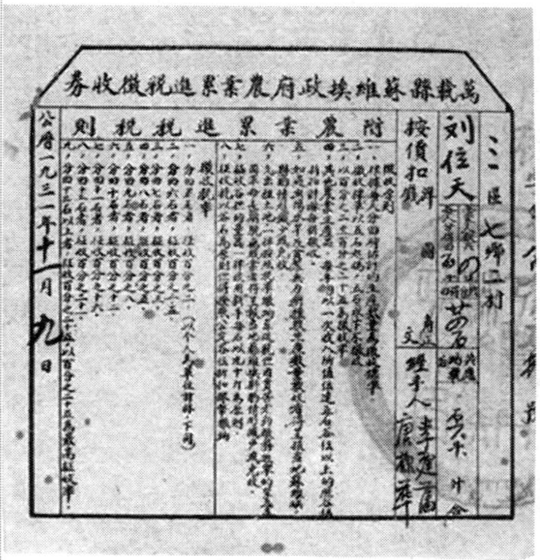
万载县苏维埃政府农业累进税征收券

图2-37 江西万载县苏维埃政府农业累进税票

抗日战争时期（1937—1945年）

1937年7月7日卢沟桥事变后，中国共产党坚持抗日民族统一战线的方针，在西北、华北、华中、华南建立了19个革命根据地。这个时期的税制是以党的抗日民族统一战线的基本政策为依据，并贯彻“合理负担”、“按收入多少规定纳税多少”的原则，既吸收了第二次国内革命战争时期苏区的有益经验，也利用了旧税制中某些合理的形式。在八年抗战中，各根据地先后开征的税种有公粮税、货物出入境税、货物税、烟酒税、烟酒牌照税、营业税、临时营业税、商业税、所得税、盐税、土产税、矿产税、牙税、屠宰税、印花税、牲畜税、车船牌照税、筵席税等。税种较土地革命时期有所增加，但就各根据地而言，是从各自需要与可能出发，结合本地区情况，自定税则，开征税种。

浙东根据地是华中根据地所属八个抗日根据地之一，处于敌、伪、顽形成的纵横交错的复杂斗争环境。根据1940年中共中央在《关于建立与巩固华中新根据地的指示》中“实行统筹统支、实行统一的累进税制”、“对于各种负担，应按照有力出力、有钱出钱的原则，但根据地居民80%以上的人口，均应负担，不可将负担完全放在富有者身上”的精神，先后开征货物税、盐税、酒税、屠宰税和油坊税等。

图2-38 1945年版晋察冀边区纸币

抗日战争时期是革命根据地税制的形成时期。由于各级政府对税收的重视，使税制建设走上了正轨，同第二次国内革命战争时期的税制比较，具有税种多、征收面广、税率有所提高等特点。税收收入在各革命根据地已占到整个财政收入的50%左右，有些地方达80%以上。这对保证革命战争的供给和促进经济发展发挥了重要作用。

解放战争时期（1945—1949年）

解放战争时期，革命形势迅速发展，解放区日益扩大，为适应这一新的形势，各革命根据地和解放区及时调整税收政策，修订税收法规，税制由分散趋向逐步统一。这一时期，又可分为三个阶段。

第一阶段：抗日战争胜利不久，中国共产党为谋求和平建国方针的实现，浙东、苏南等革命根据地主力部队北撤。这些根据地一度变成敌后游击区，税收工作难以正常开展，部分地区陷于停顿状态。

第二阶段：随着解放战争的节节胜利，解放区迅速扩大，1947年至1948年对新区和老区分别实行不同的税收政策，采取不同的征收方法。

老区，指日本投降以前解放的地区。随着1947年普遍开展土地改革运动的基本完成，老区相继进行了税制改革。在农业税方面，废除统一累进税，改按比例税率征收农业税或公粮；在工商业税收方面，普遍降低工商税收的税率；部分地区停征进出口货物税；华中等地区将产销税改为货物税。

图2-39 1948年版东北解放区纸币

新区，指解放战争中被中国人民解放军解放的地区。新区多为大中城镇，工商业基础好，经济较为发达。为稳定税收秩序，保证财政收入，对新解放的城市采取“原封接收，逐步改造”的方针，除了停征一些名称反动的税捐，基本上仍沿用旧税制(苏北、皖北等少数地区也实行老解放区的税收政策)。例如，北京解放后，公布了包括货物税、营利事业所得税、印花税等21个税种，不仅沿用旧税制，而且税率也基本保持不变。浙江、苏南、皖南等新区也继续沿用旧税制，征收营业税、货物税、临时商业税、营利事业所得税、财产租赁所得税、薪给报酬所得税、存款利息所得税、印花税、娱乐税、筵席税、使用牌照税、屠宰税和农业税(田赋、公粮)以及房捐、地价税等税种。

第三阶段：1949年年初开始，中国共产党领导的各大行政区相继实行统一税制。1949年1月，东北行政区率先实行统一税制；同年8月，上海财经会议后，华东、华北、西北大区级税务管理机构也对本区的税制作了全面整顿，制定统一税法，建立了以直接税、间接税、农业税为主体的税制体系。

中国革命根据地和解放区的税制，是建立新中国税制的一个重要基础。它的建立标志着数千年具有剥削性质的旧税制解体，代之以“取之于民，用之于民”的人民税收制度。在中国新民主主义革命时期，不但为保证革命战争的供给、促进根据地经济基础建设、开展对敌斗争等方面作出了贡献，而且在实践中形成了一套治税思想、税收理论，并积累了宝贵的组织征收的经验。特别是大中城市相继解放后，税收重点由农村转移到城市，对旧税制不是全盘否定，而是采取利用、改造的方针，建立了多种税、多次征、互为补充、互为制约的复合税制，基本上适应了全国解放前夕多种经济成分并存的经济状况，对稳定经济秩序、支援全国解放战争发挥了积极作用，也为建立新中国的社会主义税制奠定了基础。

第十一节 当代税制的变迁

中华人民共和国成立以来，税收制度基本上顺应了从传统的计划经济向有计划的商品经济以及向社会主义市场经济体制发展的要求，经历了三个时期的发展阶段：从建国到1978年，建立新中国的税收制度及调整、简并税制的阶段；1979年到1993年，两步利改税及税制全面发展阶段；1994年后按建立社会主义市场经济体制的要求全面改革税制的阶段。

一、计划经济体制下的税制

中华人民共和国成立初期，税制很不统一。1950年1月政务院发布了《全国税政实施要则》、《关于统一全国税政的决定》和《全国各级税务机关暂行组织规程》，明确规定了新中国的税收政策、税收制度和税务组织机构等一系列税收建设的重大原则，结束了建国初期税制混乱的局面，建立了统一的新中国的税收制度、税收政策和税务工作体系。随着1953年我国开始进入国民经济发展的第一个五年计划时期，经济形势发生了很大变化。为了使税收制度适应新的形势，国家决定从1953年1月1日起对税制进行修正。经过修正，在基本保持原税负的基础上，试行商品流通税，将税种简并为14种，基本上适应了当时形势发展的需要。

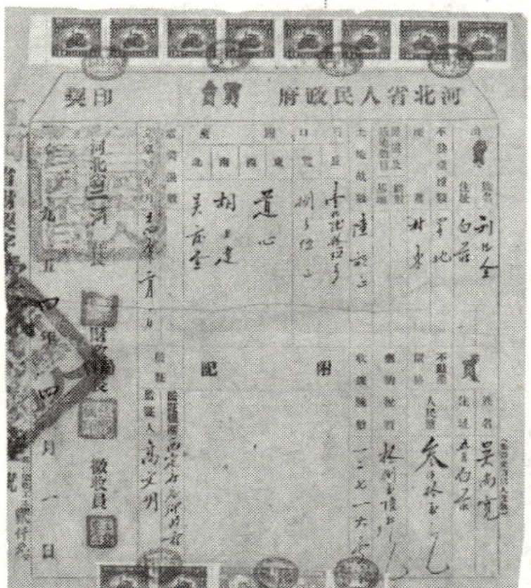
河北省人民政府 買賣

图2–40 1954年贴有印花税票的买卖凭证

1958年基于“基本保持原税负、适当简化税制”的指导思想，对税制进行了改革简并。税种由原来的14种简并为9种。这次税制改革，从根本上改变了原来实行多种税、多次征的税收制度，使税制结构开始出现了以流转税为主体的格局，但在调节经济方面的作用已逐渐减弱。

1973年对税制作了进一步简化，对国营企业只征收工商税一种税，对集体企业只征收工商税和工商所得税两种税，使税种从9种减为7种，从而严重削弱了税收经济杠杆作用的发挥。这一时期我国的农业税制基本上保持相对稳定，但我国税制由建国时期的复合税制，几经简并，基本上已成为单一税制。

二、有计划商品经济体制下的税制

1978年以来，随着对内改革、对外开放政策的实施，我国经济领域发生了深刻变化，出现了多种经济成份、多种经营方式，原有的单一税收制度因税种过少，而难以适应多种经济成份并存的新形势，也不利于对外开放政策的执行，并且征税范围过小，税收调控范围受到限制，税负也不公平，集体商业和个体工商业户的税负偏重，不利于多种经济成份公平竞争。为适应经济情况的变化，国家对税收制度进行了改革。主要是两步利改税改革：1983年国家实行第一步利改税改革，目的是通过税收来规范国家与国营企业的利润分配关系，即对国营企业征收所得税，简称利改税。第一步利改税对调动企业生产的积极性，激发企业活力起到了一定作用。1984年国家实行第二步利改税，并对工商税制进行全面改革。

两步利改税的完成和工商税制全面改革后，一方面基本上理顺了国家与企业的利润分配关系，用法律的形式将国家与企业的分配关系固定下来，扩大了企业自主权，增强了企业活力，也使国家财政有了稳定增长。另一方面我国基本上确立了以流转税和所得税为主体税种，其他各税相互配合的复合税制的税制新体系。

三、社会主义市场经济体制下的新税制

1992年10月，党的十四大根据邓小平建设有中国特色社会主义理论，确定了我国经济体制改革的目标是建立社会主义市场经济。1993年11月，党的十四届三中全会通过了《关于建立社会主义市场经济体制若干问题的决定》，提出“按照统一税法、公平税负、简化税制和合理分权的原则，改革和完善税收制度”。根据这一要求，我国对工商税制进行了全面的结构性改革，并从1994年1月1日起在全国实施。

1994年税制改革的基本原则是：要有利于调动中央、地方两个积极性和加强中央的宏观调控能力；有利于发挥税收调节个人收入和地区间经济发展的作用，促进经济和社会的协调发展，实现共同富裕；有利于实现公平税负，促进平等竞争；有利于体现国家产业政策，促进经济结构的调整，促进国民经济持续、快速、健康的发展和整体效益的提高；有利于税种的简化、规范。

1994年税制改革的主要内容较为丰富。其重点是对流转税和所得税进行了改革，也对其他一些税种进行了改革，同时还改革了税收征收管理制度。

流转税的改革。按照充分体现公平、中性、透明、普遍的原则，在保持总体税负基本上不变的情况下，参照国际上流转税改革的一般做法，改变了原流转税按产品分设税目，分税目制定差别税率的传统做法，确立了在生产和流通环节普遍征收增值税，在此基础上选择少数产品再征收一道消费税，对提供劳务、转让无形资产和销售不动产保留征收营业税的模式。改革后的流转税由增值税、消费税和营业税组成，统一适用于内资企业和外资企业，取消对内资企业征收的产品税和对外商投资企业和外国企业征收的工商统一税。原征收产品税的农林牧水产品，改为征收农业特产农业税和屠宰税。

所得税制的改革。所得税制的改革包括企业所得税和个人所得税的改革。企业所得税的改革目的在于理顺并完善国家与企业的利润分配关系，为各种不同经济性质的企业创造一个平等的竞争环境。改革的主要内容是取消按企业所有制形式设置所得税税种的做法，将国营企业所得税、集体企业所得税、私营企业所得税统一合并为企业所得税，实行统一的企业所得税制。个人所得税改革的宗旨是主要对较高收入者征税，对中低收入者不征或少征，体现不使纳税人税负增加过多和总体税负有所降低的原则。改革的内容是将个人收入调节税、适用于外籍人员的个人所得税和城乡个体工商业户所得税合并，建立统一的个人所得税。

其他工商税制的改革。一是扩大资源税征收范围；二是开征土地增值税，对房地产交易中的过高利润进行适当调节；三是调整了其他一些税种，如取消集市交易税、牲畜交易税、烧油特别税、奖金税和工资调节税。将特别消费税并入消费税，将盐税并入资源税，将屠宰税、筵席税征收或停征权下放给地方。

农业税制的改革。农业税制改革的重点是农业特产农业税。为更好地适应我国农林牧副渔业生产发展的实际情况和体现分税制财政体制的改革要求，增强税制改革的协同效应，将原农林特产农业税、原产品税和原工商统一税中的农林牧水产品税目合并，改为农业特产农业税，扩大了征收范围，适当降低了部分产品的税率，明确了减免税的范围和权限，规定了扣缴义务人等。

征收管理制度的改革。税收征管制度的改革，旨在彻底改变征管制度上不严密、征管手段落后的局面，从根本上提高税收征管水平，建立科学、严密的税收征管体系，以保证税法贯彻实施，建立正常的税收秩序。改革的主要内容：一是建立普遍纳税申报制度；二是积极推进税务代理制度；三是加速推进税收征管计算机化的进程；四是建立严格的税务稽查制度；五是适应实行分税制的需要，组建中央和地方两套税务机构；六是加强税收法制建设，逐步建立税收立法、司法、执法既相互独立又相互制约的机制。

根据分税制财政体制的划分，税收分为中央税、中央地方共享税和地方税三类。

中央税是指中央立法、收入划归中央并由中央管理的税收，主要指关税和消费税。

关税是对进出我国国境的货物、物品征收的一种税，它既是国家调节进出口贸易和宏观经济的重要手段，也是中央财政收入的重要来源。我国目前对进出境货物的关税分为进口关税和出口关税两类。进口关税是关税中重要的一种，对入境的货物、物品征收，实行从价计税，以商品价格为征税标准；出口关税是对出境货物、物品征收的关税，主要目的是保护本国的自然资源或限制、调控某些商品的出口。

进口关税设最惠国税率、协定税率、特惠税率和普通税率。其中最惠国税率适用原产于与中国共同适用最惠国待遇条款的世界贸易组织成员方的进口货物，或者原产于与中国签订有相互给予最惠国待遇条款的双边贸易协定的国家或者地区的进口货物。协定税率适用于原产于中国参加的含有关税优惠条款的区域性贸易协定的有关缔约方的进口货物。特惠税率适用原产于与中国签订有特殊优惠关税协定的国家或者地区进口的货物。普通税率适用于原产于上述国家或者地区以外的国家或者地区的进口货物。未订有出口税率的货物，不征出口关税。

消费税是对特定的某些消费品和消费行为征收的一种间接税，是国际上普遍征收的一种税。对消费品有选择地征收消费税，可以合理调节消费行为，正确引导消费需求，间接引导投资流向，并有利于流转税制度的自身完善，保证国家的财政收入。

中央与地方共享税是指收入由中央和地方按比例或按法定方式分享的税种。我国共享税由中央立法、管理，现行的中央地方共享税有增值税、资源税、所得税、印花税等。

增值税是对生产、销售商品或提供劳务过程中实现的增值额征收的一个税种。该税种采取发票法或称扣税法征集，仅对增加值部分征税有利于经济联合和专业化协作，对资源配置的干预度最小，而且又便于筹集税收收入，避免了消费税的多重征税。它与消费税、营业税相配合构成我国流转税新体系，并成为流转税体系中的骨干税种。

从1954年法国首先实施增值税以来，到1996年底，世界上共有100多个国家实施了增值税，其增速之快，可以说史无前例。目前，除美国、澳大利亚仍坚持不实施增值税外，经合组织(OECD)中多数国家都推行增值税。该税种已成为西方发达国家和发展中国家复合税制中的主要税种。推行增值税也被人们称之为全球第三次税制改革浪潮。增值税的类型是多种多样的，其实施类型因国而异。如以增值税税基大小为标准，增值税可分为生产型、收入型和消费型三类增值税。我国现在实行的是生产型增值税，但这只是税制改革的一个阶段性产物，其最终将向消费型增值税过渡。

资源税是对在我国境内从事资源开发，因资源条件差异形成级差收入征收的一种税。国家从资源国有和照顾地方利益两方面考虑，尤其是考虑到矿产资源大多分布在中西部不发达地区，因此，为调节地区收入水平，把资源税划为共享税，除海洋石油资源税作为中央财政收入外，其他资源税都作为地方财政收入。

印花税是对经济活动和经济交往中书立、领受的凭证征收的一种税。我国未开征证券交易税前，对证券交易征收的印花税，起先实行中央财政与地方财政“50 : 50”分成，后来相继于1997年1月1日实行“80 : 20”分成，1998年7月1日实行“88 : 12”分成，2000年10月1日实行“91 : 9”分成，2001年1月1日实行“94 : 6”分成，2002年1月1日实行“97 : 3”分成。

企业所得税是以企业或者组织为纳税人，对其一定期间内的所得额征收的一种税。1994年至2001年地方企业所得税是地方财政收入2002年起企业所得税改为中央与地方共享税，其分成比例2002年中央与地方为“5 : 5”，2003年起按“6 : 4”分成。

个人所得税是对个人(自然人)取得的应税所得征收的一种税。个人所得税在国民收入再分配、调节社会总需求以及缓解社会分配不公等方面发挥着重要作用。该税种公元1798年起源于英国，开始时是一种对高收入阶层征收的临时税被称为富人税。由于许多人认为所得税收入稳定，最少税收变形损失，是最公平的税种，因而英国于1942年普遍实行。德国在1871年、日本在1887年、美国在1913年、法国在1914年都先后采纳了包括个人所得税在内的所得税制度。从此，所得税演变成一种几乎全球所有国家都征收的普及性税种，至今仍然久盛不衰，被专家称为第一次世界性的税制改革。1994—2001年个人所得税为地方财政收入，2002年起改为中央与地方共享税，其分成比例2002年为“5 : 5”，2003年起为“6 : 4”。1999年11月1日恢复的银行储蓄存款利息个人所得税，税率20%，起先属于中央收入，

2002年起也改为中央与地方共享税。

1994年分税制改革是新中国成立以来第一次真正从税种的角度划分地方税，并且，地方税已经有了包括流转税类、财产税类、行为税类、资源税类等组成的比较完整的税制体系。

流转税类包括营业税、城市维护建设税、农（牧）业税、农业特产农业税。营业税以纳税人从事经营活动的营业额(销售额)为课税对象的税种，由于不受企业成本升降的影响，因此收入比较稳定，还能起普遍调节作用。

非税类收入包括教育费附加、社会保险费、文化事业建设费、矿区使用费。教育费附加。它是国家为加快发展地方教育事业，扩大地方教育经费的资金来源而开征的一种附加费。存在的主要问题是征收方法不一，企业负担不一；由于收入归属原因，在城市与农村、县城与乡镇、开发区等的界定上，不够统一。随着全国农村税费改革的推行农村教育费附加已经取消。

社会保险费包括基本养老保险费、基本医疗保险费和失业保险费是国家为了发展社会保险事业而征收的专项资金，类似于外国的社会保障税，其费率由各省市按国务院规定确定。

文化事业建设费是国家为了引导和调控文化事业的发展而征集的一种专项资金。其费率由国务院决定。

矿区使用费是一种按照固定标准征收的矿产资源使用费。矿区使用费目前仅对从事石油资源开采的单位征收，按照每个海洋或者陆上油、气田日历年度或者天然气的总产量分别计算征收，以实物缴纳。

第十二节 港、台地区现行税制

一、香港特别行政区现行税制

根据香港《税务条例》，香港特别行政区课税可分为四大类型。一是物业税(Property Tax)，对在香港拥有物业的人士，就物业征收的税项，税率15%。物业用于自住者可以豁免，以出租物业为业者也不是物业税的“应课税人士”。二是薪俸税(Salaries Tax)，对在香港获得职业职位上的入息或长俸的人士所征收的税项，纳税人根据课税入息除去免税额后，用渐进税率计算应纳的税项，但总数绝不会超过未减去免税额之前入息乘以标准税率15%计算出来的应纳税额。三是利得税(Profits Tax)，对在香港从事商业、贸易或专业获得来自香港的利润的人士，依利润而征收的税项。利得税税率有限公司为16.5%，非有限公司15%。四是利息税(Interest Tax)，指在香港经营业务，就由债券、物业按揭、动产抵押契据、存款、债务、暂支、年金或持有票据而赚取的利息收入所征收的税项。自1989年4月1日起已废除利息税。

香港的赋税不仅课税制度简单，税率较低，而且只对源于香港的收入征收税项，源于香港地域以外的都不征税，即实行属地原则课税。不像西方发达国家，根据纳

图2–41 香港夜景

税人出生和居住背景考虑征税，征税对象分为公民、居民、非居民三大类。如美国把纳税人分为公民、居民外国人和非居民外国人三种。有永久居留权的外国人或三年里居留美国超过183天的外国人为居民外国人。未获得永久居留权的外国人或三年里居住不满183天的外国人为非居民外国人。在美国，实行属人原则课税。只要是纳税人(公民、居民外国人)，无论在国内或国外的收入，即“全世界所得”都要课税。但美国亦有“外国税负抵税额”的税则，对在外国已缴纳税收的，可依法算出外国税负抵税额，允许抵消美国联邦税负，故美国亦兼顾属地课税原则。在美国，对非居民外国人有其特别税则。例如，非居民外国人身份者，在美国银行、储贷会获得利息者不课联邦税。而他们借给美国人、商号、公司等的利息照样课税，非居民外国人在美国从事商业活动都应依法申报纳税。美国的税法体系采用案例补充制，即在国会颁布税法条例后，其执法机关——税务部门针对具体的偷税违法行为所作出的处罚决定就成为税法的组成部分；此后，类似的偷税行为就援例处理。这比我国的在一定幅度内视态度好坏酌情处罚显得更公平更规范。

香港征税实行报税的形式，实报实收，不预提扣缴税款。香港的课税年度与自然年度不一致，它是从每一年的4月1日至下年度的3月31日。例如2004／2005课税年度是从2004年4月1日至2005年3月31日。

香港对逃税和避税作了明确的界定。逃税是运用欺诈手段，弄虚作假，巧立名目，以不合法的手段蓄意瞒税，以达到减少缴税或不用缴税的目的。避税是利用税收法规上合法条文的漏洞(法律罅)或法律容许的方法，作出适当的财务安排，达到减少税收负担的目的。如在香港将物业“先出售后租回”的租赁方式，可使公司维持足够的现金周转，又可带来减免税收负担的效果，在商业上也是合法的。另外，有限公司将剩余资金存放于离岸外币存款户头，也是典型的避税例子。所以，20世纪30年代英国有一位大法官就曾经说过：“每一个人都有权去管理及安排他的事务，以期在合法的情况下，把税务负担减至最轻。假如他成功地达到这个效果，税务局长及其部属虽不会公开称赞他的聪明才智，但无论如何，他是不会被迫缴付较多税款的。”

二、台湾地区现行税制

我国台湾于1945年抗战胜利后移植国民党在大陆的税制，并经1950年、1958年、1968年、1986年四次改革，逐步形成由直接税和间接税两大部分组成的，以所得税、货物税、营业税为主体的现行复合税体系。

直接税由所得税、遗产税、土地税、房屋税、契税等组成；间接税由货物税、营业税、关税、证券交易税、印花税、使用牌照税、娱乐税等组成。

依财政收支划分，台湾税制分为“国”税、省及直辖市税和县(市)(局)税三级。“国”税为所得税(分综合所得税及营利事业所得税两种)、遗产税、印花税、关税、货物税、盐税、证券交易税、矿区税；省税为土地税(分地价税及土地增值税两种，

图 2-42 台湾城隍庙

田赋于 1987 年停征)、营业税、使用牌照税、港工捐；县(市)(局)税为房屋税、屠宰税、契税、筵席税、娱乐税；直辖市税系包括省税及县(市)(局)税。三级所课之税并非悉数归属该级政府，而由不同级政府按规定比例共享。属“国”税而其税收与地方共享的有所得税、遗产税、印花税；属于省及直辖市税而其收入须与县(市)或“中央”共享者有土地税、营业税、使用牌照税。台湾允许各地在若干地方税上附征教育捐，以募集九年制国民教育所需款项。

台湾主要税种大致内容是：所得税，包括综合所得税和营利事业所得税，综合所得税相当于个人所得税，营利事业所得税其性质似法人所得税或公司所得税；货物税，是对特定货物，依法规定在其出厂或进口时课征的一种价外税形式的流转税；营业税，是对销售货物、提供劳务、进口货物按每次营业的增值额课征的税收；遗产税，是对产权所有人死亡后在遗留的财产所有权发生转移时所课征的税收；证券交易税，是对买卖有价证券所课征的税收；使用牌照税，是对在公共水陆道路上使用的交通工具(指车、船等)，在领取牌照时缴纳的税收；土地税，包括地价税和土地增值税，地价税是对土地地价总额课征的税收；土地增值税是在土地转让过程中对自然增值部分所获得收入课征的税收；娱乐税，是对娱乐场所、娱乐设施或娱乐活动所收票、费征收的一种消费行为税；房屋税，是以附着于土地上的各种房屋以及有关增加该房屋使用价值的建筑物为课税对象而征收的一种税；契税，是对凡在台湾境内进行不动产买卖、承典、交换、赠与、分割或因占有而取得所有权者购买使用规定契书申报缴纳的税收。对在开征土地增值税区域的土地上发生上述行为者免征契税。

第十三节 古代五大主流税制得失评价

一、总体是进步

纵观从夏商周到清代的赋税制度及其演变，我们可以清晰地看到中国历代的赋税制度是不断进步的。

首先，老百姓对封建王朝的人身依附逐渐松解。在劳役税制度下的夏商周时代，老百姓被固定在井田上从事指定的公田劳作及其他性质的劳役，一生很少有自己能支配的自由。到了秦汉后，全面推行实物税制度，老百姓除了政府规定的服劳役时间以外，能够自由安排农耕劳作，比夏商周时代的自由程度有了很大改善。但由于实物税对缴纳的农产品品种有严格规定，老百姓还不能自由地安排种植自己喜欢种植的农作物。到了清代，摊丁入亩，全面实行一条鞭法以后，赋税制度进入了货币税时代，拥有土地的老百姓不再受实物税制度指定种植农产品的约束，而无地的农民更由于取消了人头税而获得了完全自由。

其次，以两税法为发端，中唐以来的三次并税改制是具有巨大进步意义的改革。一是两税法揭开了中国赋税发展史的新阶段。它开始以资产税取代人丁税，以货币税逐步取代实物税。这一取代过程尽管经过了长达近千年的多次反复，但在中国封建社会后期作为一种符合社会进步的趋势却不曾改变，成了赋税制度发展过程中不可逆转的潮流。中间经过了北宋的王安石变法、明代的张居正推行一条鞭法，到清雍正摊丁入亩改革，这两项取代终于最后完成了历史使命。二是两税法简化了税制。把租庸调各种杂税合并，统一征收，税目减少，缴纳时间集中，纳税手续简便，还取消了"不课户"，不仅官吏要纳税，浮寄客户及商贾都要承担两税，扩大了税基，增加了国家赋税收入。两税法按资产课税更适合均田制瓦解后农民的负担能力，在土地已大部分集中在大地主手中而广大农民都已失去土地的情况下，再按丁、户征收租庸调是极不公平的，而且越来越难以保证国家的财政收入。而按资产征税，占有大量田产的大地主多纳税，而资产极少的农民则少纳税，纳税数量和负担能力更为相符，更为合理。三是两税法促进了商品交换。两税法把很大一部分实物税改为货币税，是唐代社会经济繁荣、商品货币经济发展的结果，改革适应社会经济发展的历史趋势，又必然反过来促进商品货币经济的发展。以货币纳税在杨炎提出两税法以前，只在局部地区实行。两税法把它推向全国，加快了实物税向货币税转变的过程，扩大了货币税作用的范围，农民为了纳税，必须卖出农产品换回货币，一向自给自足的农村自然经济在两税法的强制下被迫和市场直接发生联系，扩大了商品生产的范围。这必然会加速封建自然经济基础的瓦解，所以两税法是一项具有很大进步意义的税制改革。

再次，三次并税改制的政策设计思想符合现代赋税制度的评价标准。评价一个国家税收制度进步与否的标准，除了纳税人是否拥有人身自由以外，还应该符合公平、确定、便利和经济四个原则。"公平"，就是税收要基于纳税人的纳税能力，即要求达到横向公平和纵向公平。横向公平是指两个处境相似的纳税人被相等课税，纵向公平是不同处境的纳税人纳税不同，但完全与纳税人的纳税能力成正比。清代摊丁入亩以后，彻底取消了从丁而税，全面实行从田而税（从资产而税），无论从横向分析和纵向分析来看都是合理的。这一改革使税收制度的设计发挥了调节社会贫富的作用，是符合公平原则的。"确定"，是很重要的原则，中国之所以在中唐以后相继实行了"两税法"、"一条鞭法"和"摊丁入亩"的并税制改革，其最根本动因是杂派泛滥，纳税人既不清楚全年税额，也不清楚何时会来征收何种杂派，使老百姓长期处于不确定的惴惴不安之中。宋代范成大所作《催租行》一诗："输租得钞官更催，踉跄里正敲门来。手持文书杂嗔喜，我亦来营醉归尔。床头悭囊大如拳，扑破正有三百钱，不堪与君成一醉，聊复偿君草鞋费"，就反映了一个已经完成纳税任务的农民又碰到里正上门催租，不得不打破钱罐，将仅有300文钱送他，还赔着笑脸，表示歉意的情景。可见明确纳税额和纳税时间是十分必要的。因此到了明清时代，不仅在州县学宫里存放着《赋役全书》供人公开查阅，并且在清代还印制串票，将纳税额和分10期缴纳的时间都十分明确地一一填写于每张串票之上，且规定纳税人统统上县衙缴纳银两，并由户房吏和师爷当场监收，不准吏役下乡征收，从而杜绝了征收人员的贪赃枉法行为，这不能说中唐以后的三次改革不是一种符合确定原则的进步。“便利”，要求税收在纳税人最便利时课征，而纳税人最便利的纳税时机就是他们收到所得，有钱、有实物去缴税的时候，鉴于此前每年征税既无确定税额，也无确定时间，而且往往在农民青黄不接时前去征收，因此两税法规定一年分夏秋两季交纳，夏税纳税时间不超过农历六月，秋税不超过农历十一月，这两个时间正好是农民一年的两个收获季节，所以是符合便利原则的。“经济”，要求税收的征管成本和奉行费用最小化，这样才能使国家的财政净收入尽可能最大化。从两税法开始，我国税收逐步从实物税向货币税转变，在清代摊丁入亩以后完全转变为货币税（漕粮除外），这对减少运输、储存费用及其中间损耗起了重要作用，同时并税改革后将多税种合并为单一税种，起到了简

图2-43 清乾隆地契

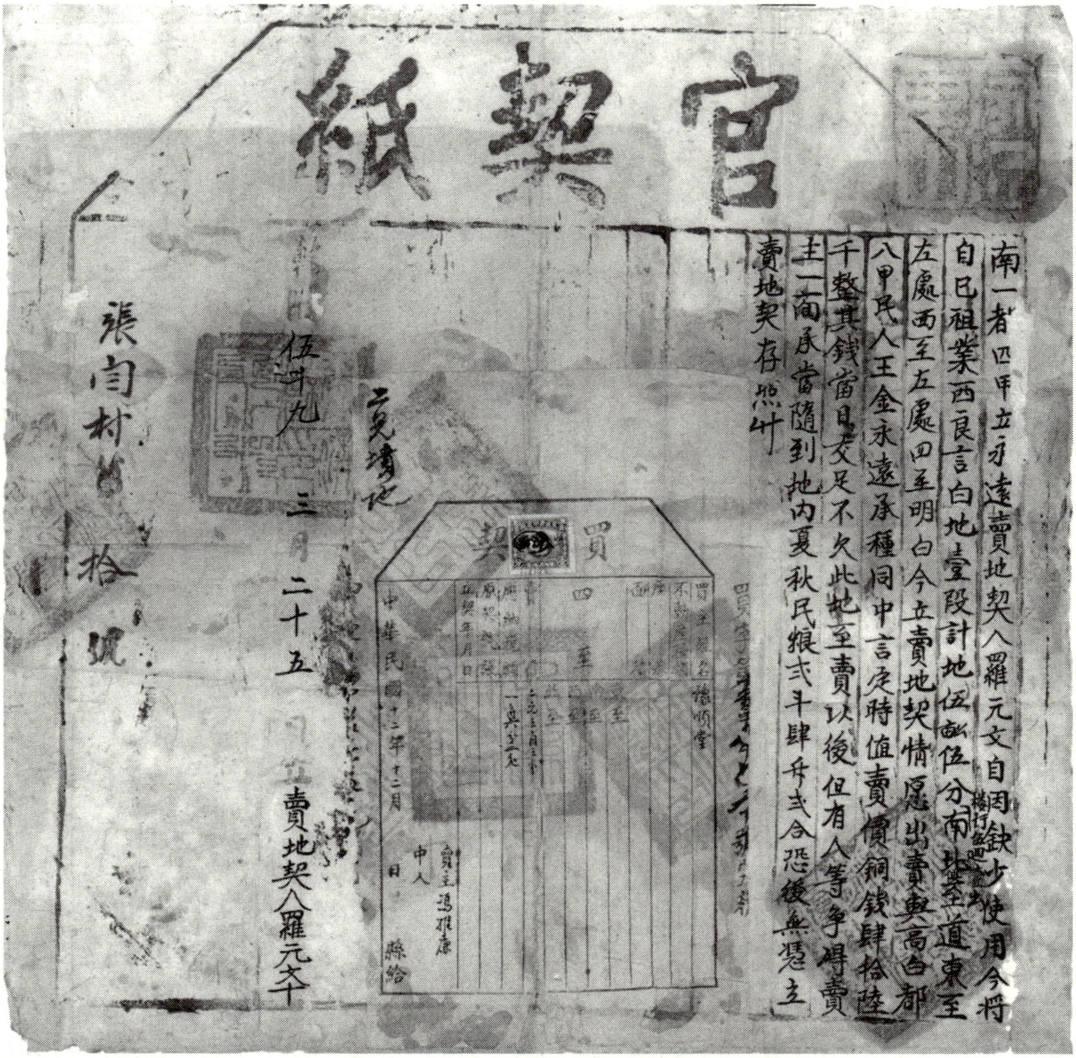
官契紙
南一都四甲立永遠賣地契人羅元文自因缺少使用今将
自己祖業西良言白地壹段計地伍畝伍分南北至道東至
左處西至左處四至明白今立賣地契情愿出賣與高白都
八甲民人王金永遠承種同中言定時值賣價銅錢肆拾陸
千整其錢當日交足不欠此地至賣以後但有人等爭碍賣
主一面承當隨到地內夏秋民粮弍斗肆升弍合恐後無憑立
賣地契存照
伍拾九 三月 二十五 日立賣地契人羅元文
張固村 拾號

化的作用。而且，定时、集中实行征收也减少了税收征收成本。

二、问题不可忽视

正如任何事物都要"一分为二"那样，以两税法为发端的并税制改革也存在着不可忽视的问题。

首先，由于唐代商品货币经济尚未发展到应有的程度，封建自然经济仍占主导地位，以货币税最终取代实物税的条件还未完全成熟，所以，两税法虽然以钱定税，但征收时又不得不根据实际需要配缴实物。更加上后来物价下跌，农民需要数倍实物才能缴足两税钱额，加重了他们的负担。到穆宗长庆元年（公元821年），皇帝采纳了户部尚书杨于陵的建议，诏令"皆以布、帛、丝、纩，租庸课调不计钱而纳布帛"。《新唐书·食货志》中曾如实地记载了两税法改革启动40年后又恢复实物税的这段历史事实。

其次，并税改制的不得已和不彻底性。并税改制除了清代"摊丁入亩"改革是在财政宽松环境下进行的以外，其他两次改革都是在财政不宽松的环境下进行的，改革者的目的，也无非是想通过改革使农民负担到此为止，不再增加罢了。但客观上这一良好的愿望很难实现，因为改革都是在一个朝代到了中晚期且杂派严重的情况下启动的，与其说改革作为对农民的保护，毋宁说是对杂派者的一种妥协。正如一个生疮的病人，病灶未除，要想通过封闭表面皮肤是达不到治愈目的的，时候一到，患处仍然要溃烂流脓，并且会更为严重。因此尽管两税法颁布时宣称两税法之外不得多征一钱，结果第二年淮南节度使陈少游便上表请求皇帝在本道（唐代的省级建制）两税赋额中每1000文加200文，因为朝廷财政困难，见钱眼开的唐德宗不但马上批准，并且通知各道均可比照办理，因为唐代财政体制对税收收入实行"留州、送使、上供"三分制，只要增加税收，朝廷就能从中获得一块"上供"收入，从而引发了皇帝的兴趣。到五代十国时期（公元907—960年），随意加征情况更为严重，如两税法已经将唐初的土地税（租）、人头税（庸）和户税（调）全都以贫富（占有土地多寡）为标准来征收，虽然没有了户税和人头税的名目，其实这两项征收已经并入了土地税内。相沿至宋朝，一直没有从中减去户税和人头税，然而却在此之外又开征新的人头税性质的身丁赋。如两浙路五代吴越国时就征身丁钱每丁（20—60岁）360文，由于衢(今衢州)、婺（今金华）两州土地贫瘠，百姓不堪负担，时任北宋工部侍郎的胡则冒死上书仁宗皇帝要求减免，结果蒙诏恩准。从此大喜过望的衢、婺百姓皆立庙供奉胡则，感谢其冒死为民上书的功德，直至今日在他的家乡金华永康方岩之巅，还有香火旺盛的胡公大帝庙，并且成了方圆数百里范围的名胜，可见中国百姓对轻徭薄赋是何等向往！

不过，如遇财政情况不佳，即使没有实行并税改制的年代也会产生杂派。如早在公元166年和185年，汉桓、灵二帝就以用兵和修宫殿为名，先后两次开征过每亩各10钱共20钱的田租附加。两税法实施以前10余年的代宗大历初年，在田租上作过两次附加，第一次为每亩15钱，第二次为20钱，共35钱。在明代一条鞭法实行以前60多年的正德年间，武宗就曾为建宫殿而下令加赋银100万两。而在财政情况良好的清雍正年间实行的摊丁入亩并税改制后差不多100多年没有出现过杂派，只是到了太平天国战争期间军饷无着才出现了杂派高潮。可见杂派的出现与否与并税改制没有必然联系，只是与财政收支状况有关，也就是说杂派产生的最根本的动因还是冗员冗费泛滥，骄奢淫逸，造成财政拮据所致。如果不解决这一根本性的“病灶”，任何赋税改革都是难以奏效的，更不能打包票说不搞并税改制就永远不会出现新的杂派。要知道，改革大多是在杂派泛滥成灾危及政权时不得已而为之的无奈！如果不解决带根本性的戒奢从俭问题，即使最高统治者矢意改革，决心永绝杂派，而不得不虚与委蛇的地方官吏也会伺机卷土重来。因为人是环境的产物，高层人士瞩目巩固政权，底层官吏更多的是着眼于小范围利益，这就是政权内部不同利益集团、不同出发点之对立统一的辩证关系。这与今日之高层着眼稳定，基层矢意发展异曲而同工。

第三章 政府层级的消长之路

中国位于亚洲东部，太平洋西岸，西北深入亚洲内陆，是一个海陆兼备的国家。北起漠河附近的黑龙江江心，南到南沙群岛的曾母暗沙，南北相距约5500公里；西起帕米尔高原，东至黑龙江与乌苏里江汇合处，东西相距5200公里。这片占世界陆地面积6.4%的广袤土地就是中华民族繁衍生息的家园。大气磅薄的昆仑山，高耸入云的祁连山，雪峰与深谷交错的横断山脉，它们环绕着被称为世界屋脊的青藏高原，从青藏高原到太平洋的巨大跨度上分布着大大小小几千条江河，大致走向是自西向东，奔流入海。长度分别为6300公里和5464公里的长江和黄河，是世界上著名的十大河流中的两条，它们宛如两条主动脉流贯中华大地。我们伟大的中华民族，背靠着世界屋脊，俯视着浩瀚的太平洋，她国土辽阔，但平原只占12%；耕地逾19亿亩，坡度低于8度的平耕地却只有9亿亩。中华文化就是在这块960万平方公里的土地上崛起。

“江河流日夜，代谢成古今。”在人类历史上，曾经出现过西亚两河流域的巴比伦文明，北非尼罗河流域的古埃及文明，地中海北岸的古希腊和罗马文明，南亚次大陆的古印度文明，他们或由于地震、洪水、瘟疫、灾荒，或由于异族的入侵，或由于内部的动乱，有的衰落了，有的消亡了，有的融入了其他文明，惟有中华文明以其顽强的生命力和隽永的魅力，在漫漫五千年中历经沧桑，饱受磨难，却绵延不绝，历久弥新，一直延续到今天，显示了它强大的生命力和凝聚力。

我们每个中国人从出生的那一天起，就受到中华文化的熏陶。当我们穿着具有中国特色的婴儿服喊出第一声“爸爸”、“妈妈”的时候，当我们第一次拿起筷子吃饭的时候，我们就参与了自己民族的文化行为；当我们背着书包跨进小学校门的时候，便享受到公共财政的温暖；当我们参加工作的时候，不是你的企业便是你本人在向国家缴纳了税收。我们每个中国人都生活在这个日益开放的文化传统中，并以自己的言论和行为显示着这个传统的特色。中华儿女，无论走到哪里，无论在天之涯、海之角，都不会忘记自己的家乡，家乡的山水，家乡的草木，家乡的院落，家乡的亲情，时时刻刻萦绕心头，甚至像“少小离家老大回”的唐代诗人贺知章，“乡音无改鬓毛衰”之时仍然兴致勃勃地行走在杭州至家乡永兴（今杭州萧山）的大路上，暇想着日后的“叶落归根”，可以想像他当时的心路历程又是如何交集百感，其情悠远。这种故乡情结是西方人所难以感受和体会的，可以说美国人几乎都是西方各国移民，但没有人有如此之深的怀乡情结，更没有以血缘联系的宗族认同，叶落归根，终老欧洲对他们来说简直是匪夷所思，可见地缘与血缘情结是中华民族特有的文化之根。

贺知章回乡之路，是充满中华民族传统文化的亲情之路，但古代之“路”并非单纯指道路，它曾是政区的名称，是由宋代中央政府主管财政工作的三司（度支、户部、盐铁）使在各地设置的赋税收运网络转化成的一种行政区域，它在行政构架中的地位相当于今日中国的省，如当年的两浙路即是以钱塘江水系为中心的收运网络。古时因江道形状曲折，合称今新安江、富春江和钱塘江为浙江或之江，其中上游新安江以古代徽州为新安郡，中游富春江以今富阳古称富春，下游钱塘江以今杭州古称钱唐而得名，并将江西侧的苏杭嘉湖地区称为浙西；江东侧的宁、绍、台、严、温、处、金、衢地区称为浙东，故有东西两浙之称，并据此进一步演变成北宋年间的两浙路。而今钱塘江之所以没有书写为钱唐江，则是浙江百姓为纪念五代吴越国国王钱镠大兴土木、修建海塘的历史功绩而将钱唐之“唐”改为“塘”而得名。北宋两浙路的行政层次相当于今日之浙江省，只不过它管辖的地域范围还包括今江苏省南部的镇江、常州、无锡、苏州等地区，功能相当于监察区而已。

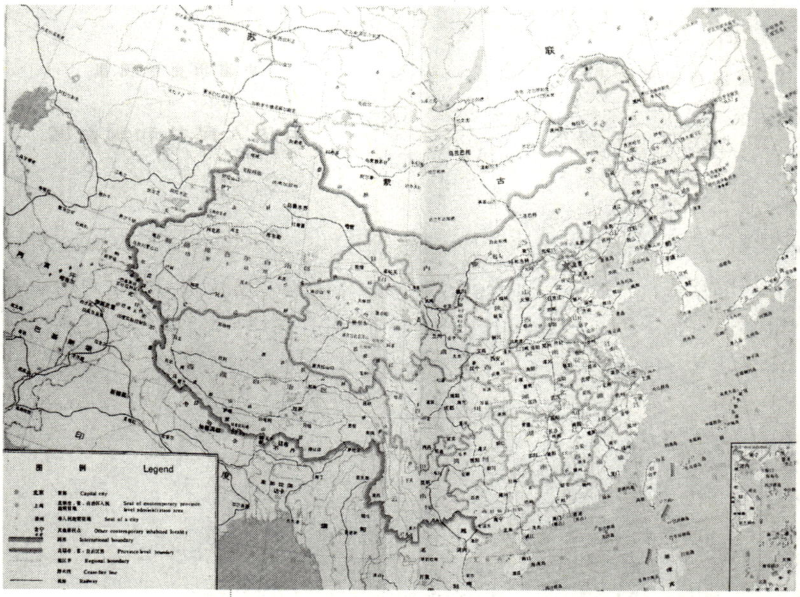

图3-1 中华人民共和国全图

中国自秦始皇横扫六国、统一华夏以来的两千多年间，行政管理根据行政、军事、监察、赋税收运、组织生产等诸方面的需要几经变化。如秦汉的郡县制、南北朝的州郡县制、隋代的州（郡）县制、唐宋的道路制、元明清的行省制，凡此种种，始终离不开两级行政制、三级行政制和两级行政制另加监察区体制等几种模式。

第一节 郡县中国的秦汉

郡县之制，由来已久，早在春秋时期就有了郡县制的萌芽。《说文》中曾述及：“周制，天子地方千里，分为百县，县在四郡。”《左传》杜预注曰：“千里百县，县有四郡。”可见战国时代，各国已经普遍设立了郡县，管理新获得的地区。但郡县之制的全面实行，是从秦国开始的。

一、秦汉的郡县制

秦国在商鞅变法时曾两次改革县制。第一次在公元前355年，“并诸小县聚集为大县”，全国共设“41县”。第二次在公元前350年，“初聚小邑为三十一县”，但当时还未设郡，商鞅变法之后秦国才有郡的设置。随着疆土的不断扩大，陆续设置郡县。但这种制度与封建分封制并行，真正尽废封建分封制而实行郡县制，则始于秦始皇。

秦兼并六国后，有鉴于春秋战国封建分封造成分裂、攻伐之失，乃决计废除分封制，推行完全听命于中央政府和皇帝的郡县之制，以建立专制主义的中央集权制度。故《汉书》强调：“秦兼四海，以为周制微弱，终为诸侯所丧，故不立尺土之封，分天下以为郡县。”

秦始皇设郡以统县的地方两级行政机构，在秦汉时遍行全国。司马迁曾述及秦始皇分天下为36郡，每郡下设若干县，以后，随着边境的开发和郡治的调整，总的郡数最多曾达到46个。

秦亡后，以郡统县、直属中央的郡县制发生了变化。项羽和刘邦为了激励将领身先士卒，夺取政权，迎合人们的私欲大封异姓诸侯王。先是项羽自立为西楚霸王，据有梁楚地9郡，又将其余郡县划分成18个王国，分封给秦降将和有功将领，形式上恢复了“封建制”。接着，刘邦为赏赐功臣名将，定功大者封王，功小

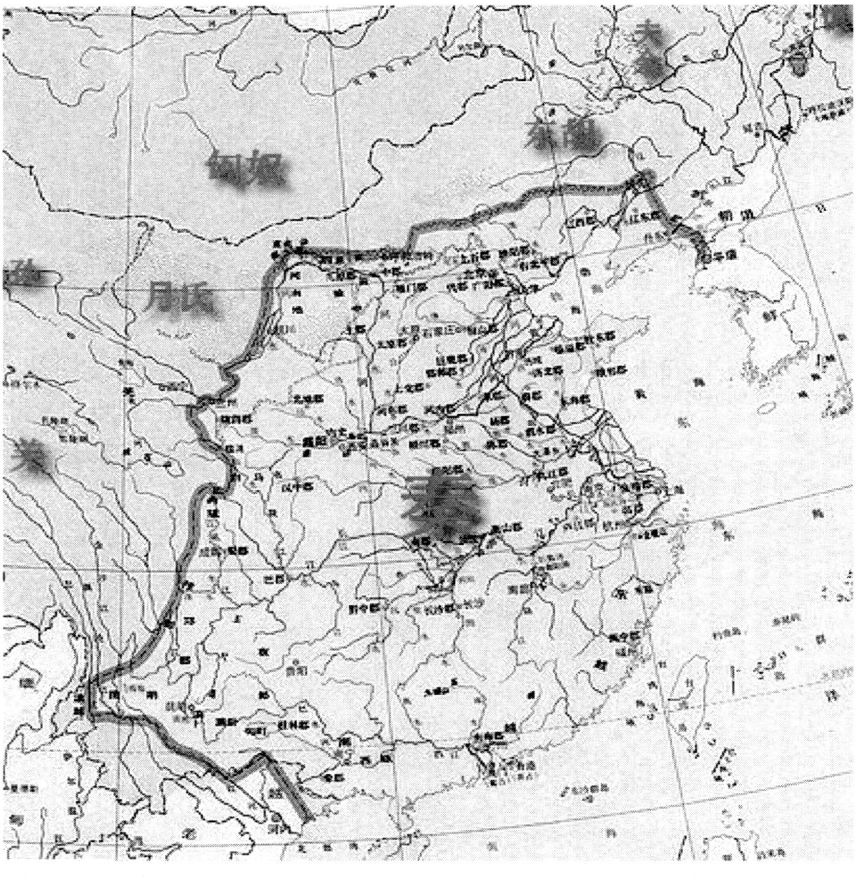

图3-2 秦时期全图

者封侯。从公元前205年到公元前202年，刘邦分封韩信等异姓功臣8人为王。由于这些异姓王欲壑难填，有的谋反，有的胁迫朝廷赏赐，刘邦为巩固政权，不得不下决心剪除除吴芮外的7个异姓王。在消灭异姓王的过程中，刘邦没有真正意识到分封制的危害，相反，他却错误地认为秦始皇所向披靡，统一了中国，仅及二世而亡，系未分封同姓子弟为王所致。于是，刘邦在剪除异姓王的同时，建同姓王国以为屏藩，先后有同姓子弟9人分封为王。由于刘邦在世时，分封的诸王尚幼小，有的甚至是儿童，故不仅易于控制，更不会构成对中央政府的威胁。但人是利益的动物，心比天高，欲壑难填，随着时间的推移，诸王逐渐年长，野心亦不断萌发和膨胀，他们自视甚高，都认为自己是刘姓子弟，德才兼备，大有继承皇位舍我其谁的鸿鹄之志。由于古代地多人少，倘能招募到劳动力，便能形成生产力和竞争力。因此为了争夺皇位，他们不惜采取各种不法手段以招徕外地农户，如吴王刘濞宣布对外来农民免税，以“招天下亡命之徒”；淮南王刘长则有过之无不及地宣布对外来农民不仅免除赋税，而且可以给田地、房屋的优惠，以吸引大批中央统治区郡县的百姓来归，壮大自己所建立的独立武装。这种显而易见的地方王国与中央政府抗衡的举动，经汉文帝一朝的不断发展，传至景帝时终于酿成了一场规模巨大的内战，景帝动用数以十万计的军队，用了三个多月的时间才粉碎了叛乱，他本人也在血的教训中认识到分封同姓王的危害性，于是在公元前145年宣布“诸侯王不得复治其国”，只能衣食租税，即享受经济上的财政优惠，从而剥夺其他一切有可能危害统一的权力，诸如行政权、官吏任免权，并废除王国中廷尉、御史大夫等职官机构，进一步降低王国官吏俸禄，原则上按郡县官标准执行，从此王国几与郡县无异。尽管汉初分封诸王有这样一段历史的变故和曲折，而且汉初国家版图大部分为诸侯王国所有，直属中央的郡仅有15个，但从其制度本身来说，西汉时实行的仍是郡县之制，因为在各个诸侯王国之下，其行政区划仍行郡县之制，只是这部分郡县隶属于各王国而已。而且景帝三年（公元前154年），“吴楚七国之乱”被平定后，王国特权一扫而光，诸侯国也成为与郡同一级别的行政区划，恢复了比较彻底的郡（国）县两级制。随着不断的开疆拓土和人口增殖，至平帝元始年间，全国已有103个郡国。东汉承西汉郡县之制，且郡国的名目和辖地变动幅度较小，据东汉顺帝时记载，全国共有105个郡国。在京师地区，秦设内史以统县，汉武帝时分内史之地为京兆、左冯翊、右扶风3处，称为三辅，实为新设3个郡；东汉时也在首都设河南尹，其职掌相当于郡太守。

郡县之设，各有大小不同。一般郡约辖有20县上下，但多者如西汉琅琊郡有属县51个，小若玄菟郡仅有3县。各郡人口也悬殊不同，少者近万，多者逾百万。汉代县的面积，方约百里，其上下以人口稀密增减，一般地广人稀之县远超百里，而人口稠密地不足百里也可成县。另外，汉代列侯所食之县曰侯国，皇后、公主所食之县曰邑，少数民族居住之县曰道。县以下设有乡、亭、里，“大率十里一亭，亭有长。十亭一乡，乡有三老，有啬夫、游徼”。据西汉平帝时的记载，各类县已有1587个。

二、对郡县的监管

郡县的官吏之设，秦称郡之长官为守，汉景帝时称太守，王莽时改称“大尹”或“连率”，东汉时又称太守。此外，秦郡还设监、尉，所谓守治民、尉典兵、监御史掌督导百姓官吏。西汉时置尉而不置监，而尉的称谓秦汉略有差别，秦称郡尉，汉改称都尉。太守则辖有属官丞、五官掾、主簿、督邮、诸曹掾史。县之长官为令、长（王莽时曾改为宰），令、长之下设丞和尉，具体协助令、长。县以下置乡，有三老掌教化，啬夫听讼和收赋税，游徼以禁盗贼。亭设亭长，里有里正（又称里典或里魁）。汉高祖刘邦起兵前即任过秦朝沛县（今江苏省沛县）的亭长，故汉朝建国之初朝廷能体恤民情，实施轻徭薄赋政策，皇室耗费亦贯彻相对俭约的财政原则，这些措施无不与刘邦的农村基层干部出身有关。

中央为保证对地方的控制，又通过考课和监察以督察地方。因此郡守每年秋季需向中央上计，县则同样要上集簿于郡。上计乃是一种财政监察措施，相当于现代的财政年度审计，其办法系汉代开国丞相萧何首创。上计的具体规定是：中央政府将某郡的赋税上交任务写在木券上，一式两半，剖而为二，中央执右券，郡守执左券，相当于现代上下级政府签订的一式两份的责任状。每年年终根据上交财政收入完成情况考核地方官，并据以决定升降。汉代中央政府第一任“计相”（相当于今审计署长）是身居列侯、善于算账的专家型领导张苍。至于县令上集簿于

图3–3 关中诸郡

郡，其形式和内容则与上计大体相同。由此可见，汉代对官吏的监察最重视的还是地方官吏征收赋税完成财政收入的情况，这充分说明自古以来经济就是政治的基础，而上交财政收入的多寡则是地方政府对中央政府忠诚程度的主要标志。

由于国家承平日久，腐败之风与时俱进。汉武帝即位后，为了整饬吏治，进一步加强对地方官吏的监察，分全国为14个监察区，有司隶部1，刺史部（东汉后期改称州）13，掌监察各郡吏治，相当于现代之巡视制度，重点监察鞭长莫及的省级

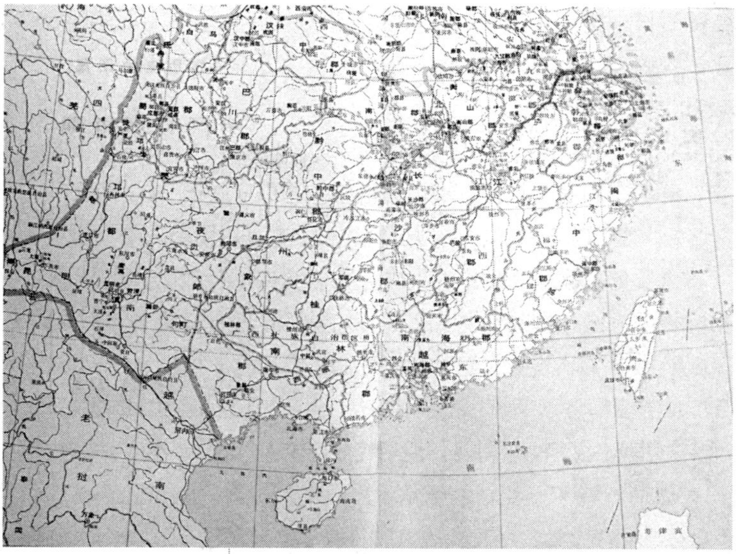

图 3–4 淮南诸郡

官员。其监察内容有六个方面：一是强宗豪右，田宅逾制，以强凌弱，以众暴寡；二是二千石官不奉诏书，遵承典制，背公向私，旁诏守利，侵渔百姓，聚敛为奸；三是二千石官不恤疑狱，风厉杀人，怒则任刑，喜则淫赏，烦扰刻暴，剥截黎元，为百姓所疾，山崩石裂，袄祥讹言；四是二千石官选署不平，苟阿所爱，蔽贤宠顽；五是二千石子弟恃怙荣势，请托所监；六是二千石官违公下比，阿附豪强，通行货赂，割损正令。上述任务中除第一条任务是对地方豪强的监察外，其余五条都是对级别为二千石（相当于今省部级）的官吏及其子弟的监察。可见在充斥上行下效文化传统的中国，整饬吏治端正社会风气，自古以来都从高层封疆大吏抓起，否则难以收到实效。但当时的刺史仅为监察官，无行政权，亦无司法权，查明二千石级别的官员劣迹后只能按程序上报中央监察机构，呈请负责全国监察工作的最高长官——御史中丞处理。直到东汉末年黄巾起义爆发，统治者为“镇安方夏”，选朝廷重臣聘任各州州牧（长官），才使州监察区的职能正式衍变为行政区。由此可见，从郡县两级制演变为两级行政加一级监察制，是封建官僚体系自我约束能力逐渐减弱的一种标志，而两级行政加一级监察的体制进而演变为行政三级制，则是封建朝廷试图扩大官吏编制、加强控制能力的举措，实际上事与愿违，反而走向更为鞭长莫及的衰败过程。秦朝实行的郡县制，改变了原来的“食邑”、“分封”制，消除了由分封割据而带来的隐患，使皇帝能直接控制地方的行政制度，成为中国两千年封建专制统治的组成部分。王夫之说：“郡县之制，垂二千年，而弗能改。合古今上下皆安之，势之所趋，岂非理而能然哉。”秦王朝这套完备的封建体制的建立，为以后漫长的封建官僚制度奠定了基础。从秦以后的汉朝一直到清代，每个新建立的政权基本上都继承了秦代地方行政制度的基本框架——郡县制。

第二节 州郡县制的魏晋南北朝

魏晋南北朝，从曹丕称帝开始至隋文帝灭陈为止，前后历时达370年之久，大小政权凡33个，政治制度与统一王朝相比可谓混乱不堪。大体说来，这一时期的政区制度是州、郡、县三级制。如继陶渊明之后著名的山水田园诗人谢灵运（公元385—433年）就担任过永嘉（今浙江温州）太守。由于战乱频仍，当时担任州牧、刺史或太守的人，大都有将军的称号，甚至像东晋著名书法家王羲之任会稽内史（相当于今秘书长之职）时也拥有一个右军将军的名号，当时还出现过管辖一州或数州军事的都督，反映了地方军阀分权坐大、中央政府软弱无能的特点。

一、州的出现和演变

西汉末年，曾将监察性质的州刺史改称州牧，不久复称刺史。东汉灵帝时，为了镇压农民起义，再度改刺史为州牧，提高其地位，居郡守之上，权力大大超过了汉武帝时的“六条问事”（即刺史从六个方面监察郡守），并且有了固定治所，正式成为居于郡太守之上的政区长官，州也就由监察区变成了行政区，郡则下降为二级政区，县相应降为三级政区。小说《三国演义》中描写的东汉末年军阀刘表（公元142—208年）于汉献帝初平元年（公元190年）出任荆州刺史，至初平三年（公元192年）授镇南将军领荆州牧。建安六年（公元201年），刘备被曹操击败以后即投靠割据荆州任州牧的刘表，直至建安十三年（公元208年）曹操南征，占领襄阳，兵临荆州城下，刘表之子刘琮被迫举州投降，刘备出逃为止，前后历时长达7年之久。赤壁之战后，三国鼎立，继承了这套制度。州设州牧，郡有太守，县置令、长（万户及以上的大县称县令，不足万户的小县称县长），曹魏首都的行政长官则称河南尹。曹魏有州12，领郡90，县719；蜀汉仅有1州，领郡22，县135，后来蒋琬置凉州，仅领2郡；东吴初有3州，后析交州置广州，遂为4州，领郡33，县290。

二、屯田政区

三国时还有一种专事屯田的特殊政区，其产生乃由于长期战乱和严重的自然灾害使最高曾达到6000万的全国人口骤减到700多万人，造成“田无常主，民无常居”，千里无人烟的荒凉景象。为了解决战时财政窘迫的问题，曹操（公元155—220年）采纳了枣祗等人的建议，置屯田官募民，在许下（今河南许昌一带）屯田，其财政分成为“持官牛者，官得六分，百姓得四分；私牛而官田者，与官中分”。这一行之有效的民屯分成办法，不仅在曹操统治区广为推行，而且亦推广至

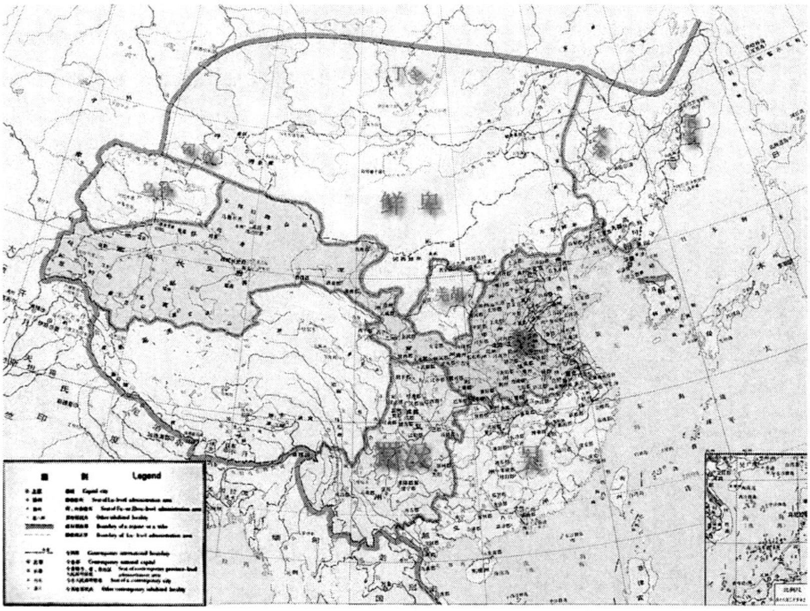

图3–5 三国时期全图

吴、蜀两国辖区，从此就出现了为数众多且专事屯田的特殊政区。如东吴境内的毗陵典农校尉，管辖毗陵（今江苏常州市）、云阳（今江苏丹阳）、武进（今江苏镇江）的三县之地。与此同时，屯田官亦顺理成章地成了地方行政长官，如曹操统治区的典农中郎将相当于郡守，典农校尉相当于县令。

三、州郡县制的全面推行

公元280年，“王濬楼船下益州，金陵王气黯然收”，出现了西晋的统一局面。西晋也是州、郡、县三级政区制，所不同的是开国皇帝司马炎认为魏之亡于司马氏乃无同姓王屏藩的缘故，于是又重开汉初之分封制：分封子弟为王，王在封国内拥有很大的权力，以至于晋武帝（公元265—290年）死后不久便发生了动摇西晋国本的“八王之乱”。当时王国成了与郡平行的政区，侯国、公国成了与县平行的政区。晋武帝司马炎时还改州牧为刺史，并削除其兵权，而郡、县长官则一仍其旧，首都置洛阳尹。太康三年（公元282年）时，西晋领州19，后期，又析2州，所以西晋末期共有州21。东晋南朝与十六国北朝，政区都是州、郡、县三级制，行政长官基本上因袭前制。东晋最盛的义熙年间，领州14。刘宋泰始七年（公元471年）有州22，郡238，县1179，经南齐、梁朝，至陈朝亡前，发展到州42，虽疆域大大缩小，但仍有郡109，县400余。扬州、荆州是东晋南朝的军事、经济中心，对于政权的转换有着举足轻重的作用。东晋、宋、齐、梁、陈5个朝代的更替，这两州刺史的向背起了决定性的作用。十六国虽大多由少数民族建立，但统治者汉化很深，所以也实行与中原相同的政区制度。十六国时要数前秦的疆域最大，北方州郡几乎尽入其版图，计有州27，郡180；北魏有州103，郡519；北周灭北齐后有州211，郡508，县1124。为巩固国家政权，体现民族团结，解决少数民族文化素质低下、行政能力不足的问题，北魏还别具一格地州设3刺史、郡设3守、县置3令长，分别由拓跋氏宗室、鲜卑人和汉人担任。北魏时著名学者、《水经注》四十卷的作者郦道元就曾担任过东荆州汉人刺史的职位。《水经》是中国古代一部有价值的地理书，作者大约是三国时代人，已佚名。原书所记的地理

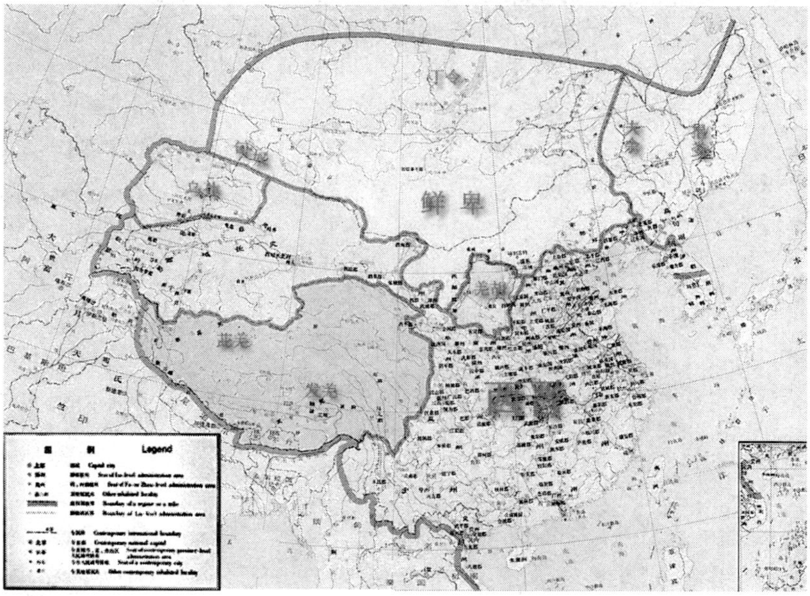

图 3–6 西晋时期全图

文字极为简单，郦道元为之作注，不仅大量补充了河流水道，详尽地描述了各河流经行的地方，广泛地介绍了各地的风土人情、历史古迹和有关的神话传说，而且文笔清丽、绘声绘色地描摹出祖国锦绣河山的面貌。因此，《水经注》不只成为一部杰出的古代地理典籍，其中有许多篇章也是游记体的散文，对后来山水游记文学的发展起了良好的引导作用。在历史上郦道元本人亦以《水经注》的文名行之于世，而很少有人知道他当年曾担任过三刺史中的汉人刺史。这也许是刺史任何人都能担任，而文章并非是人人都能妙手著述的缘故。

南朝和北朝，辖区仅是半壁江山，可是州、郡数目大大超过两汉，平均每州领郡数目越来越少，至末期1州仅领2郡了。究其原因，除了侨置州郡以外，主要还是当权者为了巩固自己的统治和满足僚属升官晋爵的欲望，“因人设郡州”，所造成政区析置的泛滥。其时有人讽刺说：“十室之邑，亦立州名；三家之村，虚张郡号。”这就是后来隋文帝不得不进行机构改革废郡存州的根本原因，也是今日中国“因人设事”挥之不去的文化之源。

四、侨州郡县的出现及其消亡

侨州郡县是东晋南北朝政区制度最大的特点。“八王之乱”后，中原战乱频仍，黄河流域的汉族世家大族为了逃避战争的灾难，以宗族为单位，成千上万地流徙南方，南朝政府就按他们的原籍州、郡、县名称建立州郡县来管理他们。这种因甲地沦陷，从甲地流徙到乙地居住，并在乙地复置甲地的州郡县，叫侨州、侨郡、侨县，简称侨州郡县。县以下的行政单位是乡、里。例如今日江苏省的镇江市，当年就曾是江北徐州南下者的聚居地，其侨治州即称为南徐州。

图 3–7 南朝齐扬州南徐州，南豫州等图

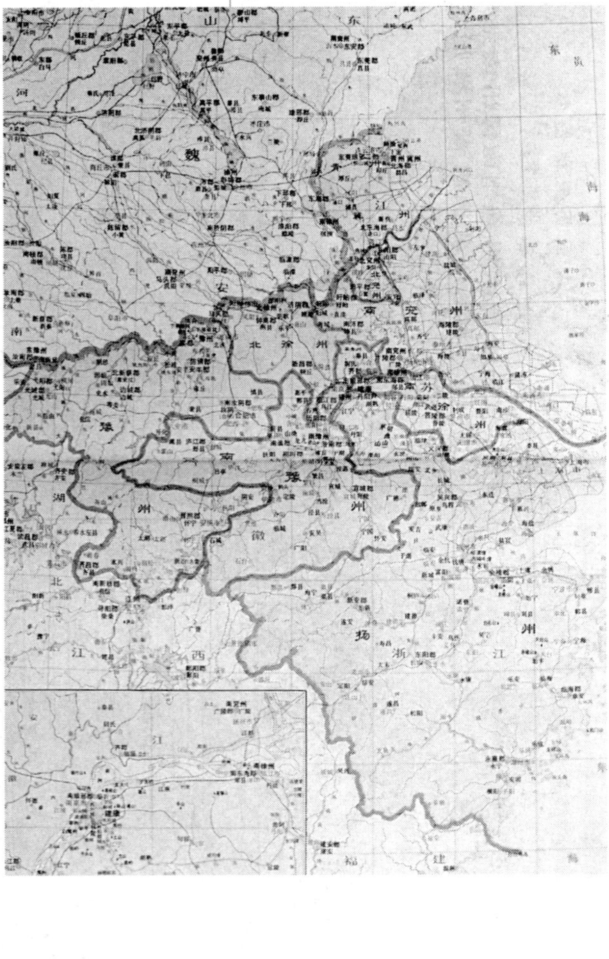

东晋南朝侨州郡县的分布格局是大分散、小集中，诸点成线，诸线成面，分布范围北极关中河淮，南尽江汉梁益，主要分布在长江两岸，尤以扬州、荆州地区为最多。晋陵郡境（今常州一带）、京口（今镇江）、襄阳一带尤为密集，其他如建康（今南京）、广陵（今扬州）、寿春（今安徽寿县）、汉中（今陕西汉中）、成都等亦是集中点。沿长江南北、汴泗邗沟近傍，汉沔沿线，川陕通途上的侨居人民有90万之众，平均北方每8人中就有1人南徙；其中到今江苏境内的侨民有26万，而其中的22万又集中在侨治京口（今江苏镇江）的南徐州。南徐州侨民占当地人户的一半，为诸侨州之冠。

侨州郡县开始是有民无土，与政区无关，侨民可随时回到北方，东晋政府对侨民也给予免除税役的“优复”待遇，以示扶持，并将他们称之为白籍。但随着时间推移，复国无望，返

侨 州 郡 县 附 表

南 徐 州		
侨 郡 名	侨 县 名	侨 寄 地
临 淮 郡	海西 射阳 凌县 淮阴 东阳	
淮 陵 郡	司吾 武阳 甄城 阳乐	
南东莞郡	东莞 莒县 安丘 新乐	武进等县地
南清河郡	东武城 清河 贝丘	
南彭城郡	彭城 武原 傅阳 蕃县 薛县 开阳 洨县 僮县	
南高平郡	金乡 高平	
南济阴郡	城武 单父	
南濮阳郡	廪丘 东燕 会县 鄄城	
豫 州		
西南顿郡	西南顿 和城 谯县 平乡	州城
南 豫 州		
汝阳郡	武津 汝阳	南谯、历阳二郡界内
颍川郡	临颍 邵陵 南许昌 曲阳	

图 3–8 侨州郡县附表

家无日，这一优惠政策影响了征收赋税的公平性和中央政府本身的财政收入，于是东晋政府只好实行“土断法”。可见，任何优惠只能奏效于一时，时间一长势必走向反面，犹如20多年前的开发区具有创新意义，而今日泛滥成灾的数千个开发区却成了圈占农民土地的克星了。东晋的所谓土断是对侨州郡县的整理，内容有割实（侨州郡县实土）、省并、改属等形式，同时又将侨民编入当地郡县的户籍，称为黄籍，取消优惠，实行与当地居民一律平等的赋税政策。由于战乱频仍，北方的移民浪潮一次又一次地扑向南方，南朝政府也一而再、再而三地实行“土断”，因而每次土断总是彻底不了。与南方一样，十六国北朝在北方也曾有过侨州郡县，不过无论从规模、地域乃至作用来说，较之于东晋南朝，都大为逊色。隋文帝灭陈，大规模的侨州郡县方告结束。

南北朝时期，由于战乱引发的人口大流徙，给广大人民群众带来了颠沛流离之苦，其消极作用显而易见。但正如任何事物都是一分为二的那样，南北朝人口大迁徙也有促进南北经济文化大交流的积极作用，尤其是对中国东南地区经济和文化的开发所起的作用具有划时代的意义。譬如浙江省绍兴市的书画名胜地兰亭，如果没有当年原籍瑯琊临沂（今山东临沂）的大书法家、右军将军王羲之先生南徙到会稽当内史，就不可能有曲水流觞的兰亭盛会和著名的书法创作《兰亭集序》在今天蜚声海内外了。

五、特殊的镇戍政区

北朝的政区，除正规的州郡县和侨州郡县外，还有一种叫镇戍的政区。十六国时期，即有镇、戍。北魏建都平城（今山西大同市），为了防止柔然族南侵，设镇、戍以卫之；在南方，为了防御南朝的北伐，也置镇、戍。北方的镇戍都设在没有州郡县建置的广袤地区，以镇戍代替州郡，管理民政，属于政区；而与南朝相邻的镇戍，都有州郡县建置，或由州郡县长官兼任镇将，或由镇将兼任州郡县长官，因而不是政区。北魏北疆的镇将，不仅代替了刺史之职，地位更比州刺史为高。魏孝文帝迁都洛阳后，改镇为州，镇戍就不再是政区了，而现代的“镇”则成了发达“乡”的称谓，它区别于一般乡，并非是原来意义上镇守边关之“镇”了。

第三节 道路制的唐宋

一、隋唐的地方行政

南北朝时期，由于地方纷乱，各自为政，州、郡、县三级行政制的政区异常混乱，地无百里，数县并置；户不满千，二郡分领，州郡县长官不知其所在。全国至隋初竟有241州、608郡、1524县，合计有2973个县以上行政建制。杨坚代周而起，北方归于统一，鉴于这种民少官多、十羊九牧的弊病，本着存要去闲、并小为大的原则，隋文帝于开皇三年（公元583年）大刀阔斧进行机构改革，通过废郡，实行州县两级制，以州辖县，同时又省并了一些州县。开皇九年(公元589年)文帝平陈后，又将此制推广到南方，在全国范围内实行了州县两级制。隋炀帝大业三年（公元607年），改州为郡，把州县制恢复为秦汉的郡县制。至隋炀帝时，全国已精简地方机构达40%，仅存郡190，县1255个，分布在西至且末（今新疆且末县），北至五原（今内蒙古河套平原），东、南皆达于海的神州大地上。

隋与秦相似，对统一中国，改革和开创各项事业都曾作出过开创性的贡献，如秦始皇的统一文字，郡县中国，建造万里长城；隋文帝的改革机构，开科取士，建立文明的法律制度，隋炀帝的开凿运河，沟通南北水系。但由于他们的改革力度过大，不但触犯了诸多方面的利益，而且超越了民心国力的承受能力，以至于都成了短命的过渡朝代，秦代仅15载而亡，隋代亦仅有国37年而已。可见在以儒家文化背景治国用人的中国，惟有“中庸”才能久长，有所不为才能有所为，而绝不是干得越多越好。这就是有些官员自己感到干得并不太累的时候职务晋升反而很快，干得很累的时候反而升不上去，因为你干得最累的时候，标志着矛盾最为集中之时，此时不是言上，而是该调动或是言下了。

唐高祖武德元年（公元618年），改郡为州，恢复了州县两级制，州设刺史，县设县令。唐代著名诗人白居易即于长庆二年（公元822年）出任过杭州刺史，并在不到两年的任职期间组织杭州人民疏浚西湖，修筑湖堤，有力地促进了杭州经济的发展。太宗贞观元年（公元627年），又因山川形势，分天下为十道。至贞观十四年（公元640年），天下凡有州360个，县1557个。此时的十道并非政区，而是依山川形势划分的自然地理区，大致与上世纪80年代划分上海经济区之初衷相类似，其主要目的是为了促进经济管理和社会的发展。至玄宗开元二十一年（公元733年），析置为十五道，并根据地方势力日益坐大，吏治渐趋腐败的实际情况，决计加强中央对地方的监察力量，在各道悉置采访使，相当于今日之中央巡视组司监察之职能，有如汉之刺史行六条问事之责，并且有了固定的治所。从此，“开元十五道”（即“十五采访使道”）由自然地理区正式演化成监察区。

大凡一个政权在建立之初，上下皆深知江山来之不易，故尚能戮力同心，廉洁奉公。然一旦执政日久，即渐生吏治松弛、营私舞弊之恶习，引发中央与地方的潜冲突。此时中央政府为反腐倡廉巩固政权，不得不加强监察力量，这就是唐

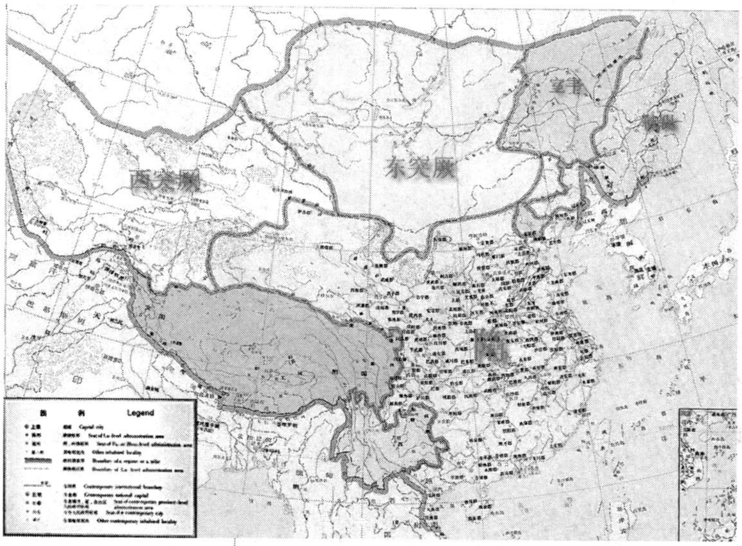

图 3–9 隋时期全图

代的自然地理区演化成监察区的根本原因。当然这种块状为主的监察与当代中国条状为主的监察还是有所区别的，其优劣比较以及条块结合是否更为有效，尚有待于我们研究，尤其是条状监察鞭长莫及和地方官员容易对之收买的问题更值得深入研究。至于现代地区一级的专员公署，早期设置是起行政承转和监察作用，并无尺土寸地，亦无具体管理百姓的职能，撤地建市以后成为一级行政实体，使地方两级行政加一级监察的构架转化为三级行政构架，虽然理论上对推进城市化建设起了积极作用，但其实际监察功能则大为削弱反而加入了逐利之争。特别在“有县无城”、市县区三个政府同处一城的地区，往往为赋税征管一类具体事宜，市与所辖县区常常发生不必要的利益冲突，甚至造成一条街上几家争征税收的笑话。

唐前期州是一级行政区，下辖县。州、县因地位轻重和人口多寡而分成各种等级：州有辅、雄、望、紧、上、中、下七等，县有京（赤）、畿、望、紧、上、中、中下、下八等。相当于州级政区的还有府，开元初，升京师所在雍州为京兆府，东都洛阳为河南府，后来又将李唐王朝发祥地并州升为太原府。此后，凡京都和皇帝到过的地方都升州为府，至唐末遂发展成为10府。府的长官，由亲王担任的称府牧，余则称府尹。

天宝元年（公元742年），诏改州为郡。天宝十三年（公元754年），天下凡郡321，县1538。肃宗乾元元年（公元758年），复改郡为州，回复到州县制状态。郡，在秦始皇公元前221年统一中国后，作为我国政区的名称，经历了979年的风雨，从此退出了历史舞台。

“渔阳鼙鼓动地来，惊破霓裳羽衣曲”，天宝十四年（公元755年），身兼唐平卢、范阳、河东三个节度使的安禄山起兵反唐，惊破了唐玄宗君臣的“太平梦”。开元、天宝盛世一去不复返，在世界上显赫了130余年的大唐帝国从此由盛转衰，行政制度亦随之进入了混乱状态。唐前期节度使本为边防而设，每以数州为一镇，节度使的职权仅管理辖州及其刺史。安史之乱后，军人跋扈，藩镇割据，节度使乘机扩大地盘，运用各种手段兼领原由中央政府管辖的州郡，称为节度使“支郡”。与此同时，节度使的设置亦迅速扩展至内地，且权力也比以前大为扩大。节度使所在地称方镇，又称节度使道。宪宗元和二年（公元807年），总计天下方镇（节度使道）48个。不过这种节度使道与开元十五道不同，“兵甲、财赋、民俗之事无不所领”，兼具军事和行政两大权力，于是节度使道逐渐成为在州之上的一级行政区；州则退而居其次，县则降为三级了。节度使道之成为一级行政区，乃唐代割据政治发展的必然产物。对于唐王朝来说，由于地方势力膨胀所形成的这级政区

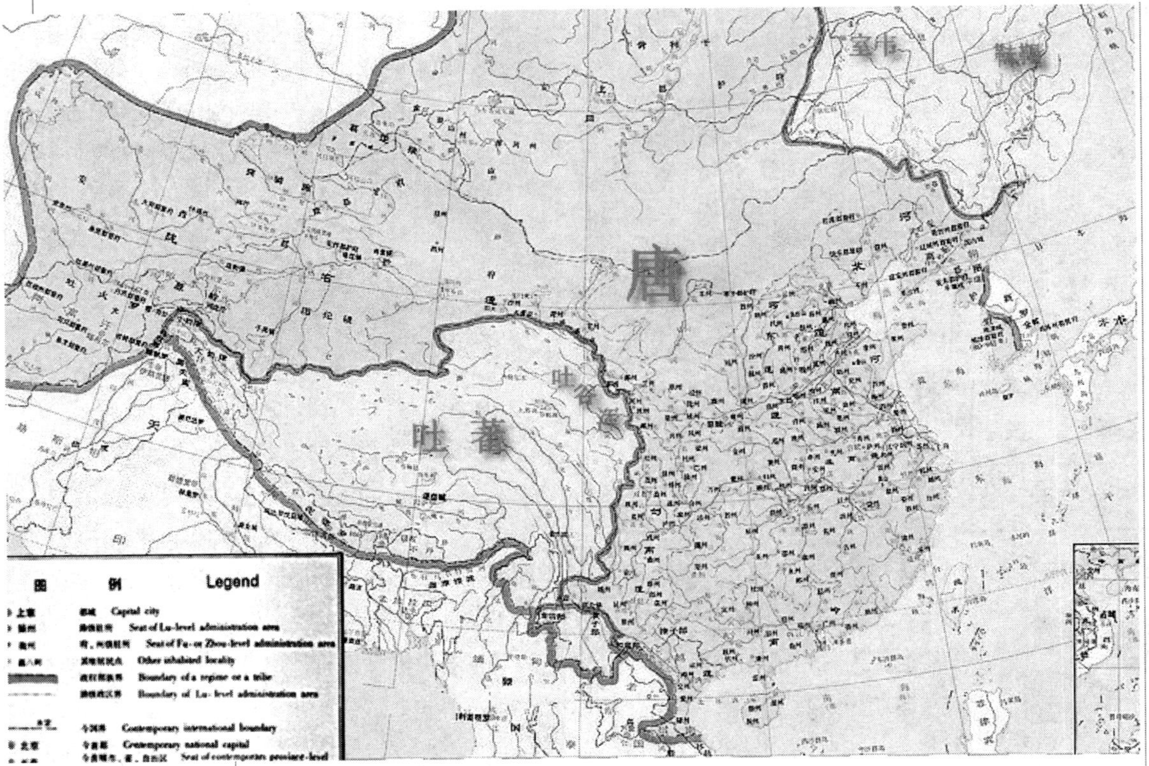

图 3–10 唐时期全图

显然是“非法的”，因为中央政府从来没有诏令设立过此类削弱中央集权的道级政区。公元923年建立后唐政权的沙陀族将领李存勖（唐晋王李克用之子），就是以河东节度使之名擅自建立道级行政区，然后叛唐而起的典型。这种道、州（府）、县三级政区制度，一直延续到五代、宋初。直至今日日本、韩国、朝鲜都沿用道级行政区的称谓，如日本的北海道、韩国的黄海南道、朝鲜的咸镜南道等等，可见“道”的影响之大，流传之广。现代中国通常将道与路连在一起作为交通的专有名词，而在古代，道与路却都是政区制度的称谓，其内涵的变化真是天差地别，不可同日而语了。

中国之“一国多制”源远流长。早在汉代，朝廷就在边疆地区设置都护府管辖，如班超就在新疆地区任过西域都护，至唐代仍继续贯彻这一方针，在边疆地区设立都护府、都督府和羁縻府州管辖。羁縻府州，皆由当地少数民族酋长任长官，受中央册封，可世袭。终唐一代，共853个羁縻府州，它是元代土司制度的雏形，也是明清两朝不得不实行“改土归流”的历史前提。

二、辽金的地方行政

辽朝是北方游牧民族契丹所建，其境内自然地理区域及民族构成大体可分为两部分：一部分为契丹等族所居适宜游牧、狩猎的草原、森林地区，一部分是汉族聚居的农业地区。由于这两部分地区当时经济、社会发展程度相差很远，于是辽统治者采用了两套不同的行政制度来进行统治。管理部族事务的称北面官，管理汉族州县事务的称南面官。北面官下辖各部族，辽太祖时有20部，圣宗时有54部。部族有大小不同，大部族置大王、左右宰相、太师、太保及司空等官员，并有部节度使为统辖；小部族则仅设置部族司徒府统辖其事。南面官则以汉人旧有州县制度进行管理。这种南面、北面官的“一国两制”，自中央至地方都相同，合乎国情，顺应民心，免去了许多麻烦纠葛，保持了辽朝经济和社会的稳定和发展。

辽的全国行政区划制度主要仿自唐朝。在全境置上、中、东、南、西五京，并以五京为中心，分全境为五个道。各道的官员设置杂取唐、宋之制。都总管府为承袭唐代都督而来，掌一道军政，略同于宋朝的帅司；处置使司掌司法监察，略同于宋朝的宪司；掌财政略同于宋朝的漕司在各道名称不一，南京道亦称转运使司，上京道称盐铁使司，东京道称户部使司，中京道称度支使司，西京道称计使司。

道以下一般为府、州、军、城与县（城）二级。府分京府、蕃府两种；州则有五种等级：节度州、观察州、团练州、防御州、刺史州，观察以下诸州或隶属于道，或隶属于府与节度州，不一定领县。府的长官称知府，州长官有节度使、观察使等五种，县为县令。边防城是军事性质的设置，设于边地屯戍、守卫，或称州，或称城，有府州级与县级两种。

辽代另有一种“投下军州”（也称“头下军州”），是诸王、公主、外戚等贵族的私州。契丹族出征时，各级贵族皆可带私兵同征，其掳掠所得战俘和财物一样亦归私有，并且贯彻“按功取酬”的原则，允其以占领区为基础建立投下军州，在这一地域范围内除酒税要上缴中央外，其余赋税皆属当地贵族私有。其做法与商鞅当年在秦国实施以军功为授爵依据，杀敌越多，功劳越大，爵位越高，赏禄越多的措施不仅一脉相承，而且有过之而无不及，不仅限于商鞅的爵禄赏赐，而且还能占地为王，征收赋税，简直有点像春秋时的诸侯国家。投下军州地域较大的称节度州，其节度使由朝廷任命；小的为刺史州，官员皆由本主任命。辽代后期，投下军州不再因军功而立，常由朝廷赏赐。此外还有一种“斡鲁朵”制，即宫苑制度，实际是帝王的投下军州。辽代9帝，各建1宫，另有两太后及亲王各1宫，再有宰相1府，故辽代共有12宫1王府。多者辖5州1县，少者仅辖2州或不领州县。所辖人户的来源，为战俘、罪犯或臣下进献。

辽朝虽设有五京，但中央政府处理国事政务却保留了契丹游牧民族的传统习惯，即将帝王的行在所（办公处）称捺钵。一年四季分别在春、夏、秋、冬四个捺钵轮流办公。

金灭辽后，其行政制度一部分袭自辽，一部分仿自宋。金同辽一样，除州县制外，自中央至地方另有一套部族制度。较小部族任其酋长为部族节度使，大的部族则封其为王。另有详稳，平时生产，战时出征；群牧，专门养马，战时从征。此外，在全国推行猛安谋克制。猛安为部落称呼，谋克为氏族称呼。规定300户为1谋克，称百户长，10谋克为1猛安，称千户长。此是集军事、民政、生产3种功能为一体的基层组织。在大定（公元1161—1189年）末，全国共有猛安202个，谋克1878个。

三、两宋的地方行政

宋朝建立之初，政权尚未稳固，统一战争仍在进行，为保证战争后勤供应所需的国家财政收入是个重要问题。因此，从根本上改变唐末五代以来地方藩镇割

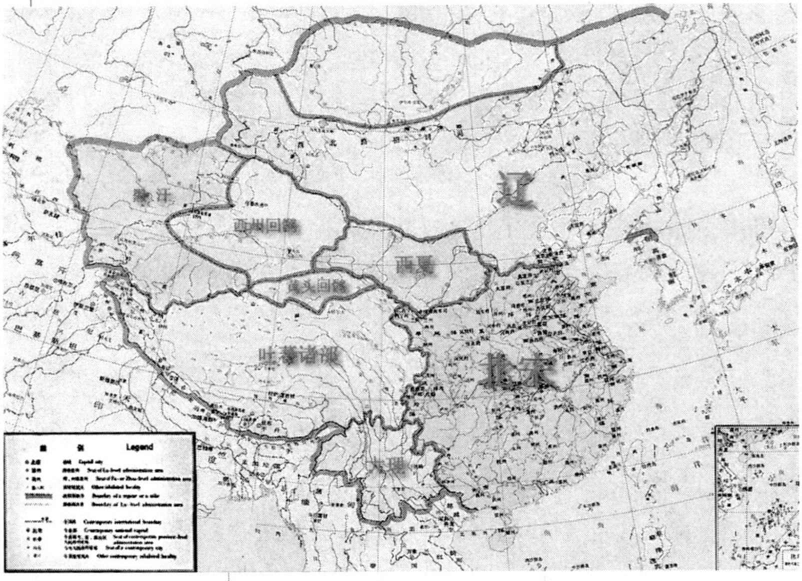

图 3–11 辽北宋时期全图

据、赋税自收自用的积弊成了宋王朝的当务之急。为了强化赋税国家化的职能，宋太祖建国之初即派京官去地方参与财政管理。乾德二年(公元964年)，赵匡胤接受丞相赵普的建议，进行财税体制改革，下令地方各州每年财政收入除少量留地方支用外，其余钱帛之类全部运送京师。次年，即乾德三年（公元965年），又重申各州除度支经费外，地方财政收入一概送京师上交中央，同时朝廷开始在各地设置转运使，专门负责水陆两路赋税收运事务。当时人们将这种收运网络所形成的地域范围称为某某路，不过当时的路还不涉及地方行政。

宋朝初年，地方行政区划沿袭唐代的道制，太宗初平定五代诸国时，分全国为13道。淳化四年（公元993年），改为10道。

转运使路初置时，其职掌仅限于管理财政赋税，后来宋王朝有鉴于唐及五代诸国亡于藩镇的沉痛教训，尤其是节度使在其辖区之外再兼领“支郡”，造成中央政府直接控制的地盘狭小，权力削弱，至太平兴国中，朝廷尽罢藩镇支郡，将行政管理权悉数收归中央，于是节度使权力尽削，各路转运使的职权迅速膨胀，“边防、盗贼、刑讼、金谷、按廉之任皆委于转运使”。至道以前，路的设置很不稳定。至道三年（公元997年），始定全国为15路。这以后北宋的行政区划又屡有分合，元丰八年（公元1085年）才改定为23路。

图 3–12 金南宋时期全图

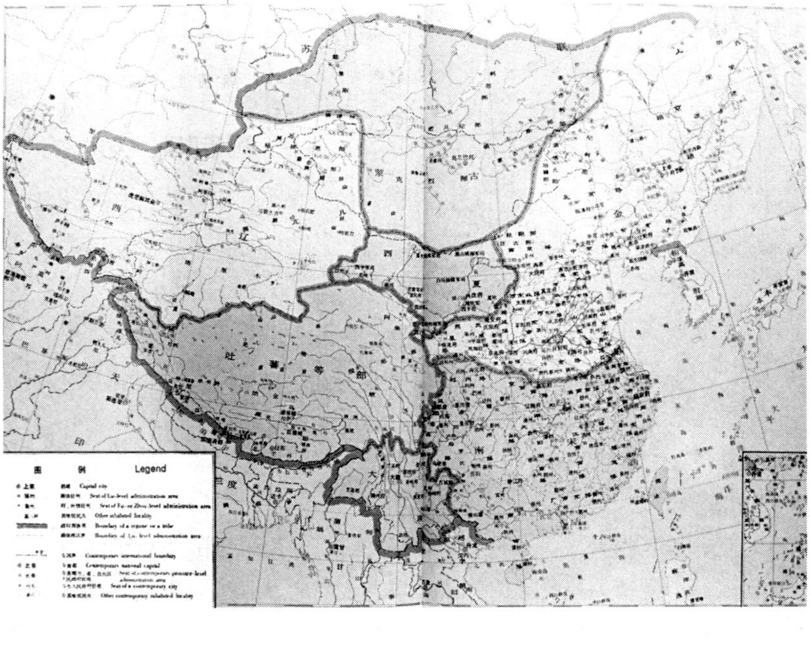

除上述转运司（称漕司）路外，又有提点刑狱司（称宪司，管司法）路、安抚司（称帅司，管军事）路、提举常平司（称仓司，管仓廪输买）路等。诸司辖境并不一致，但为解决赋税收运的突出问题，北宋一代始终以转运司路为主。这与北宋开国皇帝赵匡胤发展经济、增收赋税、以财立国的指导思想有关。早在开国之初，他就用财富爵位的手段，“杯酒释兵权”，解决石守信一类功高震主的功臣问题，取得了很大成功。同时，他又用灾年多招兵的办法解决了饥民造反的问题，且用在军营附近遍设酿酒作坊，开办官营酒楼，首创以官妓招引客人饮酒消费的手段，解决随之而来的军饷问题。同时，坚信钱能通神的赵匡胤又构建了一个叫“封桩库”的仓库，储积国家财政的节余，设想到这个仓库充盈以后，就用内藏的财富赎回后晋石敬塘时（契丹的儿皇帝）被契丹族（辽国）占领的汉族聚居区——幽云16州。倘若辽国不同意，便用这些钱财招募天下勇士，用战争手段来夺取这16州土地。尽管由于各种原因，赵匡胤“世路崎岖钱作马”的诸多设想未能完全实现，但它对转运司路为主的政区设置却产生了莫大的影响。宋代的路一般设都转运使、提点刑狱、提举某路常平公事等职官，负责一路的吏治、民刑案件及财政事务。此外又设经略安抚使，掌一路的地方军事，且通常以本路的知州知府充任。

南宋因战争不断，且财政问题经北宋167年的整顿已相对稳定，宋高宗赵构认为政区设置必须改以军事防御为中心，故其将政区设置从转运司路为主改为以安抚司路为主，分全境为16路。

两宋路之下为府、州、军、监，而府、州、军、监均有属县。府起自唐代，设在京师、陪都和皇帝驻跸过的地方，数量很少。宋代设置渐多，前后共有60多府。北宋分府为京府和次府两种。京府指四京所在地，其余为次府，且有辅、望、紧、上、中、中下、下7个等级。府的长官为知府。

州根据地理位置、辖境大小、户口多寡、经济发展程度的不同，也分为辅、望、紧、上、中、中下、下7等，州的长官称知州。此外，州又有节度、防御、团练、刺史之分，其长官称为节度使、防御使、团练使、刺史，其名只是用作武官升迁之用，与州的等级无关。我们常在宋代文献和职官称呼上，见到州、府都带有“某某郡”名，如王安石曾任专管豢养官马的开封郡牧司判官之职，其实开封应称府，并不存在郡的建制，这只是历史遗留下来的习惯和有人刻意炫耀该地历史的悠久罢了，并无实际意义，更不能理解为宋代还有郡的行政设置。这有如现代江苏的画家往往将其作品署名为东吴×××，绝不能据此理解为现代中国还存在三国孙权之东吴一类的行政区。另外，宋代各府州还设有一二名通判，如王安石曾任舒州（今安徽潜山）通判，其地位略次于府州长官，但有监察府州官员的权力，称“监州”。当年苏东坡两次出任杭州的地方官，第一次为熙宁四年（公元1071年）任通判，亦称监州，其地位相当于现代杭州市副市长；第二次是元祐四年（公元1089年）任知州，相当于今日之杭州市市长。

军的设置起于唐代，开始只理军事，不管民政，五代起开始管理民政。如吴越国就在今浙江省临安县境设有安国衣锦军，管理辖区内的军事和民政工作。军的机构在宋代设置渐多，分为两种，大的与州平级，相当于下州，小的为县级，长官都称知军。如北宋熙宁三年（公元1070年）设局编修《资治通鉴》的司马光就以端明殿学士知永兴军（今陕西西安），当然永兴军的级别与州相同，为最高级的军，司马光的知军也相当于知州。

监的设置起于五代十国，除负责矿冶、铸钱、产盐等国营工矿业的管理外，还兼管地方民政。所设不多，也分为两种，大的相当于下州，小的相当于县，长

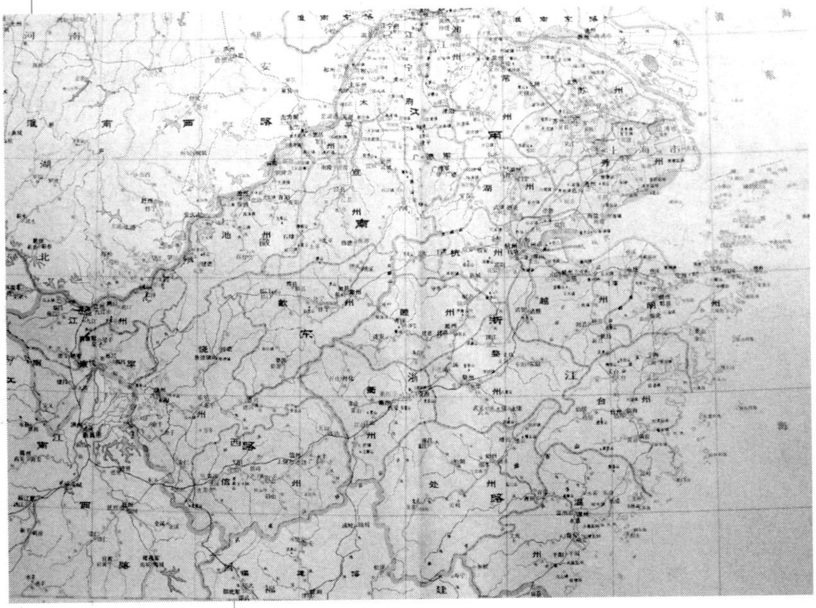

图3–13 北宋政和元年之两浙路、江南东路图

官称知监。

府州以下为县，以及相当于县级的军、监及边地的城、堡、关、镇、寨等。县分为赤、畿、次赤、次畿、望、紧、上、中、中下、下，共10等，长官称知县。曾被列宁誉为“中国十一世纪的改革家”的王安石（公元1021—1085年）中进士后就担任过浙江鄞县知县，嗣后相继出任舒州通判（相当于舒州市副市长）、开封郡牧司判官（相当于开封市官马饲养局局长）、常州知州（相当于现代常州市市长）、江南东路提点刑狱（相当于省级法院院长）、三司度支判官（协助度支副使工作，相当于今财政部管理支出的司长助理）、知制诰（职掌皇帝诏令的起草）、参知政事（为副宰相，相当于现代副总理）、宰相等职。

在宋代，路仅仅是监察区，与西汉的州、唐代的道相类似，而与魏晋南北朝的州，元、明、清的省等地方一级行政区划不同。同时宋代鉴于唐及五代藩镇割据之患，采取削除藩镇的措施，使节度使一职成为空衔，并因地设置州、府、军、监及其属县，将原由地方官吏把持的州县政务，均由中央政府派遣的京官带原衔出任，称“知某州军州事”（州指民政，军指地方军事）、“知某县事”，简称“知州”、“知县”，所以我们不能任意将宋的县级长官称为县令，因为这涉及干部配备的原则问题，惟有地方干部出任县级长官才能称“令”，下派干部任职则只能称“知”。可见，官员下派挂职锻炼源远流长，所不同的只是今天有人将挂职异化为“镀金”的一种捷径则是当年赵匡胤所不能及的创举。

唐宋时在农村继续实行乡里制，一般“百户为里，五里为乡”。县城实行坊巷制。

第四节 行省制的元明清民国至当代

一、元代的地方行政

元代的中央行政机构名称为中书省，其地方行政制度的最大特点是在全国遍设行中书省，简称行省。行省制度最早起源于魏晋南北朝时期，尚书省、中书省等中央行政机构在地方上设置的派出机构，称为“行省”、“行台”。一般是为临时性的军事需要而设，相当于现代的军事管制委员会，事毕即撤。金朝时，行省设置渐多，偶尔也有为非军事需要而设的，如明昌五年（公元1194年）黄河决口，就专设相当于现代临时行政公署的行台处理此事。

元代一开始就袭用了金朝制度，占一地区就设一行省。由于军事行动时间很长，被征服地区人民反抗激烈，因而相当于现代军事管制委员会性质的临时性行省设置就被长期维持下来，并逐渐演变为正式地方行政机构，真是“无心插柳柳成行”，至今700多年来的行省制度竟然成了中国十分稳定的政区制度。元代的行省“凡钱粮、兵甲、屯种、漕运，军国重事，无不领之”，地方权力全部集中于行省。其官衔名称也有一个演变过程，至元十三年（公元1276年）前，为“以平章政事某某行省于某某处”，可见是相当于中央下派干部挂职管治地方；至元十三年后，改为“某某等处行中书省平章政事某某”，则完全转变成地方官衔。

元初，行省的置废情况较为复杂，地方行政制度亦较混乱，直到英宗至治年间才渐趋稳定完整，即分全境为中书省直辖地、11个行中书省及宣政院辖地，共13个大的行政区域。其中辖今朝鲜半岛的征东行省同内地的行省不同，其行政首长由高丽国王兼任，保留其王国原来的制度，成了典型的国中之邦。行省的首长为丞相，凡中央中书省所有官员，行省皆有，如平章政事、右左丞、参知政事等。

行省以下，为路府州县，边区地方并设有军，数量较少。大体上路、府、州同为二级行政区划，县为第三级。路的长官设总管府，分上下两等，或领有府州，或仅领县，少数不领；府的长官为府尹、知府，分领州县、领县及不领几种；州的长官为知州，一般皆领县；县的长官为尹。在这里我们可以清晰地看到唐前期

图3-14 元时期全图

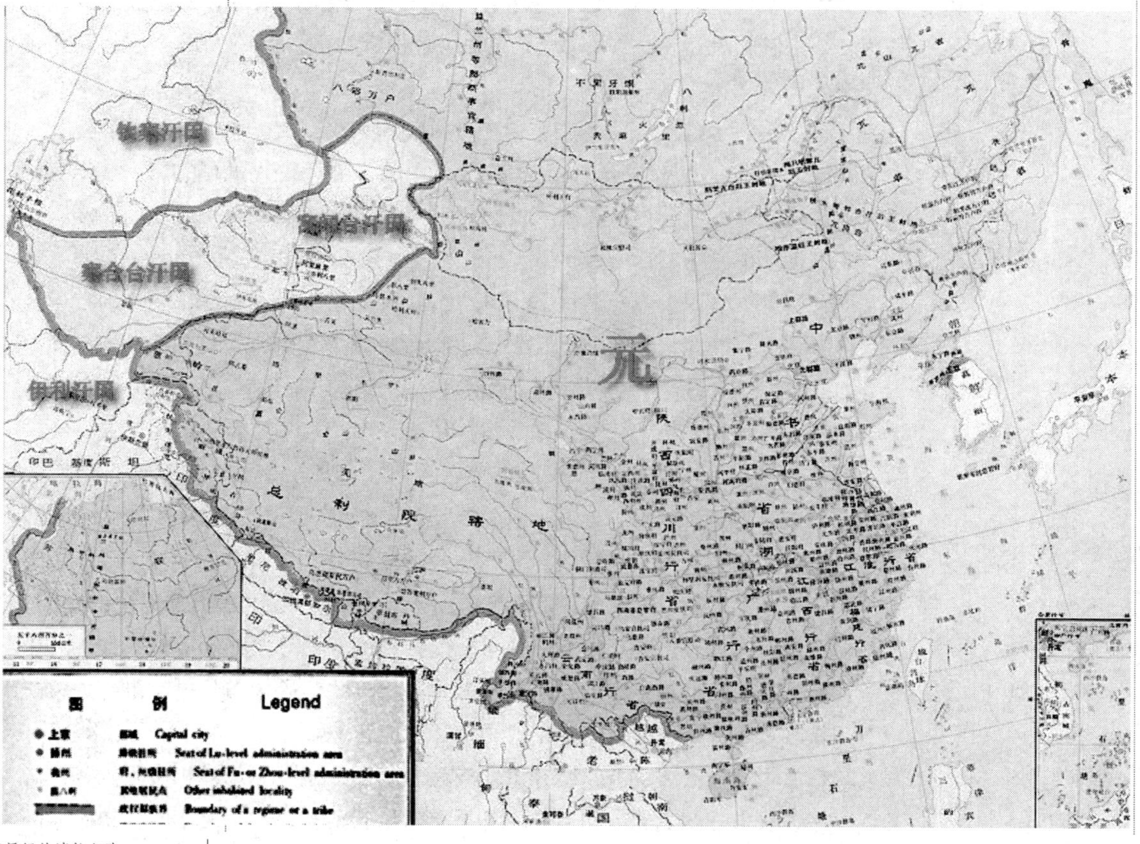

的“州”、宋代的“路”到了元代都被降了级，大官帽套在小官头上，这是历史的必然，因为人们都希望获得更大更高的称谓，犹如现代一般企业出资人始称董事长，后称董事局主席，而其经营者始称经理，继称总经理，后称总裁，而英文的总裁与美国总统为同一个词汇“President”。

元代各级地方政府中还普遍设有一种叫达鲁花赤（蒙古语，意为“镇守者”，汉译“宣差”）的特殊官职，其官位虽与各级长官相同，但权力特别大，可以总揽一切。犹如现代之“书记”一职即使与“县长”、“市长”同级，但实际权力高于县长。达鲁花赤一职只准蒙古人或个别出身上等的色目人充当，汉人和南人一律不得出任此职，只能担任府尹、县尹等从事具体行政业务的官职。这是元代民族不平等的制度化体现，也是造成元代国祚短暂的根本原因之一。

除此以外，元代在各地还有特殊的道和土司。道分两种，宣慰司道设于中书行省和行省之下、路府州县之上，为行政上的承转监察机构，不是各省都有，只是设在地域较大、州县较多、距离省会较远之处，借以弥补行省过大管理乏力之缺陷；肃政廉访司道遍设于全国，共有22个，为中央派出的吏治监察机构，分属于中央御史台（治大都，今北京）及江南行御史台（治今南京）、陕西行御史台（治今西安）统辖。土司设于边地少数民族地区，种类很多，除有土府、州、县的设置外，还有宣慰司（与内地宣慰司不同）、宣抚司、安抚司、招讨司、长官司等等，皆为半独立的羁縻性质设置，其官位由当地少数民族首领充任，可以世袭，从而形成了元代的土司制度。至明清时期，这一制度走向反面，土司皆世代占山为王，渐成“尾大不掉”之势，朝廷不得不实行“改土归流”的改革，即建立州县，选派有任期限制的流官（一至九品官为流官，余称流外官），以保持国家领土完整和政令的统一。

元代统治者为推动农业生产亦曾在农村以50家立一社，设社长一人专司劝农。元初改宋代之乡、里为都、图，实行都图制。“图”原为征收赋税的田亩图，“都”为总田亩图，都图制的推行反映了统治者对赋税征收的重视。

二、明清的地方行政

明清时期，省是最高行政区划，地方行政制度称为行省制度。明代地方行政制度迭经变化。洪武八年（公元1375年）以前，因袭元制，中央有中书省，地方有行中书省，行中书省下设府州县。洪武九年（公元1376年），出身贫贱深恐被人瞧不起的明太祖朱元璋为了加强中央集权统治，削弱地方政府的统治力量，决定撤销行中书省，改称承宣布政使司（简称布政司），全国除南京直辖区外，有浙江、江西、福建、北平、广西、四川、山东、河南、陕西、湖广、广东、山西12布政司。元代行中书省长官大权独揽，明代布政司三权分立，设布政司管民政，按察司管司法，都指挥使司管军事，简称布司、按司、都司，三司官员统称布、按、都三使，皆为封疆大吏，互不统属。这种分而治之的三司分权的制度与元代的行中书省有很大不同，严格地说，已不能称为行省制度。但因为布政司区划即原来的行中书省区划，所以习惯上仍称布政司为行省或省。洪武十三年（公元1380年），发生了掌握中书省大权的左丞相胡惟庸谋反案，明太祖朱元璋借机废除丞相和中书省，将其权力分归六部，由六部尚书直接对皇帝负责，这是自秦始皇统一中国

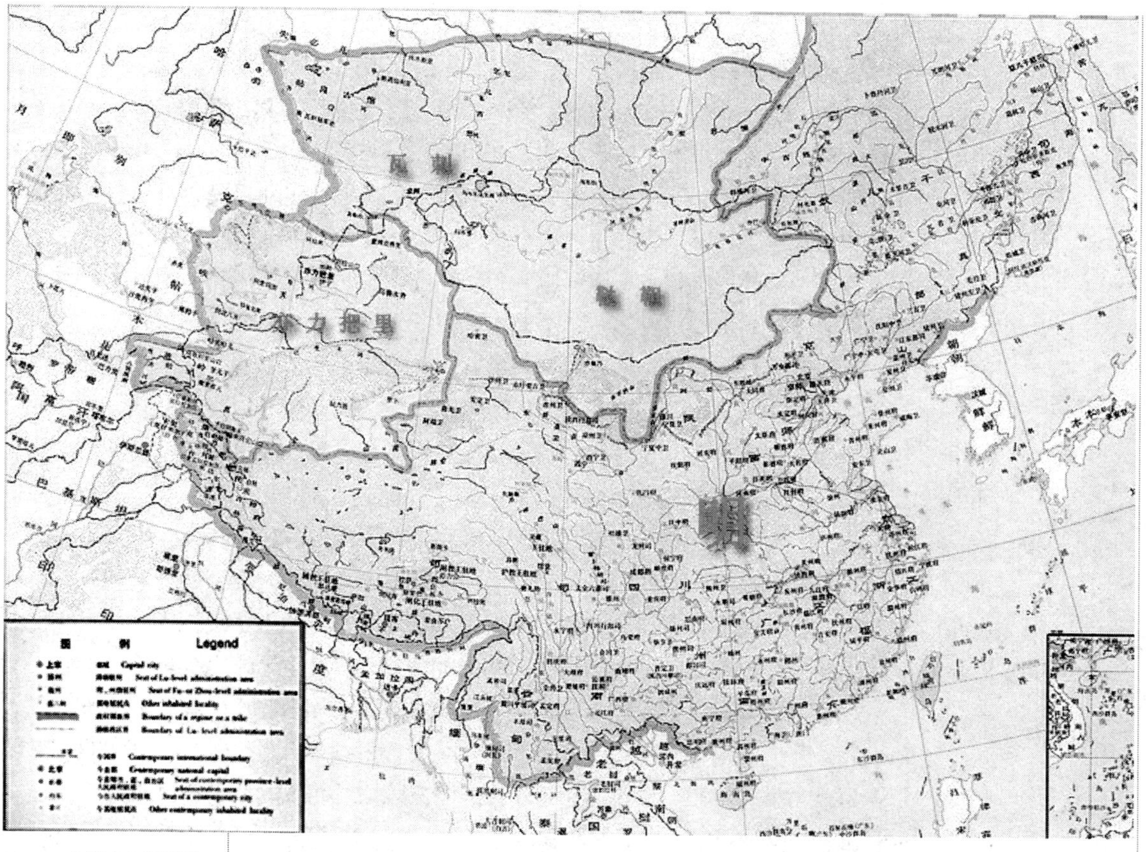

图 3–15 宣德八年明时期全图

1600年以来封建政治制度上的重要改革，其与现代中国在1994年将国家税务局从财政部划出成为一个独立的部级单位一样，是史无前例的分而治之。元代都城周围有一个很大的地区直属中央，称为中书省，明废中书省后，就将原中书省的辖境改隶中央政府，称为直隶。从此以后，不但取消了作为中央机构的中书省，也废除了作为行政区划的中书省。

成祖时，两都并建，首都在北京，南京为陪都。北京附近归中央管，称京都，辖境相当于今河北省，又称直隶。南京所辖的地区，原称直隶，此后则加“南”字，改称南直隶。原12布政司中，北平布政司于永乐元年（公元1403年）改为北京，剩11布政司，加上洪武十五年（公元1382年）设置的云南布政司和永乐十一年（公元1413年）设置的贵州布政司，共13布政司。终明一代，为两直隶13布政司（永乐初，又置交趾布政司，不久撤销，故不计在内），简称为2京13省，有时亦称15省。

明代地方行政制度相当复杂。一般来说，1布政司相当于1省，但实际上三司的辖区并不完全一样。明代户籍有民、军、匠之别，主要是民、军两种，布政司管民，都司管军。布政司（相当于现代之省长）与都司（相当于现代的省军区司令）平级，府与卫平级（明代一卫辖军队5600人，与现代的旅或乙种师相仿，而府与现代地级市相似，因此用现代语言来说，府卫为地师级，地位相当），但并非1布政司就是1都司，1府就是1卫，实际情况不一致。在行政区划上，全国分为两京13布政司；而在军事系统上，五军都督府辖有21都司、2留守司，并不完全与两京13布政司相对应。21都司中，16个称都司（浙江、辽东、山东、陕西、四川、广西、云南、贵州、河南、湖广、福建、江西、广东、大宁、万全、山西），5个称行都司（陕西、四川、湖广、福建、山西）。例如，属于军事要地的山西，布政司1个，都指挥使司却有2个，1个与布政司同在太原，称山西都司，另1个在大同，称山西行都司，主要管山西北部卫所。

明代还有一些地区不属布政司管，而属都司统辖。内地军民杂处，卫所军籍人员和土地较少，不作为一级地方行政区划。但在边远地区，民户较少，军人为多，卫所就构成一级地方行政区划，归都司统辖。明代都司所辖的卫所有3种情况：一种全是实土卫所，另一种全无实土卫所，还有一种部分实土卫所，有实土者，构成地方行政区划。如平定辽东后，该地半岛上多为军户，设卫所而不设府州，置辽东都司统辖。辽东都司的行政制度很特殊，行政区划属山东，但山东布政司实际上不管辽东，而司法仍由山东按察司兼管。辽东都司的性质很像山东行都司，但又不称行都司，而叫辽东都司。

总之，由于军民分置、分而治之，客观上有分割地方势力、巩固中央政权的作用，而同时也造成了难以统一动员地方军政力量应付突发事件的严峻问题。明代的地方行政制度的复杂化完全是明王朝殚精竭虑为巩固朱明政权所制造的一种军政互相掣肘的人为矛盾，其欲达“鹬蚌相争，渔翁得利”之目的昭然若揭。

明中叶以后，内乱外患日趋严重。三司分权，互相掣肘，虽有利于防止地方形成割据势力，但由于形不成应对紧急状态的合力，对于镇压国内反抗和对外采取军事行动就表现出软弱无力。为了加强中央统治，明政府在三使之上又增派巡抚和总督，统称督抚。巡抚的职责是“察吏安民，兼理军务”；总督的职责主要是管军，但可以“节制文武”。督抚职权相当于元代行中书省长官，三使变成其下属，事实上等于恢复了行省，而且与元代行中书省长官一样，督抚在名义上也是中央机关下派挂职的长官，属兵部或都察院。也许正是由于督抚起初是中央临时委派的钦差大臣，有事派遣，事毕撤销，后来地方叛乱增多，外患威胁日大，嘉靖以后，督抚一个个成了难以撤销的固定职官，遂演变为全国统一的制度。

图3–16 万历十年明时期全图

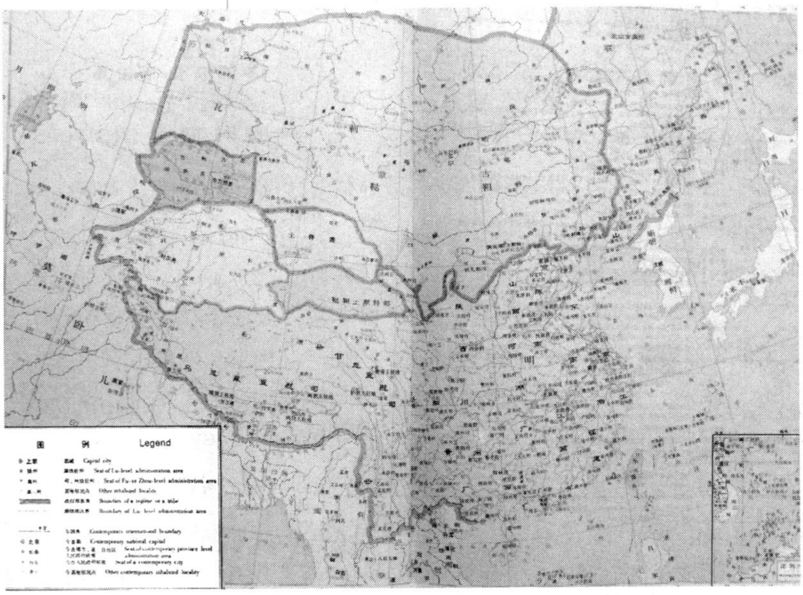

中国历史上大凡一个新朝代建立之初，为了加强中央集权，必须分解和削弱地方军政的统一指挥力量，以免日后造成颠覆中央政府的心腹之患。而执政日久就逐渐暴露出这种“强中央弱地方”的体制难以形成对付内忧外患的应急力量，于是中央政府被迫扩大地方军政权力，而地方则借此机会不断扩大其势力，且一旦坐大，反过来又成为颠覆旧王朝的严重威胁。这就是中国封建社会数千年来中央和地方关系的基本规律，可以说在专制制度的条件下，没有一个朝代能找到长治久安的平衡点。

督抚的辖区与布、按、都三司的管辖地区也不一致。有一省设好几个总督的，如北直隶有蓟辽总督和保定总督；有一省设好几个巡抚的，如南直隶有应天巡抚和凤阳巡抚；也有几个布政司相邻地区共设一个巡抚的，如江西、湖南、广西、福建交界处，由于朝廷矿税苛重，矿监暴虐，矿民经常反抗，遂专设一南赣巡抚，管四省交界地区的府州，如此等等。

明代矿税之弊始于万历二十四年（公元1596年）七月，明神宗借口京师坤宁、乾清两宫失火焚毁，修复经费不足，乃批准了府军前卫千户（相当于今团职军官）仲春开辟新财源的建议，派遣大批太监作为矿监、税监前往各地募民开矿，并在通衢大道、河网要冲设卡收取商税，以增加中央财政收入。在晚明工商业经济有了较大发展的情况下，这一措施作为开辟赋税来源，本来有其内在的合理性，但由于矿监贪赃枉法，不择手段榨取矿工血汗，引起了矿工的激烈反抗，而征商税的税监则随处建立税厂（相当于今税务局、所），横征暴敛，连穷乡僻壤的米粮、家禽都不放过。对于矿监、税监这种倒行逆施的行为，不少大臣都认为民怨鼎沸，弊大利小，必须严加整顿，而神宗却一意孤行，对此类奏折一概束之高阁。万历三十年（公元1602年）的一天，神宗突然染病，以为自己将不久于人世，下旨停办矿税。次日病愈后立即反悔，派太监20余人，胁迫首辅大学士（相当于现代之总理）沈一贯交出前日的谕旨，以便继续征收，供自己挥霍享用。尽管迟至万历三十三年（公元1605年），神宗皇帝接受了河南巡抚姚思仁痛陈矿监八弊的奏疏，宣布在全国范围内停止开矿和减轻商税，但已为时太晚，矿税之弊已为明朝的灭亡埋下了祸根。可见赋税决策与社稷安危密切相关，当国者不可不慎！

终明一代，府州县设置相对较为稳定，如明代宣德五年（公元1430年），任苏州府知府的况钟，是在苏州一带豪强势力猖獗，奸吏蒙骗外来朝廷命官，地方政治非常混乱的形势下被大臣蹇义、胡王茨等京官推荐上任的。到任时，公堂之上，奸吏环列左右，要求新知府审判积案。况钟佯作不懂政事，听任奸吏指鹿为马，奸吏们大喜过望，所有积案均按他们的意见几天之内办理完毕。过了一段时间，况钟派人四出调查，掌握了这些为非作歹的奸吏从包办诉讼案件中贪赃的事实依据，然后升堂审理，当场杖责，并处死首恶数人。由于况钟“锄豪强，植良善”，从此苏州吏治渐趋清明，况钟死后亦被民“奉之若神”，朝廷也追封他为苏州城隍。古之城隍往往由官声清正的地方官吏担任，并且无任期之限制，如杭州城隍为忠于职守而惨遭枉杀的明浙江按察使周新（广东南海人），从明永乐（公元1403—1424年）年间任职至今已有近600年之久了。目前的杭州吴山城隍阁其前身即为纪念周新的城隍庙遗址。

著名清官海瑞（公元1514—1587年），嘉靖二十八年（公元1549年）以一篇论述如何治理海南黎族百姓的《治黎策》中乡试，成为举人。嘉靖三十三年（公元1554年）任福建南平县教谕（相当于现代县教育局长），嘉靖三十七年（公元1558年）升任浙江严州府淳安知县。在淳安知县任上，海瑞抱负初展，做了很多深得民心之事。在赋役征管上，本来由于淳安山多地少，赋役就重，而当地土豪劣绅又串通官府，玩弄各种花样，逃避赋役，通过飞洒、诡寄等不法手段，加重了少地、无地农民虚数田亩的赋役负担。海瑞到任后，伸张正义，决定立即重新丈量土地，按实际田亩数征收赋役，从而达到公平赋役、减轻百姓经济负担的目的。与此同时，海瑞在减少财政接待费用支出方面也做了不少为人称道的好事。当时权相严嵩的党羽胡宗宪巡抚浙江（即相当于现代的浙江省长），其子途经淳安时借口县驿站（相当于现代县政府的招待所和公文递送通信站）招待过于简单，不合标准，竟倚仗权势吊打驿吏（相当于现代的招待所长和公文递送通信站长），海瑞得知后异常气愤，乃使用了一条巧计惩治这个恶棍。他假装不相信此人是巡抚的儿子，对部下说，胡公乃清正之官，历来告诫部属要体恤百姓，节省财政开支，并多次明令招待过往官员一律从简。此人行李华贵，气焰嚣张，定是假冒的花花太岁。于是派人搜查，没收了其沿途搜刮来的1000余两银子，并捆绑起来痛打一顿，然后写信告诉胡宗宪：有人冒充贵公子行骗，企图败坏您的官声，现已严加惩治云云。弄得胡宗宪哭笑不得，只好忍气吞声。另有一次，严嵩的干儿子鄢懋卿以都御史的身份到东南巡视盐政，每到一地，必超标准吃喝挥霍，沿途地方官员莫不谈虎色变。海瑞知其将来淳安巡视，急速写就禀帖呈送鄢懋卿，禀帖曰，根据您的通知，“凡饮食供张，俱宜俭朴为尚”，而实际上你们一行所到之处据说均极铺张，我海瑞所知淳安乃穷县僻壤，赋税不足，财力枯竭，请问如何是好。鄢懋卿早知海瑞刚正不阿，不敢得罪，于是绕道而走，免去了淳安县财政的一大笔招待费支出。也正因为如此，海瑞成了上司不欢喜的下级，在仕途上难免命运多舛，很不顺畅。直到现在还有人认为海瑞是个书呆子，能结交上司，拉近关系的机会不去利用，反而去得罪他们，真是个不识时务的“背时鬼”，要是在现在早就被分流或下岗了。

明代为贯彻贫苦农民出身的开国皇帝朱元璋“以良民治良民”的精神，以税粮万石为一区，置粮长一人，副粮长若干，负责征收和运送赋税。后来粮区缩小，规定每110户为里，推丁粮多者10户为粮长，余100户分为10甲。明代农村设乡、都、里（图），县城设隅。

清承明制，有所改革。康熙时，改明15省为18省，将陕西分为甘肃、陕西；南直隶（江南）分为江苏、安徽；湖广分为湖南、湖北，其他照旧。省以下设府、厅、州、县。厅相当于特区，一般设在边防和少数民族地区，且分为直隶厅和散厅两种，分别相当于州级和县级。如今浙江省玉环县，在清代即为厅的建制，称玉环厅，为散厅，相当于县级。而今舟山市亦设过定海厅，系直隶厅，为州级。清代也有一些知名的知县，如著名书画家郑板桥就当过清代山东范县、潍县知县。

清初，三使仍旧受政多门，又有相对的独立性，督抚的设置也很乱，如江南一省有江宁、安徽、凤阳三巡抚，陕西一省有陕西、甘肃、宁夏、延绥4巡抚。乾隆时进行改革，规定一省一巡抚，巡抚的辖区就是布按二司辖区，巡抚是一省之长，布、按二司为其下属，都司撤消，才彻底解决了巡抚与布按二司辖区不一的问题。总督有时一省一员，如直隶、四川，有时二省一员，如湖广总督管湖南、湖北，两广总督管广东、广西，视情况而定。清代，总督与巡抚正式成为地方一级官员。清代颇负盛名的督抚阮元（公元1764—1849年）乃江苏仪征人，在乾隆

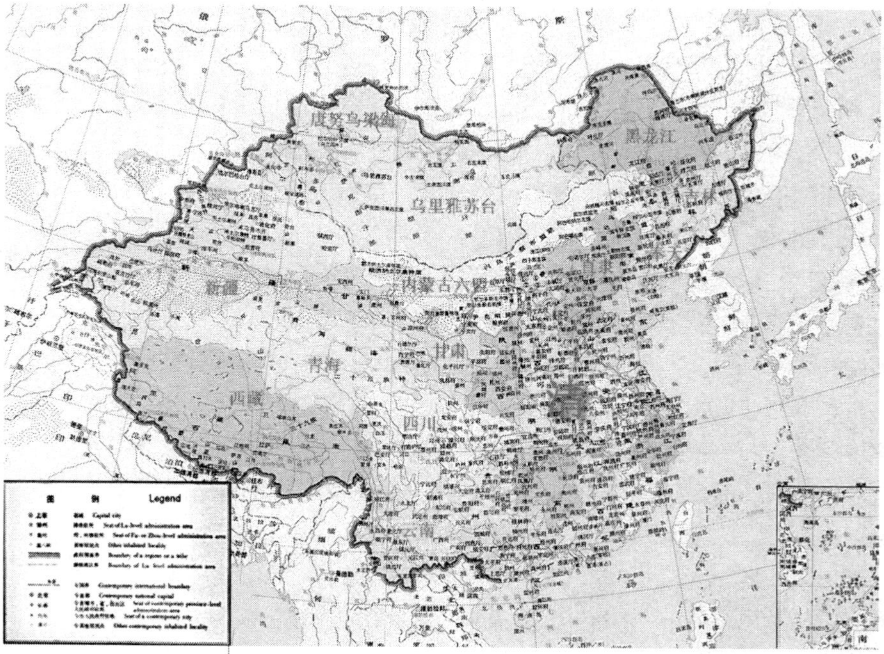

图 3–17 清时期全图

六十年（公元1795年）、嘉庆二年（公元1797年）两任浙江学政（相当于今教育厅长）的基础上，嘉庆五年（公元1800年）后又两任浙江巡抚，他不仅对倡导两浙的文化教育事业作过贡献，而且对疏浚西湖，发展农业生产亦有政绩。当时以湖泥堆积而成的西湖三岛之一的阮公墩，就是杭州百姓对阮元抚浙的一种肯定和纪念。嘉庆二十二年（公元1817年），阮元调任两广总督，他在任期间即对英国侵略者深恶痛绝，并作了针锋相对的斗争。20多年后的道光年间，林则徐就任两广总督，他不畏强暴，虎门销烟，并且在公元1840年的第一次鸦片战争中“苟利国家生死以”，英勇抗击英国侵略者，成为名垂青史的一代名臣。

光绪九年（公元1883年），左宗棠平定新疆，设省；十三年（公元1887年），台湾又设省，内地共20省。二十一年（公元1895年），签订马关条约，台湾割隶日本，恢复19省。三十三年（公元1907年），奉天、吉林、黑龙江三将军辖区改设行省，行省数增至22个。

清雍正四年（公元1726年）设置乡庄，光绪三十四年（公元1908年）后，清政府推行新政，颁布城乡自治章程，推行地方自治，规定5万人以上置镇，5万人以下设乡，并在乡镇之上设自治区。

三、民国的地方行政

1911年辛亥革命后的民国时代，北洋政府的行政区划大体沿用清末旧制，除22省外，其他未设省的地区仍采取特殊制度，大致分为三类：一是京兆（顺天府）、热河、绥远、川边（西康）为特别行政区；二是宁夏为“宁夏护军使辖地”；青海、内蒙古、外蒙古、西藏地区；三是东北铁路沿线帝俄过去享有若干特权，且中俄百姓杂居，关系复杂，故成立“东省特别行政区”。

1914年5月，内务部确定顺天府属20县，10月4日公布《京兆尹官制》，顺天府易名京兆，府尹为京兆尹，成立民国时期的特别行政区。顺天府时期，行政机关为顺天府公署，府尹由内务部长经国务总理呈请大总统简任。京兆时期，行政机关为京兆尹公署，任命方法大致同顺天府。热（河）、察（哈尔）、绥（远）三地区民国初暂沿用清末旧制，热、察设都统，绥设“绥远城将军”，主要分掌军政和盟旗事务。民政方面，热、察属直隶省管理，绥远属山西省兼辖。1914年7月

6日《都统府官制》公布，统一设都统，都统兼管民政，并添置道尹专管，不再受直隶、山西兼管。三区都统由大总统简任，地位略逊于省行政长官，相当于今日之副省级计划单列市，公署为都统府。川边为清末旧称，1925年改称西康。川边特别区设官变化频繁，1913年6月设川边经略使，管理行政；7月改为川边都督；1914年1月又改为川边镇守使，其职权为管理川边军政民政，为军政合一；5月增设财政厅，由镇守使兼任厅长；1916年1月又将军政分开，镇守使外又设道尹公署，置道尹1人，管理民政，并将财政厅厅长改归道尹兼任。

道是介于省和县之间的地方政区，清代即已设立，起行政上承转和监察作用。民国继续沿用。1915年6月，内务部划定全国共设93道，其中一等38道，二等39道，三等16道。道的行政长官初为观察使，1914年改称道尹，省民政长官经由国务总理呈请大总统简任，主要职权为：颁布单行章程，但不得与现行法令和省的法令规程相抵触，且须呈报省行政长官（或转报中央）核准或备案；监督所辖官吏；节制调遣部队；监督财政；监督司法。1924年6月4日内务部下令裁撤道尹。

道以下为县，民国初年北方各县大都沿用清代旧制，南方由各独立省区自定官制。1913年“划一令”下达后，将原来的府、直隶、厅、州等名称改为县，县的行政长官称县知事，行政机关为县知事公署。

1927年7月8日，南京国民政府对1925年广州国民政府的省组织法作了修正，至1931年又先后修改过6次，对省行政组织略有调整，1938年1月国民政府对省区进行调整，但组织法未有多大变化。

按照1931年3月23日修正公布的省组织法，省政府设省主席1人，省政府采用委员制，设省政府委员会行使职权，委员7至9人，就其中1人担任省主席。

南京国民政府对市的建制也作了改进，直隶于行政院的市称特别市，地位相当于省；隶于省政府的市称省辖市，地位相当于县。1929年底，全国共有南京、上海、北平、天津、青岛、汉口、广州7个特别市。1930年5月，国民政府另行颁布《市政府组织法》，将原来的“特别市”改称“直隶行政院市”，为南京、上海、天津、青岛、武汉5市；北平、广州分属河北省、广东省，不再直隶行政院。院辖市、省辖市均设市长，前者简任，后者简任或荐任。

五院制国民政府建立后，废除了清代所建立的道员制，改为省、县两级制。但由于各省大都地域广阔，县份较多，在当时的交通、通信的条件下监管不便，故于1932年实行首县制，同年10月开始增设行政督察专员公署，作为省政府派出机构，起行政上承转和监察作用。1927年6月后，国民政府对县政制度作全面改动，首先是统一县建制，全国所有县以区域大小、事务繁简、财赋多寡等方面来确定其等级，统一划分为一、二、三等，并废除县官旧称，统一实行县长制。

南京国民政府于民国十七年（1928年）将县以下改设区、乡（镇）、村、里、闾、邻。规定每5户为邻，每五邻为闾，闾以上在农村为村，在县城为里，百户以上编为乡、镇。民国二十四年（1935年）乡以下改行保甲制，初以10户为甲，十甲为保，后辖数不等，有十五进制、三十进制。

四、当代的地方行政

1949年10月1日，中华人民共和国建立以后，先后在全国设置了华北、东北、中南、华东、西北、西南6个大行政区，简称大区。其中东北大区辖辽东、辽西、吉林、黑龙江、松江、热河6省及沈阳、大连、鞍山、抚顺、本溪、长春、哈尔滨7市。华北大区辖河北、山西、平原、绥远、察哈尔5省及北京、天津2市和内蒙古自治区。华东大区辖山东、江苏、安徽、浙江、福建、台湾6省及上海、南京2市。中南大区辖河南、湖北、湖南、江西、广东、广西6省及武汉、广州2市。西北大区辖陕西、甘肃、宁夏、青海、新疆5省及西安市。西南大区辖四川、云南、贵州、西康4省及重庆、成都2市和西藏地方。并在县以下废除保甲制，实行区、乡、村制。

1952年以前，为巩固地方政权，曾建置若干相当于省级地方政府的行署区，如苏南、苏北、皖南、皖北、川东、川西、川南、川北行署区，直接受大区政府或军政委员会管辖。1952年这些行署区被撤销，合并为江苏、安徽、四川等省建制。1952年全国共设县2149个，并在一些环境、历史和发展情况特殊的地方设置区人民政府或县政府派出机构——区公所，以管理乡、镇。例如，直至20世纪90年代初，浙江、安徽等省还有区的设置。

鉴于1949年至1953年中国地方政府实行大区、省、县、乡（镇）四级或大区、省、县、区、乡（镇）五级制，中间环节太多不利于大规模经济建设，中央政府于1954年6月19日通过决议撤销了大区行政委员会建制，将省级政府直接隶属中央政府领导。从此中国地方行政建制进入了省、县、乡（镇）三级制或省、县、区、乡（镇）四级制。在1954年至1957年间，先后成立了新疆维吾尔自治区、西藏藏族自治区、广西壮族自治区和宁夏回族自治区，将绥远省并入内蒙古自治区。在撤销大区的同时，也调整了原由大区所辖的14个直辖市的隶属关系，北京、天津、上海3市仍作为直辖市归中央政府直接管辖，与省平级同为第一层级地方政府。沈阳、鞍山、抚顺、本溪、旅大（今大连）、长春、哈尔滨、武汉、广州、重庆、西安，则分别改由辽宁、吉林、黑龙江、湖北、广东、四川、陕西等省直辖。另外，在某些省政府与县政府之间还设置了专员公署作为省政府派出机构，起到承上启下的监督指导作用。

在1958年大跃进高潮中，中央政府作出决定打破原农村乡（镇）政权的区域界限，实行“政社合一”的农村人民公社制度。1959年9月17日，第二届全国人民代表大会常务委员会第九次会议作出决定，直辖市和较大的市可以领导县和自治县。上海、辽宁、河北等省市先后实行市管县体制，到1966年初，全国有25个市实行这一体制，共领导72个县。由于这两项比较大的变化使1958年至1969年中国地方行政成为省、县、人民公社三级建制或省、市、县、人民公社四级建制。

1970年，中央指示将全国各地的专员公署一律改称地区，改变了原来专员公署派出机构性质，设立革委会作为一级地方政权对下领导县革委会，从此中国地方行政建置进入了省、地（市）、县、人民公社四级制。随着1982年宪法的颁布，到1983年各地的人民公社都恢复为乡（镇），中国地方行政建制便开始稳定在省、地（市）、县、乡（镇）四级制上，至今已长达20余年。

1951年全国乡镇总数218796个，1952年增加到267371个，1957年减为9703个。1958年秋撤销区、乡（镇）成立人民公社，截至1982年全国共有公社53892

个。1983年实行政社分开，恢复乡镇建制。到2003年乡镇数为38290个。

从秦汉至今，前后历2200多年，其间不仅地方行政级次屡有变化，而且行政区划形态的变化更是纷纭繁杂，这种行政管理体制的变化不但是中央政权和地方政权力量互为消长或更替的表现，也是各个朝代，乃至同一朝代不同时期经济发展、文化嬗变、边界变更、辖区增减的结果，有时是军事行动的结果，有时是经济、政治形势发展变化的结果。归根结底，所有地方行政管理体制的变化都是社会生产力发展和统治者主观意志共同作用的结果，当然极个别由于自然地理条件的变化，也会使行政管理体制发生变化。但是任何朝代的行政制度变化皆有一定的规律，往往先承前朝旧制，称为“沿”，而后根据需要进行适当改置或改造，称为“革”。由于历代领土疆域有增有减，经济、政治、军事常有变化，行政管理体制也往往随之变化，而且即使同一朝代不同时期，行政管理体制也不甚相同，所以说要论及某朝某代的行政管理体制，只能指某一特定时间而言，而不能统而言之。尤其是政区的变化，一般是旧政权被推翻，新政权确立的初期，政区的位置、区域、范围、名称、治所等变化较大，一旦政权巩固下来，进入建设时期，政区不会再有大的变动，只是随着形势的发展作某些必要的区划边界、隶属、更名、治所等微调而已。至于行政制度的级次变化，则与中央政权力量的强弱有关，一般在建国之初中央政权有效统治力较强，行政级次相对比较精简，随着社会经济不断发展，掌握具体权力的地方政权日益强大，中央政府为控制地方势力，不得不增设监察区以解决尾大不掉的问题。而随着岁月的推移，监察区本身又重蹈原地方政权的覆辙，逐步行政化、地方化，从而迫使中央政府又不得不承认和增加新的地方行政级次，致使一个朝代在行政级次不断增加的过程中出现鞭长莫及、无法控制的局面，到头来旧的统治集团不得不被迫退出历史舞台，被新的朝代所取代。这也许就是人类社会新陈代谢文化的基本规律之一。

就总体而言，由于高层次政区受政治因素影响大，低层次政区受经济状况作用多，所以，两千多年来高层次政区变化幅度大于低层次政区，尤其是县级政区相对而言最为稳定，成了国家机体内的基本细胞。因此神州之内秦汉古县比比皆是，很多建制2000多年的县甚至连县名都没有变更过，其稳定度不禁使人为之咋舌称奇。正因为县是国家政权最基本的细胞，所以在古代县官不仅是国家有品级的官员，而且也是皇帝亲自任命的基层管民“父母官”。由于封建王朝属一人一姓之天下，为防止当地人为官拉帮结派损及江山，朝廷明确规定五百里不为官，同时为了使治国不至于脱离实际，封建皇帝不仅注意提拔那些有治县经验的官员为朝廷大员直至任命为相，还注意把亲民作为考核县级官吏的主要标准。为了强化县级地方建设，民国政府于公元1934年宣布决定建立县级财政，并于次年全面推行，首开了历史上县级建财政的先河，从而使县级建制有了财力上的可靠保证，其稳定性更大了。当然县的设置也有不合理人为因素，如统治者为了满足皇亲近侍希望当地方官又不愿远行的欲求，便在京畿地区人为地增设州县来解决，因此直至今日拱卫京师——北京的河北省还设有136个县，如果天津、北京不划出，再算上已改为地级市辖区的县，其县份就更多了。时至今日除了增设行政区满足人们当官的要求以外，还可以增设古人想不到的开发区、工业区、高新区、旅游度假区……之类的专业区来解决，而且由于现代在所有单位都可以设置副职且不受严格的编制所限，官路也就更为宽广了，如有些地方的县市副职竟安插到逾10名之多，这是古人所望尘莫及，自叹弗如的创举。

第五节 中国要有合理的行政管理体制

一、地方四级制的形成

我国目前地方行政管理体制分为四级，即省(自治区、直辖市)、市(自治州、专署)、县(市、旗)、乡(镇)。

新中国成立半个世纪来，这四级行政管理中来回变化最大的是市(地、州)一级。在相当长的一段时间内，省(区)以下以专署为主，市带县较少。20世纪80年代以后，撤地建市，由市管县(代管县级市)。截至2000年全国共有地级市236个，其中224个(占95%)管辖了594个县和代管了298个县级市。还有95个地(州)管了792个县(市)。其余的县(市)由直辖市领导。当时决定多建地级市，由市领导或代管县(市)有它的历史原因：首先是可以撤掉地级机构，在地所在市稍增机构和人员就可以担当起与地同样的责任和任务，可以减少一批行政人员；其次是用市的经济力量来带动县(市)的经济发展，即发挥市的“辐射力”；再次是可以市为单位规划发展蓝图，合理布局，避免重复；第四，市一级有人代会，有一级财政，可以解决作为省派出机构专署，既要工作但又无实权的尴尬状态，市更接近县(市)，比省对县(市)更有利于鞭及。

二、地方四级制存在的问题

但随着情况的变化，实际效果并不如当年设想的那么尽如人意。首先是1992年国家提出建立社会主义市场经济体制后，市、县乃至每个企业的经济活动，已经突破以市为单位的行政区划，甚至突破省界、国界，以市为单位“规划蓝图”实际上已无可能。实际上，有一些地级市经济力量不强，领导县很勉强，还有不少县(市)的经济实力已经大大超过领导它们的市。

其次是由于财力有限，市领导机关首先考虑的是市所在地的城市化建设，因而市对县财政上不仅支持有限，而且不少还出现了市刮县的情况，造成了大量的财政赤字县，如2001年全国财政赤字县即达731个，占全国县（市）总数的35.6%。四川2001年全省地级市本级财政供养人口人均财力4.1万元，高于省本级人均3.9万元，而全省县级人均财力仅1.4万元，就是一个极有说服力的例证。而且县级政府负债也十分严重，据2003年统计，截至2002年年底，四川全省县级政府负债459.4亿元，每县平均负债为2.48亿元。

再次是由于行政级次过多，中央精神向下传达贯彻，层层开会，既费时，又可能被打了“折扣”。如果是一位从乡(镇)选出的省级人民代表，要参加乡、县、市、省四级人代会，县级选出的也要参加三次。政协委员乡(镇)没有，县以上也类同。就是说，市管县，多了一次人代会、政协会。如果市不管县，市里只开一次市本级(相当于县里开一次)人代会、政协会，而县的代表不必再到市里参加会，直接参加省的会就可以了，既省时又省钱。

第四，因为行政上市管了县(市)，一些经营性的行业也纷纷仿效，增设了市一级的管理机构，如国有商业银行设市分行来管县(市)支行，供销社市联社管县联社，现在不少农村信用社有的“条”已经拉到市一级，建立市联社，这些都加大了费用和成本。

三、浙江财政省管县的启示

浙江省位于中国海岸线中部，陆域面积10.17万平方公里，南北和东西直线距离均为450公里左右。现有1个单列市（宁波)、1个副省级市（杭州)、9个地级市和58个县（市)、32个市辖区。

1994年实行分税制财政体制时，国务院要求“一级政府，一级财政”，也就是说必须实行市管县财政体制。当时，浙江省反复进行了利弊分析，认为如实行市管县会削弱县级的发展，对全省经济所产生的影响将是弊多利少的不良后果，于是毅然决定继续实行省直接管县体制。

由于浙江省没有按中央统一部署办事，国务院领导多次直接找省领导督促更正，省里的压力很大，直到1997年国务院领导发现浙江省是全国从1994年以来唯一不欠工资的省份后才不再对浙江省施加压力。

在坚持财政省管县的同时，浙江省自1993年开始，贯彻“以人为本，四两拨千斤，开创理财新机制”的理财思想，推行“抓两头，带中间，还财政于政府，赋权力为制度”的工作方法，建立了一整套“激励与约束相结合”的财政体制，取得了卓著成效。

首先，地税与财政合署办公。1994年8月国税地税分家后，全国范围内由于机构、人员膨胀，税的征收成本迅速增加，为了降低费用，浙江省直到1997年8月国税地税都合署办公，1997年9月在上级强大的压力下，全省国税地税不得不进行分设，但为降低运转成本，地税和财政在市县一级仍然合署办公，没有进行实质性的分设。

大写一个“政”字

——浙江财政改革综述之三

探索“省管县”

国秘复印件

图3-18 2002年9月27日李岚清副总理在《中国财经报》长篇报道《大写一个“政”字——浙江财政改革综述之三》上关于浙江省管县的批示。

其次，省对市县实行超收分成的体制。1994年1月1日开始中央对省实行分税制的财政体制，按中央税、地方税、共享税划分各自的财政收入。浙江省考虑到县级产业单薄，起伏较大，如进行分税势必出现收入不稳定局面；再加上中国传统文化与西方文化存在着一定的差别，即中国文化喜“你中有我，我中有你”的综合分成，西方文化喜“你的就是你的，我的就是我的”的分析特点，决定省以下不实行分税制。经多次测算，实行以1993年为基数，地方收入超收上交20%、

15%、10%、5%、0%的不同体制。

再次，“抓两头，带中间”，建立“激励与约束相结合”的财政体制。20世纪90年代初浙江省财政比较困难，1993年财政预算不仅47个县市打赤字，甚至连省会杭州市每月都要借钱才能发工资。1994年省财政对17个贫困县按原体制，分别递增5%—10%的基础上再增补5500万元，结果还是出现了12220万元的赤字。在当时既无激励也无约束的体制条件下，省财政厅对各县市潜在的收支能力，可以说摸不到底。

为此，浙江省财政厅花了整整一年的时间调查摸底、听取意见，并根据“以人为本”的精神，按贫富不同，分类制定了具有凝聚力的“激励与约束相结合”的财政体制，把互相博弈的分力变成了共同奋斗的合力。

这就是说，对17个贫困县实行“两保两挂”政策。“两保”是约束：一保收支平衡，二保消化历年赤字；“两挂”是激励：一挂体制补助随地方收入增长的1：0.5比例增长，二挂个人奖励为地方收入增长的5%。

对发达县运用“四两拨千斤”的办法，鼓励多增收，多上交。在1994年每超过亿元奖励30万元、每增收3000万元奖励20万元的基础上，于1997年开始对非贫困市县统一实施“两保两联”政策。作为约束的“两保”内容与贫困县相同，作为激励的“两联”：一是按增收额，环比奖励发展资金（4%—4.5%）；二是环比奖励个人（1%—1.5%）。从2003年开始归并改称为“两保一挂”。

同时，让县市领导走上财政讲台。每年分上、下半年举办两次县市领导理财论坛，一次贫困县县长（书记）参加，另一次经济发达县县长（书记）参加，根据不同目标就如何理财进行有的放矢的研讨。会上，在县市领导充分发表意见的基础上，财政厅长（兼地税局长）作一次具有指导性的发言，并在会后将所有文字材料汇总出书。由于每年的内容不同，促使县市领导事先进行调研，做好充分准备，从而提高了他们理财的理论水平和实际能力。

由于浙江省坚持从实际出发实行省管县的财政体制和“以人为本，四两拨千斤，开创理财新机制”的理财思想，财政面貌大为改观，取得了显著效果。首先，从1995年开始浙江省财政年年平衡无赤字。其次，全省没有出现过公教人员欠发工资事例。再次，促进了贫困县的经济发展和财政增收。1994年17个贫困县财政总收入为67459万元，1995年达到84981万元；而省财政补助亦从20278万元增加到26390万元，不仅地方可用财力大大提高，而且消灭了长期消灭不了的赤字。同时，省管县促进了经济发展和财政收入规模的不断扩大，浙江省财政收入在全国的位置不断往前移动，地方财政收入从1994年全国第8位，前移到2001年的全国第4位，在2002年至2005年全国百强县中浙江省所占的县数几乎年年达到30%左右，成为典型的地域小省，经济大省。

四、借鉴国际经验，恢复地方二级制

综观世界各国地方行政管理，美国是二级：州政府，地方政府(包括市、县，不论大小都直接归州辖)。日本也是二级：都、县、府、道，市、町、村。都、县、府、道相当于我国省(区、市)，毋庸讳言，关键是市町村，它们之间不仅地域大小相差很大，经济水平更是参差不齐，但都是同一级政府，都直属于都县府道管辖。其他如德、法等国也是二级政府。因此，我国行政管理体制应该进行合理调整，让乡镇自治和市直接管理街道，取消市管县和市设区，恢复到秦汉隋唐极盛时期地方行政管理郡（州）、县二级制。这样，市领导县所产生的费时、费钱的问题可得到解决，行政效率将大为提高。财政上可以由省直接拨付到县（市），减少中间的截留。浙江省之所以能成为1994年以来全国惟一不拖欠公务员和教师工资的省份（直辖市除外），其最根本的经验就是省财政摆脱了上下左右的干预和来自高层的压力，坚持财政体制省直接管到县，既保证了县财政相对的独立性，也促进了县域块状经济的发展，使县的活力和财力有了可靠保证。如果浙江省的行政体制也改为省直接领导县（市），应当说情况会更好。目前浙江省的强县政策实际上就是越过地级市向省直接管县过渡的缓冲措施，当然市也有反弹的博弈措施，那便是将郊县尽可能改为市属“区”，以摆脱省里对县的直接控制。即使市明确宣布多少年内不改变原县级政府的行政区划及财政管理体制，也只是暂时的缓冲承诺，其实以后一定会变着法子改变的。至于目前在农村某些地方立即恢复乡镇自治有困难，可以考虑改设为相似于民国时期或建国初期的“乡公所”，作为县的派出机构。这样既不需要设立乡人代会，乡里直接选出代表出席少了管民官，既节省了开支又减轻了农民负担。总之，中国将地方行政级次从四级制精简为二级制是中国走向长治久安的必经之路。它不但已被世界发达国家的经验所证明，而且更被中国自秦汉以来两千多年文明史所证明。

光明日报

GUANGMING DAILY

江泽民

机关单位要钱，领导批条子要钱，贫困县更是专人住省要钱，财政厅长成了最缺钱的人。但财政改革后，文山崩、会海填、赤字消，浙江省财政厅游刃有余。这变化缘于约束与激励并举——

浙江财政改革：“四两拨千斤”

激励与约束结合的发展机制

李岚清在天津考察时强调

图3–19 1998年10月23日李岚清副总理在《光明日报》头版《浙江财政改革：“四两拨千斤”》报道上的批示。

第四章 古今财政的体制博弈

运用西方经济学观点看待人生和社会，几乎到处充斥着博弈，无时无刻都存在着博弈。“博弈”一词古已有之，最早见诸两千多年前的《论语》一书，书载：“不有博弈者乎？”其中“博”为局戏，用六箸十二棋；“弈”为围棋。“博弈”合而称之，指游戏竞争之意。

中国自建立国家，出现赋税及财政以来，就存在着百姓与政府之间、中央政府与地方政府之间的不间断博弈，由于彼此之间力量的消长，便出现了不同的财政管理体制。它们对当时及后世的经济发展和社会进步产生了巨大影响，可谓史不乏书，即使在现代社会仍然屡见不鲜。如当今之中国中央政府重视社会稳定，地方政府迫于政绩考核和官员个人升迁，往往急于发展，甚至提出跨跃式发展的口号，仅以财政体制为例，1980年中央对地方实行“分灶吃饭”的财政体制后，地方便采用减免税以藏富于民、藏富于地方的办法减少上交。为此1994年中央以分税制财政体制改革设置国家和地方两个税务局，来遏制愈演愈烈的减免税浪潮，提高了财政收入占国内生产总值的比重和中央财政收入占全部财政收入的比重；在“两个比重”提高的同时，并无税收立法权的地方政府则改以税外收费的办法与之博弈，通过获得额外收入来弥补损失；中央一看乱收费会影响社会稳定，便下文禁止乱收费并推行收支两条线的办法，地方一看此路不通便用经营城市的手段，依靠买卖土地来取得新的收入，且囿于地方不能发行公债的约束改用向中央独资的各大银行借款的办法来增加城市和交通基础设施的建设能力；中央发现地方低价进高价出的土地买卖造成农民失地失业和引发城市拆迁纠纷，危及社会稳定，便下令进行检查，并针对各大银行向地方的各项贷款亦采用提高门槛和调高商业银行准备金率的办法来抑制过热投资。至于浙江省财政越过市管县，市里不满意，差不多年年提意见，有个别市领导甚至用近乎漫骂的口吻在公开场合攻击主管部门领导，后来碍于公开博弈难以奏效，便转而采用迂回战术，以推进城市化为名，将近郊富县都改成区，从而达到了市管区的目的，赢得了正面对峙不可能取得的成果；而省里的另一手则是实施强县政策，让一批强县取得市级政府的审批权以达到穿越樊篱的目的。凡此种种此起彼伏的直接或间接博弈不一而足。

至于另一种尚未引起人们足够注意的博弈，便是强势群体不断涌入行政事业单位争吃皇粮，与弱势群体博弈国家有限的财政资源。据内蒙古自治区财政厅统计，全区财政供养人员1992年为94.5万人，占总人口的4.3%。到2002年增加到125万人，占总人口比例的5.3%，10年间增加了30.5万人，占总人口的比例提高了一个百分点，这个比例仅次于西藏。全区财政供养的125万人属于知识层次比较高，又掌握着制定政策、分配政府资源的权力，显然是一个强势群体；而与之难以抗衡的是全自治区由130万农村贫困人口和70万城市低保人口组成的200万的弱势群体，他们占有政府财政资源少得可怜。不仅如此，在财政供养人口内部，那些直接掌握资源分配大权者，往往又运用手中的权力千方百计使资源向自身的小团体倾斜，造成了一层又一层利益集团，相互之间弱肉强食的博弈局面。而在目前权力自上至下分布的单一制体制下，弱势群体又无法通过体制来表达自身的意愿和抗争，因此，社会机体的稳定性，在财政资源分配这个环节上受到日益严重的侵蚀就不可避免了。

第一节 先秦三代及秦汉财政

一、先秦三代的分税制

历史上的先秦三代指的是夏商周三代。夏即“夏后”，是我国历史上第一个朝代，它是夏后氏部落首领禹所建立。在夏代被征服的部落，相当于后世的地方政府。它们对禹为首的中央政府常以贡献方物的形式上交财政收入，其比例大致为收入的1/10，负责征收管理贡献的官吏称啬夫。从“啬”字的使用来看，当年是褒义字，后来随着与“吝”字合用“吝啬”便成了贬义词。

继夏而起的商代，其中央与地方财政管理关系大致与夏代相似。到了周代，初有1800国，春秋时减为140余国，其中较大者10国。战国时，有10余国，较大者7国。天子对天负责，诸侯对天子负责，诸侯对天子有贡献的义务，所以周代中央的财政收入除了天子直接管辖区域王畿内的税收收入以外，还有依靠诸侯国的贡献获得上缴收入，并且设置天官兼管财政支出，地官兼管收入。所以，夏商周的国家财政管理其实质相当于中央与地方实行分税制的财政体制，如西周财政即可分为王、诸侯、大夫三级，其中央财政的支出主要是祭祀、军费及水利工程，夏商周时代财政支出常把祭祀放在首位，尤其是商代非常频繁，每次祭祀都要用大量祭品，祭品有牲畜、粮食、酒等，有时甚至用奴隶作牺牲。而官员的俸禄则由于实行分田制禄制度无须财政的实物开支。

二、统收统支的秦汉财政

公元前221年秦始皇统一中国以后，实行高度集权的中央专制主义，废除诸侯分封制度，在全国范围内推行郡县制，使财政走上了统收统支的管理道路。同时，在中央财政管理上也首次将国家财政与皇室财政加以区别，并分别以治粟内史和少府统之。

刘邦夺取政权建立汉王朝以后，在财政管理上“循而不改”，除了坚持秦代统

图4-1 秦青铜诏书版

收统支的中央集权制以外，注意发挥郡级政权在财政管理上的作用，实行郡守掌财，也就是说在秦始皇时期只有中央一级财政，到汉高祖时建立了郡（即相当于今之省）级财政，从而使中国政府在财政管理体制上进入了中央和郡两级财政阶段。到汉武帝时还新创了均输、平准等法，通过商业流通活动进一步加强了中央财政的集权。同时，汉武帝还通过军屯首创了屯垦戍边，到东汉末年曹操又设相当于太守的典农中郎将和相当于县令的典农校尉，组织百姓民屯，通过用官牛者官民“五五”分成，不用官牛者官民“六四”分成，从而增加了财政收入。

秦汉的财政支出主要是军费、皇室费用、工程费用、官吏俸禄及其他漕运、屯田、移民、赈灾、抚恤等支出。其中军费既包括战争费用，也包括常备军的粮饷。军饷开支是秦统一六国以后才发生的，因为此前中国只有召之即来，挥之即去的民兵，没有常备军。据张春树《汉代丝绸之路的开拓与发展》一文估计，汉代为了开拓通往西域的丝绸之路，仅汉武帝一代对这些地区用兵，先后累计骑兵120万人次，步兵90万人次，后勤补给人员1000万人次，财政总支出达1000亿钱，为正常年景全国财政总收入40亿钱的25倍之多。皇室费用包括巡狩、封禅、宫殿、建陵等支出，秦始皇称帝后为了保持国家统一，扩大中央政府在全国各地的政治影响，先后5次组织到全国各地称为“巡狩”的视察，每次出巡随带卿相、列侯、婢仆达数千人之众。即使到了汉代武帝出巡，其规模也十分浩大，沿途赏赐“用帛百余万匹，钱金以巨万计”。并且秦始皇首开了封禅泰山的先例，同时秦始皇在统一全国后，还动员140余万劳动力，分别建造国都咸阳的阿房宫和骊山陵墓，两处工程十分浩大，即使不费工资，其民工口粮在中央财政支出中也非常巨大，秦始皇在第五次出巡途中病死后工程尚未竣工，接位的秦二世为了续建工程，减轻中央财政的压力竟然下令由郡县“自赍粮食”，从而加重了地方的压力。此后的汉王朝建陵耗费仍然十分巨大，《唐会要》载“汉氏之法，人君在位，三分天下贡献，以一分入山陵”，《晋书》载“汉天子即位一年为陵，天下贡献1/3，一供宗庙，一供宾客，一充山陵”。可见，建陵在汉代国家财政支出中要占1/3。

图4-2 阿房宫图

工程费用包括筑城、凿渠、修路等支出，秦汉时期均动用大量劳力和财力修建长城，北御

匈奴，秦代征发40万劳动力修长城，汉代还在长城外面修筑了许多亭障，其中亭是驿站，障是要塞，形成了被人称之为“塞外列城”的外围防线。凿渠是秦汉时代财政的重要水利支出，秦代动用中央财政凿渠始自关中的郑国渠，地方上则有蜀郡太守李冰，以“中流作堰”的办法修筑了位于四川灌县的都江堰。为了征服岭南解决军粮的运输和水利灌溉问题，秦始皇命大臣监禄在广西兴安县境内开凿灵渠，即在湘江中流累石筑成“铧嘴”，使湘江水流分入于开凿之灵渠，从而沟通了湘江与桂水的交通，使长江和珠江两大水系连成一体。至今灵渠不仅继续在发挥作用，而且还成了国内著名的旅游区。汉代先是在今陕西境内开凿了渭渠、山西境内开凿了汾渠，最特别的是引洛水灌溉的龙首渠，为井渠性质，井之深者达40余丈，诸井相通，自今山西征县至商颜山长达5公里。自此以后形成了汉代的水利建设高潮，不仅朝堂之上大臣皆以争言水利为时尚，而且财政屡屡拨出钱物相继开凿了六辅渠、白渠，其中白渠长150公里，受益农田达4500余顷。此外，汉代对于黄河水利的塞河、筑堤工程财政支出亦非常巨大，以至于大臣曹让奏言:“今濒河十郡治堤，岁费且万万，及其大决，所残无数……今濒河堤吏卒，郡数千人，伐买薪石之费岁数千万。”足见处于农业社会的秦汉时代财政对水利建设的重视。

但从统治者重视水利建设的目的和动机来看，表面上是促进农业生产有利于以农为本，实质上是为了保证国家能收到皇粮国税。如战国时期著名法家代表商鞅的所作所为即是其中之典型，他从统治者的利益需要出发，最早把农业定为“本业”，而其他行业都称之为“末业”。《商君书》中记载了他宣扬“事本”而“禁末”，进而提出的重农抑商的政策和理论。他一方面主张“仓廪虽满，不偷于农”，强调粮食多了也不能放松农业生产，并制定了几十项鼓励甚至强制人们从事农业生产的条例和措施；另一方面主张增加税收，要使农民“家不积粟”，就是农民家里不能储藏粮食。商鞅既重农，又重税。在他看来，“野无荒草”，“民不逃粟”，就是地里不长野草，收成好；农民按规定交纳粮食，不逃税，才算把国家治理好了。商鞅的重农和重税的索取思想对后来产生了深远的影响。特别是他的重税论有着明显的负面作用。秦始皇一方面要借重民力，兴修水利，发展生产；一方面又惧怕民力，害怕民变，所以采纳了商鞅重农和重税的两面政策。为了向农民征税，朝廷相应地设置了郡县，任命了大小官员，并实行严密的户籍制度和土地制度，限制农民的自由和流动。由于赋役繁苛，驱民急迫，结果貌似强大的秦王朝仅及“二世而亡”，应了老子“反者道之动”，即事物都会向它相反方向转化的辩证法。

秦汉以前，俸禄在国家财政支出比例上不占主要地位，因为那时是领主封建时代，大夫公卿各有领地，实行俸田制，官吏就食于田地，国家不需要有很多俸禄的支出。到了秦代废分封，改行郡县制，官吏不再有俸田，生活皆赖官俸，因此俸禄支出便成了国家财政的主要支出。为了供应官俸，汉高祖（公元前206—前195年）“漕转关东粟，以给中都官”。开始由于官吏人数不多“岁不过数十万石”，到了汉宣帝五凤（公元前57—前54年）中“岁漕关东谷四百万斛，以给京师，用卒六万人”。可见，随着官员人数的增加，财政负担随之加重，从而导致此后中国首都不得不东移，以便官员和军队到关东一带粮食产区就食，减轻国家漕粮西运的压力。

三国、魏、晋、南北朝直至隋代的财政管理模式与秦汉大同小异，只不过随着中央财政的强弱变化而不断地在集权与分权之间摆动。在财政支出方面的归类大体上也与秦汉相似，只不过从隋代开始中央财政有了组织科举考试的支出，以及隋炀帝时代动员300万民工开凿沟通中国南北水系的大运河建设开支。

第二节 先集权后分权的唐代财政

唐代的财政管理以“安史之乱”爆发的天宝十四年（公元755年）为分界线，分为前后两个时期。

一、前期的集权管理

唐前期的主要赋税有租庸调、地税、户税和资课。以成丁为征收对象的租庸调是最主要的税目。租指田税，每丁征粟2石(斛)，庸指力役的折纳，调是征收丝麻织物的正式税收。地税是以义仓税的名义征收的，故又别称为义仓税。户税是按户等征收的钱币，常称为“税钱”或“户税钱”。资课是指以资代役，种类有米、布、绢、土特产品等。

在唐代作为地方官的刺史、县令对境内的财政工作负有重要职责，唐代著名宰相魏徵在《贞观政要》一书中就指出财政工作“共理所寄，在于刺史县令，常年貌税，并悉委之”。其中县令的责任尤其重要，《唐六典》规定“若籍账、传驿、仓库、盗贼、河堤、道路，虽有专当官，皆县令兼综焉”。州衙与县衙中设有管理财政事务的“专当官”户曹和仓曹，具体承办赋税的征纳、催收等事宜，他们手下有若干称为“佐”、“史”的属吏。县设县丞、县尉（相当于今副县长），通称为“县佐”，作为辅佐县令的助手，其重要职责之一是“收率课调”。县之下是“百户为里，五里为乡”的基层政权组织，里正的职责之一是“催驱赋役”，是负责财政工作的最低层胥吏。也就是说，从州到县，从县到里、乡，都有相应的官吏掌管财政工作，既各司其职，又互相配合，一人失职，则多人连坐。《唐律疏义》一书载曰：“刺史、县令，宣导之首，课税违期，责在长官，佐职以

图4-3 唐含嘉仓砖拓片

下，节级连坐。”

唐代地方政府完成赋税征收任务以后，还有按时转运与送纳职责。《唐律疏议》卷13《户婚律》中严格规定：“物有头数，输有期限，而违不充者，以十分论，一分笞四十。”即对违反规定没有按时完成转运与送纳任务者至少要杖责40，直至杖责400下。

唐代负责运送赋税的人员叫纲典。地方官吏要轮流充任“纲典”，督运本州本县的上供租税，解送至国库。我国古代从唐代开始将转运的大量货物分批运行，每批的车辆、船只计数编号叫“纲”，如盐纲、茶纲。“典”即主持、主管的意思，用现代的语言来叙述“纲典”便是“纲长”，相当于押运司令。在唐代，担任纲典的人员有州佐（相当于今副市长）、县令、县佐，常见的是由县佐充任纲典。例如，唐玄宗时期，泾县尉马子云“充本郡租纲赴京”，金坛县丞王甲“充纲领户税在京，于左藏库输纳”。在解运途中，如果发生损失，偷漏等现象，充任纲典的官员不但要“依法陪填”，还要“准盗科罪”，实行十分严格的岗位责任制。

唐前期，中央政府主管全国财政工作的部门是户部、司农寺和太府寺。其中户部是唐前期财政工作的管理中枢，户部是尚书省六部之一，内设户部司、度支司、金部司、仓部司4个司局级机构。各司分工合作，户部司掌管财政方面的行政事务，度支司掌管财政收入与支出，金部司掌管库藏钱帛出纳和度量衡，仓部司掌管仓储出纳。

户部的职能有三：首先是负责制订地方政府征税的依据——“度支旨符”与“度支长行旨”。“度支旨符”是度支司制订的地方政府征税的品种与数量的指标，每年制订一次。由于年年制订任务过于繁重，所以到开元二十四年（公元736年），就简化为把相对稳定的预算内常规项目汇编成“度支长行旨”，分发给各级地方政府参照执行。

其次，制定地方政府纳税的标准——“作样颁州”与“样输京都”。因为唐代多为实物税，为了保证财政收入的质量，户部必须制定衡量税物优劣的统一标准，实行严格的样品与实物对照检验制度。《唐会要》载：开元八年（公元720年），唐玄宗下令“顷者以庸调无凭，好恶须准，故遣作样，以颁诸州，令其好不得过清，恶不得至滥”。中央要作样颁州，地方则要样输京都。《新唐书》卷51《食货志》云：“凡庸、调、租、资课，皆任土所宜，州县长官莅定粗良，具上中下三物之样输京都。有滥恶，督中物之直。”其实不管是作样颁州，还是样输京都，都是给地方政府提供一个税物质量的统一标准，以强化中央政府对地方财税工作绩效的监督。

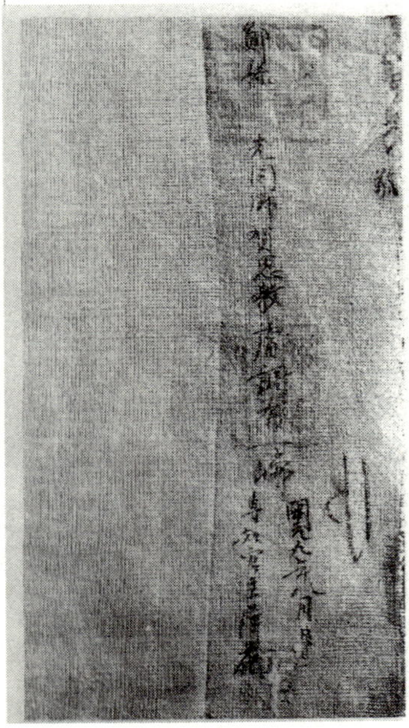

图4-4 唐开元九年郧县庸调麻布

再次，规定地方政府完税与解缴入库的期限。户部根据不同品种的税物，根据不同的地区，规定了不同的期限。一般地方政府须于秋季开始征收各项赋税，最迟于当年年底向课户征收完毕，其中应调运入京的钱物须于秋冬之际开始发运。其总原则是从财政收入主要来源的四大经济区：关内区、河南河北区、江淮区和剑南区向两京（长安、洛阳）汇集，至于具体税物积贮地点和中转路线由户部负责指定。同时，司农寺和太府寺负责验收税物。古代的“寺”相当于今日国家之“局”或“总局”，为非内阁组成部委的中央直属机构。当州县纲典督送税物汇集到京师时，要由司农寺和太府寺进行验收。司农寺负责验收粮食税的数量与质量，太府寺验收粮食税之外的赋税钱物，例如唐玄宗时期的太府卿杨慎矜验收税物十分严格，“于诸州纳物有水渍、伤破及色下者，皆令本州征折估钱，转市轻货”，从而使中央财政收入有了质量上的确实保证。

唐前期实行中央高度集权的财政管理体制。这个体制由中央、州、县三级构成。国家税收由中央统收统支，地方政府只有依法征税、纳税与输税的义务，没有制税和支用国家税收的权力。这种中央统收统支的财政管理体制与唐前期中央集权的强大互为因果、彼此适应。到唐玄宗开元中叶，由于中央与地方在财政博弈过程中的地方力量渐强，边疆节度使取得了边防军费开支的管理权与使用权，体制开始出现裂痕，但尚未达到量变到质变的程度，因此，中央与地方在财政收入分配和相互关系方面大体处于均衡与和谐状态，不存在安史之乱后明显出现互相争夺税收的矛盾与冲突。

二、后期的分权管理

安史之乱爆发后，处于盛世顶峰的唐王朝骤然跌落历史的深谷，中央高度集权的财政管理体制也为之骤变。首先安史之乱爆发不久，唐玄宗就被迫在逃亡途中颁令赋予地方节度使包括税收征收和财力调度在内的各项权力，即所谓“应须士马、甲仗、粮赐等，并于当路自供”。正如此后的宰相杨炎所说：“河南、山东、荆襄、剑南有重兵处，皆厚自奉养，王赋所入无几。吏职之名，随人署置；俸给厚薄，由其增损。”乘战乱之机侵夺财权和国家税收的藩镇节度使既不上缴财政收入，又擅自设官置吏扩大编制，调整工资，无疑是对唐前期中央统收统支体制之极大反动。同时也充分反映了地方自立机构、自定工资由来已久，即使今日名义上大一统实际上五花八门的工资制度，国同省异、省同市异、市同县异、县同单位异亦绝非现代之首创，乃源远流长之承传。

图 4–5 “安史之乱”中铸造的钱币

与地方上藩镇侵夺财权和税源相反的是，朝廷的财权下移，财政收支严重失衡。首先，朝廷因战争军费开支骤增和战时收入锐减而出现严重的财政危机。安史之乱期间，中央调集和召募的军队多达百万之众，《资治通鉴》载仅乾元元年（公元758年）9个节度使率军围攻叛将安庆绪于邺城，即有步骑兵60万之多。庞大的军队需要数以百万计的钱粮和布帛供给。而战乱期间，唐朝的财政积蓄或毁于战火，或因仓库失守资敌养寇，能够供应政府军的只是其中极小部分。尤其严重的是，受战乱影响，均田制迅速崩溃，建立在均田制基础上的租庸调制失灵，中央收入的骤减成了历史的必然。仅从课丁总数来看，从天宝十四年（公元755年）的820.8万户，骤减为乾元三年（公元760年）的299万户，再减为广德元年（公元763年）的239万户，乾元三年和广德元年的租庸调收入仅相当于天宝十四年36%和29%。租庸调是唐前期国家税收收入的支柱，它的急剧减少意味着唐前期以租庸调制为中心的财政体系的破坏。随着平叛战争的展开，不但军费开支骤增，而且节度使乘机侵夺财权，不再遵守中央政府对税收统收统支的体制，使中央与地方的财政关系由唐前期的和谐与均衡转变为矛盾和冲突。安史之乱结束后，藩镇的“道”不再是唐前期依山川形势划分的自然地理区，而是正式成了地方上一级行政区划，中央与地方的财政关系就权力而言，便不得不紧紧地围绕着皇帝与藩镇的博弈展开。

安史之乱结束后，朝廷鉴于自身集权的削弱和地方分权的加强，只好将一部分税收和一部分财权划归地方，以换取地方政府对中央的政治支持，从而产生了两类税收，即中央税和中央与地方共享税。中央税指工商税和青苗钱，工商税包括商税、盐税、酒税、茶税与矿产税等。法令规定，这些税收由中央政府直接征收与支用。“两税”则是中央与地方的共享税，它始于唐德宗建中元年（公元780年）宰相杨炎废“租庸调”行“两税法”的改革。

“两税”泛指时间上夏秋两征，内容上包含地税和户税。地税是以实物形式征收的田亩税。唐前期的地税以解决社会救济的义仓税名义征收，税率每亩2升。安史之乱后，代宗（公元762—779年）大幅度提高地税税率，其夏税每亩7.5升，秋税每亩6升。税率的提高使唐后期的地税具有资产税的性质。《唐会要》载，两税中的户税与唐前期的户税也大不相同，首先是税率提高了近一倍，其次贯彻了“户无土客，以贫富为差”的征税原则。除地税和户税外，两税中还包括向商人征收的资产税，税率是1/30，即3.3%。另外，两税法制定之时，“丁租庸调并入两税。州县常存丁额，准式申报。”可见，唐前期的“两税”包含在租庸调中，而唐后期的“两税”则是中央与地方共同分享的税收，所以，唐后期中央与地方的财政关系就收入而言紧紧围绕着“两税”的博弈展开。

两税法要求各州的两税预算收入参考大历十四年（公元799年）的实际税额由黜陟使、观察使和刺史共同制定。其中黜陟使代表中央行主管之责，观察使（唐后期节度使多改称观察使）作为道（相当于今日之省）的长官行监督之责，刺史作为州（相当于今日的地级市）的长官具体承办本州两税的配税、派税工作，县令则是税收征收的具体执行者。作为藩镇的长官观察使（节度使）还拥有两税的减免税权，如《册府元龟》载宪宗在西川叛乱后，颁令“留州、留使钱委观察使量事矜减”；《新唐书》载德宗时剑南西川节度使韦皋允许“列州互除租，凡三年一复”，即每个州3年免税一次。

唐后期中央对两税收支实行定额管理。两税收入以州为基本单位划分为留州、送使、上供三个部分。留州指留给本州，送使指送给藩镇的观察使（节度使），上供指供给朝廷。留州额与送使额根据以支定收(即所谓“量出以为入”)的原则划定。诚如唐人元稹所说：“自国家制两税以来，天下之财限为三品，一曰上供，二曰留使，三曰留州。皆量出以为入，定额以给资。”根据《通典》和《资治通鉴》的记载，建中元年中央提成和地方留成额分别为1305.5万贯石（其中钱税1089.8万贯、粮税215.7万石）和3450万贯石（其中钱税2050万贯，粮税1400万石），其比例为1：2.9。随着地方分权与中央集权强弱消长的变化，两者之间的分配比例时有波动，但从涉唐赋税的史书记载来看，大致都维持在1：3左右。

在两税法实行之初，为了加强中央对地方两税收支的调控和监督，在确定州的“两税元额”（也称“应税都额”，即“两税”预算收入总额）及上供额、州和藩镇的留成额的基础上，严格规定不准地方政府预算外加税，违者以枉法论。中央政府对地方政府两税的收支通过比部勾覆和御史弹劾两个制度进行。比部相当于现代的审计机关，每年年终对地方政府的财务账目进行审查，其对象主要是刺史。大和四年（公元830年）九月，比部根据以往勾覆中所发现的问题，奏请文宗皇帝批准明确规定了刺史可以合法支用留州额结余的五种财务范围，从而使刺史对于两税留州额的使用自主权受到了限制。中央政府对于藩镇两税收支的监督主要通过御史弹劾制度来实施。《元稹集》载，宪宗（公元806—820年）时期，作为监察御史的元稹弹劾已故剑南东川节度使严砺于两税定额外加税钱、米、草；《旧唐书·殷侑传》载，文宗（公元827—840年）时期，天平军节度使殷侑“不由制旨，增监军俸入”，即未报告朝廷核准便擅自给监军调高工资，受到御史大夫温造的弹劾，殷侑因此被调职。当然，中央监督藩镇两税收支的效果随着中央集权的强弱变化而变化，宪宗时期，中央力量趋强成效较为显著，武宗以后中央对地方控制力日减成效便大为下降，可谓王朝末年形势如江河日下，一天不如一天。

唐末藩镇与中央争夺财权，一是变相减少两税上供额，二是挪用和截留两税上供额，三是变相夺取中央税，四是擅自税外加征。其中变相减少上供额主要手段，一是“实估敛于人，虚估闻于上”。两税法以钱额定税，而交纳时要折成实物，因此两税收入的多少，不仅取决于所配定的钱额，还取决于折纳实物时的物价。而朝廷恰恰在“约法之初，不定物估”，忽视了钱物折换比率的审定权。于是，藩镇观察使（节度使）就利用这个漏洞钻空子，采用“实估敛于人，虚估闻于上”，即按高价征税低价计算上供的手段，达到损公肥私的目的。《唐会要》载宪宗元和四年（公元809年）度支的一则“诸州府应上供受税匹段及留使留州钱物等，每年匹段估价稍贵；其留使留州钱，即闻多是征纳见钱及贱价折纳匹段， 既非齐一，有损疲人”的奏疏就清晰地揭示了地方变相减少上供额的伎俩。

二是挪用和截留两税上供额。“两税”上供额在输送朝廷的过程中，常被藩镇挪用。史书称藩镇挪用两税上供额为“借使”、“借假”、“借便”，名义上是暂时借用，但拖欠时间一长，中央只好下令放免。例如，《全唐文》载宪宗下令放免“元和二年以前诸道借假及悬欠钱物、斛斗、杂物；当四百八十余万贯石端匹攸具斤两”；文宗颁令“应方镇、州府借便度支、盐铁、户部钱物斛斗，经五年以上者，并宜放免”。至于叛镇强藩更是明目张胆，公然截留中央税收。在宪宗削藩之前，这种现象尤其严重。据《资治通鉴》载，宪宗初年全国48个藩镇中，风翔镇、泾原镇、魏博镇、范阳镇、淮西镇等15个藩镇“不申户口”，不纳赋税。《旧唐书》载地处中原的宣武镇在节度使韩弘的统治下，20多年间“四州征赋，皆为己有，未尝上供”。

三是藩镇变相夺取中央税。其方式一是擅自征收，藩镇常常分割中央对于工商税的法定征收权。例如，《册府元龟》载武宁镇节度使王智兴在泗口设置税场，“应是衣冠商客，金银、羊马、斛斗、见钱、茶盐、绫绢等一物以上并税”。二是巧取豪夺。如《资治通鉴》载淮南节度使陈少游甚至以暴力夺取盐铁使包佶所管理的钱帛800万。《新唐书》载，文宗时臣子王涯说：“自李师道平，三道十二州皆有铜铁官，岁取冶赋百万，观察使擅有之。”三是直接违规经营专卖物资牟利。唐后期中央对于食盐实行严格的专营专卖制度，对于茶、酒等也常常实施专营专卖，即所谓榷盐、榷茶、榷酤。但藩镇节度使常不守法规而直接经营销售，从中牟利。《资治通鉴》载武宗时泽潞节度使刘从谏在当地“卖铁、煮盐”；《册府元龟》载文宗时江西观察使李宪曾“以军用不足，奏请禁百姓造酒，官中自酤”。

税外加征，则是找借口于“两税”之外，另加税收以增加地方财政收入。如《元稹集》载贞元八年（公元792年），剑南东川节度使严砺“于管内诸州元和二年两税钱外，加配百姓草共四十一万四千八百六十七束”，“又于梓、遂两州元和二年两税钱外，加征钱共七千贯文、米共五千石”。

尽管安史之乱平息后朝廷就开始限制和削弱藩镇的财权，例如《册府元龟》载代宗屡次下令地方政府必须按中央的“正敕”征税，州县政府不得按藩镇的“文

图4–6 中和二年王府君墓志

牒”征税，不得于正租税之外加税。两税法颁行后，又三令五申地要求藩镇遵守两税初算定额管理制度，禁止藩镇额外加税，禁止藩镇减少上供额，禁止藩镇擅征工商税，禁止藩镇经商贸易营利。并且为了增加中央财政收入，朝廷通过让地方从本身分得的财政收入中按一定比例上缴的“除陌”方式，从留使、留州钱内抽取巨额税钱。贞元九年（公元793年）每贯仅抽100文，相当于在地方收入额度中提高中央分成比例10%，共“收诸州贯钱三百万缗”。到了长庆元年（公元821年），朝廷面临军费开支拮据，不得不决定在地方财政收入中再提高中央分成比例10个百分点，并于十二月正式诏令：“留州、留使钱内每贯割二百文，以助军用。”同时，也启动上供以外的藩镇进奉制来削弱地方财力，提高中央财政收入的比重。但所有这些禁令和增收措施的贯彻，随着中央政权与藩镇较量的强弱而变化，时好时坏，直至中央财力枯竭，唐王朝终于在哀帝天祐四年（公元907年）彻底走向崩溃。

第三节 掌控转运的宋代财政

一、集权的转运制度

《宋史记事本末》载唐代中叶安史之乱以后，各地藩镇群雄并起，尾大不掉，“租税所入，皆以自赡，名曰留使、留州，其上贡者甚少”。迄至五代割据势力更加强盛，“率令部曲主场务，厚敛以入己，而输贡有数”，形成与中央政府相抗衡的独立王国。有鉴于此，赵匡胤陈桥驿黄袍加身，建立宋王朝伊始便在“杯酒释兵权”的同时，致力于收归各支郡的财政权力。《续资治通鉴长编》载乾德三年(公元965年)赵匡胤“申命诸州度支经费外，凡金帛以助军实，悉送都下，无得占留”，即规定地方除日常支出的经费以外，全部税赋皆须“辇送京师”。《宋史》载赵匡胤三年后又“诏诸州通判官粮科院至任，须躬自检阅账籍，所列官物不得但凭主吏管任文账”，同时在各路设置历史上富有特色的理财官——路转运使，负责征收转运一路的财赋，并要求各级官员从中密切配合。宋初通过一系列的诏令加强了赋税征收和输送工作，使自唐中叶以来诸藩镇用各种名目截留应上缴的地方租赋屯兵自养的现象逐渐消除，“擅制数州，挟其力以争衡上国”的割据局面一扫而光，代之而起的是“粟帛钱币咸聚王畿”的新局面。

宋代赋税包括夏秋两税、身丁税及各式杂变之赋等。其两税的征收，有“谷、帛、金钱、物产”等4类，一般夏税以征收布帛为主，秋税以粮食为主。中央与地方财赋收入的分配比例亦沿袭唐后期的“上供、送使、留州”的三分制，上供即直接运送至京师的财货，包括粮、帛、榷货、金银课利，以及熙宁、元丰年间新增加的免役、常平、坊场等钱，南宋增收的折帛、和买、总经制等钱。但在管理层级上，宋代将唐后期的三级制缩减为中央与路的两级制。

宋代财政实行集权管理，中央政府置“三司”，“天下支出悉出”三司，各路则置转运司。州县的赋税征收则由州县地方政府在路转运司的监督下完成，征收完毕的粮帛等由路转运司依据定额转输京师和经度一路之费用。如遇天灾年景，可根据实际情况酌减田赋，但决定权在于朝廷。州县上供若有拖欠又无法补足时，转运使必须奏请“特赐依阁”而不得擅自行事。上供钱物不能如期征集和转输，转运使和州县长吏都要受到科罚。《宋史》载宋徽宗建中靖国二年（公元1102年）规定:“官吏违负上供钱物，以分数为科罪之等，不及九分者科罪以徙，多者更加之。”

转运司的长官称为转运使，此职始置于唐玄宗年间，当年的任务仅仅是为了转输江淮财赋以供京师，到宋王朝建立以后，为整顿唐末五代以来由于藩镇割据所带来的财政混乱，扩大了转运使的职能，使之举凡一路租赋、漕运、和买、坑冶、茶盐酒榷及朝廷封桩于地方的财物，都负有“催科征赋，出纳金谷，应办上供，漕挚纲运”督管之责，故又称 “漕司”，成了“经度一路财赋”的路级地方主要长官。宋代路转运使的首要任务是督促州县地方征收赋税，依照朝廷的规定“责州县认供”，列数逐级上报，然后“视额督趋县，视产起催”。北宋初年各路上供岁额或增或减，无明确规定。宋真宗景德年间，朝廷采纳发运副使李溥的建议，对路转运使上供实行定额制度，并限2至3次输送京师。一般路分定为2限，江南诸路因岁额较各地高出许多，故放宽为3限。也就是说确定各地上供任务并根据数量多寡限分为2次到3次运抵目的地，各路如不能按朝廷明令确定的时限将上供财

爾曹何不釋去兵權，出守大藩，擇便好田宅市之，爲子孫立永遠不可動之業，多置歌兒舞女，日飲酒相懽，以終其天年，我且與爾曹約爲婚姻，君臣之間兩無猜疑，上下相安，不亦善乎！

《續資治通鑑長編》卷二引趙匡胤語

乾德元年春正月，初以文臣知州事。……夏四月，詔設通判於諸州，凡軍民之政，皆統治之，事得專達，與長吏均禮。……於是節度使之權始輕。

《宋史記事本末》卷二收兵權

乾德三年，……申命諸州，度支經費外，凡金帛以助軍實，悉送都下，無得估留。……由是利歸公上，而外權削矣。

《續資治通鑑長編》卷六

图4–7 北宋加强中央集权的有关文献

赋送抵京师，要受处罚。北宋建都开封，纲运繁重，以漕运为例，通常岁额为600万石，真宗年间多至700万石。因此保证上供粮帛及时运抵京师，是诸路转运使的首要任务。如遇地方拖欠岁额而又无法补足时，转运使可以奏请“特赐依阁”，或给于借支其他赋款。如《宋会要》载元符三年（公元1100年），两浙路奏请特赐依阁拖欠朝省钱350余万石，哲宗皇帝批准分15拨还，自第二年起“每年须管还一分，逐年终”。路转运使管理财政的另一项职责，是计度供应所辖州县机构的费用，其中包括州县官吏的俸禄廪给，屯驻该路军队的供应给养等。因为宋王朝规定地方政府除完成上供外，属于地方留成的“送使”、“留州”钱物也要由朝廷统一控制和管理，其中路转运使负责调度，“应在司”负责年终上计，“都磨勘司”负责

审计。宋朝在州一级推行“计账”法，即预决算制度。每年开列该年度收支总数，年终汇总申报一次，并预计下一年度支用总数，称为“年计”或“岁计”。

二、对地方财政的监管

宋朝中央政府对地方的财赋管理，除岁计之外，还表现在勾稽磨勘即加强审计方面。《宋史》载宋太宗端拱二年（公元989年）设置了三司都磨勘司“掌覆勾三部账籍，以验出入之数”。三司主管勾考地方账籍，而路转运司直到神宗年间方有权勾考州级文账。《文献通考》载南宋孝宗时也就各地应纳税额立式“遍下诸州，州军各以本州每岁应于合发上供科名、钱帛，粮斛数目置籍，照条限钩考发纳，岁终开具造册”，如到期滞纳，户部“将拖欠州军取旨黜责”。两宋政府通过对地方财赋中上供部分的限期、限额征收，余留部分的岁终上计及勾稽磨勘等一系列措施，强化了财政的中央集权，彻底铲除了唐中叶以来藩镇屯兵自养的经济基础，达到了“外权始削，而利归公上”的最终目的。此外路转运使作为朝廷派驻地方的使臣，在督领正常上供税赋之外，某些时候也可在未奏准的情况下，擅自向州县增派税额，做为“羡余”进贡京师，以取悦朝廷。宋仁宗皇祐年间，“时有王逵者为荆湖转运使，率民输免役钱，得缗钱三十万进为羡余”，是为神宗熙丰间征收免役钱之肇始。不过，路转运使也不能为所欲为，宋王朝本着相互监督和相互制约的原则规定，路转运使要定期接受朝廷的考核，自当“计度其所部财赋，开析每岁钱谷出入名数”，编制成册后须提交“提刑司验实，结罪保明”，以缴奏户部。如发现虚立开支或隐匿不报者将受到严厉处罚。同时，为了防止路转运使“擅权而自用”，除规定诸路监司互相监督察举外，朝廷还不定期地派人赴诸路检查，总之，宋王朝通过设置具有特色的路转运使有效地对州县地方财政赋税收支进行监管，达到了“以足上供及郡县之费”的目的。北宋时财政岁入最高额为6000多万贯，南宋时土地虽减少1/3，收入还是达到8000多万贯，比北宋时增长1/3，从而使中央集权的强化具有稳固的经济基础，既保证了京师和地方经济生活的正常运转，也维护了边境的安宁和社会的长期稳定。

第四节 集权与失衡的元代财政

秦汉以降，中央与地方的财赋分配关系，随着国家集权统一或分裂割据的发展大势，经历了或聚财于中央，或藏富于地方的曲折变化过程。元代的政治体制是蒙古草原游牧君主制与汉地传统的封建中央集权制度的融合体，又兼行省、宣慰司、路、府、州、县等多级地方行政建置，其中行省为地方一级行政区，路府州为二级行政区，县为三级行政区，另在少数地域较大、路府州县较多、距离省会较远处，设置宣慰司道起行政上承转监察作用，因而涉及中央与地方的财力分配及其管理，便呈现出与以往封建王朝不尽相同的新情况。

一、拮据的地方政府

元代的路府州县属于管民官系列，也是地方行政建置的基层单位。由于实行路总管府总领，逐级科敛的征税办法，路府州县便成为国家财赋的主要征集者，而他们本身的财政支出则由于沿用了相似于宋代的政策，朝廷实行严格控制，因此支出规模很少。通常为数不多的路府州县官署日常办公经费，不仅仅额度固定，而且多来自本地赋税中的小部分留成。除了那些驻有王公贵族的个别路及直隶州由于当地赋税收入有限而开销较大，其经费由朝廷给予酌情补助外，其他多数路府州县都是自行解决，享受不到这种待遇，因此地方政府办公经费常常处于不足状态。如《榘庵集》载世祖至元（公元1271—1294年）年间，临潼县衙“经用官给缗钱三可支一”，财政缺口竟达2/3。

路府州县经费缺乏，财赋支用权甚小，导致各地水利交通及官衙公廨等兴修的费用筹措成为难事。元代规定，“役不可擅举”，若有工役造作，必须事先禀报请示行省乃至朝廷，获得批准方可动工。而在很多情况下，行省只批准造作项目，“官不给钱”，让那些地方长官自筹款项，命富民出钱粟，贫民出力役，甚至依赖高利贷“规运子钱”来解决。类似这种行省财政不出钱的项目，虽然“官无毫末之费”，但对州县百姓的摊派骚扰却无疑等于税外加征。其实，这种在现代称之为自筹的基建项目直至今日仍在全国各地屡见不鲜，尤其是目前乡镇政府高达数千亿元的负债中，有相当部分是上级列入考核的所谓达标工程欠款。

二、严格的监督制度

元朝廷对路府州县财政收支的监督主要通过岁终上计和钩考理算来实现。上计，早在战国官僚制建立之初就已试行。元代财力高度集中于中央，路府州县支配权甚小，岁终上计遂被赋予一些新的内容和含义。路府州县的上计，分为中书省直辖区腹里和其他行省两种：世祖中统元年(公元1260年)十二月初一，中书省曾“集诸路计吏类校一岁簿账”，属于最早的腹里路总管府首领官等赴中书省的财政上计；稍后，各路及直隶州“计吏岁一诣省会之”，成为定制。行省所属路及直隶州的上计，与腹里内容大致相同，只是按规定增加了“各处正官”每季度“照勘”和赴行省上计时行省官吏“稽考”虚实等细节。理算和钩考，形异而义近，都是清查稽核财政的意思。《元史》载元代较早的清查稽核，始于宪宗七年的阿兰答儿钩考。元朝建立以后，经常不定期地派遣官员分赴各地，对路府州县掌管的财政进行理算钩考。

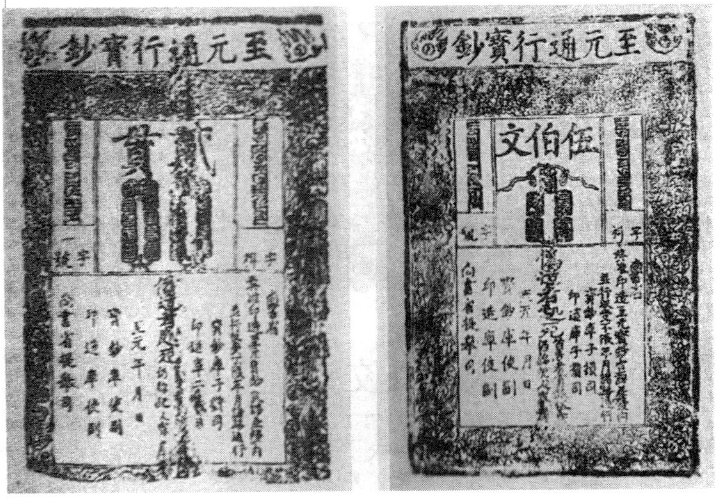

图4–8 至元通行宝钞铜版

元代路府州县官府经费由朝廷核定，数额甚少，而公帑钱谷又不得擅自动用，财政出纳不得留有羡余，还实行严格的岁终上计和不定期的钩考理算，从而将路府州县的财政支出严格地置于朝廷的管制之下。路府州县官府在财力上占有和使用方面的权力，与它们承担的繁重行政职责相比，实在是很不相称，以至于不少后世学者认为，元代财政沿着两宋“外权始削，而利归公上”的中央集权路子，财力上移走得更远了。

三、行省的调节作用

在元代中央与地方的财力分配中，起着特别重要作用的是行省，他们往往充任朝廷搜刮地方财赋的代办者和工具。各行省采取岁办定额制的形式，综领和督办所辖区域内的税粮、科差，诸色课程，造作洞冶等一切赋税。路府州县和都转运盐使司等所征集的各种赋税，先要汇总于行省，然后再由行省按照朝廷命令将其中大部分解运京师。因行省最初系朝廷中书省所派遣，后又长期监临各地，其在执行督办、汇集、解运等任务时，所充当的角色并不反映地方利益，而是中央政府的代表者。

不过任何事物都并非一成不变，后来由于路府州县支配地方财赋的权力被削夺殆尽，而行省作为辖区所在地的上级衙门面对属下的窘困，不能坐视不救，于是地方财赋聚集于行省后，常有三成左右的财赋经朝廷批准留作“各省备用”。以行省为单位的中央与地方财政“七三”分成制，也就在行省替朝廷搜刮地方财赋和“藏富之所，聚于诸省”的过程中，顺理成章地渐成雏形了。

第五节 略有分权的明代财政

明代的财政收入主要是赋税收入。一是田赋由民户上交州县，然后层层上解。二是盐税中盐课收入由盐运司交于户部，除极少部分给藩王充“宗粮”，或充军费直接派往山海关等各边镇开中；户口盐钞则由地方征收，然后按比例与中央分成。三是商税中，钞关船料起初由各府通判（相当于今地区行署副专员）等官监收，后来改委户、工部官员直接征收；经营税一般由地方官征收，除解京外，地方也可分成若干。四是杂税，与前三类差不多，有的如银课、户部的赃罚银，中央直接委官征收，有的由地方征收后全部上交中央，有的如捐纳、赃罚银、吏承班银等，地方征收后部分上交中央。以上四类税收按其征收方式可划分为三类：一是中央直接征收，二是州县征收后上解中央，三是地方征收后留为己用。前两类收入构成了“起运”的中央财力，而后一类虽属地方财力，但其大部分要按中央规定形成“存留”，仅有一小部分归地方官掌握形成“羡余”。明代财税的征解及其财力分割，从一个侧面反映了明代财政管理“中央集权而地方又略有余财”的体制特征。

一、上解中央的起运

起运的主要部分是解京上交中央财政。明代中央财政的仓库有四类，第一类为户部太仓。永乐时期明廷于北京、通州修建仓库，统称太仓。太仓本来用于储存漕粮，正统七年(公元1442年)九月始置太仓银库，后来狭义的“太仓”就专指银库，各省直（指南北直隶即今江苏安徽及河北）米麦折银以及其他起运税收中折银者俱入此库。随着明朝税收折银比重的增加，太仓银库日渐重要，它的收支情况成了明朝财政平衡的晴雨表。换言之，太仓银库的充盈与亏空，直接反映了国家财政的景气与危机。第二类为御用库。它们设于皇城之内，共有12库，均属皇帝支配。其中内承运库最为重要，专门存放“金花银”。所谓金花银，始征于正统元年(公元1436年)八月，其时改折漕粮，“岁以百万为额，尽解内承运库……自给武臣禄十余万两外，皆为御用”。至于其他11库则用以储存粮米、布、帛、锁钥等。由于封建社会皇室财政与国家财政既有区别又有联系，而皇帝的权力又至高无上，因此皇帝下诏调取太仓银两以充内库，就成了国家财政财力波动的一大因素。第三类为运河沿岸的仓库。会通河修成以后，明朝于运河沿岸的淮安、徐州、临清、德州设立仓库。第四类为诸部等仓库，如节慎库。起运除了供给京师以外，另一项就是用作边防军费。起运山海关、嘉裕关等九个边关的税收主要包括民运税粮及盐价两大部分，明朝例以河、淮以南税粮400万石供应京师，以北800百万石供应九边。后者称民运税粮，其折银数额据《明经世文编》卷298载，隆庆时户部尚书（相当于今财政部长）马森统计，山东、河南、北直隶及山西、陕西等省，每年民运九边各仓的粮料折银364.15万两。明朝盐课多时达到220余万引，引价(引的价银，即寓税于价的税收又叫盐课)除了起运太仓以外，派给九边的也很多。以成化、弘治时期为例，每年派给(起运)各边两浙盐44.47万余引（每引价格4钱），两淮57.64万余引(每引银6钱)，山东8.31万余引(每引1钱5分)，长芦13.57万余引(每引2钱5分)。四处盐税收入总共折银约57万余两。

二、地方财政的留存

明代的布政司、都司、府州县、卫所等皆有仓库，用于贮存存留钱粮。存留钱粮包括夏税秋粮、户口盐钞、钞关船料、赃罚等项收入中留用于地方的部分。这部分钱粮专门用于地方财政支出，包括地方官员俸粮、各地国学师生廪膳、赈灾、藩禄以及九边以外的军费等。其中藩禄与军费本属于中央财政支出，只不过是由地方财政代为出纳而已，而其中九边以外的南方各省军费也属中央支出，地方代拨性质。

地方“存留”之外尚有“羡余”，这是地方各级官府支配的“小金库”。据《献征录》载，羡余源于赃罚银、耗羡银、盐商税船、新补吏员给长官送礼的吏员新参、盐引钱、网罟湖港之税等额外之征或“无名之征”。其支出用于修城、“燕馈”、赈济、“新学校及诸祭器、节孝诸坊”。羡余主要归各级地方长官支配，如府中羡余由知府支配。不过若遇特殊情况上级对下级的羡余使用也会有指导作用，如陕西按察司副使丁致祥在视察汉中灾区，号召有关州县拿出库存羡余赈济灾民时，也曾获得地方官的积极响应。

明代的起运与存留反映了中央与地方财力的分配。据《古今图书集成》载，弘治十五年（公元1502年），全国税收粮存留1176万余石，起运为2543万石，各省存留仅占税粮总额的30%。明廷将税收大部分作为起运钱粮，仅将一小部分存留于地方，中央得到的份额远远大于地方的份额，这一点比前代更为明显。不仅如此，用于地方的“存留”还要在中央的严格监督下支用，惟独“羡余”地方官才有完全的自主权。但是“羡余”作为预算外资金，只是一种税外加征的不规范行为，

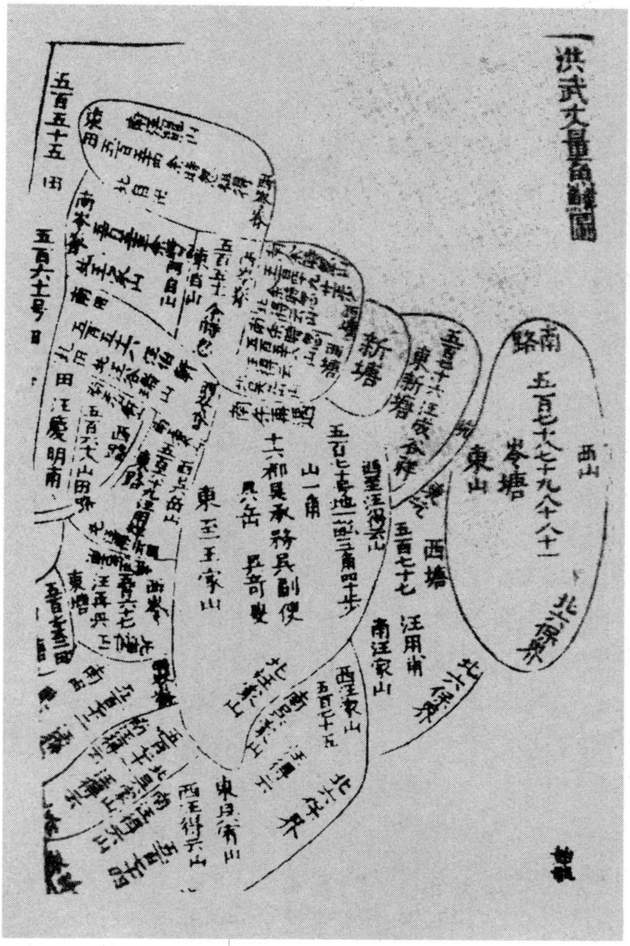

图4–9 明洪武丈量鱼鳞图

并非严格意义上的财政预算收入。况且“羡余”本身数额也十分有限，所以说少量“羡余”的存在，并未改变财政领域中央集权的局面，只是表明明代中央对地方的财政控制有张有弛和中国地方政府小金库的存在源远流长罢了。

三、布政司的承上启下作用

在宋代路转运使对整个国家财政起着承上启下的关键作用，而明代起关键作用的则是省布政使。其职能：一是调度和督促府州县赋税征解；二是对府州县地方财政进行监管，首先是监督府州县滥设税种，其次是指导和检查府州县财政支出；三是小范围内调剂赋额，均平徭役；四是管理国库仓储；五是帮助督抚筹措赈灾、修城、水利等大宗经费。

从布政使的职能可以看出，明代省作为地方财政单位形成定制。在元代特别是元前期，“行省原则上并不代表地方”，主要是代表中央综领和督办财赋。可以说当时行省的财政职能为中央的延伸，而行省仓库则为准中央仓库。明代情况则有所不同，除了洪武九年（公元1376年）以前仅仅8年时间沿袭元之行省制外，明代以后的268年时间都把省作为地方财政单位。从而产生了留于省、府、州、县的财政收入皆称为“存留”，解往京师和九边者统谓之“起运”。两者比例之多寡反映了中央与地方财政的分配关系。

中国封建社会中央与地方的财力分配随着中央集权能力的强弱而变化，如唐前期高度集权，财力绝大部分集聚中央，安史之乱以后集权能力减弱，中央财政收入只有全国两税总额的1/4。到了宋朝，情况为之一变，全国赋税收入大部分要“辇送京师”。元朝时期，继续采用高度中央集权的财政管理体制，地方留用有限，上供朝廷甚多，而且地方与中央直到王朝后期才逐渐走上了“三七”分成之路。明王朝时的起运与存留不仅数额相对稳定而且地方分成比例也明显提高，分税种一般存留至少为“三七”开，综合分成总比例略高于元后期的“三七”开。

第六节 前统后散的清代财政

清朝处于封建社会晚期，同时又是近代社会的开端。随着专制主义中央集权的加强及西方资本主义列强的入侵，清代的财政制度和中央与地方的财权分配关系，在承袭明制的基础上，又有了新的发展和变革，反映出鲜明的时代特点。

一、清前期的集权

清代赋税，包括田赋、丁银、盐课、关税及杂赋等名目，其中田赋、丁银属"正赋"，也是赋税之大宗。自雍正实行彻底的"一条鞭法""摊丁入亩"以后，丁银摊入地粮内征收，田赋、丁银完全合一，其征收由地方州县长官负责。盐课实行引岸制，由各处都转运使司和盐法道等掌管执场、纲册、盐价和征收商人引税，灶户场课等事宜。关税分为常关关税和国境海关关税，常关税一般由部司官或巡抚、总督等外官兼辖。海关关税和盐课是朝廷直接掌管的重要税收，收入全部归中央。

清代的州县赋税征收比较科学、严密，且富有中国文化特色，其主要依据是顺治朝开始编纂，以后不断充实调整的《赋役全书》。州县官征收赋税之前，需要核对《赋役全书》规定的本州本县一年应征的本色、折色、存留、起运数额，以及各里甲应征钱粮数。为防止拖欠赋税和胥吏作弊，清代推行政务公开，不仅将《赋役全书》存放在州县学宫供老百姓自由查阅，而且在地方州县实行互相制约、互相监督的征管制度，即让官衙胥吏轮流抽签充当收役，"四季轮充，从掣名签而定人，以掣柜签而所守，俾皆不能以意得"。还推行公开办事的《易知由单》、防止重复征收的《截票》和以良民治良民的滚催法。《易知由单》即纳税通知单，单内开列上、中、下则及正、杂、本、折钱粮与应征总数。征税前一个月，官府向纳税户颁发此单，公布名目数额，以防私派滥征。截票，又称串票，起初是二联印单，上书写应纳钱粮数，中间钤以官印。征税时，一联给纳税户，一联存有司。康熙年间，为杜绝官吏贪污中饱，改二联为三联，"一存州县，一付差役应比，一给纳户执照"。还规定，官吏征税不依法填单付票，"许民间首告"，并且以监守自盗论罪。所谓滚催法，是指每里5户或10户编入同一滚单，从中选一催头，按照滚单上书写的各户次序催征。不按单完纳者，衙役前往提拿逼催，强迫其完粮，催头也要相应受罚。滚催法部分吸收里甲连坐的遗风，以此加快完税进度。有些地方对照单按时完税的，县官要"亲为递酒"，披红插花；拖欠户则须受杖责，跪于甬道之旁谢罪。这与当今税务部门对纳税户的奖惩思路可谓同出一辙，只不过形式不同而已，因为现代毕竟有广播、电视、报章、杂志等古代所不具备的各种广为告知的传播手段。

图4–10 清代道光十八年歙县分执照

清初承袭明制，州县的赋税收入分为起运和留存两部分。"凡州县经征钱粮，运解布政使司，候部拨用，曰起运"；"凡州县经征钱粮，扣留本地，给经费，曰存留"。显然，清代的起运与存留实质上也就是中央和地方政府在财赋上的再分配。起运归中央财政所有，一律运经各省布政使司，由朝廷户部调拨京师，或调往其他需要中央政府转移支付的省、州、县，或拨付边镇充当军饷。存留属地方财政所有，留于本州本县，供地方官府开销支出。

从顺治到康熙朝（公元1644—1722年），清统治者为精减地方政府中的闲散冗员，节约公用开支，增强中央财力，对州县财政的存留数额采取了全裁、半裁和酌裁等逐步裁减的政策，使起运与存留的比率较明代发生了很大的变动。就全国范围而言，乾隆朝（公元1736—1795年）地方存留数额仅占全国钱粮总额的21%左右，大体相当于明万历年间的50%。而且，乾隆时期对以往临时性裁扣措施所形成的起运与存留的比率固定化，并且成为了清廷在中央与地方财政分配过程中必须遵循的一条法则。如果说清初裁扣地方存留的政策客观上尚有精减闲散冗员、节约官府费用开支等积极作用，那么，随着起运与存留比率不断提高和固定化，州县级财政不断被弱化就有了消极作用。

尤其是康熙朝顺着削弱州县财政的思路，形成了"悉数解司"（司即省布政使司，也称藩司）制度，取消了原作为一级国库存在的州县财政"留存"库。以至于州县正项经费开支，必须随时向布政使司及其所辖的户部"寄存库"领支。更有甚者，为防止地方州县在账目上做手脚及私自挪用待解钱粮，康熙初实行一条鞭解，即将"解司钱粮共若干，除轻赉行月浅贡应解粮道，站钱应解驿道，盐课应解运司，采办本色钱粮应解该府外，凡系解司钱粮，汇为一条"划一征收，划一解运。实施"悉数解司"政策后，用作地方经费的存留项目虽然仍以较小的数额存在，但其必须经过朝廷户部的审核，并且这种经审核批准的存留又是以各省布政使司为单位出面上报的，从而形成了省单一国库支付的局面。这时各省出现了四种户部的寄存库，包括封贮库、分贮库、解贮库、拨贮库等名目。封贮库，系留于各省布政使司库的银两，由总督、巡抚公共封贮。若有急需，题奏动用。每年依例附拨册送部查核。分贮库，系设于各府的银库。州县若有急需，禀报布政使、督抚等，由府给发，并须履行随案奏销手续。解贮库，是各府州县所征钱粮解运于布政使司的田赋、杂赋等银库，也是各省的财赋总库。拨贮库，是布政使司或邻省调拨给兵备道、河道等专用库藏。这些库贮"缄藏严密，毫无假借"，所

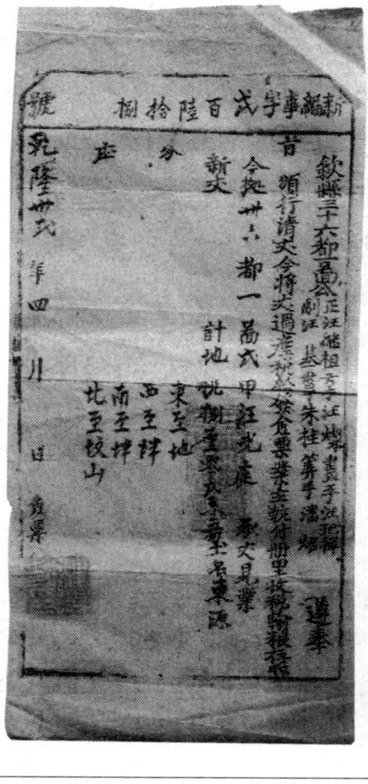

图 4–11 清乾隆三十二年歙县土地清丈凭证

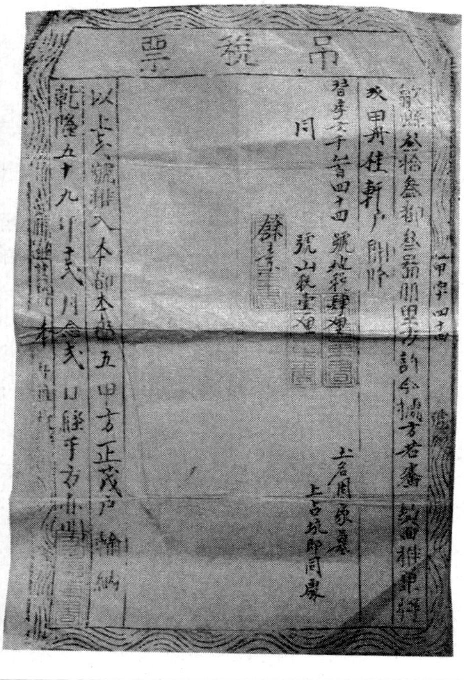

图 4–12 清乾隆五十九年吊税票

藏银两每年春秋两次造册向户部禀报库存数。遇有巡抚、司道易职“交代”，均需查核其数目。除户部审核批准供地方官府“存留支用”等项外，其他都是朝廷的财赋，一律听候户部调用，地方官不得自行动用和支出。

为了进一步加强对地方财政的控制，清廷又推行了全称“奏销地丁钱粮”的奏销制度，要求各省布政使司年底结算后将一年收入实际情况限期截数造册，上报户部审计报销。同时，由朝廷户部稽核下拨经费数额与实际支销数目是否相符，检查是否依照例则支用，有无例外私自动用支出。奏销钱粮不仅以正常赋税收支为对象，而且连正常定额以外的杂款收入支出也包括在内。

随着“悉数解司”和奏销制度的相继实施，州县地方政府的财政陷入了困境。由于中央批准的预算内地方政府财政经费来源——存留数额大幅度被裁减，各级地方官署的许多行政费用均无报销来源，导致许多州县地方官员因经费拮据，“供应不能及额”，有关上司“勒索过当”，而走投无路，有人甚至被逼自尽。在这种物极必反的情势下，地方官府为谋求生路，不得不在征收赋税方面做手脚，通过朝廷固定的赋税数额以外的“私派”，去补充地方行政开支的亏空，即所谓“存留名目节次裁减，州县之事束手无策，势不得不私派之民”。私派主要是额外征收赋银的火耗，也有“公费科派”等。火耗的数额，各省不一，有十分之一者，有十分之二者，还有十分之三、十分之四五者。如康熙末年陕西平均每两税银竟加征火耗4—5钱。这样一来，火耗或耗羡就成了各省地方官自收自支的款项，对这种将官衙经费亏空摊派到老百姓身上的火耗加派，朝野上下多言其害民之弊。但深知耗羡私派之弊是由朝廷裁减地方财赋存留而引起的清政府却视而不见，置若罔闻，甚至默许容忍。

看到矛盾却不敢改革的康熙皇帝把问题留给了他的儿子雍正皇帝，雍正皇帝接位后大刀阔斧地进行了耗羡归公和养廉银改革。首先，清政府承认了税外加征的耗羡合法性，允许其公开推行。同时，将耗羡正式归入固定税收，州县征收后一律解入布政使司府库，并将其数额严格限制在原征数范围内。具体征收数量及用途，各地并不一致。朝廷允许直省督抚及布政使等根据当地情况自行筹划，“自行度量”，酌量征收，酌量发放。征收及发放情况，只需事后报朝廷核查。这样，地方耗羡的支配权，就由州县上移至督抚。其实耗羡归公政策是中央政府与地方政府在财政问题上的一种妥协，是清廷在最大限度地集中财权的同时，对地方政府所作出的一点让步。正如后世将县乡财权上收后不得不允许乡镇另征相当于农民收入5%的统筹和变相允许市县出卖土地，以缓解地方财政之困和另辟项目建设经费之源。

由督抚等自行度量，酌情收支的耗羡，数额相当大。乾隆朝全国总计达464万余两，其用途主要是补贴官员生活费及夫马车舆、差旅、书役、师爷、侍仆雇费等私人开支。另外，也支付诸如纸墨笔砚、油醋柴炭等官府办公经费。养廉银和办公经费开销，均发给官员本人，由本人自行掌握。这样做，具有官员个人支用包干性质，起到鼓励官员节约开支，杜绝浪费和省却财务报销程序的作用。养廉银的数量，因官职高低及地域而有等差。“边省督抚独优，年支二万，东三省新制加至三万，其余大小省均在二万以下，一万以上。藩臬一万以上递降，府则三

户部執照

户部為籌備等事雍正八年六月初九日奉
旨户部奏籌備各省封貯銀兩請在外省報捐監生普收折
色旨照所請准於外省捐納監生概收折色經赴藩庫交
納欽此欽遵在案今據
冊報俊秀李庭俊
冀城縣人年十八歲身中
在本省藩庫捐監生銀玖拾兩除將實收存案外
於雍正八年四月十一日
相應換給部照以杜假冒須至執照者

三代曾祖仲康 祖培才 父德仕

右照給李庭俊收執

雍正八年十一月　日給照

部

图4-13 清代雍正八年捐官执照

千，县则一千二百，亦以次递减……其余丞倅杂职，统计不过数千而已。”办公费也依官职大小而定，高者5两，低者1两。清政府在削减存留的过程中，“歪打正着”竟然走出了一条职务消费货币化之路。其实，今日地方之车改和通信费发放到人亦渊源于此，只不过范围远比清代狭小罢了。

乾隆中期以后，朝廷对督抚全权支配耗羡的制度，又进行了调整，限制了督抚的一些权力。首先，养廉银的征发数额改由朝廷军机处和户部议定。其次，乾隆、嘉庆时期又实行耗羡归公后专款专用和例外支用须审批的规定。凡有定款无定数者，仍“令督抚酌盈剂虚，通融撙节，实用实销”；户部5年一次“通盘核算”考校。例外开支“其数在500两以上者，奏明动用；在300两上下者，咨部办理”。此番调整后，朝廷又将各省督抚对耗羡的支配权部分地收归中央了。

雍正朝实行耗羡归公前后，清廷陆续放松了对地方所征部分额外杂税的禁令，允许地方官府将其中一部分用于公用经费。例如落地税、溢额银、平余银等。然而，这仅仅是朝廷对地方暗中非法加征杂税的部分认可，还谈不上以本地财办本地事的地方财政。比较典型的区域性地方财政，大约是在晚清督抚自筹官款和外销制的基础上形成的。

二、清后期的分权

从清初开始，在战争爆发之际，中央政府常常临时诏令赋予封疆大吏就地自办军饷权力。如康熙朝平定三藩之乱，嘉庆朝西南用兵等。一俟战争结束，自筹军饷的权力就立即被朝廷收回。太平天国运动爆发后，清统治者故伎重演，照例给予地方督抚以自筹军饷的权力。然而，由于时局发生了较大的变化，清廷对地方的控制能力大为减弱，临时给予督抚的财权不仅未能及时收回，反而被长期延续下来，最终演化为督抚财政外销制和各省相对独立的地方财政体制。

晚清地方督抚财政支配权渐重，与镇压太平天国运动中各省的厘金制、捐输制及封疆大吏自办实业等，有着直接联系。咸丰三年（公元1853年），刑部侍郎雷以諴随钦差大臣在江北大营帮办军务。为筹措军饷，雷接受曾跟随林则徐在新疆伊犁搞过“一文愿”筹资兴办水利工程的幕僚钱江的建议，率先在扬州仙女庙设厘金所，对过往客商征收1%的商品通过税。由于1%为一厘，故称“厘金”。嗣后，湘军统帅曾国藩、抚臣胡林翼等争相效法，设局建卡，征收厘金。咸丰五年（公元1855年），清廷又将厘金制推行于全国，厘金局、卡很快遍布于各地的通津要隘和城镇集市。甚至在交通闭塞商旅较少的四川总督丁宝桢也冥思苦索，于公元1877年想出了征收屠宰税——肉厘的主意。由于各地自行其道，当时的厘金名目繁多，有坐厘、百货厘、盐厘、煤厘等。税率也不限于1%，如浙江为3%，江西为18%，吉林为7.4%。厘金总量起初较少，仅有9000两，后来每年可达千万两以上。如此可观的税课，其征收方式、税额增减、局卡立废等，无须通过户部，而由各省督抚自行掌握，这无疑标志着地方财权的扩大。

捐输，也是督抚自筹军饷的方式之一。《清财政考略》称：“其所赖以供军馈

图4-14 清贵州官钱局账册

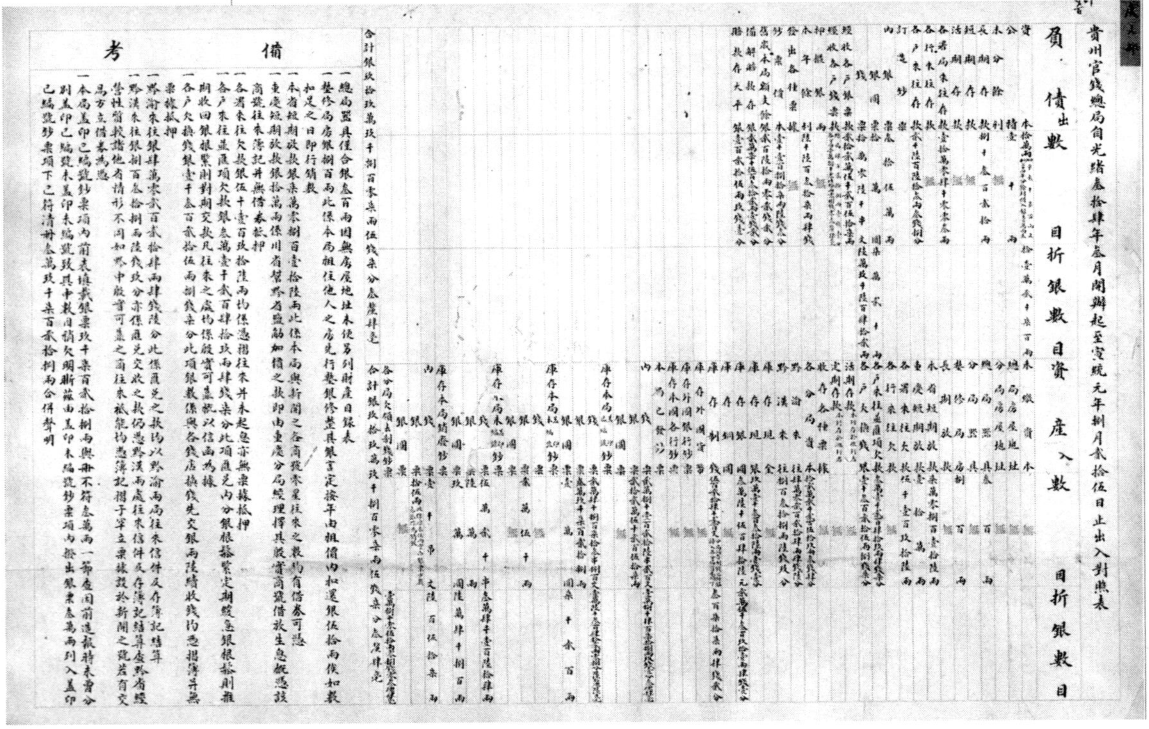

平寇乱者，惟两大端：曰捐输，曰厘金。”咸丰三年(公元1853年)，户部奉旨命令山西、陕西、河南、四川等省的督抚劝谕官绅士民自愿捐输，弥补军需的不足。次年，各省劝捐变为派捐。诸如皖捐局、甘捐局、黔捐局等专门派捐的机构，遍布各地。派捐的名目又包括粮捐、草捐、花捐、布捐。按照规定，地方官府办捐，需要向户部领取执照，但一经户部批准，地方官府办捐就拥有设立机构、自行操作的独立性，户部根本无法掌握和考核其收支登录等情况。这与当代开发区、保税区、高新区等审批相似，一俟批准，地方如何管理便不得而知了。作为国家级园区截至2003年据说只审批了232个，而截至2004年一季度，全国实际存在的各类园区竟有6015个之多，规划面积更广达3.54万平方公里，可以说完全失去了控制。

督抚等自求生理，自行“经营筹画”的厘金、捐输等普遍推行之后，原先由户部掌握的奏销制，也逐渐过渡到督抚外销制。厘金、捐输等实施初期，各省督抚或统军大吏通过粮台或军需局筹办军需供应，并具体掌管所筹款项的出纳事宜。此时，形式上虽依旧制实行奏销，但布政使司只是统计其大略数额向中央作重点奏销，毋须详列明细和逐款上报。这种重点奏销的做法，与旧制有明显的不同。即仅带有事后汇报等性质，户部一般不作驳回或不予批准的处置，故已失去原有的查究、审核、批准等意义。显而易见，重点奏销使户部所代表的中央财权日轻，督抚等封疆大吏的财权日重。久而久之，各省督抚连重点奏销也不再履行。尤其是曾国藩、李鸿章为首的湘军、淮军及左宗棠、刘长佑等抚臣，长期自由支饷，不及时向户部报销，或数年报销一次，或十数年报销一次。于是，朝廷奏销制度逐渐名存实亡。并且随之出现了完全由督抚藩臣代理中央，独立自主地核销新筹款项支用的外销制。以厘金、捐输为基础的外销制的出现，使清代单一的中央集权财政体制开始瓦解，进而分化为中央户部与地方各省两个并立且平行发展的财政系统。外销制以各省督抚截留和分取国税为存在的基本条件，而厘金、捐输等则是督抚实施外销财政的主要财源。外销制，实质上就是各省督抚把原由户部掌握的上报、下拨、奏销等权，变为自主或自行裁定的权力，是他们作为地方势力在国家财政内部争夺财权取得决定性胜利的标志。这与当今地方政府的土地储备及拍卖相似，其实际收入远比当地财政年度预算内收入为高，并且全部收支可以游离于预决算审计范围之外，存在着相当大的自主权。

随着第二次鸦片战争的结束和洋务运动的兴起，曾国藩、李鸿章、左宗棠、沈葆祯等封疆大吏通过大力兴办新式企业，取得了更多的省级工商税收入，从而使省级财权在国家财政范围内进一步扩大，中央和省级两个财政系统的界限日趋明晰、在此基础上最终形成了清朝灭亡前各省大体独立的地方财政。此类地方财政，独立于国家财政之外，不向户部负责，不承担中央下达的财政指令，这个变化结束了秦朝以来国家财政中央高度集权的格局，中央与地方的财政权力分配开始步入了新的历史阶段，形成了近代中国中央与行省两级的准分税制模式。

纵观有清一代，中央与地方的财政权力分配大体经历了三个阶段：一是清初至康熙末（公元1644—1722年），二是雍正朝至咸丰朝（公元1723—1861年），三是同治朝至宣统朝（公元1862—1911年）。第一阶段，是清廷逐步削减州县财政存留，确立“悉数解司”和严密的户部掌奏销体制，将全国财政收入高度集中于中央政府的时期。第二阶段，是清廷通过耗羡归公的收支两条线和实施养廉银政策，将地方官府额外征收和支配的私派火耗等拨归各省督抚，以解决“悉数解司”体制下地方官府存留太少、费用匮乏等问题。在某种意义上可以说，以耗羡归公为契机的督抚财政支配权的扩大，乃是对财赋高度集权于中央体制的部分调整与变通。第一、二阶段历时200余年，占清朝267年统治时间的近4/5，这一时期不仅摈弃了汉代郡守掌财和唐后期“两税”三分的体制，而且改变了明代中央集权与地方包干相结合的原则，致使州县赋税收入(除按额留存等项外)“一丝一粒，无不陆续解送京师”，而所有支出又必须奏销于户部、禀命于朝廷，可谓财政分配上中央集权的登峰造极。第三阶段，则是在晚清镇压太平天国运动和西方列强势力侵入的特殊环境下，单一的中央集权财政体制瓦解，各省督抚以厘金、捐输等自筹官款，截留和分取国税，自行支配所掌财力，进而形成了与中央并立且平行发展的较独立的地方财政。清代财政体制在物极必反中被迫转换，与现代没有“文化大革命”的物极必反就没有今天的“改革开放”有着极其相似的历史轨迹。

第七节 混乱的民国财政

一、举债为生的北洋财政

辛亥革命后，中华民国成立。南京临时政府与各省军政府为了摆脱财政困境，纷纷采用借债、募捐和征收赋税等办法来筹措资金，但由于处于战争状态，筹资的主要手段还是依靠借外债应急。截至1912年11月，南京临时政府和各地军政府与外国签订了23笔借款总金额为银元2811.2万元，实收2651万元，其中南京临时政府及留守府举借1600万元，实收1559万元，各省借款1210余万元，实收1100万元。

江海關郵政包裹處
SHANGHAI CUSTOMS: POSTAL PARCELS OFFICE
海關稅單 外洋進口
MEMO. OF CUSTOMS DUTIES—FOREIGN IMPOR
AGFA CHINA CO.
CANCELLED

图4-15 民国年间的海关税票

1912年2月20日清帝退位，3月10日袁世凯在北京就任临时大总统，4月1日孙中山在南京解除临时大总统职务，中国历史进入北洋军阀统治时期。由于当时南方各省相继以减免赋税来笼络人心，且又多截留税款，中央政府几无所入。为此袁世凯下令整顿税收，划分中央和地方的财政权限，编制中央和地方预算，将田赋、关税、盐税、厘金确定为中央税，田赋附加及一些杂捐为地方税，通过厘清国地税并建立相应机构来保证中央收入。由于各地军阀皆拥兵自重，大总统的命令出不了都门，袁世凯在百般无奈下只得重蹈覆辙，以“仰给外债以度岁月”。在袁世凯统治期间，中央和地方军阀共借债68笔，总金额合白银5.56亿两，其中对中国社会经济影响最大的是善后大借款。这笔发生在1913年5月涉及英、法、俄、德、日五国财团的借款举借额2500万英镑，年息5厘，规定实交仅及名义借款额的84%，再除去手续费和汇费，只剩下2071.5万英镑，无形之中损失了400多万英镑，按合同附件所拟条款还须扣除各项到期应还外债本息及所谓“辛亥革命外国损害赔偿费”，这些扣款就超过了半数，因而借款实际结算金额为998.25万英镑，只占借款合同的37%。

由于第一次世界大战的爆发，帝国主义对中国资本输出呈减弱趋势，外债满足不了袁世凯的需要；又值帝国主义内部的纷争，致使善后大借款谈判中止，垫款亦停止不交；同时，国民党反袁斗争失败，袁世凯决意实行帝制。为了筹措复辟的经费，不得不继而从发行内债中寻求出路。1914年，发行“民国三年公债”1600万元，1915年发行“民国四年公债”2400万元，其实际发行额均超过2500万元。后来更是愈演愈烈，1917年至1926年发行的公债金额竟累计高达6.12亿元之巨，令人为之瞠目结舌。

1916年袁世凯死后，中国政治局面由表面的统一走向公开的分裂，出现了军阀混战的局面。为了满足庞大的军费开支，在段祺瑞等军阀轮流执政时期，包括中央和地方政府在袁世凯举债的基础上又向外国借款319笔，金额高达白银7.23亿两。

二、南京政府从整理走向崩溃的财政

北伐胜利后，国内达成了表面的统一，而真正为南京国民政府所控制的只有江、浙、皖、赣四省，其他各省财政收入多为地方军阀所把持和截留。为了加强中央财力，统一财政，南京国民政府于1927年7月召开了第一次全国财政会议，并于同年11月正式公布了《划分国家收入地方收入标准案》和《划分国家支出和地方支出标准案》。两案明确国家财政收支范围以及地方财政收支范围。由于第一次财政会议对国家和地方财政收支只划定到省，对县级财政收支尚无明确界定，不得不于1934年召开的第二次全国财政会议，进一步确定了县级财政收入。此后全国省、县（市）相继建立预算，财政收支开始了中央、省和县（市）三级制运作。

在召开两次全国财政会议划分国地收支，建立中央、省（市）、县（市）三级财政的同时，南京国民政府还健全了财税法规和审计监督。审计职权自1925年广

图4–16 民国年间的印花税

图4–17 民国股票

图 4–18 民国年间的铁路债券

州国民政府监察院设立第三科开始，便隶属于监察系统。南京国民政府成立后曾一度直属于审计院，1931年起设审计部，隶属于监察院。监察院既行使弹劾权，又行使审计权，相互配合，交叉运用。

1937年7月7日，发生了震惊中国的“卢沟桥事变”，日寇全面发动侵华战争。国民政府被迫迁都重庆，随着东南部大片国土的沦丧，中央政府只剩下经济不发达的西北西南15个省份，国家财政开始陷入了更难以自拔的困境。面对入不敷出的财政危局，国民政府不得不铤而走险，决定实行无限制的通货膨胀政策，其实质便是通过增发法币以满足其抗战的财政需要。

1937年11月财政部长孔祥熙开始召开会议商讨增发纸币以应财政急需的办法，1939年1月国民政府正式决定实施通货膨胀政策。以1940年7月为分界点，以前为缓和通胀期，以后则为恶性通胀期。抗战八年间法币发行增加395倍，物价上涨346倍，而从1945年9月开始通胀更像脱缰之马，决口之水，一泻千里。到1948年8月21日为止，法币发行增加了1206倍，物价上涨14000倍，法币的购买力只剩下7/10000，几近乎零了。

在这种币无所值的情况下，法币作为交换手段已经失去了它的功能。为了转嫁恶性通胀的损失，1948年8月19日国民政府发布了《财政经济紧急处分令》，公告改法币为金圆券，以300万元法币兑换1元金圆券，1元金圆券含金量为0.22217克，含美元2角5分，但不能兑现。到1949年7月金圆券发行额达到了130万余亿元，折合法币3900亿亿元，如以1937年100元法币能买2头牛计算，到1949年只能买1/（50亿）两大米了。国民政府终于在通货膨胀中分崩离析，被赶出了中国大陆，逃往抗战胜利后从日本人手中收回的台湾岛。

第八节 变革频仍的历史足迹

晚清以降，中国经济从长期停滞不前走向衰落，有着极其深刻而复杂的历史原因，但其中无法获得足够财力推动国家工业化则是主要原因之一。辛亥革命以后，国家陷于社会混乱和长期分裂状态，更无可能整顿和统一财政。虽然1927年南京国民政府成立后实行“军政统一”，并对财政赋税从体系划分到征收制度的厘订进行了整顿，确立了中央和地方的赋税体系。但由于这一时期国家从未达到真正的统一，所以中央财政占GNP的比例极低，1931年为2.1%，1934年为4.8%，到1949年以前也没有超过7%，且其大部分财力用于国内战争和抗日战争，所以说这一时期以国家财力推动国民经济的发展几乎是微不足道的。1949年中国共产党武装夺取政权，同年10月1日新中国成立以后，迅速实现了全国除台湾等少数地区以外的高度统一。由于有了一个强大的中央人民政府，在中央计划经济体制下着手恢复国民经济，实施经济建设的五年计划，使国家财政收入面貌迅速改观。1952年全国财政收入占GNP的比重达到29.5%，大大超过1949年以前不到7%的水平。新中国成立以来的财政体制，可分为三个阶段：第一阶段是计划经济体制下的统收统支阶段（1950—1979年）；第二阶段是向市场经济过渡的转型期分灶吃饭阶段（1980—1993年）；第三阶段是从1994年1月1日起进入社会主义市场经济体制的分税制阶段。2002年开始实行个人所得税和企业所得税的共享改革，2004年开始实行出口退税中央和地方共同负担的改革。

一、计划经济体制下的统收统支体制

新中国成立之初的1950年，除西藏以外的中国大陆全部解放。在此之前，国家财政支出的大部分由中央人民政府负责和依靠增发通货来解决。1949年7月底发行人民币2800亿元（旧币，1955年3月1日始发新币，旧币1万元折合新币1元），9月底达到8100亿元，10月底为11000亿元，11月则增加到16000亿元。不到4个月，货币发行增加近5倍。由于中国人民饱受国民党统治时代的通货膨胀之苦，普遍产生了“重物轻币”的

图4–19 1949年版一元人民币

心理，宁可存物也不储币，因而更加速了人民币的流通速度。再加上全国新解放区的农村既有恶霸盘踞，又有土匪骚扰，城乡物资交流受阻，不法投机资本又乘机从中兴风作浪，推波助澜，通货膨胀带来的金融物价波动，从局部地区扩展至全国。新中国成立前的1949年4月和7月曾发生两次物价波动。因此，中央明确指出，经过12年战争（包括始于1937年的八年抗战）和通货膨胀之后，全国人民生活已极其困难，努力防止通货膨胀乃当务之急。为了达到这一目的，集中有限财力，用于巩固政权和恢复国民经济。政务院于1950年1月30日发布了《全国税政实施要则》，规定在全国范围内除农业税外，统一征收14种税，并废除了国民党统治时期的种种苛捐杂税，仅上海市被废除的苛捐杂税即达300多种，从而结束了旧中国税外加捐的混乱局面。同时，还发布了《关于统一国家财政经济工作的决定》和《关于统一管理一九五〇年度财政收支的决定》，对各大行政区，各中央直辖省(市)实行"统收统支"的财政管理体制，即财政收入全部上交中央，财政支出由中央核定指标，并实行月、季、年报制度。年末执行结果，1950年国家财政总收入65.19亿元，总支出68.08亿元，出现了当年收支接近平衡的良好局面。

图4–20 1950年版五万元人民币

在国家财政状况日益好转的时候，爆发了朝鲜战争。为了增加财政收入，保障抗美援朝战争的军费开支，中央人民政府决定扩大税源，增加收入。首先是增加农业税。1951年6月，政务院规定老解放区（东北、内蒙古、华北、山东、陕北）仍实行比例税制，新解放区尚未进行土改地区仍实行累进税制，新解放区已经实行土改的地区实行缓进的累进税制，累进的最高税率为30%，最低税率为5%。地方附加，最高不超过正税的20%（原规定15%，相应提高了五个百分点）。1951年7月，政务院决定追加农业税征收概算，当年农业税按照原概算增加10%，各地根据这一情况，也适当提高了农业税税率。其次，从1951年5月起，对烟酒实行专卖，这是新中国实行专卖之始。再次，开征契税，增加若干产品货物税和进口、出口税等。第四是加强税收征管，努力把偷漏的税收收回来。由于采取了上述一系列有效措施，1951年全国财政收入达到133.14亿元，为1950年财政收入65.19亿元的204.23%。

图4-21 新中国成立初期的印花税票

1951—1957年（1951—1952年为国民经济恢复时期，1953—1957年为经济建设的第一个五年计划时期），中央对省市实行“划分收支，分级管理”的体制。为了适应经济发展的需要，发挥地方的积极性，1951年3月29日，中央人民政府政务院发布了《关于1951年财政收支系统划分的规定》，将由中央统收统支的财政管理体制改为实行中央、各大行政区、省（市）三级财政管理体制，专署及县（市）财政列入省财政内。同时实行按照企业、事业、行政机构的隶属关系和业务范围，确定收入分类分成办法，划分中央与地方的收支范围，以便在有限的范围内调动地方发展经济、增收节支的积极性。这样既有利于地方政府的因地制宜，又有利于国家财政经济工作的统一领导，达到调动中央和地方两个积极性的目的。

1953年，我国进入第一个五年计划和社会主义改造时期，为了适应大规模经济建设的需要，加强中央对省的直接调控，取消了大行政区的财政分配权，财政体制相应改为中央、省（市）和县（市）三级管理。大行政区的支出，由大行政区财政部门审核汇编，报送财政部列入中央预算。专署的预算列入省预算，区、乡、镇的支出列入县（市）总预算。1954年4月，为了加强中央对各省市的直接领导，中共中央政治局扩大会议决定撤销大行政区一级党政机构，因此，大行政区财政也就不存在了。

为了贯彻“在相当长的时期内，基本上实现国家工业化和对农业、手工业、资本主义工商业的社会主义改造”的过渡时期总路线，1954年对财政体制又作了进一步的改进，其主要内容是预算收入实行“分类分成”的办法，即将国家预算收入划分为固定收入、固定比例收入、调剂收入三类。1953年11月10日，政务院《关于编造一九五四年预算草案的指示》明确规定属于中央预算、地方预算的固定收入范围，以及属于中央与地方固定比例分成收入范围，这些固定收入与固定比例分成收入两项合计，划给地方部分，一般可达到省（市）预算支出的60%—80%，这样就使地方预算有了固定的收入来源，以保证其预算的稳定性，从而调动其组织收入的积极性。预算支出仍按企业、事业、行政单位的隶属关系和业务范围划分。地方预算年终结余可转作下年度安排使用，不再上缴。并且为了平衡季度现金收支与适应年终结转，各级总预算从1954年起均设置周转金，中央预算设4%—5%，地方预算设3%—4%。从此，开创了新中国预算周转金设置之先河。

1955年继续实行1954年的财政体制，中央预算固定收入和地方预算固定收入的项目以及固定比例分成收入的项目没有变动，只是分成比例作了调整，调剂收入的项目也没有变动，留解比例作了调整。1956年9月15日至27日，中国共产党在北京召开了第八次全国代表大会，提出了集中力量发展社会生产力的战略任务。全国亿万人民满怀信心，开始了大规模的经济建设。由于1955年的财政体制相对比较合理，所以1956年和1957年继续实行，仅对分成比例作了进一步调整。

1958年，“大跃进”中提出的简化规章制度的要求，促使简化税制成为当时税制建设的中心任务。为此，按照“在基本保持原税负的基础上简化税制”的方针，对工商税制进行了改革。其主要内容有：一是合并税种。把原来实行的货物税、商品流通税、工商业税中的营业税和印花税4种税合并成一种工商统一税。二是改变征税环节。对工、农业的产品，从生产到流通，实行两次课征制。工业产品在工业、零售环节征税，农产品在采购、零售环节征税，取消批发环节的税收。三是简化征税办法。首先是简化计税价格，一律按销售收入计税；其次是减少对“中间产品”的征税，在原征税的26种“中间产品”中，只保留棉纱、白酒、皮革3个品种继续征税。四是在基本维持原税负基础上设计税率。五是鼓励协作生产等。可以说，这次税制改革是工商税收制度所作的一次重大改变。由此，工商税制大为简化，税种由原来的12种简化为7种，也从根本上改变了原在商品生产、商品流通领域所实行的多种税、多次征的税收制度，在税制结构上更突出了以流转税为主体的格局。与此同时，1958年6月，《中华人民共和国农业税条例》颁布，这个条例废除了原来在新解放区实行的累进税制，实行全国统一的比例税制，这个税制的核心是继续采取增产不增税的原则。1958年农业税的平均税率为常产产量的15.8%，1959年又降低0.3个百分点调减为15.5%。

1953—1957年，全国财政收入占GNP比重达32.7%，中央财政收入占GNP比重为14.8%，中央财政支出占财政总支出的74.1%。这一时期是中央集权的计划经济体制时期，中央政府有绝对的财力支配权。但是，也有许多弊端。中央各部门的权力太大，以至于到处伸手，压抑了地方的积极性。

为了调动地方积极性和加快社会主义建设步伐的要求，全国人民代表大会常务委员会于1957年11月4日批准《国务院关于改进财政管理体制的规定》，明确划分地方财政的收支范围，适当地扩大地方管理财政的权限，并且在保证国家重点建设的前提下，增加地方的机动财力，从而进一步发挥各地方积累资金、增加收入、节约支出的积极性，推动建设事业的发展。确定从1958年起，随着中央企业下放给地方管理，财权也下放给地方，省市一级的财政体制由原来的“以支定收、一年一变”改为实行“以收定支、五年不变”的办法，即省市的正常支出由中央拨给的分类分成收入解决，自求收支平衡，地方收入的范围和分成比例确定之后，五年不变。从1958年到1960年的三年间，地方获得了较大的财权，地方计划代替了中央计划，地方管理大中型企业代替了中央管理，打破了“条条专政”，实行“块块专政”，这是造成“大跃进”地方盲目上马、重复建设的主要原因。这一时期，政府财政收入占国民收入比重较高，约为38.6%，但是中央财政支出比重从第一个五年计划时期（1953—1957年）的74.1%下降到48.1%，下降了26个百分点，而地方财政支出比重上升到51.9%，比“一五”时期的25.9%提高了26个百分点，整整提高了一倍。由于“大跃进”的急于求成和自然灾害的“天灾人祸”，造成了三年困难时期，国家不得不采取集中财力的措施，以便克服困难，恢复国民经济。1961—1965年，中央对省（市）改为实行“总额分成、一年一定”的财政体制，再度实行集中财权，为当时的国民经济“调整、巩固、充实、提高”服务。国务院在1964年1月17日作出《关于一九六四年预算管理制度的几项规定》，明确（除民族自治地方外）一般省市地方财政收支范围的划分办法。年度地方预算收支指标确定以后，除实行专案拨款支出（基本建设拨款以及因特大的防汛、抗旱、救灾而追加的经费）以外，其他参与收入分成的支出，首先用地方总额分成收入来解决，不足再由中央拨款补助。

1966—1969年，中央对省（市）开始实行“收支两条线”的办法，即地方的收入全部上缴，支出由中央分配。这一时期中央与地方财政支出的比例为中央占61.1%，地方占38.9%。70年代初，毛泽东再次打破“条条专政”的局面，重新下放管理权。中央对省（市）1970年实行“总额分成、一年一变”，1971—1973年经济体制“大下放”，财政实行“收支大包干”的体制，即地方收支指标经中央核定以后，收入大于支出的，包干上缴中央财政；支出大于收入的，由中央按差额包干补助。1974—1975年实行“收入留成、支出包干”，即收入按固定比例留成（即地方所负责组织的收入中，按一定比例提取机动财力，当时称旱涝保收），超收另定分成比例，支出按指标包干的体制。1976年实行“收支挂钩、总额分成”，同1959年实行的“总额分成”体制基本一致。

1950—1979年的30年间，财政体制经过10次的变动，都反映了中央集权与地方分权的关系变化，包括集权——分权或者收权——放权的循环变化过程。50年代基本上属高度集中型，除“大跃进”时期外，这一体制延续到60年代末。70年代末属于以集中为主，适度下放财权型，这一时期中央将大部分企业、事业单位下放给地方管理，以激发地方增产增收的积极性。无论怎样变动，基本上是一个统收统支的财政体制，它对增强中央政府的财力和宏观调控手段是极其有效的。地方虽然有自己的财政收入，但是中央财政仍处于支配地位，所以说，“集权为主、分权为辅”的财政体制，始终通过中央集权制度和高度集中的国家计划，控制着地方政府的经济活动，一定程度上抑制了地方经济和财力的增长，其弊端是显而易见的。

二、转型期的分灶吃饭体制

1978年12月中共十一届三中全会以后，随着农村联产承包责任制的推行和取得的巨大成功，促使财政体制从1979年起进行包干试点，1980年开始全面打破传统的统收统支、收支脱节的局面，进入了增加地方财力，扩大地方自主支配自有财力的权限，充分调动地方政府积极性的“分灶吃饭”阶段。1980年起，在广东、福建实行“划分收支、定额上交（或定额补助）、五年不变”的财政体制。同年，对民族自治区实行“分灶吃饭”的财政体制。1985年起实行“划分收支、分级包干”的财政体制。从1988年起进一步改革包干制，对全国37个地区（不含广州、西安两市）分别实行不同形式的财政包干制。其主要形式有：（1）收入递增包干制；（2）总额分成包干制；（3）总额分成加增长分成的包干制；（4）上解金额递增包干制；（5）定额上缴的包干体制；（6）定额补助的包干体制。1992年起对浙江等9个地区进行“分税制”财政体制试点。从1994年起，中央在各地全面推行分税制的财政体制改革。

1980—1993年以“两包”（企业包干制和地方包干制）为特征的财政体制调动了企业和地方政府包干的积极性，使企业和地方的留用财力有了较大增长。但是，中央政府财力和国家对宏观经济的调控能力受到了一定程度的影响。1978年全国财政收入占GDP的比重为31.2%，到1992年下降至14.2%，下降了17个百分点；1991年全国财政收入占GDP比重为15.9%，包括债务收入占GDP比重为18.2%，而包括债务收入在内的中央财政收入占GDP的比重为7%，中央财政收入相当于占全国财政收入38.4%（地方为61.6%）。与此同时，包干体制也使财政税收的规范化受到了严重冲击，形成了一种非市场化、非现代化的财政体制。

第九节 当代分税制体制的确立与完善

一、1993年启动的分税制财政体制改革

1993年在启动全国财税体制改革以前，税收体制存在的问题比较多，总的来说可以概括为八个字：缺乏弹性、有欠公平。

这个弹性是指国民生产总值增长与财政收入增长的比例关系。当财政收入增长快于国民生产总值增长时，弹性大于1，称为高弹性；反之，则称为低弹性或缺乏弹性。1979年到1985年弹性为0.736，1986年至1991年财政收入增长弹性下降到0.429，缺乏弹性已经显而易见。

有欠公平主要表现在：一是地区倾斜。有经济特区、经济技术开发区，还有沿海开放地区，种种地区都有不同税收规定。二是所有制倾斜。不同的所有制有不同的所得税、奖金税等税收标准。三是向外国人倾斜。对外国人单独实行工商统一税，所得税制也不同。四是不同企业的倾斜。有这种倾斜，各地方政府就会花精力去研究如何获得倾斜，有人说这是争取优惠，实际上也是制造不公平。企业也习惯了，对不公平不去抗议，而是想方设法如何争取优惠。弊病已很清晰。

同时，财政体制方面也存在一些弊病。首先，中央产业宏观调控政策逆向运转。譬如为什么中央感到烟厂、酒厂太多？因为税收是包干的，税收越多就越会有人干。中央限制发展的得不到控制，中央要求发展的却得不到发展，不同的利益机制导致中央宏观调控失灵。

其次，社会资源配置不合理。一是经济发展和社会发展两方面协调配置不合理。当时经济增长很快，社会发展却相对落后，由于财政自身的困难，迫使财政参与竞争性投资比较多，对社会发展投资相对比较弱。二是收入分配的财力配置不合理。

再次，中央财力比较薄弱，那些需要国家财政投入的国防、基础研究和各方面必要的建设都缺乏财力。所以这不只是一个经济问题，还可能是个政治问题。

1993年5月下旬，胡鞍钢与王绍光撰写了一份国情报告，其题目为《加强中央在市场经济转型中的主导作用——关于中国国家能力的研究报告》。6月中旬，他们在北京向学术界和新闻界公开了这份报告，报告阐述的主要内容有国家能力、国家能力的变化、国家财政能力下降的主要原因、国家能力下降的严重后果、中央政府在市场经济转型中的作用以及提高国家汲取财政能力的途径和建议。这个报告第一次把中央财力下降所要产生的后果进行了深刻分析，其影响之大、反映之强烈，超过了这两位学者的预期。

这份国情报告认为，只要中国能够避免文中所担忧的最坏可能性，比较成功

地实现向现代市场经济转型，真正建立现代市场经济制度，也就达到提高综合国力之目的。在中央关注国家调控能力，尤其是财政税收调控能力的历史性时刻，胡鞍钢、王绍光这两位青年学者的国情报告，触发了中国全面推行分税制财政体制改革。

分税制改革以哪一年为基数年是问题的关键。

中央要不要集中财力？当时，发达省份强烈反对。上海市首先反对，接着福建、山东、江苏也跟着反对。但那些边远地区、贫困地区的代表则举双手拥护，他们要求中央无论如何要实行这个办法，要把原来的基数全部打破，实行因素法。新疆、四川、青海的代表都提出要充分考虑地域、人口、高原等因素。当时不同观点比较鲜明，举双手赞成的都是比较贫困的省，都希望中央富起来，“大河有水小河满”；而发达的地区却要求中央少拿点，地方多留一点，支持地方经济发展。当时设想的补助有三种：体制补助、专项补助和特殊补助。当时拟议的分税制是税制改革前设计的，具体设想是把产品税、增值税、工商统一税划为中央税，所得税、营业税、资源税作为共享税，地方得10%—20%，中央得80%—90%。其余作为地方税。由于这一方案遭到发达省的反对，暂时搁浅，从此开始了改革的渐进阶段。

渐进式第一阶段改革要达到的目的是：中央要花几年时间使中央财政收入比重达到57%；基本不考虑因素法；以1992年为基数。分税制办法是：消费税归中央，增值税作为共享税，75%归中央，25%归地方。资源税没有确定，暂作地方税。其他没提到的税种都作地方税。

以1992年为基数的方案出来后，虽然中央政治局常委会议通过了，但广东却提出了意见，假如中央采取这个政策，广东到2000年为止要被中央财政拿走600多亿元，这样一来广东追“四小龙”就有困难了，因此他们坚决要求以1993年为实行分税制的基期年。当时财政部是不大赞成以1993年为基期年的，理由是：以1993年为基数，账不好算，到1994年4、5月份才能算清楚；有个很大问题是各省从自身利益考虑要做手脚，基数的东西历来都是历史的，从来没有预知的、将来式的。但是，中央考虑机制转换涉及建立社会主义市场经济体制的大事，要不惜一切代价来推行分税制，所以中央宁可损失一些眼前利益，着眼于机制的转换，于是最终决定以1993年为基期年。由于中国财政一向奉行以基数定天下的天条，见利起意的各省、市、自治区便开始行动。1993年1—9月份全国财政收入增长17.7%，实际上已有14个省市行动了。有4个省市9月份当月增长超过100%，到9月份止，海南增长102%，广东增长36%，上海增长30%，福建增长25.5%，天津增长22%，山东增长19.18%，大家都增长比较快。1—10月累计增长17.55%，11月份更猛，1—11月份累计增长25%。

在运行了一段时间后，改革又有所微调，根据各地不同的情况采取双轨制算账办法。分税制原来使用哪种办法的还是哪种办法，这是第一条。第二条是，中央返还部分按1993年基数以增长率1∶0.3（即中央收入增长1，地方返还增长0.3）返还给地方。这样做的要求是增值税分享比例中央得75%无论如何不能让，如果这一让增量拿不着，中央财政可能比原来还糟；再是要求减免税返还，财政部有明确的前置条件，不进基数的可以研究返还，但一要省政府有文件，二要有税单，三是只能减免两年而且税款必须返还同一企业。

1993年执行结果，全国地方财政收入比1992年增长39.9%。其中山东增长39%，收入达到193亿元；江苏增长45.3%（其中1993年12月份增长259%，引起财政部1994年1月14日派检查组调查），收入达220亿元；福建增长46.9%，达到110亿元；上海增长32.3%，达到232亿元；安徽增长32.8%，达到73亿元；江西增长30.8%，达到66亿元；广东增长56%，达到346亿元；四川增长42.2%，达到201亿元；浙江增长38.6%，达到166.6亿元。当年浙江支出124.9亿元，增长31.1%，达到收支基本平衡，略有节余。

财政部经过测算，发现1993年财政新增的900多亿元收入中，中央要返还地方的基数所占比例过大，约占总增量的2/3，中央净得收入的比重达不到预定要求，初步估计有300亿元的缺口。

财政部着手研究通过扣减各省返还基数的办法，来解决中央财政约300亿元预算缺口的问题。1994年7月13日至15日，财政部在北京德宝饭店召开了11个省（市）和单列市财政厅局长座谈会（不准带助手）。提出了解决返还基数过大的难题，请大家集思广益，研究解决办法。会上，刘仲藜部长首先指定我发言。我在长达1个小时的发言中以"同心同德向前看"为主题，提出了既符合中央要求又兼顾各省市利益，且能圆满解决问题的两个建议：一是财政部对各省市实施扣减基数的办法似乎缺乏依据，建议通过对各省市下达中央"两税"增收指标来解决，没有达到部定指标的省市愿意如数赔补；二是上划"两税"比重，1993年基数增加的部分以1：0.3返还各省，不要与全国平均增长百分比挂钩，要与本省的增长比例挂钩，以调动省市本身增收的积极性。这两项建议除个别省对第二项有所保留（主要是本省企业经营收入情况不佳，"两税"增长困难与本省挂钩将会影响本省1：0.3返还）外，其他10个与会厅局长都一致赞成。至于如何下达中央"两税"增长指标问题，有两种不同的意见：一种是与各省国内生产总值（GDP）增长比例挂钩；另一种是与各省1993年"两税"增长幅度挂钩。第一种意见，由于

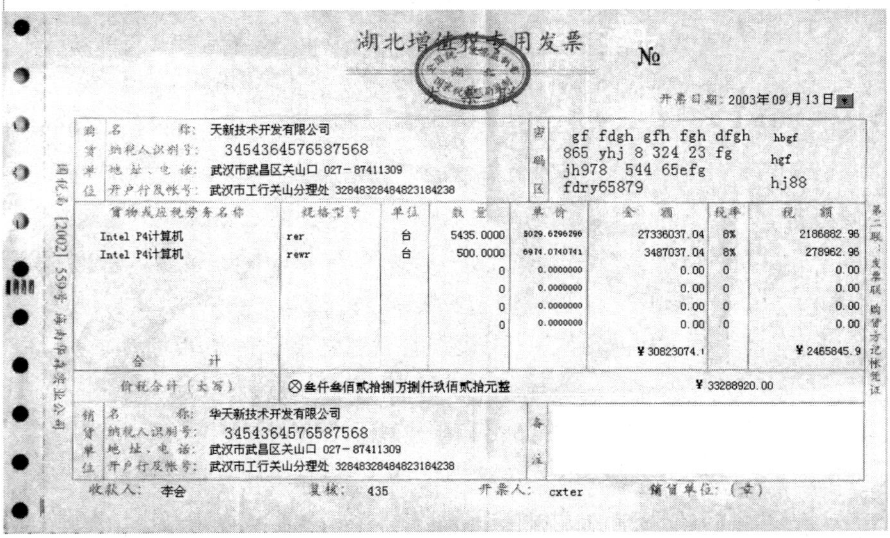
湖北增值税专用发票 №

开票日期：2003年09月13日

购货单位 名称：天新技术开发有限公司
纳税人识别号：345436457658756 8
地址、电话：武汉市武昌区关山口 027－87411309
开户行及帐号：武汉市工行关山分理处 32848328484823184238

密码区：gf fdgh gfh fgh dfgh hbgf 865 yhj 8 324 23 fg hgf jh978 544 65efg hj88 fdry65879

货物或应税劳务名称	规格型号	单位	数量	单价	金额	税率	税额
Intel P4计算机	rer	台	5435.0000	5029.6296296	27336037.04	8%	2186882.96
Intel P4计算机	rewr	台	500.0000	6974.0740741	3487037.04	8%	278962.96
			0	0.0000000	0.00	0	0.00
			0	0.0000000	0.00	0	0.00
			0	0.0000000	0.00	0	0.00
			0	0.0000000	0.00	0	0.00
合计					¥30823074.1		¥2465845.9
价税合计（大写）	⊗叁仟叁佰贰拾捌万捌仟玖佰贰拾元整				¥33288920.00		

销货单位 名称：华天新技术开发有限公司
纳税人识别号：345436457658756 8
地址、电话：武汉市武昌区关山口 027－87411309
开户行及帐号：武汉市工行关山分理处 32848328484823184238

备注

收款人：李会　复核：435　开票人：cxter　销货单位：（章）

第二联：发票联 购货方记帐凭证

图4-22 增值税发票

国内生产总值（GDP）本身有水分，如一挂钩GDP的绝对额将会出现“缩水”问题，可能会在国外产生我国国民经济搞不上去的感觉，财政部门自身承担着较大的政治风险。第二种意见，大家认为较为合理，1993年得益多的省市增幅相对高一点，应该多承担把财政收入蛋糕做大的任务，对中央多贡献一点。会议期间，形成了4条意见：(1)全国以1993年当年“两税”增幅的1/3即16%为目标，各省以本省上年增幅的1/3为目标；(2)完不成“两税”增收任务的省市以地方收入赔补，完不成上年基数的要扣减返还基数；(3)凡完成“两税”增长目标的地区，中央对其税收返还基数按当年本地区“两税”增长率的1：0.3返还。凡“两税”收入超过增长目标的地区，其超过部分给予一次性奖励，返还系数由1：0.3提高为1：0.6；(4)“1：0.3返还系数”不再与全国平均“两税”增长水平挂钩，而与本省上划“两税”增长挂钩。这4条意见最终使分税制改革出现转机，缺口问题亦解决了。

如果历史可以假设，当年真的动手挤干水分，削减各省返还基数300亿元，那么就不可能有1994年开始的连年税收增收。

经过1994、1995、1996三年连续增收，将增量悉数消化，最终得到了两个最大的收获：一是我国财政收入的蛋糕做大了，每年增收上千亿元，这在我国历史上是没有先例的；二是由于增收任务重，再加上中央一再强调依法治税，不准随意减免税，使改革开放以来愈演愈烈的减免税得到了有效的遏制。

分税制的财政体制，改变了包干体制下中央财政在新增收入中所占份额偏小、中央财政对横向财力分布调节无力的局面，建立了较为科学、合理的财力分配机制，建立了中央稳拿增量的机制，从体制上确保地方向中央上解财力的不断上升。

从1994年起中国县乡财政陷入了困境，发不出工资的面愈来愈大，负债越来越多，如不采取强有力的措施，将会危及社会的稳定和政权的巩固，此外，国地税机构分设以后，增加了50多万税务人员，使税收征收成本大大提高。

二、2001年启动的所得税改革

在发达的市场经济国家，由企业所得税和个人所得税组成的所得税，如果不是中央税便是中央与地方的共享税。而在中国，1994年实行分税制财政体制改革时，由于老百姓个人收入有限，企业效益不好，两种所得税税额都很小，例如1993年全国也只有25.5亿元的个人所得税和293.3亿元的地方企业所得税。同时，由于企业的隶属关系不同，机构尚未改革，政企还没有分开，如果实施改革阻力较大，为此财政部根据国务院领导的意见，按照渐进式改革的思路。为确保分税制财政体制框架的首先建立，暂时按企业隶属关系的不同，将地方企业的所得税连同个人所得税作为地方税种留给地方，中央企业的所得税继续作为中央收入。随着岁月的推移，改革的深入和开放的扩大，各种混合经济成分的股份制企业不断出现，这种完全按隶属关系划分企业所得税的办法带来了越来越多的问题。

首先是不利于公平竞争。市场经济是讲求公平竞争的统一、开放式经济。按企业隶属关系划分企业所得税，不仅强化了政府对企业经营活动的直接干预和企业对政府的行政依附，容易造成市场保护和市场分割，扰乱市场秩序，影响公平竞争和全国统一市场的形成，而且助长了一些地方政府擅自出台“先征后返”等

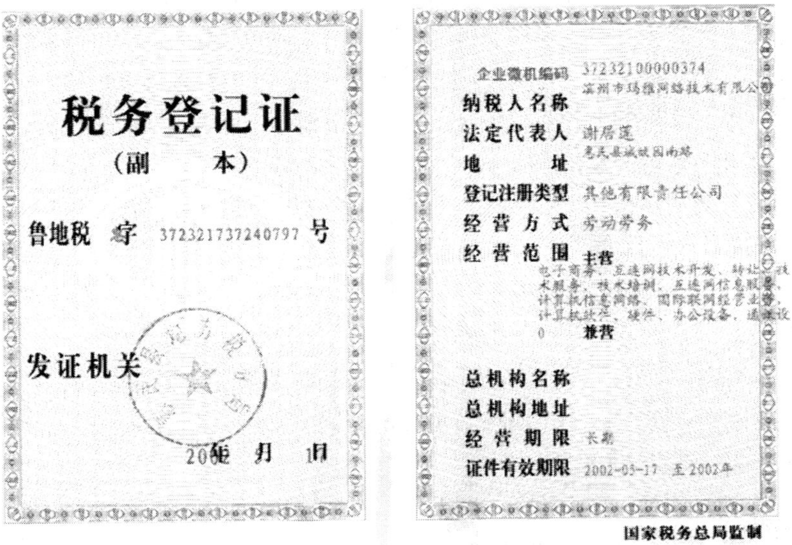
税务登记证

（副　本）

鲁地税　字　372321737240797　号

发证机关

20　年　月　日

企业微机编码　37232100000374

纳税人名称

法定代表人

地　　址

登记注册类型　其他有限责任公司

经营方式

经营范围　主营

兼营

总机构名称

总机构地址

经营期限　长期

证件有效期限　2002-03-17　至 2002年

国家税务总局监制

图 4–23 税务登记证

税收优惠政策，甚至引发所得税区域性优惠的恶性竞争，既扰乱了税制，也不利于体现税收对产业政策的支持。其次是不利于进一步深化国有企业改革。深化国有企业改革，建立现代企业制度，必然涉及产权的合理流动和重组，所得税收入归属也会发生相应变化。历史上多次改革的实践都证明，如果不能妥善解决利益机制问题，就会不可避免地引发由于所得税收入归属矛盾带来影响企业改革深入进行的严峻问题。再次是不适应新形势下所得税征管的要求。一方面现行的企业所得税收入划分办法不适应企业投资主体多元化的发展格局。随着改革开放的进一步深入，企业投资主体向多元化方向发展，合资、合作、联营和相互参股等多头持股的企业形式日渐增多，企业产权的隶属关系越来越难以准确界定，企业所得税收入划分操作起来日趋复杂，很容易引起缴库混乱。同时现行的个人所得税收入划分方法，既不适应个人所得税实行综合和分类相结合的征收制度改革后，跨地区进行收入稽核和汇算清缴的要求，也不利于加强对个人收入的监控。

随着国家经济的发展，企业效益的提高和个人收入的不断增加，两种所得税收入与日俱增，2000年分别达到510.2亿元和1005.5亿元，与1993年的25.5亿元和293.3亿元的实现数相比，增长比例分别为2000.8%和342.8%。在如此迅猛增长的势头面前，财政部第一个动作就是为了推动消费，从1999年11月1日起征收个人储蓄存款利息税，并将这一税目列为中央收入，使个人所得税成了事实上的共享税，再加上2000年九届三次全国人代会提出西部大开发的课题，急需国家财力支持，于是提高中央财政分享比例进入了所得税改革的重要内容。财政部拟就了包括提高中央财政分享比例内容在内的划分所得税收入的改革方案，并于2001年7、8月间报送国务院。10月初国务院就着手研究财政部报送的改革方案并原则同意从2002年1月1日起实施这项改革。于是10月15日财政部便发出通知，10月17日在北京召开各省、市、自治区和计划单列市的财政厅局长会议，通报改革的主要内容及有关政策。

改革的基本原则首先是保证地方既得利益。地方企业所得税与个人所得税是地方财力的组成部分，为减少改革对一些地区的影响，保证地方财政的平稳运行，实现经济和社会的健康发展，这次改革以2000年为基期，保证地方既得利益。其次是力求统一规范。将按隶属关系或税目划分所得税改为中央和地方按比例分享，分享范围和比例全国统一。既要体现财政体制和分配方式的规范性，有利于理顺政府与企业的关系，促进资源的合理配置和全国统一市场的形成，也要便于税收征管，保持征管机构和人员的相对稳定。再次是中央不集中财力。所得税划分改革后，中央由于提高分享比重增加的收入不安排中央本级支出，全部用于扩大转移支付资金规模，增加对地方的一般性转移支付，调节地区间财力分配。

改革的主要内容是，除少数特殊行业或企业外，绝大部分企业所得税和全部个人所得税（包括对个人储蓄存款利息征收的所得税）实行中央与地方按比例分享。以2000年为基期，对地方净上划中央的所得税定额返还地方。地方净上划是指地方上划中央的所得税减去中央下划地方的所得税。与1994年的分税制改革相比，这次改革在确定基期年的考虑上有所不同，这主要是基于企业所得税的计税方法与流转税不同。流转税以销售额为计税依据，月清月结；所得税计税与成本费用扣除直接相联，且按月预缴，年终清算，收入弹性较大。因此，确定以2000年为基期，既便于规范操作，尽量避免发生人为抬高基数等现象，又有利于改革目标的顺利实现。其次是关于分享比例。设计了两个方案：第一方案，中央分享75%，地方分享25%；第二方案，中央分享70%，地方分享30%。上述分享比例，既考虑了有效缩小欠发达地区与沿海发达地区之间的财力差异的要求，同时由于这次改革采取了保地方2000年基数的办法，地区间财力差异通过改变所得税增量分配进行调节，也兼顾了沿海发达地区的承受能力。再次是关于调整规范税收制度。一是关于税收征管。为了保持税收征管机构和人员的相对稳定，尽可能降低征收成本，改革后企业所得税由国税局征收，个人所得税由地税局征收。二是关于统一内外资企业所得税。目前我国内外资企业所得税政策尚不一致，为了适应经济全球化的发展趋势和WTO 的有关要求，内外资企业应当实行统一的企业所得税制度。由此产生的企业所得税收入增减变化，按改革后的分享比例分别由中央与地方分享或承担。三是关于税收优惠政策的处理。按照国务院有关文件规定，地方政府自行出台的税收先征后返政策停止执行。改革后，中央原来出台的退税及先征后返政策也要进行清理。同时报告也对跨地区中央企业集中缴纳所得税、不参与所得税分享和中央特殊行业与企业及资金分配等诸多问题都作了明确的阐述。

财政部特别强调，改革所得税收入划分办法，有利于丰富财政政策工具，健全中央政府的宏观调控职能。所得税具有较高的收入弹性，对经济的周期性波动较为敏感，具有“自动稳定器”的作用和较强的再分配功能。目前世界上许多国家运用所得税政策对经济周期实行宏观调控，以实现经济稳定增长和地区间财力均衡等目标。正因为如此，绝大多数市场经济国家都将所得税作为中央税或中央与地方共享税。据统计，在世界上35个主要国家中，英、法、意、澳等25个国家的个人所得税和企业所得税全部属于中央税。其他国家实行共享体制，其中多数国家中央分享较大比例。可以说，所得税划归中央或中央与地方共享，是国际上的通行做法。这对发挥中央政府宏观调控职能，保证转移支付的顺利实施，实现区域平衡发展和调节个人收入分配等意义重大。我国的税制结构虽与西方发达国家有所不同，但所得税具有的内在功能并不会因此而改变。

根据这次会议的要求各省、市、自治区及单列市经研究后都如期向财政部反馈了意见，大致都是在原则上赞成和支持中央的决策，在具体问题上都提出了一些要求，这些要求归纳起来无非是提高分成比例和以2001年实际执行数为基数。国务院领导为了进一步调动地方支持中央实行改革的积极性，根据1993年分税制财政体制改革经验，打算以2001年当年实际执行数为基数。于是财政部在11月23日立即召开会议进行部署。

首先是关于基数的确定。原方案以2000年实际执行数作为基数，主要是考虑这样做比较规范，能避免一些人为因素的干扰。但为保证地方的既得利益，现方案规定以2001年实际执行数为基期。其次是关于所得税收入分享比例。原方案规定，中央与地方按“75∶25”或“70∶30”的比例分享所得税收入，一步到位。有的地方认为中央分享比例过高，不利于地方财政的平稳运行，要求适当降低中央分享比例，或分享比例不变但分步到位。中央认为地方的意见有一定道理，考虑到按现行体制2000年中央分享所得税的比例已达38%的实际情况，现方案规定2002年中央与地方按“五五”分享，2003年按“六四”分享，以后年度的分享比例根据实际收入情况再行考虑。再次是关于所得税的征管体制。在原方案中，从降低征收成本和规范税收征管考虑，拟在改革后将企业所得税统一划归国家税务局征收，个人所得税则继续由地方税务局征收。由于一些省地方税务局闻讯后的强烈反对，税务总局本着国地税两家“一碗水端平”的原则，提出除新注册企业的所得税由国家税务局征收外，其余所得税的征管体制暂不作变动，原来由谁征管继续由谁征管的建议，从而缓解了当时颇为紧张的征管矛盾。

此后不到一个月，国务院正式发布了《国务院关于印发所得税收入分享改革方案的通知》，通知进一步明确了以2001年为基期年和中央与地方2002年按“五五”分享、2003年按“六四”分享的比例关系。

紧接着财政部的会议之后，全国一些地方受利益驱动，千方百计上基数，对此，国家税务总局领导高度重视，12月10日总局选择了所得税总量大、增幅高的10个省市及部分计划单列市座谈，要求各级税务机关依法治税，制止人为抬高基数的违纪行为。会上总局主要负责人作了重要讲话，要求各地要实事求是地处理好2001年的基数，不要搞人为的虚增和扩大基数。这样做的结果只能是贪图一时之小利，带来长期的祸害，一些地区不惜用寅吃卯粮，查账改定额，按季变按月，假盈真亏等非正常手段扩大基数只会搬起石头砸自己的脚。

但是，全国各地扩大基数热潮依然不减。对于这种异乎寻常的增长，财政部不得不在12月29日向国务院上报了《关于2001年11月和12月上中旬地方企业所得税增长情况的报告》。2002年元旦，国务院国办发1号文件转发了财政部的报告，并强调为确保此项改革顺利进行，地方各级人民政府要从讲政治的高度，进一步提高认识，严格依法治税，严禁弄虚作假。2002年1月国务院有关部门将组织专项检查，严厉查处作假账和人为抬高基数的行为。对采取弄虚作假手段虚增基数的地方，相应扣减中央对地方的基数返还，依法追究当地主要领导和有关责任人员的责任。要求各地务必根据本通知精神，对地方企业所得税收入中出现的问题认真进行检查，坚决杜绝和纠正一些地区人为抬高基数的错误做法。

与此同时，财政部、审计署、中国人民银行、国家税务总局联合发出《关于对2001年地方企业所得税入库情况进行专项检查的通知》，财政和审计两部门先后二次派出16个审计特派办检查组和19个财政专员办检查组，共1500余人赶赴除西藏以外的35个省、市、自治区和计划单列市，进行为时长达40余天的检查。估计也有不少于1万名的财政、地税干部参与其中配合核查。检查结束后，面对浩如烟海的检查材料，审计和财政两个部门经过数十天的认真梳理后，终于排查出了不正常收入256亿元，其中28亿元属于中央收入混入地方库，228亿元被认定为地方人为抬高的基数，两者占全部企业所得税超收总量631.2亿元的40.6%。

财政部对基数确定草拟了诸多方案，进行一一比较。其中以各省、市、自治区、单列市2000年地方企业所得税的实际数加上2001年1—9月各地地方企业所得税的实际增长率（扣除混库全国为32.1%），然后推算出2001年的基数，即：2001年地方企业所得税基数=2000年地方企业所得税实际数×（1+2001年1—9月的增长率），为方案之一。

以前两年各省、市、自治区、单列市地方企业所得税的平均增长率（全国为23.5%）结合2000年地方企业所得税实际数推算出2001年基数，即：2001年的地方企业所得税基数＝2000年地方企业所得税的实际数×$\sqrt{\frac{\text{2000年地方企业所得税实绩数}}{\text{1998年地方企业所得税实绩数}}}$，并确定了一个推算基数不得超过2001年实际数的封顶规定，为方案之二。

由于上述两个可供优选的推算方案在扣除总量和相对合理性方面都优于检查以后的方案，因此这两个方案在6月12日取得了国务院领导的原则同意，并且在6月14日召开的总理办公会议上获得顺利通过。于是财政部便按照基数最大化的原则对各省市分别进行两个方案的优选，通过分析比较适用第一方案的省市有22个，适用第二方案的省市有13个，两个方案出台后能扣除基数301亿元，比原来通过检查仅仅扣除228亿元的基数要多出73亿元，与2000年实际数相比，全国平均基数增长率仅为35.6%，不但与2001年1—9月平均增长率32.1%相仿，而且还高于前两年平均增长率23.5%。由此可见，两个互补的方案具有相当的合理性。

尽管2001年基数之争的烽烟，早已烟消云散，但它留给人们的思考却远远没有结束。中国人思维重悟性，西方人重逻辑，悟性是一种境界，只有少数人才能达到，而逻辑讲究推演，每个正常人都能做到。因此在市场经济条件下，处置各种利益关系是依靠人还是依靠机制，依靠领导的讲话还是依靠法律法规，将永远是摆在我们面前的重大课题，上至宰辅下及黎民谁都回避不了！

第十节 体制博弈引发的思考

一、财政乃国之基石

人们都知道经济是政治的基础，而反映经济状况的财政更是维持政权正常运转的强大后盾。正因为历代统治者深知没有财力就等于没有权力的道理，所以他们都十分重视生产的发展和财力的集聚，尤其是那些开国之君没有一个不亲自关注生财、聚财和理财之道的，并且历史证明不知道理财者就不懂得治国。最典型的便是明末造反18年却只当了18天大顺皇帝的李自成。他提出“均田免粮”和“追赃助饷”的口号，不走正常的征税理财之路，而是利用吃大户的办法来剥夺富裕获得不能细水长流的一次性财力，从而使自己从人们焚香点烛把他迎入北京算起仅仅只有18天，便不得不连夜逃出北京城，走上了失败之路。

二、轻税有利于长治久安

自公元前221年秦始皇并吞六国，完成统一中国以后的2200多年来的历史证明，凡是实行轻徭薄赋的朝代都是长命王朝，而且也是强大的王朝，如两汉立国426年，唐代国祚长达289年，直至今日国内还有汉族之称，国外还有唐人街之名，而推行横征暴敛的王朝即使立国之初显得十分强大，但曾几何时就烟消云散了，其典型便是貌似强大的秦王朝，建国15年而亡，横扫欧亚两大洲的元王朝不到百年便失去了政权，不得不仓皇逃出北京城重返漠北。

三、合理的管理层次是效益之源

财政管理是整个社会管理的组成部分，它与经济发展、国家形态相联系，存在着一个合理而有效的管理层级问题。处于自然经济状态的人类在立国之初，大多由部落松散型改制而成，财政多行国家和部落两级制。至周代生产有所发展，但国家行分封制，仍然保持松散型的组织形式，因此与经济和国家形态相一致的财政管理相应增加了一级，实行王、公、大夫的三级制。

秦始皇灭六国后，为了建立一个中央集权制的专制主义国家便走物极必反之路，实行中央一级财政，结果由于缺少地方的有效支持，立国仅十余载即被刘邦建立的汉王朝取而代之。

刘邦登基后，他深知地方支持中央的重要，让郡守掌财，财政管理改行中央与郡国两级制，由于两级制适应了当时生产力发展和行政管理水平，使汉王朝得以长治久安，国祚绵延自秦以降居历代统一王朝之首。可见在当时的生产力发展水平下，两级制是合理的层级设置。

唐代前期财政管理继续实行中央和州两级制，支持了唐王朝的鼎盛和强大。“安史之乱”以后大权旁落，朝廷被迫实行中央、道（节度使）、州三级分税制，结果王朝逐渐走向衰败，以至于最终政权易手。

宋王朝建国后，吸取了唐后期财政收入按“上供、送使、留州”进行三分的优点，并以设置路转运使的办法避开了财政管理三级制弊端，始终坚持财政管理中央与路的二级制，结果取得了成效。

元明清三朝基本沿袭了汉、唐前期和两宋王朝的财政管理体制，实行中央与省两级财政体制。

南京国民政府建立以后，根据经济发展的情况和国际上发达国家财政管理经验，于1934年决定次年建立县级财政，从而使中国财政管理进入了中央、省、县三级制阶段，应该说财政管理三级制就世界范围来说，是一个相对合理的管理架构，而目前我国实行财政中央、省、市、县、乡五级制不但层次多，交易成本大，效益低下，而且由于中国人口多，只要多一个层次便让人们多了一个争吃皇粮的机会，为各级机关冗官冗员的充斥创造了条件，可以说有百弊而无一利。因此，我国尽快实行省管县，取消市辖区和乡镇，实行市直管街道和乡镇推行自治已经迫在眉睫，刻不容缓了。

四、要冲破权大于法的文化束缚

几乎没有一个有头脑的中国人会在大庭广众之下宣称管理不需要机制，但是在权大于法的运作体系中，心甘情愿地“赋权力于制度”者并不多，尤其当权者如果把他所拥有的一切权力都机制化了，不仅显示不了自己的高明，更显示不出自己的权威，因此不仅新人上台要实施变革，就是老人也要年年有所进步，从而使各种体制始终处于不停顿的变动之中。从而加剧了投机心理，久而久之便强化了中国人急功近利的心态。这种心态在全国各地付诸实际行动的典型表现便是著名的“特事特办”。所谓“特事”往往指的是长官个人认为要办的事，“特办”就是指不按规定和程序办事，合而称之的“特事特办”，常常以违法为代价。比如在招商引资中，很多地方展开了优惠政策“大比拼”，有的地方擅自减免外商的各种税收规费，或违规财政返还，有的地方以低价征用农民土地，然后“送”给开发商。至于近年来犹如雨后春笋般的各类开发区和“形象工程”，相当数量不仅没有通过合法手续审批，而且违法批地、越权审批，移用资金，损害百姓利益，都是在“特事特办”的名义下进行的。冠冕堂皇的“特事特办”不仅损害了公平原则，对某些企业减免税就使竞争对手处于不利的竞争地位，对某些人“特办”就是对未享受“特办”待遇者的不公平。同时由于“特事特办”无章可循，从而给有权力的决策者留下了一块完全自由裁量而不受法律约束的空间。一些地方长官每当想干什么事而法律上又找不到依据时，就会祭出“特事特办”的大旗，甚至将“特事特办”作为滥用权力、以权谋私的借口。试看近年来的地方政府违法行政案件，有几件不是“特事特办”的结果呢？有些领导“拿了人家的手软”，批起条子来不也常常借“特事特办”之名吗？

“特事特办”有悖于依法行政及其法治的原则，是对正常的市场经济秩序的破坏。尽管它有时能带来一定的积极效果，但它损害了全局和长远的利益。如果说在转轨初期这种“特殊”的行政手段还有一定的合理性的话，那么在市场经济体制逐步完善、法治建设全力推进的情况下，“特事特办”应该退出历史舞台了。

第五章 求官食禄的酸甜苦辣

“官”和“吏”在汉以前指的是同一对象，故后世常以“官吏”作为官员的统称。秦朝时，官和吏都指个人在国家机构中担当的职务。并且秦代还有“以吏为师”的说法，如当时的宰相李斯写的小篆书法便是全国“以吏为师”的书法范本。汉朝以后，“官”和“吏”开始各有所指，“官”主要指较高级的官员，“吏”用于指低级官员。唐宋以来，“官”用于指有品级的国家命官，“吏”则指为官员办事的属吏和胥吏。官吏则成为官员和吏员的总称。设官分职，任职获禄，这是国家对官吏付出劳绩心力的物质报酬。

中国历史上，财政支出除军费、皇室费用、工程费用及其他支出外，官吏的俸禄支出是一项重要内容。而负责发放俸禄的机关则是国家财政部门，根据文字记载中国国家财政机构设置始于周朝。周朝在中央政府设置六官。在六官中，天官与地官系兼管财政税收之官。天官的职能对内定朝廷法度，财政方面兼管支出；地官的职能对外管理国民经济，财政方面主要兼管收入。秦始皇统一中国后，建立了新的财政机构：首先，设置了主管国家财政的治粟内史，掌管全国租税收入和财政开支事务。此后这一职务虽在名称上有所不同，如汉朝称为大农令、大司农、大农，魏晋南北朝至隋朝称度支尚书，唐朝将度支尚书改为户部尚书，经宋、元、明、清，直至清末改为度支部大臣，民国后改为财政总长、财政部长，但设置作为总揽国家财政事务的中央专职官署和官吏这一原则，一直被历代政府沿袭下来。其次，从秦朝开始，在地方行政机构中配置基层财税人员，即在县以下的乡设啬夫一职，负责掌管“听讼收赋税”。历朝名称和人员编制有所差异，如明朝为不列入国家工作人员序列的粮长、副粮长等，但其征收赋税的职司实质是相同的，只不过明朝朱元璋实行民收民解，元朝忽必烈实行商包法，其他各朝大都推行官收官解的不同形式而已。再次，自秦朝开始，专设“少府”这一中央机构，掌管供皇室私用的山海池泽商市租税收入及水衡铸钱、官府手工业赢利，开创区别国家财政与皇室财政之先河。尽管历朝这一机构的设置及名称有所差异，如汉武帝时曾将少府分置出水衡都尉，掌管皇帝苑囿及铸钱等事项，但其专门管理皇室财政的职能则大体相同。

中国俸禄制度分四个时期：在西周春秋时期实行的是爵禄制，亦可称世官世禄俸田制；战国为从爵禄制向俸禄制转变的过渡期；秦朝至清朝实行俸禄制；民国以后实行薪金制。爵禄制的禄的等级标准按爵位划分，并赐给采邑。俸禄制也按等级颁给，划分等级的标准大体经历了三个阶段。一是秩石制。起于战国时期的秦国，因秦国谷物以石为计量单位，故官员之秩级亦与谷物数量相联系，秦汉时成为定制。二是秩石制和品级制双轨并行期。品级制始于曹魏的九品中正制，至北朝北魏太和年间颁布《后职员令》，将官分为九品正从十八等，以官品定俸禄，推行品级制，但就全国而言，这一时期品级制与秩石制并行，是秩石制向品级制的过渡时期。三是品级制。此制在隋朝始推行于全国，一直沿袭到清末，前后历千余年之久。品级制的实施，以北宋《嘉祐禄令》为界，可区分为前后两期。隋唐以来都按职事官的官品颁发俸禄，而临时差遣以“使”名执行某项任务，并不改变其俸禄标准。北宋嘉祐年间改变了只依职事官官品给俸禄的“寄禄制”，代之以依据职事官原有官品为主，差遣职务为辅的“综合”给禄制。这样按劳绩取酬，有利于发挥“使职差遣”官员“治内外之事”的积极性，解决了官员“名与实殊”的矛盾。

俸禄支付形式主要是实物与货币，辅之以土地和劳动力。俸禄支给，开始是以谷粮为主的实物，继而是钱币，或实物、钱币、银两兼给（佐以土地），最后是支给银两为主。民国以后则以支付货币为主。在实际支付时，则根据国家财政收入（赋税征纳形态）和支出情况而时有改变。由于物价变动以及不同俸禄形态折算标准的差异，也影响官员的实际收入。

秦汉及其以后历代封建王朝的官吏，尤其高级官吏除享受与官吏秩别品级相应的俸禄外，还有一套爵位制度，与爵位高低相应的经济待遇也是他们收入的来源之一。如秦国实行二十等级军功爵，汉高祖刘邦继承秦制并用之于汉王朝等等。

图5–1 汉画像砖中各种官吏形象

秦汉以来，薄俸一直成为问题。为了解决此事，增加官员经济收入，隋、唐曾行公廨田、公廨钱。唐朝的公廨钱就是财政拨钱给各官署，由官署经营商业和高利贷以自养，宋朝官僚则以经商为个人副业；这不仅关系官吏的私人生活，它还牵连到为官寡廉鲜耻的一系列政治经济问题。清朝雍正年间将明朝后期加征的火耗银规范化、固定化，建立了与品级制相配套的养廉银制度。这一制度在一定意义上具有创制色彩，标志着俸禄制度的完善与变革，并对整肃吏治产生了深远影响。

从俸禄演变历史来看，周代最高一级“三公”的爵禄标准能养活2880人，最低一级“士”的爵禄标准只能养活9人，两者之比为320倍。而民国官员薪金制按1912年公布的中央行政官官俸法规定，其标准划分为特任官、简任官、荐任官、委任官四类，其中，特任官为国务总理和各部部长，简任官分为三级，荐任官分为七级，委任官分为十二级，最高一级国务总理年薪银元1500元，最低一级委任官为50元，最高一级薪金为最低一级薪金的30倍。可见，最高等级与最低等级官吏报酬的差距，随着生产力的发展和社会不断进步，呈逐渐缩小趋势。也就是说，随着生产效率的提高，社会趋向公平是历史的必然。

古代的官吏“致其所掌之事于君而告者”简称为致仕，即相当于现代之退休。中国最早的官吏退休始于商朝太宰伊尹的“告归”，周朝不少卿大夫“七十而致仕”，即实行70岁退休的制度，但当时并没有成文之规定，仅约定俗成而已。到了汉、唐、宋、元，基本上沿用周制，明文规定70岁致仕，至于享受致仕的官阶范围，汉唐为中高级官吏，宋则扩大到所有文武官员，元则规定三品以下得致仕。明清两朝处于封建社会后期，社会矛盾日益尖锐，为提高国家机器的统治效能，对致仕年龄作了压缩性的规定。明朝规定，“文武官员六十以上者，准令致仕”，凡老病官员55岁以上者，即可致仕。清朝致仕年龄分类更为繁杂，一般文官致仕年龄为60岁上下，武官随官职大小确定，最低一级把总以45岁为限。明清两代文武官员均可致仕。尽管汉以后历代统治者对官吏致仕都有具体规定，但作为朝廷重臣、有功者和特旨选用职官均不受限制。对致仕官供俸始于西汉，但各朝发给俸禄标准不一，主要分为食全禄、半禄、1/3禄及更低比例，甚至为零。供俸标准是按照官吏任现职时的职务、品位、功绩和年龄等条件，由皇帝颁诏确定。封建社会朝廷官吏致仕手续大体都是按官品分级办理，主要分为三类：一、二品官自己奏请，由皇帝直接批准；三品至五品官自己提出申请后，由吏部、兵部拟定意见，向皇帝奏准；六品以下官吏，则分别由吏部、兵部按规定直接办理。这与中国目前按干部管理权限审批退（离）休并办理有关手续是十分相似的。

与俸禄制度紧密相连的是官吏选拔任用制度。“官为国之基，治国图治首在吏”，官吏素质的优劣是国家治理的基础和决定性因素。各朝代的统治者，总是希望通过选拔贤能的人为其政权有效运转服务，尤其是每一朝代建国之初更是如此。作为对官吏管理的重要一环，就是选拔好忠实于朝廷、治民有方的人才，因此，凡是有作为的开明君主都致力于研究官吏选拔制度的广泛性、客观性和有效性，从而使选拔制度越来越趋于完善。历史上的选拔制度主要有：原始社会的禅让制、战国秦朝及西汉初期的军功爵制、两汉的察举征辟制、魏晋南北朝的九品中正制、隋唐五代宋元明清的科举考试制。官吏选拔任用制度的不断变革是生产力不断发展、社会不断进步的演进结果，是统治阶级选拔人才、行使管理国家职能的需要。然而世界上一切良法美政实行久了，都会产生流弊，所以“法久弊深”与“法严弊深”，都是中外千古不易的名言。历史上任何选官措施和制度都只能适用一个时期，时间一长即被歪曲而走向反面，成为封建豪门势族用来毁掉封建统治本身的手段。这是由于封建当权者总希望保护自己既得利益，在一定范围内为了私利，他们不惜用“任人唯亲”代替“选贤任能”，造成了谋私利的当权者之个体利益与统治阶级群体利益的冲突。因此，在封建社会的任何朝代都不可能有彻底的“选贤任能”，即使开明君主，也无法左右他所处的阶级群体，因而，最终还是走向官吏腐败，社会黑暗，民不聊生，导致人民揭竿而起，改朝换代。

考绩与监察是官吏管理制度中又一个重要内容，受到历代统治者的重视。各个朝代都设置监察和考绩机构及其职官，如秦朝的御史大夫、御史中丞、监郡御史，唐朝的吏部考功司，并有一套对官员进行考绩监察的办法，按照预先拟定的标准对各类在职官员进行考绩，察贤否，明功过，以此作为对官员进行督责，并将考核结果作为对官员升降赏罚的依据。这是一项使官吏队伍能经常保持活力的有效措施，直至现代我们仍坚持对官员的考察制度，只不过考核的形式、内容和标准有所差异而已。古代的御史权力很大，可闻风弹劾，不直接承担责任，还有权直接向皇帝进谏，负责“掌以刑法典章纠正面官之罪恶”。由于御史大夫作用特殊并受到皇帝的重视，故对任职人员素质要求很高，明清时代规定非进士、举人出身不得任御史。

第一节 制度肇始的先秦三代

一、朝廷命官

中国历史上第一个国家是夏朝，有了国家机器就一定要配备一批官吏维持运转，并给予官吏以相应报酬。因此，中国古代最早设立职官的朝代是夏朝。当时由于奴隶制处于萌芽阶段，国家机构还很简单，因此，职官主要是“三正”：一是“牧正”，掌管农业、畜牧业的官员；二是“车正”，掌管全国车辆制造的官员；三是“庖正”，管理王族后勤供应的官员。从西周开始，建立国家职官品级制度，以确定全国公职人员的职务地位。《周礼》中记载：“官者管也，职者值也”，即是说官吏负有管理的责任，确立官吏的品级制度，是要明确官吏权责的大小、事务的繁简。因此，西周“以九仪之命，正邦国之位”，以九个等级的名称来确定全国官吏的职位。九个品级名为：公、侯、伯、子、男、公卿、大夫、上士、中士。因此，《国语·周语》称西周“外官不过九品”。中国历代职官九品制由此创立。官员从周朝起就分为九等，称为命，最高是九命，最低是一命，后世所谓朝廷“命官”一词即源于此。由于对周以前的官吏俸禄情况缺乏记载，我们只能从周朝谈起。

图5-2 夏禹

二、西周至春秋的爵禄制

西周至春秋，实行爵禄制。官员受禄标准视爵位等级之高低，爵位高的受禄多，爵位低的受禄少。但这一时期的禄并不是由周王或诸侯国君用钱财、谷物即货币或实物的形式发放，而是授予采邑，即按爵位颁给一定数量的土地及耕种这些土地的劳动者。至于具体到某一爵位禄之多少，则以维持多少人口生活的标准来衡量。例如，大国国君与协助周王处理全国大政的三公（指太保、太傅、太师三个执行官），其爵禄标准为养活2880人；“卿禄四大夫”标准为养活288人；大夫倍上士标准为养活72人；上士标准为养活36人；中士标准为养活18人；士者为最低爵位，其标准为养活9人，相当于耕田百亩的“上农夫”所能养活的人数，

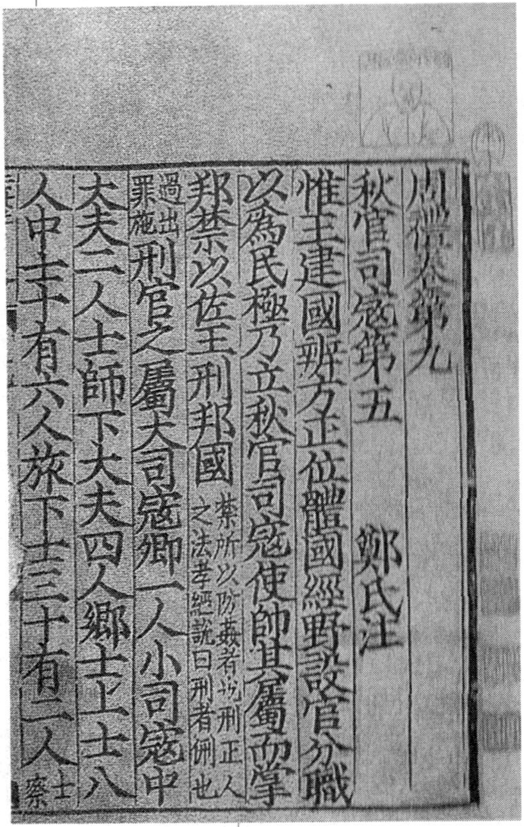
周禮卷第九
秋官司寇第五　鄭氏注
惟王建國辨方正位體國經野設官分職
以爲民極乃立秋官司寇使帥其屬而掌
邦禁以佐王刑邦國禁所以防姦者也刑正人之法孝經說曰刑者侀也
過出罪施刑官之屬大司寇卿一人小司寇中
大夫二人士師下大夫四人鄉士上士八
人中士十有六人旅下士三十有二人

图 5–3 《周礼》

其食禄标准最高等级的“三公”是最低等级“士”的320倍，是一命官中士食禄标准的160倍。从中我们也可以看出，其养活人数始终以个位数的最大数9为倍数，这就不难理解中国人对最大个位数“9”的钟爱和北京九龙壁来历的历史渊源了。西周及春秋时期实行的爵禄制，实际上就是贵族世官世禄俸田制，贵族世代作官，为了维持本族较高的身份地位，官职还可在子弟之间转让。只要贵族的身份能够维持，不夺爵失官，采邑就可以世袭拥有。官员任官受爵并获采邑，实质上就是分封建国。“盖古者有爵必有位，有位必有禄，有禄者必有土。故封建、命官，其实一也。”采邑主委派家臣掌管采邑，并要组建军队，随上一级采邑主出征，采邑实际上是一个个大小不等的独立王国，共同构成了这一时期的统治框架，这也是周朝爵禄制与后代俸禄制的明显区别。

春秋时期，随着社会经济的发展和古老的氏族血缘组织的崩溃，为争夺土地、人民及霸主地位，周王与诸侯国君之间、诸侯国家之间、诸侯国内国君与卿大夫之间，经常兵戎相见，发生冲突。新老贵族不断兴衰更替，旧制度遭到了破坏。到了战国时期，战争是各国最重要的政治活动，春秋争霸战争中保存下来的秦、楚、燕国和突破分封制樊篱由卿大夫采邑而新兴的齐、赵、韩、魏等国都卷入了生死存亡的战争。战争表明，官职爵禄对于争取民心，提高军队战斗力以及实现国家强盛发挥着重要作用。因此，各国不拘一格选拔人才，奖励军功，对勇敢者不管出身贵贱，都可担任将领，从而否定了西周以来将领必须由具有贵族身份的人担任的惯例，这就在官吏的社会阶层来源上否定了世官世禄俸田制度。士原本是西周春秋贵族阶层中最低的一级，其职责是为卿、大夫等上层贵族服务，主要在战争中担任战士或低级军官，这些人“俸足代耕”，即可以不参加体力劳动而能维持生活所需，但没有世代任官的特权。春秋末期，大量的士已经平民化，而他们相对于世袭从事农、工、商等职业的人又有接受文化教育的优越条件。战国时，“士”已成为有文化知识者的专称，各国统治者为了富国强兵，纷纷招聘有真才实学的“士”担任要职，如“素贱人”蔺相如官至赵国相，拜上卿，上蔡布衣李斯官至秦国相等等。平民通过教育步入仕途，当官再也不是贵族的特权，社会上大批“仰禄之士”的涌现，使战国时各国君主可以任意选用或罢免官员，从而有力地冲击了世官制，始创了中国古代文官制度。后世西方文官制度和中国现代向社会招考公务员，一些优秀农民、工人考入公务员行列亦受此渊源影响。

官不能世袭，作为官员经济报酬的禄也自然不能世袭。战国时承春秋末叶已出现的变化，官员的禄有封邑和支付实物两种形式，前者还有采邑制的痕迹，后者则为俸禄制的起源。虽同样以土地民户为禄，但战国时的封邑与西周春秋时的采邑

图 5-4 战国牢阳司寇砖印

有本质不同。采邑是贵族世袭，有治民权。封邑只能征收封邑范围内的赋税，没有治民权，也不能世袭，离任便“收其田里”，即将俸禄田悉数收回。因此，封邑只能说是俸禄的一种实现形式。

从春秋后期开始，一些诸侯国君便开始用县、郡等行政单位（春秋时县大于郡，秦始皇统一中国后郡大于县）直接控制新占领区，由国君直接派人征收赋税。战国时，随着采邑分封制的废除，郡、县等地方行政机构更普遍地在各国设置起来，一些国家还积极扶植在生产力发展基础上涌现出来的个体小农，鼓励农耕。因此，各国都储备了可观的谷物。这些谷物除了供给军队公用外，也用于官吏的报酬。所以，当时各国以谷物作为俸禄的一种形式，是这一时期国家财政收入主要是谷物这一特定的经济基础所决定的。其俸禄标准是以谷物的计量单位来衡量的。各诸侯国谷物计量单位各异，有钟、盆、石等计量单位。如卫国以盆为单位，传说墨子推荐一位弟子到卫国作官，卫国国君本来答应给予此人1000盆俸禄，后来落实下来只有500盆，他嫌少就辞官不干了。俸禄制度，在秦国称为秩石制，并随着秦统一六国建立中央集权制的国家，其秩石制的俸禄制度更为制度化，对后世产生了极其深远的影响。

商周时期，俸禄支出在国家财政支出上不占重要地位，因为那时实行的是爵禄制，官吏就食于田地，国家不需要直接支出主体俸禄，即使有支出，也无非是临时、非常规的少量俸禄支出而已。

三、商代首开“七十而致仕”

中国古代官吏退休制度始于商朝。《尚书》卷八记载，商初太宰、三朝元老伊尹在帮助太甲恢复王位后即要求告老还乡。至周朝允许卿大夫退休，于是卿大夫到70岁即要求退休的更多了，久而久之形成了“七十而致仕”的不成文规定，商周两代逐步形成了中国高级官吏退休制度的雏形。

四、从传贤到传子

原始社会初期，随着生产和生活的需要，产生了由氏族成员民主选举氏族首领的制度。到原始社会末期，氏族组织发展成为部落联盟，地域范围和人口数量有了极大的增加，在古代交通、通讯条件十分落后的情况下，举行民主选举显然受到限制。而部落首领及其继承制度却无法回避，于是在氏族社会末期就出现了尧禅让于舜、舜禅让于禹的“禅让制”。禅让制体现了天下为公、选贤任能的用人原则，但也包含着终身制的不合理因素。随着生产力的进一步发展，私有制和阶级的产生，中国出现了古代的第一个国家夏朝，寓于禅让制度之中的终身制因素有了进一步的发展，“传贤制”终于演进成为“传子制”，夏朝的启将王位传给自己的儿子太康，商朝后期嫡子有了王位继承权，庶子有分封权，宗法分封制开始形成。西周王朝建立以后，依据血缘关系，分封贵族到各地作诸侯，共分封71国，诸侯在分封国内享有世袭的统治权。宗法制是世官世禄制产生的一个原因，贵族垄断的学校文化则是产生世官世禄制的另一个原因。从夏朝奴隶制国家建立起，官学教育一直为奴隶主贵族垄断。他们兴办官学的目的是培养教育贵族子弟，代代承袭作官。西周的官学分“国学”和“乡学”两级。设置在王都和诸侯国都城的贵族学校，称为“国学”，各地卿大夫办的贵族学校，称为“乡学”。国学又分为大学、小学两个层次，中央直属的“辟雍”和诸侯国的“泮宫”都是大学，即大贵族子弟的高等学校，在大学之下，也附设大贵族子弟的初级学校；各地卿大夫（或士）还办有“乡学”，这是一般贵族子弟的学校。世官世禄制承袭顺序是：天子嫡长子为天子，诸子为诸侯；诸侯嫡长子是诸侯，诸子为大夫；大夫嫡长子为大夫，诸子为士。世官世禄制实行任人唯亲的原则，排除了国家对官吏的选拔、更新和交替，尽管在其实施初期对巩固政权起了一定的历史作用，但随着生产力的发展，到战国时期已阻碍了社会的进步，最终被历史所抛弃。中国目前很多民营企业领导层往往以血缘关系组合，很难说没有受到上述传统思想的影响。但是我们可以相信，这种在企业创业之初能发挥一定作用的血缘结合，随着社会生产力的进一步发展和社会分工的日益扩大，亦会被历史所抛弃，走向从全社会招聘人才，任人唯贤的优化组合。

五、周代首开官吏考核与监察制度

中国历史上对官员的考核，最早见于《周礼》。《周礼》记载“太宰以八法治官府”，“少宰以六计课群吏”。这就是说，太宰以明确隶属关系，分清职责范围，工作思路清晰，处事有条理，依法办事，勤勉奉公等方面内容列出8条标准来考核政府部门及其长官；少宰则以品行端正、作风正、守法纪、有才干、勤劳并有判断能力等6条标准对政府部门及其他官员进行考核。这与现代干部分级分类考核有相似之处。中国古代最早出现监察制度是在西周。御史早先是史官，掌记事，权力很小。后来御史成了君主的秘书和掌管机要的官员，与君主接触密切，逐渐成为君主的亲信，对于国家大事乃至官员的功过都以御史的意见为准。因此，久而久之御史就成了君主的“耳目”，行纠弹官邪之责，成为君主的监察官。春秋战国时期御史“掌记事纠察之任”，标志着中国监察制度进入了创始时期。

第二节 创建中央集权制度的秦代

一、从王到皇帝

秦始皇灭六国以后，为了统治这个前所未有的封建大国，嬴政用极权的手段创建了中央集权的专制制度。将“王”改为“皇”，自称始皇帝，将皇帝自称改为“朕”，希冀后世子孙世代相承，通过制定尊君抑臣的朝仪和文书制度，使君主的权力被神圣化而不受任何制约。在中央实行“三公九卿”的行政管理体制，三公即丞相总理政务，太尉统管军事，御史大夫掌握监察，共同组成对全国发布政令的中央枢纽。三公以下设奉常、郎中令、卫尉、太仆、廷尉、典客、宗正、治粟内史、少府等九卿，其职能分别是：奉常负责宗庙礼仪，兼掌选试博士（中国古代学官名）；郎中令负责保卫皇帝的安全和传达皇帝的命令；卫尉掌管宫门屯兵；太仆掌皇帝的舆马和马政；廷尉掌司法；典客是分管边疆少数民族事务和诸王列侯朝聘宴飨郊迎之礼的官员；宗正掌皇族事务，凡皇族宗亲与外戚姻亲均归宗正管理；治粟内史掌国家财政；少府掌管皇帝及皇室的财政。在全国废除分封制，全面推行郡县制，将全国分为36郡，以后又陆续增至42郡，直至48郡。这些郡完全听命于中央和皇帝，成为中央政府直接管辖下的行政单位。在郡以下设县，郡县两级系地方行政机构，其职能分工为：郡守（相当于省长）负责郡内全部政务；尉（相当于省军区司令和公安厅长）负责军事和社会治安；监（相当于现代省级监察主官）掌监察；县令（治民户1万户以上的县）、县长（治民户在1万户以下的县）负责全县政务；县尉和县丞分管全县的军事和司法工作。这些官吏由中央政府或者上一级政府任命，一律不能世袭。在县以下设乡，乡设三老管教化，5000户以上的大乡设有秩、5000户以下的小乡设啬夫管征税诉讼，每乡还设游徼管社会治安。乡以下设里，为最基层的行政单位，选拔强有力者任里正（亦称里典、里魁）。为加强治安，查禁盗贼，在交通要冲每隔10里设一亭，置亭长，其职能相当于现代警察值勤点之警官。

二、与军功爵制配套的秩石制

秦代官吏等级和俸禄行秩石制。秩石制始于战国时期的秦国，汉成为定制，一直延续到魏晋南北朝，与品级制双轨运行，推行近千年之久。

战国时期，诸侯各国为争夺霸主地位，选贤任能，进行了激烈的竞争。为取得军事斗争的胜利，公元前359年至前350年，在秦孝公支持下，商鞅进行变法，并确立了二十级军功爵制。秦孝公明令，废除旧贵族的世袭特权，宣布秦王室家庭成员，如果没有军功，也要取消贵族的资格，不得以血缘关系取得官爵利禄，异姓的贵族更不得享受世袭特权。《韩非子·定法篇》记载："商君之法，斩一首者，爵一级，欲为官者，为五十五石之官；斩二首者，爵二级，欲为官者，为百石之官；官爵之迁，与斩首之功相称也。"这就是说爵级与军功紧密相连，岁禄以爵级确定。秦的军功爵制共二十级，其中一级至八级属低爵类，是士兵的爵位，八级至二十级为高爵，是官吏的爵位。最高爵位彻侯的岁禄是最低爵位公士岁禄的20倍(见表一)。

公元前221年，秦始皇统一六国以后，仍依靠军功爵制来选拔官吏。即凡立有军功者，只要本人愿意，都可列为国家官吏的选拔对象，先进行目测面试，然后根据军功大小和国家需要录用。授官职高低仍按斩敌酋首级一个定一级，两个定两级，以此类推，直至二十级。

秦中央九卿的主要僚属和地方各级官吏大多由这些立有军功者担任。军功爵制是中国历史上第一次将官吏任用的等级评定建立在客观贡献基础上的用人制度，是历史的一大进步。但随着秦王朝在全国统一后，秦始皇继续墨守成规，照搬照套原来一套从立有战功的军人中选官，排斥那些无战功，却有经邦济世才能的知识分子参与国家管理，是导致秦王朝"仁义不施"失于暴政的一个重要原因。当代邓小平在急风暴雨般的"文化大革命"以后适时地提出以经济工作为中心，启

表一　秦二十级军功爵爵禄表

爵类	级别	爵称	岁禄（石）
低爵	一	公士	50（注）
	二	上造	100
	三	簪袅	150
	四	不更	200
	五	大夫	250
	六	官大夫	300
	七	公大夫	350
	八	公乘	400
高爵	九	五大夫	450
	十	左庶长	500
	十一	右庶长	550
	十二	左更	600
	十三	中更	650
	十四	右更	700
	十五	少上造	750
	十六	大上造	800
	十七	驷车	850
	十八	大庶长	900
	十九	关内侯	950
	二十	彻侯	1000

注：《韩非子》一书中记载为55。

用大批知识分子担任各级领导职务，从历史的经验来看不失为英明决策和长治久安的改革措施。

三、官吏的考绩与监察

秦王朝奉行“明主治吏不治民”的法家思想，强调对官吏考绩与奖惩。秦朝制订“五善”、“五失”考核标准。在《为吏之道》中规定的五善是：一曰忠信敬上；二曰清廉毋谤；三曰举事审查；四曰为善行；五曰恭敬多让。五失是：一曰夸以泄；二曰贵以大；三曰擅裚割；四曰犯上弗知害；五曰贱士而贵货贝。对达到“五善”的全部标准者给予大赏，即指拜爵和晋升官职。对考核没有达到要求，五失中如有“一失”者，即可能被削爵，如有“犯上”一失者，即当身及于死，也就是说要处以死刑。对官吏的监察制度始于秦王朝。秦朝在中央设御史大夫掌监察，在郡有监御史监察郡县。由于御史大夫除掌监察外，还兼有皇帝机要秘书的职能，因此不可能将全付精力投入监察工作，所以其属下置御史中丞专司监察的常务工作，并由丞相府遣官巡察诸郡，行地方监察巡视之职掌。

第三节　承上启下的汉代

一、官吏的俸禄

汉朝的官秩，可分为三类：一类为官阶百石以上，二类为斗食佐史，三类为小吏。不包括后来废除八百石归并到六百石，废除五百石归并到四百石的两个等级，其等级大致分为18级，明细见表二。

从表二中可以看出官秩等级与月俸额并不相同，例如三公的官秩为万石，而月俸都只有350斛，又如官秩为二千石的官员其月俸仅为120斛。而且官吏的俸禄在汉朝作过几次调整，如宣帝神爵三年（公元前59年）、哀帝绥和二年（公元前7年）都适当提高了低级官吏的俸禄，旨在缩小高级官吏和低级官吏待遇差距，这是中国古代最早提出增俸养廉的设想并付诸实施的调整。据《后汉书·百官志》记载，东汉时一个官秩百石的低级官吏俸米4.8 斛，俸钱800，全部俸禄折合钱仅1600，而当时一个佣工（在汉时称“客”）每月也能挣1000钱，可见当时低级官员俸禄是很低的。汉朝大臣崔寔甚至目睹五原地区（今内蒙古五原县）的小吏因俸禄低，而冬日无衣可穿，竟“衣草而出”晋见长官的窘迫之状，至于在财政收入极少的偏远地区，当时官吏完全仰仗中央政府和其他地方调拨钱谷发放俸禄。由于国家财政困难，往往出现无钱谷可调，造成俸禄不能如期发放，以至于部分官吏陷入长达数月无俸可领的困境。这与近现代一些地方的公务人员常常发不出工资产生欠薪的情况颇有几分相似之处。

汉朝官与吏的分界线是秩四百石及以上为官，四百石以下为吏。官员分高级、中级、低级、最低级四类。高级官员官阶由中二千石、二千石构成；中级官员官阶由千石、六百石构成；低级官员由四百石至二百石构成；最低级官员官阶由比二百石、百石及以下构成。东汉桓谭记载，“汉定以来，百姓赋敛，一岁为四十余万万，吏俸用其半，余二十万万藏于都内为禁钱”。按西汉政府收入1/2即20多

表二　汉朝官吏秩石表

<table>
<tr><th>序号</th><th colspan="2">等级</th><th>官阶</th><th>月俸（斛）</th><th colspan="2">适用官吏</th></tr>
<tr><td>1</td><td rowspan="9">官员</td><td>三公</td><td>万石（三公）</td><td>350</td><td colspan="2">大司徒、大司马、大司空等三公</td></tr>
<tr><td>2</td><td rowspan="3">高级</td><td>中二千石</td><td>180</td><td colspan="2">太常、光禄勋、卫尉、太仆、廷尉、大鸿胪、宗正、大司农、少府等九卿，及西汉长安、东汉洛阳所在地区的尹（地方长官）</td></tr>
<tr><td>3</td><td>二千石</td><td>120</td><td colspan="2">郡太守、诸王国所在郡的相</td></tr>
<tr><td>4</td><td>比二千石</td><td>100</td><td colspan="2">郡都尉</td></tr>
<tr><td>5</td><td rowspan="4">中级</td><td>千石</td><td>90</td><td rowspan="4">县令（民户10000户以上的县）</td><td rowspan="9">县丞、县尉，根据其身份大小，主官之秩级高低确定</td></tr>
<tr><td>6</td><td>比千石</td><td>80</td></tr>
<tr><td>7</td><td>六百石</td><td>70</td></tr>
<tr><td>8</td><td>比六百石</td><td>60</td></tr>
<tr><td>9</td><td rowspan="5">低级</td><td>四百石</td><td>50</td><td rowspan="5">县长（民户10000户以下的县）</td></tr>
<tr><td>10</td><td rowspan="9">吏员</td><td>比四百石</td><td>45</td></tr>
<tr><td>11</td><td>三百石</td><td>40</td></tr>
<tr><td>12</td><td>比三百石</td><td>37</td></tr>
<tr><td>13</td><td>二百石</td><td>30</td></tr>
<tr><td>14</td><td rowspan="5">最低级</td><td>比二百石</td><td>27</td><td colspan="2" rowspan="2">大乡三老、啬夫、游徼</td></tr>
<tr><td>15</td><td>百石</td><td>16</td></tr>
<tr><td>16</td><td>斗食</td><td>11</td><td colspan="2" rowspan="3">小乡之三老、啬夫、游徼及亭长</td></tr>
<tr><td>17</td><td>佐史</td><td>8</td></tr>
<tr><td>18</td><td>小吏</td><td></td></tr>
</table>

亿用于官俸计算，全国官吏总数13万人平均俸禄约每月1300钱，相当于比二百石官吏的月俸。各个层次官吏的俸禄差别很大，西汉时最高级的三公与最低级的官吏，实际领取月俸比率约100∶1，后来经过调整，东汉时降至约43∶1，上述两个比率远比周朝320∶1（最高等级三公与士者食禄之比）或160∶1（最高等级三公与中士食禄之比）为低。这说明生产力有了发展，高级官吏与低级官吏物质待遇的差距也相应有所缩小。可见，今日中国公务人员最高一级工资为最低一级工资收入的6倍左右是符合历史发展规律的，况且目前中国官员还有为数不菲的职务消费，并未计算在内。

两汉时，官吏从一个低秩别的官职升任一个高秩别的官职，须经一年试用期，到期满考察合格后，方能定级并享受该级别俸禄。故《汉书·平帝记》有“诸官吏初除，皆试守一岁乃为真，食全奉，平帝即位故赐真”的记载。这与现代公开招考厅级及以下领导干部，考取者试用期一年是十分相似的。

东汉统计，秩四百石以上的“内外文武”官员7567人，秩四百石以下的“内外诸色职掌”145419人，两者合计152986人。这就是说，汉朝95%是官秩在四百石以下的小官吏（用现代标准来说95%是县处以下的官员）。按东汉全国人口6000万计算，人口总数与官吏总数的比例约为392∶1。回溯到西汉哀帝时（公元前11—前6年），佐史以上至丞相的全国官吏总数130285人，当时全国人口5959.5万，人口总数与官吏总数的比例为456∶1，可见汉朝官吏人数并不算多。应当说，这个比例大大低于中国现阶段人口总数与干部总数的比例。1997年中国大陆人口12.36亿，行政干部1043万人，包括事业单位在内干部3635万人，其比例分别为119∶1和34∶1。

由于中国古代使用夏历，一年之中有闰月，考虑到这一因素，汉朝俸禄未行年俸制，而行月俸制，以避免闰月官员减少收入。由于中国现在使用公历，不再有闰月之虞，所以推行年薪制，不会造成官员收入的不平衡。尽管汉朝的财政收入中货币收入占相当比例（口赋、算赋等人头税和专卖收入以货币为主），而且西汉官员俸禄常以货币支付，但汉朝政府从未明令以货币为单位作为官俸支付标准。这是因为考虑到市场物价波动，倘若用单一货币支付，将会在谷价上涨时减少官吏收入，而在谷价下跌时国家财政将加重负担。因此，东汉俸禄“凡诸受俸，皆半钱半谷”，以谷物和货币两种形式支付各级官吏俸禄，如遇到物价变动时，钱谷价值互补，自行平衡收入，这在早期农业社会不失为一明智之举。秦汉的爵位制度与对应的经济待遇相配套，所以官吏除俸禄外还有爵位之经济收入，两者共同构成官吏的报酬。秦国的军功爵制一级赐田1顷，宅9亩，以此类推，累次递增，到第9级爵五大夫则可“税邑三百家”，到18级大庶长则再赐“封邑三百家”。刘邦建立汉王朝后，继承了秦的军功爵制，并于高祖六年（公元前201年）五月下诏书，肯定秦时所获爵级汉朝给予认可，而且规定秦朝的“军吏卒”即军官无爵位及爵位不到第5级大夫者，如没有罪恶，一律赐爵为大夫，原爵位在大夫以上者，各增爵一级；爵位为第7级公大夫以上者，均享有食邑的特权。作为一个代秦而起的汉王朝竟然认可前朝的爵级，符合条件的还给予晋升，这在历史上是少见的，它既反映了封建地主阶级共同利益的政治需要，也反映了刘邦作为政治家的博大胸怀。在中国历史上值得称道的另一位开国皇帝则是宋代的赵匡胤，他对五代十国时期被他征服的国君都给予优惠待遇，从而青史留名，获得了人们的称赞和国家的安定。汉代规定获得爵位者享有优惠待遇：公大夫以下各级爵位拥有者其本人及家庭成员免除徭役。第19级关内侯和第20级的彻侯享有食邑权利。第7级公大夫至第18级大庶长也曾一度获得食邑待遇，可惜实行时间不长。彻侯又称列侯，是因功勋卓著而封，故又称功臣侯。列侯在政治上享有崇高地位，西汉前期，丞相、将军照例由列侯担任。列侯的爵位报酬形式是由朝廷按其功劳大小确定食邑户数多寡，列侯则收纳其封户百姓应向国家缴纳的田租，即土地收入的1/15或1/30（按国家当年租税税率的规定办理）。至于老百姓的另外税收，即口赋、算赋、力役则上缴国家，列侯无权过问。根据汉朝的物价和赋役制度所规定的内容进行测算，田租占赋税总量（即田租、口赋、算赋和力役四项总和）的比例不到4%，所以说，国家还是保持了较高比例的财政收入。同时，也说明汉时人头税（口赋、算赋、力役）占的比例很高，达96%以上，可见当时农民对封建国家的人身依附是极其严重的。直至实行租庸调制的唐朝，赋税比例方有较大调整，田租才达到50.8%，人头税性质的庸调还占49.2%，基本上是各占一半比重，应该说唐朝农民对封建国家人身依附有较大的松懈。列侯的封邑多寡无一定的规定，全凭皇帝决定。汉高祖刘邦建国时大封功臣，列侯达137人，有封邑户数记载的有114人，其中封户在500—900户者为26人，封户在1000—1900户者有51人，封户在2000—2900户者为20人，封户在3000户以上者很少。但丞相萧何因功勋卓著，先封为赞侯，食邑8000户，后两次加封，食邑达15000户；张良被封为留侯，食邑10000户；曹参被封为平阳侯，食邑10630户；周勃被封绛侯，食邑8180户。整个东西两汉，同为列侯，封邑户数差距很大，有的封邑广达数县，有的狭小到只有一个乡甚至乡下一个亭的民户。所以，到东汉时，列侯中又出现了县侯、乡侯、亭侯等高低级差。汉时列侯的封邑与周朝一样也称为“国”，并置有家丞、庶子、行人、洗马、门大夫等管理封邑的官吏，但并不拥有周朝的治民权和土地所有权，仅仅只能从封邑上获取“衣食租税”，也就是说只能获取赋税总量的4%的田租。所以说，两汉封爵食邑是俸禄制度的一种补充，与以“授民授疆土”为特征的周朝采邑制有质的不同，周朝的实质是爵禄制，秦汉的实质是俸禄制。根据司马迁当时的估计，“封者食租税，岁率户二百”，即封邑主从每户百姓那里获取的每年租谷大致可折合为200钱（较每户有田100亩、每亩收谷物1斛半、税率为三十税一，折合上交租谷5斛的价值为少）。如汉武帝封丞相公孙弘为平津侯，食邑650户，其年收入13万钱，相当于丞相两个多月俸禄收入；汉宣帝时，大将军霍光封邑20000户，其每年封邑的租谷收入相当于大将军年俸禄的五六倍之多。至于两汉第19级关内侯的食邑户数比列侯要少，一般在数百户至千余户之间，而且不能以封邑为国，没有自行委托官吏管理封邑的权力，关内侯及封邑未经朝廷特许不能世袭，其政治地位远较列侯为低。除封侯食邑外，西汉时，通常将高级爵位普遍赐予官吏（重点是官秩六百石以上的中高级官吏），使他们大都拥有第9级五大夫以上的爵位，这不仅使他们可以享受与爵位有关的诸如以爵免罪等特权，还可以使其家庭成员免除徭役，获得变相的经济收益。

二、官吏的退休

汉朝对高级官吏，即比二千石以上的官吏致仕似有规定。东汉班固在《白虎通义》中曾记录了致仕的内容：一是年逾70岁或不到70岁而耳目不聪，手脚不灵者，即准致仕；二是老臣致仕后，朝廷赐给原职务俸禄的1/3，直到死为止，以示尊贤；三是肯定官吏年老告退，是为国为君的好事。西汉平帝元始元年（公元1年）也重申："令天下吏比二千石以上年老致仕者，三分故禄，所一与之，终其身。"东汉时曾将致仕官吏的俸禄标准从西汉领取在职俸禄的1/3提高到2/3左右，如以二千石官秩的官吏为例，在职时禄米36斛，俸钱6500，致仕后有禄米30斛，俸钱4000，分别是在职时的83%、61.5%，相当于原规定的一倍，与现代官员退休后退休金发放为原工资75%的比例相近。而在实际执行中，几乎所有应该致仕的高级官吏，都是由本人写奏章，呈请"乞身"、"乞骸骨"，而皇帝挽留不成才核准引退的。致仕官吏的待遇经常不能按统一规定办理，往往由皇帝一次性赏赐巨额财物，或临时规定享受某一秩别的俸禄，或两者兼而有之。例如，汉宣帝时的丞相韦贤任职5年，年近80岁，要求致仕，皇帝挽留不成，赐黄金百斤（相当于当时丞相一年半的俸禄），宅第一区，准予致仕，从而韦贤也成为中国历史上第一个退休的丞相；汉元帝时丞相于定国致仕时年龄只有60多岁，皇帝没有赐宅第，仅赐黄金60斤（相当于丞相不到一年的俸禄）；汉章帝时太尉邓彪要求致仕，皇帝赠钱30万，并核定每月可领相当于二千石官秩的俸禄作为养老，五年以后汉和帝即位竟又重新起用邓彪，任命其担任太傅的官职。所以说，汉朝官吏致仕制度不仅没有包括中低级官吏，而且在高级官吏中实行也常常突破制度规定，其待遇的优劣则取决于皇帝的个人意志，由皇帝随意决定。这种人治文化的随意性生生不息直至今日的中国，仍然屡见不鲜，只不过表现形式各有不同罢了。

三、官吏选拔改行察举征辟

汉高祖刘邦夺取政权之初，仍行军功爵制选拔官吏。在接受了著名辩士陆贾的劝告，反思了秦王朝排斥士人参政，失于急政暴虐的经验教训后，摒弃了"马上打天下、马上治天下"的危险做法，大胆起用士人治国，为实施察举征辟制创造了条件。所谓察举，即考察举荐人才，推荐者称为"贡贤"，被推荐者称为"举士"。察举，就是皇帝下诏招贤纳士，凡三公、九卿、列侯、刺史、郡守、国相等应将本人发现或乡闾评议推荐的杰出人才上报朝廷，经过笔试、口试等一定形式的考核，授予官职。察举制度始创于汉高祖，付诸实施者为汉文帝，全面推广则在汉武帝时代。西汉和东汉初年三公专司考核，以后则改由尚书台执掌选拔官吏。考核的办法主要是放在职位上试用，试用期为一年，西汉口试策论，偶尔也进行文字考试，东汉则规定明经等科必须进行文字考试。察举的科目很多，西汉时有孝廉、秀才、明经、文学、贤良方正、直言极谏、孝悌力田、明法、贤良文学等；东汉时则主要有茂才（即秀才）、廉吏（即孝廉）、贤良方正、明经。两汉诸科中，孝廉、茂才两种年年举行，称为常科（亦称举科），其余称为特科，要待皇帝下诏才能举行。常科之举荐名额有明确规定，20万人以上的郡国每年举1人；10万—20万

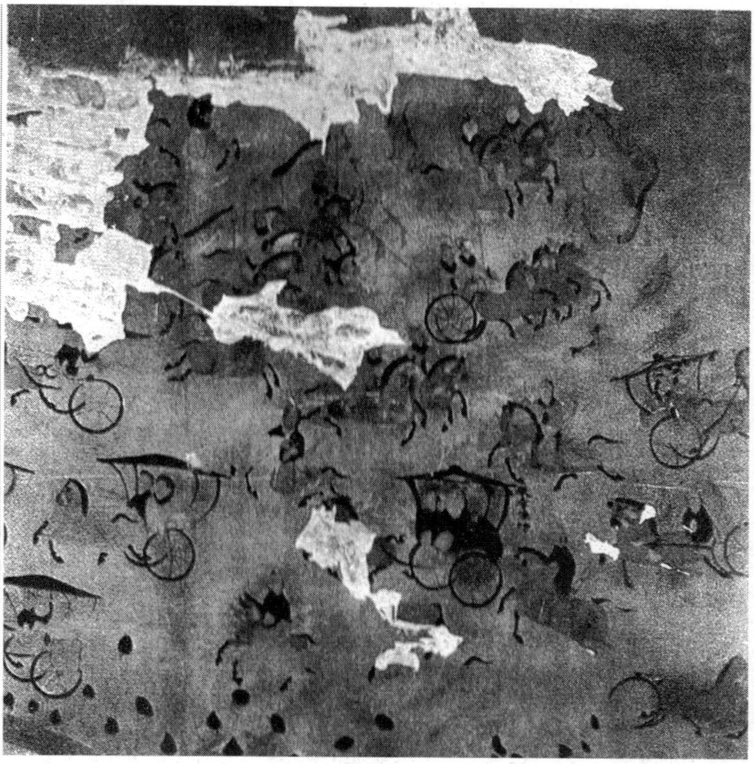

图5–5 汉举廉图

人的郡国每2年举1人；10万人以下的郡国每3年举1人。边郡及少数民族地区名额从优：10万人以上的地区每年举1人；5万—10万人的地区每2年举1人；5万人以下的地区每3年举1人。中央政府的公卿大夫每人每年举1或2人，如不能按时如数举荐要受处分。为确保察举不徇私舞弊，规定皇帝身边重臣如侍中、尚书、御史中丞的子弟必须回避，不得作为察举孝廉的对象。被举荐者犯法，荐举人负连坐之责任。征辟，分“征”和“辟”两种形式。“征”为皇帝征召任用，分为两种：一种是各郡根据皇帝诏令推荐“贤良方正能言极谏者”，经皇帝亲自面试合格后，任用为官，称为“诏举”；另一种是皇帝下令指名征召社会上有名望的士人，直接任命为中央官员，被征者叫做“征君”或“征式”。“辟”又称“辟除”，是三公、九卿、刺史、郡守、国相自行招聘属吏。察举征辟和隋朝以降的科举考试制度是中国文官制度的两种选才形式，直至现代都值得借鉴。中国这两种选才形式不仅对西方文官制度的建立产生过影响，而且中国人事管理部门目前推行的推荐考试制度也是这两种制度在现代社会的继承和发展。

春秋以后，私学兴起，官学衰败。直到汉武帝时重建官学，汉朝太学生亦称博士弟子，经过射策考试，高等可以为郎中（相当于今中央机关的司局长），次一等可以补文学掌故缺。地方官学学生，一般称为诸生，大多先做郡县属吏，也有直接向朝廷推荐的。

四、官吏的考绩与监察

汉朝对官吏的考绩以上计为主，《通典·职官县令》记载“秋冬集课，上计于所属郡国”。每三年考课治绩一次，以定黜陟。官吏的晋升，有循序而升的“平升”，有躐等而升的“巨升”。中央官吏多由地方官升迁，宰相多由御史大夫升补。中国古代“将帅起于卒伍，宰相出自州官”，即发端于汉朝从地方有治民实践经验的官吏中选拔中央政府官吏的具体做法。考课结果没有政绩的官吏，轻者申诫，重则罢降。如北海太守朱邑，考课后被评为治行第一，擢升为大司农（相当于现代的财政部长）。颍川太守黄霸经考绩第一，升任京兆尹（相当于今日之首都市长），但由于到职后“数事数月不称，罢归颍川”，即黄霸晋升后不称职又降为原职。清河太守何武，因“数岁坐郡中灾害什四以上，免”，即郡内受灾，何武坐视灾情，没有采取得力救灾措施，致使郡内4/10以上的地方和人口受到严重损失，因此被免除太守的职务。汉朝对于枉法贪赃的官吏惩处严厉，常处以死刑。为了监察百官，秦统一全国后沿袭战国时设御史大夫的旧例，在中央设置御史大夫寺（寺，在秦朝是官署的意思，东汉以后寺成为佛教活动场所的名称，洛阳之白马寺即为中国第一个佛教活动场所），成为兼掌全国官吏监察事务的最高机构，也是中国古代最早的监察机关。御史大夫寺的长官称御史大夫，其职责涵盖很广，包括行政、治安、司法、民政等方面，既理政又察政，既察官又察民。当然，其主要职责是“纠举失职”的文官。秦的御史大夫权力很大，起着监察丞相和百官的作用。除了监察以外，御史大夫还可以领兵作战、推荐人才、负责工程事务等，与现代有些国家的不管部长拥有多种职权有相似之处。由于其地位重要，位居三公，地位仅次于丞相。秦推行郡县制，在郡一级设置监郡御史，专门监察郡守和郡内行政。监郡御史直属中央的御史大夫，形成了由中央到地方统一的监察体系，开创了中国古代中央对地方的监察制度。汉朝承袭了秦朝的制度，并有了进一步的发展。汉朝建国之初，就设有御史大夫一职，相当于副丞相，丞相缺位时，往往从御史大夫中递补，汉朝49位丞相，有23人是御史大夫晋升的。鉴于御史大夫兼任皇帝的机要秘书，不可能以全付精力投入监察工作，确定其副手御史中丞主持常务工作。东汉光武帝时，不设御史大夫，以御史中丞为御史台台主（此后，即有中央两府之说，一曰丞相府，二曰御史府）。光武帝时特诏朝会时，御史中丞与尚书令、司隶校尉专设独座，称为“三独座”，御史中丞地位极为崇高。汉朝对朝廷百官的监察，主要有三个系统。一是御史台系统。《汉旧仪》中记载：“汉御史员四十五人，皆六百名。其十五人依给事殿中为侍御史”，就是说，御史中丞以下置御史45人，其中侍御史为15人，负责监察劾举朝廷600名官吏。二是司隶校尉。武帝时，常有人将木偶埋于地下诅咒活人，称为巫蛊，武帝晚年患精神失常症，怀疑左右用巫蛊之术诅咒自己，设置司隶校尉，四处追查，牵连到太子、皇后，酿成一场内战。固定下来的司隶校尉为京畿地区的监察官，其监察范围极其广泛，自三公、外戚、列侯，所有的京都官及京畿7郡的地方官都包括在内，故《续汉书·百官志》记载“职在典京师，外部诸郡，无所不纠，封侯、外戚、三公以外无尊卑”。三是丞相司直。系汉武帝时设置的监察官，其位置在司隶校尉之上，监察范围为京官和地方官。汉武帝时，翟方进为丞相司直，一年里连续弹劾2名司隶校尉，“所举应科”，引起朝廷百官震惮。刺史为汉武帝时设置，汉武帝将全国分为13个监察区，先称为部，后改为州，每州设刺史1人，隶属御史中丞，专司对郡国守相的监察。刺史的监察范围有严格限制，只能监察郡国二千石一级的官吏，不能过问县级官吏。汉朝对于县级官吏和属县工作的监察，由郡的最高行政长官郡守负责，郡守通过“行县”亲自行监察之责。发现违法官吏，刺史只有监察劾举权，没有司法行政权，即只能查清情况，如实上报御史中丞处理，自己无权作出处理决定。而郡守则集本地区各种大权于一身，发现违法官吏可以立即作出处理。成帝时，南阳代理郡守翟义（都尉，行为守事）在巡视各县过程中发现宛县县令刘立骄纵不洁，当即加以收捕。汉朝对乡级的监察是通过县令（长）的属吏廷椽来实施的，其方式是把所属的乡分成五部廷椽，监察的重点，春夏在于劝农务桑，秋冬在于整顿吏治。故《续汉书·百官志》记载，县“各置有诸曹椽吏”，“诸曹略如郡员，五官为廷椽，监乡五部，春夏为劝农椽，秋冬为制度椽”。

第四节 制度各异的魏晋南北朝

一、选拔官吏改行九品中正制

曹操的儿子曹丕于公元220年承汉献帝之后做了皇帝，国号为魏，史称曹魏。曹氏虽则称帝，但还只是北中国的统治者。为了辅翼政权，他采取了两条措施：一是分封诸侯王及列侯，如曹操25个儿子中的17个、曹丕8个儿子被封为诸侯王，当时受封王者食邑最多只有一县，且不能治民，列侯多由功臣晋封，封于乡亭；二是选拔官吏，将两汉的察举征辟制改为九品中正制，即由中央政府选择“贤有识鉴”的官员，按照各自籍贯，兼任本州郡的“中正”，负责察访散在各处而籍隶本州本郡的士人，采择舆论，把他们定为九品。这些人任官，就要按照品第，分别除授，已入仕途的，也要三年清定一次。后来这个办法成为魏晋南北朝选拔官员的重要制度。

图5–6 西魏文武官俑

魏晋南北朝（公元220—589年）时期，国家众多，朝代更替频繁，典章制度有所差异，但总体上财政预算制度实行量入为出的原则，赋税制度实行租调制，官吏的俸禄实行秩石制和品级制双轨并行，官吏的选拔实行九品中正制。

二、薄俸及占田制

魏晋南北朝时期，因社会经济不稳定，俸禄支出情况各异。三国时代，官俸较薄，仅及汉朝的一半左右，晋初亦是如此，其后因薄俸不能养廉，至晋武帝泰始三年（公元267年）方有增俸之举。晋朝的俸禄支出，包括食俸、绢、绵等项，均为实物支出。北魏前期，不设禄秩，孝文帝太和八年（公元484年）始改行俸禄制。俸禄支出是这一时期国家财政支出的重要组成部分。魏晋南北朝时期，战事频繁，灾荒流行，人民困苦到极点，各国君主为维护其统治，安排了一些救济支出：一是直接支出五谷以赈济灾区，救济灾民；二是蠲免灾区租税；三是接济单老孤稚不能自存者（南朝梁武帝曾在京师置孤独园以为赡养）。

由于人世间任何事物都会行久弊深，走向反面，屯田制到了魏末晋初，不仅被剥削者穷困不堪，无法再继续生产，就是剥削者也感到无法再继续压榨，反不如废屯田制，别行新制较为有利。司马昭灭蜀汉第二年，明令废除曹魏统治区内的民屯制度，即罢屯田官，各级典农官改称郡守县令等文职。公元268年，晋武帝又下诏全国范围内改典农官为郡县官，屯田制逐步被废除，到了灭吴这一年（公元280年），在全国范围内实行占田制和课田制。

为了确保国家财政收入不被权贵蚕食，占田制规定了各级官吏占有田地的最高限额及荫附劳动力：一是占田最高限额“按官品第一至第九，各以贵贱占田”，一品官占田50顷，每品递减5顷，至九品占田10顷；二是可荫附的最高衣食客人数限额为，六品以上官吏不超过3人，七品和八品官吏不超过2人，九品1人；三是可荫附的佃客户数，按一品至九品，自15户递减至1户。各王、侯除在京城得有“近郊田大国十五顷，次国十顷，小国七顷”外，在其封国内已按规定分享中央征收的部分租调，并可每户课谷二斛，故无占田之必要。一般老百姓“男子一人占田七十亩，女子三十亩”。

魏晋南北朝时期，除在黄河流域少数民族建立的十六国和北魏前期采用赏赐制度，没有实行俸禄制度外，其余国家和北魏孝文帝以后都实行官吏俸禄制度。魏晋南北朝官吏俸禄实行的是官品与秩石并存的双轨制。其与汉朝不同之处：一是两汉无论京官还是地方官，统一纳入同一秩石标准，按秩石取俸，东晋南朝及北朝地方官待遇优于京官；二是东晋南朝以禄田作为地方官基本俸禄，两汉则无此规定；三是地方官还享受“送故迎新”、“杂供给”等制度允许的收入，北魏实施俸禄制度后，对地方官实行过“依户给俸”和“给公田”等制度；四是北齐的俸禄制度除地方官俸禄优于京官外，还按各地地方官任职的行政区域的等级确定俸禄标准；五是南朝俸禄制度中有一种特殊现象，一些有品级的官吏并不享受国家俸禄，与享受俸禄的“禄官”相对应，称之为非禄官，在梁陈官制上，他们以“言秩”与“不言秩”相区别，“言秩”即享受与其所任官职相应的俸禄，“不言秩”即不享受俸禄，还有一部分官吏须“减秩”，即在所任官职制度规定的俸禄基础上按比例削减后领取。如南齐有一个叫檀圭的官员被任命为职级较高的征北将军府板行参军，颇为不悦，要求担任职级较低但有俸禄的豫章县丞（相当于现代副县长）或南昌县令，最终得为安城郡丞。秦汉时期是以谷物度量单位“石”作为向官吏发放俸禄的标准，并以其数量多少来区分官吏的等级高低。而三国魏时，又将官吏从一品到九品分为九个品级；梁、陈又将九个品级分为正从十八班；北齐分京官九品正从十八级，地方官从正三品到九品分正从，又将正、从每班分为上中下三级；北魏将九品分为正从十八班，每班再分上中下三级共54个等级。三国魏及西晋俸禄低于东汉，如东汉之三公为万石秩，月俸350斛，而西晋“诸公及开府位从公者”日食俸5斛，折合月俸150斛，仅为东汉的42.9%；东汉中二千石秩官月俸为180斛，西晋为90斛，为东汉的50%；东汉千石秩官月俸90斛，西晋为50斛，仅为东汉的55.5%。由于晋朝的俸禄微薄，仅为汉朝的1/2左右，至于是否由于俸禄过低导致东晋彭泽县令陶渊明不愿为五斗米折腰，而挂印去职，则不得而知。因为，汉朝县令俸禄法定标准为秩千石（最高）至六百石（最低），六百石的县令一年所获之粟（未舂）折合米为360斛，依东汉半钱半谷制，每月米15斛，正好合每日5斗（其数量可供当时士大夫一人食用一月），所以5斗米是汉朝低级县令俸禄的一半（另一半是俸钱），即相当于晋朝低级县令的全部俸禄。晋时1斗合12斤，当时每斤重量合现代0.4455 市斤，故5斗米相当于26.73 市斤，即陶渊明作为县令之月俸为801.9 市斤米，与现代县处级干部基本工资大致相仿。西晋惠帝元康六年（公元291年），曾按官品授予“菜田”，但不再享受供俸，故有“立夏后不及田者，食奉一年”，即是说立夏前获得“菜田”便不再享受俸禄。从“菜田”有可能收入量来看，三公（诸公及开府位从公者）授菜田10顷，按每亩收租粟1.8 斛的估计数，全年收入为1800斛，与前述日俸5斛、全年俸1800斛的俸额是基本相同的。

北齐俸禄分为京官和地方官两大系列。京官俸禄从正一品到从九品分为18个级别（正四品到从九品12个级别又分为上、下二阶即24阶，但在供俸方面上下阶没有差别）。最高级正一品官员的俸禄为从九品俸禄的33.3 倍。俸禄领取与北魏相同，即每一季度领一次为年俸1/4的俸禄，这与两汉实行的月俸制按月发放有所不同。北齐京官俸额明细见表三。

北齐继承北魏制度，将州、郡、县三级地方行政机构各分为上上至下下9等，州刺史、郡太守、县令因所在地方的等级不同，官品及俸禄都有差别，最高级的州刺史（三品，上上）的俸禄是最低级县令（八品，下下）的16倍。北齐地方官俸额见表四。

北齐俸禄以帛为计量单位，但具体支付时，“一分以帛，一分以粟，一分以钱”，即1/3用帛支付，1/3 折粟支付，另1/3 折钱支付。俸禄的支付形式受各个时代社会经济状况及国家财政收入形态制约。秦汉时，官吏俸禄以谷物秩石为标准，但

表三　北齐京官俸额表

等级	官品	年俸（帛／匹）		年俸折粟（斛）
高级官员	一品	正	800	3200
		从	700	2800
	二品	正	600	2400
		从	500	2000
	三品	正	400	1600
		从	300	1200
中级官员	四品	正	240	960
		从	200	800
	五品	正	160	640
		从	120	480
低级官员	六品	正	100	400
		从	80	320
	七品	正	60	240
		从	40	160
最低级官员	八品	正	36	144
		从	32	128
	九品	正	28	112
		从	24	96

表四　北齐地方官俸额表

刺史			太守			县令		
官品	州等级	年俸帛／匹	官品	州等级	年俸帛／匹	官品	州等级	年俸帛／匹
三品	上上	800	从三品	上上	500	六品	上上	150
	上中	750		上中	450		上中	140
	上下	700		上下	400		上下	130
从三品	中上	600	从四品	中上	360	七品	中上	100
	中中	550		中中	330		中中	95
	中下	500		中下	300		中下	90
四品	下上	400	从五品	下上	260	八品	下上	70
	下中	350		下中	240		下中	60
	下下	300		下下	220		下下	50

具体支付时，西汉大部分时间为钱币，东汉则“半钱半谷”。魏晋时期，由于战争造成巨大破坏，货币经济极度衰退，谷、帛取代钱币成为主要支付手段，官吏的俸禄亦基本上以谷帛为主。南朝时，商品货币经济有所发展，钱币又成为支付官吏俸禄的主要形式，南朝末期又恢复到以米、帛等老方式支付。由于东晋南朝时水稻直播法改为移栽法后产量大幅提高，水稻成了主要农作物，使得在以粮食作为俸禄主要支付形态的东晋和南朝，稻米取代秦汉魏西晋时的粟，因而原来之“俸粟”也相应改成了“俸米”。魏晋南朝，封建依附关系普遍发展，再加上战乱频繁，人口大幅度减少，人口成为各类封建主和封建政权共同争夺的对象，在这一过程中劳动力也逐渐演变为俸禄的一项内容，因而出现了“禄力”一词。陶渊明任彭泽县令时即遣一“禄力”给其子，帮助家里砍柴挑水，并手书曰：“汝旦夕之费，自给为难，令遣此力助汝薪水之劳，此亦人子也，可善遇之。”北齐规定京官不能完全按其官职品级领取规定的俸额，还参考其官职任务的轻重，“事繁者优一秩，平者守本秩，闲者降一秩”。职责繁重的可以每年加领一季度的俸禄，轻闲的则削减一季度的俸禄。“长兼”、“试守”等未正式任命的官员也要扣除一季度俸禄。北齐政府考虑到地方官是亲民之职，职务繁重，故规定地方官的俸禄大大优于京官。上上州刺史为三品官，其俸禄却与京官一品相同，较三品京官的俸禄高出一倍，下上州刺史官品为四品，却与京官三品俸禄相同，较四品京官高出近一倍，下至郡太守、县令，各级别的年俸都比同一官品的京官要高，地方官中最低的下下县八品县令，年俸也比八品京官俸多14匹帛。显而易见，在北齐朝虽同一品级的官员，因政务轻重，责任大小不同而在俸禄上有所差别，一定程度上体现了按劳分配的精神。这种事繁禄重，事轻禄少的制俸原则有其合理性。倘我们现代能考虑实行这一原则，当可减少冗官，提高工作效率，所以值得我们探讨和借鉴。北齐俸禄还规定地方官品与俸禄不受州、郡、县三个等级行政序列的限制，主要依据管理的民户多寡、地域大小和管理的难易来确定。同样是州刺史，其官品却分别为三品、从三品、四品3个等级，俸禄则分为年俸800匹帛到300匹帛9个等级，郡太守、县令亦如此。郡为州的下一级行政机构，但上三等郡太守的官品却与中三等州刺史的官品相同，比下三等州的刺史的官品还高一级；中三等郡太守官品虽较下三等州刺史低一级，但俸禄基本相同，甚至要高一些。如中上郡太守年俸360匹帛，虽较中上州刺史少40匹帛，却比下中、下下州刺史分别高出10匹、60匹，而中下郡太守与下下州刺史的年俸完全相同。同时，北齐明

令“刺史、守、令下车，各前取一时之禄”。即地方长官新到任，可以根据所任州、郡、县等级的俸禄标准，多领一季度俸禄（即1/4年俸）。这一规定主要是弥补地方长官赴任途中的开支和避免因等待一季度后才发放俸禄而有生活之虞。这些规定从实际出发，有其特点，值得后世借鉴。例如当代县级官员任职于100万人口以上的大县，与10万人口以下的小县，其职级工资竟然毫无差异，确实值得研究。

三、送故迎新及杂供给

“送故迎新”作为封建官僚政治的一种特有现象，起源甚早。汉朝即记载黄霸语：“数易长吏，送故迎新之费及奸吏缘绝簿书盗财物，公私费耗甚多，皆当出于民。”《三国志·陆凯传》称吴国末年“州县职司，或莅政无几，便征台迁转，迎新送旧，纷纭道路，伤财害民，于是为甚”。及东晋南朝，州、郡、县皆设置专门负责迎新送故的官员，称为“送故主簿”，送故迎新终于演化成为一种制度。宋孝武帝大明五年（公元461年）八月诏：“方镇所假白板郡县，年限依台除，食禄三分之一，不给送故。”说明都督、刺史自行任命的太守、县令，俸禄只能取职级俸禄的1/3，且不能送故，也就是说，所有由朝廷任命的地方长官均可享受送故。

由于地方官除正常的俸禄外，还有“杂供给”、“送故”等合法收入，他们离任返家或回京城时，常携带回大量资财，称为“还资”、“还装”或“归资”，多者价值达数千万钱，其内容除钱币、米、绢布外，还有各种各样的地方土特产。如晋朝名相谢安的一位同乡人从贫困的中宿县令卸任返回京城，送故的还资为当地特产5万把蒲葵扇，谢安为帮助乡人销售，自己带头取用。蒲葵扇虽为不起眼之物，但因谢安取用，京城官员百姓仰慕谢安之盛名，竞相高价购买，竟也使此人大赚其钱。《晋书·谢安传》中即记载此事：“安少有盛名，时多爱慕。乡人中有罢中宿县者，还诣安。安问其归资。答曰，蒲葵扇五万，安乃取其中捉之。京城士庶竞市，价增数倍。”可见，中国人从尊、从众之心古已有之，源远流长了。

东晋南朝地方官的标准俸禄或者说田禄并不多，其田禄还经常被削减，若地方官完全靠俸禄维持自己及家人生活，常有入不敷出之虞，任所离家较远的官员，更无法筹措离任返归的盘缠。南朝陈时，褚玠任山阴（今浙江绍兴）县令一年多，离任时竟无旅费返京，只好在当地种菜为生，有家难归，后得皇太子资助米二百斛才回到京城。故《陈书·褚玠传》中记载褚玠当时的窘境：“任官岁余，守俸禄而已，去官之日，遂乃不堪自致，因留县境，种蔬菜以自给。……皇太子知无装，手书赐米二百斛，于是还都。”

四、封爵食邑制度

三国魏、蜀、吴政权封爵食邑制度基本承袭两汉制度，即皇帝子弟封王，王、侯两种爵位享受封邑待遇。两汉沿袭秦朝二十等军功爵制，功臣封侯食邑。东汉时，因封侯者食邑户数多少不等，又分成县侯、乡侯、亭侯等级别。西晋时，取消二十等爵制，根据周朝制度另创公、侯、伯、子、男五等爵位，以封功臣和皇帝子弟。两汉食封邑者经济收入颇丰，西晋对封邑收入作出了限制，东晋南朝食封邑者的实际收入因封户有限，所得租税收入的比率下降等因素，收入进一步减少，北朝绝大部分时期，封爵只表明一种政治地位，为虚封，受封者无收入或实际收入有限。

三国政权基本上继承了汉朝封爵制。魏明帝太和五年（公元231年），“改封诸王皆为县王”，六年，又“改封诸王，皆以郡为国”。无论是诸王封国为县为郡，都不能收取封地上全部租税。诸王封户多少不等，多者达6200户，少者不到1000户。曹魏功臣爵分关内侯、亭侯、乡侯、县侯数种，封户少者仅100户，多者达数千户甚至万户以上。蜀国地域狭窄，功臣封侯者多为亭侯、乡侯，几乎没有以县为封地，因此封户有限。曹魏末年，司马昭仿周朝的爵名，创五等爵制，并分为公（郡公、县公）、侯（大国、小国）、伯（大国、小国）、子（大国、小国）、男五等9级，分别享受1800户、1600户、1400户、1200户、1000户、800户、600户、400户的封邑。

西晋建立后废弃了整齐划一的五等爵制，建立新的五等爵制，公仍分郡公、县公，侯则分为郡侯、县侯、乡侯、亭侯等类别，公、侯封邑户数少者1000户，多者超过10000户，封户在10000户以上者为大国，5000—10000户为次国，5000户以下者为小国。西汉时，受封者可享有封邑内百姓应向国家交纳的全部租税，西晋受封者只能享受封户应交的部分租税，即1/9的租税。东晋南朝，地域狭窄，国家财政收入又经常入不敷出，对封邑户数与收取租税的比例都作了很大限制。不但受封者只能享有封户应交租税的1/9，而且封邑户基本上没有超过9000户的，所以相当于两汉食封全额租税不会超过1000户。南朝各代承晋制，爵位有封户者为王、公、侯、伯、子、男六种，王爵为皇帝子弟独享，其封邑户数一般只有2000户，封邑最多的宠臣也只有3000—5000户，少者仅有1000户。公、侯、伯、子、男5种爵位既授予功臣，也授予皇室子弟，称为五等爵，其中公分郡公、县公两类，封户一般在1500户至2000户之间，功勋卓著者亦可增封至5000户；侯以县封邑，又称县侯，食邑一般为1000户，少者只有500户，多者可增封至2000户；伯爵食邑在400户至1000户之间；子爵一般为500户，少者为300户，多者可达800户；男爵封户在200户至500户之间。较之两汉、魏晋，封户数大为减少。为避免影响国家财政收入，东晋南朝一般置封国地域于不发达的长江中游及偏远地区，当时最富庶的长江下游即今江浙地区则很少设置封国。南朝之封地设置更是如此。

五、官吏的选拔

东汉后期，随着社会的动荡和战乱，世家大族的割据势力日益膨胀，选拔官吏的察举大权几乎都被地方名士势力所控制，所推荐的孝廉几乎都是豪门子弟，物极必反的客观形势要求朝廷创立新的选士办法，将选才用人之权收归中央政府，以制约割据势力。公元220年曹丕代汉称帝以后，针对这一弊病，锐意改革，于是接受了吏部尚书陈群的建议，创立了九品中正制，也就是直接由中央政府派遣考察官到地方去品评人物，以作吏部任命的凭藉。中正即公正之意，设中正就是由司徒（即丞相）挑选“贤有鉴识”的中央现任官员兼任其原籍州的大中正和郡的小中正，司徒或吏部尚书也可直接兼任州的大中正，因为他们身居要职，了解情况，不但说话有份量，而且能维护朝廷利益。大小中正隶有属员称为“访问”。中正负责察访与之同籍的士人，了解其家世源流，整理其德才表现材料，并作出简短评语，评定其等第。等第分为九品：上上、上中、上下，中上、中中、中下，下上、下中、下下。将某人评为某品，原则上根据他的德才，但门资亦在考虑之内。一、二、三品为上品，但实际上谁也不能获得一品，而西晋以后三品也不算上品，所以在较长时期内，上品专指二品而言。中正每月召开一次会议，评定或升降士人的品第，每三年则对士人的品第作一次总调整，称为“清定”。中正将品第士人的有关材料造成簿册，定期呈送司徒府（丞相府），以供吏部选拔官吏。上品者任高官，下品者任卑职。中正评定人物德才的“九品”，与表示职官品秩高低的“九品”是两回事，前者是指“人品”，后者是指“官品”。例如，晋朝县令的最高秩是六品，而担任六品县令的人，中正等第则为三品（最低不能低于四品），也就是说升官要同时升品，而降品即要免官。九品中正制是两汉察举制在特定历史条件下的表现形式，至少在开始实施的一段时间内对名士大族是一种制约，它选拔了一些出身微贱、才能出众的人进入国家机关，具有一定的进步性，起了积极作用。但随着时间的推移，中正官逐步都为在中央政府任职的世家豪族把持。因此，品评等第越来越重视家世出身，把门第家世列为选士的首要条件，“上品无寒门，下品无世族”，一度进步的九品中正制就走向了反面，演变成以门第授官，以家谱授职的腐败制度，真可谓法久弊深，物极必反！

六、官吏的考核

关于官吏的考核，北魏孝文帝在诏书中说：“今朕之载一考，考即黜陟。”可见他把考核与奖励密切联系。孝文帝还规定，优劣分为三等，“上上者迁之，下下者黜之，中中者守其本位”，即考核优秀者晋升，不合格者降职，一般者保持原职位。东汉末年，军阀混战，监察制度一度不受重视，三国之蜀国竟无御史之记载。到了魏晋以后方又重视监察工作，监察官的地位才逐渐又提高起来。晋武帝泰始元年，皇帝重视监察工作，封御史大夫王沉为骠骑将军，仍然以中丞为监察台主（即主持日常工作），与司隶校尉分督百官，中丞专纠行马内（原义是官署前拦阻人马通行用交叉木条制成的木栅，这里指的是宫廷内外的意思，即行马内为内廷、行马外为外廷之意），司隶校尉专纠行马外，自王太子以下包括尚书在内无所不纠。曹魏有治书执法二人掌奏劾，治书御史二人掌律令，晋合并两职，设治书御史四人，常驻殿中，察举非法。东晋孝武帝太元中废司隶校尉，创设检校御史掌纠行马以外的人，也称巡街御史，太元六年又创置督运御史一职。南朝时，置御史中丞掌奏劾不法，治书侍御史二人分统侍御史10人，有十曹，即吏曹、库曹、直事曹、印曹、中都督曹、外部督曹、媒曹、符节曹、水曹及法曹。北朝魏、周、齐是边塞游牧民族的王朝，监察工作没有什么创制和特色，但也设有监察官吏及相关监察制度。

第五节 创新统一制度的隋代

一、科举选士

科举制度是得名于分科举士的官吏选任制度，这种制度萌芽于汉朝，创立于隋朝，唐朝初具规模，宋朝加以规范和发展，并成为选官的主要途径。它是中国古代用开科考试、公开竞争、择优取士的方式选拔官吏的一种行之较久的制度。

西汉行察举征辟的选官制度，它在荐举的对象和博士弟子中，主要用对策和射策两种考试方法。所谓对策，就是应试者回答皇帝有关政治、经义的策问。所谓射策，就是由主试者将各种试题写出来，然后应试者随意抽取问题解答，按题目难易程度分优劣。东汉顺帝时，采纳尚书令左雄的建议，“诸生试家法，文吏课笺奏（公文）”。汉朝选官有考试的内容，但它只是补充手段，占主导地位的还是察举征辟，只能说有了考试的萌芽。

隋文帝取得北周政权以后，为了抑制自汉末形成的门阀势力，废除了九品中正制和高级官吏自辟僚属的制度，把选拔官吏的权力集中到中央政府。隋文帝于开皇七年（公元587年）设立“志行修谨”和“清平干济”两科举士，下诏每州“岁贡三人”，不问门第，只问才学，由朝廷公开考试，择优录用。所谓志行修谨，就是思想品德和行为都有修养的人。所谓清平干济，就是公平干练，才华出众的人。开皇十八年（公元598年）七月，隋文帝又指令中央五品以上官员和地方的总管、各州刺史，必须按规定的“志行修谨”和“清平干济”两种标准选举人才。隋炀帝更进一步开设进士科，正式规定用定期考试的方法选取进士。所谓进士，就是指通过考试，择优进用的士人。进士制度的创置，标志着科举制度的正式创立。

二、俸禄的品级制

图5-7 隋文帝像

魏晋南北朝时期官员的俸禄制度是秩石制与品级制并行，至隋朝开始官俸取消双轨制，实行单一的品级制，这一制度一直沿袭到清末。隋朝品级制的官俸体系由四方面内容构成：一是禄米，一般称俸禄；二是役力，即根据品别给力役，往往与基本俸禄一起合称为禄力；三是职田，即根据品级提供一定份额的土地，作为官员的部分俸禄；四是公廨钱和公廨田，即根据级别和官吏人数给官府提供本钱和土地，以其收入作为官府的公费和官员的部分俸食。因为从汉代开始中国政府机关就有了在官府办公时享受公费用餐优惠的记录，到隋代公费用餐有了粗略制度，到宋代制度日臻完善，官员不但享有相当于现代午餐费一类的津贴，而且还有每月定期宴饮的优惠。但对超标准违规者亦有处分的规定，人们所熟悉的北宋滕子京就是因为被人告发违规动用公款大吃大喝被贬为岳州知州的。也许这一错误使滕子京有了重修岳阳楼和请其老友范仲淹撰写《岳阳楼记》雄文的机会，随着“先天下之忧而忧，后天下之乐而乐”名句的脍炙人口，本来早就被历史遗忘的滕子京也随之名垂千古了。可见，世界上的确有坏事变好事的可能，滕子京不啻是其中之典型。隋朝的禄米按品级确定，并有内外官之别，即分为京官和地方官两种不同系列，明细见表五。

从表中我们可以看到，正一品与从八品的官吏分别是900石和50石，前者相当于后者的16倍。这里我们可以看到，京官，尤其是四品以上的高级官吏俸禄相当丰厚。隋初至大业三年前，度量衡有较大变化，《隋书》载：“开皇以古斗三升为一升”，“开皇以古称三斤为一斤”。据吴承洛先生折算，隋开皇时一斤约合今

表五　隋朝官吏俸禄表

品位		京官岁俸	地方官	州刺史俸	郡守俸	县令俸
一	正	900	上上	620	340	140
	从	800				
二	正	700	上中	580	310	130
	从	600				
三	正	500	上下	540	280	120
	从	400				
四	正	300	中上	500	250	110
	从	250				
五	正	200	中中	460	220	100
	从	150				
六	正	100	中下	420	190	90
	从	90				
七	正	80	下上	380	160	80
	从	70				
八	正	60	下中	340	130	70
	从	50				
九	正	不给禄	下下	300	100	60
	从	不给禄				

注：上述表格是隋初开皇三年以前的俸禄表。开皇三年废去郡一级，成为州县两级，炀帝大业年间，改州为郡，成为郡县两级。

1.3364市斤，古代以120斤为1石，则当时1石约合今160.368 市斤，京官正一品给禄900石，则约合今144331.2 市斤；从一品800石约合今128294.4 市斤。即按正四品之300石计，亦约合今48100.4 市斤。所给之禄，数量较大，可谓优厚。至于低级官吏则俸禄较少，从八品京官岁俸50石，折合今8018.4 市斤；中中县令岁俸100石，折合今16036.8 市斤；下下县令岁俸60石，折合今9622.08 市斤。

隋朝承魏晋南北朝以来的旧规，国家除了对各级官员支给基本俸禄额之外，还据品别给力役，与基本俸禄合称为“禄力”，但官给力役，史籍记载十分缺乏，故目前难以开列具体项目与人数。

隋朝官俸体系中，禄米与役力之外，又据官品提供一定份额的土地作为官员的部分俸禄，谓之职田或职分田。隋朝的职田与两晋南朝的禄田、北魏的职分公田一脉相承，名异而实同。《隋书·食货志》对隋职田制度具体内容记载为：“京官又给职分田。一品者给田五顷。每品以五十亩为差，至五品，则为田三顷，六品二顷五十亩。其下每品以五十亩为差，至九品为一顷。外官亦各有职分田。”明细见表六。

这里可以看出，京官所给职田，只按品级不按官品之正从，同时给职田及于九品。这说明九品和原皆不给禄的食封官及不判事的散官都是给职田解决问题的，而

表六　隋朝京官职田表

品级		一	二	三	四	五	六	七	八	九
分额	顷	5	4.5	4	3.5	3	2.5	2	1.5	1
	亩	500	450	400	350	300	250	200	150	100

不是完全不给禄的义务官。

三、始开官吏创收之门

为了解决官署费用不足和官吏薄俸的问题，隋朝开皇前期即根据中央和地方官署及其主官的级别，由国家财政给官府提供本钱，并设置相当于现代一度出现过的机关“三产”经理那样的捉钱令史，将本钱通过经营商业和放贷回易生利，以补充衙门公用经费不足和供发放官员福利之用。由于与民争利遭致舆论抨击，至开皇十四年（公元594年）六月，工部尚书苏孝慈等人上书曰：“所在官司，因循往昔，以公廨钱物，出举兴生，唯利是求，烦扰百姓，败损风俗，莫斯之甚”，奏请隋文帝“给地以营农，回易取息，一皆禁止”。隋文帝采纳了苏孝慈等人的意见，“诏省府州县，皆给公廨田，不得治生，与人争利”。但实际上隋开皇十四年诸州及中央各官署给公廨田之后，公廨钱并未废罢，不但国家财政没有将本钱收回，而且“回易收利”仍然存在。在公廨钱的基础上反而增加了公廨田。开皇十七年（公元597年）十一月，隋文帝不得不面对现实，“诏在京及在外诸司公廨，在市回易，及诸处兴生，并听之，唯禁出举收利云”，即是说公廨本钱继续可以经营商业，在交易中赚取利润，但不得放高利贷收息谋利。公廨钱和公廨田所营之利的用途在《隋书·郑善果传》记载得很清楚：“善果历任州郡，唯内自出馔，于衙中食之，公廨所供，皆不许受，悉用修治廨宇及分给僚佐。善果亦由此克己，号为清吏。”郑善果由于廉洁受到过隋炀帝的表扬，其主要事迹为本人不受“公廨所供”，既不拿吃的，也不拿用的，亦不拿钱，将公廨所供作为福利分给部属僚佐和用于修理廨署屋宇。

众所周知，古代有一句口头禅，称为“客不修店，官不修衙”。这就是说，客人在旅店住宿时间短暂，没有必要帮助主人修缮店舍。而官不修衙不仅是“铁打的衙门，流水的官”，任期有限，与客人一样没有必要修治衙门屋宇，地方官吏违反规定扩大规模或修治衙门屋宇过于奢华，既要损害自身经济利益，还要承担政治风险。因此，谁都不愿损己肥公当傻子。所以，你若有机会到河北省保定市参观清朝首屈一指的直隶总督府的衙门时，就会感叹古代中国地方官署的简陋，与现代新建的市县官衙及其市政广场的浩大规模奢华气势相比，简直是天壤之别，实在寒酸得有点令人咋舌。可见任何一项工作都要建立机制，有规矩才能成方圆，放任自流失去管治，都会产生不良后果。

第六节 承隋而起的唐代

一、官吏的俸禄

唐朝俸禄支出为财政之大宗开支。唐朝官吏分30等，禄分18级。唐朝官吏总数18806人，其中内官为2621人，外官为16185人。以玄宗天宝十四年全国人口5291.93万人计，官吏约占人口总数的0.035%。唐前期诸帝，除武则天外，对官吏编制的核定和监管都十分重视。唐太宗时，曾将中央机关文武官员从2621人减少到643人，后定制为730人。以643人计，对中央机关官吏绝对数精简了1978人，按百分比计算精简了75.4%。以730人计，绝对数精简了1891人，其比例为72.1%，力度是非常之大的。对违反规定，任意增加编制的官吏，追究法律责任。《唐律·职制律》规定："诸官有员数，而署置过限及不应置而置，一人杖一百，三人加一等，十人徒二年。后人知而听者，减前人署置一等。"也就是说，随意增编1人者杖100下，增3人者杖200下，增10人者判二年徒刑，唐朝对违反编制的处罚是何等严格！唐玄宗时，制订了中国历史上第一部行政法典——《唐六典》，对机构与职官名称、职权范围、员额都作了详细具体的规定。

图5-8 武则天像

武则天时，为收揽中小地主的人心，大量设置试官、员外官。她设使10人分巡10道，荐举本道人才，然后亲自行见，让被举的人试作某官，称为试官。她又设后备的员外官数千人，安排权贵子弟，作为中央政府下派地方的挂职官员，不受编制限制，同正官一样受俸禄。因此出现"内外盈溢，居无廨署"，即中央和地方官吏都大大超过编制，弄到连办公的地方都找不到的境地。当时，有人讥讽官吏之多曰"车载斗量"。由于中国一向重人治轻法治的缘故，中唐以后，在机构编制上又出现一些新的混乱：一是皇帝用宫廷侍从官员，特别是宦官侵夺宰相和军事将领的职权，以至继东汉之后再一次出现宦官专权，朝政败坏的局面；二是以临时派遣的特使如租庸使、两税使、盐铁使、度支使等取代原有行政机构的职权；三是节度使权重，有署置僚属的权力，形成节度使幕府膨胀，内轻外重的情况。唐朝六品以下官吏4年一任，任期满为"秩满"。秩满之官得离开任所，解职为"前资官"，等候下一次选任官吏的机会。等候时间的长短，依官吏品级和功过而有所不同。故《新唐书·选举志下》记载："凡一岁为一选，自一选至十二选，视官品高下以定其数，因其功过而增损之。"

唐朝前期京官（内官）和地方官(外官)颁给俸禄有两个差别和三个共同点(见表七、表八)。

第一个差别是重内轻外，京官禄厚，外官禄薄。外官在唐初一段时期内基本无禄，后虽支给，却有严格限制。这与南北朝重外轻内截然不同。第二个差别是京官、外官禄米来源不同。京官之禄取自京师太仓粟，外官则主要来自州郡正仓或以它物折合禄直支给。此处之"直"与"值"同义，只不过古代汉字的专业化分工比较粗，随着社会的进步，专业化的分工越来越细，字义的不同也带来了许多新字的出现，由此可见，专业化程度越高标志着社会发展越走向高级。

第一个共同点是内外官官禄支给时限按两季支给，年给二次：春、夏二季春给；秋、冬二季秋给。京官禄唐初曾一度按"年给"，但行之未久。第二个共同点是官禄支给内外官均按照本品（散品），而非职事品定额。第三个共同点是内外官官禄统一以"石"计算，给禄大体以米计额。

二、官吏的公廨创收

唐朝武德元年（公元618年），京师及州县皆有公廨田，供公私之费。其后以用度不足，诸司置公廨钱。公廨钱，亦称公廨本钱或月料钱，为官纳本钱，令私人经营运用，从而纳息于官之意。具体做法是国家财政按规定拨出钱币给各官署，各

表七 唐朝前期京官(内官)俸禄表　　　　单位：石

品位		武德元年	贞观年间	开元年间	天宝禄令
一	正	700	700	700	
	从	600	600	600	
二	正	500	500	500	500
	从	460	460	460	460
三	正	400	400	400	400
	从	360	360	360	360
四	正	300	300	300	300
	从	260	260	260	260
五	正	200	200	200	200
	从	160	160	160	160
六	正	100	100	100	100
	从	90	90	90	90
七	正	80	80	80	80
	从	70	70	70	70
八	正	60	67	67	60
	从	50	62	62	55
九	正	40	57	57	55
	从	30	52	52	50

表八 唐朝前期地方官(外官)俸禄表　　　　单位：石

品位		贞观年间	开元年间	天宝禄令
一	正	650	650	
	从	550	550	
二	正	470	470	470
	从	430	430	430
三	正	370	370	370
	从	330	330	330
四	正	280	280	280
	从	240	240	240
五	正	180	180	180
	从	140	140	140
六	正	95	95	95
	从	85	85	85
七	正	75	75	75
	从	65	65	65
八	正	64.5	64.5	57.5
	从	59.5	59.5	52.5
九	正	54.5	54.5	52.5
	从	49.5	49.5	47.5

官署以经营商业和高利贷收入，补贴迎来送往的公用经费和办公经费不足，同时也用于解决不给俸禄的佐史以下官吏的报酬和增加其他官吏的收入，成为佐史以上官吏正俸以外的额外收入，相当于现代之机关福利。

对于中央官署的公廨钱，《唐会要》记载："武德元年十二月，置公廨本钱，以诸州（司）令史正之，号捉钱令史。每司九人，补于吏部，听主才五万钱以下，市肆贩易，月纳息钱四千文，岁满授官。"这就是说，国家财政拨付给每个官吏50贯，每司编制9人核拨公廨本钱450贯。唐初京师70个司，则财政合计拨付京师公廨本钱额31500贯，经营和放贷工作则由令史负责，称为捉钱令史，对获利的要求是月息八分（收益率8%），即每司每月可得息钱36贯，中央机关合计得息钱2520贯。

图5-9 唐彩绘贴金陶文官俑

对于地方官署公廨钱，《新唐书》记载：“天下置公廨本钱，以典史主之，收赢十之七，以供佐史以下赋粟者常食，余为百官俸料。京兆、河南府钱三百八十万，太原及四大都督府二百七十五万，中都督府、上州二百四十二万，下都督府、中州一百五十四万，下州八十八万，京兆、河南府京县一百四十三万，太原府京县九十一万三千，京兆、河南府畿县八十二万五千，太原府畿县、诸州上县七十七万，中县五十五万，中下县、下县三十八万五千，折冲上府二十万，中府减四之一，下府十万。”这里说得很清楚，公廨钱由各地的典史负责经营和放贷，规定收益是年息70%，约合月息6%，主要用途是供佐史以下不给俸禄的低级官吏发放报酬，其余部分为百官额外的俸料，并且按地方行政官署的级别和府、州、县的大小，分别拨付公廨钱，最多的京兆、河南府拨钱3800贯，中下县为385贯，最少的折冲府则有100贯。这个办法后来流弊丛生，主要为民惧官府之势，情愿不要本钱，白纳利息；官府亦仗势取民之财，获取利息亦常数倍于本钱，结果把公廨钱变成了榨取民脂民膏的手段。这与现代少数不法官吏以集资为名，攫取高额利润，或以干股为名，“空手套白狼”坐分红利有相类似之处。

三、官吏的退休

对官吏退休，唐朝初年曾明确：年满70岁，官阶在五品以上的官吏直接向皇帝请求致仕；六品以下官吏也可退休，欲致仕者，由吏部统一登记，报皇帝审批。到了唐文宗太和元年（公元827年），则改变为：“自今以后，常参官五品，外官四品者，然后许致仕，余停。”这就是说，从此以后只允许京官五品、地方官四品以上级别的官吏申请致仕。并将其年龄和待遇等具体条件确定为：“诸职事官年七十、五品以上致仕者，及解官充侍者，各给半禄。退迁官者，通计前禄，以充后数。”这就是说，地方官四品以上、京官五品以上年老致仕后，可享受原俸禄50%的待遇。

图5-10 唐彩陶文官俑

对于功勋卓著的大臣，在退休时皇帝还给予优厚的赏赐。如在唐王朝生死存亡的危难之时，打垮安史叛乱，使唐朝中兴的名将郭子仪不仅被封为汾阳王，而且在退休时皇帝赏赐钱财供其建汾阳王府。在兴工建筑时，还发生过一个令人深思的故事。故事说，他柱着一根拐杖，到工地上监工。恐怕建筑质量有问题，他就吩咐一个正在指挥工人砌墙基的工头说，墙基要筑得牢固才能永固千秋。这位工头对郭子仪说，请王爷放心，我家祖孙三代在长安城承建各种府第建设，只见过府第换主人，没有发生过承建房屋倒塌事件。郭子仪稍加思索，立即领悟工头这番意味深远、充满哲理的话，扬长而去，再也不来监工了，而是去着力教育自己的子弟，构筑子孙素质的牢固墙基去了。但是到了第三代，他的孙女虽然贵为唐宪宗的王妃，而且亲历宪宗、穆宗、敬宗、文宗、武宗五朝，最终却在宣宗时因郁郁不得志而死，郭家从此一蹶不振，后代名不见经传达200余年。到了宋朝仁宗庆历四年（公元1044年），宋王朝为了贯彻统一战线精神，派人寻找郭子仪的后代，费了九牛二虎之力才找到一个已沦为普通平民的郭元亨，便把他任命为永兴军（相当于今之省级建制，治今陕西西安）助教（相当于今省教育厅厅长助理）。曾任地位高于宰相的中书令达24年之久，并被唐德宗尊崇为“尚父”的大将郭子仪，大概无论如何也不会想到，只有200多年时间，自己的后代竟需要用一个小小的助教职务来荣耀门庭。所以说，在中国历史上“富不过三代”、“君子之泽五世而斩”，实在是千真万确的真理。

四、官学及科举制度

唐朝的官学设六学二馆。国子监管辖国子学、太学、四门学、律学、书学、算

图5–11 唐李重润墓壁画中的官吏

学等六学。国子、太学、四门为通儒之学，有等次之分，四门学补太学，太学补国子学。律、书、算三学为职业及技术学校。门下省设弘文馆，东宫设崇文馆，也招收学生。六学二馆学生通称生徒，学成合格者送吏部铨授官职，或参加统一的科举考试。

唐王朝进一步扩大和完善了科举制度，并将其分为常举和制举两种。制举是皇帝临时确定的，常举是定期考试。唐太宗不分亲疏，不分阶层，惟德才是举的做法对科举制的发展起了重要的推动作用。唐朝的科举考试科目较隋朝大为增加，有秀才、明经、进士、明法、明守、明算、童子、制举、武科等近10种之多。秀才科主要考治国之方、治军之略的基本知识题5道，目的是考查士人读了多少书，懂得多少兴邦治国的道理，称为考“方略策”5道。明经科，主要考经学和时务策。经学考试题又分为贴经和经义两种。贴经就是将经典文章贴去一行或若干字，然后要求考生填补，相当于现代考试之填空题；所谓经义，即考某一经典的要义，口问大义10条，由考生回答。两者以贴经为主，经义为辅。所谓时务策3道，就是考查应试者对时事政治的了解程度。进士科，考贴经、诗赋和时务策，贴经与时务策考试和明经科相似，主要是检查应试者经典知识和政治态度，诗赋的考试则要求士人不仅应具备一定的记忆、理解能力和知识面，还要有独立构思的创作能力，进士科比明经科难度大得多。明法科，考律7条，令3条，主要考查士人对前朝和当代国家法律的了解和识见程度。明算科，考文字书法知识技能、数学知识及计算技能。童子科，考经书，主要为10岁以下幼童所设。武举由兵部考试，考试项目有马射、步身、负重等，武艺高强可授官。

制举是皇帝下诏才能举行的考试，考试内容无定规，由皇帝根据需要临时确定名目。参加考试是各地名人，考中后所得的官职也高于其他各种考试。各科中以进士为最高等级，唐朝不少宰相都是进士出身。进士科考试由尚书省主持，每年举行一次。考生来源有两方面：一是来自京师及州县学馆出身的生徒；二是来自州县考试及第的举人。州县考试称为解试，应试者“可投牒自举”，对考试合格者，州县长官设叫做“鹿鸣宴”的乡饮酒礼款待。为了确保来京应试举人的德性高尚，唐后期朝廷遵循中国源远流长的株连文化传统作出规定，进京考试前必须执行“五人连保法”，由该举人的姻亲、朋友及其他关系密切者5人为保证人。一旦发现该举人有虐待父兄、私结团伙、中伤朝廷等劣迹被检举，不但本人被免除资格，连担保的5人在3年内都不得应贡应试，即使考中及第的也要除名甚至治罪。

应试进士科的两类考生，一般都要在年底集中到京师，次年正月参加尚书省主持的省试。省试内容有贴经、诗赋和答策。考中省试叫做“登科”或“及第”，取得进士的头衔。进士依成绩高低分为甲第和乙第，甲等的头名叫做状元。新科进士要参加杏园的探花宴，宴会后集体到长安慈恩寺大雁塔下题名留念。然而中进士只是取得了做官的资格，要得到职位还须参加吏部的释褐试(“释”系脱掉的意思，“褐”乃是唐朝普通百姓穿的粗麻布衣服，“释褐试”即入仕做官之考试)。释褐试也叫选试，按“身、言、书、判”四项标准录用。身，就是要求体貌丰伟；言，就是言词辩正；书，就是要求楷法遒美；判，就是要求文理优长。符合四项标准者送尚书、门下两省审核，然后授官，所授官职一般是九品官。释褐试中落选者只能去充当节度使的幕僚。此外，武则天时一度实行过殿试，由皇帝亲自主持，中唐以后，科举逐渐成为选官的主要办法。

唐王朝对科举考试很重视，每次京试都派重要官员主持和组织。一般情况由尚书省长官尚书令或左、右仆射主持，有时由皇帝亲自过问。尚书省长官是唐朝科举考试的最高组织者。为了保障科场竞争和人才选拔的正常进行，唐朝制订了一整套的规定：一是主考官回避亲属，礼部主考侍郎（相当于今教育部副部长）的亲属子弟如有应试者，双方必须回避，不得在考试时间见面；二是主考官和子弟亲属应试者，另由吏部（相当于今组织人事部）考功郎中（郎中相当于今中央机关司局长）分场监考，该考功郎中临时指定，不得与礼部侍郎或权知贡举官员见面；三是为保证考试公正顺利进行，唐朝在考试场地设有治安、保卫人员，“关试之日，皆严设兵卫，荐棘围之，搜索衣服，讥诃出入，以防假焉”。也就是说，考场内外岗哨林立，进入考场者，必须搜身、盘查，不准挟带，防止弄虚作假，考场舞弊。

中国民间习惯将中医师称为郎中，其渊源是古代皇帝御医最高官品相当于郎中，故推而广之，所有中医皆尊称为郎中。如金朝曾设太医院，太医官分为15阶，最低官品为九品，最高官阶为五品，五品官阶即相当于中央机关的司局长“郎中”。至于称呼医生为“大夫”的出典：一说是宋代设医官的官阶有大夫、郎、医效祗侯等不同等级，而大夫为最高等级；另一说是五品以上官员封爵为大夫衔，因此五品的郎中亦相当于大夫。这与当今凡在公司任职者，无论其实际担任何种职务亦往往被人尊称为某总，差不多是一脉相承的。

唐朝的科举制度使中国文官选任制度逐步从创立走向了全面发展，其特点很明显。第一，多层次竞争，公正公开选拔。唐朝从县、州到中央，层层进贡士人都是从考试中选拔出来，这种多层次公开竞争，为人才成长和涌现创造了条件。第二，唐朝能把全国成千上万的贡士组织起来，通过层层考试，级级淘汰，择优进贡，这不仅有利于贡举取士的质量，也反映出唐王朝高度的组织能力。第三，唐王朝在统一考试以后，还进行复试、核查、铨选等严密程序，再予以录用。这充分体现了择优录用，知人善任的原则。第四，科举制的实行，吸收了大批贤能士人参与国家政权管理，从而使社会上形成“万般皆下品，唯有读书高”的风气，刺激了平民百姓读书求知的热情。据唐太宗贞观前后35年的统计，全国入仕人数为14774人，其中由科举入仕者5580人，占入仕总数的37.8%。处于发展阶段，并具有强大生命力的科举制度，与唐王朝的其他改革开放的举措一起推动着唐王朝的迅速崛起和强盛，以至于今日在海外聚居的华人都将聚居地自豪地命名为“唐人街”。

第七节 制度臻于完善的宋代

一、合理的综合给禄制

宋初，官无定员，员无专职，分隶于三省、二十六曹、四司。其后到了真宗景德（公元1004—1007年）时，有官10000余员，占当时人口总数1427.8万人的0.07%；仁宗皇祐(公元1049—1054年）时，增至20000余员，占当时人口总数2229.2万人的0.09%；英宗治平（公元1064—1067年）年间，并幕职州县官总计共24000员，占当时人口总数2909.2万人的0.08%；南宋绍熙二年（公元1191年)，有官吏33016员（其中京官4159员)，占当时总人口数2850万的0.12%；庆元二年（公元1196年)，有官吏42000余员，占当时人口总数2800万人的0.15%。南宋的官吏数量大于北宋，故官俸的支出南宋亦大于北宋。宋朝官员俸禄大体上可分为正俸、加俸、职田及公使钱等一些变相的收入。正俸主要包括俸钱、衣赐、禄粟三种。《嘉祐禄令》颁布前实行以官品定俸的寄禄制，俸禄不与差遣职务挂钩，《嘉祐禄令》颁布后实施主要依据本官品级，部分依据差遣职务定俸禄的综合给禄制。《嘉祐禄令》所定41等俸制，每月俸料，上自使相40万文，下至郢、唐、复州内品300文；每月禄粟，上自使相200石，下至殿头内侍、入内高班1石；每年衣赐，上自使相、宰相枢密使绫40匹、绢60匹、绵100两，下至郢、唐、复州内品绢4匹、布0.5匹。宋朝的综合给禄制标准制定比较繁复，当代的职务工资制标准比较简单，但综合给禄制更能体现出按劳取酬的原则，值得我们借鉴。宋元丰年间新定俸制，主要是“以阶易官”，改变了支俸的依据，俸禄数额变化不大(见表九、表十)。

二、宋代的职田

宋朝置职田始于咸平元年（公元998年)，又称“职分田”、“圭田”，是用作官吏在职补贴的官田。颁田对象为外任差遣官，亩数以差遣为别。职田“悉免其税”，雇人承佃，“佃户以浮客充，所得课租均分，如乡原例”。也就是说职田的收入国家免征赋税，田地可雇外来人员耕种，农作物按各地惯例以一定比例分成(见表十一)。

三、改善福利待遇的公使钱

为解决官署办公经费不足、宴请开支困难、迎来送往无资金和部分官吏生活困难补助，宋朝设置公用钱，又称公使钱，其主要职能是提高官员的福利待遇。公使钱按来源分为两部分：一是国家财政拨付的正赐钱，分岁给、季给、月给三种，相当于现代财政拨给的公务经费。1998年5月14日，财政部以财预字［1998］159号文件规定，行政事业单位为执行公务或开展业务活动需要合理开支的接待费用（包括在接待地发生的交通费、用餐费和住宿费）称为业务招待费。中央级行政事业单位不得超过当年预算“公务费”的1%，地方各级行政事业单位在2%范围内，由各地人民政府根据当地实际情况确定。这里所说的业务招待费就相当于宋朝正赐公使钱开支的招待费部分。二是当地地方性附加收入和政府部门通过多种经营，回易生利等办法自筹的非正赐钱，称为非正赐的公使钱，又称公使库钱，相当于现代之地方预算外收入。宋王朝对地方自筹的非正赐钱管理比较严格，对正赐钱管理相对松弛。其主要原因是防止官吏对地方过度搜括的乱收费和以馈供手段贿赂上司的腐败行为。

四、退休制度

宋朝“朝廷之制，七十致仕”，“文武官年七十以上求退者，许致仕”。武官可

表九 北宋文武官员料钱、衣赐数额表（元丰改制前）

寄禄官名	料钱（贯／月）	衣赐
宰相、枢密使	300	春冬各绫二十匹，绢三十匹。冬绵百两，春罗一匹
枢密使带使相	400	同上栏
参知政事、枢密副使、宣徽南北院使、三司使、知枢密、同知枢密	200	春冬各绫十匹，春绢十匹，冬二十匹，冬绵五十两，春罗一匹
签书枢密院事、盐铁、度支、户部使	150	同上栏
三师、三公感	120	春冬各绫十匹，绢三十匹，冬绵五十两，春罗一匹
东宫三师、仆射	90	春冬各绫十匹，绢二十五匹，冬绵五十两，春罗一匹
东宫三少、御史大夫、尚书	60	春冬各绫七匹，绢二十匹，冬绵五十两，春罗一匹
左右散骑常侍	60	春冬各绫三匹，绢十五匹，冬绵五十两，春罗一匹
御史中丞	55	春冬各绫七匹，绢二十匹，冬绵五十两，春罗一匹
太常宗正卿、左右丞、侍郎、中书门下侍郎	55	春冬各绫五匹，绢十七匹，冬绵五十两，春罗一匹
太子宾客	45	春冬各绫七匹，绢二十匹，冬绵五十两，春罗一匹
观文殿大学士、学士、资政殿大学士	随本官	随本官
资政、端明学士	随本官	春冬各绫五匹，绢十七匹，冬绵五十两，春罗一匹
翰林学士承旨、学士	随本官	春冬各绫三匹，绢十五匹，冬绵五十两，春罗一匹
翰林侍读侍讲、阁学士、枢密直学士	依本官	春冬各绫五匹，绢十七匹，冬绵五十两，春罗一匹
翰林承旨、学士	依本官	春冬各绫三匹，绢十五匹，冬绵五十两，春罗一匹（本官多者从本官）
阁直学士、知制诰、侍制	依本官	同上栏
给事中、中书舍人、大卿监、国子祭酒、太子詹事	45	同上栏
谏议大夫	40	同上栏
盐铁、度支、户部副使	50	春绫三匹，冬绫五匹，春冬绢各十五匹，冬绵五十两，春罗一匹
谕德、少卿监、司业、郎中	35	春冬各绢十三匹，冬绵三十两，春罗一匹
左右庶子、起居郎、舍人、侍御史、司谏、殿中侍御史、员外郎、赤县令、	30	同上栏
太子少詹事	29	同上栏
正言、监察御史、太常博士	20	春冬各绢十匹，冬绵三十两，春罗一匹
国子五经博士、太常丞、宗正丞、秘	20	春冬各绢七匹，冬绵三十两，春罗一匹
太子率更令、中允、赞善、中舍、洗马、六局奉御	18	同上栏
秘书郎、著作佐郎	17	春冬各绢六匹，冬绵二十两
司天五官正	13	春冬各绢五匹，冬绵十五两，春罗一匹
大理寺丞	14	春冬各绢五匹，冬绵十五两
诸寺监丞	13	同上栏
大理评事	10	春冬各绢三匹，冬绵十五两
三司、刑部检法法直、副直	10	春冬各绢五匹，冬绵十五两
太祝、奉礼	8	同上栏
司天监丞	5	同上栏
司天监主簿	5	春冬各绢三匹，冬绵十五两
灵台郎	3	春冬各绢三匹，冬钱三贯
保章正	2	同上栏
节度使	400	春冬各绢百匹，大绫二十匹，小绫三十匹，绵五百两、春罗一匹
节度观察留后	300	春冬各绢十匹，冬绵五十两
皇族充节度观察留后	300	春绢加二十匹，冬绢三十匹，大小绫各十匹，春罗一匹、冬绵百两
观察使	200	春冬各绢十匹，冬绵五十两
皇族充观察使	300	春冬各加绢十五匹，绫十匹，春罗一匹、冬绵五十两
防御史	200	春冬各绢十匹，冬绵五十两

续表

寄禄官名	料钱（贯／月）	衣赐
皇族充防御史	200	春冬各加绢十五两，绫十匹，春罗一匹，冬绵五十两
团练使	150	春冬各绢十匹，冬绵五十两
皇族充团练使	150	春冬各加绢十五匹，绫十匹，春罗一匹，冬绵五十两
刺史遥领掌兵者	50	同上栏
六军统军	100	春冬绫各五匹，绢十匹，绵五十两
诸卫上将军	60	同上栏
皇子充诸卫上将军	200	春冬绫各十匹，春绢十匹，冬绢二十匹，春罗一匹，冬绵五十两
左右金吾卫大将军	35	春冬各绫三匹，绢七匹，冬绵三十两
诸卫大将军	25	同上栏
皇亲任诸卫大将军领刺史	80	春冬各绫十匹，绢十五匹，冬绵五十两
诸卫将军	20	春冬各绫二匹，绢五匹，冬绵二十两
皇亲任诸卫将军	30	春冬各绫二匹，绢五匹，冬绵二十两
率府率、副率、中郎将	13	春冬各绢五匹，冬绵十五两，春罗一匹
内客省使	60	春绢七匹，冬绢十匹，冬绵三十两
客省使	37	同上栏
引进使、四方馆使、门使	27	同上栏
皇城使以下诸司使	25	同上栏
门通事舍人	20	春冬各绢七匹，春罗一匹，冬绵三十两
客省及皇城以下副使	20	春绢五匹，冬绢七匹，冬绵二十两
内殿承制	17	同上栏
崇班	14	同上栏
供奉官	10	春绢五匹，冬绢七匹，冬绵二十两
侍禁	7	春冬绢各四匹，冬绵十五两
殿直	5	同上栏
三班奉职、借职	4	春冬各绢三匹，钱二贯
枢密都承旨、承旨	40	春绫三匹，冬绫五匹，春冬各绢十五匹，春罗一匹，绵五十两
枢密副都承旨、副承旨、诸房副承旨、中书提点五房公事	30	春冬各绢十五匹，冬绵三十两，春罗一匹
中书堂后官	20	春冬各绢十匹，春罗一匹，冬绵五十两
中书、枢密主事	20	同上栏
中书、枢密录事、令史	10	春冬各绢十匹，春罗一匹，冬绵三十两
中书、枢密主书	7	春冬各绢二匹，春钱三千，冬绵十二两
中书、枢密院守当官	5	春冬各绢二匹，春钱一贯
中书、枢密院书令史	5	春冬各绢二匹，春钱三贯，冬绵十二两，钱一贯
开封府判官	30	衣赐随本官
开封府推官、司官	20	同上栏
开封府功曹、法曹	12	春冬各绢五匹，冬绵十五两
开封府仓、户、士、兵四曹	10	同上栏
三京留守判官、府判官	30	春冬各绢十二匹，冬绵二十两
节度观察判官	25	春冬各绢六匹，冬绵十二两半
节度副使	30	（失载）
行军司马	25	如签书本州公事则同节察判官，若监当则无衣赐
节度掌书记、观察支使	20	春冬各绢五匹，冬绵十两
留守推官、府推官、节察推官	15	同上栏
防、团副使	20	（失载）
防、团判官	15	（失载）
防、团军事推官、军监判官	7–2	（失载）

续表

寄禄官名	料钱（贯／月）	衣赐
五万户以上州录事参军	20	（不载）
五万户以上州司理、司法	12	（不载）
五万户以上州司户	10	（不载）
按：以下分三万户、万户、五千户数等递减		
万户以上县县令	20	（不载）
万户以上县簿、尉	12	（不载）
按：以下分七千户、五千户、三千户数等递减。东京畿县县令因户口、京朝官等分若干等次。河南洛阳县县令、东京畿县县丞等也分别享受优于一般县县令、县丞的待遇。		
别驾、长史、司马、司士、文学	7	（不载）
岳渎庙令	10	（不载）
岳渎庙令、主簿	7	（不载）

表十　北宋官吏禄粟定额表（元丰改制前）

阶官	禄粟（月）
宰相，参知政事，枢密使同中书门下平章事，枢密使、副使、知院事、同知院事、及宣徽使签书枢密院事，节度观察留后知枢密院事及充枢密副使、同知枢密院事，并带宣徽使签书，检校太保签书，及三司使、中书、门下侍郎，尚书左、右丞、太尉	一百石
枢密使带使相，节度使同中书门下平章事已上及带宣徽使，并前两府除节度使、枢密使、副知院事带节度使	二百石
三公三少	一百五十石
管军及遥领（刺史）	三十石
等赤县令	七石
赤县丞	四石
京府司录	五石
（京府）诸曹参军	四石至三石二等
东京畿县知县	六石至三石四等
东京畿县主簿、尉	三石至二石二等
诸州录事	五石至三石三等
诸州司理、司法	四石至三石二等
诸州司户	三石至二石二等
诸县令	五石至三石三等
（入内内侍省）高班、黄门、入内内品，管勾奉辇祗应、入辇祗应	二石
打牧祗应	一石五斗
按：入内内侍省供奉官到此并给粳米。	
（入内内侍省）祗候殿头、祗候高品、祗候高班内品、祗候内品、祗候小内品、贴祗候内品、入内内品、后苑内品、后苑散内品	三石
按：以上并给月粮。	
云部部内品	一石（细色）
内侍省供奉官	三石
（内侍省）殿头、高品、高班	二石
（内侍省）殿头内侍、入内高班	一石（米麦各半）

阶官	禄粟（月）
签书枢密院事、三部使、权三司使	七十石
权发遣三司使公事	三十五石
内客省使、景福殿使	二十五石
节度使（管军及遥领者同）	一百五十石
皇亲带节度使	一百石
留后（承宣）、观察、防御使	一百石
皇亲遥领防御使	七十石
团练使	七十石
管军及遥领（团练使）	五十石
刺史	五十石
诸县簿尉	三石至二石二等
四京军巡、判官	四石
军、监判官，防、团推官	二石
司天监丞	四石
司天监主簿、灵台郎、保章正	二石
按：以上除管军者支六分米四分麦外，并米麦各半支给	
入内内侍省供奉官	四石
（入内内侍省）殿头、高品	三石
（内侍省）黄门	一石五斗
按：内侍省供奉官至此并给粳米。	
（内侍省）黄门内品在京人事	二石五斗
（内侍省）北班内品，前殿祗候内品，外处拣来并城北班、后苑、把门内品，扫洒院子及西京内品与北班内品，依旧在西京收管西京内品，郢、唐、州内品	二石
（内侍省）入内小黄门	一石（细色）
（内侍省）寄班小底	四石
按：内侍省黄门内品在京人事以下除入内小黄门外，并给月粮。	
按：文献记载似有阙漏，又熙宁四年增加选人禄粟变动不录。	

表十一　北宋职田定例咸平元年（公元999年）　单位：顷

分配对象	职田数
两京、大藩镇	40
次藩镇	35
防御、团练州	30
中、上刺史州	20
下州及军监	15
边远小州、上县	10
中县	8
下县	7

延至80岁，退休后的待遇，通常是领取原俸禄50%的半俸，如经皇帝批准的“特命”致仕者，方可领取本官全俸。

五、官学及科举制度的完善

宋朝官学设国子生和太学生两种。国子生以京朝官七品以上子孙为之，初无定员，后定200人为限。太学生以京朝官七品以下子弟及庶人之俊异者为之。神宗时，太学实行三舍法，即分为外舍生、内舍生、上舍生。外舍生每月一次私试，每年一次公试，公试一、二等升内舍。内舍生每两年一舍试，优、平二等升上舍。上舍生再分三等：行艺与所试之业俱优为上等，取旨授官；一优一平为中等，许参加殿试；俱平或一优一否为下等，许参加省（礼部）试。

宋朝科举考试科目与唐朝大体相同，仍以进士科为重。但在考试时间、方法和内容上，宋朝对科举制度则作了进一步的完善。在考试时间上，将进士科三年一举固定下来。在考试方法上，除了原有的县试、州试、省试外，还正式建立了殿试制度。殿试由皇帝亲自主持，又称御试、廷试。殿试合格者统称进士，其中进士又分为五等三甲，一、二等为一甲，称进士及第，头名称状元；三等为二甲，称进士出身；四、五等为三甲，称同进士出身。宋朝取消了唐朝进士授官要通过吏部考试的规定，通过殿试者可直接授官，这样获得官位的人大大增加了。宋太宗（公元976—997年）在位21年，通过科举考试被授予官职的近10000人，平均每年500人。宋仁宗（公元1023—1063年）在位40年，仅进士科入仕授官者达4570人，每届（3年一举，以13届计）不少于350人。南宋庆元六年（公元1200年）至端平二年（公元1235年）的35年间，考取的进士达5917人，比北宋增加不少。在考试内容上，宋朝并不限于唐朝的以诗赋取士，有时也试行经义取士，由于各方意见不一，如王安石认为以诗赋取士，难出人才，主张经义取士，强调“今以少壮时，正当讲求天下正理，乃闭门作诗赋。及期入官，世事皆所不习，此乃科法败坏人才”，而苏轼则坚持唐朝以诗赋取士同样出了不少人才，所以考试内容时有变更，或单考经义，或单考诗赋，或诗赋经义和策论均考。

为了克服科举考试中的弊端，宋朝还作了几项具体规定。首先，不许考官与考生结成像唐朝那种座主与门生的关系。规定通过殿试才能成为进士，进士为天子门生，新科进士要向皇帝谢恩，殿试唱名后，皇帝则在琼林苑赐“闻喜宴”款待，从而杜绝了考官与考生结成朋党的可能性。其次，实行“互保连坐”，凡各路、州（府）县在贡举人才时，不认真察访，举士名实不符，虽有才华，但品行不好，诽谤朝廷者，一旦被发现即遣送回籍，为其担保的10人都永远不得参加科举考试（唐朝规定为5人担保）。再次，实行“锁院”制度。宋朝的知贡举和同知贡举等考官都由皇帝亲自任命、召见和训示，并且一经任命，便立即终止原任职务，准时进入贡院办公，对外封锁消息。考生退场后，继续锁院，进行阅、评试卷。第四，实行弥封制和誊录法。弥封制即用纸把考卷上的考生的名字贴上，判卷结束后才揭开，所以又叫糊名。誊录法是派专人将考卷全部抄写，以防考官认出熟人的笔迹。应该说，宋朝的科举制度已发展到至臻完善的程度了。中国目前高等学校入学考试的一些办法，也由此沿袭而来，只不过我们用编考号法，而非糊名法，至于誊录法已被标准化试题加上计算机评卷取代，同样达到避免考官认出熟人笔迹的目的。

六、对官吏的监察

宋朝对官吏的监察体制基本上沿袭了唐朝，即御史台下设三院：侍御史属台院，地位最高；殿中侍御史属殿院，位次之；监察侍御史属察院，地位最低。侍御史主要辅佐中丞（宋时中丞为御史台长官）“纠察百官奸慝，肃清朝廷纪纲”。殿中侍御史主要是“掌以仪法纠百官之失。凡大朝会及朔望、六参，则东西对立，弹其失仪者”。监察御史负责纠察六曹百司，大事奏劾，小事纠正。

为了加强中央集权制，宋朝在唐朝的基础上也作了不少改革。一是御史兼言职。在宋以前，御史与谏议分立，御史负责纠弹，谏议主要进行论争，二者各行其事，到宋朝御史兼言职。二是取消宰相任免御史的职权。唐朝宰相有任命御史之权，宋仁宗强调指出：“宰相自用台官，则宰相过失无敢言者矣”，并明确“宰执不得荷举台诗官”。因此，宋朝凡宰相所举荐的官吏和宰相的亲戚故旧皆不得为御史，从而保证御史在皇帝控制下行纠弹之权。三是允许御史闻风而弹。就是说，弹劾官吏可以不需要任何依据，只凭传说就可弹奏，错了也不负任何责任。用现代的眼光看，捕风捉影，违反实事求是的原则是要负法律责任的，至于宋王朝之所以要这样做，主要可以造成一个官吏人人自危的气氛，以达到加强其封建统治的目的。而且规定御史每月奏事一次，叫做“月课”，如果上任后百日内无纠弹，就要免职或罚俸处分（亦称辱台钱）。

第八节 从无到有建立制度的元代

一、从无到有的俸禄

元初官吏无俸，中统元年（公元1260年）至至元十四年（公元1277年）始定北方官吏俸禄制，其实行标准是以本官官品为主，结合差遣职务确定的综合给禄制，由俸钞和职田两部分组成。北方官吏标准高于江南，江南官吏职田仅及北方的1/2。

元朝官吏选拔前期以军功授官为主，至后期（公元1315年）才正式开科取士，实行科举制度。科举考试时，蒙古人、色目人和汉人、南人的考试内容、标准及录取后授官的品级均有差异，主要倾向是优待蒙古人、色目人。

元朝俸禄制度的建立大体分为两个时期。第一个时期是蒙古汗国（公元1206年）到元朝世祖中统元年（公元1260年），官吏不设俸秩，那时武官贪图掳获，文官依赖赏赐，民不堪命。第二个时期，始于元世祖中统元年，元王朝开始正式对朝官依品支俸，继而逐步扩大支俸范围。经世祖至仁宗数代经营，到延祐年间（公元1314—1320年），元朝的俸禄制度得以最终建立并完善。

元朝的商业极为繁荣。这与全国的统一，农业和手工业的恢复和发展，海运和漕运的沟通有关。同时，纸币交钞的发行对促进流通起了重要作用。中国是世界上最早使用纸币的国家，金元时期继北宋以后进一步发展了纸币。元世祖时用桑皮纸印造"中统元宝交钞"，交钞的使用通行全国各地。而当时在国内外各地经营商业或举高利贷的大多是回回商人，所以，元朝官吏俸禄除有时用银两外，多用纸钞按月支付，成为中国历史上最早给官吏发放俸钞的朝代。由于纸钞发行无准备金，往往引起通货膨胀。在通货膨胀严重的情况下，部分俸钞折算成米粟支付(见表十二)。

元朝规定，官吏必须当月"公事完备"、"无罪过"，方能在下一个月初领取俸禄。上任及罢任官俸禄支给，"官员一任不过初二日，罢任已过初五日，并给当月俸钱"，"后官已至，而前官被差者，其俸两给之"。预支俸禄，称为借俸，"军官差出者许借俸，殁于王事者借俸免征"。也就是说，受命出差可以预借俸禄（相当于现代预借旅差费），如果因公死亡，可以不归还预借款。但有三种情况必须停发俸禄：一是有罪者停职停禄；二是请假逾期者不给俸；三是官吏因事离职者停俸。这是对官吏违规或渎职者给予罚俸的经济处罚。

元朝对官吏同时实行职田制度。至元三年（公元1266年）、至元十四年（公

表十二　元朝百官俸禄定例至元二十二年（公元1285年）　　单位：中统钞（两）

品级		俸钞		
		上	中	下
一	从	300	250	
二	正	225	215	
	从	200	185	175
三	正	175	165	150
	从	150	135	125
四	正	125	115	100
	从	100	95	90
五	正	90	80	
	从	80	70	
六	正	70	65	
	从	65	60	
七	正	60	55	
	正	55	50	
八	正	50	45	
	正	45	40	
九	正	40	35	
	正	35		

元1277年)，定北方路州府县官吏职田；至元二十一年（公元1284年)，定江南官吏职田。元朝的职田数量较大，所以在广泛使用纸钞，币值极不稳定的情况下，职田往往是最可靠的俸禄形式，职田租谷收入对稳定官员（主要是外任地方官）的经济收入起了重要作用(见表十三、表十四)。

表十三　元朝北方职田定例　(一) 适用路府州官员　单位：顷

官职 类别	达鲁花赤	总管	知府（州）	同知	治中	刺（府、州）
上路	16	16		8	6	5
下路	14	14		7		5
散府	12		2	6		4
上州	10		10	5		4
中州	8		8	4		3
下州	6		6			3

(二) 适用县院司官员　单位：顷

类别 官职	警巡院	录事司	按察司	县
达鲁花赤	5	3		4
使（警使按察使）	5		16	
副使（警副按察副使）	4		8	
录事（佥事）		3	6	
判（警判录判）	3	2		
县尹				4
县丞				3
主簿				2
县尉				2

表十四　元朝江南职田定例

官职 类别	达鲁花赤	县尹	县丞	主簿	县尉	主簿兼县尉
上县	2	2	1.5	1	4	
中县	2	2		1	1	
下县	1.5	1.5				1

(二) 适用路府州官员　单位：顷

类别 官职	上路	下路	散府	上州	中州	下州
达鲁花赤	8	7	6	5	4	3
总管	8	7				
知府（州）			6	5	4	3
同知	4	3.5	3	2.5	2	2
治中	3					
判	2.5	2.5	2	2	1.5	1.5
经历		2				
知事		1				
提控案牍		1	1	1		
都目					0.5	

（三）适用诸司官员　　单位：顷

官职 / 类别	按察司	录事司	运司	盐司
达鲁花赤		1.5	8	
使	8			2
同知			4	
副使	4		3	2
录事		1.5		
佥事	3			
判		1	2.5	1
经历	2		2	
知事	1		1	
提控案牍			1	
管勾				1
司狱		1		
巡检		1		

从表格中可以看出，江南职田只及北方之一半，所以这一做法引起江南官员的普遍不满。大德二年（公元1298年），郑介夫即上书元成宗，要求改革职田制度，解决俸禄分配不公的问题。至大年间（公元1308—1311年）调整禄制，便采纳了郑介夫的建议“拘田支米”，就是说将职田全部收归公有，然后按官职发放俸米。这一设想应该说是十分合理的，但由于损害了有职田官员的切身利益，很快便告失败。

二、“逼良为娼”的薄俸

相对于宋朝官俸来说，元朝官俸从总体上看标准较低；相对元时物价来说，元朝官俸入不敷出的问题比宋时更为普遍。元朝通行纸币，中统钞自中统元年（公元1260年）发行后不久即开始不断贬值，至元年间（公元1335—1340年）有人就指出，原绢一匹值钞1贯，今绢一匹值钞8贯，币值在20年时间里下跌到原值的1/8。物价腾涨对官吏的生活带来很大影响，尤其对无职田的官吏来说影响更大。尽管元政府采取了不断增俸的办法，但增俸速度赶不上物价上涨的速度，官吏的实际生活水平大大降低。宰相的俸禄在百官中是首屈一指的，但在元朝不断上涨的物价面前，也显得捉襟见肘。元大德年间，为百官添支禄米而宰相不添，有人为之上言说：“丞相，职居人臣之右，若如晋之何曾日食万钱，无不箸处，虽罄竭私帑，亦不能自给矣。天子立相，必须厚禄以优崇；大臣律身，自宜戒奢而从俭，岂可先处以约而薄其所养哉！今俸自三锭以上者不得添米，官益高而俸益薄，甚非尊尊贵贵之道也。”贵为宰相，尚且有人为之哭穷，其他官吏的薄俸情景想必更加严重。在中国历史上，元朝吏治的腐败是空前的，其原因固然是多方面的，而其收入不足以养廉的俸禄制度缺陷显然也是一个重要原因。但另一方面，由于元王朝给官吏普遍颁发俸钞，官吏须运用俸钞到市场上换取生活资料，这一歪打正着的办法客观上对于社会商品经济的发展起到了促进作用。

三、官吏的退休

对于官吏退休，元朝大德七年（公元1303年）规定：“内外官员年至七十者，三品以下，于应授品级散官加一等，令致仕。”这就是说，年满70岁，三品以下官吏不但可以退休，而且还能加官一等。元朝的致仕官一般不供俸禄，只规定："子幼家贫者，给半禄终其身。"也就是说子女年幼、家庭贫困的退休官吏，方可享受原俸禄50%的退休金待遇。

四、封爵制度

元朝爵位分为：公、郡公、国侯、郡侯、国伯、郡伯、县子、县男。宗室多封王爵，有一字王、两字王之分，以印章的不同表示等级，都有封地，爵位可世袭。还有同姓无封邑而称王的，只称宗王。勋官称号沿用唐宋制度仍为12级。文散官43阶，武散官34阶，内侍散官14阶，司天散官14阶，太医散官15阶，教坊司散官15阶。元朝蒙古贵族除有封地外，皇帝每年还给大量赏赐。

第九节 以薄俸著称的明代

一、俸禄极薄的王朝

自秦以后，历朝财政支出中最大的项目要算官俸，尤其是有明一代。由于爵禄制发生重大变化，宗禄支出特别巨大，明初，分封子弟为诸王，不久便使诸王就藩。此后，藩王分封日多，几乎遍及全国。诸王岁禄丰厚，少则1000石，多者10000石。诸王另有赐田，初期仅食其租米以代岁禄。后来形成赏赐庄田制度，诸藩王王庄少者占田数十顷，多者数万顷，既有赏赐，又有乞讨甚至侵夺，以至于"民间地土搜括殆尽"，既减少了国家的财政收入，更对社会经济带来严重不利影响。岁禄、庄田之外，藩王还可得到大量的临时赏赐、府第营建给银和王府赡养等其他收入。因此，大封藩王和藩王赐岁禄、庄田等，也就成为明朝社会的一大病态，以至嘉靖四十一年（公元1562年）出现了天下岁供京师粮400万石，而诸藩府禄米开支却要853万石这种入不敷出的局面。

明代建国之初曾试行过职田制以补充官吏俸给不足。早在洪武十年（公元1377年）就有"制赐百官公田，以其租入充俸禄之数，公侯省府合部都司内外衙官七百六十人，凡田四千六百八十八顷九十三亩，岁入米二十六万七千七百八十石"的记录。也就是说，中央机关760名官员，平均每人有职田617亩，平均每人年收入米3253石。大约至洪武二十五年（公元1392年）前后，明王朝将"公田俱入官"，废除了职田制度，这样官吏的待遇大为降低。洪武时官俸全给米，间以钱钞兼给，钱1000文，钞一贯抵米一石。明成祖即位，规定公、侯、伯继续全数给米，文武百官俸禄则米钞兼支，高品级官员支米40%—50%，低品级官员支米60%—80%，九品杂职吏典等小官全数给米。到明英宗正统年间，进一步提高折色比例，又规定五品以上支米20%，钞80%，六品以下支米30%，钞70%。由于明朝钞价日贱，钞一贯仅值钱2—3文，即相当于原值的2‰—3‰。如此不断贬值，使官吏的待遇日益下降，再加上职田的废除，官吏俸禄少得可怜，形同虚设。尽管明王朝对低品级官员的折色作了较多的照顾，其所支俸米亦难以维持生计，故明人惊叹"自古官俸之薄，未有若此者"。毋庸讳言，官俸太薄，便无法养廉，于是

图5-12 明文武官补子图

"贪者放利行私，廉者终窭莫诉"。薄俸与欠饷一样，失去人心亦是晚明迅速败亡之一大原因。

中国历代官俸以明朝为最薄，宋朝为最厚。宋时官俸供应，有钱，有绫绢，有禄粟，随员佣人亦有衣粮；子孙世守，还有职田；官署有公使钱，用于官员福利，如宋时扬州官衙每月集体宴饮即达5次之多。此外，还有各种包括赐宅第在内的赏赐。因此，宋朝之贪污案例远较明朝为少。

明朝洪武四年（公元1371年），曾由中书省、户部制定文武百官岁禄，最高正一品900石，最低从九品50石。洪武十三年（公元1380年），诏令户部"重定内外文武官岁给禄米俸钞之制"，并将"食禄法品，勒石昭示"。其标准有所提高，最高正一品为1000石，另给俸钞300贯，最低从九品为60石，另给俸钞30贯(见表十五、表十六)。

洪武二十年（公元1387年），再次更定文武百官的岁禄，取消岁米之外加给的俸钞，并对各品级官员的岁禄作了一些调整。这一标准从此成为明朝贯彻始终的定制。

据史料记载，明正德年间（公元1506—1521年）有文职官员20400人，按当时全国人口6000万人计算（公元1393年即洪武二十六年全国人口就有6054.58万人），文官占全国人口总数的0.34‰。

二、官吏退休制度

明朝的官吏退休制度，明初系沿用元朝旧制，"内外大小官员，年七十者，听令致仕"。至洪武十三年（公元1380年），始诏令"文武官六十以上者，皆听致仕"。永乐十九年（公元1421年），又诏令"文武官七十以上不能治事者，许明白具奏，放回致仕"。此后，文武官员70岁致仕成为有明一代的通例。但是，明朝的致仕规定也不完全拘泥于年龄，还有两条补充规定：一是"有特旨选用者不拘此例"；二是虽年龄未及70岁，但"老疾不能任事者"，亦令致仕。

明朝退休官吏可享受升级待遇，洪武十二年（公元1379年）"令内外文武官年老致仕者，三品以上仍旧，四品以下者各升一等，给予诰敕"。洪武二十九年（公元1396年），朱元璋亲自召见2500多名退休官员，并给他们各升官阶一级。明朝对高级官员致仕还有特旨赏赐，如洪武四年（公元1371年）韩国公"李善长以疾致仕，赐临濠地若干顷，置守冢户百五十，给佃户千五百家，仪仗士二十家"。明朝对官员退休，除特殊情况外不给俸禄。永乐十九年（公元1421年），对致仕官员，规定"若无子嗣，孤独不能自存者，有司月给米二石，养其终身"。天顺二年（公元1458年）规定："四品以上官，年七十以礼致仕，家贫不能自存者，有司岁给米五石"。看来，即使给些照顾，也是形同救济性质，支米数量极其有限。所以说，明朝不仅在职官员待遇微薄，就是退休官员生活照顾亦是属于历朝最差的。

表十五　明朝文武官员俸禄标准

品级	官职	月米（石）	岁米（石）
正一品	太师、太傅、太保、宗人府宗人令、左右宗正、左右宗人、五军左右都督	87	1044
从一品	少师、少傅、少保、太子太师、太子、太傅、太子太保、五军左右都督	74	888
正二品	太子少师、太子少傅、太子少保、六部尚书、左右都御史、五军都督佥事、中都正留守、都指挥使	61	732
从二品	左右布政使、都司指挥同知	48	576
正三品	六部侍郎、左右副都御史、通政使、太常寺卿、大理寺卿、按察使、应天府尹、都指挥佥事、卫指挥使、中都副留守	35	420
从三品	从三品　光禄寺卿、太仆寺卿、布政司参政、盐运使、宣慰使、卫指挥同知	26	312
正四品	正四品　左右佥都御史、左右通政、太常寺少卿、大理寺少卿、太仆寺少卿、应天府丞、按察避司副使、知府、宣慰司同知、卫指挥佥事	24	288
从四品	国子监祭酒、布政司参议、盐运司同知、宣慰司副使、宣抚司宣抚	21	252
正五品	大学士、翰林院学士、六部郎中、按察司佥事、府同知、宣慰司佥事、宣抚司同知、千户所正千户等	16	192
从五品	侍读学士、侍讲学士、六部员外郎、知州、盐运司副使、盐课司提举、市舶司提举、宣抚司副使、招讨司招讨、安抚司安抚、卫镇抚、副千户等	14	168
正六品	六部主事、府通判、京县知县、兵马司指挥、百户所百户等	10	120
从六品	布政司经历、盐运司判官、州同知、千户所镇抚等	8	96
正七品	监察御史、京县县丞、知县、兵马司副指挥等	7.5	90
从七品	中书舍人、布政司都事、州判官、盐运司经历、卫经历等	7	84
正八品	通政司知事、按察司知事、府经历、县丞、卫知事等	6.5	78
从八品	盐运司知事、应天府知事、布政司照磨等	6	72
正九品	布政司检校、按察司照磨、茶马司大使、府知事、县主簿等	5.5	66
从九品	翰林院侍诏、都税司大使、司牧局大使、宝泉局大使、军器局大使、布政司库大使、府仓大使等	5	60

表十六　万历《明会典》载俸钞折色定例

官品	岁俸（石）	本色俸（石）	本色俸内		折色俸（石）	折色俸内	
			实支米（石）	折银数（两）		折银（两）	折钞（贯）
正一品	1044	331.2	12	204.82	712.8	10.69	7128
从一品	888	284.4	12	174.79	603.6	9.05	6036
正二品	732	237.6	12	144.76	494.4	7.41	4944
从二品	576	190.8	12	114.73	385.2	5.77	3852
正三品	420	144.0	12	84.70	276.0	4.14	2760
从三品	312	111.6	12	63.91	200.4	3.00	2004
正四品	288	104.4	12	59.29	183.6	2.75	1836
从四品	252	93.6	12	52.36	1584	2.37	1584
正五品	192	75.6	12	40.81	116.4	1.74	1164
从五品	168	68.4	12	36.19	99.6	1.49	996
正六品	120	66.0	12	34.65	54.0	0.81	540
从六品	96	56.4	12	28.49	39.6	0.59	396
正七品	90	54.0	12	26.95	36.0	0.54	360
从七品	84	51.6	12	25.41	32.4	0.48	324
正八品	78	49.2	12	23.87	28.8	0.43	288
从八品	72	46.8	12	22.33	25.2	0.37	252
正九品	66	44.4	12	20.79	21.6	0.32	216
从九品	60	42.0	12	19.25	18.0	0.27	180

三、科举"八股文"及官学

明代科举考试的科目和唐宋相似。进士科的考试明朝是经义和策论。为了便于改卷，明代规定了经义考试的出题和答题形式，形成了“八股文”。明初规定，考官出题只准用《四书》中的词句，考生答题只准代圣贤立言，不准用自己的观点立论。答卷的形式要求按破题、承题、起讲、入手、起股、中股、后股、束股八个部分组成，故称八股。破题要求用两句话说明题目的要旨，接着在承题中进一步阐明题目的含义。到起讲中才可发表议论，经过入手再转入正式议论。所有议论要在四股中讲完，重心落在中股上。全篇要整齐连贯，结构严密，后四股中有两股必须排比对偶。全篇300字至700字不得增减。

明朝官学分为国学（国子监）和府、州、县学。入国子监的通称监生，取得了预备官员的资格。国子监分为六堂，亦采用积分递升法，即实行相当于现代大学的学分制。明初监生有实习制，称为历事之制，历事后进行考核，分为上、中、下三等，上等从优选用，中等不拘品级随才任用，下等仍回监读书。由于明初人才奇缺，被选用的监生有一开始便担任布政使、按察使等高级职务的。犹如20世纪20年代黄埔军校开办之初的几届毕业生几乎都成了高级将领，70年代末80年代初即便是中专生、工农兵大学生都能出任各级政府及部门的领导职务，此后社会进入正常运转，即使硕士生、博士生也失去了这种千载难逢的机会。可见对那些专业性并不太强的工作来说，机会比知识和才能更重要，当官更是如此。

第十节 首开养廉银的清代

一、官学及科举考试

清初的国子监生，曾沿明制实行积分历事之法。其后定考职之制，分等录用，授予州县的佐贰官（州同、州判、县丞、主簿、吏目）或教职。府、州、县学的生员，必须经过考试，取得举人资格以后，才有做官的机会。

在科举考试的内容上，清朝增加了诗赋，但不像唐朝那样只限韵律，而是规定题目一般用经史子集中的句子，或是前人的句子。限定韵脚，体裁为五言或七言。限六韵或八韵，即12句或16句，前4句要用上题目中的全部字眼或绝大多数字眼。

在考试方法上，清代与明代相同，有童子试、乡试、会试和殿试等三级四种考试。最低一级考试是童子试，亦名童试。应试者不论年龄大小，皆称“童生”或“文童”。童生先要通过知县主持的五场县试和知府主持的两场府试，才能参加学政主持的院试，院试考五场，合格者取得县和府学学生的资格，叫作生员，亦称秀才。秀才每年都要参加学政主持的岁考，成绩优秀者有赏，低劣者受罚。这说明古代秀才也不是一次考试定终身，而是贯彻终生学习的精神，要继续不断接受后续教育，才能年年优秀有奖赏。明朝学政也经常选送部分生员入国子监做监生。

第二级考试是乡试。乡试在京师和省会城市举行，亦称“大比”，一般是每三年举行一次。考期大多在农历八月，故又称“秋闱”。乡试前先由学政对秀才（监生亦有同等资格参加考试）进行科考，科考合格才能参加乡试。乡试由皇帝任命的正副主考官主持，地方大员监场。乡试考三场，考中者称举人，前五名称五魁，其中第一名称解元。举人也叫“乙榜”或“桂榜”。中举人者有两条出路：一是有资格参加选拔进士的会试，二是也可以通过“大挑”做官。大挑由吏部主持，每六年举行一次，要求应考者有参加过3—4次会试的资历。这就是说大挑是为那些矢志考进士、又屡考不取的知识分子开辟的一条做官之路，应该说这是统治者笼络知识分子的一种明智的办法。大挑的录取标准与唐朝的“释褐试”相似，强调“人文并选”。

最高一级的考试是会试和殿试。会试在乡试的第二年举行，为三年一次。考期一般在农历三月，所以又称为“春闱”。考试场所设在京师，由皇帝任命考官主持，礼部负责具体事务，故又称“礼闱”。

会试考三场：第一场试时文和试贴诗，第二场考论，第三场考经、史、时务策。考中者称“贡士”，第一名称“会元”。清康熙以后，贡士要参加皇帝主持的复试，通过复试后才能参加农历四月至五月由皇帝在保和殿主持的殿试。殿试只考一场时务策，主要是通过考试排出进士名次，所以一般不再淘汰。进士排名分为三甲：一甲“进士及第”取三名，依次为状元、榜眼和探花；二甲三甲名额不限，分别称为“进士出身”和“同进士出身”。进士亦称“甲榜”或“杏榜”。每科录取人数一般为200—300人，前10名由皇帝钦定名次，其余由考官们决定。因此，就出现了清末光绪癸卯科（公元1903年）殿试恰逢慈禧太后70寿辰，在决定进士名次时，慈禧为了讨个吉利，就将名次稍后的山东潍县举人王寿彭指定为状元。因为寿彭者乃寿如彭祖，而彭祖是帝舜时代的大臣，传说活到800岁，故有预兆慈禧太后长寿之吉。在封建社会，不仅皇太后有此迷信之举，就是参加科考的士子亦须在考试前求得好兆头。明朝嘉靖年间，浙江临海举人秦鸣雷准备上京赶考，在出发前一直没有听到人们高中的好话，焦急万分。在夜深人静、走投无路之时，竟一怒之下将一块石头抛入一户居民的茅厕，轰鸣之声惊醒了睡梦之中的主人，主人大声呵责：何人如此大胆，毁我茅厕。秦鸣雷答道，本人乃秦鸣雷也，欲上京赶考云云。主人怒斥道：汝倘是秦状元，亦不可如此无礼！有道是吉人自有天相，无意之中的吉语，再加上当时中国西北地区(旧时称秦地)连年旱灾，赤地千里，民不聊生，嘉靖皇帝认为大臣们拟报的第一名吴情，谐音为“无情”，乃不吉之姓名，而认为第三名秦鸣雷姓名之蕴意为“秦地鸣雷降雨”，与他为西北地区求雨之心巧合，遂将秦鸣雷点为嘉靖甲辰科（公元1544年）状元。秦鸣雷衣锦还乡之日，不仅花钱赔偿被他用石块击

图5–13 清文官补子图

破的茅厕大缸，而且还以厚礼赠该户居民。真是坏事变成了好事。

殿试以后，在太和殿发榜（亦称传胪），皇帝亲自召见新科进士，并当场给前三名授官，按惯例，状元授翰林院修撰，榜眼和探花授翰林院编修。全体新科进士的金榜在北京长安街张挂三日，并可集体刻石留名于国子监。也许刻石留名的经费国家财政不予开支，属于进士们自筹资金的范围，在北京国子监竟有明朝的进士将元朝进士题名石碑磨平刻上他们自己名字的缺德之举。传胪后的第三天，二、三甲进士在保和殿参加朝考，内容是诗、论、疏等。考后分出名次，再结合复试殿试的成绩决定授官的高低。成绩优秀者入翰林院任庶吉士，其余由吏部授予候补知县、候补主事（主事，相当于今中央机关的处长，但品级比知县高一级为六品）等官职，三年后转正。庶吉士学习三年后通过考试，成绩优秀者留任翰林院编修、检讨等官职，其余出任知县、主事。

三年一度的乡试、会试是正常举行的考试，称为“正科”，每逢新皇登基或国家处于特殊时期，皇帝可以临时下诏加科，称为“恩科”。如明末由于李自成起义，明政府地方官吏不是被杀或逃亡，就是投降起义军，造成地方官吏奇缺，崇祯皇帝就临时下诏举行了一次恩科考试，其考试内容、方法均与正科相同。那次恩科的进士题名碑现尚立于北京国子监进门之左侧。明清读书人凡通过中举人、中进士而做官的，称“两榜出身”。如果兼有解元、会元、状元三个头衔的，则被称为“连中三元”。

明清两代的科举制度由于考试程序过于烦琐，从县试到殿试，考试多达6次20场，一个考试周期长达1年零2个月，使应试者一直泡在考场里，再加上很少有人一次全部通过，清朝267年连中三元者亦只有乾隆年间的钱棨和陈继昌二人而已。故多数知识分子皓首穷经，几届以致上十届奔走考场，而始终功名不遂。再加上科举考试不考自然科学，只考人文知识，而且必须按规定的八股文体作文章，千篇一律，死板僵化。答卷时又必须用朱熹的《四书》注解立论，束缚了应试者的思想，窒息了广大知识分子的主观能动性和创造性。显而易见，随着封建地主阶级的没落，科举制度也日趋腐朽，光绪二十三年（公元1898年）6月11日开始的百日维新，宣布废除八股，改试策论，取消各地书院，改设新式学校。在北京设立京师大学堂。接着，在光绪三十一年（公元1905年）正式诏令废除科举制度，创立于隋朝，鼎盛于唐宋，持续了1300多年的科举制度终于完成了它的历史使命而寿终正寝了，但科举制度打破门第、地域、民族、年龄界限的考试制度和公开竞争精神，在扩大选才用人范围，防止任人唯亲和笼络知识分子等方面仍然有积极意义，其中的合理内核直到今天还为人们所采用。

二、清代的封爵及给俸

清朝制定宗室封爵十二等，最高者为和硕亲王，最低为奉恩将军。给外戚、功臣封爵九等，最高为公，最低为恩骑尉。

官阶制度：文阶九品，各有正从，正一品为光禄大夫，从九品为登仕佐郎。武阶九品，也有正从，正一品为建威将军，从九品为修武佐校尉。清朝官制有以下几个特点：一是在明朝制度上略有改变（如内阁制度，督、抚官制），比明制严密，集中国封建社会政权机构之大成；二是以满人贵族为统治中心，在中枢重要机构分设满官、汉官，以缓和矛盾，又有任用能臣之实效；三是地方机构比明朝整齐，设省增多，官员之任、免、升、调均有一定制度，如三年一任，地方官要回避本籍，规定资历，定期考核等；四是强化了对边疆地区的管理；五是设军机处，架空内阁，加强了皇权。

清朝俸禄是财政的主要支出项目。首先是宗室世爵俸禄。顺治元年（公元1644年）十月，清廷始定诸王、贝勒、贝子、公俸禄，摄政王30000两，辅政王15000两，亲王10000两，郡王5000两，贝勒2500两，贝子1250两，镇国公、辅国公625两。顺治七年议准宗室世爵除给银外，又发禄米。其银米数后屡有调整，最后确定为：亲王岁给俸银10000两，禄米10000斛；世子岁给俸银6000两，禄米6000斛；郡王岁给俸银5000两，禄米5000斛；长子岁给俸银3000两，禄米3000斛；贝勒岁给俸银2500两，禄米2500斛；贝子岁给俸银1300两，禄米1300斛；镇国公岁给俸银700两，禄米700斛；辅国公岁给俸银500两，禄米500斛；一等镇国将军岁给俸银410两，禄米410斛；二等镇国将军岁给俸银385两，禄米385斛；三等镇国将军岁给俸银360两，禄米360斛；一等辅国将军兼一云骑尉岁给俸银335两，禄米335斛；一等辅国将军岁给俸银310两，禄米310斛；二等辅国将军岁给俸银285两，禄米285斛；三等辅国将军岁给俸银260两，禄米260斛；一等奉国将军兼一云骑尉岁给俸银235两，禄米235斛；一等奉国将军岁给俸银210两，禄米210斛；二等奉国将军岁给俸银185两，禄米185斛；三等奉国将军岁给俸银160两，禄米160斛；奉恩将军兼一云骑尉岁给俸银135两，禄米135斛；奉恩将军岁给俸银110两，禄米110斛。以上共21等，最高和最低差距达90倍，相差相当悬殊。

第二是公主、格格和额驸岁给俸禄（见表十七、表十八）。

第三，世爵俸禄。一等公岁支俸银700两，二等公685两，三等公660两；

表十七

公主、格格	居住京师		下嫁外藩	
	俸银（两）	禄米（斛）	俸银（两）	禄缎（匹）
固伦公主	400	400	1000	30
和硕公主	300	300	400	15
郡主	160	160	160	12
县主	110	110	110	10
郡君	60	60	60	8
县君	50	50	50	6
乡君	40	40	40	5
六品格格	30	30	30	3

表十八

额 附	居住京师		下嫁外藩	
	俸银（两）	禄米（斛）	俸银（两）	禄缎（匹）
固伦公主额附	300	300	300	10
和硕公主额附	250	250	250	9
郡主额附	100	100	100	8
县主额附	60	60	60	6
郡君额附	50	50	50	5
县君额附	40	40	40	4

一等侯又一云骑尉635两，一等侯610两，二等侯585两，三等侯560两；一等伯以一云骑尉535两，一等伯510两，二等伯485两，三等伯460两；一等子又一云骑尉435两，一等子410两，二等子385两，三等子360两；一等男又一云骑尉335两，一等男310两，二等男285两，三等男260两；一等轻车都尉又一云骑尉235两，一等轻车都尉210两，二等轻车都尉185两，三等轻车都尉160两；骑都尉又一云骑尉135两，骑都尉110两，云骑尉85两，恩骑尉45两。还有不列等的闲散公255两，闲散侯230两，伯品级官205两，子品级官180两，男品级官155两，轻车都尉品级官130两，骑都尉品级官105两，云骑都尉品级官80两。凡在京八旗世爵，每俸银1两，兼支给米1斛。

第四是文职官俸。顺治元年（公元1644年），曾按明例“支给俸禄柴直”，十三年裁汉官柴薪银。雍正三年（公元1725年）定在京大小汉官照俸银数发给俸米（原来每人年支米12石）。清朝文职官俸十等：一品岁支银180两，米180斛；二品155两，米155斛；三品130两，米130斛；四品105两，米105斛；五品80两，米80斛；六品60两，米60斛；七品45两，米45斛；八品40两，米40斛；正九品33.114两，米33斛1.14斗；从九品兼未入流31.52两，米31斛5.2斗。此外还有少数不列等的官员别作专门规定。雍正年间起，鉴于京官缺少额外来源，生活清苦，故特支双俸（米除外），加倍支给的银两，称为恩俸。一些高级官员，像大学士、尚书、侍郎，俸米也可加倍发给。

驻京师八旗武官的俸银禄米，也是按品级与文官享受同等待遇。驻各省八旗武官有所区别（见表十九）。

至于绿营武官除俸薪外还有菜炭纸各项收入（见表二十）。

表十九

官阶	品级	年薪银（两）	年薪银（两）
将军	正一品	95.832	144
都统	从一品	81.694	144
副都统	正二品	67.576	144
	从二品	53.458	144
城守尉	正三品	39.34	120
协领	从三品	39.34	120
守领佐领察哈尔	正四品	27.394	72
副参领土佐领	从四品	27.394	72

表二十

官阶	品级	俸银（两）	薪银（两）	蔬菜烛炭银（两）	心红纸张银（两）	共计（两）
提督	从一品	81.693	144	180	200	605.693
总兵	正二品	67.575	144	140	160	511.575
副将	从二品	53.457	144	72	108	377.557
参将	正三品	39.339	120	48	36	243.339
游击	从三品	39.339	120	36	36	231.339
都司	正四品	27.393	72	18	24	141.393
守备	正五品	18.705	48	12	12	90.705
千总	从六品	14.965	33.035			48
把总	正七品	12.471	23.529			36

以后，北洋海军、新军武官的官俸均另作规定。

外藩蒙古俸禄分九等：汗岁支银2500两，缎40匹；亲王2000两，缎20匹；世子1500两，缎20匹；郡王1200两，缎15匹；长子、贝勒各800两，缎13匹；贝子500两，缎10匹；镇国公300两，缎9匹；辅国公300两，缎7匹；札萨克一等台吉100两，缎4匹。又科尔沁部亲王照汗例支俸，赐有达尔汉号的岁支银20两，缎4匹。在蒙古贵族中，有轮值充当乾清门行走的，有专门俸银，其中一等台吉岁支银100两，二等台吉80两，三等台吉60两；凡有子、男、轻车都尉、骑都尉、云骑尉世爵的照八旗世爵，减半支俸。还有一些蒙古官员则比照八旗武职官减半支俸。

回爵之俸，主要是给编入札萨克的哈密、吐鲁番两地的王公、台吉。郡王岁支银800两，辅国公200两，一等台吉100两，二等台吉80两，三等台吉60两，四等台吉40两。不列等的内大臣，照八旗减半支俸，侍卫照八旗例支俸，还规定每俸银1两，兼支米1斛。

以上俸银每年分春秋两季发给。截俸日期，春季以正月二十为限，秋季以七月二十为限，一般都由各衙总领后，再加分支，有的官员因受降革留任处分的，其俸银亦相应降支或停支，但禄米照发。

三、官俸、耗羡及养廉银

由于清初文职官员的俸禄标准是依据万历《明会典》制定的，依然体现出低薪的特色。在顺治年间为了提高官员的俸禄水平，曾一度发放超过正俸银数倍的柴薪银、心红纸张银、蔬菜煤炭银、案衣什物银等附加加以补充，后因军需支出浩大导致国家财政支出困难而取消，遂使得官员的正常收入与生活又陷入窘境。在低薪制的条件下，官员为了维持其正常生活或挥霍性消费，以及迎来送往、打点上司，除了非法的贪污受贿外，所采取的半合法弥补措施之一就是征收耗羡以入己。

耗羡，又称火耗，是从明朝继续下来的正税项外的一种加征。因为明正统年间中国货币制度进入了银本位制，特别在万历九年（公元1581年）行一条鞭法后，各项赋税又一律征银，这样就涉及千家万户的碎银，熔化成银锭上解时产生损耗的问题。明末各府、州、县的地方官在中央政府没有统一规定的情况下，均自行确定损耗率，附加于正税之上征收。这样征收耗羡与实际损耗的差额就成了官员贪污肥私、孝敬上司的资金来源。在清初，这种情况不但普遍存在，且有不断加重之势，“州县火耗，每两有加二三钱者，有加四五钱者”；“大州上县，每正赋一两，收耗银一钱及一钱五分、二钱不等。其或偏州僻县，赋额少至一二百两者，税轻耗重，数倍于正额者有之”。这种耗羡的征收，虽然在顺治、康熙年间屡有谕令禁止，但事实无法遏制，并逐步得到清廷的默认，以此作为对官员微薄俸禄的补充。

从康熙后期起，就有臣僚上疏议及耗羡的私征改为公派，“耗羡归公”后，一部分银两可以弥补地方财政的亏空，一部分银两可以“量留本官用度”。用现代的语言来叙述，一是实行费改税，国家统一耗羡的征收率；二是实行收支两条线，耗羡统一上交国家财政，官员俸禄不足部分由国家制定标准发给。但这样一来不但公开承认耗羡加征的合法化，而且有悖于康熙帝明令自康熙五十年（公元1711年）以后永不加赋的诺言。晚年的康熙帝不愿承担这个历史罪名，宣称“加派之名，朕岂受乎！”把这个难题留给了他的儿子。

雍正帝接任时，清朝面临康熙后期的“宽仁”政策带来的严重危机，立国不到80年即呈现衰败的迹象。为了使清王朝重新振作起来，雍正帝力图在整饬吏治，强化财政方面有所作为，故在臣僚上疏的基础上，迅速拉开了耗羡归公以及用耗羡银支发各级官员养廉银的序幕。支发各级官员养廉银有一定标准：一是官员地位的高低以及任所事务的繁简；二是官员所在地区的富庶和贫瘠情况；三是官员以往收受陋规的情况；四是官员是否还有其他经费来源。由于雍正年间的养廉银制度尚属创行阶段，各地官员的养廉银额，开始只能通过自报金额，由朝廷初步确定，不但差别很大，也很不合理。经过雍正、乾隆两朝，作了多次调整，趋向合理，逐步固定下来。据光绪《清会典事例》记载，各级官吏的养廉银额分别为：总督13000—20000两，巡抚10000—15000两，布政使5000—9000两，按察使3000—8444两，道员1500—6000两，知府800—4000两，知州500—2000两，知县400—2259两，同知400—1600两。在一些较特殊的地方行政部门，其官员也有养廉银，如（东）河道总督6000两，漕运总督9520两，盐运使2000—5000两。除各衙门的正印官外，所有佐贰官也都有养廉银，但数量比正印官要少得多了。

自从雍正初年实行耗羡归公，支发各官养廉银后，养廉银遂成为有清一代与正俸并行的俸禄制度。这一制度从各省、府、州、县的地方官，逐渐推广到武职和京师的其他官员。加上采取其他措施，在康熙晚年呈未老先衰迹象的清王朝，终于在雍正一代又逐渐振作起来了。

四、州县官的苦衷及奖功补过

与唐宋相比，明清时期地方官的工作量很大，他们除了有品级的州县官员的编制数大为减少外，且相对于所治之民，官员的数额就更少。唐朝20000户就可成立一州，下辖数县，仅州政府编制就有品官10人，无品官30多人。元朝起江淮以南10000户至30000户的县只算是中等县，而明清时南方的一个县的户口数可以抵唐朝2—3个州，可官员却寥寥无几，只及唐宋时的几分之一而已。

与基层政府编制不断缩减的趋势相反，基层政府长官的职责日趋加重。秦汉至唐宋，县级政府的属官可以独当一面处理政务。如秦汉时的县狱掾、唐宋时的县司法佐、司户佐都能审理民事、刑事案件，长官只是最后宣判而已。可是，明清时法律规定，一县政务由正印官(知县)统管，比如司法审判事宜，从勘验现场、检验尸伤、指挥侦察到审讯口供、正式判决，都必须由正印官亲自到场，不准假手佐杂官员。

基层政府厉行“精兵简政”，而上层机构却一再膨胀。秦汉唐宋时基层政府一般只要接受直接上级的领导与监督，而明清时县级政府除了要接受“府”的直接领导外，还要受到省布政使司派出的“分守道”，省按察使司派出的“分巡道”以及中央政府派至各省的“巡按御史”的检查监督。各省学政、军事、漕运、盐法等各专职衙门，也经常派出官员到各州县视察，督促各项专门政务的执行。州县官面对如此众多的上司，必须时时注意妥善应付，稍有失误，便会导致参劾、罚俸、降级以至革职拿问。所以，清朝官场流行“州县官如琉璃屏，触手便碎”的说法。好在明清时代有一种对州县长官“议叙”的奖励办法，可以奖功补过。议叙主要有“纪录”和“加级”。纪录以次计，能够提前完成赋税征收任务，能够及时破案之类的政绩都可以纪录一次。纪录由省督抚即可决定，用不着报告朝廷。纪录可以一次到三次，纪录三次以上者可以加级，加级是提高州县长官的品级，只要有重大的政务表现，比如完成上级交办的重大事务、破获重大案件、立军功等等会被表彰加级，加级可以加一到三级。加级必须报告朝廷吏部备案，被加级的官员可以穿戴所加品级的官服顶戴，摆所加品级的仪仗，但不能享受所加品级的俸禄，也就是说有精神荣誉，没有物质实惠。纪录和加级除了可以在考核时列上等外，还可以用来抵消不可避免的公罪，其中纪录可以抵消罚俸，加级可以用来抵消降级。在明代和清代前期官员容易获得纪录奖励，但很难得到加级，到了清末几乎没有哪一个州县长官不加级的，纪录十几次，加级五六级者比比皆是，可见，一个王朝到了后期机构升格，冗官充斥、冗员泛滥是不可避免的共同规律。

五、纾解官困的师爷

明清时的职官制度要求州县官是全能型人才，无论司法、行政、教育、军事都能掌握自如，可是为这一全能型职位所准备的训练却几乎是无从谈起。自隋唐行科举选官制度以来，通过科举考试出仕为官一直是被视为“正途”。唐宋时虽以诗赋考选官员，但知识分子考取进士后并不马上担任独当一面的长官(正印官)，一般还要经过吏部考试熟悉公文格式，再任一个任期的县尉、大理评事之类的佐官，见习锻炼为官之道，取得实际经验，然后才能出任长官(正印官)。明清时改以八股文考选官员，考试内容是演绎某一经义，号为“代圣人立言”，“许言前代，不及本朝”，完全是空头文章。可是“及登第入仕之后，今日责之礼乐，明日责以兵刑，忽而外任，忽而内调，是视八股朋友竟为无所不知、无所不能之人”。特别是新科进士即派赴州县独当一面，毫无实际经验，确实难以胜任。所以，雍正年间的《钦颁州县事宜》中述及州县官“刀笔簿书既未习于平日，刑名钱谷岂能谙于临时?全赖将伯助兹鞅掌”。由此可知，至明清时期地方政府执行政务的需要已经客观上为“师爷”的产生奠定了基础，只不过明朝官员没有“养廉银”的经济基础，雇不起“师爷”，当然亦无从产生“师爷”，所以，明朝的小说、戏剧中没有“师爷”的形象，明朝政府的文件中更没有出现“师爷”之类的字样。

清朝的师爷可按职责分为几类：处理司法审判事务的为刑名师爷；处理财政赋税事务的为钱谷师爷；帮助官员处理、起草文书的为书启(或称书记)师爷；帮助官员对公文书牍加以分类、发送、存档的为挂号师爷；帮助官员批阅科举考试试卷的为阅卷师爷；帮助官员掌管衙门钱财出入会计的为账房师爷，等等。而地位以刑名师爷为最高，钱谷师爷次之。一般而言，州县办理正常司法行政事务的师爷为专门人才，长期“佐治”，很少有机会上升为官；而省以上办理军务、赈济、河工、漕运之类专项政务的师爷，则比较容易被委以官职，步入仕途。清末名臣左宗棠即为从此途入仕的典型。左宗棠中举人后，三次未能考中进士，遂绝意仕进究心舆地兵法。公元1852年太平军围攻长沙，左宗棠被胡林翼推荐担任湖南巡府张亮基的师爷，从此飞黄腾达，成为清王朝之重臣。清朝官员可根据自己的才干或治下事务简繁自行聘任一定数量的师爷。“师爷”不是国家工作人员，是官员私人雇佣人员，故常被称为“幕友”。一般官员花费在聘请师爷方面的费用，占其总收入的20%左右。

清朝全国官员为27000人，其中武官7000人，文官20000人。而全国各级地方政府即有1358县、124州、245府、18行省及其有关省级部门，再加上中央政府各机关，其所聘请的师爷据测算亦有10000多人，占正式文职官员人数50%以上，形成了庞大的私人招聘的非正式官员队伍。

六、官员的退休

清朝官员一般年届70而“引年致仕”。官员退休，除与前朝相同，称为致仕外，也称作“休致”。清初对官员致仕待遇只作临时规定，如顺治年间曾给致仕官一定量的园地以解决其生活来源。如督、抚、布、按、总兵各给园地36亩。道员、副将、参将各给园地24亩，府、州、县、游、守等官各给园地18亩。到乾隆年间（公元1736—1795年）才有了明确食全俸、食半俸、无俸的三档标准，即：到了退休的年龄，自奏乞休，又恩准以原品致仕者，可以食全俸；未到退休年龄，但在京察考核中，年老、有疾者可以“着令休致”，着令休致的人员，虽“恩准原品致仕”，一般则食半俸；“部议致仕”者，属于勒令休致，没有食俸的待遇。而且规定致仕官，在京师可到户部领取俸禄，在外省居住的到该省藩库支领。从总体上说，清朝官员待遇不仅在职人员有优厚的养廉银，要比明朝好，就是致仕官多数食全俸，部分食半俸，只有个别无俸，其待遇也远较明朝全部无俸，个别生活无着者酌情救济的待遇优厚得多。究其原因与朱元璋出身贫贱，为人刻薄有关。同时，清王朝规定，不准官吏在任职地区购置产业，旗人卸任后必须归旗，汉人官吏致仕后一律返回原籍。这一规定旨在禁止作为国家“宝贵财富”的退休官吏干预当地政治和防止官吏在当地以购置产业为名，行贪桩之实。它不仅对确保清朝各级地方政府独立行政和官员廉洁起了积极作用，而且对防止形成地方势力，保持国家统一也起了重要作用。直至今天，这一措施仍然值得我们研究和借鉴。

七、清代的官吏监察

清朝监察机构大体承袭明制，中央监察机构也是都察院，设左都御史满汉各一人（右都御史是总督的兼衔），左副都御史满汉各两人（右副都御史是巡抚、漕运总督、河道总督的兼衔），执掌院务。此外，还有左佥都御史一人，右佥都御史若干人，掌纠察，乾隆十三年（公元1748年）裁左右佥都御史。

都察院辖6科15道，科设给事中，掌谏言，道设监察御史司纠察。自古以来分设的言谏和监察，到了清朝则完全合一。6科是吏、户、礼、兵、刑、工，主要负责考核。15道即京畿道、河南道、江南道、浙江道、山西道、山东道、陕西道、湖广道、江西道、福建道、四川道、广东道、广西道、云南道、贵州道。道设监察御史，负责纠劾官员违法乱纪，整饬吏治。清朝的监察主要有六方面的权：一是监察行政权；二是考核官吏权；三是弹劾官吏权；四是参预司法权；五是辩明冤枉权；六是检查会计权。凡百司经费出纳、财物登记造册，都受都察院的稽核与检查，其拥有相当于现代财政的监督权。此外，由于北京是皇帝居住、百官云集的京师重地，明清两代，均在京师设置五城察院及五城兵马司，其主要职责是查访那些进京朝觐的地方官员，防止他们四处钻营，贿赂京官，败坏吏治。

由于清朝是以满州贵族为核心建立起来的政权，因此其监察制度与明朝有所不同。一是正副都御史满汉两族官员对等配置；二是明朝废除了魏晋时期兴起的“风闻言事”的做法，而清朝又恢复起来，于是御史滥用职权，利用风闻言事，作为官吏之间互相倾轧的手段；三是实施对满族监察的优惠规定，如首崇满州，满人享有八议，不归普通司法机关审理。

第十一节 孙中山和民国公务员制度

早在清光绪九年（公元1883年），孙中山就对中国腐败丑恶的封建官僚政治表示了极大的厌恶。当年，只有17岁的孙中山从香港回香山家乡途中，目睹清朝官吏以各种借口对旅客多次勒索，就愤起仗义抗辩。11年后的光绪二十年（公元1894年），他在《上李鸿章书》中第一次系统发表政见，就以“人尽其才”为由批评了清王朝的用人任官制度。到他走上革命道路、与清王朝彻底决裂后，他就对当时中国的封建官僚制度及其危害进行了毫不留情的揭露与批判，并且明确地指出，“大小官吏必须考试，定了他的资格，无论那官吏是由选举的抑或由委任的，必须合格之人，方得有效。这法可以除却盲从滥举及任用私人的流弊”。只有经过这种办法，才能“最严密、最公平地选拔人才，使优秀人士掌管国务”。后来，孙中山又根据革命斗争需要，将考试权作为“五权宪法”之一，列为国家政权的根本大法，在民国文官制度中加以实施。

图5–14 中华民国第一次国民代表大会会场

一、南京临时政府时期

1912年中华民国临时政府在南京成立之初，担任临时大总统的孙中山就在新政权建设中实施他的考选权思想。他宣布：“整顿吏治，惟有举行官职试验，以合格人员分发各省，以资任用之一法。”他令内务部与法制局编纂审定官职试验章程

表二十一　中华民国临时政府文官官俸

官称 官俸	总长	次长	局长	科长	科员			额外科员	
					一等	二等	三等	一等	二等
月俸现金	160	140	120	100	80	60	40	30	20
月俸公债	70	60	50	40	30	20	10		

草案，先后颁布了《文官考试委员官职令草案》、《文官考试令草案》、《任官令草案》等法律条文，对文官考选制定了一系列法律制度，例如规定高等文官考试委员隶属于内阁总理，掌握高等文官之考试、任用、权衡事项及高等文官试验科目拟定事项等。高等文官考试每年在京师举行一次，但偏远地方交通不便者，得划分地段，派员前往举行。高等文官考试分预试、正试两种，非预试合格者不得应正试。预试分两场，第一场为论文考试，第二场为口述考试，非经笔试合格者不得应口试。只有参加高等文官考试并获得合格证书者方可任用为简任官等。临时政府也制订了官俸标准，但因财政困难，故上至总统，下至一般官员，都没有能按规定支付薪金，政府除供给他们食宿外，每人仅支给临时政府财政部发行的军用券30元。

二、北洋政府时期

孙中山在南京临时政府期间主持创制的一系列文官法案的草案虽未及实施，但却为中国近代化的文官制度的建立打下了基础。在孙中山考选权思想的影响下，北京中央政府在1913年1月9日公布了《文官考试法草案》与《典试委员会编制法草案》，1916年4月30日又改颁《文官高等考试令》与《文官普通考试令》等，初步形成了一套文官考试制度；并于1914年组织了一次试验性的县知事考试，在1916年6月组织了一次文官考试。北洋政府时期明定的文官官等官俸颇为复杂，除中央行政官官等官俸法外，特种文官如司法官、外交官、领事官、技术官、警察官尚有分等受俸的明令法规。

依1912年10月16日颁布的《中央行政官官等法》和《中央行政官官俸法》，中央行政官分特任、简任、荐任、委任四级九等。特任官是北洋政府的最高级文官，由大总统特令任命，包括国务总理、各部部长、驻外全权大使、平政院院长、大理院院长、各省巡抚使。第1—2等为简任官，包括国务院直辖各局局长和各部次长。第3—5等文官为荐任官，包括中央各部院局署的参事、司长、厅长、佥事、秘书。第6—9等为委任官，包括主事、办事员。

袁世凯上台后，曾一度以官秩代替官等。1914年7月28日公布的《文官官秩令》，将文官分为九秩：上卿、中卿、少卿、上大夫、中大夫、少大夫、上士、中士、下士；加秩有同上大夫、同少大夫、同中士、同少士。上卿、中卿为特任官；少卿、上大夫、中大夫为简任文官；中大夫、少大夫、上士为荐任文官；上士、中士、下士为委任官。袁世凯死后上述官秩即宣告废止。

各官按等支俸。特任官官俸，除有特别规定外，月俸额为国务总理1500元，各部部长为1000元。简任官以下官俸（月俸）分9等12级。

由表二十二可以看出，简任官月俸分1—3级，分别是600元、500元、400元；荐任官月俸分1—7级，分别是360元、340元、300元、280元、240元、220元、

200元；委任官月俸分1—12级，分别是150元、140元、130元、115元、105元、95元、80元、75元、70元、60元、55元、50元。

表二十二　北洋政府文官官俸

官等 \ 官俸		一级	二级	三级	四级	五级	六级	七级	八级	九级	十级	十一级	十二级
简任	一等	600											
	二等		500	400									
荐任	三等	360	340										
	四等			300	280								
	五等					240	220	200					
委任	六等	150	140	130									
	七等				115	105	95						
	八等							80	75	70			
	九等										60	55	50

三、国民政府时期

推翻袁世凯帝制后，孙中山的考选权思想更加成熟，多次鲜明地提出："吾令主张五权分立制以救三权鼎立之弊。"1927年建立的南京国民政府根据孙中山的设想，于1928年10月8日公布了《中华民国国民政府组织法》，以设立五院制度作为实践五权宪法的开始，随之建立了以考试院执掌考试、选拔、任用官员的一套组织人事制度。

1. 考试

参加考试者必须是大学毕业生。考生入场前需听候唱名，然后跟着肩背虎头牌、牌上写着考生姓名的工作人员入场。

考试分三次进行，一试为一般科目，二试为专业科目，三试为口试。以普通行政考试为例：一试为国文、公文、总理遗教、宪法、中国历史、中国地理、政治学、经济学；二试为行政法、民法、刑法、地方自治概要、经济政策、财政学、国际法。三试成绩均以60分为及格，60分以上70分以下为中等，70至80分为

表二十三　国民政府文官高等考试统计表

年别	应考人数	及格人数	录取比例
1931	2070	101	4.88
1933	2296	99	4.31
1935	3412	248	7.27
1936	1479	113	7.61
1937	174	35	20.11
1939	1352	208	15.39
1940	1887	310	16.43
1941	1646	321	19.50
1942	2574	275	10.68
1943	2597	372	14.32
1944	2937	391	13.31
1945	2738	183	6.69
1946	6629	753	11.36
总计	31791	3409	10.74

表二十四　国民政府文官普通考试统计表

年别	应考人数	及格人数	录取比例
1933	4121	409	9.93
1934	2251	244	10.84
1935	3412	265	8.54
1936	3104	291	10.35
1937	2812	35	23.97
1939	146	56	19.05
1940	294	145	42.72
1941	625	151	39.23
1942	872	129	14.79
1943	2880	1110	38.54
1944	2046	721	35.24
1945	1738	288	32.28
1946	6629	423	24.29
总计	22323	4267	19.11

优等，80分以上为最优等。一试出蓝榜榜上有名者为不及格，因此考生只怕榜上有名；二试出红榜榜上有名者为及格，三试出黄榜榜上有名者也为及格，因此二、三试发榜时考生唯恐榜上无名。一试不及格的考生不能参加二试，二试不及格不得参加三试。口试时间为10分钟到15分钟，当场回答，几乎没有思考时间，以测试考生的反应能力。

从1931年至1947年，考试院先后举行了高等考试14次，共录用荐任级文官4046人；普通考试14次，共录用委任级文官6210人。南京国民政府的文官考试立法，代表了中国现代人事制度和官吏管理现代化的趋势和发展方向，加快了中国官吏管理制度现代化的进程。

2．官俸

国民政府之官等官俸制度基本沿袭旧制。分官等为特任、简任、荐任、委任四等，各等又分若干级。特任官是由国民政府主席特别任命的高级官员。简任官包括各部次长、司局长、参事、省市厅局长等，由国民政府主席选任。荐任官主要包括中央部和省的科长及部分县长，由机关主管长官向国民政府主席荐报，得到批准方可任命。委任官是由机关主管长官直接任命的官员，凡经铨叙合格即可任命，不必上报国民政府。依据1929年《文官俸给暂行条件》：简任官共6级，一级680元，以下每级相差40元；荐任官6级，一级400元，以下每级相差30元；委任官12级，一级200元，前6级相差20元，后6级相差10元。

表二十五　国民政府文官官俸

级别 / 官俸 / 官等	一级	二级	三级	四级	五级	六级	七级	八级	九级	十级	十一级	十二级
简任官	680	640	600	560	520	480						
荐任官	400	370	340	310	280	250						
委任官	200	180	160	140	120	100	90	80	70	60	50	40

3．考绩

国民政府于1935年颁布《公务员考绩法》，以后又相继颁布了一些附属法规。抗战爆发后又进行多次修正。依据这些法规，考绩分年考和总考，年考每年12月进行，总考在第三次年考后举行一次。考绩的方法是：先由公务员的直接长官执行“初核”，然后再由上一级长官执行“复核”，最后由主管长官执行“最后复核”。考核内容主要包括工作、学识、操行三项。其中工作50分，学识和操行各25分。考核成绩，年考在80分以上者为一等，依次下推，以10分为一等差，至40分共六等；总考则90分为一等，至40分共分7等。年考、总考都以60分为合格。但如果工作不满30分，总分即使超过60分也为不合格。

4．奖惩

考核结果同奖惩相联系。年考80分以上者晋级，70分以上者记功，不满60分者记过，不满50分者降级，不满40分者解职；总考成绩优异者可生等。为了等级结构的稳定和防止形式主义，《考绩法》还规定：“关于晋升之限制，各机关简任不得逾现有简任人员的三分之一，荐任不得逾五分之一，委任不得逾七分之一；关于升等之限制，由荐任升等不得逾二十分之一。关于成绩过劣者之淘汰，年考不得少于该机关员额百分之二，总考不得少于百分之四。”

5．退休

1933年国民政府公布《公务员退休法》，主要内容为：“退休人员以组织法规定有员额等级，并经铨叙合格或准予任用、派用者为限；退休金依年龄及服务状况分为申请退休及命令退休两种；合于一定之条件而退休者，分别给予年退休金或一定退休金；一次退休金额按服务年资计算，未满一年给予退休时月俸一个月之退休金，未满一年而六个月以上者以一年计，年退休金额以百分率与服务年资规定之，自百分之五十至百分之六十五止；非常时期退休金并按现任公务员之待遇比例增给之；退休人员及配偶暨直系血亲于回籍时，得酌给旅费。”后来，国民政府又于1939年6月公布退休法修正案，规定凡在职25年以上，年龄在65岁或任职15年以上，成绩昭著者，则申请退休；凡年龄在65岁以上或心神丧失、身体残废而不能胜任其职者则命令退休。退休后给予一定的退休金，分年或一次发给。由于退休金过低，引起一些公务员不满，国民政府于1947年另行颁布《公务员退休法》，退休待遇稍有提高。规定年退休金的数额按退职时的俸额，合成年俸，再按其任职长短，以百分率计算（通常为45%—65%），一次退休金则根据任职长短，一般为4个月至8个月。对年岁已满65岁者，或因病不胜职务者，应命令退休。命令退休者如已任职5年以上，其一次退休金可比其他退休公务员每年增加一个月俸额。

6．抚恤

为了使在职公务员安心为政府工作，并在退休后保守政府机密，国民政府对公务员实行抚恤制度。1934年3月制定的《公务员抚恤条例》对于因公致残或死亡，以及在职时间很长而“勋劳卓著”者，退休后予以抚恤。条例分恤金四种：公务员年恤金，一次性抚恤金；遗族年恤金，一次性恤金。起初恤金的数额很低，抗战爆发后提高了因战致伤或牺牲人员的抚恤金额。

第十二节 当代公务员制度的形成

一、打破终身制

1949年10月1日中华人民共和国建立到改革开放前的近30年间，中国实际上存在着领导职务终身制。由于要贯彻革命到底的精神，在当时的中国大地上只有“革命干部”，并不存在现代意义上的公务员。因此在改革开放之初，我国干部队伍的素质和结构与形势极不适应。当时面临的严重问题是：缺少一批年富力强有专业知识的干部；大批老干部重新回到领导岗位，干部队伍呈老化趋势。邓小平严肃地指出：现在我们国家面临的一个严重的问题，不是四个现代化的路线、方针对不对，而是缺少一大批实现这个路线、方针的人才。针对干部队伍年龄偏大、文化偏低、不适应现代化建设的状况，中央制定了干部队伍革命化、年轻化、知识化、专业化方针以及贯彻落实的一系列政策和措施。干部人事制度改革在坚持有利于干部的成长与合理使用，有利于新老干部的交替与合作，有利于充分发挥干部积极性、创造性的前提下，进行了大胆探索和试验。

首先，把建立干部退休制度作为突破口。1982年2月20日，中共中央作出《关于建立老干部退休制度的决定》。1982年9月党的十二大正式建立顾问委员会制度。十二大修改通过的《中国共产党章程》规定：“年龄和健康状况不适宜于继续担任工作的干部，应当按照国家的规定，或者离职休养，或者退休。”这个规定为新老干部交替与合作提供了有力的制度保证。其次，为保证工资、人事、劳动三大方面的改革措施的落实，同年，国家成立劳动人事部，在部分地区部门开始进行干部招考、聘用、考核、培训等改革探索。总体来看，这阶段改革主要集中在：废除领导职务终身制；解决干部能上不能下，能进不能出；推进县以上领导干部交流和科技专业人才合理流动；改变职责、劳动、实绩同报酬不符的情况；扭转干部管理权限过于集中等方面。

此后为了进一步解决干部结构不合理，但又调不出、派不进，能进难出，能上难下；功过不分，赏罚不明，干好干坏一个样；大批优秀人才得不到合理使用，严重影响干部积极性创造性，影响干部队伍革命化、年轻化、知识化、专业化进程的诸多问题，进行了以纵向分权、横向分类为主要内容的干部管理体制改革。一是按照“管少、管好、管活”的原则，下放管理权限，调整管理范围，实行下管一级的管理体制；二是对“国家干部”进行合理分解，以推行国家公务员制度为重点，建立职务级别工资制度，实行科学的分类管理体制。

二、建立和实施公务员制度

1984年中央决定将“下管两级”，改为原则上只下管一级主要领导干部的新体制，下放干部管理权限。1987年党的十三大确定，干部人事制度改革的重点是建立和实施国家公务员制度。七届全国人大第一次会议决定选择两省五部八市，进行公务员制度试点，后改在国务院的四局两署试点。1990年底增加哈尔滨和深圳两市。经过两年多的试点工作，验证了公务员管理的各种制度和规章。在此基础上，对1987年起草的《国家公务员暂行条例》以及公务员的考试录用考核、奖惩

表二十六　2001年职务级别工资制工资标准表　　　　单位：元／月

职务 ＼ 标准 ＼ 档次	职务工资														级别工资		基础工资	工龄工资
	1	2	3	4	5	6	7	8	9	10	11	12	13	14	级别	工资标准		
主席 副主席 总理	850	970	1090	1210	1330	1450									一	1166	230	每工作一年按一元发给
															二	1030	230	
副总理 国务委员	680	785	890	995	1100	1205	1310								三	903	230	
部长 省长	560	650	740	830	920	1010	1100	1190							四	790	230	
副部长 副省长	460	540	620	700	780	860	940	1020	1100						五	686	230	
															六	586	230	
司长 厅、局长	365	435	505	575	645	715	785	855	925	995					七	490	230	
副司长 副厅、局长	295	355	415	475	535	595	655	715	775	835					八	408	230	
处长 县长	240	290	340	390	440	490	540	590	640	690	740				九	340	230	
副处长 副县长	195	235	275	315	355	395	435	475	515	555	595				十	281	230	
															十一	231	230	
科长 主任科员	160	190	220	250	280	310	340	370	400	430	460	490			十二	190	230	
副科长 副主任科员	136	158	180	202	224	246	268	290	312	334	356	378			十三	158	230	
科员	117	133	149	165	181	197	213	229	245	261	277	293	309	325	十四	133	230	
办事员	100	113	126	139	152	165	178	191	204	217	230	243	256	269	十五	115	230	

表二十七　2003年职务级别工资制工资标准表　　　　单位：元／月

职务 ＼ 标准 ＼ 档次	职务工资														级别工资		基础工资	工龄工资
	1	2	3	4	5	6	7	8	9	10	11	12	13	14	级别	工资标准		
主席 副主席 总理	1150	1270	1390	1510	1630	1750									一	1166	230	每工作一年按一元发给
															二	1030	230	
副总理 国务委员	940	1045	1150	1255	1360	1465	1570								三	903	230	
部长 省长	780	870	960	1050	1140	1230	1320	1410							四	790	230	
副部长 副省长	645	725	805	885	965	1045	1125	1205	1285						五	686	230	
															六	586	230	
司长 厅、局长	520	590	660	730	800	870	940	1010	1080	1150					七	490	230	
副司长 副厅、局长	425	485	545	605	665	725	785	845	905	965					八	408	230	
处长 县长	345	395	445	495	545	595	645	695	745	795	845				九	340	230	
副处长 副县长	280	320	360	400	440	480	520	560	600	640	680				十	281	230	
															十一	231	230	
科长 主任科员	255	255	285	315	345	375	405	435	465	495	525	555			十二	190	230	
副科长 副主任科员	188	210	232	254	276	298	320	342	364	386	408	430			十三	158	230	
科员	157	173	189	205	221	237	253	269	285	301	317	333	349	365	十四	133	230	
办事员	130	143	156	169	182	195	208	221	234	247	260	273	286	299	十五	115	230	

表二十八　2006年公务员级别工资标准表　　单位：元／月

级别	档次													
	1	2	3	4	5	6	7	8	9	10	11	12	13	14
一	3020	3180	3340	3500	3660	3820								
二	2770	2915	3060	3205	3350	3495	3640							
三	2530	2670	2810	2950	3090	3230	3370	3510						
四	2290	2426	2562	2698	2834	2970	3106	3242	3378					
五	2070	2202	2334	2466	2598	2730	2862	2994	3126	3258				
六	1870	1996	2122	2248	2374	2500	2626	2752	2878	3004	3130			
七	1700	1818	1936	2054	2172	2290	2408	2526	2644	2762	2880			
八	1560	1669	1778	1887	1996	2105	2214	2323	2432	2541	2650			
九	1438	1538	1638	1738	1838	1938	2038	2138	2238	2338	2438			
十	1324	1416	1508	1600	1692	1784	1876	1968	2060	2152	2244			
十一	1217	1302	1387	1472	1557	1642	1727	1812	1897	1982	2067	2152		
十二	1117	1196	1275	1354	1433	1512	1591	1670	1749	1882	1907	1986	2065	
十三	1024	1098	1172	1246	1320	1394	1468	1542	1616	1690	1764	1838	1912	1986
十四	938	1007	1076	1145	1214	1283	1352	1421	1490	1559	1628	1697	1766	1835
十五	859	924	989	1054	1119	1184	1249	1314	1379	1444	1509	1574	1639	1704
十六	786	847	908	969	1030	1091	1152	1213	1274	1335	1396	1457	1518	1579
十七	719	776	833	890	947	1004	1061	1118	1175	1232	1289	1346	1403	
十八	658	711	764	817	870	923	976	1029	1082	1135	1188	1241	1294	
十九	602	651	700	749	798	847	896	945	994	1043	1092	1141		
二十	551	596	641	686	730	776	821	866	911	956	1001			
二十一	504	545	586	627	668	709	750	791	832	873				
二十二	461	498	535	572	609	646	683	720	757					
二十三	422	455	488	521	554	587	620	653						
二十四	386	416	446	476	506	536	566	596						
二十五	352	380	408	436	464	492	520							
二十六	320	347	374	401	428	455								
二十七	290	316	342	368	394	420								

职务升降、回避、纪律等六个配套法规，作了修改。1992年党的十四大提出，尽快推行国家公务员制度。1993年《国家公务员暂行条例》正式颁布，并于同年10月1日开始实施。经通过6年多时间的工作到1999年底基本结束了政府机关人员的分流和过渡工作，初步建立了中央、省、市（地）、县（市）、乡（镇）五级政府机关的国家公务员制度。

这一制度摈弃了1949年至1992年以来统包统配的用人方式，确立了与市场经济体制平等竞争机制相配套的“凡进必考”的入口规范，从1993年至2002年的近10年间，全国31个省、区、市均实行了公开招考，多数地方还打破身份、地域限制，不拘一格选人才，与科举考试相仿佛的现代文官考试制度在科举制度于光绪三十一年（公元1905年）决定停考88年后终于重新返回神州大地。考试录用制度的推行，开阔了机关选人视野，一大批素质好、年纪轻、学历高的优秀人才脱颖而出，为机关补充了新鲜血液，注入了新的活力。一些地区和部门对录用人员的跟踪调查表明，用人单位的满意率达98%。公务员考录制度，赢得了民心，获得了社会舆论的广泛支持和欢迎。

实践证明，国家公务员制度的推行促进了人事制度改革的深化，推动了分类管理体制的建立，使公开、公平、公正的选人用人新观念日益深入人心，竞争激

表二十九　2006年职务与级别对应关系表

<table>
<tr><th>级别</th><th colspan="12">职务</th></tr>
<tr><td>一</td><td>国家级正职</td><td></td><td></td><td></td><td></td><td></td><td></td><td></td><td></td><td></td><td></td><td></td></tr>
<tr><td>二</td><td></td><td rowspan="3">国家级副职</td><td></td><td></td><td></td><td></td><td></td><td></td><td></td><td></td><td></td><td></td></tr>
<tr><td>三</td><td></td><td></td><td></td><td></td><td></td><td></td><td></td><td></td><td></td><td></td><td></td></tr>
<tr><td>四</td><td></td><td rowspan="5">省部级正职</td><td></td><td></td><td></td><td></td><td></td><td></td><td></td><td></td><td></td></tr>
<tr><td>五</td><td></td><td></td><td></td><td></td><td></td><td></td><td></td><td></td><td></td><td></td><td></td></tr>
<tr><td>六</td><td></td><td></td><td rowspan="5">省部级副职</td><td></td><td></td><td></td><td></td><td></td><td></td><td></td><td></td></tr>
<tr><td>七</td><td></td><td></td><td></td><td></td><td></td><td></td><td></td><td></td><td></td><td></td></tr>
<tr><td>八</td><td></td><td></td><td rowspan="6">厅局级正职</td><td></td><td></td><td></td><td></td><td></td><td></td><td></td></tr>
<tr><td>九</td><td></td><td></td><td></td><td></td><td></td><td></td><td></td><td></td><td></td><td></td></tr>
<tr><td>十</td><td></td><td></td><td></td><td rowspan="6">厅局级副职</td><td></td><td></td><td></td><td></td><td></td><td></td></tr>
<tr><td>十一</td><td></td><td></td><td></td><td></td><td></td><td></td><td></td><td></td><td></td><td></td></tr>
<tr><td>十二</td><td></td><td></td><td></td><td></td><td rowspan="7">县处级正职</td><td></td><td></td><td></td><td></td><td></td></tr>
<tr><td>十三</td><td></td><td></td><td></td><td></td><td></td><td></td><td></td><td></td><td></td></tr>
<tr><td>十四</td><td></td><td></td><td></td><td></td><td></td><td rowspan="7">县处级副职</td><td></td><td></td><td></td><td></td></tr>
<tr><td>十五</td><td></td><td></td><td></td><td></td><td></td><td></td><td></td><td></td><td></td></tr>
<tr><td>十六</td><td></td><td></td><td></td><td></td><td></td><td></td><td rowspan="7">乡科级正职</td><td></td><td></td><td></td></tr>
<tr><td>十七</td><td></td><td></td><td></td><td></td><td></td><td></td><td rowspan="8">乡科级副职</td><td></td><td></td></tr>
<tr><td>十八</td><td></td><td></td><td></td><td></td><td></td><td></td><td rowspan="9">科员</td><td></td></tr>
<tr><td>十九</td><td></td><td></td><td></td><td></td><td></td><td></td><td></td><td rowspan="9">办事员</td></tr>
<tr><td>二十</td><td></td><td></td><td></td><td></td><td></td><td></td><td></td></tr>
<tr><td>二十一</td><td></td><td></td><td></td><td></td><td></td><td></td><td></td><td></td></tr>
<tr><td>二十二</td><td></td><td></td><td></td><td></td><td></td><td></td><td></td><td></td></tr>
<tr><td>二十三</td><td></td><td></td><td></td><td></td><td></td><td></td><td></td><td></td><td></td></tr>
<tr><td>二十四</td><td></td><td></td><td></td><td></td><td></td><td></td><td></td><td></td><td></td></tr>
<tr><td>二十五</td><td></td><td></td><td></td><td></td><td></td><td></td><td></td><td></td><td></td><td></td></tr>
<tr><td>二十六</td><td></td><td></td><td></td><td></td><td></td><td></td><td></td><td></td><td></td><td></td></tr>
<tr><td>二十七</td><td></td><td></td><td></td><td></td><td></td><td></td><td></td><td></td><td></td><td></td><td></td></tr>
</table>

励机制逐步形成，机关的生机与活力明显增强，不适应市场经济发展的用人模式得到了初步的改变。

同时由于中国国土辽阔，经济发展不平衡，地区差异极大，中央集权的单一体制又强调集中统一，这样便产生了公务员名义工资全国标准统一，实际收入却千差万别，不仅省与省不同、市与市不同、县与县不同、乡镇与乡镇不同，甚至同一级政府中不同部门及同一部门内部的不同单位都有很大差异。这不仅在中国古代存在，而且在现代更是愈演愈烈，以至于有人说中国是世界上权力最集中，也是最分散的国家。

三、存在的问题

当前公务员制度实施过程中最薄弱的环节还是服务意识和监管职能缺失的问题。众所周知，国家和人民把规范市场运行，维护亿万人民生命健康安全的重任交给了各级政府，赋予了公务员依法管理公共事务的权力，这就意味着公务员肩负着保护人民群众根本利益的重大职责，但在经过多年改革开放与经济强劲增长以后的今天，人们环顾海内却发现当前中国的市场经济秩序极其混乱，假冒伪劣、坑蒙拐骗、买卖不公随处可见。因此，要求公务员在廉政建设的基础上进一步接受公众监督，切实担负起纳税人赋予自己的社会服务职能，尽快建立以政府监管为核心的公共监管系统已经迫在眉睫，刻不容缓了！

第六章 崇公抑私与专卖政策

在英国曾发生过这样的故事，一位英籍东方血统的大学生在一家知名的会计师事务所实习，所长见此人业务水平不错，便动员他报名参加当年的全国注册会计师职称考试，此人只怕公开去报名万一考不过被人耻笑，便推说今年做准备争取明年去考。而实际上他却悄悄地去报了名，结果发榜时竟然一举高中，这时激动万分的他便兴奋地到所长处报喜，所长不但不表示祝贺，反而告诉他不能接受他来所就业的要求，因为他太做作了，作为全国知名的会计师事务所应该接受的是具有健全人格的人。听完这个故事的中国会计界一个访英代表团团员都对这位大学生深表同情，因为在中国这样谦逊又不事张扬的人属于善于做人的人，唯有大力表扬才对，哪有拒之门外的道理！

另一个典型事例便是东西方社会对待同胞沦为人质的不同态度。在美国发动伊拉克战争以后，发生了多起劫持参战国人质事件，每当人质获释，西方国家百姓都会在自家门口挂上黄丝带祝贺人质早日平安回家，政府则以英雄式的欢迎来迎接获释人质回国。因为他们举国上下都一致认为这些被劫持的同胞都是为了国家才承受痛苦和磨难的。而在东方的日本，情况却大相径庭。日本政府派自卫队去伊拉克帮助美国，遭到了伊拉克人的报复，他们在2004年4月扣留了5名去伊拉克活动的年轻人为人质。早在危机结束前，日本社会就对被绑架的人质及其家属无端指责，认为5名人质给政府添了麻烦，是“自作自受”要“自负责任”。当获释人质表示要继续留在伊拉克开展活动时，连日本首相小泉都沉不住气地对记者发表谈话说，今年以来政府已经多次要求日本在伊国民回国，为了解救这几名人质政府官员废寝忘食作出了很大努力，获释后他们竟作如此表示，不想回国，真是太不应该了。在日本甚至有人提出人质回国后要承担政府为他们付出的解救费用，以便让其他企图擅自前往伊拉克的日本人望而却步，云云。面对铺天盖地而来的舆论压力，人质家属寝食不安，他们不断接到各种指责的电话、批评的传真，甚至在返国人质抵达东京机场时，还有人竖起标语指责人质的行为，以至于警方不得不在人质家庭住宅附近严密戒备以防不测。与此同时，不堪舆论重压的人质及其家属也不得不接二连三地以各种形式向公众和政府表示自己的歉意。如获释人质之一的高远菜穗子的母亲高远京子就被迫发表公开谈话，表示要告诫女儿自省，表达他们全家的歉意，云云。

至于对同胞沦为战俘的认识和处理东西方的差异就更大了。美国不但将战俘被俘期间的工资累积发放，并在被释放后给予晋级和首长接见直至最高领导人总统接见的待遇，同时当过战俘的人还可继续在军中服役直至晋升为将军。而在东方战俘被释后，不但不能在军中继续供职，而且还要蒙受歧视，甚至遭受迫害与打击。

为什么对待同样的报考、人质和战俘问题，东西方国家会产生如此不同的态度呢？深究原因，便是东西方有着截然不同的文化差异。

文化是人类历史在社会发展过程中所创造的物质财富和精神财富的总和。人类创造了文化，也就创造了自己的历史，创造了一个文化的世界。

西方文化源于希腊文明，由于古代希腊人生活在地中海之滨的多山地区，居民大多以捕渔和狩猎为生，个人的技能和奋斗精神在征服自然的谋生中起到了举足轻重的作用，从而使人们产生了极强的个体意识。他们普遍认为先有个体，后有群体，群体是由一个个单独的个体组成，没有这些单独的个体就没有群体。因此，只有每个个体都自由发展了，群体才会发展；只有每个个体的利益都满足了，群体利益才会有可靠的保障。也就是俗话所说的，各人都把自己的门前雪扫干净了，也就不会有他人的瓦上霜劳驾你去操心了。既然西方文化把人首先看成是人格独立的个体，那么群体就不是天然存在，而是人为地组织，即通过契约将诸多的个人组织起来才成为群体的，这种契约既有商业契约、婚姻契约，也有上升到全民契约的法律。在契约面前任何个人都有权利，也都承担相应的义务，诸如夫妻关系、邻里关系、租赁关系、上下级关系，甚至基督教里人与神的关系也是这种享有平等权利的契约关系，其中人与神的关系就叫做《新约》与《旧约》，是所有信教者必读之书。

在中国由于文明源于黄河流域的农耕文化，从上游到下游的水利灌溉，既需要处理上下之间的自流灌溉关系，也要处理同一平面之间水量的分配关系，为此在商周时代政府就把农民组织起来耕种井田，其办法是8户成一井，开沟引水，当中一块土地为公田，由8户人家联合耕种，收获后归公家作为税收上交，周边每块同样面积的土地为私田，分别由各家各户自行耕种。每块地的面积在商代为70亩，周代为100亩，这种平均主义的集体耕作方式及其上下游水量分配的权威，使人们自然而然地形成了集体主义的群体意识和崇拜权力的仆从习惯。因此中国文化认为，先有群体，后有个体，群体是天然形成，个体是群体的一员，一个人不能脱离群体而单独生存。

由于古代将8户人家合作种植之税田称之为“厶”，于是就产生了一个“公”字，而税田“厶”旁边之“禾”即自然而然地成了“私”。从此不但在理念上而且在文字上有了“公”与“私”的区别。曾经有人说今日民间流行的八人为公，三人为众，一人为私的说法与井田制有关也似乎有一定道理。随着公私观念的产生和发展，公与私也就顺理成章地成了中国文化中最富活力的思想因子之一；公私之辩成了古今一以贯之的思想问题。春秋战国诸子争鸣，已提出“崇公抑私”的命题，到了秦汉之际，“大道之行，天下为公”的社会理念基本成型。此后，“公”本位思想一直占据传统思想主流，尽管其中“私”本位观念也在萌动和抬头，但始终是弱势理念，上不了台面。而且崇公抑私还通过儒家的改造，成为以“修身、齐家、治国、平天下”为主要内容的理论体系，主导中国文化主流达两千多年之久。

综观中国历史上的财税改革家，他们的种种措施无不从崇公抑私入手，通过与民争利，增加财政收入。如春秋战国时期地处胶东半岛的齐国国相管仲看到盐商贩盐获利甚厚，便将食盐收归公家专卖。汉代的桑弘羊则有过之而无不及，不仅将盐实施公家专卖，还将有利可图的铁和酒也收归政府专卖。直到始元六年(公元前81年)汉昭帝亲自召开办公会议请一班贤良方正之士来讨论专卖政策时，遭到猛烈攻击的桑弘羊才被迫作出有限让步，让酒退出专卖。北宋朝廷看到四川16家富商联合发行叫做交子的纸币有利可图，便收归政府发行并改称为钱引。王安石看到社会上放高利贷有利可图，便实施青苗法，以政府周转金贷款给百姓获取20%的利息以增加国家收入。南宋宰相贾似道更是变本加厉，以极便宜的价格强购民田为公田，使政府租税兼收，不义之财骤增，以至于当年苏州地区无数民田被侵夺，因此形成的重税政策一直沿袭元明清三代。至于中国古代实行茶、醋专卖和其他政府直接经营，诸如酿造、织造、陶瓷等，工商业与民争利的事例更是不胜枚举，几乎到了俯拾皆是的地步。

至于近现代，“公天下”观念仍是发动一次又一次社会改革与革命的强大引擎。百年来，中国社会所经历的从传统向现代形态转型的每一个重要阶段，无不伴随着公私观念的激烈争论，甚至不惜把“小河有水大河满”的自然现象也说成“大河有水小河满”。众所周知，直到20世纪50年代初我们还实行公私差别的税收政策，并于1953年对那些主张“公私一律”推行税制改革的官员作出了包括撤职在内的严厉处理。

第一节 战国管仲首创专卖

崇公抑私作为政策推行始于战国之齐，其创始人为齐国的国相管仲。他实行专卖政策，以国家专营商业代替直接征收赋税的办法，称为“寓税于价”。

一、有利的山海环境

齐国，位于今山东省沿海地带，盐的资源非常丰富，而盐本身又是人民生活必需品，故管仲认为盐是国家财政的一大财源。至于如何获得这一财源，有两种不同的办法：一是如夏、商、西周时对包含在山泽之赋内的煮盐按例直接征收盐税；二是实行专卖，寓税于价，间接征税，并同时获取经营利润。将两者比较可知，倘采用直接征税之法，会招致百姓的反对，而采用“取之于无形而不怨”的专卖政策，国家既能获得比征税更为丰厚的收入，而又不至于引起人民的抵制和反对，属于“有见乎之形，无见夺之理”的两全其美政策。同样，战国时代冶铁业是新兴产业，其对生产效率的提高，促进生产力的发展有着十分重大的作用，于是铁的经营就成了国家财源的一个新的增长点。

二、首创寓税于价的专卖

理财家管仲根据盐铁的新情况，适时地提出了实行盐、铁专卖的财政政策，鼓

图 6–1 海盐图

励人民煮海为盐，开矿冶铁，国家收购实物，实行盐铁专卖，从而使齐国政府不仅从专卖经营中获得了大量的财政收入，而且通过出口食盐的办法，换取了其他国家的粮食；通过调控食盐出口的办法，也控制了一些小国尤其是那些缺盐国家的命脉，从而一度实现了齐国振兴国力，谋求霸业的目标。

第二节 桑弘羊与汉代的专卖

一、从轻徭薄赋到聚敛军费

管仲是中国古代专卖政策的创始人，但当时实行的地域狭小，仅囿于齐国的小范围内，而盐铁专卖政策在中国古代更大范围的实施则是在汉朝武帝时期。

秦始皇在灭六国、统一全中国之后，随即建立了中央集权的封建专制制度国家，并采用强有力的措施，统一了财权，统一了官俸，建立了田租、口赋、力役的赋税制度，实行重农抑商，“令黔首自实田”的自耕农政策，保证了政府的田赋收入。这些政策和制度本来是历史发展的必然，符合社会生产力发展的客观规律，但由于秦王朝修长城、造阿房宫、建骊山始皇陵，以及不断发动对外战争，造成财力、物力、人力需求和消耗超过了国力所能承受的限度，以至于过度地役使民力，导致“田租、口赋、盐铁之利二十倍于古”，力役三十倍于古，因而“海内愁怨，遂用溃畔”。汉王朝接受了秦王朝仅15年即遭亡国的惨痛教训，在道家“无为而治”的思想影响下，对外与匈奴和亲，修好关系，对内实施了与民休息、轻徭薄赋、省费节用的政策，从而使汉代的农业生产迅速恢复和发展起来。国家赋税收入大为增加，“汉兴七十余年间，国家无事，非遇水旱之灾，民则人给家足，都鄙廪庾皆满，而府库余货财。京师之钱，累巨万，贯朽而不可校，太仓之粟，陈陈相因，充溢露积于外，至腐败而不可食”。国力日益强大的西汉王朝终于在武帝（公元前140—前87年）时改变了对匈奴的一贯政策，于元光二年（公元前133年）开始发动了攻打匈奴的大规模战争，其中以元朔二年（公元前127年）、元狩二年（公元前121年）、元狩四年（公元前119年）三次重大战役最有影响。在长期作战中，受到沉重打击的匈奴力量大为衰竭，除了对西域诸国还有一定的控制作用以外，不能向东发展。百余年来北方农业区域所受匈奴的威胁在武帝时期基本解除。与此同时，西汉王朝充盈的府库亦在修障塞、饬烽遂、千军万马长驱大漠的战争中消耗殆尽。众所周知，战争是政治斗争的最高形式，政治是经济的集中反映，经济则是战争的物质基础，为了取得战争的最后胜利，汉武帝不得不从盐铁酒专卖入手，广辟财源，通过增强国家财政调控能力以支持旷日持久、消耗巨大的战争。在汉高祖时，朝廷禁止商贾及其子弟为官，而汉武帝为聚敛军费，却反其道而行之，大量起用商贾为官。如著名的大盐商东郭咸阳、大铁商孔仅、大商人之子桑弘羊都被先后委以重任，由于他们出身于盐铁商贾，是盐铁行业的专业人才，对盐铁利之所在十分清楚，故“以其人之道还治其人之身”，让他们专管盐铁专卖，为国家聚敛钱财最为得心应手。早在汉初，盐税是山泽税之一种，其课征所得供帝皇财政开支，并未列入国家财政之范畴。武帝元狩四年（公元前119年），朝廷采纳了孔仅和东郭咸阳的建议，将盐付诸专卖，并列入了由大司农管理的国家财政收入。

二、盐的专卖

汉代盐的专卖其具体做法是，由大司农（国家财政部长）在全国产盐的28郡国（27郡及东平国）和36县设置盐官，这些盐官大都起用原来从事制盐的商贾担任，并由这些盐官分别招募百姓煮盐，实行内行领导外行的管理制度。应募百姓均由政府提供牢盆（煎盐之锅）一类的煎盐器具，各自分头制盐。盐制成后由政府定价收购，设官贩运，实行专卖。如汉武帝元狩四年(公元前119年)即在会稽郡海盐县设置盐官，当时的海盐县与今属江苏省的盐城(汉时属扬州郡)由于产盐极

图6–2 解盐图

盛，而成为中国东南地区两大国家级的产盐基地。今浙江省海宁市古时为会稽郡海盐县之一部分，三国吴黄武二年(公元223年)析海盐、由拳，置盐官县，元天历二年(公元1329年)，改名为海宁州。故其境内的盐官镇即是当年盐官衙门所在地，而今海盐县南北湖西与海宁接壤的谭岭(亦称谈仙岭)石城则是古代缉私的关卡。原本是我国江南地区海盐生产基地的今浙江省嘉兴地区的海宁市和海盐县，由于长江出口处之水流发生变化，导致海水含盐的波美度下降，盐民制盐成本提高，无利可图，以至于不得不缩小制盐规模。清朝康熙年间(公元1662—1722年)，海盐县鲍郎、海沙两盐场每年尚可征银2900余两，而到1961—1985年的25年间，只征盐税58.6万元，平均每年不到4万元。这与20世纪50年代宁波慈溪市庵东地区是浙江重要盐业生产基地，到20世纪80年代由于海水变淡就逐渐失去了生产价值相类似。由此可见，世界上任何事物都不可能永恒不变，一切都只是一个过程，人生亦然，任何企图追求永恒的人只能是枉费心机，自取其辱供人耻笑而已。

三、铁的专卖

铁是古代重要的生产资料，中国春秋战国时期生产力迅猛发展与铁的大量冶炼和铁器的广泛使用有着十分密切的关系。桑弘羊是盐铁收归官营，实行专卖政策的积极鼓吹者，也是身体力行的实践者。武帝时，在桑弘羊的主持下，在全国产铁地区置铁官，在不产铁的地区置小铁官，具体管理开矿、冶炼和制造铁器。制成铁器后，由政府负责收购、发运和售卖。汉武帝时期的铁官和小铁官亦与盐官相似，大都起用原有的铁业商贾担任，推行“专业化”的干部制度，因此，在汉代商贾为官吏者人数大增。其与今日各地纷纷征辟民营企业家担任人大代表、政协委员、人大常委会和政协领导，甚至直接担任政府副职，参政议政有相似之处，因为执政与革命不同，后者要依靠贫穷者起来造反以夺取政权，前者则要以经济建设为中心取得拥有财富的企业家的支持才能有所发展。

四、酒的专卖

我国酿酒的历史源远流长，古籍记载中对谷物酿酒有4种说法：一是杜康为始祖，二是大禹令仪获造酒，三是黄帝内经、神农本草已有醴酪的记载，四是《淮南子》所载“清醠之美，始于耒耜”。以科学的眼光观察，第四种说法较为可信，也就是说农业刚开始的时代生产的谷物逐渐多起来，由于贮藏方法粗放，谷物很容易受潮发芽，也很容易受到自然界的微生物如毛霉菌、酵母菌等的侵蚀而发霉，这种发霉发芽的粮食就是天然曲蘖，将它们浸到水中，就会发酵成酒。酿酒业与世界上其他事物一样，一个偶然性的发现经过人们的不断实践完善便形成了一个必然性的行业。根据考证，至迟在商代，酿酒业作为独立的手工业即从农业中分离出来。在中国，酒不仅是人民日常生活的必需品，而且早在古代，酒作为天之美禄和百药之长，被谓之“无酒不成礼”，与社会文化生活息息相关。欢乐时，人们用它表示庆祝；忧愁时，人们用它浇去心中的郁闷；孤独时，它又成了最知己的朋友。在酒的气氛中，人们无论高低贵贱，都能敞

图6–3 酿酒画像砖

开心扉，“酒后吐真言”。在酒的世界中，人往往能摆脱世俗的纠葛，消除重重设防，撕下种种伪装，显露出自己最真实的本性，把烦恼和忧愁都抛在脑后。因此有三国曹操“对酒当歌，人生几何。何以解忧？唯有杜康”的名句。也有“醉里乾坤大，壶中日月长”、“三杯和万事，一醉解千愁”、“酒逢知己千杯少，话不投机半句多”的名联。在将醉未醉的境界里，人们仿佛飘飘欲仙，一种“思接千载”，“视通万里”的突现灵感，竟能使万千文人墨客下笔如神。也正因为如此，古代文学家几乎没有不喝酒没有不写酒的，酒几乎成了古代文学“永恒的主题”，其中北宋的欧阳修就由于在醉中写了《醉翁亭记》一文而名扬千古，但称得上与酒难解难分的还是广为人知的唐代诗人李白，他自称“臣是酒中仙”，“百年三万六千日，日日须倾三百杯”，甚至在他死后，人们还要在酒店的牌匾上题写“太白世家”、“太白遗风，不醉无归”的字样。由于酒的消费与盐、铁消费一样，不仅具有赋税之利，更兼有工商经营利润可图，一举两得，因此汉武帝时初榷酒酤，实行酒的专卖政策，使酒与盐、铁一样成为财政收入的一大支柱。

为了确保盐铁酒专卖政策的实施，桑弘羊经汉武帝诏准，制订了严厉的禁令，明令禁止人民私自煮盐、冶铁、酿酒，生产者必须到官府办理相关批准手续，对私煮、私铸、私酿者予以重罚，规定对违反者没收器具，籍没房舍，并处以在左脚趾挂上6斤重的铁钳的 “左趾”酷刑。

五、史无前例的辩论会

汉代桑弘羊主持的盐铁酒专卖，使国家从直接从事工商业经营中获得了包括工商利润和税收在内的双重财政收入，从而有力地支持了汉武帝对匈奴作战军费的巨大开支，进一步巩固了封建国家的统治。但是盐铁酒专卖毕竟剥夺了商贾的利益，引起了商贾及代表商贾利益的政府官员的反对，再加上盐铁专营过程中也存在一系列的质量、价格和服务问题，尤其是铁的专卖问题最多。一是官造铁器质量差，价格昂贵；二是由于铁器价格按重量计算，官商为了多盈利，打造铁器以大规格为主，不合农民需要；三是农民购买不便，多买久贮既要生锈又造成资金积压；四是铁官挨户派购，强迫农民购买并在购销忙季时强迫百姓无偿助工。上述一系列官商作风引起人们的不满，朝廷终于在汉武帝去世6年后的汉昭帝始元六年（公元前81年）决定召开专卖政策研讨会，讨论这一涉及国计民生的大问题。会议是以各郡国贤良文学60多人，与御史大夫桑弘羊及丞相田千秋进行激烈辩论开始的，曾任庐江太守的桓宽以《盐铁论》一文详尽地记录了这次相当于现代国务会议的全过程。贤良文学受董仲舒“薄赋敛，省徭役，以宽民力，然后可善治也”的儒家传统财政经济思想的影响，反对盐铁酒专卖政策，也反对商贾垄断，主张由百姓自由经营。在会上，他们以“进本退末广利农业”和“贵德而贱利，重义而轻财”为理由，列举铁器苦恶，价格不平，主管官吏废公法，谋私利，强征农民冶铁，煮盐等等，给农民造成烦苦，迫使农民反抗斗争日益频繁，要求废置。而桑弘羊等政府要员则力陈遏制豪强、蓄积筹集财力对于富国强兵的意义，表明盐铁酒专卖政策的推行就是为了筹集军费，“修障塞、饬烽燧”，抗击匈奴，加强中央集权的需要。最后会议决定，只废酒的专卖，由官酿改为民造，每升纳酒税4钱，坚持盐铁专卖。在这场历史上著名的辩论中，文学贤良没有达到取消盐铁专卖的目的，改革者桑弘羊取得了胜利。但是视桑弘羊为眼中钉的大将军、大司马领尚书事霍光并不甘心于失败，终于在次年（公元前80年）以谋反之名冤杀了这位执掌汉代财政达29年之久的著名理财家。可见，财政之职掌牵涉各方利益，为社会各种矛盾之焦点，极易受到无端攻击，以至于有人不惜无事生非，颠倒黑白，造谣污蔑，欲置人于死地而后快，直至后世亦有此种无所不用其极的恬不知耻者，真是古今之卑鄙小人，其嘴脸衣钵竟一脉相承！

六、取消酒专卖，坚持盐铁专卖

在始元六年（公元前81年）废酒榷，取消酒的专卖以后，盐铁专卖一直贯彻到汉代终结。三国时期，魏、蜀、吴鼎立三方，承汉制，继续将盐利作为重要的财政来源而实行专卖，曹魏将盐的专卖获得的财政收入实行专款专用，即专项用于购买耕牛、种子，推广军屯和民屯，从而促进了中国北方农业生产的进一步恢复和发展。替魏而起的西晋司马王朝，承继曹魏盐的专卖政策，设置司盐都尉及司盐监丞之官，规定："凡民不得私煮盐，犯者四岁刑，主吏二岁刑"，严禁百姓私自煮海盐，使盐利继续成为国家财政收入的重要来源和支柱。南北朝时，北魏在河东郡盐池置官司实行专卖。永熙（公元532—534年）以后，国家分裂，北魏分裂为东魏和西魏，东魏继续推行专卖政策，在沧、瀛、幽、青四州沿海制造官盐，沧州设灶1480所，瀛州452所，幽州180所，青州546所，邯郸设灶4所，一年合计可收购食盐21万斛，有人估计占当时东魏全国财政收入近50%。故《魏书·食货志》载盐利收入使"军国所资得以周赡"。可见盐的专卖对东魏国家财政来源而言，其意义极其重大。北齐曾沿用东魏制度，继续实行海盐专卖，大约武平六年（公元575年）改为征税。北周太祖宇文泰为西魏相时，创设载师、司均、司赋、司役、掌盐、司仓等六官，对池盐、井盐实行官卖。

自西汉昭帝（公元前86—前74年）在盐铁会议上废除酒的专卖以后，历代朝廷一直采用课税制度，到三国鼎立时的吴国方重新实行专卖。魏、蜀、晋、宋、齐、梁各代均行酒课。陈朝天嘉二年（公元561年）12月，立榷酤之科，改酒课为专卖。北魏时，认为醋为苦酒，与酒无异（现今宁波一带民间仍有好做酒，坏做醋之说），故亦行专卖，从而在历史上开创了中国醋专卖的先河。由于夺取北周政权，建立隋朝的隋文帝杨坚反对盐、酒专卖，"开皇三年（公元583年）正月，（文）帝入新宫……先是，尚依（北）周末之弊，官置酒坊收利，盐池盐井，皆禁百姓采用。至是罢酒坊，通盐池盐井，与百姓共之，远近大悦。"故自隋开皇三年（公元583年）至唐开元九年（公元721年）138年间，盐酒不仅取消了专卖，并且实行了免税政策。

第三节 唐代的专卖

一、盐的专卖

安史之乱爆发后，唐王朝的财政陷入了困境，不仅平叛战争，国家财政支出大幅度增加，而且由于中央政府所能直接控制的课税领土狭小，只有川蜀和江南地区。在这种财政入不敷出的窘境下，盐铁铸钱使第五琦提出实行盐的“民制、官收、官运、官销”的专卖政策，缓解了财政危机。《新唐书·食货志》载：“乾元元年（公元758年），盐铁铸钱使第五琦，初变盐法，就山海井灶近利之地，置监院，游民业盐者为亭户，免杂徭，盗鬻者论以法。及琦为诸州榷盐铁使，尽榷天下盐，计加时价百钱而出之，为钱一百十”。这就是说，凡制盐百姓，须行登记方能成为煮盐的亭户，而亭户所制之盐必须由政府收购，然后由政府设官转卖。随着时间的推移，按照第五琦设计的实行“民制、官收、官运、官销”的食盐专卖办法，由于设官太多，不仅冗官自身俸禄开支浩大，而且官多扰民，引起社会各界的不满，边际效益日益下降。新任盐铁使刘晏在第五琦“民制、官收、官运、官销”办法的基础上，于唐肃宗宝应元年（公元762年）创立了“就场专卖，寓征于价”的新办法。除保留产盐区从事收购工作的盐官以外，精简了运盐、售盐之官，使专卖工作走上了“民制、官收、商运、商销”的新阶段。此法推行不久，刘晏即发现由于商贾重利轻义，商运商销极易发生趋易避难，偏远地区无盐可售，百姓缺盐，陷于食淡的困难境地。于是便及时设置常平盐，由政府出钱运盐储于江南、岭南一带偏远之地，凡遇盐商不至，则减价粜民，以补充商运、商销之不足，满足百姓购盐的日常生活需要。

刘晏实行“寓征于价”的专卖政策，主要通过两次征税获得丰厚的财政收入，达到官收厚利而民不知贵的财政目标。第一次实行就场征税，具有“产税”的性质；第二次是诸道加榷盐钱，即商人车船经过，课以商品通过税，具有“过税”的性质；到达销地以后，政府不再对食盐课销税或坐税。刘晏的“就场征税”制度名之为税，实则由于寓征于价，本质上仍然是一种新颖的专卖制度。

盐铁使刘晏不仅着眼于就场征税的专卖政策的完善，而且更着眼于盐业生产的进一步发展，他运用宣传教育的手段，“遣吏晓导，倍于劝农”，并广设盐仓，敞开收购，从而使盐斤储积财源茂盛。同时，刘晏通过建立缉私队伍，在淮北、江南、岭南设置了13个巡院，缉捕私盐，确保国家财政收入不致流失。中国对私盐的缉私制度始于刘晏，唐末黄巢及后来的吴越国王钱镠年轻时都曾贩过私盐，当年均在唐王朝缉私范围之列，只不过后来黄巢起义失败了，被人称为寇，钱镠成功了被人尊为王，这就是中国传统的成王败寇历史观。《新唐书》对刘晏改革专卖新法治盐的政绩作了高度评价：“自兵起，流庸未复，税赋不足供费。盐铁使刘晏以为民所急而税之，则国足用。于是上盐法轻重之宜，以盐吏多则州县扰，出盐乡因旧监置吏，亭户粜商人，纵其所之。江岭去盐远者，有常平盐，每商人不至，则减价以粜民，官收厚利而人不知贵……吴越扬楚，盐廪至数千，积盐二万余石……晏之始至也，盐利岁才四十万缗，至大历末（公元779年）六百余万缗；天下之赋盐利居半。宫闱服御军饷百官禄俸，皆仰给焉。”

在中国封建社会的早期，国家财政来源主要取自田赋（农业税）收入，而田赋以外的工商税收收入则处于极其次要的地位。自盛唐以来，商品经济迅速发展，工商税税额猛增，在刘晏治盐成效卓著的大历末年（公元779年），实行专卖的盐利收入已逾国家财政收入的50%，“计一岁所入总一千二百万缗，而盐利居其太半”，也就是说公元779年全国600多万缗的盐利收入为刘晏17年前（公元762年）

接任时40万缗收入的15倍之多。如果再加上稍后扩大征收的商税、酒课、茶利等数百万缗财政收入，当年工商税的征收总额已达到国家全年财政收入的2/3左右。由此可见，盐铁酒专卖政策实施的意义不仅仅囿于增加国家的财政收入这一狭小的范畴，更重要的是朝廷客观上提倡“重商”，推动了商品经济的发展，使商贾在向国家缴纳税收合法经营的前提下，大胆开拓新的商品经济渠道，得到了有力的鼓励。所以说，商品经济的发展和国家的强盛与政府的财政政策取向及赋税征管方式关系极其密切，而工商税收收入占全部财政收入比重大小则是商品经济发展程度的重要标志。

二、从无税到征税的酒

自隋文帝开皇三年（公元583年）废北周盐酒专卖政策以后，隋代及唐初酒均无税，使便宜的酒浇灌和培育了史无前例的盛唐文学。自唐代宗（公元763—779年）开始，因军费开支浩大，财政入不敷出，始征酒税，至唐德宗建中三年（公元782年），“官自置店酤，收利以助军费”，才确定控制销售环节来实行酒类专卖。唐代酒类时而专卖，时而课税，制度常常变动。其收入据《文献通考》记载，唐太和八年（公元834年），“天下榷酒，为钱百五十万余缗，而酿费居三分之一。贫民逃酤不在焉”。这就是说，太和八年财政的酒榷净收入约达150万缗之多，占全国财政收入1/8。既有如此之多的财政收入，对于私自酿酒、销售，企图偷逃税收者，唐王朝政府必然会实行严格禁止的株连措施，以杜绝国家财政收入的流失，所以唐时就曾规定“一人违犯，连累数家”。

图6-4 唐代酒具狩猎纹银杯

三、茶的流行及其税收

唐以前，中国尚无饮茶之风，至唐代陆羽著《茶经》，方标志人们已将饮茶融入生活，并逐渐成为一种习俗。茶既流行，成为嗜好品，理财者遂视为税源之一。具有“降火、提神、消食、解毒、不发”作用的茶叶，在中国的发现、培育、饮用以致能够达到征收茶税的程度，既离不开中华民族先祖的贡献，更离不开佛教僧众千百年来的推广和实践。《神农本草经》载“神农尝百草，日遇七十二毒，得荼解之”。据说隋代“文帝病脑”也是通过饮茶治愈。古代之“荼”即后世之“茶”。远溯春秋战国时期的《诗经》和《楚辞》等典籍，茶有槚、蔎、茗、荼、荈、皋庐、苦菜等10多个不同称谓，到唐代人们已约定俗成统一称为茶或茗了，所以唐人陆羽所著之书称《茶经》，他在书中指出“茶之为饮，发乎神农，闻于鲁周公”。陆羽是一个孤儿，3岁时被湖州“竟陵禅寺”长老（相当于今方丈）智识大师所收养，青少年时期在禅院接受教育，长期担任为智识大师煮茶的童奴，在唐代全国佛寺中有这种奴婢达15万人之多。由于陆羽天资聪颖，好学上进，对被佛教僧人悉心研究和传播的种茶、制茶、饮茶知识，钻研孜孜不倦，达到了出神入化、十分精通的程度，以致被后人奉为茶圣。

图6-5 白瓷茶瓶

从印度传入中国的佛教至今已有2000余年之久。在传入之初的两汉之交，并无汉人出家，直至魏晋南北朝时期，由于国家分裂，战乱频仍，百姓命危旦夕生死难卜，人们为求来世福祉，才纷纷投身佛门。如北魏末年北方各地有佛寺3万余所，僧尼200余万人之多；南朝梁代京城建康（今南京）一地也有佛寺500多所，僧尼10余万人。到隋唐时期，随着大批学问僧远赴印度取经，再加上统治者的重视，国家财政出资大开佛经译场，进行佛教理论研究，中国的佛教开始形成三论、华严、惟识、天台、净土、律宗、密宗、禅宗等自成体系的八大宗派，并且随着适合中国人思维“长于顿悟综合”特点的禅宗的出现，具有清心提神作用的茶叶，作为一种特殊的文化便大规模进入佛门，与僧人结下了不解之缘。许多僧人认为茶有三德“坐禅时通夜不眠；满腹时帮助消化；茶且不发（‘发’乃指性欲）”，自诩“如何是和尚家风，师日饭后三碗茶”。嗜好饮茶到了“惟茶是求”的地步，以致“茶味禅味是一味”成了佛门的流行禅语。据美国科学家对虔诚佛教徒脑部扫描表明，佛教徒由于保持平和知足的心态及包括饮茶在内的生活方式，使他们左脑的“快乐中心”经常处于活跃状态，比世俗之人快乐得多，属于世界上真正快乐的人群之一。

由于僧人对饮茶的重视，使饮茶成为唐代寺院百丈清规的组成部分。寺院里设有“茶堂”，是禅僧坐以论道辩说佛理，招待施主和品茗之处；法堂西北角的“茶鼓”，是召集僧人饮茶之信号源；寺院设有“茶头”负责煮茶献茶；寺院前有数名“施茶僧”向行人施惠茶水。佛寺里的茶叶称作“寺院茶”，寺院茶按照佛教清规，还有不少名目：每日在佛前和历代祖师灵前供奉茶汤，称作“奠茶”；每坐禅一炷香后，寺院监值供僧众饮茶称“打茶”；寺院一年一度的挂单（又称挂褡，指游方僧欲入寺寄寓，以衣钵悬于僧堂之钩上；至于能否挂单须经住持批准，若不许可必须离去），按照受戒年限（即戒腊）的先后饮茶称作“戒腊茶”；住持或施主请众僧饮茶称作“普茶”；化缘乞食之茶，称作“化茶”，茶融入佛门成了一种不可或缺的文化。同时由于古代交通落后信息闭塞，人们极少有远行机会，而僧人不仅有条件云游四方，而且自身嗜茶，有兴趣、有能力在种茶、制茶、饮茶过程中互相交流经验，取长补短，精益求精，从而极大地促进了我国茶叶品质的提高和茶艺的发展。如茶艺上他们将茶叶、香料、果料同桂姜等一起煮饮，便成了著名的“茶苏”；将茶叶的嫩芽研成粉末，用开水冲泡便成为闻名遐迩的“点茶法”。到了南宋，朝廷将佛寺按层次高低划分等级：一等为山，二等为刹，江南地区共有五山十刹，其中五山之首的浙江余杭径山寺，就常常举行数百人以至上千人参加的“茶宴”和生动活泼的“斗茶”活动，推动了饮茶在民间的普及，使以茶待客成了中华民族传统文化的组成部分，茶宴到现代也就发展成为各种名目以茶会友的“茶话会”了。它与代表热烈的酒之不同之处，在于酒席上常常会夹杂着“鸿门宴”及“杯酒释兵权”的阴谋诡计，而茶则始终是“清茶一杯”，带来人们“君子之交淡如水”的宁静、纯洁和崇高友谊。

茶与僧文化源头不同，一个扎根本土，一个来自印度，令人惊奇的是茶与佛竟如此同步发展，当佛教传入的汉代开始了茶的推广，随着佛教走向高潮的唐代而兴盛发展，这两者能相生与共，如此紧密地结合在一起，不仅有其清净的共同文化底蕴所致，也是佛寺建设转向山林和佛教中国化所致。早在南北朝时期，佛寺大都建在城市，依靠政府和达官贵人供养而生存。如南朝梁武帝4次舍身同泰寺为奴，财政先后花了3

亿铜钱才将其赎回。由于僧尼不纳税，不服役，到北魏太武帝时，朝廷连打仗的军费和当兵之兵源都枯竭了,从而在财政支出和征税派役上佛教与朝廷利益发生了激烈冲突，相继引发北魏太武帝、北周武帝“灭法”打击，佛寺不得不从城市转向高山密林，建寺于群山环抱的幽谷深处，走“一日不作，一日不食”的自力更生的农禅之路。特别是唐武宗“会昌灭佛”以后，佛教八大宗派消长变迁，使特别适应中国人思维特点的“不立文字，直指人心”的禅宗独树一帜，迅猛发展，天下名山几乎十之八九皆成了禅宗的天下。由于那些名山大川生态条件优越，十分适宜茶树生长，这为爱饮茶的僧人植茶提供了有利条件。可以说，当年中国从事茶叶科学研究的机构就是佛寺，研究人员便是僧人，高山茶叶在他们的培育下，从天然采集到人工培育优选都取得了极大进步。如素有“佛天南露，帝王仙浆”之称的“天台云雾茶”，就首创于国清寺僧人之手；享誉国内外的西湖龙井名茶，则是南北朝诗人谢灵运赴灵隐天竺译经时，从天台山带往杭州由寺僧再次培育出来的第二代名茶；至于今日杭州的径山名茶更是余杭径山寺僧的杰作；名闻海内外的浙江“普陀佛茶”，也出于普陀山寺僧之手；浙江景宁惠明禅寺僧人所育的惠明茶，在20世纪初巴拿马博览会上曾获金奖；四川雅安的蒙山茶，是蒙山甘露寺僧人所植，称为仙茶；庐山云雾茶，是晋代东林寺名僧慧远所培育；江苏苏州东山碧螺春名茶，系东山水月院僧人精心选育而成；安徽黄山毛峰、松萝茶、九华毛峰等名茶，也源于黄山松谷庵、徽州松萝庵等佛寺；福建铁观音茶，不仅为僧人所育，且以“观音”菩萨之名命名，更是佛意盎然。

自唐德宗建中元年（公元780年）始课茶税算起，至贞元十年（公元794年）均行三等定估，十税其一（税率10%）。贞元元年（公元785年），全年茶税收入达40万缗，与23年前（公元762年）刘晏刚出任盐使时的全国年盐利收入相等。由此可见，商品经济的发展及有效的理财手段对国家财政收入影响是何等巨大，正如近年房地产业迅猛发展，再加上税率从6%下降为3%，促进浙江省契税收入成倍上升，即是有力的佐证。茶税起初只就产地及商人通过时征收，其后到文宗（公元826—840年）时，根据盐铁使王涯的建议，实行专卖。其办法是“徙民茶树于官场，榷其旧积者”，即实行“官种、官制、商销”制度。由于此项办法规定将百姓的茶树移栽到政府经营的茶场，即不准百姓种茶，这种极端崇公抑私的做法不仅引起了百姓的怨恨，而且政府茶场亦由于吃大锅饭，种植无方，效益低下而濒临倒闭，以至最后不得不取消这种移树徙民的茶专卖。

对于茶的走私，唐代打击十分严厉，不仅组织了缉私队伍，而且规定如贩私茶3次，总数累计超过300斤者即处死刑。如为茶园园户，只要私卖百斤以上，便须“杖脊”。如捕获有组织武装贩茶的“长行群旅”，“茶虽少，皆死”。

第四节 五代两宋辽金的专卖

承唐而起的五代十国及嗣后的两宋时期，社会商品经济有了较快的发展，工商税课税税源亦随之不断增辟，从北宋的《清明上河图》我们即可发现，宋代的汴京（今河南开封）城市规模宏大，市肆繁盛，充满了浓厚的商品经济气息。五代和两宋实行专卖的商品主要是盐、茶、酒三种。

一、两宋盐的专卖

五代的后梁（公元907—923年），沿袭唐代刘晏所创之就场粜商、“寓价于征”的“民制、官收、商运、商销”之法。继梁而起的后唐（公元923—936年），规定“凡盐铛户，应纳盐利，每斗盐折纳白米一斗五升”，在运销方面亦推行官商并卖法，于州、府、县、镇，各置榷盐场院，由官府专卖，只有指定的乡村僻处，才允许实行商运、商销的“通商”之法。在官府专卖的地区，为了确保销售渠道畅通，朝廷采用了相当于现代计划经济的手段对食盐进行按户俵配，即所谓“计口授盐”的政策。在州、府、县、镇（城镇）榷盐场院，根据户主缴纳屋税（相当于现代的房地产税）的多寡授与盐斤，并相应收取盐款。在农村，育蚕时俵散盐斤，至放丝成茧时随田赋输纳盐款。由于五代“计口授盐”，只供自己食用，不许转卖，故后世才有“食盐”之称谓。这与“人口”一词来自汉代对15—56岁的成人征算赋、对7—14岁只会张口吃饭的少年儿童征口赋一样，“食盐”一词起源于财政的专卖政策，这说明中国财政赋税发展对后世语言文字的影响十分深远。后晋天福元年（公元936年）仍行后唐的官商并卖法，只不过把每斗盐纳米1斗5升改折成货币缴纳。据《五代会要》记载，后晋盐利岁收达17万贯之多，估计占其全部财政收入的1/3—1/2。

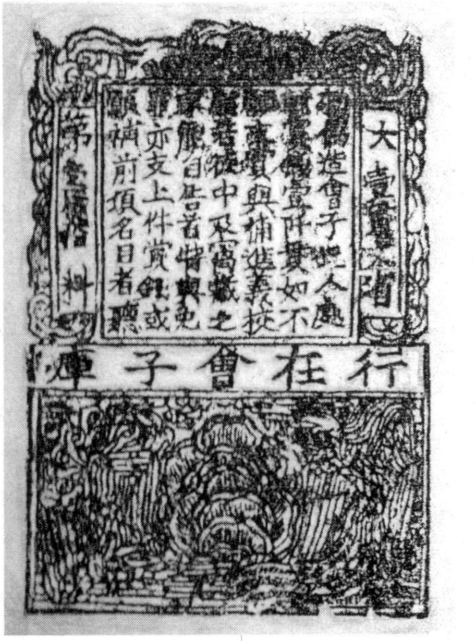

图6–6 南宋会子

五代时期，为了确保国家盐专卖政策的实施，对于私贩便严加惩处。例如，后晋初年，凡挟带私盐10斤以上者，即处死，私自刮硷煎盐者，不论斤两皆死。凡告发者，政府均予以奖赏，其奖励金额按照贡献大小，分别从20贯至50贯范围内分档酌赏。

北宋代周而起，未统一全国以前，盐制沿袭后周旧制，即城镇实行专卖，农村仍许商销。赵匡胤统一全国以后，开始实行官制官鬻制度，即实行完全彻底的全部专卖。后来北方边境军事冲突日益频繁，不但盐、粟、军需运至边郡僻处不易，且由于军费短缺，急需开辟新财源，因之始许商贾纳银于官，领盐发卖，称为“通商”。大致京东、淮浙、广东等地实行“官卖”，京西、陕西、河东、河北等处允许“通商”。由此可见，宋代“官制、商运、商销”的盐制对“官制官鬻”而言是不彻底的局部专卖，所以说，“官卖、通商”的盐制乃是彻底和不彻底专卖的结合体，但两者“寓价于征”以至于“寓税于价”的本质却是基本一致的。

宋代京东诸路盐之官卖，其法模仿后唐，城镇计口授盐，农村为俵散蚕盐，两者皆依限纳银。这种计划销售之法后来成了王安石在神宗年间（公元1068—1085年）推行青苗法，借财政周转金予农户，然后定期回收本息的借鉴和蒙师。

北宋太宗雍熙（公元984—987年）年间，因边境战争频仍，国家军需不足，乃令河东河北商贾输纳刍粟于沿边境诸州郡，称为“入中”。入中以后，按道路远近，折合时价，优给其值，授以票券，谓之“交引”。商贾持此种引券赴京师，可按券面价格领取现银（钱），或由政府给单移之江淮产盐之处以盐偿付，称为“折中”。端拱二年（公元989年），又于京师置折中仓，听凭商贾输粟京师，给江淮盐以偿。由于高价入粟，低价取盐，商贾有利可图，故趋之若鹜。至宋神宗熙宁（公元1068—1077年）时，为有利盐商贩卖，发售盐引。崇宁（公元1102—1106年）时，又将盐引分为长引与短引两种，运盐距离较远的盐引称为长引，限期1年，运盐距离较短的为短引，期限为3个月。这就是后世行盐引之发端。

二、茶的专卖

茶的专卖，在宋初行官卖法。当时全国设置榷货务管理机构6个，山场13个。种茶的百姓为园户，官府替园户提供种植的本钱，园户则将所种植、焙制之茶除输租外全数交由政府收购，其性质相当于现代计划经济条件下的国有茶场的经营方式。政府榷货务机构根据收购茶叶数量向商贾出售茶券（亦称为茶引），商贾则凭茶券到茶场进货（称为交引）。由于政府向园户以较低的价格购茶，而批发给商人时作价较高，故政府获利优厚。至嘉祐(公元1056—1063年）中，由于主管官吏的官商作风，对园户所产之茶常常压级压价，影响园户提高品质和产量的积极性，导致购销脱节，管理不善，成本上升，以至整个官卖制度边际效益不断下降。宋王朝为了克服弊端，改善管理，降低成本，提高运行效益，遂将全国茶的专卖改行通商法，也就是园户种茶，官收租钱；商贾贩茶，另行征税；茶商园户交易，则听凭按质论价，以至讨价还价。这样既提高了园户的生产积极性，又减少了官府收购及调拨的两道环节，使价格更趋合理，交易更符合优质优价的市场经济原则，其性质恰如当代市场经济条件下国有茶场的租赁经营。由此可见，我们当代国有茶场所走过的路子与当年宋代国有茶场所走过的道路几乎一模一样，这说明自古至今中国文化传统还是一脉相承的。宋代更改专卖办法以后，国家财政由于据有园户上缴的租金和商人缴纳的税收两项，收入得到了保证。据《宋史》记载，行禁榷（即官卖法）时平均每年从茶利得到的财政收入109.41万贯，改行通商法后平均每年117.75万贯，后者比前者收入反而提高了7.62%。

宋代为了垄断茶利，保证专卖政策的贯彻，对于私茶打击极为严厉。《文献通考》载：“乾德二年（公元964年）诏：民茶折税外，悉官买；敢藏匿不送官及私贩鬻者，没入之论罪；主吏私以官茶贸易及一贯五百，并持杖贩易，为官擒捕者皆死”。

三、酒的专卖

酒类属于收益率很高的消费品。它的生产和销售完全不同于盐茶，因为盐茶不但有固定的生产区，而且销售亦需要长途贩运，并形成体制不同的几个销售区，因而封建朝廷对盐茶的垄断经营仅采取间接的方式进行，即一般不直接控制生产领域，或较少控制生产领域，只要在流通领域加以控制就足以分享盐茶专卖的利益。而酒类只要有一定的设备、原料、技术，即可随时随地生产和销售，因此在推行专卖的榷酒制度时，必须以官卖的形式直接控制酒类产销的全过程。

五代时，后梁（公元907—923年）开放酿酒，“听诸道州府百姓，自造曲，官中不禁。”后唐（公元923—936年）严禁酿酒，“私曲五斤以上皆死”。后晋（公元936—947年）亦“禁私曲，不论斤两，皆死”。其余各朝均行征税管理。北宋酒的专卖视地区人口集中程度不同，采用不同办法：在人口集中的诸州城内，采用官酿的办法，寓征于价；在人口特别集中的京师，则由官卖曲，实行寓税于价的专卖政策；在人口较为稀少的县镇乡间，则准许民酿，用征税之法来管理。

北宋酒的专卖，财政收入定有岁额，其标准是向多收的州看齐，如地方官额外增收，则有特赏。故各地地方官皆以上级财政部门确定的定额为基础，俵配到人户。这种做法与当代在农村费改税以前有些地区将屠宰税按户摊派的做法相似，是一种把饮酒的消费税和屠宰的行为税转化为人头税的违法行为，但这种不合理的做法却对保证财政收入起到了一定的作用。据有关资料统计，自仁宗朝开始，全国酒利的毛收入常保持在1200万缗以上，如果减去本柄钱（成本），净收入亦在600万缗以上，成为宋代财政大宗收入之一，在专卖收益项内，其收益仅次于盐利而高于茶利。根据《朝野杂记》记载，宋代的财政岁入情况是："国朝混一之初，天下岁入缗钱千六百万缗，太宗皇帝以为极盛，而两倍唐室矣。天禧之末，所入又增至二千六百五十余万缗，嘉祐间又增至三千六百八十余万缗，其后月增岁广，至熙丰间，合苗役税易等钱，所入乃至六千余万，元祐之初，除其苛急岁入尚四千八百余万，渡江之初，东南岁入不满千万，逮淳熙末，遂增六千五百三十余万焉。"可见600万缗的酒利净收入在整个国家财政收入中所占的比重是相当可观的。而且根据有关专家的推算，由于宋代商品经济的不断发展，在整个财政收入中田赋（农业税）收入所占比重不断下降，工商税收收入则不断上升。北宋仁宗时，田赋和工商税收收入约各占50%；南宋绍兴末年（公元1162年），田赋收入降为20.4%，而工商税收收入却上升到79.6%；淳熙末年（公元1189年），田赋收入更降为15.3%，而工商税收收入则达到84.7%。这说明《清明上河图》所描绘的宋代首都市场发达，经济繁荣的盛况是符合当时实际情况的。

在整个国家财政收入中，南宋工商税收收入比重不断上升，这与南宋王朝统治地域狭小，不得不致力于谋取田赋以外的收入作为理财的主要思路密切相关。例如，南宋朝廷认为酒利收入丰厚，所以不仅在社会上提倡饮酒，开设官营酒楼，置官妓弹唱以招徕顾客扩大营业额，而且在寓税于价的经营上还进一步推广扑买法，以促进酒的消费和国家财政收入的不断增加。扑买法起于五代十国时期，据《武夷新集》载，五代十国时吴越国的龙泉县因系吴越边境，驻兵甚多，"榷酤甚获其利"，县民张延熙以钱1009贯119文扑买了该县松瞿、小梅、松源三处酒坊，获利甚丰，此乃最早见诸史籍的扑买。扑买者乃于乡村分地扑酒，任民投标夺买，是中国历史上最早出现的招标租赁形式的经营体制。它是宋朝政府运用经济手段管理酒类生产、销售，增加财政收入一种先进制度，也是宋代商品经济高度发展的重要标志。

为了确保酒类专卖制度的推行，宋代对犯私者处罚甚重。据《宋史》载："犯曲至十五斤，以私酒入城至三斗者，始处极刑，余论罪有差。"

四、辽金的盐、茶、酒专卖

与宋朝同时代的辽朝曾置榷盐院，征盐税。金朝仿宋制，行钞引专卖法，商贾贩盐，必须按引缴价，领得钞引，然后可凭钞引到盐场领盐运销。继宋而起的元朝，实行专商运销的引岸法。商贾欲运盐，必先购盐引，每引400斤，起先每引价格仅为银10两，后来逐渐提价，每引累增至150贯。元代规定，无盐引者严禁贩盐，“凡伪造盐引者皆斩，籍其家产，付告人充赏；犯私盐者徒二年，杖七十，止籍其财产之半，有首告者，于所籍之内，以其半赏之”。元代亦规定专商只能在指定范围内运盐，不可越区销售，“犯界者减私盐罪一等，以其盐之半没官，半赏告者”。由此可见，中国查处违法乱纪历来依靠举报告发，就是现代查处各类大要案亦大多依靠举报而破案，很少有通过正常监察渠道发现犯罪的，可见中国自古以来政府的公共监督一直处于被动状态。据《元史》记载，文宗天历（公元1328—1329年）时销盐引256.4万余引，财政得盐课钞766.1万余锭，平均每引得盐课钞约3锭。

金朝开始所消费之茶多自南宋输入，后因朝廷认为“费国用而资敌”，章宗承安三年（公元1198年）起改为朝廷设官自行制茶，行茶引专卖制，购引者纳钱折物各从其便。开始每袋一斤的茶引售价为600文，后因价格太贵，销售不畅，减为300文。至章宗承安五年（公元1200年），因官茶生产品质不佳，成本又高，造成亏损严重，遂罢政府制茶。

元朝的茶亦行引岸专卖制。据《元史》记载，世祖至元十三年（公元1276年）定长短引之法，长引计茶120斤，收钞银0.5428两；短引计茶90斤，收钞银0.428两。从至元十三年至十五年三年间，每年财政收入分别为1200锭、2300锭和6600锭。至元十七年（公元1280年），废除长引，独行短引，并在江州配套设立榷茶都转运司，管理江淮、荆湖、福广之茶引，规定每引90斤，收钞银2.45两，草茶每引收钞银2.24两。到次年（公元1281年），茶引全年财政收入增至24000锭。至元三十年（公元1293年），为适应小商贩零卖的业务需要，政府又增设“茶由”，规定茶9斤，收钞银1两。以后尽管为适应市场需要，茶由规格从3—30斤分为十档不等，但其茶引专卖性质仍然没有改变。

金朝初年，酒只准官酿，禁止私酿，实行专卖制度。据《金史》记载，世宗大定二十七年（公元1187年）起听民自酿，改行曲课。元朝对酒类一直实行官制官卖的专卖制度，对醋则时而专卖，时而课税，时而免课。对酒的专卖主要是实行全部专卖的“官制官酤”之法，其次才是局部专卖的“民制官收官卖”制度。财政对前者每石取钞银10两，后者每石取钞银5两。据资料反映，元代腹里地区（今山东、山西、河北）最多时酒利岁收56243锭，醋利岁收3576锭。

第五节 明清时期的专卖

一、明代的专卖政策

明代盐业生产实行定场定额制，盐场从业人员称为灶户，所产之盐有正盐、余盐之分，正盐相当于现代之计划内产品，用于开中（开边报中）形式的专卖，余盐相当于现代之计划外产品，用于市场调节和补充。洪武元年（公元1368年），规定两淮与浙盐政府的收购价格为每一引（即400斤）付给灶户工本米一石。以后由于国家财政困难，更加上收盐官吏恣意刻剥，付给灶户的工本米日益减少，以至灶户无以为生，而纷纷逃跑，不少盐场陷于瘫痪状态，结果导致仓盐空乏，经常出现无盐可提的困难局面。《明史》载，商贾“有自永乐中候支盐，祖孙相代不得者”。为了解决这种“民制官收”制度所出现的严峻问题，明后期朝廷决定取消“官收”制度，改行商贾专卖制，即盐商按引纳银，谓之“仓盐折价”，并直接持引自行去盐场采购，实行产销见面制度，减少了官收官贮的环节，从而调动了灶户优质优价的生产积极性。盐的专卖出现了产销顺畅，财政收入持续增加的局面。

明代盐的销售实行“开中”的专卖形式，即将盐利作为交易中介，政府需要什么便开“中”什么。例如：边境军队需要粮食，便行纳米中盐法，洪武年间每引盐输粮西安府仓1石3斗，河南边仓1石5斗，开封府及陈桥仓2石4斗；需要军马便行纳马中盐法，英宗年间输上等马1匹给盐引100，中等马80；需要军需用布便行纳布中盐法，英宗年间每引盐纳布1匹；需要用铁便行纳铁中盐法，成化年间每引盐纳铁10斤；需要回笼货币（指大明宝钞）便行纳钞中盐法，每引盐纳钞沧州300贯，河南、山西150贯，福建、广东100贯……凡此种种，不一而足，无非是募商贾输粮、马、布、铁、钞等钱物至边郡或其他指定地区，并根据路途远近定出标准，与之盐引，准其专卖赢利。与此同时，明代亦在部分地区曾实行过计口配盐法（河南开封等处）和户口食盐纳钞法（江苏泰州，浙江温州、台州、处州等处），这两种办法实质上就是五代后唐的计口授盐法，其目的是保证官盐销售，杜绝私盐进入百姓家庭。

明代行茶引专卖制，商贾欲去产地购茶，须向政府纳钱请引，方许运茶贩茶。洪武年间规定，茶100斤为一引，每引纳钱200文；不及引者曰畸零，另发由贴作为证明，倘无由贴及茶引，或有引、由而与茶分离者，便作为贩私处理。茶引制度贯彻明朝始终，只不过引价时有变动，且在运用形式上有以米易茶、以茶易盐、以茶易马等不同方式而已。据《续文献通考》载，万历二十九年（公元1601年），四川省财政茶利收入其折色征银部分即得4702.8两，其中有3105.55两存本省，其余1597.25两实解陕西巡茶衙门易马。由此看来，茶利是中央与地方的共享税，地方分成约占66%。

明初严格禁酒。为从源头抓起，明太祖朱元璋竟禁止百姓种糯米。英宗年间方令各地课酒，规定每10块酒曲收税钞、牙钱钞、塌房钞各340文，或准曲投税，征率2%，此乃实物税。明代朝廷规定酒利收贮州县备用，看来纯属地方税。

二、清代的专卖政策

清代盐的专卖除对个别僻远的产盐地实行包课征税以外，主要有官督商销、官运商销、官运官销等办法，其中尤以官督商销之制行之既广且久。官督商销又称引岸制，乃由商贾纳钱，政府按标准发给由户部（财政部）印发的“部引”，商贾凭引到指定地点按引购盐，并销售到被称为“岸”的指定专卖区域。如咸丰年间淮南每引征钱1.17两，淮北每引征银1.05两，若销至潼川州者则称为潼岸。清代鉴于明代每引400斤，过秤困难，后期遂将每引减为200斤。据《清史稿》载，顺治初年每年财政盐利收入银56万两，乾隆十八年（公元1753年）为701.5万两，嘉庆五年（公元1800年）608.2万两。概而言之，清前期财政盐利收入仅

600万—700万两。清后期通过改引行票：一是取消了引窝，无论何人皆可承运；二是销界以内皆可运销；三是票课在场内收纳，与唐刘晏就场征税相似，从而使盐的运销大为活跃，再加上盐税抽厘和盐价提高等措施，使清后期财政盐利收入大幅度提高。光绪三十四年（公元1908年）为2400万两，宣统三年（公元1911年）预算收入为3500万两。

盐政官员是个肥缺，统辖江苏、安徽、江西、湖南、湖北、河南六省的两淮盐政更是聚敛钱财的要职。乾隆三十三年（公元1768年）发生了一起贪污两淮盐引息银的特大经济犯罪案件。案发以后，乾隆帝派出江苏巡抚彰宝、新任盐政尤世拔详查，经历时4个多月的清理审查，查出从乾隆十三年（公元1748年）起的20年间，三任盐政贪污应缴财政国库息银1000万两，涉案官员10余人，除盐政吉庆已于乾隆十四年（公元1749年）死亡外，活着的历任盐政普福、高恒及盐政使卢见曾均被处死刑，包括吉庆在内的上述人员家财全数抄没，历任盐运使7人受革职、降级处分。此事的发端是乾隆十三年两淮盐商要求朝廷增加每年盐引发放定额，以满足旺盛的市场需求。当时的两淮盐政吉庆收受5万两银子的贿赂以后，答应将盐商的要求上报皇上。乾隆帝听取了户部的意见后，同意在不增加当年盐引定额的基础上，通过寅吃卯粮的办法，将次年的定额提前使用。同时考虑到盐商通过多销盐能增加经营收入，而这一收入如再投资做生意，尚有利润可得，若将钱存入钱庄则有利息收入，于是户部经乾隆帝诏准，要求盐商对提前使用的盐引向政府另行支付一笔“预提盐引息银”。户部这一精明的算计弄得两淮盐商进退维谷，正在盐商们哭笑不得的时候，又收受了5万两银子贿赂的盐政吉庆同意他们可以先支付一部分息银，余额作欠缴处理。这一妥协办法被盐商接受了，于是先后继任盐政的普福、高恒继续运用个人接受贿赂、盐商欠缴息银的办法进行管理，此两人先后分别贪污10多万两和20多万两银子。待乾隆三十三年尤世拔继任盐政时，已无法改变这一陈规，而盐商则因连续20年享受这一优惠政策，亦有恃无恐，不肯买新任盐政尤世拔的账。在剑拔弩张之际，尤世拔向乾隆帝告发此案，于是这件涉及三任盐政、历时20年、造成偷漏税收上千万两、贪污达数十万两的涉税大案终于告破。这一案例与当今地方政府或税务部门越权减免税，铸成偷漏税收的案件有相似之处，只不过数额没有上案那么巨大而已。

清代行茶引制为主，每引100斤，不及100斤者称为畸零，另给护贴。以四川省雍正八年（公元1730年）为例，政府销茶引85344道，获得财政收入银420两。

清代各省盐政官员均称盐法道，独有四川称盐茶道。因为，四川除了生产销路很广的川盐以外，还大量生产茶叶，专销西藏，故四川的盐茶道一职乃是双料的肥缺。光绪年间，北京西城有家字号广隆的木材厂，老板是旗人玉铭，生性聪明伶俐，12岁便起从师学木匠，尽得师传，技艺大进，成为技艺精湛的木匠高手。他积攒了大笔银子以后，即弃艺经商，兴办广隆木材厂，不仅生意兴隆，而且利润丰厚，年收入逾万两银子。当玉铭听人说四川盐茶道之缺最肥，而现任道台被弹劾，官降三级另行任用，现职又正好出缺时，就千方百计通过内务府恩丰贿赂受慈禧太后宠信的高道士，花费了15万两银子将盐茶道一职谋到手。结果一次光绪皇帝依例在乾清宫西暖阁接见外放出京的官员时，

图 6–7 清四川井盐图

发现玉铭形容丑陋，举止粗鲁，顿生厌恶之心，当即盘问，并令写字，结果玉铭只会歪歪斜斜地写出“奴才正白旗玉铭”几个字，当场出洋相，贻笑大方，尚未出京即被光绪免职，结果白花了15万两银子不算，还落了一个木匠买官的千古笑柄。

清代酒行征税制，税率很低。如乾隆四十五年（公元1780年），规定每酒10坛（200斤）税银仅0.2两，故在财政收入中酒课收入所占比例极低。

第六节 民国以来的专卖

一、民国时期的专卖

民国期间，南京政府为了加强中央政府的财力，在1928年颁布了《划分国家收入与地方收入标准案》，其中将已有的如盐税、关税、烟酒税、矿税、印花税等划为中央收入。以后又以现代财政形式开征了以大宗机制商品为课税对象的统税（消费税）及所得税一类的直接税。在诸项税收收入中，以关、盐、统三税税源最丰富，收入最丰，因而成为国民政府财政的三大支柱。从1931年起至1934年的4年间，国民政府对盐务工作和盐税制度作了五次整顿。如1931年3月立法院公布实施新盐法，规定：制盐须经政府许可；整顿盐场产量，由政府根据全国产销状况限额生产，即以销定产；就地检验盐质；在专卖管理制度上实行就场征收、自由买卖、从量计征，其实质与清朝道光以后陶澍改引岸专卖制为票盐法，行民制、商收、商运、商销专卖相似，即无论何人只需照章纳税便可领票运销，废除了清前期纲法所赋予盐商的世袭专卖权，从而使官民竞争贩卖。再加上通过统一税率，食用盐每100公斤5元，不得另征附加；渔盐每100公斤3角；工业用盐免税；更改六区税制，通过削高增低的办法适当调高平均税率；嗣后又将磅亏（损耗）统一规定为每担3角，从而使国家财政盐利收入大为增加。根据1927—1936年的统计，国民政府盐税收入总数为14.414亿元，占同期全国税收收入总额50.203亿元的28.7%，成为仅次于关税收入的一项重要财源。

图6–8 南洋兄弟烟草公司烟标

1937年7月7日“卢沟桥事变”发生后，辽宁、长芦、山东、淮南、淮北、两浙、福建、广东等海盐产区先后被日军占领，国民政府的盐税收入受战时的影响呈下降趋势。1937年1937年至1940年4年间，盐税收入预算累计数为5.27亿元，实收累计数仅3.30亿元，平均每年只完成预算数的62.5%。鉴于中国政府所能控制的产盐区不断减少，而战时财政支出又不断扩大，国民政府不得不依靠增发货币来维持持久的抗战，从而导致国内物价飞涨，通货膨胀达到了恶性发展的程度。原来从量计征的盐税制度不得不于1941年9月进行改革，将从量计征改为从价计征，以收“水涨船高、提价增收”之效。实施从价计征后，盐税征收依靠两个环节来实现：一是在产盐地按盐的总价征收一定的货币或折征实物，称为产税；二是在销岸中心地点按盐的总售价征收，并规定产销两税不得并征，即产区不得征销税，销岸不得征产税；实行“费改税”，将建设专款、整理费、公益费、磅亏费四项中央附加款费归并到产销正税内征收。通过改革，国民政府盐税收入顿有起色，1941年盐税收入增加到1.25亿元，比1940年的1亿元增加了25%。在盐税增收的基础上，1942年1月，国民政府更进一步宣布食盐实行“民制、官收、官运、官销”的专卖制度，垄断专卖利益。规定制盐人须经政府许可方能生产；产品全部由专卖机构按照核定价格予以收购；运输由专卖机构自办，或招商代运，或委托商运；盐的销售采取官趸售（批发）、商零售的办法。具体做法是：首先由专卖机关参照场价（即收购价）、运费及其他必要费用，加上专卖利益，核定仓价，就仓发售；其次按各城镇人口的需盐量就地督导商民设立食盐公卖店或合作社，发给销盐许可证，核定其售价，承办零销业务。由于实行了比较严格的专卖办法，国家全面控制了产运销环节，达到了既解决自由贩卖情况下存在的问题，又使专卖利益建立在生产成本、收购价格合理互动的基础上，从而使国家财政收入有了可靠的来源。1942年当年专卖收入达到了1.18亿元，占全部国家税收收入的42%。1943年由于中央财政困窘，遂又征收食盐战时附税，计有：国军副食费、偿本费、整理费、盐工福利费（原为公益费）、管理费等中央附加税和个别地方的特种捐费。由于实行全部专卖制度和征收各种附加税，盐税收入一跃成为国民政府中央税收收入的

图 6–9 奉天烟草公司烟标

首位。据统计，1942—1945年，盐税收入累计为587.3亿元，为全部税收累计收入1458.09亿元的49.5%，其中1945年盐利收入合计535.06亿元，为全部税收收入999.8亿元的53.5%，与1914年全国盐税收入6848万元，占全部税收收入12912万元的53%的水平大体持平，并略有超过。从1946年开始，国民政府的盐税收入占国家税收收入比重大幅度下降，当年盐税收入2100.4644亿元，仅占国家税收收入12678.6841亿元的16%。

二、当代的专卖

1949年10月1日中华人民共和国成立，国家陆续接管了国民政府在大陆的盐务管理机构。1950年1月20日政务院颁布了《关于全国盐务工作的决定》，确定了“从量核定，就场征收，税不重征”的原则。1984年9月，国务院颁布的《中华人民共和国盐税条例（草案）》继续贯彻上述原则。具体规定是：盐税实行以吨为单位从量定额征收，根据地区差别，每吨盐的税额最低为40元，最高为160.8元；按源头征收原则，盐税分别在生产或销售环节征收，从生产到销售环节只征收一次盐税，即贯彻“税不重征”的原则，如加工精制后销售的食盐就不再征收盐税。

由于食盐是人类生理上和生活中不可或缺的必需品，对盐课重税实质上是一种变相的人头税，最终增加穷人的负担。在20世纪30年代，中国人每年平均负担盐税2元以上，与当时意大利、法国、日本、德国等国人均盐税负担相比，分别高出0.69倍、4倍、7倍乃至45倍。为此，降低盐税税负是消灭人头税，促进历史进步的需要。1994年财税体制改革以后，两千多年来长期作为专卖而成为独立税种的盐税走完了自己的历程，并入了资源税，其税额亦从举足轻重走向了微不足道，以变相的人头税出现的盐税，在直接的人头税自雍正七年（公元1729年）通过“地丁合一、摊丁入亩”的政策取消200多年以后，也终于结束了它的历史使命，走向了消亡之路。

至于中国历史上其他曾经列入专卖的商品，除了铁属于生产和生活资料以外，其他如茶、酒、醋均属消费品。由于它们并非是人们生理上不可或缺的必需品，所以在专卖中获得的财政收入（包括当今专卖的烟在内）都应列为消费税收入的范畴，与盐作为变相的人头税有本质之区别。

根据《明实录》记载，我国对烟的征税始于崇祯十六年（公元1643年）。至康熙二十三年（公元1684年）奉文停征。咸丰三年（公元1853年）开设烟厘，附于百货厘金项下，如浙江厘率初定值百抽一，后逐渐增至百分之六七。迫于西方资本主义国家的压力和一系列不平等条约的束缚，清政府规定对进口的卷烟、雪茄烟缴纳海关关税后免征厘金。

辛亥革命后，烟酒实行公卖。1915年5月，北洋政府公布《全国烟酒公卖暂行章程》，1933年7月，全国停止征收烟酒专卖费。1941年3月，国民政府为了解决战时困难，决定筹办烟、酒、盐、糖、火柴等日用必需品的专卖。次年5月，财政部成立烟类专卖局，国民政府颁布《战时烟类专卖暂行条例》，将全国划为10个专卖区。1944年8月，苏浙区烟类专卖局改组为苏浙区专卖事业局，并将火柴也纳入专卖范围。由于战时财政资金贫乏，无力收购烟和火柴产品，其专卖政策只能实行“民产、民制、民销”的办法，国家仅仅通过管制运销的手段征收专卖利益，获得财政收入。1945年1月，国民政府调整税制，简化机构，取消专卖，改征统税。

中华人民共和国建立后，中央财政部于1951年1月发布《专卖事业暂行条例（草案）》，规定专卖品的范围除东北大区和内蒙古自治区继续实行卷烟专卖外，其他省市自治区确定为卷烟用纸及酒类两种产品实行专卖。1981年5月，国务院决定对烟草实行国家专卖，以改善市场卷烟供应，增加国家财政收入。1983年9月23日，国务院发布《烟草专卖条例》，建立国家烟草专卖制度。

第七节 20世纪50年代初的税改与崇公抑私

一、公私一律的税改初衷

作为一种文化，崇公抑私不仅反映在专卖政策上而且还反映在20世纪的税制改革上。中华人民共和国建国之初，为了稳定税收秩序，按照“暂时沿用旧税法”，部分废除、逐步整理的方针建立了自己的税制，并于1950年1月以政务院名义发布《全国税收实施要则》在全国推行。当时从崇公抑私的思路出发，对国营和合作社经济的纳税问题作了一些照顾性的规定。如规定国营工商业在分支机构内部调拨货物不纳税；委托私营企业加工只就工缴收益，按工业税率纳税；私商为国营企业代购代销产品，按实际所得手续费征税；新成立的供销合作社免纳1年所得税，营业税按2%征收，并再打8折优待；新成立的手工业合作社免纳营业税和所得税3年，等等。由于享受这些特殊政策的公有制企业与需要全额纳税的私营企业相比优惠甚多，获利颇丰，发展越来越快。而与此同时，也带来了资本家叫苦和各类企业千方百计改变经营方式，通过减少中间流通环节少交营业税，导致国家税收收入随着对公营企业优惠的扩大和私营企业缴纳税收的减少，呈不断下降趋势。

1952年8月，为了满足国家大规模经济建设对财政增支的需要，以薄一波为部长的财政部不得不提出以“公私一律平等纳税”为原则，对税制进行保税与简化税制的两方面修正。

当时依据保税原则，对税制作了三项修正。首先是工业总分支机构从生产、批发到零售，要交纳三道营业税；商业总分支机构从批发到零售，要交纳两道营业税，改变以往“相互拨货”“不视为营业行为，不课征营业税”的做法；其次，为了堵塞漏洞，规定工厂直接卖货给零售商时，须将工商两道批发营业税移到工厂直接缴纳；再次，取消对供销合作社成立第一年免征所得税和营业税打8折征收的优惠。

依据简化税制的要求，将原来的“多税种、多次征”改变为“多种税，一次征”，并作了两项修正。首先试行商品流通税，将卷烟、烟叶、酒等国营工业能够大量生产、国营和合作商业在批发环节上能够控制的22种商品的货物税、批发营业税、零售营业税及附加、印花税等，合并为单一的商品流通税，在批发和收购环节一次征收。一种商品只要缴纳了商品流通税就可行销全国，不再缴纳其他税和附加，大大简化了纳税手续。其次，对货物税、营业税、所得税等，也将一些项目合并简化。

财政部组织起草的新税制经政务院总理周恩来1952年12月26日召开164次政务会议批准以后，于1952年12月31日在《人民日报》上正式以《关于税制修正及实行日期的通告》名义公开刊登，并同时发表了题为《努力推行修正了的税制》的社论和《全国工商联筹委会拥护修正税制》的报道。

二、领袖震怒及彻底崇公抑私

修正了的税制公布以后，作为一条特大新闻在刚刚经过一场急风暴雨式的崇公抑私革命的中国社会引起了强烈反响，从南到北、从东到西掀起了轩然大波。

1953年1月9日，山东分局第二书记、山东省人民政府副主席向明等3人联名给中央写信，说他们不懂为什么新税制执行后引起物价波动、抢购商品、私商观望、思想混乱等现象；1月11日北京市委也上书中央反映北京商店里出现了抢购风潮，物价持续上涨，街上群众议论纷纷，市政府门口上访者聚集的新情况；随后各大区、各省、市也纷纷向中央反映在新税制执行过程中遇到的问题。

此事引起了毛泽东的高度重视，被震怒的毛泽东于1月15日给周恩来、陈云、邓小平、薄一波写了一封措词严厉的信件：“新税制事，中央既未讨论，对各中央局、分局、省市委未下达通知，匆卒发表，毫无准备，此事似已在全国引起波动，不但上海、北京两处而已，究应如何处理，请你们研究告诉我。此事我看报始知，我看了也不大懂，无怪向明等人不大懂。究竟新税制与旧税制比较利害如何？何以因税制而引起物价如此波动？请令主管机关条举告我。”表达了他的不满。更为严重的是，在政治局会议上毛泽东声色俱厉地指出，新税制、新在哪里啊？新在“公私一律平等纳税”，共产党历来提倡社会主义之公，反对资本主义之私。这下倒好，公私一律平等了，这还不新鲜吗？我们应当承认，这是个创造，是个新鲜的想法，可是很遗憾，这个口号违背了党的七届二中全会决议，是错误的，是完全错误的！为了纠正这个“公私一律平等纳税”的错误，毛泽东不但更换了财政部长，让邓小平取薄一波代之，而且对政治局和政务院的工作分工作了调整，撤销了政务院的党总干事会，规定各部、委党组直接向党中央汇报工作，崇公抑私的赋税制度从此在新中国确立了数十年之久，直到1994年1月1日在全国范围内推行分税制的财政体制改革后才有所改观。

随着新税制风波及其后来引发的高饶事件，毛泽东更坚定了他崇公抑私的“三大改造”决心，依靠他当年在党内的崇高威信，不数年间便迅速实现了全国范围内的农业、手工业和资本主义工商业的社会主义改造，把贫雇农在土改中分得的土地及其他农民自已祖辈拥有的私人土地全都变成了公有土地，把手工业者的生产资料归并成集体所有的合作社，把资本家的私营工商业转变为公私合营，“文化大革命”爆发后又将所有公私合营企业全部改为国营企业，从而在中国大陆彻底消灭了生产资料私有制，使崇公抑私登上了中国数千年历史的巅峰。

第八节 “以人为本”标志着崇公抑私文化的转型

一、人的特点

心是人的根本，人是文化的根本，归根结底人是社会关系总和。由于人的存在及其活动才产生了我们这个世界，要理解财税与中国文化的关系，务必要把财税与文化的对象“人”弄清楚。

作为象形的汉字传说为古人仓颉所创，我推测当年仓颉造字当从笔画最少的字着手，因此，笔画越少的字越重要，“人”字由于重要所以只有两个笔画，而不那么重要的“鳖”字，则多达22画。如果一撇一捺分别代表男人和女人，那么说明有男有女才构成繁衍不息的人类；假使人字一撇一捺分别代表两个人，则说明人要互相支持，没有一撇，一捺要倒掉，没有一捺，一撇也要倒掉。“人”字的结构说明开始时一撇一捺连在一起人们之间的差距很小，随着岁月的推移，有人成一撇，有人成一捺，人的差距就逐渐拉大，以致后来越来越大。而且人与人个体之间的差别远远超过所有同类动物之间的相互差别。

人具有许多共性。首先，人是万物之灵长。在自然界动物的单项技能如狗的嗅觉、跳蚤的弹跳、马的奔跑、青蛙的游泳都会超过人类，但综合技能和智力没有一种动物会比人更有优势，更具竞争力，更聪明。

其次，人是有思想的动物。人作为地球上200多万种动物中的最高级动物，既有着与其他动物相似的趋利性，不断追求自身利益的最大化；同时还具有其他动物所不具备的思想性，有着超越其他动物的修养自觉，如周代产生的《周礼》、汉代的《儒学》、宋明的《理学》等等，都是不同时代对人们的修养要求。

再次，人是群居的动物，与大雁、蚂蚁相似，与寡居的老虎、熊猫不同。正因为群居人才能互相学习，共同提高，创造了无与伦比的文明，也正因为人的群居特点就产生了处理人际关系的问题。

第四，人是环境的产物。在不同的环境中，产生不同的人。例如，在国内从不动手干家务的青年人，出国后为生活所迫不得不到处替人打工，甚至洗碗端盘子，无所不为；由于生活经历的不同，青少年富于理想，容易不满现实；中老年阅历丰富，消极事例见得多了，容易灰心世事。

第五，人是自己观念的产物。一个人属于个人形象的发型、服饰、行为举止是自身观念的反映，其工作思路、工作方法、工作作风，乃至专业技术人员的设计思想、审美观点，也是观念的反映。

第六，人是妒忌的动物。妒忌是人能发奋图强的动力，但有两种妒忌法：一种是我要争取干得比你更好，这是一种积极的妒忌；另一种是千方百计设法把你拉下来，这样我不提高也会比你强的消极妒忌。在东方固有的文化中，这种消极妒忌史不绝书，还往往成为妒忌的主流。

第七，人是文化的沉淀。一个人的所作所为也与文化素养有关，文化素养涵盖学历，但学历并不能完全反映文化素养。因此，对人来说，比知识高的是文化，比文化高的是思想，比思想更高的是人的境界。

第八，人是有时间观念的动物。人以外的动物没有时间观念，人则有时间观念，以至于孔夫子在江边对着川流不息的江水叹息："逝者如斯夫！"古人的一首《长歌行》咏叹："百川东到海，何时复西归。少壮不努力，老大徒伤悲。"更是深刻地反映了人生苦短、时不再来的历史紧迫感。

第九，人的活力在于苦难和危机。古人说："艰难困苦，玉汝于成。"苦难和危机可以给人生增加磨难，甚至使人毁灭；同样，苦难和危机，也可以变成一笔取之不尽的宝贵财富，不断给人注入成长的新动力。因此人总是在不断战胜困难中度过他的一生。

第十，人是最敏感的动物。人不但对事物具有审视分析能力，还能凭语言、举止、表情等不同形式对他人作出正确的辨别、判断和预测。

第十一，人是最可爱也是最卑鄙的动物。爱之可以给予一切，甚至不惜殉以生命，恨之则去之而后快，与其他动物相比有过之而无不及。

第十二，人有着多种角色。一个人根据他的年龄和所处的地位不同，在社会上扮演着不同的角色，如男性在家既可为人孙、为人子，也可为人夫、为人父，亦可为人祖，在工作单位里，对上级来说你是群众，对下级来说则是领导，凡此种种举不胜举。

第十三，人的道德是恐惧的产物。因为人除了有修养性的一面外，也还有动物性的一面，动物要生存、发展，必然要追求利益最大化，所以司马迁早在二千多年前就曾指出"天下熙熙，皆为利来；天下攘攘，皆为利往"。为什么人作为利益的动物却具有道德呢？因为追求超越规定的利益要受到惩罚，包括舆论的谴责、纪律的处分和法律的制裁，最终权衡利弊，要得不偿失，他才不敢这样做罢了。

第十四，人是适于"四两拨千斤"的动物。人的需求无非是实现自身价值而已。古人曰："家有良田千顷，日食白米一升；家有华屋千间，仅需六尺之床。"说明一个人的个人生理性物质需求是有限的，容易满足。而人的名誉需求更是虚拟

图6-10 五子夺莲图

成分不少，如幼儿班小朋友只要老师口头表扬和奖励小红花即可使其欢呼雀跃，年长者只需给一个“理事”、“委员”、“代表”、“贵宾”、“级别”一类的头衔即可令其不远千百里来参加会议，甚至是来参加一个烈日暴晒的露天会议。但一个人能创造的财富及其破坏力却极其强大，如诺贝尔发明的TNT炸药用于战争可导致千百万人死亡，用于建设能使整座山头定向爆破。居里夫人对原子能的研究成果更是威力无穷，用于建设可推动科技进步和工农业生产，如原子能发电站即是一例。可见人的个人需求与其发挥的潜力相比，完全是“四两拨千斤”的关系。犹如西方一位名人所说的那样：“给我一个支点，我可以撬动地球。”

第十五，人是自然界惟一躯体结构设计与功能应用不配套的动物。人之初，力学设计是爬行，后来为了腾出前腿改造为手，才有了“人猿相揖别”的进步，站起来变成了昂首阔步目光远大的立行动物，由于当时没有条件及时对人体结构作相应改变，以致至今人的颈椎、腰椎、心脏、血管壁还不能完全适应人体直立行走的需要，引发了诸多结构性疾病。

第十六，欲望是人生进步的动力，同时，也给人们带来痛苦和烦恼。

第十七，健康是人生的最大财富，自己是最大的敌人，要战胜别人，首先要战胜自己。

男女有别。男人容易把生活当成戏，女人容易把戏当成生活；俗话说：“女人脾气，好像天气”，“男人心，海底针”。在交谈时女人专注对方的表情较为细腻，男人关心对方谈话的原则比较粗放；女性一般富于情感发散，长于形象思维，男性较为理性专注，长于逻辑思维。如网络文学高手以女居多，计算机工程师以男为主；男作家金庸善撰武侠小说，女作家琼瑶则擅长言情篇章，凡此种种皆不失为其中之典型。

东西方人性存在差异。首先，是文化差异。传统的东方文化是伦理文化，而西方则是法制文化，东方人视治国为治家，把社会家庭化，政府视百姓为子民，实行的是“管治”和“牧民”，而不是给纳税人提供服务。而且中国人常将“国”与“家”合用，组成单一词汇“国家”。西方人强调法制和服务型的有限政府，从字义上就把Country（国）和Family（家）截然分开，无丝毫瓜葛。

其次，是司法观念差异。传统东方的司法观念是有罪推定，西方的司法观念是无罪推定。所以东方人对有关他人之诽谤谣传往往容易采取宁可信其有，不可信其无的态度。

再次，是文字差异。世界各国的初始文字都是象形字，经过相当历史时期后，大多数都抽象为符号，而东方的文字始终没有进步，仍然是象形字，这对东方人

图 6–11 贵子麒麟图

逻辑思维的形成产生了极为不利的影响，导致强调悟性成了东方特色并且渗透到印度传入中国的佛教中将其改造为中国化的禅宗，成为无数中国人的信仰。而悟性毕竟是一种境界，只有少数人才能达到，科学发展和法制建设所需的逻辑讲究推演，却是每个正常人都能做到。可见象形文字影响了东方人的思维，而且作为人际语言交流符号的文字在中国还成了书法艺术，以至于有人不惜为此耗费了毕生的精力，甚至不少对小学生来说属于错别字范畴的字，只要是书法家写出来便是别具一格的创造。

第四，西方崇尚个人主义，东方强调集体主义。西方人主张张扬个性，标新立异，争先不恐后，信奉法制文化；东方人则提倡集体主义凡事低调恐后不争先，倡行榜样文化，晚清名臣曾国藩即为其中之典型；以至于有人曾说过西方人为自己活着，东方人为别人活着。同时，西方人为人做事强调专注，倾向专做一事，单攻一点的深度专精，使自己的知识日积月累，攀到巨人的肩膀，达到创造发明的高度；而东方则注重广度、门派，讲究多才多艺，琴棋书画样样精通，凡事留一手，虽然博大宽广，学贯古今，但不精深，相比之下缺乏效益。

第五，思维方式差异。西方人思维重分析，东方人重综合，在医学和美学上反映最为明显，例如西医把人视为机器，脑袋为计算机，牙齿为粉碎机，舌头为搅拌机，心脏为水泵，头痛医头，脚痛医脚；中医则把人视为整体，头痛不一定医头，脚痛不一定医脚。而以神似形不似为美的思维更使东方人形成了喜作山水画，视朦胧为美的审美观，与西方人喜欢边界清晰的油画截然不同，这不仅产生了两者形式和内容不同的作品，而且更为严重的是这种边界不清的东方思维还导致“变通”成了影响人们严格执法的一大渊薮。

第六，一步到位的食物链影响东方人的性格。世界上多数民族都选择二次食物链作为自己食用的起点，即让牛、羊等动物食用植物性食物并进行转化后再用于人的食用，而东方人则直接食用植物性食物为主，采用一步到位让人体自行深加工的办法，从而使东方人容易产生出血性中风和性格上不喜外露的温文尔雅。此外，由于食物的不同人体的气味亦有差异，据专家说：东方人呈草味，西方人显羊味，非洲人似猴味。而且有经验的国际医生从打针注射中也觉察到西方人的皮肤最韧，东方人次之，非洲人更次之，因此，非洲人的皮肤最容易扎针注射。

第七，古代西方常用石头作为公用建筑的材料，东方却习惯采用砖木结构，两者分别反映了着眼长远和希冀立竿见影的不同思维。前者建一教堂要绵延数百年时间，花费数十代人的努力才建成，而后者若干年便能享用。因此，西方有上千年历史的教堂，东方却很少有数百年以上而没有重修的寺庙。

第八，在山区居住的欧洲人常将住房建在山上，地种在肥沃的山间盆地，而东方人却往往反其道而行之，常将地种在贫瘠的山头上，而将住房建在盆地上，这反映了两者对微观经济学认识上的巨大差异。

人与人之间存在差异。人生一世，如草木一秋，无论是帝王将相还是庶民百姓，其结果几无二致。但如何追求人生过程中由生命、自由和财富三者所构成的快乐，却大相径庭。首先，生命是过程中的载体，没有生命便没有一切。假如生命是“1”，其余都是“0”，倘没有了前面的“1”，后面再多的“0”，还是“0”，而不是“10”、“100”、“1000”……其次，自由包括一个人追求自然价值和社会价值的自由，而要实现这两方面的价值，就要具备知识、文化、思想和境界四个层次，若以茶为例，种茶、采茶和制茶为最低的知识层次，茶道即上升为文化层次，茶禅一味进一步上升为思想层次，彻底觉悟则达到了最高的境界层次，达到这一层次者已属于能用出世之心，做入世之事，把产品当作自己的作品做，将业务当作人际的关爱做，能宠辱不惊地对待功名利禄。再次，财富有物质财富与精神财富之分，但无论是精神财富还是物质财富，最宝贵的财富还是健康，因为没有健康什么财富都没有意义了。同样，一个人即使把上述人生道理都弄清楚了，但不善于付诸行动，知行不能合一，也不会收到获得快乐的实际效果。

二、冲破思想束缚

中国冲破崇公抑私的思想束缚是从承认人们追求物质利益的合法性，明确表示建立市场经济体制开始的。其见诸于文字的标志，便是2002年秋天中国正式将“以人为本”载入史册见诸文件为转折点，因为在中国历史上儒家崇公抑私的人本主义一直占据着统治地位。

图6–12
抓鸡娃娃手挂钱剪纸

儒家重视人的生命，称“死生有命”，“生生之谓易”，认为人应当感恩自然的造化而使自己拥有生命，并得以展开人生，演绎人生。

儒家重视自然状态的“生”，更重视社会价值的“德”，把道德价值置于生命价值之上。无论孔子说的：“三军可夺帅也，匹夫不可夺志也”，还是孟子说的：“富贵不能淫，贫贱不能移，威武不能屈，此之谓大丈夫”，都强调在生命价值与道德价值发生冲突的严酷时刻，宁可“杀身成仁”，“舍生取义”，以成就崇公的道德价值。与重“德”价值取向相一致，儒家在物质生活与精神生活、物质生命与精神生命的价值对比中，也认为崇公的精神高于物质，高度赞扬精神不朽说。《左传·襄公二十四年》载：“大（太）上有立德，其次有立功，其次有立言，虽久不废，此之谓不朽。”“三不朽”说强调，成就崇公的道德典范，建立崇公的盖世功业，阐发其精深言论，长远地影响后世，其所蕴含的精神必将远远超越死亡而臻于不朽。

儒家的核心思想是“仁”，“仁爱”，被视为人生崇高与价值之所在。儒家一方面肯定人具有内在的善性，另一方面也主张强化外在的约束机制，即崇公抑私的“纲常之礼”，强调两者的结合为人生之道：遵循纲常之礼以开显人的本然德性，进而达臻人的完善境界，成为圣人。北宋理学家张载说：“为天地立志，为生民立道，为德圣继绝学，为万世开太平”。这不但是儒家“修身、齐家、治国、平天下”的入世哲学，也是儒家最完善的“崇公抑私”精神境界。

儒家以现实社会关系中崇公的人为本位，肯定人的生命意义和人性价值，强调在现实世界中提升道德品格，达臻理想境界，这种思想特质可以概括为人本主义。

三、准确理解以人为本

今天以人为本，是在对当代社会发展过程中人的主体地位和作用日益突出的反思中，尤其是在对片面追求经济增长的发展观付出代价的反思中，提出的一种文化转型理念。要理解以人为本，首先必须弄清楚以人为本的内涵。

从经济学角度来看，以人为本的“人”首先是普遍具有利益追求的人，这种追求没有高低之分，完全是平等的。即使与那些身居高位者相比，他们在本质上也没有什么区别。因为人与人要发生交易，而大部分交易又是在私人之间完成，所以这种交易必须是公平的。同时，人还要发生集体行动，人和集体或团队之间的关系本质上也是交易。尽管团队的领导人往往会利用自己的权力资源，推行隶属文化，剥夺普通成员的权利，并使之具有隐蔽性，但这种剥夺是不公正的。其次，以人为本的“人”具有普遍理性。尽管这种理性会受到许多条件的限制；理性是人的天赋资源，任何正常的人都会利用这种资源实现自己的生活目标。在社会的交易网络中，那些享有权力优势的人会比普通人获得更多信息，造成人们的信息资源上的不平等，使得拥有信息多的好像比拥有信息少的人聪明，其实一旦实现了信息资源的专业化，并在交易关系中利用这种资源，聪明人和愚笨人的区别就不那么重要了。

以人为本中的“本”，首先是相对于人对人的依赖、人对物的依赖而言，它把人当作主体。在我们今天的现实生活中，存在着人的依赖和物的依赖现象。所谓人的依赖，就是人对狭隘的“人情关系”和权力意志的依赖，一旦人丧失其独立人格，就成为依附性极强、满脑子隶属文化的人。物的依赖，就是人对金钱、物质财富和交换关系的依赖，人成为物的奴隶，成为只为物而存在的人，见物不见人。这两种人的存在方式阻碍了人的健康发展，也对社会发展产生着消极影响。社会发展的必然性要求我们必须进一步突出人的主体地位，强调人的主体性。当然，这里的主体，既是权利的主体，又是责任的主体。其次，相对于人被边缘化而言，它把人看作一切事物的前提、最终的本质和根据。在我国现实生活中，存在着人被边缘化的倾向，许多人分析、思考和解决问题，缺乏人的意识、人的观念和人的维度。例如有过倒卖、走私一张熊猫皮者，审判机关即有权判处其死刑的法律。一个人的生命还不如一张熊猫皮，这便是缺乏以人为本立法思想的反映。其实，人是一切活动的主体和承担者，又是一切事物的最终根据和本质。社会的发展，内在地要求明确把人理解为一切事物的根本和本质。再次，相对于人作为手段而言，它把人作为目的。过去我们往往较多地关注人以外的世界，而对人本身的世界关注不够，认为人总是为人之外的某种东西而存在，而不是为自己而存在。如本质是育人的教育，在应试环境下，成了“育分”；家长为了实现自己望子成龙的愿望常常不自觉地以损害子女的身心健康为代价；以及社会舆论对先进人物“带病坚持工作”的种种过度赞扬，就是其中常见的事例。社会发展进一步要求关注人的生活世界，关注人本身的生存和发展的命运。至于从经济学角度来看，以人为本的“本”极为简单明了，那就是尊重人的天赋平等权利，不承认任何人和任何群体的天然垄断权利。包括那些借助行政力量来垄断公共资源乃至私人资源的官本位，在现代社会都是不能容许的。

以人为本具有丰富的涵义，首先它是一种对人在社会发展中的主体作用与地位的肯定。它既强调人在社会发展中的主体地位和目的地位，又强调人在社会发展中的主体作用。其次，它是一种价值取向，即强调尊重人、解放人、依靠人、为了人和塑造人。尊重人，就是尊重人的社会价值和个性价值，尊重人的独立人格、需求、能力差异、人的平等、创造个性和权利，尊重人性发展的要求。解放人，就是不断冲破一切束缚人的潜能和能力充分发挥的体制、机制。塑造人，是说既要把人塑造成权利的主体，也要把人塑造成责任的主体。再次，它是一种思维方式，就是要求我们在分析、思考和解决一切问题时，既要坚持运用历史的尺度，也要确立并运用人的尺度，要关注人的生活世界，要对人的生存和发展的命运确立起终极关怀，要关注人的共性、人的普遍性、共同人性与人的个性，要树立起人的自主意识并同时承担责任。

在当代中国，以人为本要包括以民为本，但又不能把以人为本仅仅理解为就是以民为本。提出以人为本，具有与以民为本不同的特殊意义：首先，以人为本中的“人”不仅仅包括人民，而且包括人民以外的其他人以及社会群体意义上的人。“人”比“人民”的外延更宽泛，更具包容性。其次，以人为本，意味着任何个人都应享有作为人的权利，对任何个人的权利都应给予合理的尊重；包括对那些愿意乞讨为生，而不想参加劳动者，也不能用“不劳动者不得食”的原则将其饿死。以人为本也意味着对人以外的任何事物都应注入人性化的精神和理念，给予人性化的思考和关怀。因此，以人为本比以民为本的内涵更丰富。再次，以人为本，要求我们对现实社会中一切违背人性发展的、不尊重人的现象进行反思和超越，不断推进人的全面发展，因此，以人为本比以民为本更具有超越精神。同时，以人为本，要求关注人们之间作为人的共同性和个性的差异性，因而以人为本比以民为本更能调动一切人的积极性和创造性，更有利于凝聚一切积极力量。

以人为本与儒家学说的人本主义的根本区别，在于人本主义主要是从人和动物相区别的意义上去理解人，更多强调人的共同性、普遍性而忽视人的社会差异和个性差异；以人为本是从人和动物的区别、不同社会群体的人之间的区别、个人和个人的区别三种意义上来理解人，要看到人的社会存在和社会价值，也要看到人的个性存在和个性价值，尤其是要把人看作是现实的人或社会的人，特别强调并关注人的社会差异和个性差异。

可见，提出以人为本无疑是对崇公抑私文化的一种否定，标志着我国两千多年来占据主导地位的儒家人本主义文化的转型。其在经济政策上的突出表现便是国家开始实行公私一律的赋税政策和逐步开放的产业政策，并在诸多领域已经或正在扩大民间资本参与的力度，尽管这一力度还是很不够的。

第七章 黄老之学与轻徭薄赋

作为学术思想的黄老之学中的“黄”指黄帝，“老”指老子。它的兴起与战国时期流行的所谓黄帝之言有很大关系。黄帝作为古史传说中的中华民族人文初祖，开创了中华文明。他发明了煮饭的锅和甑；制作了冕旒；教百姓盖房子；设计了踢球的游戏和捕捉飞禽走兽的陷阱。由于他发明并制作了车这样重要的交通工具，所以他被人称为轩辕氏。至于黄帝的臣子们发明的东西就更多了，如货狄作舟，挥制弓，夷牟作矢，伯余作衣裳，尹寿作镜，於则作扉履，夷作鼓，巫咸做铜鼓，巫彭作医，大挠作甲子，伶伦造律吕（乐律），隶首作算数，容成作律历，苍颉作书，史皇作图等等，连黄帝的妻子螺姐也发明了养蚕。中华文明的曙光似乎在黄帝时代就灿烂地闪耀出来，黄帝及其领导班子也几乎成了一个无所不能的发明创造集体，科技兴国在黄帝时代便已从领导班子做起，并且落到了实处。关于黄帝的传说，最早见于《逸周书》、《国语》和《左传》。战国中后期的百家争鸣中，黄帝为诸子百家所乐道，但多是些神话传说和寓言故事，或假托黄帝之言以伸张自己的学说，所以《史记·五帝本纪》曰：“百家言黄帝，其文不雅驯，荐绅先生难言之。”《汉书·艺文志》中著录了托名黄帝的书20余种，分散在道家、阴阳家、小说家和兵书、数术、方技等类中，足见战国以来黄帝之言的盛行。

战国时期虽然是“百家言黄帝”，但以道家为最。开创道家的老子之言流传到战国，与当时盛行的黄帝之言相结合，冠黄帝于老子之前，就形成了所谓的黄老之学。

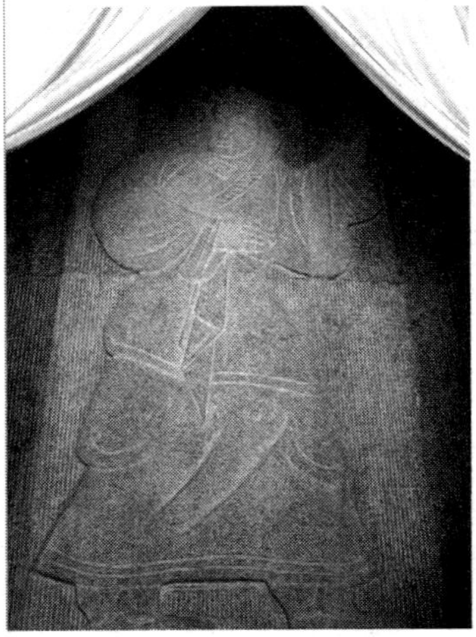

图7-1 轩辕黄帝

老子姓李，据说由于出生时耳朵大而下垂故名耳，又因耳漫无伦而字聃，是中国古代哲学的开创者。他春秋末期出生于楚国苦县（今河南鹿邑县）曲仁里，曾担任过周王朝的“守藏室之史”，相当于今国家图书馆馆长。由于古代图书馆的职能十分宽泛，不仅要管理图书，还要掌阴阳天时礼法，参与国家各种祭祀、礼仪活动及从事档案管理、史实记录等诸多工作，这一切都为他后来辞官归隐从事哲学研究打下了坚实而广博的知识基础。难怪《汉书·艺文志·诸子略》中有“道家者流，盖出于史官”之说。今天人们常将那些专搞研究的人形容为“坐以论道”，这个“道”在中国数千年之久的文明史中还是老子第一个提出来的。老子哲学的中心观念便是“道”，他所说的道与一般人“坐以论道”的“道”其内涵并不完全一样。他认为“道”很神秘，说：“道可道，非常道，名可名，非常名。无名天地之始，有名万物之母”，把“道”视为天地万物之本原。打破了春秋以前人们以天为尊，以天为大的共识。他认为天并非是有意识、有情感的，也并非是永恒的根本的。因为最根本的是“道”。老子在他所著的《老子·二十五章》中说：“有物混成，先天地生……可以为天下母，吾不知其名，字之曰道，强为之曰大”。意思是，道在天地未有之前就存在了，只有道是永恒的。同时，老子总结了商周以来的天命论和天道观，对“天”与“道”的关系作了新的解释，提出了“天法道，道法自然”的新观点。这种“天道自然”的观点，对当时的天命神学是一个巨大的冲击，因为他第一次把“道”凌驾于“天”和“神”之上，为实现哲学从宗教神学的桎梏中解放出来，奠定了坚实的理论基础，从而使中国传统的天人关系学说发展到一个新的阶段。作为哲学家的老子对中国文化的第二个贡献，就是他丰富的辩证法思想。他在《老子·二章》中说：“有无相生，难易相载，长短相形，高下相倾，声音相和，前后相随”。也就是说，没有有，也就没有无；没有难，也就没有易；没有长，也就没有短。所以，事物总是在对立中存在，在比较中发展，相反的东西是可以相成的。

不仅自然界如此，社会人生及人类道德也如此！“祸兮福所倚，福兮祸所伏”。在老子看来，福与祸表面看起来是截然相反的事物，然而它们却紧紧地统一在一起，不断地相互转化，变化万端。但是在现实生活中，人们却不知道事物相辅相成、互相转化的原理，以为幸福永远远离着灾祸。由此，老子得出一个结论，即“反者道之动”，事物往往向相反的方向发展，这便是“道”的运动，或“道”的规律。在中国哲学史中，从《周易》以后，就有辩证法的思想，但把事物向它相反的方向发展这一普遍现象概括或归纳为事物的一般规律，把它概括为事物存在、发展和变化的内在动力和源泉，这是老子的独特贡献。

在老子看来，“道”的本性是自然无为的，因此人也要效法自然之道，做到无为。尤其是春秋末期这种社会动荡的时代，无论就行为还是思想来说，老子认为最好的办法是效法“自然”而采取“无为”。当然，老子所谓“无为”，并非什么都不做，并不是不为，而是多指不妄为、不强为、不胡作非为，更不为所欲为。这其中包含着不多事、不好大喜功、不争名利等具体内容，这样才算是达到“上德无为而无不为”的境界。老子认为，要真正做到无为，就必须做到守柔、不争和知足。老子以水为例，强调“守柔”，“天下莫柔弱于水，而攻坚强者莫之能胜”。在老子看来，水甘居下流，其性柔弱，而坚固者不能与之相比。所以人若想保存自己就不能逞强好胜。因为一旦成为强者，就会很快失去生机，而只有柔弱的东西才充满生机。在老子看来，不仅要守柔，并且要像水甘心向低处流那样来避免争夺。他说：“上善的人好像水一样。水善于滋润万物而不和万物相争，停留在大家所厌恶的地方，所以最接近于道。所以，“夫惟不争，故无尤（忧）”，“不争”之所以为美德，应主要表现在不坚持己见，不自以为是，不自我夸耀，不自高自大。

与“守柔”、“不争”相联系的，还有“知足常乐”的命题。老子认为：“祸莫大于不知足，咎莫大于欲得。故知足之足常足矣。”这是说，一个人活在世界上，如果欲望过多，一味追求他所需得到的东西而不知满足，那就要犯错误，甚至招致灾祸。如果知其足，不追求，不但不会遇到祸患，反而常常感到满足，从而确保精神上的平静和安乐。老子的哲学不仅开启了中国人的思辨方法和思维方式，而且也反映了中国人的聪明和智慧，尤其是他仅仅只有五千字的著作《老子》，几乎是人生哲学的百科全书，给我们的现实人生带来诸多重要启示。

如果说在中国伟大的思想家中，孔子为我们留下了丰富的道德文化遗产，那么老子为我们留下了无尽的辩证法宝藏。当然，老子作为两千多年前的历史人物，在他的思想言论中，难免存在着时代的局限性，如“无知无欲”、“绝圣弃智”、“绝仁弃义”、“绝巧弃利”等等思想都带有消极成分。至于当年老子的道家思想附着于黄帝之后，合称为黄老之学，则完全是出于同其他学派争鸣的需要。战国中期，百家争鸣进入高潮，各学派为了在论战中处于有利地位，纷纷打出了远古帝王的招牌，以示源远流长并试图以此声势压倒其他学派。儒家“祖述尧舜”，墨家也声称自己的学说是“禹之道”，农家也自称是“神农之言”，道家仅以创始人老子的声望显然不足以同其他学派抗衡，处于明显的劣势。于是，一部分道家学者受当时流行的黄帝之言的启发，打起了人文初祖黄帝的大旗，声称自己的学派直接继承了黄帝的统绪，不仅比儒墨等学派渊源更久远，道术也更高明。这样一来，道家便一举在竞争中取得了明显的优势。应该承认，这种拉虎皮做大旗的办法，不仅在两千多年前的中国十分有效，就是在今日中国也不失为高明之策，君不见今日之民营企业家一有机会便乘势而上，把与高官握手照相作为广告，以期自己的产品和企业在市场竞争中胜出便是最有力的证明。

图7-2 老子骑牛图

战国中期以来，列国之间的军事竞争加剧，社会对人才和治国方略的需求大增，从而为知识阶层参与政治提供了更多的机会，同时也对知识阶层提出了更高的要求。而老子开创的道家，从一开始就具有一种对政治权力保持距离并持批判态度的性格或倾向。在变法图强、富国强兵成为最迫切需要的战国时代，其清静无为、柔退不争的价值取向，小国寡民的疏离心态，以及对财富和智能的轻漠，对武力、政治权威和法令的排斥态度，都很难适应当时君世主的现实需要。于是，一部分热衷于为政之道的道家学者，转而积极地向权力中心靠拢，他们把黄帝和老子的形象结合起来，用虚设的黄帝之言改造了老子之学，借用黄帝的名义为道家学派开辟了新的发展方向，把原始道家改造为积极探讨富国强兵之道和治国方略的黄老之学。而原始道家中的道论宇宙观和基于道论的自然无为的方法论，就成了这种政治学说的哲学基础。不难看出，正是黄老之学的出现，使得道家学说在现实政治生活中实现了由边缘化向中心的转移。其犹如当代的文学和社科研究只有与市场经济体制的新形势紧密结合，才不会偏离时代的中心而走向边缘化。

公元前386年，田和始列为诸侯，正式取代了姜齐政权。此时的田齐政权，最迫切的任务就是为自己正名，证明自己取代姜齐行使权力的合理性，以取得列国诸侯的认可。田氏原为陈国公族，乃姬姓的黄帝之后，而姜齐则是炎帝之后，人们都知道，炎帝就是传说中的神农氏，他是中华民族农业生产的最早发明者，古籍《淮南子》中关于："古者民茹草饮水，采树木之实，食蠃蚘之肉。时多疾病毒伤之害。于是神农乃始教民播种五谷，相土地宜，燥湿肥浇高下，尝百草之滋味。水泉之甘苦，令民知所辟就，当此之时，一日而遇七十毒"的记载，比较全面地反映了炎帝在发明农业生产时所经历的艰难困苦和一日之间"遇七十毒"的尝百草滋味。《白虎通义》还以"谓之神农何？古之人民皆食禽兽不足，于是神农因天时，分地利，制耒耜，教民农作，神而化之，使民宜之，故谓之神农"的一段记载，向人们揭示了炎帝之所以被人们称为神农是由于他发明农业，"斫木为耜，揉木为耒"，制作农业生产工具，教民耕作的缘故。在有的古籍中，如《帝王世纪》还记载了神农"重八卦之教，究八人之体，为六十四卦"的故事，进一步说明发明农业医药的神农氏在中华文明史上是一个贡献巨大的人文始祖，直至今日中华民族还自称炎黄子孙。从汉武帝开始，历朝历代每年清明节都在陕西黄陵县桥山的黄帝陵和后来寻访到的湖南炎陵县的炎帝陵分别举行隆重的公祭仪式，祭祀中华民族的共同祖先黄帝和炎帝。其实黄帝和炎帝早年都生活在中国北方的黄河流域，只是后来黄帝和炎帝在华北一带联合打垮蚩尤之后，内部产生了矛盾，结果两个部落之间发生了一场大战，由于黄帝的力量比较强大，战略战术比炎帝高明，终于将炎帝打败，迫使作为中华民族人文始祖的炎帝逃往南方，这就是黄帝葬于陕西，炎帝葬于湖南的原因。

至于田氏大打黄帝牌，就是为了附会和利用黄帝战胜炎帝而据有天下的历史传说，大张旗鼓地宣称自己是黄帝之后，来为田氏代齐的合理性造舆论。在这一政治需要的推动下，齐国上下掀起了尊崇黄帝的热潮，大大促进了社会上黄帝之言的传播和流行。正是出于这一原因，齐国尊崇黄帝的文化氛围最为浓厚，黄老之学便首先在齐国出现并发展起来。而将黄老之学传入齐国的则是原越国大夫范蠡，当他协助越王勾践打败夫差之后，为了避免"狡兔死，走狗烹；飞鸟尽，良弓藏"的悲惨结局，携带西施浮海北上到达位于今山东胶东半岛的齐国经商，在经商中他广为传播了当时在南方流行的黄老之学，而范蠡的老师则是南游于越的晋国公子计然，计然又叫辛文子，是史书中记载的老子的学生。由此可见，历史既有它的必然性，也有它的偶然性，如果没有计然南游，范蠡北上，曹参相齐也许不会有汉初的黄老之学治国。

黄老之学的思想内容极为丰富，涵盖了百家之学关注的方方面面，且具有自己的鲜明特色。道论以及与其相关的若干形而上的思想理论，是黄老之学的哲学基础，黄老学者们在这方面着力甚多，提出了很多有价值的思想，从而丰富了道家的理论体系。关于道论，《黄帝四经》中的《道原》、《管子》的《内业》等篇及《尹文子》、《鹖冠子》、《文子》均有较为集中的阐发，主要是发挥老子的道论，强调作为最高本体和基本法则的“道”在自然、社会和人生各方面的决定意义和指导作用。

基于道论的若干形而上的问题，是黄老之学对道论的丰富和发展。其中关于对“时变”、“因循”的认识和天道环周的思想，以及对阴阳消长，动静盈虚等问题的探讨，都是早期道家所没有的内容。这些内容在黄老之学的先驱计然和范蠡的思想中却早已提出，在帛书《黄帝四经》、《管子》以及《慎子》等战国黄老著作中都有进一步的发挥和推进。此外，精气论是《管子·心术》等四篇的一项突出贡献，其以气论道、以气论心，丰富和深化了古代的道论和心性学说，在中国哲学发展史上有着重要的地位。

政论是黄老之学的主体内容。道法结合以道家哲理论说法治主张，是黄老政论的突出特色。由于有道家哲学作为理论基础，黄老之学在变法的必要性和可能性、立法的原则和依据、法的公正性和权威性、执法的原则、君与法的关系等方面，都有深入的思考和论证，为变法图强、富国强兵的时代需求提供了理论上的指导。在具体操作上，其君佚臣劳、虚静无为等“君人南面之术”，也都对道家哲理有所吸取和借重。

人性理论是黄老之学法治主张的另一个理论基础。黄老之学对于人性的判断，同《商君书》、《韩非子》等法家学说相一致，认为自私自利、趋利避害是人的自然本性，慎到、田骈、尹文和管子皆持此种观点，他们主张“因人情”，顺应和利用人的这种自然本性而为法治张目。不过，黄老之学虽然否认人的本性中有道德的因素，但却并不排斥人有接受道德教化的可能，因而他们皆主张礼法互补，反对纯任法治和严刑峻法，这是区别黄老道家和法家的一个重要标志。

黄老的政论在强调法治的同时，对儒家学说特别是其注重道德教化的主张进行了充分的吸取，提出了礼法互补或法教统一的治国理论模式。这是一种新的理论尝试，它集中了儒法两家治国理念的精华，改变了以往两家互相排斥的局面，具有重要的理论价值。此外，正名定分也是黄老政论的一项重要内容，在这方面，黄老之学吸收了儒家关于正名的思想和名家的形名学说，作为其尊君卑臣、强化君权的理论依据。

阴阳刑德也是黄老之学的一个特色理论，它要求君主发布的政令必须与阴阳消长的自然节律相符合，这种阴阳顺逆、祸福吉凶的理论，在黄老之学的先驱者计然和范蠡的思想中已见端倪，《黄帝四经》提出“春夏为德，秋冬为刑”，《管子》则提出“务时而寄政”以达到“人与天调”，在《吕氏春秋》、《春秋繁露》、《淮南子》、《礼记·月令》中都可见到这种理论的影响。

此外，关于治身、治心、行气、养生的问题，也为黄老之学所重视，而以《管子》中的《心术》、《内业》等篇最为突出，对后世的养生学有很大影响。

第一节 秦代法家治国的兴亡教训

一、著名法家人物及其思想

历史进入春秋战国时期，就政治学说和思想理论而言，对中国社会影响最大的当数儒家、法家和道家。作为专制君主的参谋集团，法家以法治思想为核心，主张严刑峻法。战国前期著名的代表人物是李悝和吴起，战国中后期的代表人物是商鞅、申不害，至战国末期的韩非在理论上集法家思想之大成，除韩非外商鞅是最著名的法家代表人物。商鞅以霸道和强国之术游说秦孝公，为孝公任用，先后两次实行变法，废井田，垦荒地，奖励耕战，取消分封制，建立郡县制，取消贵族特权，统一全国法令。秦孝公死后，旧贵族得势，商鞅失去了靠山，受车裂酷刑而死。

韩非（约公元前280—前233年），出身于韩国贵族家庭，曾与后来担任秦王嬴政丞相的李斯一起读过书，李斯一直自叹才能不及韩非。韩国是一个弱小之国，韩非曾几次上书试图为国效力，都未被重视，于是发愤著书立说，当他写出《说难》、《孤愤》、《五蠹》、《内外储说》、《说林》等10余万字重要著作时，终于被秦王嬴政发现，对他的才华赞赏不已，希望他到秦国效力，结果当他到秦国时却未被重用，反而被李斯妒忌，诬陷下狱，自杀而亡。可见，与熟人共事既有了解自己取得帮助的一面，亦有知其弱点容易被落井下石的另一面。与其如此，还不如与陌生人共事，既无爱亦无恨。韩非在《有度》一文中说："国无常强，无常弱。奉法者强则国强，奉法者弱则国弱。"在他看来，国势的强弱，关键在于是否坚决实行法治。韩非认为商鞅治秦，虽有法致富强，但是他只讲"法"，不讲"术"，结果"无术以知奸"，使国家的富强反而成了奸臣的政治资本；申不害只讲"术"，不注重"法"，虽然费了十倍的气力去帮助韩昭侯用术，但结果仍是成效不大；当然单靠"势"也不行。韩非对前期法家的各种思想派别作了具体分析，吸收其长处，克服其弱点。在此基础上提出了一套以法治为中心，"法"、"术"、"势"三者相结合的统治理论。

韩非所谓的"法"，是指体现统治阶级意志的法律、法令，由君主统一公布施行，是各级官吏办事的准则；"术"，是君主用以任免、考核、赏罚各级官吏的办法和手段；"势"是指君主的地位和权力。在韩非看来，这三者缺一不可，但其中最根本的是"法"。因此，要"以法为本"，尤其是欲崛起而夺取天下者，更是非此不可。早就想称霸宇内的秦国，从孝公开始便以法家思想立国，"刑无等级，自卿相将军以至士大夫庶人，有不从王令、犯国禁、乱上制者，罪死不赦"。

二、秦国的兴亡教训

统一六国之后的秦始皇更系统地接受了韩非学说，"无书简之文，以法为教；无先王之语，以吏为师"，秦法家思想为治国利器，"刚毅深戾，事皆决于法，刻削毋仁恩和义，然后合五德之数。于是急法，久者不赦"。直至二世，仍是"遵用赵高，申法令"，"用法益深刻"。以"税民深者为明吏"，以"杀人众者为忠臣"，"专以天下适已"，以强势之政府奉行高压之政策。在文化上焚书坑儒，在赋税政策上横征暴敛。所推行的田租口赋力役制度，其田租竟高达收获量的2/3（税率66.6%），口赋每人高达1000钱，成年男子的力役无尽期。秦时的中国，人口约2000万人，男女劳动力占2/5，约800万人，其中男劳力只有400万人，秦始皇竟征发70万人建造阿房宫，70万人修建骊山始皇陵，50万人修筑长城，命蒙恬率30万人北御匈奴，另遣50万人南取百越，再加上其他杂役，总数不下300万人，占全国男劳动力的3/4。使用民力如此巨大急促，实非国力所能胜任。男子终日奔走运输，女子终日耕种纺织，仍然衣不蔽体，食不果腹，整个天下困苦疲敝而已河溃鱼烂，在庶民百姓心目中秦王朝成了一个背信弃义、“绝尊尊亲亲之恩”的虎狼之国。在千夫所指，万民唾骂的形势下，忍无可忍的陈胜吴广于公元前208年揭竿而起，貌似强大的秦王朝在农民起义的急风暴雨中，迅速瓦解。曾担任过秦王朝沛县（今江苏沛县）亭长的刘邦，在群雄角逐中，击败以项羽为强大对手的诸多军事集团，定鼎关中，建立了汉王朝。

第二节 改行黄老之学的西汉王朝

一、汉初的困境

由于秦王朝的暴政苛法和连年战争的浩劫，汉初的中国人口锐减，经济濒临崩溃。以至于《汉书》记载“时大城名都民人散亡，户口可得而数，裁十二三”，即如曲逆（今河北完县）户数由原来的3万户减至5000余户，仅及原人口数的1/6。社会经济更是遭到严重破坏，生产陷入难以为继的境地。《汉书·食货志》载：“汉兴，接秦之敝，诸侯并起，民失作业，而大饥馑。凡米石五千，人相食，死者过半。高祖乃令民得卖子，就食蜀汉。天下既定，民之盖藏，自天子不能具醇驷，而将相或乘牛车。”不但普通老百姓最低的生活条件得不到保障，甚至连皇帝的马车都找不到几匹一样纯色的马，将相出门有时竟只能乘牛车，足见国家财力之艰难，人民生活之困苦已达极点。

二、历史选择黄老

面对困境用什么样的指导思想治国，渡过旷世难关严峻地摆在以刘邦为首的统治集团面前。一方面，他们作为来自社会底层的“白徒”、“布衣”，亲身遭受过秦王朝苛政之害，对主张暴政的法家思想痛恨之极，对适合小农经济的“小国寡民”的反集权思想有着天然的好感；另一方面，他们大多来自楚地，对产生于楚国的黄老之学极为熟悉，有着历史渊源。同时，陆贾、贾谊等一大批目睹秦王朝勃兴和骤亡的知识分子的反思也起了重要作用。陆贾认为，事情越多，天下越乱，法令越增加，奸行越激烈；兵马越增多，敌人也越多。秦朝并非不想太平，之所以败亡是因为其政策对百姓过于残暴，刑法过于严厉。经过对历史的反思，陆贾的结论是道莫大于无为，主张用儒家和道家的思想来指导和加强汉朝的政权建设，以避免走亡秦之老路。贾谊对秦朝的暴政的反思则更为深刻，其著名的《过秦论》指出，秦始皇南取百越，北逐匈奴，建立起幅员辽阔的帝国，而陈胜一夫作难，就使帝国大厦土崩瓦解，其原因就在于秦朝不施行仁义，亦不知攻守之异也。可见，陆、贾二人对历史的反思，影响到西汉的统治，促成了黄老思想的确立和轻徭薄赋、与民休息、提倡节俭等政策的推行。因此，“清静无为”的黄老之学，便顺理成章地成了汉初治国的指导思想。

首先将黄老之学作为治国思想付诸行动的是楚人曹参。汉初，高祖长子刘肥为齐王，以曹参为相，治理齐国。惠帝元年，曹参召集齐地的长老贤达，询问安集百姓的治国方略。当时诸儒数百人，所言各殊，曹参非常失望。于是派人请来不求闻达，隐居于高密，善治黄老言的盖公。盖公对他说：“治道贵清静而民自定”，这正合曹参之意。于是便以盖公为顾问，用黄老之术治理齐国。

曹参任齐相9年，齐国安定，人们尊称他为“贤相”。他之所以以盖公为顾问而师事之，完全是一种统治策略。盖公是一位黄老学者，主张清静无为，这固然很合曹参的胃口，但更为重要的是，盖公是本地一位深孚众望的学者，任用盖公可以动员民众达到以齐治齐的目的，曹参心中酝酿已久的“无为而治”的治国之道也能通过盖公之口很快深入人心，使齐人迅速安定下来。

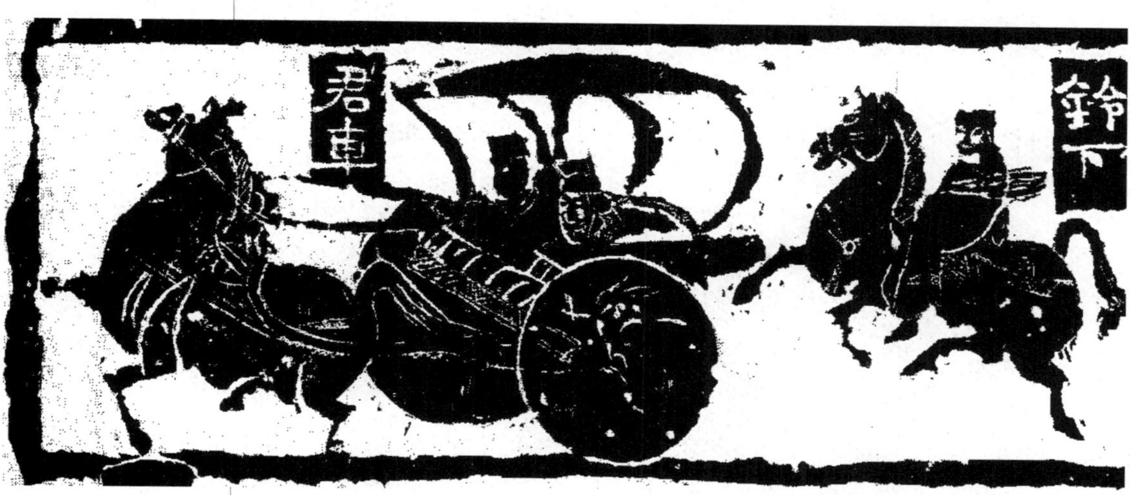

图7–3 车马出行图

西汉初年的开国丞相萧何，也是具有黄老思想的政治家。在楚汉战争中，萧何据守关中，坚持“约法三章”，不苛民扰民，尽收关中民心，使关中人民竭尽全力支持汉王刘邦。刘邦之所以能战胜实力更为强大的项羽，“萧何转漕关中，给食不乏”起到了重要作用。刘邦称帝后，萧何一方面善处君臣关系，一方面为国家制定一套法律制度，着力于社会秩序的安定。萧何死后，曹参继承丞相一职，他坚持按照萧何的治国方针办事，举事无所变更。百姓赞扬他：“萧何为法，顜若划一。曹参代之，守而勿失。载其清静，民以宁一。”至今汉语中的成语“萧规曹随”就反映了这一政策连续性的历史事实。同时，汉初的文、景二帝也都尊用黄老之术，好辩名之言，实行与民休息、无为而治的统治方针。据《史记·外戚世家》载：“窦太后好黄帝、老子之言，(景)帝及太子、诸窦不得不读黄帝、老子，尊其术。”充分反映了当时在上层统治集团内盛行黄老之学。

汉初黄老之学成为王朝的指导思想，还有一个更重要的原因是这一学说适应了当时的社会形势。西汉建立之初，由于秦朝的暴政和秦汉之际长达七、八年的战乱，不但造成了土地荒芜，人口剧减，生产凋敝，百业俱废；而且，西汉不得不实行的郡国并行制，形成了地方王国很大的独立性，王朝采用何种政策安定天下，稳定社会秩序，天下人翘首以待。鉴于秦王朝因暴政而亡的惨痛教训改弦更张的黄老之学治国，便成了汉王朝的惟一选择。

第三节 推行与民休息的轻徭薄赋

一、重建法制稳定社会秩序

西汉初期实行的黄老“无为而治”的方略，首先重视的是秩序与法治的重建。因此刘邦一俟攻入潼关便宣布废除秦朝苛法，与关中父老约法三章：“杀人者死，伤人及盗抵罪。”定鼎长安后，刘邦在“黄老”信奉者的辅佐下，依靠萧何次律令，韩信申军法，张苍定章程，叔孙通制礼仪，陆贾造《新语》，制定出一整套简约的政治、军事和经济制度，既体现了约法省建，又提高了皇帝的权威。

汉初社会动荡，政局不稳的主要因素：首先是异姓和同姓诸侯王的割据和叛乱；其次是六国旧贵族残余和地方上强宗大族的兴风作浪； 再次是农民的反抗斗争还在延续；同时，还有匈奴的侵扰和入寇。为此，朝廷凭借新的法制，运用黄老之学，通过对匈奴采用和亲之策，将10万不甘寂寞的齐楚大族一方面严徙关中；另一方面又给予好田好屋，对关中从军的诸侯后代免除12年徭役及招抚聚保山林的农民返回故里务农等措施，化消极因素为积极因素，换取了他们对汉王朝的支持。此外，还通过平叛削藩，稳定政治局势。当年汉高祖刘邦在与项羽的争夺战争中，为了争取力量取得胜利，曾分封了9个异姓诸侯王。可是这些诸侯王除了边境上3个势小力孤的外，其余的都是拥强兵、据要地、僭拟天子、抗衡中央的野心家。他们一个接一个地叛乱，成为统一的严重障碍，刘邦采取各种办法，逐个地加以剪灭，巩固了汉初的统一，有利于人民休息。

在消灭异姓王的同时，刘邦又封了同样多的同姓诸侯王以为屏藩。初时，他们尚能维护汉中央的统一，可是到了他们的羽毛丰满后，野心也大了，把中央政府派去监国的丞相一个个地免了职，都换上自己的亲信，对中央的离心力越来越大，且最终都走上叛乱的道路。这与后世之官场情形十分相似，当他的职位低微，离你很远，希望你提携的时候，就卑躬屈膝，什么低三下四的事情都干得出来；当他与你接近的时候，他便时时窥视你的位置；当他一旦得手后，便不惜忘恩负义，做出人所不齿之事。这就是古往今来千古不易之规律，只不过善良的人们很难在当权时识破罢了，到能认识之时，已是望洋兴叹，悔之晚矣了！汉初的这种形势，当时只有贾谊最早察觉到，并为此专门向汉文帝进呈了《治安策》，指出这些同姓诸侯王和异姓诸侯王并无本质的差别，只要时机一到，“疏者必危，亲者必乱”。因此他建议汉文帝采用“众建诸侯而少其力”的强干弱枝的办法，把那些“跨州兼郡、连城数十”的大封国，分割成若干小封国。这样的封国，“力少，则易使以义；国小，则亡邪心”，容易控制，对中央也构成不了威胁。其实这一观点与20世纪20年代以来，人们对中国的省级行政区域太大，而容易引发割据，设想将中国细分为50—60个省，实行地方行政省县两级制的思路是一脉相承的。当时人们曾构思四川巴蜀分治、广东琼粤分治、山东齐鲁分治、江苏苏宁分治、浙江杭温分治……时至今日，除了通过新建重庆和海南两省市得以实现巴蜀、琼粤分治以外，其他省市尚无动作。贾谊的建议，当时虽没有为汉文帝所采纳，却得到晁错的大力支持。晁错直言极谏，面折廷争，尖锐地向当时的文帝和后来的景帝指出："今削之亦反，不削亦反。削之则反亟，祸小；不削之，其反迟，祸大"。吴楚七国的叛乱，证实了贾谊、晁错的判断。后来，通过派兵讨伐削平叛乱，才把这个最大的不安定因素消除了，从此诸侯王国也就形同郡县，"唯得衣食税租"而已。

二、以身作则的君主

汉初的统治者在实现社会稳定的基础上，努力节省政府开支，实行轻徭薄赋的政策，恢复和发展经济。汉文帝曾用极其简单扼要的语言对此作了概括："欲为省，毋烦民"、"务省徭费，以便民"。文帝所言"欲为省"，就是节约国家开支；所言"毋烦民"，就是与民休息，不干扰老百姓的正常生活；所言"务省徭费"，就是"轻徭薄赋"，切实减轻农民负担；所言"以便民"，就是方便老百姓。所有这些，统治者都通过相应的政策，落实兑现，因而出现了西汉初期著名的"文景之治"，不但经济得到了重建，而且迅速地得到了恢复和发展，终于取得了初步的繁荣。

"欲为省，毋烦民"是汉初开国的几代君主实行无为而治与民休息的主要指导思想。由于当时国弱民穷，只有尽可能的节约开支，才能防止滥征乱罚，扰乱民生，使老百姓安心生产。公元前200年，萧何欲兴造未央宫，刘邦就狠加批评说，"(天下)劳苦数岁，成败未可知，是何治宫室过度也。"汉惠帝时，为了修筑长安城，也只好分批分期进行；以节俭著称的汉文帝，不但穿带补丁的衣服上朝，身体力行，倡导节俭之风，而且"即位二十三年，宫室苑囿狗马服御无所增益，有不便，辄驰以利民"。值得一提的是有几件事他处理得特别得体和感人：一是不搞游玩挥霍性的建筑。如宫禁中原打算造一"露台"，但造价要"百金"，他下令坚决不建；二是他一反过去祖宗的传统，不治坟墓，不许厚葬；三是南越王赵佗称帝搞分裂，群臣多主张用兵镇压，他坚持"以德报之"——派使者进行规劝，以阐明利害，"佗遂去帝称臣"；四是匈奴背约入盗，他在加强边防措施的同时，采取和亲的办法缓和矛盾，反对发兵深入进行大规模的战争。所有这些都是为了"欲为省，毋烦民"，怕惊动和劳苦老百姓。因此，他在位期间国家安定，经济增长，百姓生活逐年改善。

以农业为主体的小农经济是封建集权的政治基础。为了强调农业是"天下之本"，汉文帝身体力行、亲开籍田，"躬耕以劝百姓"，采取措施大力奖励农业生产。而对商人则颁布一系列的禁令，特别是禁止商人兼并农民，这样就有力地保护了农民及其土地，使农业生产得到迅速的恢复和发展。在朝廷把"重农抑末"作为基本国策的同时，首先就着手解放奴婢，使他们获得政治上的相对自由。高祖五年(公元前202年)刘邦下诏："民以饥饿自卖为人奴婢者，皆免为庶人"，使自卖为奴者获得了解放，并根据法令每人还可受田 20—30亩，使之成为汉政府的"编户齐民”。其次，对逃亡而“聚保山泽”的农民，也同样采取优惠政策，分给土地和房屋，使之安心回地到故里，努力搞好生产。这些措施不但大大地提高了他们参加和发展生产的积极性，同时也使这部分人在政治上从反对汉王朝的对立面转化成为支持现政权的群众基础。

三、推行轻徭薄赋政策

“轻徭薄赋”，切实减轻农民负担是汉朝廷为保持社会稳定和鼓励农业生产的重要措施。汉文帝即位不久，即颁布诏令：“农，天下之本，务莫大焉。今勤身从事而有租税之赋，是为本末者毋以异，其于劝农之道未备，其除田之租税。”强调要对农民实行轻徭薄赋的政策。

图7-4 牛耕图

秦代实行“田租口赋力役”的赋税制度，其税负苛重，再加上官吏横征暴敛引发了秦末农民大起义。汉高祖刘邦有鉴于此，将人头税从每人每年1000钱减为7—14岁为口赋每人20钱，15—56岁为算赋每人40钱；把土地税——田租降为十五税一；汉文帝时，为了使农民能够休养生息、发家致富，下令免除田租13年(从文帝十三年到景帝元年，即公元前169—前156年)；到了汉景帝时，又把田租率从高祖时的十五税一再减半，成为三十税一。这样轻的税率在秦代简直是难以想象。秦“收泰(太)半之赋”，农民每年2/3的收获都被迫缴纳税收，税率竟高达66.6%，而汉初的十五税一，一下子就从秦代的66.6%减到6.6%，到景帝之时，又再减少到3.3%。这样轻的土地税对汉初农业生产的迅速恢复和发展，起着举足轻重的推动作用。

和田租一样，压在农民头上的另一座大山就是徭役。汉初的徭役制度和秦代的规定是一样的，所不同的是秦代并不按制度办事，因此有制度也等于零，形成“赋敛无度”，“力役三十倍于古”的情状。这种没完没了的无尽徭役，迫使农民不得不揭竿而起反抗暴秦。汉初吸取教训，非常注重省减徭役，规定每年成年男子服役不得超过30天，文景之时，朝廷多次下诏，令列侯离开长安到分封地就国，以免除“吏卒给输费苦”。这样，农民的负担也就相对地减轻了，因而有利于农民的休息，也有利于恢复和发展经济。

从汉高帝刘邦起到汉武帝初年止的整整70余年里，汉朝廷在黄老之学的思想指导下，实行清静无为和与民休息的治国方针，不断地消除各种不安定的因素，保持了政治上的相对稳定，因而在经济上逐年得到恢复和发展，从而也使政权逐步从动荡走向稳固，从稳定走向强大。经过70多年的努力，农民都富裕起来了，史书赞誉“百姓无内外之徭，得息肩于田亩，天下殷富，粟至十余钱，鸣鸡吠狗，烟火万里，可谓和乐者乎！”

国家财政更是十分充盈，司马迁在《史记·平准书》中说，“汉六七十余年之间，国家无事，非遇水旱之灾，民则人给家足，都鄙廪庾皆满。而府库余财，京师之钱累百巨万，贯朽而不可校。太仓之粟阵陈相因，充溢露积于外，腐败不可食”。这种繁荣昌盛的景象被后世誉为“文景之治”。它与高祖初年的残破惨淡的社会景象形成了强烈对比。

第四节 汉武帝的转型

一、反者道之动

天下万事万物正如老子所说的“祸兮福所倚，福兮祸所伏”和“反者道之动”那样，在一定条件下，事物都会向它相反的方向转化。汉初政治无力和百姓任疲的惨淡局面，使社会又退回到了那种不同领域未加分化的原生性形态之中。这便为主张“清静无为”思想的黄老之学提供了最大的生存空间。“无为”在当时社会情况下是最好的“有为”，无用的政府乃是最好的政府。这正如胡适所解释的那样：“你们不配有为，不如歇歇罢，少做少错，多做多错，老百姓受不了啦，还是大家休息休息罢！”这种功能混溶、领域不分的原生性社会形态，既是黄老之学存在的根基，亦是黄老之学所要达到的最高理想社会，即《老子》中所描述的那种“小国寡民”的社会理想。

老子“小国寡民”理想取法于农村公社，试图消解、弱化、否定社会政府和统治者的必然存在，把主动性交给天道自然的民之自化。“我无为而民自化，我好静而民自正，我无事而民自富，我无欲而民自朴”。同黄老之学这种社会理想交变相辉映的另一方面则是它精致的 “君人南面之术”，它揭示了“君无为，而臣有为”的哲理，这也正是老子思想“治人”一面向后世的发展。以“道”的“无为而无不为”作其理论支援：“道”是自然无为的，然而万物却都由它化生；“无为”是“道”的特征，“无不为”则是“道”的作用。因此直至今日“君人南面之术”在领导科学上仍然有着巨大的现实意义，尤其是对那些喜欢亲力亲为不肯放权的一把手，更有学习领会之必要。须知领导工作似手抓细沙，拳头捏得越紧，手中的沙越少。不过由于黄老之学在哲理层面上的高度精致化，使之不同于具体的、可以即时操作的政治行政措施，把一种抽象理念还原到具体行事，要经过许多层次和环节，而每一层次或环节又都可能发生异化与脱节。因此，“恬淡”“恍惚”的黄老之学显然缺少关于兵刑钱谷、考课铨选等具体行政内容的翔实策划，而难以适应需要缜密部署的治国新形势，因此，变革成了历史发展的必然趋势。

二、形势走向儒法并用

随着汉王朝官僚行政体制日趋完备，大批训练有素的文吏相继出现，中央政府又实现了政治上的真正“大统一”，而各种社会问题也日渐暴露，所有这一切都要求把社会纳入规范有序的轨道，大而不当，清而无为的黄老之学在新形势面前由于无法将理论转化为具体的操作方法而逐渐暴露了它的弱点。对黄老之学来说，它以“清静无为”的思想适应了汉初社会现实的需要，并直接促进了经济的恢复和发展，然而正如老子所说的“反者道之动”那样，由它促成的这些成果进而也成了埋葬它的坟墓。至武帝时代，一方面社会经济的不断发展，使国家有了抗击匈奴的部分财富积累，另一方面自由放任的经济政策迅速拉开了穷富差距，出现了不少骄奢淫逸

图 7–5 汉武帝图

且藐视朝廷的越轨行为。好大喜功的汉武帝为了进一步聚敛财力打击匈奴和遏制国内犯上作乱、目空一切的富豪违制而不得不改弦易辙，通过实行儒法并用，建立一整套能够进行实际操作的国家管理制度。他宣传君权神授，推行“三纲五常”，在赋税政策上提高人头税税率，对富豪强行征收高额财产税，其犹如现代社会“打土豪，分田地”追求公平久了，势必缺乏效率，不得不重新招商引资，“帮富豪（企业家），圈田地”，发展工商业以追求效率，舍弃“计划经济”走向“反者道之动”的市场经济之路。

汉武帝改弦更张，“独尊儒术”，“黜黄老、刑名百家之言”，黄老之学失去了官方的支持，其地位一落千丈。但其影响是逐步消退的，整个两汉三国时期的思想界仍可以发现它的影响。

三、被诬陷的“叶公好龙”

我国古代寓言“叶公好龙”的故事，说的是叶公特别喜欢龙，家里用的东西上画着龙，屋子里外都刻着龙。当天上真龙知道以后，就来到叶公家里，从窗外把头探进来，叶公一见却吓得逃走了。这个故事比喻口头上爱好某事物，实际上并不真爱好，因此喜假龙而惧真龙的叶公也就成了口是心非的虚伪者的象征。其实真相并非如此，叶公原名沈诸梁，字子高，是春秋时楚庄王（公元前613—前590年）的曾孙，因被楚昭王（公元前515—前488年）任命为叶邑尹（相当于今叶县县长）而改姓叶。当时的楚国是黄老之道思想的发源地，他在执政期间坚持以黄老之道为指导，采取养兵息民，发展农业，增强国力的政策，组织民众修筑了东坡和西坡水利工程，使当地数十万亩农田受益，其工程建成时间比李冰父子修筑的都江堰早200多年，比郑国渠早300多年，并且在功成名就之后，他还主动让贤退出了领导岗位，专事画龙为业。由于汉武帝改弦更张，要使儒家思想走向独尊地位，需要对黄老之道进行贬斥，所以为了适应这一主流宣传形势，汉代士人刘向便编了“叶公好龙”的寓言。至今叶公诸梁先生已蒙冤受屈两千多年，汉武帝若九泉有知也应该下诏给他平反昭雪了，况且天下本无真龙，龙只是人们神化了的动物而已。

第五节 走出朝堂的黄老之学

一、道教的产生与发展

黄老之学在西汉中期受到冷落之后，转而在民间流传，同盛行于民间的神仙方术思想相结合，朝着民间宗教的方向发展，演变为“黄老道”，黄帝和老子都被神仙化而受到顶礼膜拜，并最终导致了道教的出现。

图 7–6 三星堆遗址出土飞鸟

道教最先出现是在东汉，初名黄老道，奉黄帝和老子为教主，后来产生了两个支派，一个是五斗米道，另一个是太平道。

五斗米道是东汉顺帝时沛国丰(今江苏丰县)人张陵在江西龙虎山创立，后转至神仙欲特强的四川鹤鸣山(又名鹄鸣山，在今四川大邑县境内)发展徒众。由于四川为盆地地形，周边皆为崇山峻岭，处于其中的老百姓难免感到压抑，因而人们自然会产生成仙飞出盆地的幻想，今四川广汉三星堆发掘出来的青铜器大多与飞鸟形状有关，即是明证，且后来道士去世皆用“羽化”字眼亦不能说不源于此。张陵乐于在民间非常有信仰底蕴的鹤鸣山修道，造作符书，以符水及中草药为人治病，凡入道者皆须交纳五斗米，故称“五斗米道”。张陵后被道徒尊为“张天师”，故该教也被称为“天师道”。因为张陵是道教创始人，人们又将其称为“张道陵”。五斗米道奉老子为教主，把《道德经》作为主要经典。张陵死后，其子张衡继天师位，张衡又传天师位于其子张鲁。张鲁割据汉中，建立了政教合一的地区政权，张鲁自号“师君”，以道教管教臣民。下设24治(教区)，以“祭酒”为首领。设立“义舍”，内置饮食，凡教徒经过均免费食宿，量腹取足。这一做法深得毛泽东赞赏，他为此向中共八届六中全会印发了《三国志 · 魏书 · 张鲁传》，并亲自写了两个批语。第一个批语写于1958年12月7日，第二个批语写于三天后的12月10日。在全会印发的材料是后者。毛泽东在批语中说：“三国时代的道教是遍于全国的、群众运动的”。“汉末北方的黄巾运动，规模极大，称为太平道。在南方有于吉领导的群众运动，也是道教。在西方(以汉中为中心的陕南川北地区)，有五斗米道。史称五斗米道与太平道，‘大都相似’是一条路线的运动。”在介绍评论张鲁和“五斗米道的经济政治纲领”时，他说：“这里所说的群众性医疗运动，有点像我们人民公社免费医疗的味道”；“道路上饭铺里吃饭不要钱，最有意思，开了我们人民公社的先河”；“‘不置长吏，皆祭酒为治’，祭酒‘各领部众，多者为治头大祭酒’(近乎政社合一，劳武结合，但以小农经济为基础)”；“置义舍（大路上的公共宿舍)”。在评论以汉末农民大起义为代表的农民革命斗争的性质时，他说：“当然与现在马克思主义革命运动根本不相同。但有相同的一点，就是极端贫苦农民广大阶层梦想平等、自由，摆脱贫困，丰衣足食”。“但带有不自觉的原始社会主义色彩，这一点就贫苦的群众来说……则是可以确定的。现在的人民公社运动，是有中国历史来源的。”尽管毛泽东指出了中国古代农民革命斗争同现代马克思主义革命运动根本不同，但是他对“五斗米道的经济、政治纲领”持欣赏、赞许和肯定的态度已跃然纸上，是在为人民公社运动寻找历史依据。同时，人民公社的历史也证明，毛泽东力图在20世纪50年代的中国，实现“带有不自觉的原始社会主义色彩”的“五斗米道的经济、政治纲领”，诸如“免费医疗”、“吃饭不要钱”的“公共食堂”、“政社合一”、“劳武结合”、“公共宿舍”等等理想。五斗米道教人学习《老子》，至今社会上流传的《老子想尔注》就是五斗米道的著作。他们按照神仙长生的理论来解释《老子》，并且把老子神化，“太上老君”的称号就是出自此书。“道教”之名，也是最早见于此书。张鲁在汉中统治了30年，得到汉族和少数民族的拥护。后来张鲁投降曹操，被封侯，五斗米道继续得到官方保护。

太平道的创立时间与五斗米道几乎同时。据《后汉书·襄楷传》及注中记载，东汉顺帝时，于吉在东海(今山东郯城西)传播此道，以所得神仙书《太平经》(又称《太平青领书》)为主要经典。《太平经》共170卷，此书内容庞杂，并非一时一人之作，包括阴阳五行、祀神驱鬼、灾异、符箓巫术迷信等，其中还提出修炼精、气、神，后来成为道教的重要理论。又据《后汉书·皇甫嵩传》记载，东汉灵帝时(公元168—188年)，钜鹿(今河北平乡)人张角奉《太平经》为经典，创立了太平道。张角把传教与发动农民起义结合起来，并且以“苍天已死，黄天当立；岁在甲子，天下大吉”为口号，具有很大的号召力，10余年间，信徒达10万之众。其队伍头缠黄巾，称为“黄巾军”，这就是著名的“黄巾起义”。太平道和五斗米道都是原始宗教，两者的教义大体相近。“黄巾起义”后来被朝廷镇压，太平道也受到致命打击，继而转为民间秘密信仰，一些教徒也转而归附五斗米道。晋代以后，五斗米道盛行，并在上层门阀世族中流传。

两晋南北朝时期，道教得到了重大发展。当时道教出了4个杰出人物，他们对道教发展都做出了重大贡献。一个是晋代的江苏句容人葛洪（公元283—363年），号抱朴子。他著《抱朴子》内外篇70卷，系统地论述了“神仙方药，鬼怪变化，养生延年”的理论和方法，主张外儒内道，用“六经”治国安民(外功)，用道术养生修仙(内功)，把儒与道结合起来，大大地丰富和发展了道教理论，并建立了贵族的金丹道。第二个是北魏的寇谦之（公元365—448年），他年少时学张鲁之术，本是天师道教徒，后来入嵩山修道，自称太上老君授给他“天师”之位，命他整顿道教，并传给他《云中音诵新科之戒》20卷。寇谦之得到北魏君主和宰相的支持，被奉为“国师”。他的口号是“除去三张(张陵、张衡、张鲁)伪法”，制订了乐章诵诫新法，“专以礼度为首，而加之以服食闭炼”等修炼手段，建立服务于官方的“北天师道”。第三个是南朝刘宋时道士陆修静（公元406—477年），他把天师道与金丹道结合起来。他认为道教与佛教“殊途一致”，并汲取佛教仪式编著斋戒仪范百余卷，为道教制定了较完整的科仪，改变了早期道教中那些原始粗野的部分。陆修静又曾“祖述三张，弘衍二葛(葛玄、葛洪)”，系统整理道教经典，著为《三洞经书目录》，为后世《道藏》的分类编目奠定了基础。陆修静使道教理论和组织形式更加完备，在道教史上是“南天师道”的创立者。第四个是陆修静的再传弟子茅山道士陶弘景（公元456—536年）。陶弘景既是道教思想家，也是有成就的医学家，他对道教理论、医药、炼丹都有一定造诣。他在道教发展史上的贡献是搜罗道教所奉神仙700余人，撰成《真灵位业图》一书，分出神仙的等级、品位，构想了一个等级森严而又宏大细密的神仙谱系，使道教形成一个庞大的信仰系统。

图7-7 梅葛

南、北天师道的形成，标志着道教逐渐由分散的原始状态进入相对统一的成熟阶段，由民间性质的宗教逐渐趋向上层，在一定程度上得到封建统治者的扶植和崇奉，逐步成为封建统治者所控制和利用的官方宗教，为唐宋道教的进一步发展和繁荣打下了坚实的基础。

唐宋时期是道教进一步兴盛和发展的阶段，道教理论不断深化，制度不断完善。在唐代289年的统治中，道教始终得到统治者的崇奉，地位也处于儒教和佛教之上，居于三教之首。唐代皇帝利用老子姓李，攀附为同宗，尊老子为“圣祖”，自称是老子的“圣裔”，以此来制造皇权神授的舆论，达到神化李唐宗室的政治目的。唐高宗乾封元年（公元666年）追赠老子为“太上玄元皇帝”，令各州建道观一所供奉。唐玄宗又命令各家藏《道德经》一部，并且亲自为《道德经》作注疏。其他道家人物如庄子、列子均被尊为“真人”，其著作《庄子》、《列子》等也被列为道教的“真经”，并在京城及各地的学校设置道学，在科举考试中还专门设立了道举科，《老子》成为王公大臣和贡举人士必读之书。

图7-8 太上老君像

宋代统治者也尊崇道教，其中以真宗、徽宗二帝为尤。为了与道教攀亲，宋真宗时又尊黄帝为赵氏的始祖，另外又提出一个所谓先祖赵玄朗来与老子并起并坐，同为教主，尊赵玄朗为“圣祖上灵高道九天司命保生天尊大帝”，尊老子为“太上老君混元上德皇帝”。还命王钦若、张君房等领导编辑校勘道藏，选道士朱益谦、冯德之等为编修。大中祥符八年（公元1015年），赐信州龙虎山道士张正随为“真静先生”，立上清观(即今江西龙虎山上清宫)，天师道以龙虎山为本山亦自此始。宋徽宗尤其迷信道教，自号“教主道君皇帝”，一度尊道贬佛，设置道官，宠任林录素等符箓道士。通过行政命令强制推行神霄道教，诏令全国求仙访道，又在太学里设置《道德经》博士，使道教获得更大发展。

唐宋时期，在统治者的提倡下，研究道教经典蔚然成风，因而道教理论得到了空前的发展。当时出现了一批著名的道教学者，如唐代的孙思邈、成玄英、司马承桢、吴筠、杜光庭、吕洞宾等，北宋的陈抟、张伯瑞、陈景元、贾善翔等。他们进一步发展了道教的理论，对道教教理、修持方式以及养生、医药等许多方面的发展都做出了重大贡献，在道教史上有着重要的地位和影响。宋代道教对儒家理学的形成也有很大的影响。

到了元代，南方天师道统一了各教派。元世祖忽必烈命三十六代天师张宗演主领江南道教，元成宗又授予三十八代天师张与材为“正一道教主”，从此南、北天师道统称为“正一道”，成为道教史上最大的两大教派之一。该派以江西的龙虎山为传教基地，历代天师均为张道陵后裔。北方的全真道在元代统治者的尊宠下，势力发展也很快，与南方的正一道同为当时的两大教派。全真道创于金代，其创始人为王重阳(公元1112—1170年)，号“重阳子”。王重阳在山东宁海(今山东牟平)全真庵聚徒讲道，认为“识心见性”即为全真，主张儒、释、道三教合一，“儒门释户道相通，三教从来一祖风”，认为道教与儒、释相通，教人读道教的《道德经》、儒家的《孝经》和佛教的《般若心经》，认为修道的根本在寡情少欲，使心地清静。全真道不尚符箓丹鼎，也不侈谈神仙。50年后，其弟子丘处机被元太祖赐号“神仙”，掌管全国道教，全真道得到广泛传播，盛极一时。自元以后，道教只有“全真”和“正一”两大派流传。全真道徒不结婚，素食，常住宫观清修，称“出家道士”。但道观之内，男女混岗，别开生面。正一道徒有家室，不住宫观，可以饮酒食肉，以斋醮符箓、祈福禳灾为业，称“在家道士”。全真、正一两派明清以来世代相传，至今日，可谓源远流长。

净明道也是南宋以后兴起的道派，出于江西洪州，奉晋朝道士许逊为教主，“以孝悌为准式，修炼为方术”。净明道也主张融合三教，但以儒家的伦理道德作为修持准绳，可以说净明道是道教的儒学化。在儒家的道德中又特别强调以忠孝为主，故又称“净明忠孝道”。元以后这一派归入正一道。

明代统治者也崇信道教，尤其信奉正一道。明朝的历代帝王差不多都迷信方术，宠用道士，广设斋醮，有的皇帝甚至热心于服食丹药以求长生不死，最终导致中毒殒命。其中崇道入迷的明世宗朱厚熜(即嘉靖帝，公元1152—1566年在位)最为典型，堪称继宋徽宗之后崇道的“杰出”昏君。他自号“玄都境万寿帝君”，亲自从事斋醮，醉心于长生不死，宠任道士邵元节、陶仲文等，于是方士求宠成风，当时许多文臣争相以善写青词向皇帝邀宠。“青词”是上呈天神的奏章表文，写这种奏表都用青藤纸朱书，所以叫“青词”，又称“绿章”。“青词”有一定格式，文章简短，一般用骈体，词采华丽。一些人如顾鼎臣、李春芳、严嵩等，也果然因此得到皇帝的宠信，获得高升，以至于被人讥笑为“青词宰相”。

清代统治者对道教本无信仰，从东北入主中原后对道教也不甚重视，利用道士斋醮作法之事，更比前代为少，于是道教的政治地位日渐下降，道教活动也逐渐衰微下来。但是民间的一些秘密宗教组织则往往与道教在思想、仪典上有着各种瓜葛。如明末清初的白莲教、八卦教、清末的义和团等，都属于这一类宗教团体。它们往往吸取道教的一些道义或修持方式，作为人民反抗清朝统治的精神武器。

二、道教的信仰和理论

道教的信仰可以用8个字来概括：“尊道贵德，羽化登仙”。道教奉老子为教主，其最基本的信仰是“道”。道教的“道”与老子的“道”既有联系也有区别。道教认为，“道”是先天地而生的，是造化之根，天地之元，五行以之成，万象以之生，万物以之成，“道”生“气”，“气”生万物。又认为“道”是清虚自然，无为自化，所以要求人要清静无为，恬淡寡欲，才能修道。这些地方同老子的思想大体是一致的。但道教又认为，老子是“道”的化身，自上古以来，历代都降生人间。道教认为“道”始于天先，“道”生“元气”，由元始妙一之气化生玉清境清微天、上清境禹馀天、太清境大赤天，元始天尊住在“清微天”，灵宝天尊住在“禹馀天”，道德天尊即太上老君住在“大赤天”。这就是“一气化三清”之说。“三清天”之上

图 7–9 三清天宝天尊

还有“大罗天”，“三清天”之下还有“三十二天”，真是天外有天。这些天上都住着神仙。除上天以外，地上也有神仙居住，神仙住的地方叫“洞天福地”。据说地上有“三十六洞天，七十二福地”。

“德”也是道教的主要信仰。所谓“德”即得道。道之在我为“德”，有得于道则可以长生久视，羽化成仙。“德”有数端，要之有三：“一慈、二俭、三不敢为天下先”，这是道教的基本教规。道教要求信徒像父母慈爱子女一样爱护万物，去除奢念，清心寡欲，澹泊自守，不逞强，不称霸。只有做到这样，方能有望成为“真人”、神仙。

神仙思想是道教的中心思想。道教的理想就是长生不老，羽化成仙。羽化是道教的专用语，在古代神话中，对于能像鸟一样在天空飞行的人，称为“羽人”。后来因为道教宣扬通过修炼可以飞升成仙，人们便用“羽人”、“羽士”、“羽客”、“羽衣”等作为道士的别称。又因道士所戴束发之冠一般用金属或木类制成，且多为黄色，习惯称黄冠，后来便以“黄冠”作为道士的代称。至于神仙本是中国古代幻想中的神话传说，在《山海经》、《楚辞》、《庄子》里都有记载，秦汉时期的方士更加以渲染吹嘘。道教继承和发展了古代的神仙思想。一般宗教都有一个彼岸世界，如基督教的“天堂”，佛教的“极乐世界”，认为只要在生之世虔诚修持，死后灵魂就能升天。只有道教认为人可以不死，肉体就能成仙，白日飞升。晋代的葛洪在《抱朴子 · 论仙篇》里详细论证了神仙的存在，虽然他巧言善辩，看起来似乎有道理，但事实胜于雄辩，他的神仙理论其实是经不起推敲的，也是被无数事实证明不能成立的。

为了达到成仙的目的，道教徒探索了种种修持方法，如服饵、导引行气、胎息辟谷、存神颂经等，最主要的是炼丹。道教的炼丹分为“外丹”和“内丹”。外丹就是把一些矿物质如丹砂、雄黄、雌黄、磁石等放在炉鼎中烧炼，经过若干次的化学反应，据说就可以炼成“金丹”(又称“还丹”)。只要服用少量的“九转还丹”，人就能成仙，长生不死。这些矿物质往往含有剧毒，许多迷信神仙的人，辛辛苦苦日夜炼丹，

图 7–10 炼丹

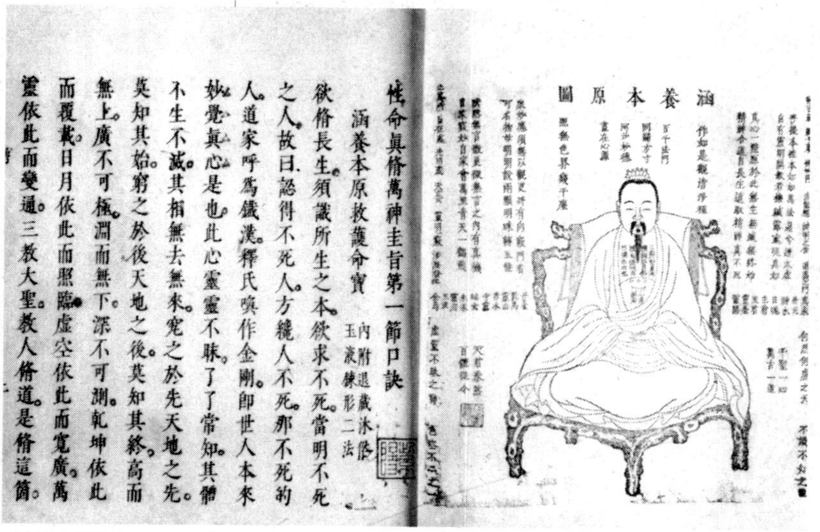

图 7–11 升天传

炼成之后，服食下去，不仅不能成仙，反而中毒身死。所以古人诗中说："服食求神仙，多为药所误。"唐代、明代的好些皇帝也迷信丹药，结果服丹而死。因此外丹术愈来愈不为人所信。

外丹成仙术的失败，给内丹术的发展和兴盛提供了条件。内丹把人体比做炉鼎，以人的精、气、神比做药物，作为烹炼的对象。内丹家以精、气、神为"三宝"，称为"上药三品"，用神烧炼精、气、神，使其在体内聚成"圣胎"，便可以延年益寿。具体说来包括内观、守静、守一、存思、服气、行气。内观是内视自身，澄澈其心。守静、守一、存思是使思想集中于一点，身心俱静。服气、行气则是吐纳天地真气，攻击体内的疾病以养生。这个理论是道教吸取中国古代哲学中关于精、气、形、神的理论加以综合提炼而成的。《太平经》里说："三气共一，为神根也。一为精，一为神，一为气。以三者共一位也，本天地人之气。""故人欲寿者，乃当爱气、尊神，重精。"认为精、气、神本是一个统一体，这个统一体即是"形"——人体。这就是"三者共一位"。所以要求长生就是应当保持精、气、神与形体的统一，这样就可以长存。但事实上形体是不可能长存的，所以道教又认为形主死而精神主生，形体可以死亡，这叫"尸解"；而精神可以长存。按照道教的理论，宇宙万物都是由"道"产生的，人也不例外。"道"本虚无，精、气、神也是由"道"产生的。炼丹就是一个逆转过程，使其返本还原，内丹的修炼过程就是炼精化气，炼气化神，炼神还虚，也就是复归于"道"。

炼内丹当然不能使人长生不死，成为神仙。但内丹在理论上能够贯通起来，首尾一致，自圆其说。因此精、气、神的理论是道教思想中最高的理论。

图 7–12 武当山南岩雪景

三、走进道院宫观

秦汉以前，宫与"室"同义，本指一般的房屋，后来专指帝王居住的宫殿。汉武帝不断建造大量宫、观，以祭祀道教神灵、仙人，后世便把道士供奉神灵、仙人的庙宇也称为"宫"。"观"本是古代宫阙上的小楼，以其可供了望用，故称观。后来也泛指楼台一类的高层建筑。汉武帝为求长生不死，曾命人在多处建筑宫观，希望能够迎来神仙。后来人们便把道士供奉神灵、举行斋醮祈禳活动及平时修炼的庙宇也称为"观"。

当我们漫游于青山绿水之间，拾级登上洞天福地中的道院宫观时，往往会与束发的道士不期而遇。道士，亦称"道人"、"羽士"、"羽客"、"黄冠"、"方士"等，指奉守道教经典戒规、从事各种斋醮仪式的人，一般指信奉道教的宗教职业者。西汉前有"方士"而无"道士"之称，张道陵创立"五斗米道”，后人遂称其徒为“道士”，其名才开始正式使用流行。大凡步入院内，一个偌大的太极图及其两侧的对联就会首先进入我们的视野。上联写着“一生二，二生三，三生万物”；下联则是“地法天，天法道，道法自然”。这副对联，连同由一对阴阳鱼组成的圆形太极图，生动地反映了道家充满辩证法的指导思想。继续前行可以发现古代神话传说、民间故事、历史人物等，都被道教作为神灵来利用，上至玉帝、西王母，下至城隍、土地、门神、灶君等，都是道教信奉的神灵。

道教最初把老子尊奉为最高教主和天神。东晋以后，又把“三清”说成是最高的神，包括三尊天神，他们是：居于清微天、玉清境的元始天尊，居于禹馀天、上清境的灵宝天尊，居于大赤天、太清境的道德天尊，道教把这三位天神奉为“三洞教主”。元始天尊又称“天宝君”，是“三清”中地位最高的天神，早期道教经典中并没有关于他的记载，最早出于东晋葛洪著作《抱朴子》中；灵宝天尊又称“太上道君”，在“三清”中处于第二位；道德天尊又称“太上老君”，道教传说他就是老子，在“三清”中处于第三位。

道教又有“一气化三清”之说，认为“三清”都是元始天尊的化身，他们合则为一股清气，即为元始天尊；化开便成三清。

地位次于“三清”的是称为“四御”的4位天帝，他们是昊天金阙至尊玉皇大帝、中天紫微北极大帝、勾陈上宫天皇大帝、承天效法土皇地柢。玉皇大帝为“四御”之首，也可简称“玉皇”、“玉帝”。道教说仙本是光严妙乐国的王子，后来舍弃王位，到山中修道，度化群生，经过千百亿年方成为玉帝。道教认为玉帝总管天上神事及各界生灵祸福，相当于天上的皇帝；北极大帝在“四御”中排第二，道教说他是辅助玉帝执掌天地、日月星辰和四时气候之神；天皇大帝在“四御”中排第三，道教说他是佐助玉帝执掌南、北极和天、地、人三才之神，他还统管人间的战争之事；土皇地祇又名后土皇祇，在“四御”中排第四，这是一位女神，道教说她掌管阴阳生育、万物之美与大地山河之秀。

图7–13　四值功曹

道教中的王母娘娘，又称西王母，她是中国古代神话中的女神。《山海经》里说她有人的体形、豹子样的尾巴、老虎般的牙齿，喜欢长啸，是一位职掌瘟疫、刑罚的怪神。以后她的形象不断被美化，成为容貌绝世的女神。道教把她说成是掌管女仙名籍的神仙领袖，凡是登仙得道的女子，都归她管。后来在古典小说、戏曲中，还敷演出西王母大设蟠桃盛会的故事。

九天娘娘，又称玄女，她早先是中国古代神话中的女神，道教奉她为神，说她是黄帝之师。当黄帝与蚩尤战于涿鹿时，玄女降临，以兵符、图策、印剑等物授给黄帝，为他制造夔牛鼓80面助战，终于战败蚩尤。道教认为，北斗丛星中，有36颗天罡星和72颗地煞星，每颗天罡星和地煞星就是一位神。道士们也常用符咒请他们降临人间驱鬼伏妖。凡看过古典小说《水浒》的人都清楚书中描写的水泊梁山108将，就是这些桀骜不训的天罡星和地煞星的化身，他们都是从江西龙虎山上清宫的伏魔井中跑出来找大宋皇帝麻烦的。

道教尊奉的值年、值月、值日、值时的神，称为四值功曹。“功曹”本是古代官府中承办具体政务的小官吏，相当于今日市县的科股长。道教认为，在大神之下也设有这类负责传递文书的神职官吏，凡是人间“上达天庭”的表文焚烧后，先由四值功曹接收，再由他们转呈给天神，发挥相当于现代办公室或秘书处的作用。

道教中的六丁六甲属于道教崇奉的12个神。从六十干支来看，六丁包括丁卯、丁丑、丁亥、丁酉、丁未、丁巳，为阴神；六甲包括甲子、甲戌、甲申、甲午、甲辰、甲寅，为阳神。他们被天帝所役使，能行风雷、制鬼神。所以道士们也常用符箓召请他们来人间祈禳驱鬼。

青龙、白虎、朱雀、玄武 4位原是中国古代神道观念中的四方之神：“青龙”(又名“苍龙”)为东方之神，“白虎”为西方之神，“朱雀”(又名“朱鸟”)为南方之神，“玄武”是人们想象中的一种龟蛇合体动物，为北方之神。后来道教常将他们作为护卫神，以壮其威仪。

道教宣称，在黄帝之时，玄武投胎净乐国皇后，生为太子，长大后十分勇猛。以后来到中国，在湖北武当山修炼。42年而功成，于是白日飞升，威镇北方。宋真宗为避讳圣祖赵玄朗，改玄武为“真武”，后世称为“真武帝君”。他的形象一般是披发、黑衣、仗剑、足踏龟蛇，随从人员则手执黑旗。

道教尊奉为泰山之神的东岳大帝，全称为“东岳天齐仁圣大帝”，又称“东岳天齐大帝”，其职能是掌管人间生死。由于历代封建帝王十分注重祭祀泰山(即封禅)，从而不断给他追加各种封号。各地的天齐庙是奉祀他的庙宇，每年夏历三月二十八日是他的祭日。

图 7–14　八仙庆寿

东岳大帝之女叫碧霞元君，统摄东岳神府的天兵，照察人间善恶。宋真宗封她为“天仙玉女碧霞元君”。

中国民间几乎尽人皆知的“八仙过海”指的是古代神话传说中敷演出来的8位道教神仙。自唐朝开始，他们的形象和成仙故事不断在小说、戏曲、绘画、雕塑等文艺作品中得到表现。不过，宋、元时的八仙姓名尚未固定，直到明代吴元泰著《八仙出处东游记》，才确定八仙为李铁拐(亦称铁拐李)、钟离汉（亦称汉钟离)、曹国舅、张果老、吕洞宾、韩湘子、何仙姑、蓝采和等8人。

道教奉之为主功名、禄位的神叫文昌帝君，古代星相家称之为“文曲星”，认为它是吉星，主大贵。

道教与其他宗教一样也有不少节日，例如在农历三月初三西王母生日的那一天要举行盛大的蟠桃会，用蟠桃宴请前来祝寿的各路神仙。道教便于每年的这一天举行盛会，招引香客。旧时北京东便门外的蟠桃宫，届时有三日庙会。

农历正月十九日元代道教祖师丘处机生日的那一天要举行“宴丘节”（燕九节)，每年的这一天，道士们要在他生前修炼的道观，即北京的白云观举行盛大的庙会和祭祀活动。实际上，早在正月初七、初八日开始，就已经有人来此进香了，为的是拜奉本命之神。正月初九日所谓玉皇大帝的诞辰，白云观及其他道教宫观也有祭祀活动。

天师符举例

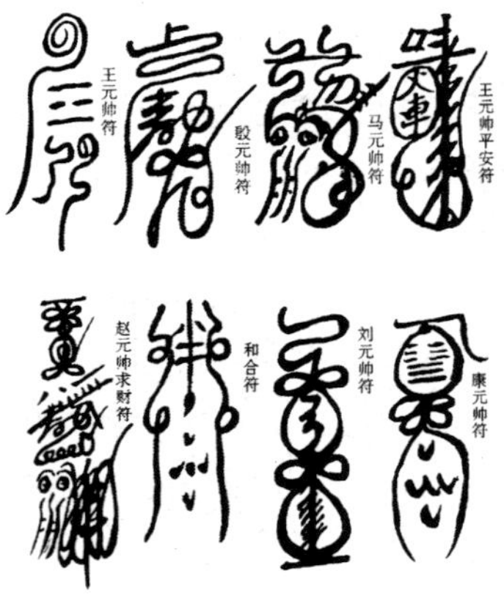

图 7–15 天师符

道教有很多法术，如：在纸上画出一种笔画屈曲、似字非字的图形，说是天神用的文字。写有这种字的纸便称为“符”或“符箓”。道教宣称，把符箓烧掉，同时念动咒语，其符便可上达天庭，延请神灵降临人间驱鬼捉妖，医治疾病。箓，本有“记录”之意，道教的“箓”是指记录天曹各种神官及其职责的名册。道士一旦掌握了符箓法术，就表明他具有了役使天神的威力。

道士把符箓浆烧开水中，或者直接在水中写画符箓，于是便宣称此水具有了某种威力，人喝下去即可医治疾病。这种道教符水以及这种法术，都叫做“符水”。

道教符咒末尾的用语叫“急急如律令”。相当于当今文件、布告中“迅速贯彻执行”的意思，起先源于汉代公文结尾惯用语——“如律令”，强调人们要像对待法律、命令那样认真执行。后来道士借用来放在符咒的末句，并加上“急急”两字表示勒令鬼神迅速执行。

道士设坛拜星斗时举足迈步的动作，叫“步罡踏斗”。据说这种曲折、转动的步法，犹如踏在罡星斗宿之上，因此能够达到遣神招灵的效果。

道教设坛、为禳除灾祟而祭天祷神的一种仪式，叫“醮”。因仪式中要陈设斋供，故又称“斋醮”。这种仪式我们在道教宫观中常可见到。

四、道教对中国文化的影响

道教在发展过程中，对中国古代的思想文化和社会生活的诸多领域起过巨大而复杂的作用，产生了极其深远的影响。首先是对政治和社会生活的影响。在我国漫长的封建社会中，封建王朝大多提倡道教，利用道教为封建统治者服务，所以道教和封建统治者的关系十分密切。历代帝王崇奉道教者甚多，不少帝王还奉道士为师。在封建王朝的大力提倡下，历史上王公大臣以及文人学士信奉道教者，亦代不乏人。在两晋南北朝时代，便出现了许多天师道世家，几乎左右了当时的政局。如当时的著名道士陶弘景就被时人称为“山中宰相”。历代许多道教的领袖人物，不仅管理道教事务，而且还直接参与统治阶级内部的政治斗争，为他们彼此之间的争权夺位出谋划策，在政治上和军事上起着极为重要的作用。与此同时，许多农民起义的领导者，也曾利用道教经典中的某些思想作为他们发动起义的思想武器。东汉末年的黄巾起义就是其中的著名例证。此后利用道教发动起义的络绎不绝，直至清初出现的八卦教和义和拳，都和道教有一定的关系。所以，道教在下层群众中的社会影响，也是非常广泛和深刻的。许多民间信仰和民间习俗，亦是从道教活动转化而来。因此，道教与中国古代的政治和社会生活，有着极密切的联系。

其次是对思想文化的影响。道教在长期发展的过程中，与儒、释之间，一方面互相排斥，互相斗争，另一方面互相吸收，互相融合，从而促进了中国学术思想的发展。宋明理学的形成，正是儒学家吸取了道、佛思想影响的结果。道家和道教，都特别重视自然观的探讨，这方面的许多观点都为后世的儒学家所借鉴。道教的大量戒律和劝善书，包含了许多伦理道德的思想，不仅对道教的发展有重大的意义，而且曾经产生过广泛的社会影响。

再次是对文学艺术的影响。道教对中国古代文学艺术的影响也是非常突出的。从题材上看，历代以道教神仙思想为题材的作品，充满于诗、词、歌、赋、戏剧、小说等文学形式之中。魏晋南北朝的“游仙诗”，就是抒写神仙漫游之情的一种诗歌。唐代道教兴盛，反映在诗歌里，以神仙思想为题材的作品相当多，成为唐代诗歌门类之一。唐代原籍四川江油青莲乡的诗圣李白，正是反映道教思想的杰出诗人，他的不少作品堪称神仙诗的代表。在宋词中，反映道教活动题材的作品也是相多的，而且不少词牌其得名即来源于道教的有关神仙故事。在元代戏曲中，反映道教神仙人物的戏曲特别突出，文学史家称之为“神仙道化剧”。明代的神魔小说中，属于道教神仙人物的故事也不少，除散见于“三言”、“二拍”的若干短篇之外，长篇以道士陆西星所作《封神演义》(一说为许仲琳所作)最著名。道教对文学的影响不仅反映在题材方面，而且也反映在文体上，如步虚词、青词等，都是渊源于道教的仪式活动。道教注重写经，而写经比较讲究书法，故道教对书法也有很大贡献。两晋南北朝许多奉道世家，同时又是书法世家，王羲之父子、高平郗氏、杨羲、许翙、许谧等道教徒，都以书法名世。其他如唐之颜真卿，元之赵孟頫，皆是道教的信奉者，又是著名的书法家。道教对绘画亦有影响。晋代的顾恺之，就是一个受道教思想影响较大的画家。唐代有“画圣”之称的著名画家吴道子，改名道玄，仅从名字上就可看出受道教影响。还有不少画家，如唐之张素卿，元之马臻、方从义、张雨等，本身即是道士。道教重视醮仪，故亦重视音乐。道教音乐在吸取各个历史时期民间音乐特长的基础上，逐步形成了自己独持的风格和体系，对中国古代音乐的发展有着重要影响。盛唐时的乐舞《霓裳羽衣舞》等，很明显地是道教音乐影响的结果。直至今日驰名中外的云南丽江纳西古乐也是古代道教音乐的承传。此外，有关道教的雕塑、石刻、建筑等等，都各具特色，对这些艺术形式的发展都曾产生过一定的影响。

同时，道教对我国古代科学技术的发展也产生过重要影响。道教为了追求长生，从开创起便十分重视修炼方术。它所追求的目标是一种幻想，但通过各种修炼方术，客观上却为中国古代科学技术的有关领域积累了许多有价值的资料。丹鼎派道士的炼丹术，为近代实验化学的产生提供了条件，可以说它是近代实验化学的前驱。道教因为企求长生，所以对医学特别重视，葛洪曾撰有《金匮药方》、《肘后备急方》等医学专著，其中有关肺结核病、烈性传染性天花、狂犬病等的记载，在世界上属于最早，在医学史上有极其重要的价值。陶弘景撰有《本草经集注》七卷，为一部系统整理《神农本草经》和全面总结梁以前药物学方面成果的巨著，对隋唐以后的本草学研究产生过深刻影响。他还撰有《药总诀》、《补阙肘后百一方》、《效验方》等实用医学的专书，这在当时也起过很大的作用。唐代道教学者孙思邈，更是这方面的杰出代表。他所撰的《千金要方》30卷，其内容之丰富，规模之宏大，为前此各种医著所不及，被誉为我国最早的一部临床实用的百科全书，具有很高的学术价值和实用价值，对祖国传统医学的影响极其深远。道教的养生术，与预防医学紧密结合，是祛病延年的重要手段。道教的内丹修炼方术，为气功学的发展奠定了基础。

第六节 隋唐的与民休息

一、真正与民休息

尽管汉武帝后各朝不再把黄老之学作为治国之策，但每当“合久必分，分久必合”的社会大动荡之后，黄老之学的轻徭薄赋仍然不止一次地被新上台的统治者所采用，成为恢复社会稳定和经济重建的利器。

公元589年隋军灭陈，结束了长达370年的分裂割据局面，再经过隋末农民战争的洗礼，于公元618年又建立起唐王朝，大一统的隋唐两朝为了稳定社会秩序和恢复农业生产，都采用过清静无为的政策。唐太宗在贞观初就向大臣们坦言：“国以人为本，人以食为命，若禾黍不登，则兆庶非国家所有。”为此，隋唐统治者制订和实行了一系列有利于农业发展的切实措施。

隋文帝、唐太宗都非常关心均田制的实行，尤其是在“狭乡”的落实。隋文帝曾于开皇十二年(公元592年)“发使四方，出均天下之田”。唐太宗到临潼视察，亲自过问当地均田制实施的情况。在出土的敦煌文书中，有请田、给田、欠田、退田等各种详细的原始记载，说明均田制无论是在内地还是边远地区都得到认真实行。均田制虽然没有触动原有的私有土地，但迁民实宽乡及不足者请受，大都是在荒地上进行的，因此均田制无论在宽乡还是狭乡都具有开垦荒地、扩大耕地面积之作用。

隋朝立国之初沿用北齐北周的赋役制度，男子18岁成丁，承担国家的徭役赋税，60岁为老，方可免除。每丁每年服役30天；向国家交纳的租调为：粟3石，绢1匹（合4丈），绵3两。史称隋文帝“爱养百姓，劝课农桑，轻徭薄赋”，开皇三年（公元583年），隋文帝下诏改革：“初令军人以二十一成丁，减十二番，每岁为二十日役，减调绢一匹为二丈。”平陈之后，隋文帝又下令：“江表初定，给復十年，自余诸州、并免当年租税。”开皇十年五月，“又以宇内无事，益宽徭役赋，百姓年五十者，输庸停放（防）。”唐承隋制，将这一措施发展为租庸调制，田租减为2石，并将输庸代役的措施制度化。这在不同程度上松解了农民对封建王朝的人身依附关系，起到了解放生产力的作用，从而推动了农业区的发展。

贞观二年（公元628年）唐太宗在谈及农本政策时说："夫不失农时者，在人君简静乃可致耳。若兵戈屡动，土木不息，而欲不夺农时，其可致乎？"因此在国事的安排上，唐太宗一直把"不失农时"置于首要地位。如贞观五年（公元631年）皇太子将行加冠大礼，礼部官员根据阴阳家理论，提出"宜用二月为吉"。加冠礼是非常隆重的大型活动，需用人力较多，而二月正是春耕农忙之时，唐太宗不顾大臣劝阻，宁愿屈礼而贵农，他说："吉凶在人。若动依阴阳，不顾礼义，吉可得乎！循正而行，自有吉会。农时最急，不可失也。"即使一些必须征发的徭役，如贞观初为防备突厥侵边修葺长安城墙，当麦收农忙到来时，亦停止施工让民工放假回家收割麦子。

二、卓著的效果

中国古代人少地多，农业生产的发展劳动力多寡强弱是位居第一的决定因素，由于隋唐两代在开国之初实行了黄老之学的轻徭薄赋政策，使得人户迅速增加。隋代在公元589年平陈时统计全国总户数为700万，15年后迅速增至890余万户，4600余万口，已接近东汉最高水平。隋末大乱，户口锐减，"黄河之北，则千里无烟；江淮之间，则鞠为茂草"。新建立的唐皇朝一片残破，高祖武德年间（公元618—626年），户数仅存200万，太宗贞观年间（公元627—649年）才达300万户。但"贞观之治"奠定了唐朝日后发展的基础，使社会经济走上正轨，经过高宗和武则天时期半个世纪的发展，至公元705年，全国户口已达615万户，3714万口。国家元气得到恢复，并在玄宗开元、天宝年间进入快速发展时期，开元十四年（公元726年）户数超过700万，人口超过4000万；天宝年间（公元742—756年）达到顶点，户数突破900万，人口突破5000万。若算上破产逃亡，依附豪门，脱离国家户籍的隐漏户口，实际人口逾8000万。与历史记录相比，人口总量已超过两汉。

第七节 两宋黄老治蜀

北宋灭后蜀之初，出于对后蜀臣民的歧视，曾一度实行掠夺、压榨政策，以至蜀民不堪忍受，爆发了王小波、李顺起义。起义军聚众至数十万人，还攻占了成都。这次起义震惊了北宋朝廷，真宗下诏"罪己"，承认苛政和用人不当给蜀人带来了苦难，从此改行黄老之学治蜀，使蜀地的经济得以恢复和发展。

一、选贤任能

北宋太宗、真宗、仁宗三朝十分重视治蜀人才的选任，先后任用善体民情、政绩卓著的张泳、任中正、薛奎，程琳、韩亿、蒋堂则、田况等干才入蜀主政，他们兴利除弊，造福一方，深受蜀民爱戴。凡属昏庸无能、敛财害民、幸进邀宠之辈，或被撤职、降职，或被调离蜀地，迅速处理，不让他们贻误大事。朝廷还经常派大员入蜀明察暗访，了解官吏贤愚，奖惩分明。对政绩优异、才识出众的好官，如袁逢吉、马亮、丁谓、章频、黄梦松等人，则破格擢升，委以重任。整顿吏治的结果，给蜀地带来了弊绝风清、百年安定的社会环境。

王小波、李顺起义后，入蜀主政的官员都特别重视发现和培养蜀地人才。张泳主政时，注意到蜀地学者只愿做学问，不愿入仕做官的倾向，他主动结交学者，鼓励他们参加科举考试，他器重的张及、李畋、张逵都登科高中，成为栋梁之才。北宋朝廷还制定特殊政策，以吸引蜀地人才脱颖而出，如真宗大中祥符三年（公元1010年）下诏，准许四川在推荐举人名额外，增加3名，天禧四年（公元1020年），准许蜀地推荐人才，不受名额限制。地方官也积极兴学校，办书院，大力培养人才，后来由于推荐人数过多，仁宗天圣二年（公元1024年），才重新规定了推荐限额。宋王朝在蜀地开发智力成效很大，蜀中读书之风大为兴盛，蜀人总体素质提高，蜀版书、蜀学为世所重。巴蜀人才辈出，造就出数量众多的第一流人才，如陈希亮、三范(范缜、范祖禹，范冲)、吕陶、四陈(陈竹华、陈尧叟、陈尧佐、陈尧咨)及二李(李焘，李心传)、唐慎微、秦韶九、张浚、魏了翁、虞久文、张拭等等。

二、高潮迭起效益显著

宋代中央和地方都特别重视农田水利建设。不仅对原有水利工程加强管理，颁行了质量标准和岁修制度，而且兴修了不少大、中、小水利工程。宋太祖乾德年间（公元963—968年），成都知府刘熙古整治了成都北郊九里堤，兴修了縻枣堰，提高了成都平原农耕的经济效益；仁宗时(公元1023—1063年)，韩亿任益州知州，疏通了九升江口，灌溉农田数千顷；神宗熙宁七年（公元1074年）大旱，蜀州(今崇庆县)知州黎希声以工代赈，组织3000饥民兴修了蜀州新堰，灌溉农田39万余亩，受益农户5000余家；哲宗绍圣年间（公元1094—1098年），时任司理张唐英在崇宁唐昌捐舍筑新堰，溉田数千亩，后人誉为“司理堰”；徽宗崇宁年间(公元1102—1106年)，华阳县令赵申锡修复了原可灌溉3万余亩的沙坎堰。水利设施的全面改善，保证了成都平原农业的持续稳产、高产。

南宋时期，随着北方移民大批入蜀，带来了丰富的资金和劳动力，蜀地水利灌溉工程的建设达到前所未有的规模。高宗绍兴十五年（公元1145年），眉州知州勾龙庭修复通济堰，灌溉眉山、彭山、新津田34万余亩；绍兴十七年至二十一年(公元1147—1151年)，四川安抚制置使李璘持修复了眉州(今眉山县)三江堤堰，溉田百万顷；绍兴（公元1131—1162年）末，四川制置使王刚中疏浚成都万岁池，溉田三乡；孝宗乾道四年（公元1168年），九龙知县梁介修复彭州九龙等3县十余堰，长70余里；宁宗嘉定年间，眉州知州魏了翁主持修复了蟇颐堰，灌溉眉山、青神等县农田7.2万余亩。

与此同时，农业技术也得到改良。朝廷颁行农书《四时纂要》、《齐民要术》，州县地方官每年还散发《劝农文》。为了保证农田耕作，四川地方官还鼓励农民繁育耕牛，每逢牛生双犊，都要作为大喜事报告朝廷。北宋时期，四川耕牛还大量供应长江中游地区。因此，两宋四川农业进入精耕细作，一年三、四熟的水平。苏轼称成都平原是“千人耕种万人食”，粮食生产自给有余，南宋时还负担川陕战区的军粮150万斛。在农业发展的基础上，经济作物普遍种植，北宋神宗时，茶叶年产量已达3000万斤；南宋时，成都、利州两路即达2102万斤，超过东南地区的总和，是茶叶主产区。手工业如纺织(蜀锦、蜀布)、井盐、造纸、印刷、酿酒、陶瓷、造船等，都处于全国领先地位。

第八节 清初的轻徭薄赋

一、首除“三饷”

明末清初的连年战乱，使社会经济遭到了严重的破坏。清政府为了满足王公贵族以及八旗官兵的需要，又实行圈地政策，更使一些地区特别是北京周边地区的经济再度萧条。但是，在新旧王朝交替之际，统治者不可能不注意到政策的更张，不可能不将传统的藉以笼络人心的“轻徭薄赋”旗帜再度张扬起来，这也就是所谓的“收拾民心，莫过于‘轻徭薄赋’”。对此，顺治帝在顺治三年（公元1646年）的上谕中曾作过明确的宣示：

“国计民生，首重财赋，明季私征滥派，民不聊生，朕救民水火，蠲者蠲，革者革，庶几轻徭薄赋，与民休息。而兵火之余，多借口方策无存，增减任意，此皆贪官猾胥，恶害去籍。将朝廷德意，何时下究?明季丛蠹，何时清理?今特遣大学士冯铨前往户部，与公英俄尔岱彻底查核，在京各衙门钱粮数目，原额若干?见今作何收支、销算?在外各直省钱粮，明季加派三项，蠲免若干?见在田土，民间实种若干，应实征、起解。存留若干?在内责成各该管衙门，在外责成抚、按，严核详稽，拟定《赋役全书》，进朕亲览，颁行天下，务期积弊一清，民生永赖，称朕加惠元元至意。”

自从明代实行“一条鞭法”之后，赋与役合一，随地亩征收钱粮，“薄赋”也就意味着“轻徭”。早在顺治元年（公元1644年）七月，为了实现“我朝革命，首除三饷，与民休息”的黄老之政，清政府以摄政王多尔衮的名义发布文告，“前朝弊政，厉民最甚者，莫如加派辽饷，以致民穷盗起，而复加剿饷，再为各边抽练，而复加练饷，惟此三饷，数倍正供，苦累小民，剔脂刮髓。远者二十余年，近者十余年，天下嗷嗷，朝不及夕。更有召买粮料，名为当官平市，实则计亩加征……自顺治元年为始，凡正额之外一切加派，如辽饷、剿饷、练饷及召买米豆，尽行蠲免。各该抚、按即行所属各道府州县、军卫衙门大张榜示，晓谕通知，如有官吏朦胧混征暗派者，察实纠参，必杀无赦”。宣布废除明末在田赋中征收的辽饷、剿饷、练饷等“三饷”加派。此后，在顺治帝抵北京登基后的顺治二年（公元1645年）四月六日、顺治四年（公元1647年）二月七日又屡屡以皇帝的名义重申。终顺治一朝，有关废除明末加派的谕旨多达10余次，足见清廷对轻徭薄赋，维持社会稳定的重视，和实际执行中的困难。

二、永不加赋

清政府还实行盛世滋丁，永不加赋；摊丁人地，无地无课。即将康熙五十年（公元1711年）人口定为常额，以后新增人口不再加税；同时将此年固定下来的

2462万余丁和325万余两丁银，平均摊入全国各省、府、州县地面征解。地丁制度推行后，对经济的恢复和发展产生了促进作用，大大调动了农民的生产积极性，也起到了维护社会安定的作用。地丁制度不仅保护了农民的利益，而且增加了政府的财政收入。当然这一政策也有副作用，它与玉米、蕃茹、马铃薯等旱地高产作物的引进和推广一起使中国人口骤增，从顺治十七年（公元1660年）至道光十七年（公元1837年）的177年间，全国人口从1908.95万人猛增到36169万人，净增17.95倍。

三、优恤治蜀

由于晚明官军对蜀地张献忠大西农民起义军的镇压和清兵在蜀省进攻民间反满武装，使得四川人民死于战乱和四处逃散者甚多，境内瓦砾遍地、田地荒芜，生机大减。康熙（公元1662—1722年）初年，四川巡抚张德地题报蜀民情形道："臣奉命抚蜀，由广元入境，沿途瞻望，举目荆榛，一二孑遗，鹑衣菜色，见臣经临，环臣号泣。称自遭屠惨，旄倪殆尽……"四川方圆"数千里内，城郭无烟，荆棘之所丛，狐豺之所游……"资州在明末时还有1240户，22815口人，康熙元年(公元1662年)仅有74户；简州在万历（公元1573—1620年）时有人丁8495，晚明兵荒之后仅留14户；人口较多的苍溪县在顺治十年(公元1653年)时也只剩下85户；温江县百姓几乎灭绝，仅存范、陈、卫、蒋、鄢、胡数姓，不足30户；一个生机勃勃的东至县也只剩下了26户。四川全省人口，在明代万历时为262694户，3102073口，679337丁，可耕农田有13万顷；到顺治十八年(公元1661年)时，仅有16000多人丁，1.40万顷土地，直到康熙初年还仅为18509丁，1.72万顷土地。同时，境内各府州县的耕畜、农具及渠井堤堰等生产设施被毁，以至连庄屋、山棚、林木都被军士大量点火引烧。遍视蜀中全貌，基本的农业生产力、生产资料和农业生态环境皆遭受到极度破坏，四川农业受到了毁灭性的打击。为了恢复农业，清政府在四川采取了招民屯垦，轻徭薄赋、与民休息的政策，使四川农业经济得到了迅速恢复和发展。

顺治元年(公元1644年)，清政府参照历史上的恤民之法，向民间许诺：凡被招徕垦种的流民和贫穷客户，皆由国家提供牛具和种子，助其复业归农。10年后，朝廷又重申这一政策，并进一步规定，"四川荒地官给牛种，听兵民开垦，酌量补还价值。"为助民解决牛具籽种问题，政府户部的国库，拨出称为牛具银的支农专项经费，通过州县官吏发到垦户之手，令百姓自己分头置办。这批专款地方官通常皆以借贷的形式发放，限3年之内还银归库，免付利息。有时在购置困难的情况下，也曾出现过地方官府为民代劳，直接以实物供应方式将耕牛和种籽及时送到农民手中的事例。如顺治五年(公元1648年)，四川巡抚李国英利用朝廷下拨的5万两牛种银，派人到陕西购买耕牛1272头，还有白米、粟米、黄豆、小麦等各类籽种4900余石，交给"保宁、顺庆、龙安、潼川等属兵民"。清政府在助民春耕播种，从事粮食生产的同时，还曾向民间承诺：各处荒土，谁开垦则归谁所有，土著居民与外来客户皆一律对待。通过授民田产，以安人心。康熙也继续推行这种便民政策，并且还颁布了另外一些有关的惠民措施。康熙二十九年(公元1690年)规定：各地衙门要适当出官款资助流民入迁，凡外省流寓四川垦荒之民，将新开之田给为私产。外省来四川垦殖者，全可入籍，并许其子弟入籍参加当地科举考试。这种安置客户政策为民排忧解难，深受农民群众的欢迎。

顺治十四年(公元1657年)，朝廷根据一些地方官员的建议制定了一套垦荒考成办法，规定：总督、巡抚级官员，能在一年内招民垦荒至2000顷者记录，6000顷以上者加升一级；道员、知府督垦1000顷以上者记录，2000顷以上者加升一级；知州知县能督垦100顷以上者记录，300顷以上者加升一级。同样，若开荒不力者，无论是哪级官员，皆受处罚。康熙七年（公元1668年）又特别宜令，“无论本省外省文武官员，有能招叁拾家入川安插成都各州县者，量与记录一次，有能招陆拾家者，量与记录二次，或至百家者，不论俸满，即准升转。”三年后，清政府再次规定：“蜀省现任官员，如招(外地人)民三百户，既经安插者，该督抚核明，具题之日，准加一级。”可见，以经济工作为中心自古即有，只不过清初的表现形式是招民垦荒，发展农业生产，当今社会则是招商引资，发展工商业罢了。

清代考成法的记录是由省负责，升级则须报吏部批准，一般至少有3次以上的政绩记录才能晋升一级。这种官员的考核办法不但是官员升迁的依据，也是其本人将功补过的档箭牌，若遇官员犯错误要罚俸时，可以用扣除记录次数来弥补，若要降级时也可用晋升的级数来抵御，这种将功补过的考核办法对调动官员的工作积极性起到了一定的作用，值得当今有关部门借鉴。

顺治十一年（公元1654年）规定，在四川重新复业或新来蜀地者，不必马上承担官派徭役，准许宽限5年，限满后开始当差。康熙十九年（公元1680年），朝廷严禁四川地方衙门向民间勒索夫马酒食等杂役银。康熙三十一年(公元1692年)，清政府又明令：蜀地以后杜绝再搞帮帖名目，以免百姓负担过重而妨碍其生计。自“甲申开国”后的“百余年来，民间安之若素，并无困于供亿之扰。”四川的人丁编审制度也较其他各省为宽，其中本省的东川和会理免除人丁编审，云阳县在康熙四十年(公元1701年)才开始编审人丁，确定丁徭。到康熙末年，四川全省人户总数为579309户，当差人丁275474丁，平均每户出0.47个丁。而其他省所编则相对较重，每户平均编差1—5丁。

以轻徭薄赋为诱导的招民入川垦荒运动，历史上称为“湖广填四川”，它使四川人口从康熙初的50万人，到移民浪潮进入尾声的雍正二年（公元1724年），激增到204.6万人。39年间，净增人口154.66万人。移民大规模入川和各项垦殖优惠政策的实施，使四川社会经济在短短数十年内，得到恢复和发展。垦田数从康熙十年（公元1671年）的1.48万顷猛增到雍正六年（公元1728年）的43万余顷，耕地面积净增29倍多。都江堰水利工程在战乱中破坏严重，经地方官多次组织岁修扩建，至雍正八年（公元1730年），已能灌溉成都平原9县76.05万亩土地，大大超过了历史上的最高水平。在此基础上，粮食作物稳产高产，经济作物种类繁多，农业的商品化趋势十分明显。手工业如纺织、井盐、矿业、造纸、酿酒、陶瓷等业，经营规模很大，生产过程已经实现专业化分工。粮食和各类农产品、手工业产品已大量运销云南、贵州和长江中下游地区。

第九节 黄老之学的现代思考

无为而治是黄老之学的精髓，它由三方面内容组成，首先是老子的“我无为而民自化，我好静而民自正，我无事而民自富，我无欲而民自朴”的“无为”；其次韩非的“君道无为，臣道有为”的“无为”；再次是《淮南子》积极的“无为”，他强调人的主观能动作用，认为客观世界是可以改造的，人们既要与自然和谐相处又不应消极地等待自然的恩赐，而应当积极地去创造。这三方面的“无为”不仅在两千多年来的中国古代放射过璀璨的光芒，直到今天，对现代社会仍然具有指导和借鉴作用。

一、过度“有为”的前车之鉴

纵观古今中外，大凡有为的政府，其政府行为按动机大致可分为两大类型。一类是为了满足少数人或个人私欲的有为，即人们通常所说的“恶意”的有为；另一类是为公的有为，也就是人们通常所说的“善意”的有为。一般说来，人们对恶意的有为大多能看得清楚，想得明白，而对善意的有为，在观察接受的过程中却往往不得要领而产生迷惘。在社会经济文化高度发达的今天，政府的“有为”大多是善意的，然而善意的行为并不等于合理的行为，未必都能取得良好的效果。不仅如此，善意的动机往往还能起到一种掩饰作用，它使得好大喜功、热衷升迁、急功近利、追求政绩，以至于主观武断、滥用权力等行为不易被察觉，在为“公”的幌子下给一个单位，一个地区甚至给国家和民族带来巨大的损失，使社会的发展出现曲折或倒退。我国在这方面有许多惨痛的教训值得记取。例如十年“文革”，由于对国内阶级状况和国际国内的政治形势作出了错误的分析和判断，致使全国人民在无谓的阶级斗争中耗费了大量的时光，耗费了大量的财力和物力，严重阻碍了国家政治经济的发展。1958年的大跃进运动，由于认识上的偏差和主观武断，片面追求一大二公，幻想跑步进入共产主义，致使浮夸风、瞎指挥盛行，严重违背经济发展的规律，使我国国民经济受到严重的破坏，以至于20世纪60年代初成千上万的老百姓因营养不良而患浮肿病直至饥饿而死，这些都是不适当的“有为”造成的，都是政府对经济、社会生活过度干预的结果。如果我们的社会管理者能够懂得黄老无为而治的道理，能够遵循社会经济发展的客观规律，不强为、不妄为、不过度为，这些惨痛的损失是完全可以避免的。如果在此基础上，顺乎时代潮流逐步走向“小政府，大社会”，健全和发展各种社会组织，建立服务型的有限政府，中国就能迈进庶民百姓更加有为的现代公民社会。

二、寓“有为”于“无为”之中

治国重在理财。理财首先要有明确的理财思想。从历史上看，汉初吸取暴秦失天下之教训，在黄老之学的“无为而治”、“与民休息”思想指导下，实行“三十税一”的财政政策，从而出现“文景之治”。唐太宗“去奢省费、轻徭薄赋、选用廉吏”，并省州县，紧缩开支，而有“贞观之治”。亚当·斯密根据自由资本主义发展的需要，提出“自由放任”的政策，政府为资本主义充当“守夜人”，促进了自由资本主义的发展。凯恩斯则根据垄断资本主义的发展，依据其所创立的宏观经济学理论，提出了国家干预经济的财政政策和货币政策，并为各国所运用，缓和了资本主义的经济危机，促进了战后资本主义繁荣。相反，治国理财思想混乱，或者官吏贪赃枉法、赋役沉重，轻则使民众“饥寒切身”，重则“官逼民反”。这已是人类社会几千年历史反复证明的不争事实。

近几十年来，世界各国运用财政手段刺激经济发展大抵有两种办法：一种是政府通过增发国债用于直接投资；另一种是减免税，进行间接调控。前一种是黄老之学的“有为”，国际上称为扩张型的财政政策，中国人喜用褒义词称之为积极的财政政策；后一种则是黄老之学的“无为”。从长期效应看，后者胜过前者。

要走“无为”的减税之路，就必然会影响政府的财政支出，因此节支便成了不可回避的实际问题。尤其是世界经济论坛2003—2004年度《全球竞争力报告》中所反映的中国政府财政开支过大，行政成本过高的问题应该引起我们的深思。报告表明，中国的国际竞争力排名继续下滑，比上一年度又下降了4位。导致下滑的重要原因，在于中国的公共制度改革指数和宏观经济环境指数继续出现大幅度下滑，前者下滑14位，后者下滑19位。还有一个重要原因是考核评价指标的调整，其中一项“政府开支”调整为“政府浪费”。

把“政府开支”改为“政府浪费”虽系老外所为，针对的是所有列入国际竞争力排名国家的政府，但对中国的国情似乎更具针对性。特别是如何精兵简政，省费去奢，裁汰冗员冗官，降低行政成本，提高财政资金的使用效率，应该引起我们的足够重视。

马克思把经济增长分为外延式和内涵式，也就是对应于我们经常说的粗放型和集约型。诺贝尔经济学奖得主阿瑟·刘易斯把经济机会分为外生的经济机会和内生的经济机会。若用黄老之言来叙述，则分别是“有为”的经济增长和“无为”的经济增长。在经济发展的初始阶段，为了利用外生的经济机会而搞外延式的“有为”增长是符合比较优势原理的，尽管要付出一定的代价——在很大程度就是所谓的“以资源换增长”。但是，当经济发展到一定阶段以后，这些外生的“有为”机会就会逐渐失去可持续利用的空间，再走外延“有为”之路就不符合我们的比较优势了。特别是中国经济面临着资源约束和环境约束，今天这些局限条件已经成为了转型理论所说的“有效约束”或者激励理论所说的“紧约束”，对经济发展的束缚作用越来越大。这个时候就需要我们逐步利用内生的经济机会，学会走内涵式经济增长的道路，用经济增长理论的话说，从注重生产要素的“有为”投入到注重生产技术的“无为”进步，从注重“有为”的物质资本数量到注重“无为”的人力资本质量，从而在整体意义上整合和提高全要素生产率，这才是决定长期经济增长和经济发展的关键。因此，让“有为”的中国经济回归到“无为”的发展中去是当务之急。

三、与自然和谐相处

人与自然的关系从“无为”到“有为”经历了三个历史演变过程。在原始发展时期，人类崇拜依附于自然，匍匐在大自然的脚下；在农业文明时期，人类开始“有为”起来，利用、改造自然，对自然进行初步开发，但没有脱离在“无为”中实现“有为”的轨道；进入工业文明时期，人类控制、支配自然，以自然的“征服者”自居。尤其是到了近代，人类开始直观地认识到人的生存和发展主要不是依赖自然的给予，而是依赖自己对自然的改造。为了有效地“改造自然”，人们不惜把对自然规律的“正确认识”看得轻而易举，并加以夸大和绝对化。随着对自然控制与支配能力的急剧增强，以及自我意识的极度膨胀，人类开始一味“有为”地对大自然强取豪夺，从而激化了人与自然的矛盾，加剧了人与自然的对立，人类也不得不面对人口剧增、能源短缺、臭氧层破坏、全球变暖、大气污染、水资源缺乏、森林锐减、土地沙化、水土流失、物种灭绝等生态危机的种种现实。

为了扭转危局，我们有必要从现在开始，把促进当前的经济、社会发展和保障未来的持续发展统一起来，积极地以黄老“无为”为指导，肩负起自己的责任，自觉地调整自身的行为，力求正确认识和运用自然规律，在“无为”中实现“有为”，通过相互依赖、互惠互补，与自然界和谐相处、协调发展，最终达到“既改造自然，又不破坏自然；既满足当代人的需要，又不对后代人满足其需要的能力构成危害的发展”的目标，以便全面长远地为人类创造良好的生存条件，逐步提高生活质量，推动整个社会走上生产发展、生活富裕、生态良好的文明发展道路，创建一个崭新的人类文明，一个可以永续发展的社会。

第八章　财税驱动佛教中国化

上小学时，不少人都读过《西门豹治邺》的故事，其中西门豹大破“河伯娶妇”的片断令人拍案叫绝。故事说，魏国的邺县（在今河南安阳和河北临漳一带）地处魏国和赵国的交界处，是兵家必争的战略要地。公元前400多年，为了加强边防，魏文侯任命西门豹为邺县县令。他一到任，只见流经邺县的漳河河水混浊汹涌，周围田地荒芜，城镇萧条，人烟稀少，到处是一片凄凉景象。后来询问当地父老才知“河伯娶妇”把大家弄得民穷财尽。原来漳河年久失修，夏秋雨季，每遇暴雨便泛滥成灾，人们就认为是得罪了河伯的缘故，于是大家就在沟通人神关系的巫婆的撮合下，集资帮助河伯娶媳妇消灾。全县不仅每年集资钱财达二三十万之多，并且每次都活生生地将一位美貌的青年女子送入水中，嫁给河伯为妻，既伤财又害命。充满唯物主义思想的西门豹为了冲破这一陋习，在举行祭神仪式上故意让巫婆将所谓拟嫁的美女送上案前，他仅仅看了一眼，便皱起眉头，说这个青年女子太丑了，河伯肯定不满意要她日后重新选一个。巫婆不从，谎称若不按时将人送去河伯会发怒，他就当即喝令随从将巫婆抛入水中，让她去通知河伯，改天邺县再将美丽的女子送上，结果下水的巫婆很久都没有上岸报告消息，他便继续要把小巫婆抛入水中，最后巫婆们求饶了他才罢休。

至于著名的“曹娥寻父”的故事，也是说在汉代时，今浙江上虞一带的老百姓通过神汉祭河伯来祈求风调雨顺。作为当时主持仪式的曹娥父亲，在沟通人神的过程中不幸失足落水，没了踪影，孝顺的曹娥历尽苦难和波折，最后跳入河中，负父尸而上成全了人生的孝道，从此这条浙江中部的著名河流被命名为曹娥江，以纪念这位值得人们怀念的“孝女”。可见在古代这种祭祀山水的活动从北到南，从东到西十分流行。其实古人这种祀水祭山、祈求风调雨顺的活动，就是人类社会最早的宗教。

宗教是一种奇特的文化形态。就其本质而言，宗教是人对客观环境(包括自然界和人类社会)的自我感觉、认识并加以解释的结果。不论哪一种宗教，都相信在现实世界之外，存在着一种超自然、超人类的神秘境界和神奇力量，主宰着自然和社会，并叫人甘愿承受现实的苦难，而把希望寄托于来世、天国、彼岸或神仙境界。一般宗教都宣扬顺从、忍受和超阶级的友爱，且把自然和社会现象的因果关系归结为宿命论。尽管历史上也有过劳动人民利用宗教作旗帜进行反抗、起义的事实，但宗教最终不能引导人民取得胜利。

但这绝不等于宗教文化毫无价值可言。恰恰相反，由于宗教在很长一段时间内影响了人类的思想感情和生活方式，因而它是我们了解、认识人类历史和民族文化最有价值的社会现象之一。宗教所创造的文化成果，更是人类共同的财富，是任何人也抹杀不了的。如果说科学精神是真理的文化，人文精神是美好的文化，宗教精神则大多蕴含着善良的文化内涵。

中国同世界上其他文明古国一样，早在原始氏族社会就已经形成了灵魂和鬼神观念。进入阶级社会以后，又逐渐产生万能的至上神(上帝、天)观念，经商周至秦汉，形成相当完备的崇奉天帝和祭祀鬼神的宗教理论体系。两汉之际佛教传入中国，它既对中国的传统思想文化和宗教观念发生重大影响，同时佛教本身也在不断适应中国传统思想文化的过程中发生变化，从而使得佛教逐渐演变为中国的民族宗教之一。道教是中国土生土长的一个主要的民族宗教，它虽以黄老学说为基础，并吸收传统的鬼神观念和迷信方术而形成，但它在发展过程中同样受到佛教的影响。佛、道两教在发展中都受到占统治地位的儒家学说的制约，宋代以后儒释道三教合流的趋势日益显著。伊斯兰教在唐代传入中国，元明以后也有较大发展。明清时期，白莲教、罗教等民间宗教及带有浓厚宗教色彩的秘密结社迅速发展。这些主要宗教对中国古代历史和文化都产生过不同程度的影响。

第一节 多种信仰与三大崇拜

中国古代文明是一种农业文明，传统的农业经济以自耕自足的小农经济为本。这种经济基础便导致了中国人急功近利，讲究现实利益的文化心态，常常“临时抱佛脚”的宗教信仰也以谋求对现实的生产和生活有直接的救助为目的。因而中国人崇尚多神信仰，甚至对直接影响其生活的生存环境产生执著的崇拜。在我们中国人眼中，物物是神，处处有神，什么天神、地神、日神、月神、风神、雨神、旱神、火神、山神、河伯……不一而足，即使是烧火做饭的灶头也有灶王爷把守，家门口则有门神守护。

中国的原始宗教也同其他各国一样，有自然崇拜、灵物崇拜、图腾崇拜、祖先崇拜、英雄崇拜和灵魂崇拜等多种形式。但比较而言，中国人对天地、祖先、君师的崇拜最为突出，这三大崇拜体现了中国古人对这三者的认识。《荀子·礼论》载荀子曾说过：“天地者，生之本也；先祖者，类之本也；君师者，治之本也。无天地，恶生?无先祖，恶出?无君师，恶治?三者偏亡，焉(《史记》中作“则”)无安人。故礼，上事天，下事地，尊先祖而隆君师，是礼之三本也。” 可见在古人看来，天地是人的生存环境，先祖是人的生理纽带，君师则是引导社会前进的人物。这三者任失其中之一，人就不可能平安地生活在世间。因此对这三者的崇拜也就是极其自然的事情。

一、天地山川崇拜及祭祀

图 8–1 沥粉金门神

在中国古代的所有信仰中，天被认为是主宰自然和人类社会的至上神，称之为“帝”或“上帝”，或尊称为“皇天”；其次是地神(土神)，称之为“后土”、“地祇”。从词义上来看，“皇”就是“大”的意思，“后”就是“厚”的意思，皇天覆盖万物，降干旱雨露于人间；厚土负载万物，献衣食用具于世上。人们要想五谷丰登，避祸求福，安享康泰，就要对天地神灵顶礼膜拜。

这种顶礼膜拜表现在封建国家财政主要支出——祭祀仪式上，就是封建帝王所举行的最隆重的大礼——封禅(shàn)。所谓“封禅”，就是帝王祭祀天地，“封”是在泰山顶上设坛祭天帝；“禅”，是在泰山附近的梁父(又名梁甫)山祭地神。封禅的根本目的是帝王取得天下后，以天子身份祭告天地，以表示自己的统治符合天意，合乎正统。据史书记载，中国历史上第一个登泰山封禅的帝王是秦始皇，第二个是汉武帝。《史记 · 封禅书》载：始皇即位后第三年（公元前219年），东巡郡县，封泰山而禅梁父。但他并不知道封禅怎么进行，于是召集了一些儒生征询意见。儒生们说，始皇应坐用蒲草包裹车轮的车子，还要用稻麦秆铺路，以免伤害泰山的草木。秦始皇认为他们都是胡说八道，便自己确定礼仪，下令劈山开道，登上山顶，而后立石颂德。不料归来途中遇雨，始皇避雨于一棵松树下，因此松有护驾之功，始皇乃封其为“五大夫松”，这是中国树木受封之始。汉武帝封禅是在公元前110年，封禅仪式结束后，武帝下令改元，因为是他首次封禅，故改年号为“元封”，是年即为元封元年。此后，东汉光武帝刘秀也在经过了30多年的准备后于泰山封禅。唐太宗时，群臣屡议封禅，太宗也心向往之，但终因封禅太劳民伤财而作罢。可他的儿子唐高宗却一反乃父之愿，凡三往封禅，所耗资财，不计其数。武则天即位，改封嵩山。公元696年，武则天封嵩山，禅少室山，以告祭天地成就大统，改年号为“万岁登封”，改阳城县为登封县，以驻跸地为告城镇。唐代最后一个封禅的帝王是唐玄宗，时在开元十三年（公元725年）十一月，由中书令张说总操封禅礼仪。据段成式《酉阳杂俎》记载，按旧例，封禅后自三公以下官吏都晋升一级。张说的女婿郑镒本为九品，封禅后一下子跃升为五品，位列朝班。唐玄宗不认识此人，询问其故，郑镒答不出来，旁边的一位官员打趣地说：“此乃泰山之力也。”后来人们称妻父为“泰山”或“岳父”，就是从此而来的。唐以后，宋真宗成了中国历史上最后一个封禅的帝王。此后的帝王，终因封禅不易，耗费财力、人力过巨，再也没有谁举行过这种盛大而隆重的祭礼了。

祭祀后土是封建国家专门祭祀的仪式。关于后土神的来历，古书记载不一。《山海经》、《礼记》说它是共工的儿子，名叫“句龙”。因为它善于平整九州土地，受封为“土正”(相当于今土地管理局局长)，祀为大地之神。但从原始信仰来看，古人祭祀地神，主要是为了酬谢大地负载万物，养育万民的功劳。受天阳地阴观念的影响，后土神被塑造成女人像。历史上首次将祭祀后土神列为大典的是汉文帝。后元元年（公元前163年），汉文帝接受儒官新垣平的建议首祭后土，并于河东汾阴县(今山西万荣)立汾阴庙。汉元鼎四年（公元前113），汉武帝东巡，又在汾阴后土祠，率众臣祭祀后土，此后遂成定制。为什么要选在汾阴立后土祠祀后土呢?相传有一个周代大鼎失落在那里，而大鼎是古代开土立国的象征。不知是真有其事还是地方官员有意欺蒙皇帝，就在汉武帝立后土祠的第二年六月，果然在祠旁掘出一个古鼎。汉武帝派人验证无伪，遂迎至甘泉宫珍藏，年号“元鼎”也因此而追改。之后，汉武帝多次东巡求仙，也多次亲祭后土。现在山西省万荣县的古后土祠经历代维修，至今仍然保存完好，供人瞻仰。

古代帝王除了往泰山封禅、在汾阴祭后土之外，祭祀天地的仪式还有庙祭和郊祭两种。这两种仪式也都始于周代。西周时已建有天帝庙，由天子亲祭。春秋战国以后，天帝庙建于雍州(今陕西凤翔)。据说雍州在关中地势最高，离天最近。这一时期，受阴阳五行学说的影响，天帝的数目增多了，名称也混乱了。一般认为，天神中最尊贵的是太一(或作“泰一”)，它有五个辅助神分别管理天的一方，其名称为：东方之帝太皞，属木，因木色青，故亦称“青帝”；南方之帝炎帝，属火，火为赤色，故亦称“赤帝”；西方之帝少皞，属金，金为白色，故亦称“白帝”；北方之帝颛顼，属水，水为黑色，故亦称“黑帝”；中央之帝黄帝，属土，土为黄色，故称“黄帝”。汉代以前，雍州已有白、青、黄、赤四帝之庙，汉高祖刘邦增建了黑帝庙。史书上多次提到汉文帝、汉武帝“幸雍，祠太一”，即指皇帝到雍州举行庙祭。至于郊祭，则是在京城的郊外举行祭祀天地的仪式，史书中称“郊”。据《礼记》载，周代已规定在冬至到南郊祭天，夏至到北郊祭地。这是因为冬至转阳，而天属阳；夏至则转阴，而地属阴。由于古人有“天圆地方”的观念，周代已实行“祭天圜丘，祭地方丘”的制度，其后历代相沿成制。如《后汉书·祭祀志上》记载，汉光武帝刘秀即位后第二年(公元26年)，首次在南郊祭天，于洛阳城南建双层圆坛，内坛南向设皇天上帝神位，外坛四周设青、白、黄、黑、赤五帝神位，坛外双层围墙，紫色，象征天上的紫微宫，围墙内东设日、西设月及其他风、雨、雷神等。后来又在洛阳北郊设方坛祭地，坛上设地祇神位及山川诸神。历代祭祀，大抵如此。现存北京的天坛、地坛、日坛、月坛等，都是明清两代为祭祀天地山川而建成的。

山川是大地的组成部分，也是大地的象征。古人崇拜山岳，是因为其高大挺拔，云遮雾绕，能兴风雨，似有神灵居住；崇拜大河，则因其终年流动，或利或害，神力无边。因此封建帝王祭祀山川，自然有其事天地而礼山川、保天下而护江河的用意在内。古代的山川之祭以“五岳”、“五镇”、“四渎”、“四海”最为重要，因为它们代表了帝王统治的江山社稷。“五岳”即东岳泰山、南岳衡山、西岳华山、北岳恒山、中岳嵩山，它们代表五方最高的山。“五镇”是指东镇沂山(在今山东临朐)、南镇会稽山(在今浙江绍兴)、西镇吴山(在今陕西陇县)、北镇医巫闾山(在今辽宁北镇)、中镇霍山(在今山西霍州)，古人认为它们是五方仅次于五岳的大

图 8–2 北岳恒山

山。“四渎”为东渎大淮(即淮河)、南渎大江(即长江)、西渎大河(即黄河)、北渎大济(即济水)，是古代中国境内流入大海的4条河流。后来济水屡经变道，今已不能直接入海。“四海”是指东海、南海、西海(即青海湖)、北海(无实指，或说指渤海)。古人认为中国居四海之内，故称中国为“海内”，把国外称为“海外”。后人所说的“海内存知已，天涯若比邻”，“四海之内皆兄弟”，“海内外朋友”，“喝令三山五岳献宝来”的语言运用都与古人的山川崇拜有关。相传黄帝时已有山川之祭，但是比较可信的祭祀山川之礼，恐怕到了周代才有所规定。《礼记 · 王制》说：“天子五年一巡狩……柴(烧柴祭祀)而望祀山川。”二月(春)于岱宗(即泰山)，五月(夏)于南岳，八月(秋)于西岳，十一月(冬)于北岳。这表明周朝的疆域已很广阔，所以才能形成这一制度。秦始皇统一中国后，以其天下广大，所祭名山十二、大川十三，都于附近立祠祭祀。汉武帝巡行五岳，嫌南岳衡山太远，改拜安徽的天柱山为南岳，隋开皇九年（公元589年）文帝下诏恢复衡山为南岳。现在五岳庙都保存完好，以嵩山中岳庙的规模最大。直至现代，人们对山岳、江河崇拜，仍然一往情深，如当今之中国不少大型企业皆喜以山河命名，如鞍山钢铁、马鞍山钢铁、宝山钢铁，燕山石化、金山石化，秦山核电，长江实业、钱江摩托等等，不胜枚举。

二、祖先崇拜及祭礼

祖先是人类延续的根本，远古时代的男根崇拜就是祖先崇拜的反映。至周代初年形成宗法制，把祖先崇拜制度化。自那时以来，不但帝王祭祖，官僚百姓也要祭祖。在先秦，天子、诸侯、大夫、士都以宗庙祭祖。秦始皇统一中国后，规定只有皇帝能拥有宗庙，百官不得擅建，宗庙由此成为帝王祭祀祖先的专用场所，后世也叫“太庙”。现在北京的劳动人民文化宫，即明清两代帝王祭祀祖先的宗庙，是了解古代宗庙的实物。整个建筑由前、中、后三大殿组成。前殿为举行大祭之所，每逢年终岁尾，在这里祭祀先祖先皇；中殿为寝宫，供本朝已故帝王。帝王死后追赠的庙号，即指在太庙里受祭时享有的称号，如明太祖、成祖，清世祖、圣祖等。太庙的后殿，供奉皇帝的远祖神位，一般为开国皇帝的五世祖，始祖居中，然后按“左昭右穆”的顺序排列。“昭”指始祖的第二、四、六、八等偶数代帝王，“穆”则指始祖的第一、三、五、七等奇数代帝王。周代规定，“天子七庙，三昭三穆，与太祖之庙而七”。始祖庙永不迁离神主，叫做“百世不祧(从宗庙中迁去神主)之祖”。至于其他远祖的庙，则根据他们与在位天子血统的远近而依次迁去神主，藏于祧庙。

帝王祭祀祖先用太庙，官员百姓祭祀祖先则用宗祠。一姓一族聚于一地，为敬奉祖先或本族杰出人物立祠以祭。由于几千年来的宗法传统，这类宗祠在过去多如牛毛，但现存者已极为罕见。较为著名的如江苏省常州的“瞿氏宗祠”，是当地瞿姓家族的祭祖之地。瞿秋白因幼时家贫，付不起房租，只好寄居祠内，现已改为“瞿秋白纪念馆”。江西省瑞金的“中央工农民主政府旧址”，原为当地的“谢氏宗祠”。现存最古老的一座宗祠是山西省闻喜县礼元镇的“裴氏祠”。裴氏是古代河东大族，历代出现过不少优秀人物，如晋代地图学家裴秀，南朝历史学家、为《三国志》作注的裴松之，唐高宗时的礼部尚书裴行俭及其儿子、唐玄宗时的宰相裴光庭，唐宪宗时的宰相裴度，等等。裴氏宗祠建于唐贞观三年（公元629年），祠中保存裴氏一族的历代石刻资料以及从金代以来的族谱，堪称一个宗族博物馆。

三、君师圣贤崇拜及祭祀

所谓君师圣贤，就是指那些在历史上有杰出贡献的人物。在古人的观念里，他们都是有非凡神性的人物，对他们的崇拜祭祀也就由此而来。“君”指历代帝王。从唐代以来，统治者都要在京师修建祭祀历代帝王的庙堂。北京阜成门内现存的“历代帝王庙”，是国内仅存的一座帝王庙，建于明嘉靖九年(公元1530年)。建成初期，庙内奉祀的帝王只有三皇五帝、大禹、成汤、周武王、汉高祖、汉光武帝、唐太宗、宋太祖等15位开国皇帝，只设牌位，不设神像，也不祭元世祖忽必烈。究其原因，据刘侗所撰的《帝京景物略》载：“庙初，元世祖像犹列。十年(公元1531年)九月，翰林院修撰姚涞奏言，相传南京帝王庙成，太祖亲祭，见元世祖像面痕如泪，上(明太祖)笑言：‘尔失天下，失尔漠北所本无；我取天下，取我中原所本有，复何憾？’泪则止。”嘉靖皇帝据此传闻遂撤销了忽必烈的庙食资格。清朝建立后，又增祭忽必烈，并按例祭祀朱元璋。但明清两代都不敢祭秦始皇，因为他是千古“暴君”为生民所不齿。可见人生在世，为君为官，切不可为自己的建功立业的政绩而过度使用民力财力，即使像秦始皇、隋炀帝这样筑长城、修运河的杰出人物，到头来还是遭人非议，秦始皇死后连庙食都无处寻觅，真是不堪回首。

“师”，是指那些可为万世师表的圣人，一般即指孔子和关公。这一文一武体现了中国治国的两大机制，是封建国家赖以长存的两大支柱。对这两人的崇拜和信仰，是中国文化的独特现象。但对两人的祭祀在内涵上有明显的区别。祭孔，实质上是封建国家尊崇教育的一种表现，是汉代以来独尊儒术并以儒学作为统治思想的必然结果；祭关，虽然也有宣扬其忠义勇武的一面，但宗教色彩更浓厚。我们知道，孔子的最高封号是“大成至圣文宣先师”，属于圣哲的范畴，并未脱离人界，只不过是成就最大、地位最高的老师而已；关公就不同了，他的最高封号是“忠义神武关圣大帝”，属于道教神祇系统，已进入神界，跟人判然有别。由于关公位列道教神祇系统，又有长篇历史小说《三国演义》的艺术渲染，关公成为民间信仰中的一位保护神，他在民间的影响大大超过了孔子，直至今日海内外华人商铺大多供奉关羽神龛即是明证。因为祭孔的目的在于让读书人重教崇学，而读书的目的是博取功名，这仅仅是读书人的向往；而尊崇关公的作用却使广大的老百姓都觉得有一种神力护佑，是社会各阶层的需要。两者相比前者人数远不及后者众多，所以当年大大小小的关帝庙遍及大江南北的穷乡僻壤，而孔庙则限于城邑以上地区，且孔子的影响力也仅及读书人而已。

图8–3 关公像

历史上首次祭孔，是在孔子死后第二年（公元前478年）。当时鲁哀公为了悼念孔子，把他的旧居加以改建，供奉孔子牌位，岁时祭祀。不难看出，鲁国的国君是把孔子作为本国的一位杰出人物加以崇敬，与不少中国人心目中的无产阶级革命导师马克思，其德国故乡的人们仅仅把他作为一位思想家来纪念几乎是异曲同工的。汉高祖十二年(公元前195年)，刘邦从他的家乡沛返回长安，经过曲阜，曾亲往祭孔。从汉代到清代，历史上共有10个皇帝亲往曲阜祭孔，其中乾隆皇帝一个人竟有4次之多。可见，一个人能被人利用才有价值，孔子的地位就是历代帝王以儒家思想治国而成就了死后的无上荣光。

祭祀关公的活动开始得较晚，他的显赫跟中国社会历来缺乏诚信及道教的发展有关。关羽死后41年，即公元260年，才被后主刘禅追封为“壮缪侯”，并不见祭祀。直到隋开皇九年(公元589年)，他故乡的人们才在今山西运城解州镇盖了一座小庙来祭祀他。此后400多年间，他几乎没有多大影响，只有荆州一带把他当作鬼神祭祀。到了宋代，由于朝廷实行“不抑兼并”大力发展商品经济的政策，社会上坑蒙拐骗日益涌现，缺乏诚信成了市场交易的首要问题，再加上当朝皇帝宋徽宗笃信道教，这两个因素的紧密配合，竟然使名不见经传的关羽突然显赫起来。崇宁元年(公元1102年)，宋徽宗以关羽忠义诚信为名，追封为“忠惠公”，并视其为道教张天师手下的一员大将；6年后，加封为“武安王”，配享于周武王和姜太公。此后道士相传，说关羽曾多次显灵于荆州地面，故而佛、道二教皆争相拥戴关羽为本教护法神。于是，关羽旦夕之间身价百倍。元天历元年(公元1328年)，加封关羽为“显灵义勇武安英济王”。明万历三十三年(公元1605年)，崇信道教的万历皇帝加封关羽为“三界伏魔大帝神威远镇天尊关圣帝君”，正式将其列入道教神祇系统。清顺治九年(公元1652年)，封关羽为“忠义神武关圣大帝”，以后又诏令天下大小郡邑立庙祭祀，于是大大小小的关帝庙遍及全国城乡，甚至在西藏也出现了关帝庙。

此外，“妈祖信仰”也是很值得一提的民间信仰之一，在海峡两岸沿海地区甚为流行，特别是在台湾省，对妈祖的信仰历久不衰。“妈祖”，也称“天妃”、“天后”、“天后娘娘”，两岸奉为海神。其实她是宋代初年的一位女性，姓林，今福建省莆田湄州岛人，因其出生后不会哭叫，起名“默娘”，从小信奉观音，善观气象，可预知海上风浪，使当地渔民免除许多海难，死后被奉为神灵，祭祀香火不断。今湄州岛妈祖庙为祖庙，台湾各地有妈祖庙(或天后宫、天妃宫)数百座，在每年妈祖生日祭祀时，许多地方万人空巷，以一睹妈祖芳容为快。

对于先贤的崇拜，也是中国传统的信仰之一。从西周的周公，战国的屈原，

图8-4 妈祖纪念币

汉代的张良、韩信，三国的诸葛亮，魏晋时的王羲之、陶渊明，到唐宋时期的李白、杜甫、苏轼、岳飞、陆游、文天祥等，都是后世钦崇的对象，各地都建有各种专门的祠堂祭祀他们。从对这些先贤的祭祀中，我们可以看到中华民族崇尚先贤的传统精神和榜样文化的强大力量。直至今日我们都会寻找一些先进模范人物，尤其是一些盖棺定论者让人们学习，这在西方文化传统中是匪夷所思的奇特现象。

第二节 佛教的产生和传播

一、佛教的产生

佛教是公元前6世纪到5世纪产生于古代印度的一种宗教，它的创始人是古印度迦毗罗卫国(在今尼泊尔境内)国王净饭王的太子乔达摩·悉达多。后来被尊称为“释迦牟尼”，释迦是其族姓，牟尼直译是“圣人”，意译是“能人”，意译则是“佛”、“佛陀”。“佛”、“佛陀”的意思是“觉悟”。“释迦牟尼”的意思就是“先知先觉的圣人”。相传佛祖29岁时出家苦修，立志为众生寻找解脱痛苦之路，后来在菩提树下静思觉悟而成佛。由此可见，宗教创始人并非靠知识造就而是靠自身的觉悟所成，没有悟性者绝对不可能创造宗教，不仅释迦牟尼如此，伊斯兰教创始人穆罕默德也不例外。

二、佛教的传播

释迦牟尼一生对佛教教义的宣传，仅仅是口头传诵，尚未著作成书。在他死后，他的弟子们为了避免教义失传，也为了抵制异教邪说混入佛法，保证佛教的纯洁，于是举行了第一次佛教的结集。他们召开僧众大会，对口述的佛经进行审定，把大家公认符合佛法的教义以及僧徒们的解释著作编辑成书，抄写在贝叶上，这就形成了最早的佛经。也许是一种需要，自古以来，凡是最伟大的人物都不著书，仅仅口述而已，不仅释迦牟尼如此，孔夫子也如此，因为只有口述弟子们才可不断回顾加以丰富，而且即使某些说法有偏差，也与圣人无关，因为圣人永远与真理在一起。

佛经分为经(佛所说之教法)、律(佛教中戒律之法)、论(论诸法之义)三部分，称为“三藏”，藏（音zàng），原指藏东西的小竹箱，后来佛家用以概括全部佛教的典籍。佛家对于通晓三藏的僧人，也尊称为“三藏法师”或“三藏”，如明人小说《西游记》广为传播的唐代名僧玄奘就被称为“唐三藏”。

古印度佛教有许多派别。从释迦牟尼传教到其涅槃后100年内，佛教影响虽然逐渐扩大，但教义并没有多大改变，史称这个时期的佛教为“原始佛教”。后来佛教分为主张改革的“大众部”与主张坚持原始教义的“上座部”两大派系，后又分为十八部派，史称这个时期的佛教为“部派佛教”。公元1—2世纪时，印度佛教再一次出现分裂，分为“大乘”和“小乘”两个主要教派。所谓“乘”，本指车、船等运载工具或道路，借喻佛教普渡众生、从现实世界的此岸到达“悟”的彼岸。大乘教派由佛教大众部的一些支派演变而来，强调一切众生皆可成佛，确信他们自己的教义能把无量众生从生死大河的此岸运载到菩提涅槃的彼岸，普渡众生成就佛果，因此自称“大乘”；而把坚持原始教义、只重个人解脱的上座部教派贬为“小乘”。由此可见，“大乘”派与马克思主义只有解放全人类才能最后解放自己的宽阔胸襟有相似之处。

佛教开始只在恒河两岸流传，到孔雀王朝的阿育王(约公元前273—前232年在位)时代，开始传播到印度各地，并影响其他国家：向西传到希腊、埃及，向南传到斯里兰卡，向东传到中国、日本和朝鲜。7—8世纪时，佛教在印度开始衰落，而在中国等地却与当地文化相结合获得长足发展。

第三节 佛教的基本教义

佛教的基本思想包括“四谛说”、“缘起论”、“业报轮回说”和“三法印”等理论，其最根本的思想是一切皆苦、一切皆空。

一、四谛说

“谛”即真实无妄的道理。“四谛“包括苦、集、灭、道，是佛教坚持的4种宗教义谛。

“苦”是佛教对人生的总体评价。苦有8种：生、老、病、死、爱别离、怨憎会、求不得和五蕴盛。“五蕴”指构成人生的色、受、想、行、识5种元素，“色”是肉体，“受”是感受，“想”是思想，“行”是意志，“识”是意识。人有五蕴即有欲望，如有色身故有食欲、性欲，欲望不能满足便有痛苦。

“集”即人生痛苦原因的集合。人生痛苦的原因是烦恼，最大的烦恼是贪、嗔、痴以及慢、疑、见等。人因烦恼而迷于事理，使身、口、意作出不善之业，陷入三世轮回的痛苦。

“灭”是人生苦难的寂灭，是佛为众生提供的“常、乐、我、净”的理想境界。佛教徒称这种境界为“涅槃”，认为达到涅槃就超脱了轮回，进入极乐之境。

“道”指达到涅槃境界的理论和修习方法，具体有所谓“八正道”：正见，即对真理四谛的正确见解；正思，即对四谛等教义的正确思维；正语，即使语言合乎佛法，不妄语、不恶语、不暴语；正业，即使行为合乎佛法，不杀生、不偷盗、不邪淫；正命，即符合佛教戒律规定的正当合法的行为生活；正精进，即要求信徒努力止恶扬善，不懈怠，勤修涅槃之道法；正念，即铭记佛法；正定，即用心专注于一境，杂念不起，正身端坐，修习佛教禅定。佛教认为按此八正道修行，即可由凡入圣，从迷界此岸达到悟界彼岸。

二、缘起论

“缘起”是佛教对世界万物皆空缘由的解说。佛家认为，诸法皆由因缘和合而成，一切事物的生起都是一种相互依存、互为因果的关系，而不是真实的存在，没有必要执著，人生亦是如此。人生由无明、行、识、名色、六处、触、受、爱、取、有、生、老死等十二因缘和合而成。“无明”缘“行”，因无知不懂佛教“缘生法”之理，故产生世俗思想行为；“行”缘“识”，由“无明”而产生的善、不善等行为；“识”缘“名色”，即在母胎中心(名)、识(色)得以发育；“名色”缘“六处”，为胎中精神和物质状态，指胎儿将生阶段；“六处”缘“触”，即眼、耳、鼻、舌、身五种感官生长完备，为幼儿阶段；“触”缘“受”，出胎后开始接触事物，相当于儿童阶段；“受”缘“爱”，指世俗之爱，指青年时代；“爱”缘“取”，即滋长佛教的世俗观念，为成年阶段；“取”缘“有”，因贪爱执取等思想行为，必遭后世相应的果报；“有”缘“生”，由贪欲引起善与不善等行为；“生”缘“老死”，即来世之生。佛教修习的最后目标，就是跳出这十二因缘的约束，跳出三世轮回范围，达到“涅槃”境界。

三、业报轮回说

佛教主张恶有恶报，善有善报。报应分为现世报和来世报。现世报就是今生业今生即得报应；来世报就是今生业决定下世、二世、三世直至万世、无穷世灵魂轮回时的报应。灵魂在地狱、饿鬼、畜生、阿修罗、人和天“六道”间轮回，行善可以提高轮回的层次，但只有皈依佛法，虔诚修炼，觉悟成佛才可以跳出“六道”，超脱轮回之苦。

佛教称“诸行无常，诸法无我，涅槃寂静”为三法印。世间万物流转变迁而无永恒不变，万物皆由因缘和合而生，并没有独立的“自性”。总之，万物皆是空幻，不可执著，只有皈依佛教，认清世界本“空”，觉悟成佛，进入涅槃寂静的境界，才可以远离烦恼，寂然长住。

第四节 佛教传入中国

一、张骞通西域

公元前3、4世纪，印度孔雀王朝的国王阿育王大力推行佛教，使印度佛教步出国门，走向世界。为了联络大月氏共同攻打匈奴，汉武帝于公元前135年至公元前119年派遣张骞两次出使西域，并同时花巨资先后组织以李广、卫青、霍去病为统帅的武装部队打通了被匈奴控制的欧亚通道，从而开通了举世闻名的丝绸之

图8-5 敦煌壁画中的张骞通西域

路，促进了中西商品交换和文化交流，也使印度佛教东传成为可能。据专家估计汉王朝当年所动员的骑兵达120万人次，步兵90万人次，后勤补给人员100万人次，支付的军费逾铜钱1000亿，相当于当时全国正常年景财政收入的25倍之多，以至最后汉武帝不得不对自己横征暴敛，滥用武力的行为下罪己诏作出公开的检讨。

二、佛教传入中国

随着中西交通的开通和中印之间友好交往的日益频繁，印度佛教通过络绎于途的僧人传播。东汉永平七年（公元64年），向往佛教的东汉明帝，以托梦为名派遣郎中蔡愔、中郎将秦景、博士弟子王遵等12人，携财政拨付的资金，到西域取经。经过长途跋涉，汉朝使臣在今天的阿富汗一带，取得了佛像、佛经，并邀请印度高僧竺法兰、摄摩腾，于永平十年（公元67年）成功地回到首都洛阳。可见，当时的阿富汗并非像今天是伊斯兰教的天下，包括我国的新疆大部分地区在内也都是佛教的天下，所以阿富汗塔利班炸毁阿米扬大佛不仅受到全球文化界人士的遣责，也是佛教文化的重大损失。到达洛阳后，朝廷将他们暂时安置在相当于今日外交部的鸿胪寺生活和工作，后来为长远安置两位印度高僧，并为他们提供礼佛、译经和传法的专业设施，汉明帝决定国家财政拨出巨款在洛阳雍门外的御道旁建立一座正式的佛教场所。当时为了给这座佛教建筑命名也颇有一番争议，后来考虑到汉朝使臣取得的佛经是用白马驮回，而两位高僧到洛阳后的短暂居所又称为寺，“寺”在当时的涵义相当于今日中央政府机关“总局”的 官署，为了不降低“官本位”的心理规格以示重视，便由汉明帝拍板命名为“白马寺”。从此中国佛教活动场所便有了“寺”的称谓。由于白马寺是皇帝亲自批准的寺院，所以此后凡经皇帝批准的其他寺院都一律在匾额上冠以“敕建”字样，以示其与众不同的高贵身份。正如改革开放以前的中国， 中央管辖企业冠以“国营”，地方管辖企业冠以“地方国营”，集体企业则冠以“××市（县)”，以分别表明各自不同的身份。其实这就是中国儒家思想“礼”在社会生活中的反映，因为“礼”是讲等级、讲差异，“乐”是讲和同，讲协调，一个社会没有等级、差异，又不能和同、协调，就走到孔子所长吁短叹的“礼崩乐坏”社会失衡的程度了。

当年洛阳白马寺建寺之初，内部的建筑皆称为堂、寮，到宋代朝廷将祭祀孔子的主体建筑改称皇宫中常用的“殿”——大成殿后，全国各地的佛寺便纷纷仿效，升堂（寮）为殿了。这恰如当今社会人们将剃头店升格为理发室，将理发室升格为美发厅，将美发厅升格为美容院，将美容院升格为美容中心；企业将厂升格为总厂，总厂升格为公司，公司升格为总公司，总公司升格为集团公司一样，同出一辙。由此可见，尽管现代中国经济发展了，人们某些方面的思维却没有什么大的进步，仍然停留在千百年前的传统观念上。可见一个国家、一个民族的文化只能渐进，而不可能跃进。

由于印度佛教信仰内容复杂，思想深奥，仪式繁多，流派不少，一般人很难理解，再加上中国和印度两地之间的巨大文化差异，洛阳白马寺建立以后，人们在较长的一段时间里摆脱不了初传时期的朦胧状况，只是把它当作黄（帝）老（子）神仙方术的一种而在皇宫及贵族上层中间流传，一般百姓很少接触，也没有汉人出家为僧，少量的佛寺主要是为了满足来华的西域僧人居住和过宗教生活的需要。由于中国皇帝在财政上不遗余力的支持，管住、管吃、管经费，到东汉末年，佛教开始在社会上有了进一步的流传。随着西域来华僧人的增多，译经事业日渐兴盛，大小乘佛教都相继传入中国，流传下来的各种佛教典籍也逐渐丰富起来。

小乘佛教是原始佛教，它强调自己解放自己；大乘佛教是从小乘的基础上发展起来的，以“普度众生”为目标，以解放全人类为己任的派别，它在中国这个十分强调集体主义的国度里颇有市场。隋唐以后，随着佛教中国化的三论、华严、惟识、天台、净土、律宗、密宗、禅宗等大乘八宗的出现，神州大地便惟“大乘独尊”了。根据文化传播的一般规律，当时的佛事活动以译经为主，而最早的佛经翻译家为对得起为译经而出大钱的中国政府，在译经过程中千方百计地迎合中国传统文化的需要，尽可能融会吸收中国固有的哲学、伦理和宗教观念。如把“释迦牟尼”译为“能仁”，以迎合儒家的圣人观念；把“世尊”译为“众佑”，使释迦牟尼成了神佑众生的神灵；而把“无我”译成“非身”，则使佛教与传统的灵魂不死相沟通成为可能。在汉代佛经的翻译中，大量借用儒道思想观念和名词术语，如中国汉译的第一部印度佛经《四十二章经》，其主要内容是宣传佛教的人生无常和爱欲为蔽思想，但译文中却夹着“解无为法”、“行道守真”之类的道家思想和“以礼从人”之类的儒家语言，甚至连通篇的文体都模仿儒家经典《孝经》模式撰写。最早来华的译经大师安世高，在其翻译的佛经中广泛使用中国道家固有的“元气”、“无为”等概念，用道家“清净无为”来解释“安般守意”的“涅槃”；用“气”来替代“风”，用“气”来概括“地、水、火、风”，以代指人身，因为佛教认为，人身由地水火风四大组成。汉译佛经的道家化倾向不仅有利于佛教“随乡入俗”，在中国土地上广泛传播，而且加深了佛教对中国传统思想的发展影响。魏晋时期中国玄学的形成与发展及玄佛合流的出现都与此有关。

自汉武帝采纳董仲舒的建议“罢黜百家，独尊儒术”以来，提倡“君君、臣臣、父父、子子”的儒家学说成了中国文化的主导思想，佛教为了自身在中国的生存和发展，在译经过程中十分注意迎合儒家名教的伦理思想，将佛教与儒家学说相左之处都作了修正，尽可能找到共同点。如佛教提倡众生平等，而中国儒家之“礼”则为“君为臣纲，夫为妻纲，父为子纲”，人们相互关系是建立在有差异的秩序基础上，于是安世高在《佛说尸迦罗越六方礼经》中就采取了变通之法，一是将原文中与儒家孝道不相一致的内容删除不译；二是加进了子女应奉养父母的教训；三是将原文中夫妻、主仆的平等关系特意错译为丈夫高为妻子、奴婢侍奉主人等等，从而使“出世”的佛教在儒家文化的影响下自觉融人“入世”的人生品格。成书于汉末或三国的牟子《理惑论》还对佛教倡导出家修行与儒家要求在家尽孝的矛盾作出“苟有大德，莫拘于小”的合理解释，即出家人的生活，表面上不敬其亲，有违仁孝，实际上一旦成佛道，父母兄弟皆得度。这种“舍己为人”的集体主义精神，不仅容易为人接受，而且通过广为传播，解开了很多人的疑虑，对中国百姓信仰佛教起到了推波助澜的作用。同时汉末三国译经对儒、道等中国传统思想观念的依附和对传统固有名词概念的借用，也为汉魏间格义佛教的流行创造了条件。所谓“格义”就是引用中国固有的思想或概念来比附解释佛教义理，以便人们更容易理解和接受佛教。这与20世纪初马克思主义刚刚传入中国之际，受儒家思想影响根深蒂固的中国知识分子用“三皇五帝”时期天下为公的大同之世来描绘共产主义的“格义”颇有相似之处。而夏以后，天下为私的小康之世，其“小康”一词也被现代人所借用，来比附特定时期社会发展的美好前景。后来随着佛经的大量译出和人们对佛教的全面把握，魏晋以后“格义”才逐渐废弃不用，但也有些比附配合仍被保留下来，成为中国佛教化的一部分。例如在汉魏间的一些佛教译文和注释中，常常出现以儒家“五常”来比拟佛教“五戒”的做法一直沿袭至今，并成定论。

佛教在传入中国之初，为了生存，不但尽可能地用儒道的概念和思想，以至词汇来比附自己，还对当时道教大肆传播老子化胡经，说老子在函谷关写了5000字的《道德经》后，便西去不知所向，其实是到印度教导释迦牟尼成佛，从而使印度成了佛教的圣地，所以，老子是佛陀的师傅这种有意矮化佛教的故事，采取求同存异的谦逊态度，听之任之，不与计较。因为这一说法毕竟证明佛教并非异类，与道教乃是同一祖师之教，对初来乍到的佛教在中国立足只有好处，没有坏处。对儒家指责佛教剃须发、不娶妻、不敬养父母等违背孝道、不理民生、不事王事、不敬王者等违背忠道亦向采取调和态度，千方百计寻找佛教不讳中国礼俗的辩词作解释。如东晋著名高僧慧远就在其所撰的《沙门不敬王者论》一文中申辩：“悦释迦之风者，辄先奉亲而敬君；变俗投簪者，必待命而顺动。若君亲有疑，则退其求志，以俟同悟。斯乃佛教之所以重资生，助王化于治道者也。”就是说，佛教信徒一向把奉亲敬君放在首位，如果得不到君亲的同意或信任，则要退而反省自己的诚意，直到双方都有了一致的认识，这也就是佛教民生治道的作用。他还说出家人虽然在服饰上、行为上与在家人有所不同，但他们有益民生、孝敬君亲却没有两样。所以说：“如令一夫全德，则通洽六亲，泽流天下，虽不处王侯之位，也已协契皇极，重生民矣。是故内乖天属之重，而不

图8–6 漆铜加彩老子骑牛香炉

违其孝；外阙奉主之恭，而不失其敬。”

第五节 中国佛教化

一、佛教化土壤的形成

自西汉末年以来，长期与儒道处于矛盾之中的佛教一直通过忍让和融合，小心翼翼地在中国大地上求生存，图发展，但是由于汉王朝作为统一国家的中央集权制政权，力量极其强大，儒家思想作为国教一直处于主导地位，佛教根本没有放开手脚、大干一场的发展机会，直至三国两晋南北朝军阀割据，战火纷飞，灾变不断，饿殍遍野，王朝兴替频繁，皇帝被杀犹如家常便饭，中央集权制主导下的儒家意识形态受到了严重冲击和不断削弱的历史性时刻才找到了机会。当时受尽社会分裂与动荡不安之苦的百姓，普遍有一种“人命若朝霜”、“人生若尘露”的“忧生之嗟”，强烈的生命忧患意识催动人们往四面八方去寻找安身立命之处，正是这一股渴望被拯救的潮流使佛教获得了广为传播的土壤。因为佛教认为，人世间是一个苦难世界，人生处在不断轮回之中；善有善报，恶有恶报，多行不义必自毙，任何人都应该而且能够期待拯救与解脱。这不但与现实生活中人们的普遍忧患相对应，也和人们关于生活伦理和普遍价值观相吻合，所以很快便吸引了成千上万在人生十字路口徘徊的迷茫者信奉佛教，心甘情愿地接受佛教的价值观和生活观。尤其是五胡民族入主中原的南北朝时期，很多少数民族的统治者认为自己是胡人，佛教是印度传入的胡教，胡胡相惜，有着极其强烈的认同感，甚至在一些僧人的吹捧下，统治者认为自己贵为皇帝，便是人世间的佛陀，如后赵石勒、石虎尊崇的印度僧人佛图澄便到处宣称“佛是戎神”，事佛是他们的“本俗”。佛图澄还煞有介事地胡诌石虎前世信佛，所以今世贵为皇帝的神话，使石虎满心欢喜，促使他下令凡愿意奉佛者一概免除赋税，允许出家，佛教亦由此大兴。前秦重用僧人释道安、后秦尊奉鸠摩罗什，南燕器重僧朗，这些僧人都曾参与国家大事的决策。到了南北朝，佛教已成了胡汉统治者不可或缺的精神食粮，佞佛、媚佛的浪潮席卷南北，于是使佛教有可能以前所未有的“大跃进”速度赶超中国土地上原有的各种宗教信仰。

二、中国佛教化

东晋末年，居住在蒙古一带的鲜卑族拓跋氏入主中原统治着长江以北的大部分地区，史称北魏。北魏开国皇帝道武帝拓跋珪（公元386—409年）与晋室通聘后，即笃信佛教，不仅在财政上支持佛教的发展，免除寺院及僧人的赋役，而且见了和尚都加礼敬，同时十分注重利用佛教收揽人心，树立自己的威信。道武帝去世后，他的继承人明元帝（公元409—423年）继续推行佛教，在都城平城（今山西大同）四方建立佛像，令僧人开导民俗，宣传教义，使北魏的佛教得以迅速发展，不但佛寺广建，僧人也大为增加。就是在南方，亦如唐代诗人杜牧在《江南春》中所写的“南朝四百八十寺，多少楼台烟雨中”。实际上梁朝有寺院2846座，僧人82700余人，君主梁武帝更有过之无不及，不但本人4次执意舍身同泰寺（今南京鸡鸣寺）为奴，弄得大臣们不得不以3亿铜钱的国库资金为代价将其赎回，从而使当时的佛寺富得流油，不但能免除赋役，不劳而获地生活，而且出现了自己的庄园和佃户，成了佛门地主；有钱放高利贷，成了金融信贷业——“无尽藏”的老板；出资开办碾坊、油坊、磨坊，成了地道手工业主，同时采取强制手段控制寺院周边的商业资本来谋取自身利益，公然明目张胆地与朝廷争财利，更有甚者，有些佛寺仗着自己有钱，竟然无视国家法律购买武器，建立“僧兵”队伍，准备有朝一日与朝廷抗争。同时，与儒道的关系上佛教也“一阔脸就变”，不再采用忍辱负重的韬光养晦，力求自保的策略，对老子化胡说之类的胡编乱造展开了激烈的反驳，甚至不惜以其人之道还治其人之身的同样手段，针锋相对地编造了“佛化震旦说”，曰：“佛遣三弟子，震旦（中国）教化，儒童菩萨，彼称孔丘；光净菩萨，彼称颜渊；摩诃迦叶，彼称老子。”此说非但矮化道教的老子，而且把儒家的孔子、颜渊都矮化为释迦牟尼的弟子，从而种下了直接与朝廷在财税问题上发生利益冲突和同时与儒道两教为敌的祸根。

第六节 财税杠杆驱动佛教中国化

佛教起源于印度，从公元前2年传入中国后，经过与中国本土的儒道文化长期而不间断的斗争和融合，逐步被许多中国人所接受，形成了具有中国特色的，并成为中国历史上影响最深的一种宗教。其中至关重要的调控手段便是历代王朝的财税政策。正是开放的财税政策把佛教引进中国，也是步步紧缩的财税政策迫使佛教走上了中国化的自我发展之路。

一、财税与佛教的两次冲突

历史上财税与佛教大的冲突有4次，分别发生在公元5世纪、6世纪、9世纪和10世纪。其中首次冲突发生在北魏，公元423年明元帝拓跋嗣去世后继位登基的太武帝拓跋焘，他一生“锐志武功”，喜好拓疆辟土，但由于佛教发展迅猛，又长期实行免除赋役的政策，不但使纳税户大幅度减少，国家收不到税收，而且僧人免役的政策也使兵源枯竭应役人员骤减，严重影响了国家的军队招募和工程建设。对此，极为不满的太武帝即位后便着手在财税政策上采取强硬措施，他下令全国50岁以下的僧人必须还俗，服兵役，缴纳赋税，这样朝廷便与僧人发生了冲突。在中国自古以来人们一直将服兵役和服劳役称为赋役，属于国家税收收入的范畴，这与西方国家仅仅将缴纳钱物作为税收是有差别的。也就是说，中国是包括服役在内的广义税收，而西方国家则是不包括服役在内的狭义税收。后来在北魏向外扩张，进兵到崇佛的北凉国，完成统一北中国的最后一战时，北凉的僧人拿起刀枪，为北凉君主死守都城，城破后，有三个僧人被俘，太武帝气愤地说，和尚不去礼佛，放弃修行，手拿刀枪作贼，实在可恨！当即下令要杀掉他们，幸亏有近侍为他们说情，太武帝才免掉他们的死罪，罚作苦役。不久北魏首都平城破获一起未遂的宫廷政变，侦查破案后，高僧玄高、惠崇等佛门弟子竟是始作俑的要犯，太武帝遂即下令斩首示众。后来在他御驾亲征镇压卢水胡盖吴起义时，途中在长安（今陕西西安）一家大寺院发现了所藏匿的大量兵器，地方官和富人藏在寺中的大量财物，以及许多酿酒器具，还有僧人与贵族妇女淫乐的密室。上述一系列事件，促使一向憎恶僧人敛财、贪酒好色又怀疑僧人通谋造反的太武帝有了灭佛的想法；而恰在此时，他身边的两个亲信，一个是出身世家大族笃信儒家学说的司徒崔浩，另一个是著名道士寇谦之，他们对趾高气扬的佛教故意贬低、矮化儒道的言行早就怀恨在心，为了报复他们，便一起唆使太武帝于大平真君七年（公元446年）二月在长安下“灭佛”诏，诛杀长安沙门（即僧人），焚毁佛像，并要求留守首都平城的太子拓跋晃在北魏统治区内照此办理，统一灭佛。由于太子崇信佛教对其师父玄高一年前（公元445年）被杀一直心怀不满，故意拖延了动手灭佛时间，从而使不少僧人得以逃脱被杀戮的悲惨厄运。

太武帝灭佛，为后世帝王的灭佛开了先河。事件的发生对当时的佛教徒来说，不仅是一次空前的“法难”，也是一次吸取教训，自我反思的极好机会。从此，佛教开始改弦易辙，不仅注意自身生活的检点和对儒道文化的不断调和，而且对佛教依靠现实政治，在中国扎根和发展有了新的构思。北魏文成帝接位后，恢复了佛教，他们便把强化佛教对外宣传树立良好的社会公众形象放在首要位置。当时，高僧昙曜提议并亲自指挥开凿平城的云冈石窟时，不仅把佛教的一系列成道故事以精美的雕塑展示在世人面前，而且把北魏几位皇帝的形象都塑进他主持开凿的五个（现编号为16—20）洞窟之中，从而取得了朝廷的支持，在北魏现实政治中佛教开始有了一席之地。

北朝以开凿石窟建立较为永久的宣传基地，并以此避免毁佛行动的再次发生。不仅在平城郊外，且差不多同时，在敦煌、麦积山及稍后的洛阳龙门也开凿了规模浩大的佛教石窟。由于北魏文成帝以后北朝皇帝皆崇信佛教，且都念念不忘利用佛教来强化他们的统治，而佛教也充分利用朝廷对佛寺僧人免课赋税的优惠政策不断扩大自己的势力范围，于是立寺者日盛，出家者风涌。从孝文帝到北魏末（公元477—534年）的半个世纪时间里，境内寺院由6478座发展到了3万余座，僧尼由77258人猛增到200余万人，占当时北魏总人口2300万的8.7%。为了加强管理，历代朝廷不得不设立僧官，据《佛祖统记》载，北齐宣帝高洋于“天保二年（公元551年），诏置昭玄十统，以沙门法上为大统，令史员置五十余人，所部僧尼四百余万，四万余寺，咸禀风教”。如果以当时北齐全国2000万人口计算，400万僧人即占20%。灭齐前的北周时期全国人口只有900万，而僧人即有200万之多，僧人占全国人口的比例高达22%。由于寺院僧人有免赋税特权，因此寺院多一僧人，国家便少一纳税户，在北魏太武帝灭佛后，寺院又再一次在经济上发展到成为与朝廷争夺土地、劳动人手和赋税的重要对手。为此，北周武帝从天和二年（公元567年）十月起7次组织群臣讨论儒、佛、道三教优劣，其中规模最大的一次参加人数逾2000，历时达7天之久。北周建德三年（公元574年）五月，武帝又一次召集臣僚，命道士张宾和僧人智炫辩论，双方谁都说服不了谁，于是武帝便下令同时废斥佛道两教，将寺观庙塔分给王公，财物散给臣下，200余万僧道全部还俗。建德六年（公元577年），灭齐后武帝进入邺都，又召集齐境沙门大统法上（相当于国家佛教管理局局长）及各昭玄统（即地区佛教管理局局长）等500余人开会，宣布废立。他强调“六经儒教之弘政术礼义忠孝， 于世有宜，故须存立；佛教费财，悖逆不孝，并宜罢之。”尽管当时有净影、慧远两位僧人提出不同意见，并且以阿鼻地狱相恐吓，周武帝不为所动，并说，“只要百姓得乐，我愿受地狱诸苦”，最后周武帝出于对国家财税问题的考虑，还是下决心毁灭齐境的佛教，诏令原齐境内8个州的寺院4万余所全部改作宅第，僧人300余万统统勒令还俗，佛经佛像一律焚毁，财物全部由政府财政部门接收。通过“稍分佛利”，北周国家的税源和服役的人口猛增，周武帝高兴地说：“民役稍希，租调年增，兵师日盛”，他认为自己统一中国的事业有了希望。可是到了第二年，壮志未酬的北周武帝便英年早逝了，宣帝（公元578—579年）嗣位后，还俗僧人任道林等人立即联名上书要求恢复佛教。次年静帝嗣位（公元579—581年），信佛的左丞相杨坚（即公元581年隋代的开国皇帝）辅政，命令全国恢复佛、道两教，重立佛像及道教天尊像，又亲自给陟岵寺僧人智藏、灵干等人举行落发仪式，并度僧220人，又一次宣告佛教在北中国正式恢复。

从前后历时4年（公元574—578年）之久的北周武帝灭佛事件中，我们可以清晰地看到，若将儒佛道三教譬喻为一只飞鸟，那么儒教就是主体，佛、道便为两翼，若将汉字的“心”字拆开，上面三点代表儒佛道，下面一钩便是政权组合的力量，它生动地反映了中国传统文化攻心为上的指导思想。可见，儒佛道三教对于统治者来说缺一不可，尤其是佛教所提倡的“诸恶莫作，众善奉行”，对巩固封建统治极为有利。但由于中国佛教在理论上不成熟，又没有注意从中国固有的文化特点出发，努力改变自己的形态，以适应中国的国情与社会心理，特别是如何自力更生避免在经济上与国家争夺太多的利益，既是加速佛教中国化一个至关重要的大问题，也是佛教认识最晚、最难解决的棘手问题。正如世界上任何事情都不可能一蹴而就，一次灭佛只能刺激佛教解决一个问题。北周武帝灭佛后，经过深刻反省的佛教界认为，武帝之所以灭佛是由于在9次朝廷公开辩论中僧人佛学理论功底不够，说服不了皇帝的缘故，倘若僧人有深厚的理论功底去说服皇帝，那就不可能发生这样损失惨重的“法难”，因此隋唐时期的中国佛教界便掀起了远赴印度取经的热潮。中国著名古典小说《西游记》就是以当时的历史背景写成的文学作品。

图8-7 清光绪 炉钧釉老子、释迦牟尼、孔子坐像

二、唐僧取经及财政对译经的资助

小说《西游记》中的主人公唐僧玄奘（公元602—664年）与孙悟空、猪八戒、

沙和尚纯属虚构不一样，系实有其人。玄奘俗姓陈，名袆，洛州缑氏（今河南偃师县南缑氏镇）人，13岁在洛阳净土寺出家时受戒赐法名为玄奘。他与当时的许多中国年青僧人一样，都渴望着到印度留学，取经西天，其情景绝不亚于当今中国青年学子渴望西去欧美留学之热切，而所面临的长途跋涉、万里西行的磨难更非当今人们所能想象，因为有不少僧人没有走到印度，便在途中失去了生命，客死他乡。

唐代开国皇帝姓李名渊，为了提高执政的合法性，自称是老子（又名李聃、李耳）的后裔，所以开国之初皇帝笃信道教，而不信奉佛教，直到唐太宗接位后才逐渐了解佛教，并开始重视佛教。因此，贞观元年（公元627年），25岁的玄奘没有获得政府批准，便自行从京师长安出发，经凉州，越玉门关，到达高昌，取道焉耆、龟兹、过铁门（今乌兹别克南部布兹嘎拉山口），入吐火罗（今阿富汗北部），最终抵达印度。在印度留学期间，玄奘先后考察了佛教6大圣地，在那烂陀寺拜戒贤为师，学习5年。以后遍访各地、讲习佛法。贞观十五年春，他携带657部佛经返回，于贞观十九年初回到长安。当时已认识到佛教有利于统治和王朝巩固的唐太宗闻讯后当即命宰相率朝臣前往迎接，并在洛阳行宫亲切接见了玄奘。当唐太宗问及玄奘对朝廷有什么要求时，玄奘乘机提出，希望政府能够出资建立规模宏大的译场，调“海归”僧人和来华传教、学习的高僧共同翻译佛经。唐太宗不仅满口答应，并且立即指示度支部（相当于今财政部）拨款，调集人员付诸实施。得到政府财政支持的玄奘精神振奋，情绪高涨，先后共翻译佛经74部，1335卷。在译经过程中，玄奘十分注意人才的培养，弟子圆测、窥基、慧立、玄应等人都成了著名的译经高手，其中圆测还是新罗人（今朝鲜）。可见，当年贯彻有教无类，实行国际主义还是很值得后人称道的。也许正因为有如此博大的开放胸怀，唐王朝才会如此强大，雄视世界，以致今日海外华侨聚居地大多建有唐人街，以身为“唐人”为荣。

图8–8 清乾隆 莲花座唐僧瓷坐像

唐朝政府对始于太宗的佛经翻译工作非常重视，从唐太宗贞观三年（公元629年）到唐宪宗元和六年（公元811年）的近182年间，中央财政对译经经费给予有力保障，使译经工作持续进行，其目光之远大，精神之坚毅可谓空前绝后。在长达近2个世纪的漫长岁月里，通过玄奘、义净、实叉难陀、菩提流志、金刚智、不空、般若……等26位大师及其他诸多中外著名僧人翻译家前赴后继的辛勤劳动，翻译的佛经有2万多部计7000多卷。由于他们精通梵语，译意准确，译经质量很高，圆满地完成了全部佛经的翻译工作，实现了中华民族第一个引进外来文化的伟大工程，取得了历史性的成就。这种对外来文化兼收并蓄为我所用的胸襟与气度，是唐朝统治者有别于其他朝代的高明之处，也是对于当今急功近利，耐不得寂莫，容不得他人的社会浮躁心理的有力反衬。正如鲁迅先生所说的那样：“那时，我们的祖先们，对于自己的文化抱有极坚强的把握，决不轻易动摇他们的自信力；同时对于别的文化抱有恢廓的胸襟与极精严的抉择，决不轻易地崇拜或轻易地唾弃。凡取用外来事物的时候，就如将彼俘来一样，自由驱使，绝不介怀。”

三、中国佛教宗派的形成

佛教只有适应社会各阶层的需要，才能日益传播求得更大的发展，为此必须有不同的理论体系和修行体系。早在魏晋南北朝时期，已出现许多师徒间的传承体系和研究不同经卷的各种学派，如涅槃学派、成实学派、地论学派和摄论学派等。随着佛经的大批译出，中国僧人对印度佛教的不同理论观点有了更多的了解。某些大寺院为了维持自己的社会地位和经济利益，为了吸引更多的信徒，各自依据某一经典加以发挥，并与中国传统儒道文化的固有特点相结合，便逐渐形成了具有各自理论体系、规范制度的宗派。每个宗派几乎都凭借一所大寺院作为自己的传教中心，形成势力范围和传法世系。如至今尚存的天台宗的浙江天台国清寺、三论宗的江苏南京栖霞寺、华严宗的陕西西安的慈恩寺、律宗的江苏扬州大明寺、禅宗的广东韶关南华寺……因此，唐代佛教师徒之间不仅传习本宗佛学，庙产也由门徒继承，汉语中所谓“衣钵传承”的说法便源于此。从隋到唐，佛教出现了8个宗派，它们是天台宗、三论宗、华严宗、惟识宗、律宗、贤首宗、禅宗、净土宗、密宗，前面2宗产生于隋代，后面6宗产生于唐代。佛教宗派的出现，标志着佛教已经完成了它的中国化进程，从此，它可以名副其实地称之为“中国佛教”了。由于有些宗派义理深奥，逻辑性太强不很适合习惯于在“悟”字上做文章的中国人思维特点而渐渐失传湮没。其中唐僧玄奘所创立的“唯识宗”也由于逻辑性太强而消失在历史的长河之中。可见，任何社会科学理论不能脱离本民族的特点，搞得太复杂、太烦琐，让人太难理解，便会失去自身的生命力。

四、财税与佛教又发生了两次大冲突

一个朝代犹如一个人，在建立之初皆勤勉俭朴，谨慎从事，因此事业便渐趋兴旺，日益发达，但往往到有朝一日事业有成，积累颇丰之时，便会忘乎所以，从放纵开始，最后奢华无度走向没落，唐王朝与历代王朝一样，没有摆脱这种由盛转衰的客观规律。

唐前期朝廷财政上崇尚节俭，政治上从谏如流，因此经济繁荣，社会稳定，国库积累了巨大财富。据《文献通考》载，玄宗天宝年间“海内富实，天下岁入之物租钱二百余万缗，粟千九百八十余万斛，庸调绢七百四十万匹，绵百八十余万屯，布千三十五万端。”唐中宗以后，宫室生活渐渐奢侈，据《新唐书》载，唐初政府全年行政费用支出不到300万缗，到唐玄宗时已超过1000万缗。尤其天宝十四年（公元755年）十一月初九安史之乱在范阳爆发，紧接着潼关陷落长安震惊，精神全面崩溃的唐玄宗于六月十三日凌晨仓惶逃离长安，繁荣的唐王朝陷入了一片混乱之中。直到公元763年正月，走投无路的残余叛军首领史朝义自缢身亡，历时7年3个月的安史之乱才算平息。但此时唐王朝的国家财政由于藩镇割据等一系列原因，已处于崩溃状态。尽管采取了不少缓解财政困难的临时措施，如唐肃宗时曾派人持空白度牒去太原度僧尼，收入100余万缗；代宗广德二年（公元764年）将作为百官俸禄之一的职田租（另外还有钱、米）减半发放以助军饷；德宗时（公元780—805年）又向京师富商借款500万缗，凡此种种皆无非是临渴掘井，杯水车

薪而已，难以解决长远问题。

到了德宗建中元年（公元780年），宰相杨炎鉴于均田制被破坏从丁而税的“租庸调”制难以继续推行的实际情况，决计改革财政，实行依资产而税的“两税法”，但不久由于佛教寺院多将铜钱熔化铸造铜佛像等原因，社会上又出现了钱重货轻的通货紧缩问题。而此时开始形成具有中国特色的佛教各宗派正处于方兴未艾、欣欣向荣的派系扩张时期，已经集团化了的佛教不仅有理论、有组织，而且更有强烈的宗教信仰。生气勃勃的佛教各宗派对社会经济的蚕食能力极其强大，他们凭借寺院经济的雄厚财力，以同宗庙产代代相传的私有化为驱动力，在唐初颁发的《均田令》规定僧受田30亩、尼20亩，老年僧尼退田转充常住田的基础上，额外大肆兼并土地，并强迫丧失土地的农民沦为寺院奴婢，使国有土地和劳动力大量流失，造成“十分天下之财，而佛有七八”，激起了朝野的一片谴责之声。员外郎（相当于今中央机关副司局长）彭偃献在朝议中指出，“今天下僧道不耕而食，不织而衣，广作危言险语，以惑愚者。一僧衣食，岁计三万有余，五丁所出，不能致此，奉一僧以计天下，其费可知。”大中五年（公元851年）进士孙樵上书说：“百姓男耕女织，不自温饱，而群僧安坐华屋，美衣精馔，率以十户不能养僧”。会昌年间全国只有495.5万民户，而僧人即有近30万人，按10户养1僧计算，其所耗钱财差不多占天下所出的3/5；若按5丁养1僧计算也为3/10。在国家财政面临危机的情况下，为了保住政权，唐武宗不得不在会昌五年（公元845年）七月，下决心夺回佛利，颁发敕文，省并天下佛寺，规定：两都（长安、洛阳）、两街（左街、右街，皆在长安）各留寺两所，每寺留僧30人；天下节度使、观察使治所（相当于今之省会城市）及同、华、商、汝州各留一寺，留僧5—20人不等；其余僧尼勒令还俗，非保留寺庙限期拆毁，资产充公；衣冠士庶之家，所有佛像限一月之内缴官，如有违反，依朝廷颁行的禁铜法处分。八月再次颁诏，陈述佛教自传入中土以来给社会造成的弊害。在前后短短的一个月“灭佛”时间内，全国各地拆毁寺庙4600余座，招提、兰若（均为僧尼住房）4万多间，收回良田数千万顷，其他被国家财政没收的寺院财产更不可胜数，其中所没收的铜佛像、铜磬，委托盐铁使（主管盐铁专卖的长官）铸钱以解钱荒；铁佛像委托当地州政府铸为农器；金银佛像销毁后上交户部（相当于今财政部）；还俗僧尼26万余人，释放奴婢15万余人，两者相加共增加纳税户41万余人。

通过历时200多年的取经、译经并已初步形成中国式理论宗派的盛唐（贞观至开元）佛教，突然间又从历史的顶峰跌落谷底，遭受了一次波及全国的沉重打击，无数典章文物毁于一旦。尽管“会昌灭佛”的第二年，唐武宗便离开人间，实际灭佛时间不到一年，但损失仍然十分惨重。那种寺院广占田产，拥有大量奴婢、佃人，经营高利贷、典当、邸店、碾硙、店铺，聚敛大量财富，僧人过着奢侈豪华的生活的现象，已经一去不复返了。“会昌灭佛”不但摧毁了佛教所依赖的经济基础，而且大量经籍文书，特别是《华严经》和《法华经》的章疏，也因此而湮没散失。从此，随着唐王朝的日趋衰落，佛教的许多宗派也一蹶不振，佛道之争乃至儒佛道三教之争，也不再像过去那么激烈和频繁了。

唐武宗“会昌灭佛”以后数十年，社会进入了五代十国时期，当时南北各割

图 8–9 雷峰塔

据政权一般都奉行崇道的政策，使道教有所发展，而佛教却在南北出现了不同的情况。南方由于社会相对安定，帝王又多热衷于佛教，因而佛教在建寺、造塔、写经与度僧等方面仍有发展。如据有两浙的吴越国，就在杭州大力发展佛教，建起了雷峰塔、保俶塔及诸多佛寺，使两浙地区佛教有了新的发展；北方则由于战乱时起，政局不稳，各个政权为了维持统治，都需要课敛沉重的赋税，而佛教寺院却往往成为那些不满现实和不愿承担捐税者的躲避之处，因此，北方各政权对佛教大都采取了比较严格的限制政策。其中历史上影响最大的是年轻有为的后周世宗，他为了实现富国强兵，统一中国的理想，出于减少赋税流失，增加财政收入的考虑，于显德二年（公元955年）对境内佛教进行了一次严厉的整顿。他规定，凡天下寺院，未经朝廷批准的一律废除，僧尼还俗；铜佛像一律销毁，用于铸钱。他不仅对大臣说，“佛说以身世为妄，以利人为急，使期真身尚在，苟利于世，犹欲割截，况此铜像，岂有所哉！”在拆毁违建寺庙中，他还亲自砍破一尊谁也不敢毁坏的佛像，并说：“卿辈勿以毁佛为疑，夫佛以善道化人，苟志于善，斯奉佛矣。彼铜像岂所谓佛也。”通过这次整顿，废除了境内未敕准的寺庙3万余座，使北周朝廷获得了大量劳动人手和田地财产，财政减少了赋税流失，国力大为增强，为宋太祖赵匡胤最终统一中国奠定了基础，同时也使佛教在北中国的衰落成了定局。

五、佛教走向中国化

连续遭受“三武一宗灭佛”打击的中国佛教，晚唐及北宋以后，随着12世纪印度佛教在印度本土的消亡，失去了滋润的理论源头，日趋衰微，为了生存不得不进行韬光养晦式的自我调整。这犹如20世纪90年代初苏东事变后冷战结束，社会主义运动失去了理论源头，尚存的社会主义国家不得不结合各自实际渐次靠向或走上市场经济之路，如同一辙。当时的佛教首先在经济上注重自我约束，避免与朝廷发生冲突，将原本建在城市里的佛寺纷纷迁建或新建于群山环抱的高山幽谷之中。以百丈禅师为代表的一批著名僧人在寺内大力提倡僧人“一日不作，一日不食”的自力更生精神；在寺外则收敛兼并民田，扩充资产的习惯做法，减少了寺庙与朝廷在土地、劳动人手即财税上的利益碰撞。据统计，北宋有寺院4万多座，僧人45万余人，寺院田产为15万顷上下，只占全国土地总量的2.15%。北宋僧人数量为唐武宗“会昌灭佛”以前26万余人的1.7倍，而所拥有的田地仅为唐代数千万顷的几十分之一，若与南北朝时期寺院所占的田产相比，比例就更低了。宋代的寺院和寺院经济完全在国家控制之下，政府对僧籍登录、剃度制度、度牒制度、戒坛制度，都加强了管理。账籍上详细开列法名、俗姓、寺院名称、年龄；出家得度师父、受戒时间等。出家为童行，童行剃度为沙弥，沙弥受戒为僧尼，都须符合政府规定的法定程序；度牒由祠部（相当于国家宗教局）授给，如有违犯法令，本人、师主及三纲、知事，皆要科罪；寺院田产一如民田，皆须缴纳夏秋

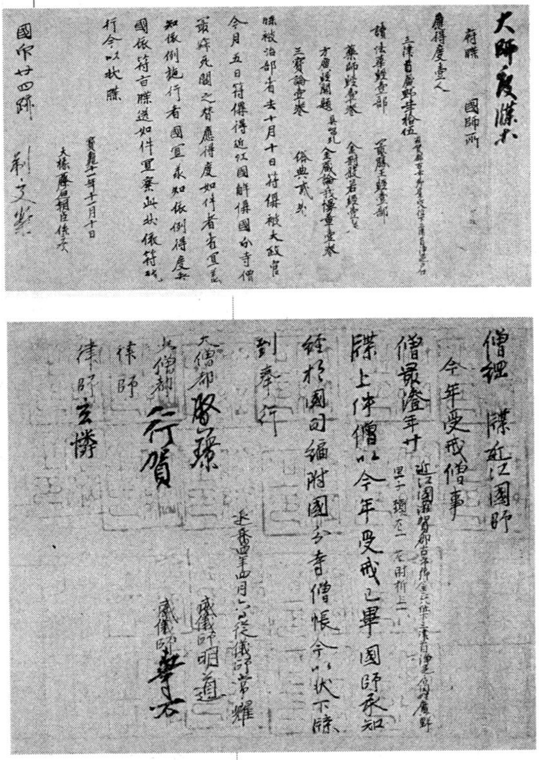

图 8–10　唐时期日本和尚度牒

两税，免纳两税必须享有皇帝诏旨特许，因此宋代享有免缴两税特权的寺院不多；僧尼虽仍可免役，但须出免役钱、助役钱。宋代僧尼与老百姓一样，还要交相当于人头税的身丁钱，甚至还要交纳其他捐杂税。应该说，宋代寺院经济和僧人通过国家财税杠杆的调节，已经看不到反映在他们身上特殊化的封建贵族的气质，还复为一般地主阶级。教权在与皇权的长期斗争中，教权终于失败，不得不完全屈服于皇权，佛教不仅从此将“庄严国土”作为自己的口号，公诸于世，表示其对国家的认同；并且在此后兴建寺庙时，栋梁上都自觉地写上“当今皇上万岁，万岁，万万岁！”字样，以表示佛教对皇权的绝对服从。记得我幼时在临海建于唐宋年间的巾峰寺大殿栋梁上就亲眼看到过这种曾重现于“文革”时期的相似口号。可见，一种传统文化很难万变离宗。

宋代寺院的土地除僧人自耕外，还有请人耕种的，只不过耕种寺院土地的人，不再是唐武宗“会昌灭佛”以前的那种称为奴婢的寺院依附民，而是佃户。他们和寺院的关系，是契约关系而不是依附关系。随着寺院地位进一步衰落，俗界大地主的兼并势头也波及寺院，他们往往用压抑寺院为自己一家的功德院的做法来反衬本身的财大气粗。寺院经济衰落和劳动者依附民身份的解脱，使寺院身份等级制存在的基础也跟着起变化，僧众人身平等的趋势和要求也在寺院里产生。由于财税杠杆的调控，宋代的寺院日益世俗化、平民化。直至今日，盛于宋的杭州净慈寺大殿上还高悬着“具平等相”的巨大匾额。由此可见，公平的财税政策是历史进步的阶梯，对佛教如此，对其他社会各界也同样如此，现代社会的WTO规则就是建立在平等财税政策基础上的公平贸易。

元代有寺院42300多座，僧人20多万人，但寺院经济发生了历史的倒退，它不是宋代寺院经济正常发展的继续，而是又向南北朝寺院经济的回复。由于蒙古人入主中原带来了农奴制和依附关系，从而波及寺院。元代朝廷不但重新赋予僧尼免役权，而且还允许寺院田产免收赋税，造成为逃避税役的百姓竞相携带田地等资产投寺为僧，寺院重新占有大量土地，且由依附寺院的永业户耕种。幸好元代享国不足百年，进入明、清，寺院经济又回到宋代寺院经济的轨道上，直至民国年间仍然如此。从全国僧人数量来看，明代最盛时为50万人，清代为30多万人，按当时全国人口总量计算，随着历史的推移，出家人所占的比例越来越低了。

其次，佛教适时调整修炼政策，促进了居士佛学的兴盛。由于宋代财税政策对佛教的限制，而当时的商品经济又相当发达，开国皇帝赵匡胤“不立田制，不抑兼并”的政策使相当一部分人富了起来。富人有富人的想法，他们希冀寻求利益最大化，既想按中国传统儒家伦理的要求，在家侍奉长辈，娶妻生子，尽孝道，并在俗世赚钱为官，享受丰富多彩的人间生活；但同时又想信奉佛教，实现心理安慰，寻求来世福报。于是，变进佛门修炼为居家修行，就成了时代的要求。这一形势与当今之高等学府适应有钱有权者的要求开设在职研究生班，培养大批在职博士生、硕士生十分受人欢迎一样，不失为鱼和熊掌都可兼而得之的锦囊妙计，其办班之盛势如钱塘涌潮，排山倒海，汹涌而来，势不可挡。虽然宋代的僧侣佛教日益衰落，代之而起的居士佛教却无比兴盛。大批有钱有文化者顺应时代潮流居家修行，使佛教以另一种业余形式获得了旺盛的生命力，产生了一大批颇有造诣的理论家、文学家、画家。在最兴盛的明代，著名的文人居士超过500人，宋濂、王阳明、李贽、袁宏道、袁宗道、陶望龄、唐伯虎、董其昌，皆为其中之佼佼者。特别是号称六如居士的唐伯虎和香光居士的董其昌更是书画大家，在民间至今仍有很大影响，其中唐伯虎既挥毫泼墨写字作画，又优游秦淮惊艳秋香，如此居士生活真令时人羡慕，神仙咋舌！

由于居士佛学的兴起，使得宋以前作为学佛正途的佛门修炼发生了很大的变化，其结构是富家子弟入佛门少了，僧人的文化水平降低了，寺院渐渐演变为穷人学佛或寻求生活出路的场所。到元末像朱元璋这样的贫苦农民成了僧人的主力。这与近现代革命时期，政党组成以穷困者为主，执政以后之组成人员渐渐以富裕者为主截然相反，但两者所遵循的原则并无二致，即追求自身利益是他们的共同目标。人们不断寻求利益最大化的结果，使印度佛教在中国化的路上越走越远了，若佛祖释迦牟尼有知，对中国人将居无定所的苦行僧改为住华丽殿堂；将乞讨为生改为日供数餐；将穿粪扫衣改为着精美袈裟；将出家为僧改为居家学佛等等“修正主义”的做法，不知会作何感想？

再次，佛教在教内教外都趋向融合，教内禅净合一，教外三教合一，从而最终完成了佛教中国化的历史进程。佛教的八大宗派除天台宗和三论宗在隋代形成以外，其他宗派大多在初唐大规模译经以后才逐步形成。当时各宗都有自己的理论体系和修行方法。禅宗的创始人是从南印度到北魏的菩提达摩，但影响不大，禅宗真正形成是唐朝，实际创始人是不识字的碓米僧人慧能（公元638—713年）。据说其师弘忍选择传人，有文化的弟子神秀作偈曰：“身是菩提树，心为明镜台，时时勤拂拭，勿使惹尘埃。”慧能认为神秀对佛的真谛理解不深，请人代笔写了一偈曰：“菩提本无树，明镜也非台，本来无一物，何处惹尘埃。”深得弘忍赏识，当夜获得弘忍衣钵南逃，成为著名的禅宗之南派创始人。慧能宣称，佛性即在心中，心外本无一物，不必修行、布施，便可顿悟成佛。唐代禅宗带有鼎新的精神，主张不疑不悟，小疑小悟，大疑大悟。禅宗还导化于山区地带，宣扬砍柴挑水，即境开发。山区民情质朴，因此禅宗容易征服人心，在民间得以广泛流传，逐渐成为中唐以来佛教的主流。慧能从菩提达摩为初祖算起为六祖，在其之下的禅宗，从精神上、意志上彻底改造佛教，可以称得上一场宗教革命。它在佛教各宗派中特别具有中国特色，很受现代毛泽东的赏识，因为中共建党之初党员多为熟读马克思著作的知识分子，后来吸收党员不拘泥于文化水平之高低，重在阶级觉悟，于是党员队伍迅速扩展到苦大仇深的劳苦大众，夺取政权的革命，也就势如破竹，很快取得了胜利，两者颇有相似之处。禅宗以专修禅定为主而得名。禅定是佛教修行法之一。禅，是梵文Dhyana（禅那）的略称，禅定就是安静而止息杂虑之意，以静坐敛心，专注一境，久而久之达到身心轻安、观照明净的状态，即成禅定。禅宗分为北派以神秀为代表的渐悟说，南派以慧能为首的顿悟说，由于中国人大多有急于求成的思想倾向，如欧州人建房多用块石，一座教堂要连续建筑数百年之久，而中国建房多用砖木求快，少则几十天，多则几年即能建成，所以后世南派顿悟说盛行。南派主张不立文字，教外别传，直指人心，见性成佛，把佛教的“空”与魏晋玄学的“无”相结合，使佛教儒学化。禅宗僧人所作语录，除去佛教少不了的门面语以外，思想与儒家学说很少有区别。禅宗比较彻底地变成中国化、世俗化的佛教，教门兴旺，流行日广，影响及于宋代的理学，所谓“佛向性中作，莫向身外求”，以及“净心”、“自悟”，与理学极其相似。净心，即心绝妄念，不染尘埃；自悟，即一切皆空，没有烦恼。能净、能悟，顿时成佛。禅宗宣称佛性即在心中，心外本无一物，只要有坚定的主观信仰，相信自己内心，即可解脱苦难，有此觉悟自然立地成佛。这使人们联想到“文革”时期，提倡人人手捧红宝书学语录，并让人相信只要口诵“下定决心不怕牺牲，排除万难去争取胜利！”的《语录》，在医院不打麻药针也能手术开刀的神奇有着几分相似之处。禅宗强调佛在每个人心中，采用非经院方式的口头传教，崇尚自然、简朴，使佛教带上明显的道家色彩，很自然地成为文人学士从事文学艺术创作的重要灵感来源，使它在高层次的知识分子阶层广为流行，如唐代的王维、柳宗元，宋代的苏东坡、朱熹无不受禅宗之影响。

华严宗，又自称“一乘圆教”，它的实际创始人是法藏（公元643—712年）。此宗以《华严经》为最高经典，故名华严宗。由于法藏受武则天赏识，赐号为“贤首大师”，故又别称贤首宗。它强调宗教灵异，鼓吹人人都能进入宗教幻想的极乐世界；又说天国并非渺茫之幻影，而是在现世，如果人们能改变看法，便能进入天国。由于其教义烦琐，如提出“六相”、“十玄”、“四法界”等，阐明法界缘起一从“理性”和“事相”两方面观察宇宙万物的互融、互具，并彼此互相为缘，因此流传170多年后即趋衰微，融入简便易行的禅宗之中，其融合过程被称为禅教（教，即指一乘圆教）一致。

净土宗，创始人是善导（公元613—681年）。它认为靠个人力量企图解脱现实世界的苦难是不可能的，必须依靠佛力的接引援救，才能脱离现世的秽土，往生西方净土。这是鼓吹成佛最容易的一个法门，在民间下层广为流行。净土宗宣称人世为秽土，阿弥陀佛世界是极乐世界，没有一切身心忧苦，惟有无量清净喜乐，这就是西方净土。它还宣称人世间穷苦人今生有聋、哑、盲、痴之苦，是前世不肯为善的报应，而有钱人享受的优越生活都是前世慈孝，积善积德所致，提倡大修功德，营造庙塔，往生西方净土。

天台宗实际创始人是陈、隋之际的智顗（公元531—597年），因常住浙江台州的天台山，故名天台宗。它以《法华经》为主要经典，故又称法华宗。其教义主张一切事物都是法性真如的体现，以中、假、空的观点解释世界，认为一切事物都没有客观存在的物质基础，只是因缘和合的假想。譬如说：“一空一切空，假中皆空；一假一切假，空中皆假；一中一切中，空假皆中。”仿佛是文字游戏，绕口令，似戏论，似诡辩。天台宗提倡止（坐禅）、观（理论）并重，止是定，观是慧，定慧双修，便可以现佛性，入涅槃，修行的方法是把心系在鼻端或肚脐（丹田）处，使心静止，无思无虑，进入半睡眠状态的“入定”，但又不能完全睡熟的痴定，这恰似绘画艺术，如果完全与实景一样，作品便等同于照片，完全不一样也失去绘画的意义，只有在像与不像之间才能达到出神入化的最高艺术境界。

唯识宗的创始人是玄奘。它以阐明“万法唯识”、“心外无法”为宗旨，世俗人所谓外界事物为真实存在，其实那不过是“识”所变现出来的，宇宙万物不过是心识的动摇所现出之影像，内界与外界、物质与非物质，无一非“识”所变现。认识，不是主观与客观发生关系，只是人们的心认识自己的过程。因此，称为唯识宗。由于该宗从分析法相入手，以表达“唯识真性”，故又别称法相宗；人们又因为玄奘弟子窥基常住长安慈恩寺，又称此宗为慈恩宗。唯识宗认为，用唯识观（万法唯是识所变现）的方法，可以洞察三相，即“依他起相”（万法皆依他种种因缘而起）、“遍计所执相”（凡夫普遍妄计所迷执为有）、“圆成实相”（圆满成就的真实体现），达到转染（识）成净（智）而成佛。由于中国人擅长综合思维讲悟性，不像印度人长于分析思维讲逻辑，从而导致逻辑性太强教义过分玄虚深奥的唯识宗，不易为一般人所接受，三传即衰微。

在八大宗派中随着禅教一致，紧接着便是三论、唯识、天台、律宗、密宗等五宗与净土合一，最后以禅净合一为中心而形成中国佛教宗派大融合的总趋势。其教义就成为：禅宗所说的不必修行、布施，便可顿悟成佛；像华严宗指出的那样，只要改变看法，人人都能进入极乐世界；在进入极乐世界的过程中，净土宗告诉大家：人人都能得到佛力的接引、援救，所以一切都会很顺利，这对寻求圆满的中国人来说是多么美轮美奂。中国化了的佛教以最简便的方法解决了往生极乐世界的大问题，使每个信徒都充满了信心，而且净土的念佛法门又是如此简便，如当今杭州灵隐寺一般僧人也只要在早晚共同修持的一小时课诵中念一些短篇的经典和咒语即可，并不需要钻研和精通那些一般人理解不了的高深义理。可见任何高深的学问只有通过复杂问题简单化的改造才能普及，任何大师只有透彻掌握深奥的学问，才能深入浅出达到寓大雅于大俗的高度。如世界上著名的科学家霍金所撰写的《时间简史》，把高深的科学理论写成一般庶民百姓都能读懂的普及读物，也许就是当今之世“化复杂于简单”最有说服力的典型事例。

在佛教内部禅净日趋合一的同时，佛教与中国传统的儒、道的融合也进一步深化。入宋以后，儒佛道三教之间互相影响和相互渗透日益加深，唐宋之际形成三教合一的思潮逐渐成为中国学术思想发展的主流，以儒家学说为基础的三教合一，构成了近千年中国思想发展的总格局。直至今日佛寺内部僧人的职务及职称第列设置，仍然与儒家伦理规范一脉相承。儒佛道三教从早期强调三教一致，到唐代的“三教鼎立”、“三教融合”，进而发展为入宋以后思想上的“三教合一”，这标志着三教关系随着社会经济的发展和政治需要进入了一个新阶段，儒佛道三教在中国大地上最终找到了共同归宿，找到了以儒为主，以佛道为辅的“一体两翼”的最佳组合形式。即使在20世纪六七十年代佛教与其他宗教一起遭受急风暴雨式的破坏以后仍然能恢复如初，并且在不少地区有过之无不及，出现了更加兴旺发达的局面。纵观当今世界各国，也同样在不断经历矛盾斗争和调和融合的过程，20

图8–11 贵州镇远三教合一的青龙山

世纪势不两立的两大阵营长期对峙和由此引发的激烈的冷战结束以后，为提高发展经济的效率，世界各国普遍接受了以利益为诱导、以公平竞争为手段的市场经济体制；为了实现相对公平，稳定社会，各国普遍推行社会保障制度，WTO所带来的经济全球化正有力地将世界各国调和融合在一起。诚如人们所知“世界上没有永恒的敌人，也没有永恒的朋友，只有永恒的利益”，这也许就是各种不同文化在人类社会中不断演变所遵循的客观规律。

中国化的佛教融合了儒道思想，从本质上是一门特定的修身养性的学问，它强调“众生皆有佛性”，提倡了一种人人平等的精神；它“自觉觉他”、“普度众生”，反映了奉献精神；“不度尽众生，誓不成佛”，反映了解放全人类的牺牲精神；它把给人的快乐称为慈，把解除别人的痛苦称为悲，始终贯穿着“慈悲救苦”精神的佛教，反映了“我为人人”的助人为乐精神；佛教“诸恶莫作，众善奉行”，反映了自律和重行动、重实践的精神；佛教徒对自己心灵深处“时时勤拂拭，莫使惹尘埃”的要求，反映了“吾日三省吾身”的自省和自证精神；佛教强调的“圆融”，则反映了佛教讲协调、讲平衡、讲统一、讲和谐的一贯思想，这对我们当前协调人和自然的关系，协调人与人、人与社会的关系，平衡自身心态作用十分巨大。

第七节 走进佛教寺院

一、整体布局

人言“天下名山僧占多”，若我们在旅游胜地万绿丛中步入佛教寺院，首先看到的是山门，它相当于世俗的传达室，原来只有一个警卫（护门神）叫“金刚”（全称为金刚力士或金刚夜叉），由于中国人以绝对对称为美，将编制扩大一倍成了一双，民间根据古典小说《封神演义》的戏言将其称为哼、哈二将，其实佛教经典中是没有这种名称的。

过了山门便到了天王殿，这相当于世俗的政府办公厅，秘书长兼办公厅主任是弥勒，为释迦牟尼的弟子，原本职级是菩萨，由于他是佛门的后备干部，先于

图8–12 杭州灵隐寺行进中的僧众

图8–13 弥勒坐像

佛人灭，上生兜率天内院，所以在56亿7千万年后将作为佛教的第三代领导人（第一代领导人为燃灯古佛，第二代领导人为释迦牟尼）下生人间传播佛法，所以被尊称为弥勒佛。也许是工作性质面对来访办事的各方面人士，所以他的态度特别和霭可亲。汉地佛教大多按五代时明州奉化（今宁波奉化）岳林寺僧契此“大肚能容，容天下难容之事；开口常笑，笑世间可笑之人”的形象塑造。这在几乎清一色的印度籍佛教领导班子中，他是第一位属于中国人自己培养、土生土长的领导干部。传说当年，他常以木杖挑一布袋在奉化市井中乞讨，随处寝卧，状类疯癫。后来在后梁贞明三年（公元917年）圆寂，临终前口念一偈：“弥勒真弥勒，分身千百亿，时时示时人，时人自不识。”当时人们都认为他就是弥勒佛化身，于是在寺院内依照他的形象塑成大肚弥勒佛加以供奉，这一做法流传至今。奉化人常以此为荣，并径自将境内的雪窦寺称为弥勒道场，与五台山的文殊道场、峨眉山的普贤道场、普陀山的观音道场、九华山的地藏道场相提并论。

相当于世俗政府副秘书长兼办公厅副主任的人物是韦陀，其办公室位于弥勒的后面，他是佛教的护法神，传说姓韦，名琨，是南方增长天王属下的八大神将之一。自唐初道宣和尚梦见此神并记载其事迹后，中国寺院多立其塑像。其职能除分管安全保卫工作以外，他手中的金刚杵还标志着本寺的接班人遴选制度，倘其将金刚杵着地竖放，即象征着该寺院是子孙丛林，方丈收弟子，并从本寺院僧众中遴选接班人；金刚杵横放，则象征着该寺院是十方丛林，方丈不收弟子，接班人从全国各地（即佛教所指的十方）名僧中遴选。

天王殿内还有四大天王，也是源于《封神演义》一书的戏言，民间俗称四大金刚。佛教根据古印度神话认为，须弥山山腰的四方各有一天王守护，共为四天王，他们都属于护法神。中国寺院内的天王塑像一般是：身白色，持琵琶者为东方持国天王；身青色，持宝剑者为南方增长天王；身红色，手缠一龙者为西方广目天王；身绿色，手持伞及银鼠者为北方多闻天王。由于中国古代是农业社会，所以人们根据他们的不同形象将持剑者称为“风（锋）”，持琵琶者称为“调”，持伞者称为“雨”，缠龙者称为“顺”，合而称之为“风、调、雨、顺”。他们的地位相当于办公厅内各司其职的中层干部，竭诚服务于农业生产。

再往前走通常便可见到大雄宝殿，“大雄”即是释迦牟尼的尊称。跨进大雄宝殿，我们常常可以看到端坐在中间佛龛上的释迦牟尼佛。“佛”是”佛陀”的简称，“佛陀”是梵文Baddha的音译，中国古代也写作“佛驮”、“浮陀”、“浮屠”、“浮图”等，意思是“觉”、“觉悟”、“知者”。“觉”有三义：自觉、觉他(使众生觉悟)、觉行圆满。此三项俱全者即为“佛”。小乘认为“佛”即释迦牟尼，大乘认为除释迦牟尼外，还泛指一切觉行圆满者。 释迦牟尼佛又称如来佛，释迦牟尼佛的十种名号之一。“如”即“真如”、“如实”，指佛所宣扬的绝对真理。“如来”的含义是循此“真如”之道来成正觉、达到佛的觉悟。

在释迦牟尼旁边还常常可以看到4位相当于世俗政府副职的“菩萨”。菩萨是梵文Bodhi—sattva(菩提萨埵)的音译和简称，意译为“觉有情”，即“上求菩提

(觉悟)，下化有情(众生)”的人。原为释迦牟尼修行尚未成佛时的称号，后广泛用作对大乘思想的实行者的称呼。古代也译作“大士”、“高士”、“无双”、“大圣”等，意为“发大心的人”。据佛经记载，菩萨可穿僧衣，但传到中国的菩萨多是世俗装束。中国菩萨的形象在唐代基本定型，一般为女人相貌(但仍有印度菩萨的男性痕迹，如保有蝌蚪形的短小胡须，直到北宋末才完全消失)，或作高髻，或以长发垂肩而戴宝冠；上身多是赤裸，或斜披天衣，北宋以后虽然穿上带袖天衣，但仍袒胸、腰束贴身锦裙，两足丰圆，身上还佩带项饰、璎络、臂圳等。这种汉化了的中国菩萨，具有健美的面庞和匀称的体态，其形象明显地是以唐代贵族妇女或歌舞伎为模特塑造而成的。由于菩萨可以降临人间，为人民排忧解难，因此受到中国人的欢迎，并且逐渐被人们单独信仰。在早期翻译的印度佛经中，记载的菩萨有弥勒、文殊、大势至等。隋唐以后，在中国逐渐形成了人们熟悉的所谓文殊、普贤、观音、地藏四大菩萨。

文殊是梵文Mańiuśrĭ(文殊师利或曼殊室利)音译的简称，意为“妙吉祥”、“妙德”等。他是释迦牟尼佛的左胁侍，在诸菩萨中他的智慧才辩当属第一，负责宣传和推进教育工作。他的形象一般是头顶结；有五髻，手中持有宝剑，表示其智慧之锋利；他的塑像多骑狮子。《华严经》上说，东北方有清凉山，是文殊的住处。中国僧人便据此把山西的五台山指为他的道场。北魏时即开始在五台山兴建佛寺，隋唐时香火极盛，并不断接待日本、东南亚各国前来进香巡礼的僧人，成为我国最大的一处国际性道场。

普贤是梵文Samantabhadra(三曼多跋捺逻)的意译，也译作“遍吉”。他是释迦牟尼佛的右胁侍，精通佛理，以“行愿”著称，负责行政执行工作。他的塑像多骑白象。中国的佛教徒把四川省的峨嵋山说成是他就法显灵的道场。晋代开始在峨眉山上建造普贤寺，今名万寿寺。该寺中有北宋时铸造的铜普贤骑象像一尊，高7米多，是他的代表性法像。

观音是梵文Avalakítêśvara(阿缚卢枳低湿伐逻)的意译。原本译作“观世音”，唐人因避太宗李世民讳，省称“观音”，玄奘译《心经》时，改译为“观自在”，负责民政福利及计划生育工作。佛经说此菩萨为广化众生，示现种种形象，名为“普门示现”。《楞严经》说他有三十二应(即应化身)，《法华经·普门品》则说有三十三身。众生遇难时，只要念诵他的名号，“菩萨即时观其声音”前来解救。他救人不分贵贱，因此被称为“大慈大悲救苦救难观世音”。观音的形象，本为男性，但自南北朝起，开始女性化，这与佛教中多为男性偶像，不便女信徒沟通有关，现在的一般图像和塑像多作女像。隋唐时他已受到社会上的普遍信仰，所以敦煌莫高窟的隋唐壁画中有许多内容都是表现他的。中国佛教以浙江省舟山群岛内的普陀山作为他的道场。相传日本僧人慧锷于唐朝中叶从五台山请得观音像返归日本，途经普陀山时，为大风所阻，慧锷祈请观音，得到观音不肯去日本的灵示。于是慧锷便在普陀山潮音洞前的紫竹林处建造了观音院，从此开创了观音道场。至今仍有日本、朝鲜等许多国家的善男信女常来此朝拜。观音有许多名称和形象，如白衣观音(为身穿白衣的装束，也称白衣大士)、水月观音(为观望水中月影的姿态)、千手千眼观音、如意轮观音(手持如意宝珠和轮宝)等等。

地藏是梵文ksitigarbha(乞叉底蘖婆)的意译，意即像大地一样包藏无量善根种子，他负责司法和拯救工作。佛经中说，他受释迦牟尼嘱咐，在释迦入灭之后、弥勒降生之前，须尽度众生拯救诸苦。据说他曾发过四大愿：孝顺双亲、满足人们需求、祛除疾病、尽度地狱众生。这些很适合中国人的心理需求，尤其是他“地狱不空，誓不成佛”的精神与近现代“无产阶级只有解放全人类，才能最后解放自己”的思想境界更有相似之处。因此，古往今来他受到中国上下层人士的普遍欢迎。宋代的《高僧传》说，他本是朝鲜半岛的新罗国王子，唐玄宗时航海来到中国，游化数年后圆寂于中国安徽九华山。因肉身不坏，于是以全身置于塔中。佛教四大菩萨中，只有地藏菩萨是出家人形象，穿僧衣，右手执锡杖，左手持如意宝珠。

在大雄宝殿内还有18罗汉，相当于世俗政府的内阁部长。罗汉，全称为“阿罗汉”，是梵文Arhat音译的略称。佛家把罗汉又分为预流果、一来果、不还果和阿罗汉果四个等级，其中阿罗汉果为最高级，可永远不再投胎转世及遭生死轮回之苦，原为小乘佛教所追求的最高果位。罗汉须是出家人，正如当今人大常委会委员必须是人大代表一样，所以寺院中的罗汉都是僧人形象。早期佛经中只有四大罗汉，据说释迦牟尼临终前，指令他的四个大弟子不可涅槃，须留在人世间传布佛法，由于这四个大弟子都曾亲耳聆听过佛的言教，从而觉悟得到果位，所以又称他们为“四大声闻”。南北朝时的佛经中已经提到有16罗汉了，到唐代罗汉形象也很流行，至唐末五代时人们更加尊崇罗汉，且认为左右两侧各8位尚不如各9个为佳，因为“9”在中国是多的意思，于是便进一步扩大为18罗汉了。可见不断扩大编制是中国人的文化，自古已然。今日世俗之冗员冗官泛滥，从罗汉所走过的历程中我们就可以找到其中之答案。因佛经中说释迦牟尼在传道时有500门徒，于是又称他们是500罗汉。五代时，吴越王首先造500罗汉像于天台山方广寺，以后又在杭州兴建罗汉堂。因500罗汉数量极大，占地又多，后世多由名刹大寺另建罗汉堂以供奉他们。随着罗汉在中国人心目中的地位不断提高，中国艺术家们也发挥了丰富的想象力，创造了许多栩栩如生的罗汉形象，而这些罗汉形象和有关他们的传说也丰富了中国小说、戏曲、绘画、雕塑的题材和内容。

图8–14 灵隐寺五百罗汉堂一瞥

此外，在大雄宝殿正中的佛龛上人们常常看到正中端坐着释迦牟尼佛之外，

还有另外两尊佛像，且有竖三世佛和横三世佛的说法，竖三世佛按纵向过去、现在、未来世代轮替排列，中为现代领导人释迦牟尼佛，左侧为过去领导人燃灯古佛，右侧为未来领导人弥勒佛。据佛经记载，释迦牟尼前世以五茎莲花供献燃灯古佛，该佛预言释迦牟尼当于九十一劫后成佛，所以今之寺院的过去佛塑像，多为燃灯古佛。横三世佛按管辖区域方位横向排列，中为娑婆世界释迦牟尼佛，左为东方琉璃世界药师佛，右为西方极乐世界阿弥陀佛。

在佛寺里，从信徒们点烛奉香随缘乐助的虔诚跪拜中还可以发现，现代中国有些地方不请客送礼就办不成事并非发明创造，而是源远流长，因为人们害怕不烧香菩萨就不会关照和保佑他们。

步出大雄宝殿就到了伽蓝殿，这是佛教的警卫局，内有18名守护神。中国佛教自隋唐以后，将关羽也列入其中。禅宗寺院多以本山土地等神作为守护神加以供奉，所以寺院内的伽蓝堂又称“土地堂”。

在佛寺内你往往能遇到双手合十的和尚或尼姑。合十为佛教徒经常施行的礼节，十指并拢，两手合掌置于胸，表示敬意。和尚是梵文upādhyāya不确切的音译，古代又译为“和社”、“和上”、“和阇”等，原是印度对博士、师父的称呼。在中国，先是称呼佛教徒中受人尊重的师长，以后成为对所有男僧侣的通称，女僧侣则俗称“尼姑”。

和尚和尼姑亦可称为比丘和比丘尼。比丘是梵文Bhiksu的音译，意为“乞士”，因佛教僧人初期以乞食为生而得名，佛教指出家后受过具足戒的男僧人为比丘，受过具足戒的女僧人为比丘尼。在佛教中，7岁至20岁之间已受过十戒而没有受具足戒的男性修行者称为沙弥，女性称沙弥尼。在崇尚“一刀切”的今日，中国普通百姓不喜文绉绉地称呼，大多一言以蔽之：“小和尚”、“小尼姑”。

佛教对那些在寺院中服役尚未剃度出家或远离家乡遍游天下的行脚僧人称之为“行者”。在小说《西游记》中孙悟空号称孙行者，意味着两者兼而有之。

二、内部组织

佛寺内组织结构严密，分工合理，与世俗相似。从总体上说，可分为职务和职称两大系列。职务系列属领导职务有实权，称“列职”，分别为：都监、监院、副寺、维那、僧值、知客、衣钵、汤药、悦众、寮元、库头、殿主、香灯；职称系列属非领导职务没有实权，称“序职”，分别为：座元、首座、西堂、后堂、堂主、书记、藏主、知藏、记录、使者。由于在举行仪式时排序不同，职务系列靠东列队被称为东序，职称系列为西序，而且按等级差别每个人都有自己不同的站立位置，当然相当于寺院董事长兼总经理的领导者是方丈（住持），所以人们在寺院里常常看到“某某方丈率东西两序大众”的字样。

两序大众各司其职，东序列职：都监，为监督监院工作的总监；监院，俗称当家，为寺院秘书长；副寺，为部门负责人；维那为领唱班班长；僧值，司纪律检查；知客，为接待办主任；衣钵，为方丈机要秘书；汤药，为医务负责人；悦众，为领唱班成员（一般寺院为五六人，像杭州灵隐寺一类的大寺院有十几个人）；寮元，为宿舍舍长；库头，为财物库长；殿主，为大殿殿长；香灯，为大殿灯光、香火负责人。西序序职：座元，由学识渊博，德高望重、有资格当方丈而没有去当者担任；首座、西堂、后堂和堂主称为4个堂口，由有资格有声望的僧人担任，其中首座地位最高，依次为西堂、后堂、堂主；书记，为办事员；藏主，为图书馆馆长；知藏，为图书馆管理员；记录，为会议记录人；使者，为方丈生活随从。

三、节日与法令

佛教有很多节日与法会，其中较为重要的有佛诞节、涅槃节、盂兰盆节、腊八节和水陆道场。中国佛教以农历四月八日为释迦牟尼诞生日，于是每年以此日为佛诞节，举行拜佛诵经及浴佛等庆祝活动，因此又名浴佛节。传说释迦牟尼降生时，曾一手指天，一手指地，说：“天上天下，惟我独尊。”此时并有九条神龙口喷香水，为他沐浴。所以每逢佛诞节时，佛教寺院便以各种名香浸水灌洗释迦诞生像，俗称“浴佛”。释迦诞生像仅数寸，为童子一手指天，一手指地形状的立像。此像平日藏于内殿，并不出示供奉。

涅槃节，也称“涅槃会”。中国、朝鲜、日本等大乘佛教认为，夏历二月十五日是释迦的涅槃日，定于每年此日为涅槃节，以纪念释迦逝世。逢此节时，寺院要张挂释迦涅槃图像，举行涅槃法会，诵《遗教经》等。

盂兰盆节，也叫“盂兰盆会”、“盂兰盆斋”、“中元节”，俗称“鬼节”，时间为中国夏历七月十五日。据《盂兰盆经》记载，释迦牟尼的弟子目犍连(又名目连)在具备了一定的神通后，运用道眼察看到母亲正堕入饿鬼道中受苦，饿得皮骨都连在一起了。目犍连为了报答父母养的育之恩，忙盛满一钵僧饭送给母亲吃，他母亲抓起饭来就吃，不料饭还未送入口中就化为炭火，无法吃下。于是目犍连请求佛祖释迦牟尼设法超度母亲，解脱地狱之苦。佛祖指出他母亲罪孽深重，须借十方众僧的道力拔救才行，并告诉他应在七月十五日众僧安居修行圆满时，准备丰盛的盂兰盆供，以百味饮食供养十方众僧，这样即可凭借众僧的威力解救其母亲。目犍连一一照办，果然使母亲脱离了饿鬼道。于是佛教徒据此便于每年七月十五日举行盂兰盆会。“盂兰盆”为梵文Ullambana，音译，有“解救倒悬”的意思。

这里所说的七月十五日修行圆满，是指佛教要求僧人在每年的四月十五日至七月十五日不得外出云游，必须定居在寺院内专心坐禅作道，叫做“安居”。七月十五日安居期满时，众僧聚集一堂，相互检举别人的过失，也进行自我忏悔，称为“自恣”。这一做法后来逐步推广到世俗社会，“安居”相当于“学习”，相互检举相当于开展“批评”，自我忏悔相当于“自我批评”或“自我剖析”。

南北朝时，梁武帝始设盂兰盆会，以盛大斋筵供养十方众僧。至唐代，各寺院所设的盂兰盆供更为奢华。盂兰盆会本为孝事已亡父母的节日，它符合中国传统的孝道，因此很快被中国人所接受，并且长期流传下来。宋元以后，盂兰盆会不仅是悼念亡灵的节日，而且扩大为祭祀家中所有亡人的节日，因此又称为“鬼节”。过去在这一天，许多人家要向僧人施斋，请他们追荐亡灵；寺院也要举办水陆道场，以及放河灯、烧法船等活动，使它逐渐又具有一定的民间游乐色彩。

腊八粥，又称成道节，据佛经记载，释迦牟尼在成佛之前，曾经出家修道，但是苦行了6年，仍未能得到精神上的解脱。当他饥饿疲惫至极时，恰好一个牧女送来乳糜(奶粥)，使他食后恢复了体力。然后他又去河中沐浴，洗去身上一切污垢，最后在菩提树下觉悟成佛。中国佛教认为，释迦成佛是在农历十二月(俗称："腊月")初八日，遂以"腊八"为成道节。这一天，各寺院要诵经纪念，并仿效牧女献乳糜事以各种香谷、果实煮粥供佛，称为"腊八粥"。以后吃"腊八粥"演变为一种受人欢迎的民间习俗，并有庆丰收之意。至今民间流传许多关于"腊八粥"的故事传说，其佛教的含义反而淡薄了。

水陆道场，也叫"水陆法会"、"水陆大会"，是佛教中规模较大的一种法会，少则7天，多则49天，参加法事的僧人可多至上百人。会上僧人诵经礼佛，追荐亡灵，并遍施饮食以超度一切水陆鬼魂。

四、藏传佛教

佛教在唐代传入中国西藏地区，经过长期发展，逐步取代藏族早先信仰的苯教（亦称苯波教）形成为藏民族全民信仰的宗教（并曾一度成为蒙古族全民信仰的宗教），并且逐渐分成了宁玛派（俗称"红教"）、萨迦派（俗称"花教"）、噶举派（俗称"白教"）和格鲁派（俗称"黄教"）等4个教派。明清以来，宗喀巴始创的黄教逐渐占据统治地位，达赖、班禅都属于黄教。

藏传佛教的"显教"部分，其教义与汉地佛教基本相同；它的"密教"主要部分，如"双身法"——"欢喜佛"等等，则为汉地佛教所无。另外，"活佛转世"制度以及政教合一体制也是汉地佛教所没有的。

藏传佛教又称为"喇嘛教"，"喇嘛"是藏语译音，意思是"上师"，是藏族人民对有地位、有学问的和尚的尊称。不过在汉族地区人们若以此类推，称佛教为"和尚教"，就会贻笑大方了。可见任何一种称呼都是一定历史条件下约定俗成的结果。

第八节 佛教对中国文化的影响

一、对哲学的影响

佛教对中国文化的影响极其广泛与深远。首先是对中国哲学的影响。佛教的根本宗旨是企图超越现实社会生活秩序而求得身心的解脱，否认客观现实世界的存在而设想出一个与现实世界相对立的"西方极乐世界"。为了达到这样的目的，佛教学者始终在寻求人生乃至宇宙万象的"真实"，形成了独具特色的人生观和世界观。佛教传入中国后，它阐发的"空"的哲学理论首先受魏晋玄学的影响而改变了本来面貌，随后它又以印度中观学说的更高抽象思辩对玄学作了理论上的批判总结。佛教的唯心主义哲学思想，一方面依附于中国传统哲学中的唯心主义流派而流行，一方面又势必引起中国传统哲学中的唯物主义流派的批判。于是在魏晋时代，哲学史上终于爆发了一场佛教有神论和唯物主义无神论的激烈斗争。这场斗争直接关乎中国佛教的基础理论——神不灭论，以及与神不灭论密切相关的因果报应说、佛性说。南北朝时，梁武帝和慧远就结合中国的神不灭思想来谈佛性，而竺道生则吸收了儒家人性善的理论，提出众生皆有佛性和一阐提也可以成佛的思想。佛教的佛性论使中国的人性理论提高到本体论的高度，对道教和儒家思想都产生了深远影响，其中道教受佛性理论的影响形成了系统的内丹学说。此外，佛教哲学的宇宙生成论、本体论、认识论和心性论，进一步丰富和发展了中国古代哲学，影响并改变了中国古代哲学的发展进程和面貌。佛教哲学中的神不灭论和一切皆空的思想虽然曾一度受到宋明理学的排斥，但它的心性学说等在实际上又为理学家所吸取。宋明理学中的最高范畴“天理”、“天道”、“本心”、“良知”等都是不同程度地吸取了佛教的心性论思想而形成的。宋明理学家援佛人儒，提高了儒学的理论水平，使其获得了丰厚的本体论基础。此外，佛教还对古代辩证法做出了贡献，如关于矛盾的对立统一，现象与本质的关系，主体与客体的关系，对主体、自我意识和客观能动性的强调等，都体现了较高的辩证思维水平，值得我们认真地批判总结。总之，佛教与中国古代哲学既互相排斥、斗争，又互相影响、吸收，彼此交错，共同发展。

二、对文学的影响

佛教对中国文学的影响，可以说既有“迹”又有“神”。“迹”，指实实在在的佛教文学作品，如翻译佛教经典本身的文学性，佛教僧徒所创作的文学作品，大量表现佛教题材的作品等等。“神”，则指佛教思想对中国作家的世界观、人生观、思维方式、生活情趣等方面的影响，也就是佛教对中国文学内容方面的影响。这种影响往往是融入作家的血脉之中，如“羚羊挂角，无迹可求”，渗透更为深广，而又往往不易觉察。总之，佛教的传人，为中国文学带来了重大变化。

内容方面，佛教给中国文学带来了至少三个方面的新变化。首先是新的题材。历代描写佛教的诗文不计其数，佛教为小说戏曲提供了丰富的素材，且不说《西游记》、《翠乡梦》、《目连救母》、《张生煮海》等直接表现佛教故事的小说和戏曲，仅就唐诗而论，据统计，在现存约5万余首唐诗中，其中与佛教有关的诗就占了将近10%。这些诗或赞美佛寺风光，或表现佛理禅机，或歌颂僧俗友谊，有不少写得相当精彩生动。其次，佛教那种色空观念及因果报应等思想，深深地影响了中国作家的头脑。唐代以来的一些文学作品，批判宇宙人生，宣扬彰善瘅恶、因果报应的佛教主旨，为中国文学开拓了新的意境。古典名著《红楼梦》里的主人公贾宝玉，在那“花柳繁华地，温柔富贵乡”里，经历了19年的所谓“劫难”之后，终于“飘然”而登上了“彼岸”世界。剩下来的，却只是“白茫茫一片旷野，并无一人”的空洞境界。而全部《红楼梦》末了则由一位“空空道人”来给它作了结。其他诸如《金瓶梅》、《三言》、《二拍》、《聊斋志异》、《西湖二集》等作品中，都可以看到浓厚的佛教文化的印痕。再次，佛教故事大大丰富了中国作家的艺术想象力。胡适曾在《白话文学史》一书中指出：“印度的幻想文学之输入，确有绝大的解放力。试看中古时代的神仙文学，如《列仙传》、《神仙传》，何等简单?何等拘谨?从《列仙传》到《西游记》、《封神榜》，这里面才是印度的幻想文学的大影响。”中国固有的文学偏重写实的描述，而较少幻想力，很少超时空、超现实的幻想；而佛教则富有上天下地毫无拘束的幻想力，不受时空的限制，什么十八层地狱、三十三层天、三千大千世界，无边无际，表现出浓厚的浪漫色彩，影响所及，大大地推动了中国浪漫主义文学的发展。正是在这种充满幻想的佛教故事的滋润下，才导致了《西游记》、《封神演义》等神话小说的产生。

形式方面，首先是佛经的翻译，给中国文学开辟了一块新园地——翻译文学。如《维摩诘所说经》、《妙法莲华经》、《首楞严经》，译笔弘丽优美，语意显明晓畅，为历代文人所喜爱；特别是《百喻经》、《目莲变》二书，其文学性更强，对文学的影响也更大。其次，佛教给中国文学带来了新的文体。伴随着佛教而传入的古代印度学者研究的一种近于训诂学和词汇学的声明论，导致了南朝音韵学上四声的发明和诗歌格律上“八病”的制定，从而推动了唐以来格律诗新体裁的开创。佛教自南北朝以后开始推行“转读”、“梵贝”和“唱导”，所谓“转读”也叫“唱经”、“咏经”，即诵读佛经，使人听懂；“梵贝”是佛教赞歌，以声音感人；“唱导”即宣唱开导，讲经说法。这三种方法都是吸引民间信徒，扩大影响，把佛教深入传播到民间去的路子。其宣传教义的方法，融诵读、讲说、歌唱、赞叹于一体，有说有唱，说唱结合，这不仅开佛教俗歌的风气，也直接导致了变文、宝卷、弹词、鼓词等说唱文学新体裁的出现。佛教的新词语丰富了中国文学的语言宝库。随着印度佛教经典的翻译和流传，佛教典籍中不少优美的典故和具有艺术美的新词语，被我国六朝尤其是唐以后的文学作品所吸收，其中源于佛教的成语，几乎占了汉语外来成语的90%以上。从佛教用语转化为日常用语的，诸如世界、如实、实际、功课、课程、早课、晚课、觉悟、刹那、彼岸、因缘、三昧、公案、烦恼、解脱、方便、众生、平等、现行、相对、绝对、知识、唯心、悲观、泡影、野狐禅、清规戒律、一针见血、三生有幸、三头六臂、不二法门、不生不灭、不即不离、五体投地、功德无量、拖泥带水、大慈大悲、心猿意马、惟我独尊、不可思议、僧多粥少、味同嚼蜡、快马加鞭、皆大欢喜、“苦海无边，回头是岸”、“放下屠刀，立地成佛”、“种瓜得瓜，种豆得豆”；从佛教典故转化为常用成语的，如一丝不挂、大千世界、天女散花、天花乱坠、当头棒喝、醍醐灌顶、极乐世界、现身说法、泥牛入海、借花献佛、痴人说梦；从佛教生活衍化出来的俗语、歇后语，如“丈二和尚摸不着头脑”、“无事不登三宝殿”、“跑得了和尚跑不了庙”、“平时不烧香，临时抱佛脚”、“和尚打伞——无法无天”，等等，不一而足，举不胜举。这些词语，至今仍为我们所使用，可见佛教对中国文化的影响是何等深远！

文学理论批评方面，佛教的影响甚至更为深远。佛教的“言语道断，心行处灭”，认为佛教的最高真理(“真如”)是不可言说的，心念之处灭而不可思念，也就是不能通过语言文字、理性思维、逻辑思维所能表述和把握的。禅宗的“顿悟”说，又认为众生对本性由“迷”到“悟”的转变在一刹那间，一念相应；觉悟到本性就是佛。佛教的“言语道断”说和“顿悟”说，直接影响了梁代文学理论家刘勰和唐代诗僧皎然的诗论。唐末的司空图作《二十四诗品》，继承和发展了刘勰、皎然的思想，提出“象外之象，景外之景”的作品形象特色，追求可以意会而不可以言传的“韵外之致”、“味外之旨”；后来南宋文学批评家严羽，又在此基础上提出“妙悟”说，他在《沧浪诗话》一书中指出：“盛唐诸人惟在兴趣，羚羊挂角，无迹可求。故其妙处透彻玲珑，不可凑泊，如空中之音，相中之色，水中之月，镜中之花，言有尽而意无穷。”清代王士禛进一步继承司空图、严羽等人的理论，提出“神韵”说，主张诗歌要含蓄深远，意余言外。其次，宋代以后以禅喻诗成为风气，诗论家讲究诗歌创作要“物象超然”、“意境空蒙”，认为“说禅作诗，本无差别”，不仅在创作上以禅论诗，在欣赏上以禅悟诗，而且在批评上也以禅比诗。此外，佛教对诗歌理论中的“境界说”的形成，也有不可低估的影响。

三、对艺术的影响

艺术是佛教宣传的重要手段和方式之一。佛教艺术包括寺塔建筑、绘画、音乐等几个方面。佛教的传入，不仅直接丰富了中国古代的艺术宝库，而且也影响和刺激了中国古代艺术的发展。当我们走进中国各地的名山胜地、岩洞石窟、丛林古刹之中，那金碧辉煌的寺庙建筑、千姿百态的塑像、新奇多彩的绘画、悦耳动听的音乐，多么令人陶醉！而这些，正是佛教艺术的瑰宝。

图 8–15 维摩诘像

佛教所修建的寺庙和宝塔，是佛教艺术中最璀璨夺目的明珠，其分布之广、数量之多、规模之大、造型之美，在中国古代建筑中都是首屈一指的，在世界上也是十分罕见的。在中国，几乎所有的名山都有佛教的庙宇或宝塔，这些美轮美奂的寺、塔，犹如一颗颗耀眼的宝石，一朵朵绚丽多姿的奇葩，点缀于蓝天白云、青山绿水之间，为山河增辉，为大地添彩。现在，分布于全国各地的著名佛教寺、塔，有洛阳白马寺、嵩山少林寺、西安大慈恩寺、山西五台山南禅寺、佛光寺、苏州寒山寺、南京灵谷寺、镇江金山寺、庐山东林寺、杭州灵隐寺，河南登封北魏的嵩岳寺塔、西安唐代的大雁塔、北京辽代的天宁寺塔、山西应县辽代的木塔、杭州宋代的六和塔，等等。它们已不再只是一些宗教建筑，而已成为中国古建筑中的艺术结晶，成为中国古代文化发达的历史见证。

以云冈、龙门、敦煌三大石窟艺术为代表的中国石窟艺术，也是遍布全国，各具异彩，如新疆拜城县克孜克尔千佛洞、库车县森木塞姆千佛洞、甘肃安西榆林、永靖炳灵寺、天水的麦积山、河北邯郸响堂山、河南巩县石窟寺、山东云门山、辽宁义县万佛堂、四川大足石刻、广元石窟、南京栖霞山等，都是基于佛教的原因而雕凿出来的。这些源于佛教的石窟艺术，是古代劳动人民和无名艺术家辛勤劳动的结晶，是具有世界影响的艺术宝藏，也是传统文化的精英，是我们伟大的中华民族的骄傲。

佛教绘画是佛教引发人们的信仰热忱、扩大宣传影响的一种重要工具。佛画可以形象地传播教义，也可以供佛教信徒礼拜敬奉。在佛教画像传入中国之前，中国绘画已经有了独立的发展。佛教绘画传入中国后，对中国的绘画也产生了深远的影响，中国画家不仅亲自创作佛画，同时也接受佛教禅宗的人生信念和审美情趣，吸取佛教绘画的特长和技巧，推进了民族绘画艺术的发展。

《魏书·释老志》载汉明帝时，就曾令人画佛像，“置清凉台及显节陵上”，这大概是中国画家自作佛画之始。魏晋南北朝时，善于佛画的名画家相继出现。六朝时代，佛画更是绘画的中心，凡能绘画的，都能作佛画。最著名的要数东晋时的大画家顾恺之，相传顾氏在建康(今江苏南京)瓦棺寺壁上绘维摩诘居士图，光彩耀目，轰动一时。唐代佛画，特别是壁画的发展，可谓空前绝后，盛极一时。当时的著名画家吴道子，共创作了300多幅佛画，堪称古代佛画第一人，有“画圣”之称。他的佛画笔迹磊落，洗练劲爽，势状雄峻，生动而富有立体感，吴道子的画风对后代人物画的影响很大。唐代中叶以降，佛教禅宗盛行，禅宗直指人心，提倡“顿悟”，轻视形式，不重佛像，因此佛画渐趋衰微。而禅宗的超然襟怀，任运旷达的人生哲学，又最易和自然自在、萧疏清旷的山水融为一体。唐代大诗人王维，耽于禅悦，性喜山水，他的山水画融诗、禅、画于一体、人称“画中有诗”。他改变了以往传统山水画的风格，开创了超然洒脱、高远淡泊的禅画之风，对后来中国画的发展影响极深。唐、宋以后，清旷闲适的自然风景成了中国画的主要题材，山水、花鸟、鱼虫成为国画的主流，表现暮色翠岭、翠竹幽兰、古松怪石，追求情景交融、物我合一、主客两忘等，成为国画的主要特色。

佛教音乐包括梵呗、佛曲等形式。在印度，梵呗是歌颂佛和菩萨的短偈。佛教传入中国后，中国僧人曾创作了自己的梵呗。三国时代的文学家曹植也曾创作梵呗六契，世称《鱼山梵》。梵呗主要用于讲经仪式，特别是在早晚课上颂唱。隋、唐时流行的梵呗有《如来呗》、《云何呗》等，近代禅林流行的《四大祝延》、《八大赞》等念唱也来自于传统梵呗。佛曲是将佛经谱曲进行颂唱，敦煌杂曲中就记载着许多来自印度的佛曲，中国僧人也创作了许多佛曲。到隋、唐时，佛曲广为流行，并影响了中国传统的宫廷音乐、宗教音乐和民间音乐，形成了以“远、虚、淡、静”为特征的佛教音乐，成为民族音乐的重要组成部分。

四、对财税金融的影响

佛教对中国财税政策走向公平和公共化有着积极的影响。首先，由于佛教十分强调平等和圆融精神，促使中国历代统治者在调整赋税政策时不断关注社会公平，使税收重心逐步从以人头税为主向平等的以资产收益税为主方向转变。如佛教传入中国初期的两汉之交，国家包括力役在内的人头税收入要占总税负的95%，到唐代就降为50%，到清代雍正年间实行“摊丙入亩、地丁合一”的彻底“一条鞭法”以后，国家完全取消了人头税性质的力役，从而既公平了税负，也松解了农民对封建统治的人身依附。

其次，由于佛教提倡“大慈大悲，普渡众生”，驱使崇佛的帝王不断捐助钱财到佛寺，从而使佛寺有条件建立中国最早的当铺，发挥救急济困的作用。如南北朝时期的南朝梁武帝4次舍身同泰寺，大臣以3亿铜钱将其赎回，其中之一部分资金便成了同泰寺“质铺”的资本金。

五、对人际关系的影响

佛教对中国人际关系，既有积极影响，也有消极作用。其积极影响是佛教的“善有善报，恶有恶报”和“六道轮回”的转世思想，使那些企图为非作歹，图谋鱼肉百姓的有权有势者精神上受到了宗教的束缚，在行为上有所顾忌和收敛。最典型的是清代，尽管《大清律》的刑罚极其残酷，其中凌迟、斩首等条款极多，但受佛教思想影响较深的刑名师爷大多不愿意给人犯处以凌迟和斩立决一类的酷刑，而是要选择避重就轻的条款处理，以免在人间树敌过多死后到阴间被这些冤鬼揪住不放，受尽苦难。

佛教对中国人际关系的消极作用也显而易见。首先，佛教“随缘”思想既为密切人际关系打下了思想基础，也使人际关系失去了是非原则。其次，佛教强调的“顿悟”，不仅使古往今来无数学生充满“临时抱佛脚”的侥幸心理，产生了平时不努力的消极作用，而且也为20世纪60年代中期在神州大地上出现人人手捧红宝书“活学活用”的浪潮奠定了立竿见影的思想基础。同时，由于佛教一贯提倡烧香拜佛、随缘乐助才能获得菩萨保佑的做法，使耳濡目染的中国百姓渐渐形成了不送礼办不成事和有权势者认为替人办事受些孝敬也应该的思想观念，并且这一消极影响从官场扩展到全社会的诸多领域。例如今日医疗领域处方拿回扣、开刀收红包，教育界上学读书要赞助，各行各业办事要请客送礼，似乎是“天经地义”，人之常情。

第九章　儒家学说与综合分成

“儒”由左“亻”右“需”两个偏旁组成，合而称之，其意为“人之需也”。由于古代科技知识匮乏，人们对于天地山川的灾变十分惊恐，为了求得平安，祭祀成了国家和民间的主要财政支出和礼教活动。早在商代，人们就将专门研究和从事治丧、相礼以及教学等活动的人称之为“儒”。的确“儒”是当时作为人们十分需要的一种职业而盛行于世，其功能相当于传播礼教的教士。

作为儒家学说的创始人孔子，公元前551年生于鲁国陬邑（今山东曲阜）一个小官吏的家庭，由于他的父母属于老夫小妻的结合，年过半百的父亲与不到20岁的母亲在尼山野合受孕，男女双方年龄相差数十岁之多，从而既给孔子带来了良好的智力，也带来了幼年丧父的切肤之痛。

孔子早年曾一度担任过管理仓库和看管牛羊的小官，辞官后便专以替人办理丧事赞礼的“儒”为业，用孔子自己的话来说：“出则事公卿，入则事父兄，丧事不敢不勉，不为酒困，何有于我哉。”《墨子·非儒》篇则嘲讽儒者说：“富人有丧，乃大说，喜曰：此衣食之端也。”可见，孔子的出身和他所从事的职业在当时来看并不是很崇高的职业。但孔子和当时只会办丧事混饭吃的“儒”有所不同，因为他除了通晓养生送死的仪式外，还有丰富的文化知识，并关心政治，有一套人生哲学理论。由于孔子这一派的儒者，人才众多，势力很大，后来这类替人治丧的“儒家”便成了孔子这一学派的专有名词。

图9–1　唐吴道子画孔子像

孔子自幼便立志成才，具有无比远大的理想，因此，成年后他也曾长途跋涉到过不少诸侯国，试图通过周游列国游说诸侯找到实现自己理想的机会，但由于他的理想要“尊王攘夷，克己复礼”，与当时诸侯争霸的社会潮流背道而驰，所以一直没有能够实现。仅仅中年后在鲁国当过3个月相当于现代司法部部长的司寇。孔子回到鲁国后，便下决心

图 9–2 孔庙康熙题“万世师表”

把全部精力放在教育和整理研究古典文化上，也许“天生我才必有用”、“功夫不负苦心人”，孔子不仅自己学有所成，而且对中国传统文化作出了极其卓越的贡献。记载孔子言行的《论语》被后世列为经典成为古代学者必读之书。而且在他长达 73 年的生命历程中，通过他呕心沥血的教学培育了一大批有学识、有才干的学生，由此形成了以孔子为核心的儒家学派，从汉武帝开始成为历代帝王治国的指导思想，孔子本人也受到历代帝王的极大尊崇。汉元始元年(公元 1 年)，汉平帝追封孔子为“褒成宣尼公”；东汉中元二年(公元 57 年)，光武帝规定在学校中祭孔；唐贞观四年(公元630年)，唐太宗诏令天下州县立庙，实行全国性的祭孔；开元二十七年(公元 739 年)，唐玄宗追封孔子为“文宣王”；宋大中祥符元年(公元 1008 年)，又加封孔子为“元圣文宣王”，后又改为“至圣文宣王”；至和二年(公元 1055 年)，宋仁宗封孔子为“衍圣公”，后又封为“世袭衍圣公”；明嘉靖九年(公元 1530 年)，封孔子为“至圣先师”。清朝建立后，清政府为了笼络汉族知识分子，再一次加封孔子为“大成至圣文宣先师”，把孔子的地位推上顶峰。可见，世界上不同领域里人各有其专长，有权力的政治家并非都具备思想家的素质，因此，历代帝王几乎都运用孔孟之道治国，并没有提出自己的治国思想，因为他们深知两者之间存在着极其巨大的跨度，毕竟思想家秉承智慧，政治家依靠机会，任何侥幸获得权力的君王都不可能同时获得超人的智慧。

诚如人们所知，儒家是一个以孔子为代表的庞大群体，包括孟子、荀子、董仲舒、朱熹、韩愈、程颢、程颐、王守仁等一大批大儒。在他们内部，无论政治观点还是哲学观点，都是有差别，甚至是对立的，例如孟子的“性善说”与荀子的“性恶说”完全针锋相对。但两千多年来，作为一门学派，在思想上又有其共同特征。首先，宗师孔子，以其言行为最高准则；其次，以《诗》、《书》、《礼》、《乐》、《易》、《春秋》为经典；再次，提倡仁义，并以仁义为行为准则；同时，强调维护君臣、父子、夫妇、兄弟等伦常关系。

纵观儒学整个历史，有一个由儒学向儒教的发展过程。就孔子言论和思想而论，其宗教性处于潜在阶段；到西汉董仲舒将儒学神学化，其宗教性才渐渐显现；直到唐代朝廷将儒、释、道并称三教，儒学才成为官方认定的儒教。宋明理学使儒学的宗教天命观思辨论，并且在儒教世俗化方面作了很大的贡献。清末民初，一批学者致力于从理论上论证儒学为儒教。但由于儒学虽有宗教的思想却缺少与其他宗教相似的仪轨和组织，因此一直无法取得一致的认识。今天不论儒学是否称得上宗教或准宗教，就其在汉武帝以来长达两千多年间一直在官方意识形态领域里占据着统治地位，对中国文化发展所产生的广泛而深刻的影响而论，儒学无疑是中国传统文化的思想主流。

一、宗师孔子的思想

孔子生活的年代，正是社会阶层发生急剧变动的时期。《诗经》记载：“溥天之下，莫非王土；率土之滨，莫非王臣。”也就是说，在西周时，全国的土地均属天子所有，天子再分封一些给他的宗族、亲戚、功臣和古代延续下来的旧国，这些封土或者成为国家，或者成为采邑。土地的收入，除了一部分向天子纳贡外，大部分为被受封者所据有。对于全国的臣民来说，天子享有至高无上的权力；然而在春秋时代，随着社会生产力的发展以及政治局势的演变，社会制度发生着巨大的变化。就在孔子出生前43年（公元前594年），鲁国进行了财税体制改革，实行“初税亩”制度，鲁哀公明令按人们所拥有的田地及其亩产粮食数量征收赋税，这表明统治者公开承认土地私有的合法性，土地所有制有了根本性的改革。在政治上，随着平王东迁，王室地位急剧下降，天子仅仅享有虚名，而失去了对诸侯的控制权。在诸侯国家中，大夫专权，不听诸侯的号令，“权力下移”成了整个社会最根本的趋势。在一个丧失了传统权威的时代，奴隶制时代的礼仪准则不再被遵守，各种违礼僭越现象比比皆是。生活在变革与动荡时代的孔子，一心想恢复周朝盛鼎时期的那种静恬和谐、秩序井然的社会政治制度，不仅与争霸的时代潮流完全背道而驰，而且听过他宣讲的诸侯大夫都很不以为然，甚至用不屑一顾的鄙夷目光看待孔子，弄得孔子面孔通红尴尬不已。

孔子思想中最重要的内容之一是试图以“正名”手段恢复周朝的礼制。礼的意义在古代至为广泛，它包括国际交际的礼节仪式，贵族的冠、婚、丧、祭、燕、飨的典礼，也包括政治制度、道德规范等内容。孔子认为，由周公汲取夏朝、商朝制度的优点而制订的周礼是十分完备、值得尊奉的。而周礼的基本内容则是以宗族血缘关系为基础建立起来的宗法制度和“君君、臣臣、父父、子子”的等级制度。由于当时等级制度的混乱，孔子试图以理想标准的“名”来纠正那些不符合周礼情况的“实”。他说：“名不正则言不顺，言不顺则事不成，事不成则礼乐不兴，礼乐不兴则刑罚不中，刑罚不中则民无所措手足。”也就是说，重新肯定周朝宗法等级制度的秩序，最关键的一步在于“正名”，使不同名分的人有不同的道义准则。如在国家政治制度上，处于君这个地位的人，应该具备君这个名称的人所应有的品行，得到具备君这个名称的人所应得的尊重和权力；而在家庭关系中，则要坚持“亲亲”的原则。应该说，孔子思想中的这部分内容既消极又有害，就其应用来说，其弊端更明显。这是因为，就君臣关系而言，对于君，孔子往往强调人君应该享受的权利；对于臣，则片面强调臣应该尽的义务。由于君臣权利与义务向君倾斜的不对等，正中统治者的下怀，从而为巩固封建集权统治提供了思想依据，所以，两千多年来儒家思想一直受到当权者的青睐，以至于演变成今日社会之隶属文化，口头上讲法治，骨子里还是上尊下卑讲人治；上级的讲话没有一个不是重要讲话，如果没有批示明摆着的法律可以不执行。

孔子对周礼并非是无条件的因袭，在现实条件下，孔子对周礼的思想内容也作了较大的发展与补充。这首先表现在加强思想统制上。与西周主要运用政令刑罚以及外在具体的仪式和形式来维持等级制度不同，孔子主张礼治德化与政令刑罚相辅而行。他说："为政以德，譬若北辰，居其所而众星共（拱）之。"这里，孔子高度赞美了德政的作用，就像众星都围着北极星转一样，德政受到民众的欢迎从而使治理变得容易。德政是与刑政相对而言的，实行德政即是实行教化。"道之以政，齐之以刑，民免而无耻；道之以德，齐之以礼，有耻且格。"也就是说，孔子试图以教化的方式使西周的道德准则成为人们心目中的自觉意识，从而能够心甘情愿地遵循社会的制度、法令和礼仪。孔子提出的这一手法影响极为深远，导致历代封建统治者都不择手段运用所谓"以德治国"来蒙蔽庶民百姓以取得最佳的统治效果。

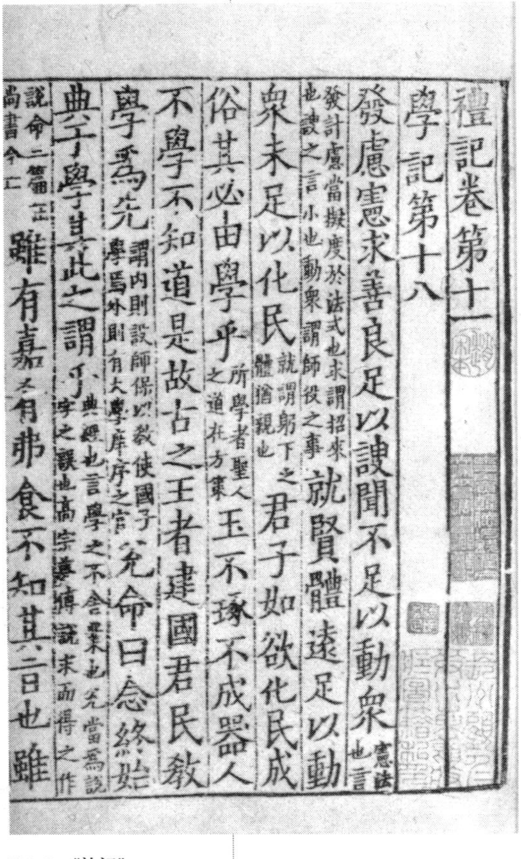
禮記卷第十一
學記第十八
發慮憲求善良足以謏聞不足以動衆憲法也言發計慮當擬度於法式也求謂招來也謏之言小也動衆謂師役之事就賢體遠足以動衆未足以化民就謂躬下之體猶親也君子如欲化民成俗其必由學乎所學者聖人之道在方策玉不琢不成器人不學不知道是故古之王者建國君民教學為先謂內則設師保以教使國子學焉外則有大學庠序之官兌命曰念終始典于學其此之謂乎兌當為說字之誤也高宗夢傅說求而得之作說命三篇在尚書今亡雖有嘉肴弗食不知其旨也雖

图 9–3 《礼记》

德政的内容是"惠民"，使民能够维持生活和生产而不至于冻馁。具体办法是"敬事而信，节用而爱人，使民以时"。"节用"包含着减轻剥削，"使民以时"即不违农时，使生产有所发展。节用爱民、使民以时，让庶民富裕起来，然后再施以教化，就可以收到德政的效果。这种主张是从物质和精神两个方面来维持社会的安定，而富民是富国的必要条件。"百姓足，君孰与不足?百姓不足，君孰与足?"这种观点旨在劝说统治者剥削不可太重，不能采取杀鸡取卵、竭泽而渔的剥削办法。在后来的封建社会中，儒家都援引上述说法说明省刑罚、薄赋税的重要意义，以限制激烈的搜括和兼并。在今日则称为藏富于民。所谓德政，还包含了防止贫富差距过分悬殊，"丘也闻有国有家者，不患寡而患不均，不患贫而患不安。盖均无贫，和无寡，安无倾。夫如是，故远人不服，则修文德以来之。既来之，则安之"。在古代孔子就缩小贫富差距的重要性给出了定性的概念，在现代社会则有了基尼系数的定量概念，当今中国大陆居民收入的基尼系数从1980年世界银行估计的0.33提高到1988年的0.382，1996年的0.425，1998年的0.456，成了世界上贫富差距最大的国家之一。照国际通行标准，基尼系数低于0.3属于过分均等，高于0.4属于差距过大，超过0.45则属极度不平等，由此可见，中国的贫富差距已严重到给社会的稳定敲响了警钟。如果我们在经济工作中继续不顾一切地强调以GDP为目标，各级官员不遗余力地招商引资帮助企业家圈土地谋发展，一个令人堪忧的局面难免会出现在人们的面前。

孔子思想中的另一个重要内容，即是他对于"仁"的论述。"仁"字由"亻"和"二"两个偏旁组成，合而称之应为"二人"，可见，它作为象形字，应有妥为处理人与人之间相互关系的含义。其实，这个词在孔子以前即已广泛运用，但作为哲学范畴提出，则始于孔子。由于孔子对于“仁”的论述相当多，每一次论述又着重于某一侧面，所以对“仁”的看法也是见仁见智。但是能够揭示“仁”最本质含义的，应该算孔子两句似乎无法调和的话，那就是“克己复礼为仁”、仁者“爱人”。

从“克己复礼为仁”来看，仁的基本性质和内容是约束自己的行为，使其符合周礼的规范。但是，光是行为符合周礼还远远不够，仁的另一个特点，就是求仁是一种完全自觉的、主动的行为，是由自己决定的，不依靠外力和他人。与后来佛教要求信仰者达到“觉悟”的要求相仿佛。如果说，礼属于社会伦理规范的制度，而仁则属于人们的道德观念和品质。孔子说：“人而不仁，如礼何?人而不仁，如乐何?”也就是说，人如果不具备仁的观念和品质，是不能彻底贯彻礼乐的，仁乃是礼的精神支柱。礼是道德的标准，仁是道德的属性，只有具备了仁才不会做违背礼的事情。孔子又说：“苟志于仁，无恶也”，只要专心培养仁的品德，便可以消除恶的行为。孔子还认为，在思想修养上，非善即恶，因此“君子无终食之间违仁，造次必于是，颠沛必于是”，应时时刻刻使自己处于一种道德自觉之中。后来的儒家把道德修养放在十分重要的地位，其基本价值观发端于孔子的这种思想。

图 9–4 孔子庙堂碑

加强人的道德训练和修养，提高人的道德思想境界，便能更好地执行礼，就能更好地维护宗法制度。仁和礼互为因果，而孝悌是维护宗法血缘关系的纽带，是礼的核心，所以，孔子及其弟子对孝悌观念也极为重视。孔子弟子有若说：“其为人也孝弟(悌)，而好犯上者，鲜矣；不好犯上，而好作乱者，未之有也。君子务本，本立而道生。孝弟也者，其为仁之本与!”孝悌的原则推而广之，于国家社稷即是忠君爱国。孔子说：“孝慈则忠”。说明忠是孝的扩张，与国是家的延伸一样。

“仁”作为一种精神品质，包含了多方面的伦理道德原则。在孔子的论述中，“仁”除了是一种使人们自觉、主动地遵循礼的道德素养之外，还是一种处理人际关系的道德伦理准则。孔子说仁者“爱人”，所谓“爱人”也就是“推己及人”，“己所不欲，勿施于人”。所谓“一以贯之”的忠恕之道，也是这个意思。推己及人是忠，不强加于人是恕，所以，孔子“仁”的观念在一定程度上发现了人。这一方面固然是孔子对远古氏族统治体制中的民主性及人性的继承和发扬，同时也顺应了春秋末期的历史趋势，因为当时人的发现，是社会历史的一大进步，即解放了的奴隶变成农民，由会说话的工具取得做“人”的资格。孔子所说的“爱人”，在某种意义上其对象也包括劳动者在内，所以说它体现了时代精神。当然，孔子的“爱人”主要是将忠君孝亲敬长慈幼这一套伦理道德推而广之，使人人自觉遵守。它是以严格维护宗法血缘关系为内容的，但这种学说客观上主张对劳动者要宽，即施行惠民政策，把劳动者当人看待，顺应了松解人身依附的历史趋势，无疑有巨大的进步意义。

由于孔子过分强调了人的社会性，而淹没了人的独立性，从而使中国社会长期产生以官为本的“官本位”。其实，人首先是独立的人，独立的个人是第一性的存在，只有把独立个人作为存在的前提，人才有可能成为社会的人，即人与人关系中的人。这就是始于15世纪的欧洲文艺复兴运动中涌现出来的以人为本思想的核心内容，其与16世纪在欧洲大地上爆发的宗教革命所形成的新教一起构成了现代资本主义精神，从而使人类跨进了一个崭新的历史阶段，以至于2002年中国也果敢地否定了长期占统治地位的“以道为本”、“以理为本”，改为“以人为本”的现代理念治国，尽管这一理念还属于口号阶段，但它的现实意义和历史意义仍然是十分深远的。

在当时的时代条件下，要求孔子成为一个无神论者是不可能的。孔子继承了西周以来传统的天命观念，将天视作一个有最高意志的能主宰一切的权威，把它作为思想体系的终极依据。他对天存在着极大的敬畏之感：“天何言哉?四时行焉，百物生焉，天何言哉?”人的生死寿夭和富贵贫贱都受天命决定，天命主宰一切，敬天、畏天是人的高尚品德。他说：“大哉!尧之为君也。巍巍乎！唯天为大，唯尧则之。荡荡乎!民无能名焉。巍巍乎!其有成功也。焕乎!其有文章。”“君子有三畏：畏天命，畏大人，畏圣人之言”。

另一方面，应该说孔子在天命观上，却表现出一种较胜于同时代人的理性精神。孔子主张天人可以互相感通，天命和人事相联系，强调在人事活动中去体认天命，因此，他强调人事有为，在人事范围内不要消极无为。他说：“不怨人，不尤人，下学而上达；知我者，其天乎！”这是强调主观努力从事人事活动，下学而上达，和天沟通，而以人事为主。孔子还说：“人能弘道，非道弘人。”说明他虽相信天命，而贯彻天命则要靠人为努力，这种在人事上积极有为的主张，也能激发人们去进取。

孔子承认鬼神的存在，但并不提倡迷信鬼神，甚至不谈神论鬼。“子不语怪力乱神”，他认为只要人的行为符合善，就会得到鬼神的福佑。他一再教导弟子致力于人事，不要把精力用到迷信鬼神上去。相信鬼神而不提倡迷信，成了儒家现实主义的传统。

孔子是一个伟大的教育家，他首创中国历史上第一所民办学校，先后教过的学生有3000之多，其中称得上“贤人”的最杰出学生有72人。从他开始，形成了较大规模的私人讲学活动，从此，各家学派得以发展，形成了春秋战国时期百家争鸣的学术繁荣局面。

孔子是我国古代第一个提出系统教育方法的教育家。由于他具有丰富的教学经历，在学习方法和认识论方面总结了不少经验。当然事物要“一分为二”，孔子有一些观点至今仍有争论。比如在知识的来源这一问题上，孔子肯定有些人“生而知之”,这类人的知识是头脑里固有的,他们的知识能力和智慧也是不可改变的。孔子将人分成四类：“生而知之者上也，学而知之者中也，困而知之者又其次也。困而不学，民斯为下矣。”又说：“唯上智与下愚不移。”但是公允地说，孔子的认识论思想大部分符合唯物主义认识论的原则。首先，孔子认为学习本身是不断实践的过程，只有反复地学习实践，才能牢固地掌握所学的知识，所以，要“学而时习之”，“温故而知新”，要靠多闻博见去掌握真正的知识，即“多闻阙疑，慎言其余，则寡尤；多见阙殆，慎行其余，则寡悔”。其次，要端正学习的态度，“知之为知之，不知为不知，是知也”，只有老老实实的学习态度才可以得到真正的知识。他强调“不耻下问”才是一种好学的表现，提倡虚心向比自己地位低的人请教。再次，学习和思考并重。孔子说：“学而不思则罔，思而不学则殆。”思与学之间具有辩证关系，两者之中学是主导的，思考要以学习为基础。第四，孔子强调学以致用，他说：“诵《诗》三百，授之以政，不达；使于四方，虽多，亦奚以为？”第五，在教学方法上，孔子注重启发式和因材施教。“不愤不启，不悱不发，举一隅不以三隅反，则不复也”。就是说，教导学生，不到他想求明白而不得的时候，不去开导他；不到他想说出来又说不出来的时候，不去启发他；教给他东，他却不能由此推知西、南、北三方，便不再教他了，因为他不肯钻研。

针对学生的不同特点，孔子往往施以不同的教育方法，颜渊、仲弓、司马牛问“仁”，孔子有三种答案。子路和冉有都问“闻斯行诸？”孔子的答复竟完全相反，因为子路是急性子，而冉有是慢性子。孔子的教育思想，一直是中国文化中最可珍视的传统之一，他向人们揭示了世界上没有教不好的学生，只有教不好学生的老师，即“有教无类”的伟大真理。

二、孔子的赋税思想

孔子所处的时代，正是“横征暴敛、战祸连绵”的春秋时期，他所创立的儒家学说，正是试图解救这一社会危机的思想产物。所以在经济政策上，孔子认为治国理财离不开安民富民，因此他就赋税政策提出了三方面的见解。

他反对统治者对百姓的无厌搜刮即“聚敛”，主张“施取其厚，事举其中，敛从其薄”。当他的学生冉求帮助鲁国大夫季孙增加税赋时，孔子就指责他是“为之聚敛而附益之”，不承认他是学生，要其他学生“鸣鼓而攻之”。同时，他在《论语·季民十六》中指出：“闻有国有家者，不患寡而患不均，不患贫而患不安。”主张平均税负，缩小贫富差距，走共同富裕之路。后代思想家、政治家主张轻薄赋敛，均平赋税，大多受到孔子的影响。

在租税问题上，孔子强调培养税源，反对竭泽而渔，认为只有发展生产使百姓富足，国君才能富足。他的这一观点是通过学生有若的一段议论反映出来的：“哀公问于有若曰：‘年饥，用不足，如之何？’有若对曰：‘盍彻乎’？曰：‘二，吾犹不足，如之何其切也？’对曰：‘百姓足，君孰与不足？百姓不足，君孰与足？”这是中国有文字记载的历史上首次明确提出的重视培养税源的思想。

图 9–5 东汉画像石

《礼记·檀弓下》记载：有一天孔子经过泰山山麓时，见一妇人在坟墓边上哭得很伤心，孔子便叫学生子路去问明原因，妇人说她的公公、丈夫和儿子都被老虎害了。孔子便问她为什么不早些离开此地，妇人答道：“因为这里没有苛政”。于是借题发挥的孔子对他的弟子说，你们要记住，苛政猛于虎。所以孔子一生特别强调统治者要克己以施仁政，实行低税率政策。他说："君子之行也，度于礼，施取其厚，事举其中，敛从其薄，如是则丘亦足矣"。同时，他的轻税主张还有一个固定的标准，即"什一之税"，也就是10%的税率，认为这是征收赋税的标准税率。后来作为古代农业税的什一之税，也就成了儒家传统的观点，为后代反对重税开了先河。

孔子之后，儒分八派，各自都有自己的学术倾向。而其中最重要的是子思之儒和孙（荀）氏之儒，一派以孟子为代表，另一派以荀子为代表。

三、亚圣孟子的思想

孟子是战国时期伟大的思想家，他继承并发扬孔子的思想，为儒家学说的发展立下了不朽的功勋，因此人们也把他尊为圣人，号称"亚圣"，意思是指仅次于孔子的第二位圣人。孟子，名轲（约公元前380—前300年），出生在邹国(今山东邹县)，他生活的时代正值战国中期，社会处于大动荡，诸侯纷争，战火频仍，四海不宁。在政治舞台上，各个思想学派异常活跃，儒家、墨家、法家、道家等纷纷著书立说，游说诸侯，企图通过各诸侯国国君实现自己的抱负，思想领域呈现了一派百家争鸣的热烈局面。犹如近代之清末民初，尽管社会动荡不安，但由于有一个允许人们发表不同意见的环境，从而为产生无数大学问家、大作家打下了基础。因为在那种年代你只要不拿起武器与统治者公开对抗，统治者还没有精力找你麻烦。孟子是孔子的孙子子思之学生的学生，即俗话所说的子思的徒孙，相传为鲁国贵族孟孙氏后裔，幼年家贫，但学习颇为勤奋，尤其是他的母亲为了培养他成才呕心沥血，为了找一个好的学习环境，不惜三次搬家，以寻找一个好邻居，从而使"孟母三迁"成了今日之美谈，与现代金华高中生"徐力杀母"成了鲜明的对比。孟子以孔子继承者自命，也与孔子一样，为了实现自己的理想曾周游过齐、梁、鲁、邹、滕、薛、宋诸国，但终因战国是一个激烈竞争的时代，各诸侯国君只对那些能使他们增强国力的政治学说感兴趣，而对孟子所谓仁义道德，向老百姓施仁政的说教根本没有兴趣。正如当今之世是市场经济激烈竞争的时代，人人忙于以经济工作为中心，个个都睁大眼睛想赚钱，没有多少人对不来钱的所谓高雅文化、天理良心之类感兴趣一样，孟子没有获得诸侯的青睐，只好扫兴而归。但他并不气馁，坚信自己的学说有朝一日会被人们所重视。因此晚年他带领学生万章、公孙丑等人回到家乡，专事著书立说。他们埋头整理了《诗》、《书》等儒家典籍，并总结了自己一生的思想活动，著述《孟子》七篇。《孟子》一书详实地记载了孟子的思想、言论和事迹，是儒家学派的重要典籍。北宋神宗熙宁四年（公元1071年），《孟子》一书正式被官方列为经典，成为科举考试的基本教材。

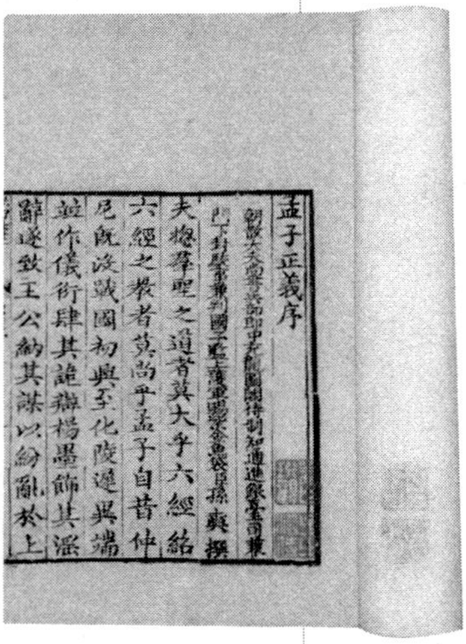

图9–6 《孟子》

孟子最具有价值的思想之一是其"仁政"学说，主张行"仁政"而王天下。孔子的德政发展到孟子的仁政，为后来中国封建社会的儒家学说奠定了理论基础。

"仁政"的具体内容，孟子归纳为四个方面：首先对于被称为"士"的知识分子，要使其"尊贤使能，俊杰在位"；其次对于商人要减轻他们的负担，尤其对于穿街走巷"负贩"的小商人不要征税；再次对于耕者恢复井田制度，而不要另外征收赋税；同时对于城市居民要免除住宅税。而这其中最重要的就是恢复以井田制形式来推行封建制度。孟子说“井田制”要求国家把土地分给农民，每块土地按“井”字形划分为9小块，每小块土地面积为100亩，中间一小块为公田，其余8小块为私田，分给8家农民耕种，而当中这一小块由8家共同耕种，其收入即为国家的税收。这样不仅能在经济上保持小农生产的相对稳定，满足小农对土地的要求，同时农民有了一定数量的土地后，便可以养活父母妻子，凶年不至于流离失所饥寒死亡。其实，农民经济上的保障只是孟子王道理想的基础，孟子最终的目的是使全体百姓培养起道德伦理观念。只有“养生丧死无憾”，才能驱使老百姓为善。不然，百姓连最起码的生活条件都得不到满足，那么“此惟救死而恐不赡，奚暇治礼义哉?”

孟子的“仁政”学说，在政治上还主张采用“以德服人”的方法。孟子说：“以力服人者，非心服也，力不赡也；以德服人者，中心悦诚服也。”孟子把仁义等道德原则用作制定政策的根据，他说：“亲亲，仁也；敬长，义也”，“人人亲其亲，长其长，而天下平”。也就是说，只要每个社会成员都能“亲亲”、“敬长”，自觉遵守封建伦理规范，社会就会和谐一致，实现天下太平的政治局面。孟子在论述这种推广仁义道德的施政过程时还说：“老吾老，以及人之老；幼吾幼，以及人之幼。天下可运于掌。《诗》云：‘刑于寡妻，至于兄弟，以御于家邦’。言举斯心加诸彼而已。故推恩足以保四海，不推恩无以保妻子。”指出实行仁政即是将抚老慈幼一套道德原则由近及远推广到全体社会成员身上。儒家这种反对单纯使用刑罚等暴力手段，而强调用道德教化去争取人民的服从和拥护的主张，对缓和阶级矛盾，稳定封建政治、经济制度发挥了巨大的作用。

民本思想是孟子的主要政治思想，他曾告诉梁惠王说：“仁者无敌”，又告诉齐宣王说：“保民而王，莫之能御也”，这就是说，真正能够爱人民的人，他的力量是不可战胜的。因此，他随时启发诸侯国君们去爱人民、争取人民。在具体措施上，孟子不仅要求“与民皆乐”，“与民同乐”，要“乐民之乐”，“忧民之忧”，而且强调要“使天下仕者，皆欲立于王之朝，耕者皆欲耕于王之野，商贾皆欲说藏寸于王之市，行旅皆欲出于王之途，天下之欲疾其君者，皆欲愬于王”。因此，他还主张“民为贵，社稷次之，君为轻”。当齐宣王问汤武放伐之事，怀疑臣不可以弑君时，孟子则宣称：“贼仁者，谓之贼；贼义者，谓之残。残贼之人，谓之一夫。闻诛一夫，纣矣，未闻弑君也。”孟子诸如此类的言论，在只给尊上拍马屁，漠视小民利益的中国，不仅使人振聋发聩，为之耳目一新，而且在长达两千多年的中国思想史上，始终闪耀着夺目的光辉。历代进步的思想家不仅从中获取营养，而且还把它作为批判独夫民贼专制酷政的有力武器。因此，孟子的仁义学说与民本思想，与其说是儒家思想中最值得珍视的传统，毋宁更是开明政治家为之实践的行动纲领。

义、利之辨是孟子政治思想的重要内容，他发展了孔子的“君子喻于义，小人喻于利”的思想，提倡重仁义而轻功利。孟子把仁义作为他维护封建伦理规范的原则和手段，仁义也是他仁政思想的核心内容。他的人性善的学说，也必然导致他重仁义而轻功利。仁义是儒家政治学说的精髓，是儒家判教的标准，它把儒家和其他学派严格区分开来，儒家在封建社会中取得独尊的地位，与它的重义轻利精神是分不开的。尤其是在臣事君、子事父、弟事兄这些伦理关系上，皆以仁义的原则来保证，而不能以利害关系来维持。尽管君臣、父子、兄弟之间也包含了利害关系，但必须用仁义来节制，在义、利二者不可得兼时，要毫不犹豫地放弃利。“鱼，我所欲也，熊掌亦我所欲也；二者不可得兼，舍鱼而取熊掌者也。生亦我所欲也，义亦我所欲也；二者不可得兼，舍生而取义者也。”生存欲望可谓是人最大的欲望了，但和义相比，二者不可得兼时，舍生而取义；生为人所欲，但不能背义而偷生；死为人所恶，但不能背义而辟患。这样，便把义推到了至高无上的地位。这对以利益为诱导的市场经济，对以研究资本不断增值为己任的经济学家来说，简直是一个克星；但对统治者来说，重义轻利却利大于弊，不失为协调各方稳定社会巩固政权的精神武器。这也许就是今日中国要从单纯求利的国内生产总值为目标的发展转向以协调为目标的科学发展的动因之一。

孟子“仁政”学说的理论基础，是他的抽象的天赋道德的“性善”论。孟子认为，人生来就有一种最基本的共同天赋本性，这是基本道德品质的萌芽。在孟子看来，人性不同于禽兽的地方，就在于人有自觉的道德观念，而禽兽没有。“人之所以异于禽兽者几希，庶民去之，君子存之。”这就是“不忍人之心”，或者说对别人的同情心，孟子也把它叫做恻隐之心。孟子举例说：人突然看到儿童要掉进井里去，都会有惊惧和同情之心。这种同情心，并不是要讨好儿童的父母，也不是要在乡亲朋友中获得个好名声，更不是讨厌儿童的哭叫声，而完全是从人天生的本性中发出来的，这就是“不忍人之心”。孟子说：“人皆有不忍人之心。先王有不忍人之心，斯有不忍人之政矣。以不忍人之心，行不忍人之政，治天下可运之掌上。”除了恻隐之心以外，孟子认为人人与生俱来的天赋本性还有诸如“羞恶之心”、“恭敬之心”(亦称“辞让之心”)、“是非之心”。孟子说：“恻隐之心，仁之端也；羞恶之心，义之端也；辞让之心，礼之端也；是非之心，智之端也。”这就是说，人最基本的四种道德品质仁、义、礼、智，是从这四种天赋的“心”发端的。所以孟子得出结论说：“仁义礼智，非由外铄我也，我固有之也，弗思耳矣。”意思是，这些“心”，这些道德品质，并不是由外界强加给人的，而是人生来就固有的，只不过没有好好想想罢了。所以他说：“恻隐之心，人皆有之；羞恶之心，人皆有之；恭敬之心，人皆有之；是非之心，人皆有之。”因为道德观念是天赋的，为心中所固有的，因此又叫“良知”、“良能”。他说：“人之所不学而能者，其良能也；所不虑而知者，其良知也。孩提之童无不知爱其亲者，及其长也，无不知敬其兄也；亲亲，仁也；敬长，义也。无它，达之天下也”。天赋的“良知”、“良能”，不学不虑即可知道，说明仁义乃天赋道德观念。将仁义观念由人心中扩充开来，推广到全社会便形成“仁义”、“仁政”等伦理规范和政治原则。这显然是由心生事，即由精神到物质的过程，是一种主观唯心主义。孟子说：“万物皆备于我矣，反身而诚，乐莫大焉。强恕而行，求仁莫近焉。”

“万物皆备于我”是个主观唯心主义的命题，“反身而诚”和“强恕而行”是主观唯心主义解决物我关系的原则。因为心为万物之本，反省而诚，即内省体验，在内心的诚字上下功夫，便具有了决定的意义。孟子认为，动机决定效果，因此，

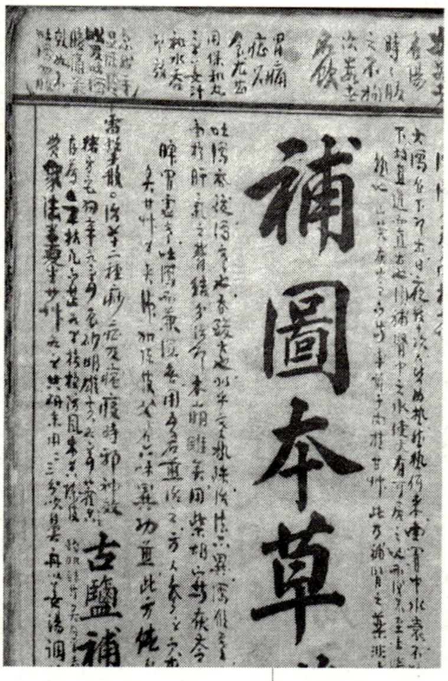

图 9–7 《补图本草备要》

保持动机的完善最为重要。这种动机决定论便是所谓“存心”、“养性”，又叫“尽心”、“知性”、“知天”。孟子说：“尽其心者，知其性也；知其性则知天矣。”孟子抽象的人性论认为人们的心理状态、思想感情都是差不多的，尽心，就是说人们能够扩充(尽)自己的心，就能认识自己的本性，由于人的本性中天然地包含着仁、义、礼、智这些道德，人们如果相信这些道德品质不是由外面灌输的，而是由人的心中自动涌现出来的，那就是认识天了。这是说，只要发展、扩充了每个人的四端之心，即可认识自己善性的知性，可以认识“天命”。有了这样的认识，只是精神修养的初步，还要做到“存其心，养其性，所以事天也；寿不贰，所以立命也”。

孟子要求人尽量减少物质欲望要求。“养心莫善于寡欲。”他认为，如果一个人能寡欲，他的本性就不会丧失；如果欲望太多，即使他的本性能保存一些，也十分有限。孟子认为达到知天，可以从“养心”、“寡欲”的方法入手。另一种达到神秘主义境界的修养方法是“养气”，即培养一种“浩然之气”。浩然之气，“其为气也，至大至刚，以直养而无害，则塞于天地之间”，这种由人的主观意志培养出来的气，具有大、刚、直的特点。如不断地对这种气进行培养，不加妨害，即可充满天地。它不是物质性的，是道和义配合而产生的。“其为气也，配义与道；无是，馁也。是集义所生者，非义袭而取之也。”孟子认为这种气是靠人们的正义感，养气的人具有这种正义感，就可以勇往直前，如果缺少了义与道，人就丧失了勇气，所以说它是“集义所生者”。“集”是积累，“义”是孟子所谓正义的行为，“集义”是义的行为不断积累的过程，而且这个过程要长期培养，不能速成，如果想马上做件符合义的行为就能得到浩然正气，那是不行的。照孟子的办法，只要不断培养符合道德的行为，经日积月累，就会经常使自己有“理直气壮”之感，处理生活中的一切问题就有了勇气，最后就可自认为自己的精神状态很刚强而无所畏惧。用现代经济学观点来看，人们只有不断降低心理成本才能做到理直气壮，而这种理直气壮不是一时一事就能获得的，而是一个不断累积的过程，其根本原因是心理是多方面的，成本的降低必然有一个综合的过程。

四、孟子的赋税思想

孟子说：“易其田畴，薄其税敛，民可使富也。”认为耕种好土地，减轻赋税，就可使百姓富足。他又说：“有布缕之征，粟米之征，力役之征。君子用其一，缓其二。用其二而民有殍，用其三而父子离。”在他看来，征税要轻简，否则百姓不是饿死就是离崩。他还主张：“市廛而不征，法而不廛。则天下之商皆悦而不愿藏于其市也。关，讥而不征，则天下之旅皆悦而愿出路矣。耕者，助而不税，则天下之农皆悦而愿耕于其野矣。廛，无夫里之布，则天下之民皆悦而愿为之氓矣。”就是说，只有对市场上货栈不征税，货物按规定办法出售也不征税，关卡只稽查行旅而免征关税，对农民实行助耕公田而不征农业税，并取消力役钱和宅地税，才能使老百姓安居乐业。

孟子认为：“夫仁政，必自经界始。经界不正，井地不均，谷禄不严……经界既

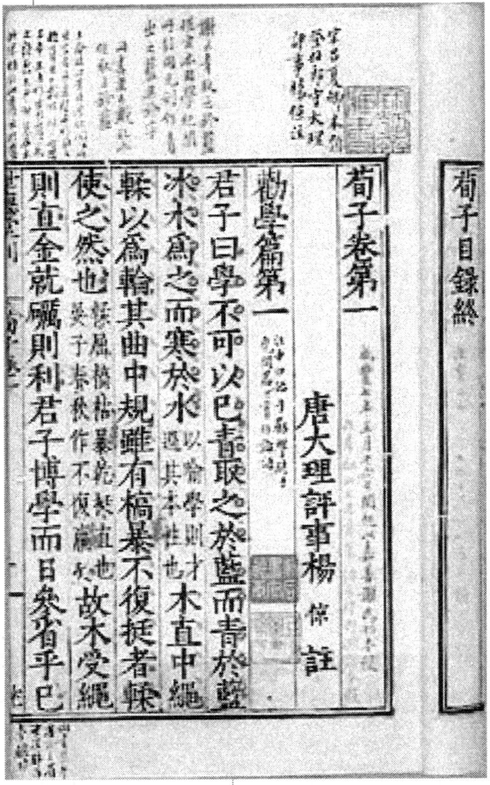

图 9–8 《荀子》

正，分田制禄可坐而定也。” 这就是说，要明确土地四至方位的经界才能合理确定各自的土地面积，达到公平税负的目的。

在农业税率问题上，孟子不断宣扬“什一而税”，并以此来反对重税。

五、荀子的思想

荀子，名况，时人尊而号为“卿”，为战国后期赵国人，生卒年不详。其主要的政治、学术活动时间约在公元前298年至公元前238年之间，他曾到齐国的稷下讲学，后又做过楚国的兰陵令，晚年在兰陵著书，并卒于兰陵。他的著作只存于《荀子》一书中。

荀子吸收了古代的唯物主义无神论思想和当时的自然科学成果，建立起他的唯物主义自然观。他首先批判了传统的“天命”决定人事、“君权神授”的唯心主义观点，指出要区别自然规律与社会人事变化，即所谓“明于天人之分”。他认为：“天行有常，不为尧存，不为桀亡。”这是说，天地自然有自己称为“常”的运行规律，天既不因为有尧这样好的统治者而正常地运行，也不因为有桀这样的暴君而改变其运行规律。同样，自然界的天绝不会因为人怕寒冷而废除冬天，地也不会因为人怕遥远而缩小它的面积，人事的吉凶与社会的治乱，完全取决于统治者的治理措施是否恰当，与自然界的变化没有必然联系。

荀子反对孟子宣扬的天赋道德观念的“性善论”，并且提出了与孟子根本对立的“性恶论”。荀子首先明确“善”、“恶”的含义。他认为，一般所谓“善”，就是一切行为都符合封建的道德规范，服从封建礼义制度；所谓“恶”，就是用心阴恶，行为不正，犯上作乱，破坏封建秩序。因此，他认为这种“善”的含义在人的本性中是没有的。他说：“人之性恶，其善者，伪也。”意思是说，人的本性是“恶”的，之所以产生“善”，那是人为的结果。人不可能一生下来就自然而然地符合封建的道德规范和政治制度。相反，人生来就好利、嫉妒、喜声色，如果不加克制，发展下去就会产生争夺、犯上、淫乱，而辞让、忠信、礼义这些道德也就没有了。所以，事实上人生来的本性是“恶”的。正因为如此，才需要圣人、君主对臣民进行教化，需要礼义等制度和道德规范去引导人们，这就像弯曲的木头必须经过修整才能正直，钝刀必须经过磨砺才能锋利一样。如果像孟子讲的那样人性本善，那还要君主、圣人和礼义等制度和道德规范做什么用呢?孟子由于没有把本性与人为两者区别开来，也就不能了解两者的关系，不能了解圣人、君子的重要作用。人的本性，只是一种原始的质朴材料，而作为人为的“伪”则是用礼义道德加工后的成品。没有原始的材料，礼义道德也就没有加工的对象；没有礼义道德的加工，人的本性也不能自己变得完满美好。圣人的作用就在于把“性”和“伪”很好地结合起来，这样封建统治秩序就可以成功地建立起来。荀子的这一思想与西方经济学所强调的人皆具自利性和不断寻求利益最大化的思路同出一辙，与司马迁的“天下熙熙皆为利来，天下攘攘皆为利往”观点也是一脉相承的。它说明了治国必须依法才能治理的道理,而且在建立制度时必须以人性恶作为出发点,才能真正制订出“先小人，后君子”的各种法律、法规和制度。而在中国，无论是过去还是现在所缺少的还是这一类的理念和行动。

荀子十分注重建立新的封建等级制度，在政治思想上为建立统一的封建专制政权作了理论准备。荀子提出“隆礼”、“重法”的主张，充分论述“礼”和“法”的重要性。但他讲的“礼”已经不是孔子主张的礼了，而是经过改造、有了新的内容的封建等级。荀子认为，人生来就有物质欲望要求，如果这种欲望要求没有度量，就要发生争夺、混乱，所以要制定“礼义”、“法度”等社会政治制度，而不是仅仅依靠所谓“教育”和“觉悟”。荀子把“礼”等政治制度看成是检验尺寸的法度，检验重量的权衡，检验曲直的绳墨，检验方圆的规矩。因此，荀子认为“礼”的中心内容是“分”和“别”，即区别贵贱、长幼、贫富等等级。他说：“礼者，贵贱有等，长幼有序，贫富轻重，皆有称者也。”在荀子看来，这种“礼”就是要使社会上每个人在贵贱、长幼、贫富等等级中都有恰当的，即“称”的地位。不过这种等级制度，不是完全按照血缘宗法关系建立的世袭等级制，而是根据新的封建生产关系，按照统治者的政治标准建立起来的等级制。

荀子反对简单地把人视同于其他自然物，并试图从社会道德关系、政治制度等方面来分析人的特点。荀子认为，人与其他物或物类是有区别的，这种区别的要点就在于人是有组织的“群”。人气力不如牛，奔跑速度不如马，但为什么人却能够使用牛和马呢?这是因为人能够结成“群”，把自己组织起来。然而，为什么人能够组织成群，而牛、马等不能呢?那是因为人能够“分”，即有一定的等级区分和专业化分工。至于人之所以能够实行“分”，那又是因为有一定的社会政治制度和道德规范，即“义”的保证和约束。总而言之，他认为人之所以区别于其他动物是因为人有思想。诚如人们所知，也正是因为人有思想，所以人能在日常生活中将饮料、菜肴、主食加以区分，产生丰富多彩的饮食文化，而动物由于没有能力将其分开烹饪和加以专业化的加工，即使是营养极佳的美味佳肴也只能通通混合在一起，被称为饲料。其实，不仅饮食如此，随着人类社会的进步，文字的专业化也越分越细，如20世纪五四运动以前男女共用一个“他”字，五四运动以后社会发展了才产生女性专用的“她”，把“他”留给了男性作为专用字，而且给小狗小猫一类的动物也造了一个“牠”字。

荀子对历史的看法比较注重当前的现实。他反对孟子那样言必称夏、商、周“三代”，盲目崇拜“先王”的倒退历史观。荀子反复强调“法后王”，所谓“后王”是指近代之王，即周的文王、武王，他根据新兴地主阶级的政治需要改塑了周文王、武王的面貌。荀子强调的是“以近知远”，他说：“天地始者，今日是也；百王之道，后王是也。君子审后王之道，而论于百王之前。”

六、荀子的财税思想

荀子强调“王者富民”，指出“下贫则上贫，下富则上富”，并提出“裕民”的措施，说：“裕民则民富，民富则田肥以易，田肥以易则出实百倍。”荀子也和孔子、孟子一样地主张轻税薄敛，实行“裕民”政策。其主要内容是，“轻田野之税，

图 9–9 南阳汉画像砖

平关市之征，省商贾之数，罕兴力役，无夺农时，如是则国富矣”。他还主张：“田野什一，关市讥而不征，山林泽梁，以时禁发而不税，相地而衰征……”就是说按田地产量征收1/10，即10%的租税；对关卡和市集，只进行检查而不征税；对山林湖泽按照季节实行禁闭和开放，也不征税；依据土质好坏和地型地貌，有差别地从轻课税。值得一提的是，荀子新颖地提出了“上以法取焉”和“王者之法，等赋”。君主要按照法度征收赋税，规定赋税等级．不能随意滥征多派。在当时“厚刀布之敛以夺之财，重田野之税以夺之食，苛关市之征以难其事”的情况下，荀子能把“法”这根准绳呈给君王，不能不说他的税收思想比“至圣”的孔子和“亚圣”的孟子都前进了一步。

除了轻税主张外，荀子还提出要对老弱废疾者减免赋役负担：“八十者一子不事，九十者举家不事，废疾非人不养者，一人不事。父母之丧，三年不事；齐衰大功，三月不事。从诸侯不与新有昏，期不事。”说明凡是符合上述条件的，可以长期或定期免服劳役，这种体现社会政策的减免优恤思想，早在汉代就纳入国家财税法规之中，并对此后的税制设置继续产生影响。

荀子认为，富国之策在于开源节流，用“水”比作经济，用“源”形容生产、收入，用“流”形容费用、开支，并提出“开其源”和“节其流”必须结合，方能充盈国库，增强国力。这个道理，对今日的财政工作仍然有着启示作用。在市场经济体制下，“源”与“流”是一个问题的两个方面，“源”决定其“流”，没有“源”的丰盈，就没有“流”的不息。反过来，“流”又反作用于“源”，“流”的无尽无度，“源”就会枯竭而止。因而，我们不仅要花力气开源，充裕财力，而且要加强核算，节支堵漏，使源泉不竭，川流不息。

另外，荀子还认为“务本节用财无极”，强调努力发展生产，节约费用，财富才会不断积累，极大丰富。揭示了只有生财有方，用财有度，才能聚财有效的辩证关系。

第二节 独尊儒术及儒学的神学化

一、汉武帝的“罢黜百家，独尊儒术”

到了汉武帝时期，国内形势发生了极大的变化，生产发展，人口增加，财力积聚，国库充盈。对匈奴委曲求全的数十年和亲，将转变为抗击政策，黄老无为治国已经无法适应大一统的皇权需要。于是，雄才大略的汉武帝接受大臣董仲舒的建议，适时地将治国方针从“黄老无为”转为儒法并用，以儒为主的方针，并且借此机会对孔子为代表的儒家学说进行了首次技术改造。由汉武帝主持，董仲舒倡导的这个技改，就是中国历史上著名的“罢黜百家，独尊儒术”的意识形态转型。当时汉王朝大一统的中央集权封建宗法专制国家需要一套在意识形态上和它紧密配合的宗教、哲学体系，董仲舒适应当时封建统治者的时代要求和需要，设计了一套完整的封建神学唯心主义的思想体系，把孔子神圣化，把孔子的学说宗教化，把封建专制制度的理论系统化，从而达到巩固封建皇权统治的目的。从当时的历史背景来看，神学化是必要的，因为只有这样才能使更多的人坚信不疑，犹如20世纪60年代的“文化大革命”，倘若当时无人把领袖尊崇为神，就不可能引发席卷神州的“三忠于”狂潮。

春秋繁露卷第六

服制像第十四

天地之生萬物也以養人故其可食者以養身體其可威者以爲容服禮之所爲興也劍之在左青龍之象也刀之在右白虎之象也鉤之在前赤鳥之象也冠之在首玄武之象也四者人之盛飾也夫能通古今別然不然乃能服此也蓋玄武者貌之最嚴有威者也其象在右其服反居首武之至而不用矣聖人之所以超然雖欲從之末由也已夫執介

图 9–10 《春秋繁露》

二、董仲舒的生平及其天人感应说

董仲舒，生于公元前179年，卒于公元前104年，广川人，是西汉最主要的唯心主义哲学家。现存著作有《春秋繁露》。董仲舒的唯心主义世界观，是“君权神授”的天人感应的目的论。为了把汉王朝的中央集权的封建专制制度说成是天授的永恒不变的神圣制度，他宣称天是有人格、有意志、至高无上的神。自然界日月星辰的运行，寒暑四时的更替，国家的兴衰治乱，都是神的意志的体现。董仲舒认为，天是有意志的，提出了“天志”和“天意”的概念，以春夏秋冬四时论证“天志”的存在，并把各种自然现象一一按照目的论的要求，给它加上封建社会的道德属性，连寒暑变化、四时转换也说成是有目的、有道德意义的。他说：“春，爱志也；夏，乐志也；秋，严志也；冬，哀志也。故爱而有严，乐而有哀，四时之则也。”

董仲舒认为，天的根本特性就是德，以德为本；而德的根本观念就是作为封建道德最高概念的“仁”。所以他说，“仁之美者在于天。天，仁也”，给天加上封建道德的属性。董仲舒认为，自然界先有阴阳二气，阴阳二气再分而成木、火、土、金、水五行。五行的次序是木—火—土—金—水。木生火，火生土，土生金，金生水。这种顺次相生，叫做“比相生”。金胜木，中隔水；水胜火，中隔木；木胜土，中隔火；火胜金，中隔土；土胜水，中隔金。这叫“间相胜”。五行相生相胜，终而复始，循环不止，而有春(木)、夏(火)、秋(金)、冬(水)四时(土兼四时)，和东(木)、南(火)、西(金)、北(水)四方(中配土)，由此而产生万物。因此，董仲舒认为，万物统一于五行，五行统一于阴阳，阴阳统一于天。天的目的，在于生养万物，这是阳的作用。阳，是天志表现的积极方面，阴为天的刑罚的表现，“阳为德，阴为刑，刑主杀而德主生”，“天之志，常置阴空处，稍取之以为助。故刑者德之辅，阴者阳之助也”。五行相生体现了天的恩德，五行相胜体现了天的刑罚，天通过阴阳五行的变化而产生，指导万物和人类。照他的这种解释，本来是自然现象的阴阳五行，也有了意志、有了目的了。

董仲舒认为，天之所以创造万物，是为了人类。他说：“天地之精所以生物者，莫贵于人”，“天地之生万物也，以养人，故其可食者以养身体，其可威者以为容服”，“天之生人也，使生义与利，利以养其体，义以养其心”。就是说，天生一切事物和道德观念，都是为了人类。而天所以生人类，是为了实现天的意志，人是天的缩影，故他把这叫“人副天数”；天完全依照它自己的模型塑造了人类，人类的形体、精神、思想感情、道德品质等等，都是天的复制品，是与天符合的；天创造了人是为了贯彻和体现它的意志，那么，人违反了天的意志，必然会引起天的震怒，出现各种灾异，以示谴告和惩罚；如果地上的统治者违背了天的意志，不行仁义，天就会出现“灾害”，进行“谴告”；不但天的灾异能影响人，而且人的行为和精神活动也能感动天，在遇到灾难时，只要顺应天的意志，就可以免除灾难。

董仲舒还认为，天不但是自然和人类社会的创造者，而且天给人类社会设立了一个最高权力的“君主”，皇帝有代天实行赏罚的至上权威。他说：“王者承天意以从事”，“天以天下予尧舜，尧舜受命于天而王天下”。这就是董仲舒的所谓“君权神授”说，它完全是为封建统治制度的合法性提供依据的。

三、三纲五常道德观

董仲舒的天人感应的目的论，也表现在他的道德观方面。他认为履行封建社会的道德规范是人性符合于天的意志的表现。他的人性论是他的唯心主义道德观的基础。首先，董仲舒认为人性乃是“天志”所先天赋予人的，是不可更改的。天有阴阳的属性，人也有贪和仁两种品质。人的仁，即善的品质，体现了天的阳的方面；人的贪，即恶的品质，体现了天的阴的方面；人的性体现了天的阳，人的情体现了天的阴；性可以产生善，情可以产生恶。因此，他主张以性控制情，以达到“损其欲以辍其情以应天”的目的。

在董仲舒看来，人性虽然体现了天的阳的方面，可以产生善，但这只是说有产生善的可能，并不就是已成为现实的善。只有圣人设制度施行教化，使人情欲少，回复到“天令”(天志)，然后才可以成善。

董仲舒把人性分为三类：一类是情欲很少，不教而能善的，这叫“圣人之性”；一类是情欲多，虽教也难能为善，只能为恶的，这叫“斗宵之性”；一类是虽有情欲，但可以为善可以为恶的，这叫“中民之性”。只有具有“圣人之性”的统治者，才能充当“治人者”和教化的立法者。

董仲舒根据他的神学的人性论，建立起“三纲”、“五常”的道德观念。先秦孔孟讲君臣、父子、兄弟、夫妇和朋友五伦。董仲舒把它发展为“三纲”，利用神权论证它的绝对统治和服从的关系，而把“仁、义、礼、智、信”五常作为调整这种关系的基本原则。所谓“三纲”，即君为臣纲，父为子纲，夫为妻纲。“妻”、“子”、“臣”完全是为了配合“夫”、“父”、“君”的存在而存在的。在他看来，这种封建社会的绝对统治和服从的秩序，就像天地的阴阳一样不可改变，完全出于天意。所以他说：“王道之三纲，可求于天。”这样，董仲舒就把封建社会的统治秩序，神圣化为宇宙的法则，把神权、皇权、父权和夫权等四条束缚人民的绳索，抬高到神的法则的绝对地位。

四、两汉经学

汉代儒家以读经、说经、注经、争论经书中的问题为主要任务，所以经学大盛。两汉经学流弊很多，形式烦琐，内容驳杂，及至魏晋便趋衰落，代之而起的是玄学。对于玄学，一般将其视为道家思想的复兴，但并不排除儒家思想在玄学中的重要地位。这以后，佛教在隋唐时期达到鼎盛，儒家在思想界的地位受到冲击。唐中叶韩愈以儒家思想的承传者自诩，提出一个“尧以是传之舜，舜以是传之禹，禹以是传之汤，汤以是传之文武周公，文武周公传之孔子，孔子传之孟轲”的所谓“道统”，同佛教的法统抗衡。柳宗元虽自幼好佛，但他也以“兴尧舜孔子之道”为务。北宋前期的范仲淹、欧阳修、胡瑗、孙复、石介等人继续提倡儒家思想，终于使儒学得到了复兴。复兴儒家的代表人物旨在恢复儒家在思想界的权威地位，理论建树不多。他们对儒家思想的主要贡献是确立了“道统说”，突出了《论语》、《孟子》、《大学》、《中庸》在儒家典籍中的地位。柳宗元、李翱等吸收佛教和道教的一些思想，开援佛道入儒的先河，启迪了后来的理学，而理学则是对儒学进行第二次重大技术改造的成果。

第三节 “不抑兼并”与宋明理学

孔子曾以“不患寡，而患不均”，一针见血地指出了中国是一个具有均贫富传统的国家。的确，自古以来历朝历代统治者几乎都不敢公开提出拉开贫富差距的口号，就是以建立资产阶级民主共和国、发展资本主义为己任的孙中山先生也在《建国大纲》中写上“平均地权，节制资本”的字样，以表示不违背传统文化精神。有文献记载的数千年岁月长河中，中国只有两位国家领导人敢冒拉开差距的风险，其中之一便是距今千年前的宋代开国皇帝赵匡胤，他公开声明“不立田制，不抑兼并”，以推动财富的绝对增长和相对集中，促进商品经济发展和社会进步。

一、“不抑兼并”政策的推行

人是利益的动物，他们始终在寻求成本最小化和利益最大化，随着人口的增加和藩镇割据、军阀混战的不断加剧，唐朝中期以后，土地兼并日益严重，均田制无法继续实行，土地商品化已成为历史潮流。作为五代战乱以后统一中国的开国皇帝赵匡胤，顺应土地制度的发展趋势，大胆而适时地推行“不立田制、不抑兼并”政策，加速了土地产权的流转，使宋代社会出现了如《袁氏世范》一书中所说的“贫富无定势，田宅无定主，有钱则买，无钱则卖”的状况，其结果是国有土地不断减少，私有土地迅速膨胀。据统计，宋代各种国有土地产权只占垦田总数的4.3%，而私有土地却占总田数的95.7%左右，居绝对优势。在宋代，无论是地主、自耕农或佃农，他们的身份地位都不是固定不变的，而是通过竞争都有可能获得土地而上升，失去土地而沉沦。不仅“官户”地主和“乡户”地主之间，甚至地主与农民之间，作为当地农民的“主户”与外来务农的“客户”之间，都存在相互置换的可能，其身份、地位都会在竞争的波动中不断变化，所谓“朝为富室，暮为穷民”，已成为宋代普遍的社会现象。若追根溯源中国民间所谓“富不过三代”，“君子之泽五世而斩”的说法广为流传也始于宋。

随着时代的演进与土地制度变化相适应的封建剥削方式也相应发生变化，随

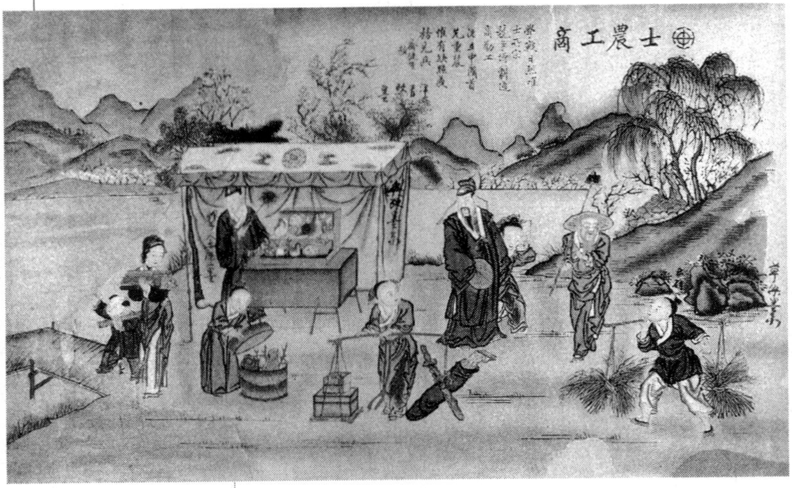

图 9-11 士农工商图

唐以前世家大族经营的庄园经济让位于通过租佃制对“客户”进行剥削的地主经济，租佃关系由此兴盛起来，并逐渐成为一种主要的剥削方式。在租佃制下，地主招募客户在土地上进行耕种，客户出卖劳动力，租种地主的土地进行生产，然后向地主交纳一定数量的地租，地主与客户的关系，主要是租佃契约关系，佃户不论收成的好坏，都必须按照契约规定的品种和数量向地主交纳地租，契约期满后有退佃起移的权力，且受到政府的法律保护。按照宋朝的户籍制度，客户直接编入当地国家户籍，成为国家的正式编户，而不再像隋唐那样是地主的“私属”，获得了完全的人身自由。这对长期以来为获得人身基本保障而奋斗的广大农民来说不啻是大进步。在此同时，由于均田制的破坏，土地兼并的加剧以及封建国家苛重的赋役，致使原来主户中的下户——自耕农大量减少，而作为外来“务农族”的客户则日益增多，因而地主在占有土地后大都采用租佃制的方式剥削客户，正如《历代名臣奏议》中所述的“天下之自耕而食为天子之农者，十无二三，而食于富人而为之农者，盖七八矣”，有的地方甚至出现像《南宋文苑外编》所载的“佃田殆遍”和《双溪类稿》所称道的“夫两浙之地，苏湖秀三州号为产米去处，丰年大地抵舟车四出”的景象。这说明，在宋代农村经济结构中土地高度集中，农产品商品化程度提高，租佃关系成为农村社会的主导制度时，穷富差距拉大已成为社会潜在的主要矛盾了。

图 9-12 宋 耕织图

二、商品经济的繁荣

在土地制度发生急剧变化的同时，宋代起源于农产品和手工业品交易的商品经济也日益繁荣，专业化的分工及其买卖活动加剧了社会的贫富分化，刺激了人们对财富的追求，经商成了人们迅速致富的重要手段，因此，社会各界不择手段从事经商活动者风起云涌，趋之若鹜。从宋代画家张择端所绘的《清明上河图》中，我们就可以看到这种前所未有的市场繁荣景象。但在“重农抑商”思想源远流长的中国，经商是不光彩的末业，早在春秋战国时期，管子学派就提出“禁末”的主张。到了汉高祖时，为了压低商人的社会地位，明令商贾不准衣丝乘车，携带兵器。到汉武帝时更变本加厉，不仅通过推行“罢黜百家，独尊儒术”确定了“士农工商”的排序，而且千方百计地向商人每年征收1.27%，称为“算缗”的财产税以增加国家财政收入。因此宋代鼓励商业发展在中国古代很有点离经叛道的味道，曾经被一些西方学者称之为“商业革命”，具有突破性的历史意义。

顺应潮流，敢冒天下之大不韪的宋王朝，采取诸多措施大力促进商业发展。首先，减少或清除了历来为抑制商业发展而设置的种种场所限制和障碍，使商业有可能在广阔的范围内获得自由发展。入宋以前中国在城市内行坊市制，坊是居民住宅区，市是商业区，两者必须分隔，不得混淆；并且规定商品只能在城内互市，不得在城郭交易。为了适应全民经商的形势，政府鼎新革故允许百姓打破城内坊市制度和对城郭的经商限制，使商业经营有了广阔的天地。《清明上河图》所绘的即是汴京城南由草市（相当于今日的农贸市场和小商品市场）发展而成的街区。汴京以外的许多州县，由于近郊草市的发展而逐渐成为重要的工商业市镇。据统计，元丰年间（公元1078—1085年），全国有这种市镇近2000个，聚居人户200万以上，占全国民户总数的1/8左右。

其次，宋代征商税则简明易行有利于商业发展。诚如人们所知宋王朝发展商业其目的在于增加财政收入，正如沈括在《梦溪笔谈》一书中记述范仲淹所言：“茶盐商税之入，但分减商人之利耳！行于商贾，未甚有害也。今国用未减，岁入不可阙，既不取之于山泽及商贾，须取之于农，与其害农，孰若取之于商贾？”宋代的商税除茶、酒两税以现钱缴纳外，其他谷、帛、金属、六畜、土产税收均缴纳实物。尽管宋代商税较重，但由于税则简明，且对商品流通有确实保障，经商者还是乐于接受。

再次，宋王朝明确保护商人利益，严禁官吏对商人税外收费。《宋刑统》对侵犯包括商人在内的私人财产处罚十分严厉，规定“诸夜无故入人家者，笞四十，主人登时杀者勿论”；有敢于“烧人舍屋及积聚之物而盗者，计所烧减价，并赃以强盗论”；“恐吓取人财物者，准盗论，加一等”。为了约束官吏的税外收费，在市场内建立了相当于今日政务公开的“书市买牌”制度，防止信息失真而导致官员乘机贪污勒索。

最后，为商人交易提供便利。北宋初年由于川蜀地区佛教兴盛，铜大量用于铸造佛像和宗教器具，再加上商业发展货币需要量剧增，造成民间铜钱奇缺，不得不以铁代铜铸钱，而铁钱体重面值小，市场流通相当不便，迫使川蜀16家富商联合起来发行叫交子的纸币。宋仁宗天圣元年（公元1023年）朝廷为方便交易流通全国，决定将交子发行收为官办，并先后改名为钱引、关子、会子，使中国成了世界上最早使用纸币的国家。同时，政府为方便商人外出采购，在汴京设立官营的汇总机构——便钱务，商人可以到便钱务用现钱兑汇成汇票，到外州再凭汇票兑钱，从而避免了商人腰缠万贯携钱行路的诸多不便。

三、人欲泛滥，世风日下的社会

宋王朝“不立田制，不抑兼并”，大力鼓励商业发展的政策与措施，既促进了土地产权向少数人手中集中，推动了农业生产的专业化和农产品的商品化，也促进了包括手工业、服务业在内的全社会商品经济的发展，在很大程度上提高了商业和商人的社会地位，使传统的“重农轻商”的观念受到猛烈冲击，改变了千百年来人们“耕读为本”，鄙弃商人的社会心理和贵义贱利的道德观念，带来了城市的无比繁华和商业的蓬勃发展。北宋孟元老在《东京梦华录》中所描绘的汴京城市大街通衢，店铺林立，足有6400余家，且百货杂陈，市民熙熙攘攘，车船往来如梭，“每一交易，动即千万”。《淳熙三山志》一书亦称当时汴京城市“资产百万者至多，十万而上比比皆是”。随着穷富差距拉大，大量财富集中于商人之手，商人拥财而阔，突破了原有的封建伦礼规范，威胁到传统的等级制度。比如在服饰穿着上，宋初朝廷只准百姓穿着黑白两色的衣服，太宗至道元年（公元995年）才准许百姓穿紫色衣服，而到淳熙年间（公元1174—1189年）服饰的等级就“渐失等威，近岁尤甚，农贩细民至用道服、背子、紫衫者，其妇女至用背子、霞帔……”《淳熙三山志》所反映的上述情况表明，由于商品经济的发展，人们观念的变化，完全突破了这一禁令，以致当时的百姓公然穿戴起官员及其妻妾才有资格穿用的衣冠。这与20世纪50年代以后的30年间中国小汽车乘坐情况十分相似。原先只有相当级别的官员才有资格乘坐轿车，20世纪80年代以后则发生了巨大的变化，当今私营企业主坐车之豪华，已远非普通官员可及。随着岁月的推移这一情况将会有进一步的发展。在婚姻方面，宋代无论是官僚地主还是庶民百姓，均十分讲究财礼，以财论亲。《宋文鉴》载“观今之俗，娶其妻不顾门户，直求资财”，以至司马光在《书仪》中发出“今世俗之贪鄙者，将娶妇，先问资装之厚薄；将嫁女，先问聘财之多少”的感叹，可见，当时人们谈婚论嫁注重财产，已是很普遍的现象。《鸡肋编》载“广南风俗，市井坐估，多僧人为之，率皆致富……妇女多嫁于僧”，这就是说两广地区的很多人家为了贪图钱财，不惜将女儿嫁给开交易行拿佣金致富的和尚，而和尚按佛教教规是不能结婚的，这种婚姻完全成了金钱的买卖。更有甚者，真宗年间，作为朝廷命官的向敏中和张齐贤，居然为争娶一位有钱的妇人发生争执，这类伤风败俗的行为是汉唐以来所罕见的社会怪现象。

在宋代当官者从事第二职业经商致富不仅比比皆是，而且是堂而皇之地公行于世，至于贪赃枉法致富者更不在少数，吏治差不多腐败到了极点。正如世界上任何事物都要“一分为二”那样，宋王朝不立田制，不抑兼并和重商政策，尽管有着发展经济的正面作用，但也必然导致社会在发展过程中的严重两极分化和伦理道德规范的破坏，人们所熟知的宋江和方腊起义的爆发就是当年两极分化所产生的严重后果之一。纵观历史，唐以前农民起义所提出的口号都是要求拥有基本人身保障的政治诉求，如秦末在今安徽宿州大泽乡揭竿而起的陈胜、吴广提出的“帝王将相，宁有种乎”，汉末黄巾起义提出的“苍天已死，黄天当立”，隋末李密、窦建德提出的“安百姓，定天下”等等口号，而到唐宋时期农民的口号则转向经济上的平等诉求，如唐末王仙芝、黄巢起义，自封“天补平均大将军”、“补天太保均平大将军”，浙东裘甫起义提出“天平”，北宋李顺、王小波起义提出“均贫富、等贵贱”等口号，都反映了人们对贫富差距拉大的强烈不满和寻求经济公平的急切愿望。为了缓和人们越来越大的致富胃口和日益浮躁的急功近利心态，稳定动荡不安的社会，一个有关教化的“灭人欲，存天理”的哲学课题便自然而然地摆在人们面前。

四、“灭人欲，存天理”，理学应运而生

自西汉以来，中国古代思想史，就是一部以儒家思想为主体，儒佛道三家既相互对立，又相互融合的历史。因此这个事关社会稳定的课题，只能由擅长儒学的思想家来做，并且责无旁贷地落在宋代知识分子身上，程颢、程颐、朱熹等学者，便成了千百万士人中的幸运儿，历史地参与其中。面对如此光荣的历史任务，他们考察研究的基础便是儒佛道传统文化，而其侧重点无疑是中国固有的儒学和两汉之交来自印度并且在中唐以后已逐步中国化了的佛教。

在世界上没有一个国家的语言像中国一样将国与家联系在一起，如英语中的“国”为“Country”、“State”、“Nation”，丝毫没有“家”（Family）的意思，“国”与“家”两者截然不同；而汉语却将他们紧紧地联系在一起，这主要是中国人喜欢以感情维系人们的关系所致。古代中国人认为，家放大了便是宗族，宗族放大了便是国家，因此家长放大了便是族长，族长放大了便是君主，于是一个有序的社会就建立起来了。最早使“社会家庭化”思想走上理性化之路的开创者是春秋时代的孔子和孟子，以及汉代的董仲舒，尤其是董仲舒为了强化“三纲五常”在民间的渗透力，提出了“天人感应”说，把“天”看做上帝神，皇帝是上天之子，称为“天子”，而百姓则是皇帝的子民，从天人合一的角度加以论证，从而使儒家伦理学说带上了神学的色彩。魏晋南北朝时期，由于社会动荡不安，政治风云变幻莫测，皇帝被杀成了家常便饭，君权神授的神秘感，随之烟消云散，继而道家崇尚虚无、消极避世的思想乘机渗入，处于迷茫中的儒学便产生了以道释儒、儒道兼综的玄学，成为儒学的一种流变。到了唐末五代，随着天文学和农业生产技术的发展，人们越来越认识到董仲舒用所谓“天人感应”的神学来愚弄百姓的粗俗和荒唐。特别是五代十国时期，在朝代频繁更迭的50年间，不断变幻的城头大王旗又一次使人们对天子失去神圣感。随着宋代社会的两极分化、贫富交替的“无序”上升和沉沦，一成不变的儒学在人们心目中越来越失去感召力，俗话说“形势比人强”，神学化的儒学在不得不变革的形势下转化为哲学化的理学，就成了一股不可阻挡的历史潮流。

佛教作为自印度传入的外来文化，在走过漫长的与中国儒道文化相融合的过程后才在中国扎根，并形成具有中国特色的佛教。在公元前2年传入中国之初，佛教被人作为黄老道家和神仙方术一类存在；在魏晋时期，人们以“格义”的方法解释佛教，推动了佛教的玄学化；隋唐时期佛教进一步与儒道融合，特别是与儒教的融合，使佛教在产生三论、天台、法相、华严、净土、律宗、密宗、禅宗等八大宗派的基础上，进一步通过唐宋之交的禅宗与华严宗（又称一乘圆教）的禅教合一，净土宗和三论、天台、法相、律宗、密宗等五宗的合一，以及最后实现禅净合一的大融合以后，作为一种哲学文化的佛教终于真正实现了中国化。

儒家要“灭人欲，存天理”，首先要在佛教中吸收理论营养。今天凡到过佛寺的人几乎都会注意到上书“欲望是最大的痛苦，健康是最大的财富”一类文字的宣传品，这说明中国化的佛教具有“灭人欲”的教义。佛教在理论上鼓吹“惟空”说，即所谓“众因缘生法，我说即是空，是亦为假名，亦是中道义”，强调人的修

行要空我执，空法执，要“不住色”、“不着相”，说到底就是要人们排除种种物质欲望。正是在否定人欲这一点上，佛教与新儒学——理学紧紧地联起了手。对于“存天理”的“理”字，传统儒家也常常挂在嘴上，如汉代董仲舒常说的“循三纲之纪，通八端之理”，就是把“理”看作永恒的伦理道德原则，而只有中国化的佛教才把“理”改造、升华到哲学的高度，如佛教华严宗大师法藏强调“理虽一味，恒自随缘，是故体即用也”，提出“一多相摄”、“理事圆融”等命题，都使“理”进入了哲学的范畴。可见，理学在宋代诞生绝非偶然，而是既有它社会经济发展的历史背景，也有佛教中国化的文化背景，因为一种理论如果没有滋润的源头是不可能发展壮大的。

五、宋代的理学大家

朱熹（公元1130—1200年），字无晦，号晦庵，徽州婺源人，是宋朝理学的集大成者。在他之前，胡瑗（公元993—1059年）、孙复（公元992—1057年）、石介（公元1005—1045年）等宋初三先生，分别从不同角度探讨“灭人欲、存天理”的理学根本问题。胡瑗讲“砥砺气节”，主张先天的“性善说”，把人欲发生归之于“情”；孙复讲“经世济人”，从天人合一角度宣传道统论；石介则认为“天道”不直接表现为人格神，而是表现为一种绝对精神或绝对真理。由于他们没有作出具体的分析和论证，也没有提出新的概念，更谈不上形成理论体系，所以在当时没有引起人们的特别重视。此后，胡瑗的弟子周敦颐（公元1017—1073年）援道入儒，以其代表作《太极图说》等，建立了理学的宇宙论。孙复的弟子张载（公元1020—1077年）自称其治学目的是“为天地立心，为生命立命，为往圣继绝学，为万世开太平”，他从《易经》出发，解释宇宙万事万物都由气聚合而成，而万事万物的形成规律便是所谓“理”，当时也称为道，因为中国人认为道即理，理即道，两者密不可分，故常常合称为“道理”，至今中国人常用的“讲道理”即源于此。其来源与中国富贵人家的客厅习惯称为堂，且多有堂名，如“敦本堂”、“礼耕堂”等等，这与随之而来的汉语“名堂”一类的词汇异曲同工。此后随着程颢、程颐兄弟进一步体认到宇宙间有一放之四海而皆准的不变之“理”，才进一步引发了人们对理学的广泛重视。因二程为洛阳人，他们当时的学说被称为“洛学”。经过二程的努力，理学大大发展了，周张二程也成为北宋“理学四大家”。南宋的朱熹在前人研究的基础上，从“理”与“气”的关系上成功地探讨了天地万物的哲学意义，建立了具有历史意义的宋代理学。他认为“理”先于“气”，“气”依“理”而存在；事物的“理”便是该事物最完全的形式与标准；万物有万理，万理的总和便是“太极”。要了解太极，必须从格物致知做起，多穷一物之理，犹如窥一斑而见全豹，就能多了解事物之理的全体。万物的形成依赖于“气”，“气”是“理”的表现。“气”的流动形成“阳气”，凝聚形成“阴气”。今天在浙江奉化溪口镇蒋氏故居厅堂内的一块“寓理帅气”匾额便是当年主人崇理思想的真实写照。不仅如此，崇尚理学的蒋介石到了台湾后，还把他住所的草山改名为阳明山，以纪念明代首创心学的理学大师——王阳明先生。不过也有人说此山的改名另一层意思是避开了“落草为寇”之讳。朱熹以他自己那套理论为基础，通过编著《四书集注》，用理学思想重新解释《大学》、《中庸》、《论语》、《孟子》，使董仲舒近

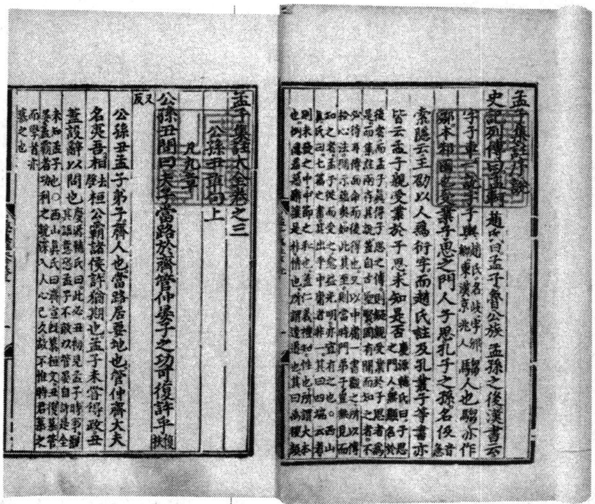

图 9-13 《孟子集注》

乎神学的三纲五常学说理论化、具体化。尤其是他把《大学》中所说的“格物、致知、正心、诚意、修身、齐家、治国、平天下”作为理论根据，构建上自皇帝下至各个家庭的一整套严密的社会秩序，并在此基础上进一步通过编写《小学集注》教育青少年遵循三纲五常的道德规范，编写《论语训蒙口义》、《蒙童须知》一类的通俗读物对儿童的衣着、言语、行为、读写、饮食作了道德规定，使理学进一步普及化、通俗化，大步走向民间。此后摧残妇女的从一而终，提倡节烈，朝廷为贞女节妇立牌坊，妇女缠足成为时尚长盛不衰等等，都与理学有关。甚至浙江上虞曹娥庙也受朱熹男女授受不亲的理论影响，将原来曹娥抱父尸上浮的图画改画为曹娥负父尸背靠上浮。纵观朱熹一生颇丰的著作，字里行间无不阐述天理是公，人欲是私，天理与人欲的对立是公与私的对立，要达到圣人境界，就必须“存天理，灭人欲”的思想。它所带来的重农轻商，因循守旧，厚古薄今，不为人先，不患寡而患不均，压抑后起之秀等等后果尽管不利于社会进步和经济发展，但对遏制蓬勃兴起的商品经济，平息因贫富差距拉大而心怀不满的庶民百姓的反抗，维护封建王朝的专制统治却能起到积极作用。也许朱熹介入了朝廷政争的缘故，长期被权臣所排斥，不仅把他的理学称为伪学，而且宰相韩侂胄还不惜以其人之道还治其人之身的手段，用理学本身最忌讳的伦理道德问题罗致了朱熹的两大罪名，一是霸占友人死后财产；二是引诱两个年轻尼姑作小妾，并为此牵连了“伪学逆党”59 人，不仅弄得朱熹本人声名狼藉，于庆元六年（公元 1200 年）在忧心忡忡中死去，而且无数门生好友都为此惶惶不可终日，以致在他临终时都不敢前往探视。

六、以德治国，理学成为显学

直至公元1202年权相韩侂胄被诛后，当国的鄞县（今浙江宁波）籍宰相史弥远分析社会形势后得出，人欲横流，两极分化是孔孟之后儒学地位下降和宋代发生种种社会危机的根本原因，他认为只有明辨义利，重振道德才能挽回儒学的失落地位和解除王朝的危机。此时，他敏锐地觉察到理学“存天理，灭人欲”不失为朝廷可资利用的“以德治国”武器，通过他的大力提倡，理学成了显学，对朝廷赤胆忠心的朱熹本人也被平反昭雪，名扬天下。宁宗嘉定二年（公元1209年），朝廷下令彰谥已死去9年的朱熹为“文”，称朱文公，次年又追赠中大夫，宝谟阁学士。嘉定五年（公元 1212 年），宁宗将朱熹《论语集注》、《孟子集注》列入官学读本，嘉定十三年（公元1220年）又追谥理学大师周敦颐为“元”，程颢为“纯”，程颐为“正”。嘉定十六年（公元 1223 年）又追谥张载为“献”，至理宗时（公元 1225 — 1264 年）更极力褒颂程朱。嘉熙元年（公元 1237 年）又下诏，令国子监刊印朱熹的《通览纲目》为学校读本。淳祐元年（公元 1241 年）皇帝赵昀亲临太学，下诏将周敦颐、张载、程颢、程颐、朱熹配享（附祭）孔庙，且亲书朱熹《白鹿洞学规》，颁赐太学。从此，程朱理学不仅成为南宋的理学正统，而且逐渐向北方传播。但由于当时中国处于南北分治状态，在相当长时间内并没有形成覆盖全国范围的意识形态，直到忽必烈统一中国，元仁宗皇庆二年（公元1313年）蒙古族统治者决定设立科举法，以经义取士，程朱理学才真正上升到官方意识形态的高度，在全中国有了至高无上的地位。

七、资本主义萌芽，心学应运而生

公元1368年明代开国皇帝朱元璋深知夺天下可以马上得之，而守天下必须依靠理学为代表的儒家思想治之的道理。出于现实政治需要，早在洪武三年（公元1370年）他就下令在全国科举的乡试、会试中一律采用程朱理学对儒家经典的注本为标准答案。永乐十三年（公元1415年），明成祖更是亲自主持和作序，由胡广、杨荣等人具体负责编修《五经大全》、《四书大全》、《性理大全》，从此程朱理学不仅完成了官学化的全过程，而且成了明代八股取士牢笼天下人心的惟一理论凭借。大约到了明代中期，随着商品经济的发展，出现了诸如丝织业发达的苏州织机资本家大量雇工生产的资本主义萌芽，穷富差距拉大，两极分化严重，人际关系又一次发生商品化的重要转折。人心不古，崇尚奢靡，尤其是富庶的东南沿海地区社会上财富崇拜，物欲横流，人们公开追求个人自由意志的思潮，已经不可遏制，并开始与儒家伦理道德和现实社会发生冲突。如程朱理学所谓的“格物致知”、“格物穷理”认为，推究事物方能获得事物的知识、尽致其原理。人们按照朱熹所述的办法面对一片竹林、古树格物，无论如何也格不出儒家的“三纲五常”真谛，以至于明代的王阳明宣称“天下之物本无可格者，其格物之功只在身心上做”。可见，作为思想方法明显缺陷的格物致知、格物穷理的程朱理学，不仅在被确定为惟我独尊的官方意识形态的那一天开始便逐步丧失了应有的创新能力，而且面对商品经济新发展的剧变形势，根本拿不出解决人们要求个性自由的良方。在这一形势下，宋代维护封建“三纲五常”伦理道德秩序的程朱理学，便通过王阳明先生进行第二次技改过程中的再革新，顺理成章地发展成为明代的“心学”。

八、心学大师王阳明

图9-14 王阳明像

明代集心学之大成者为王阳明（公元1472—1528年），系浙江余姚人，本名守仁，字伯安，曾筑室故乡阳明洞中读书、讲学，故世称“阳明先生”。此人自小聪明，11岁时即因作“山近月远觉月小，便道此山大于月，若人有眼大如天，还见山小月更阔”的《咏月诗》，使其父及邻人，大为惊讶。他年轻时遍读朱熹之书循序格物，继出入佛道之门，寻求儒家思想的真谛，皆无所得，后来因反对宦官刘瑾专权，被贬为贵州龙场驿丞（副县级职务，相当于今招待所所长兼机要通信站站长）。在偏辟荒凉，生活艰难困苦，信息十分闭塞，又无书籍可读的边疆驿站，独特的生活环境和生命体验，使他突然领悟到儒家思想的真谛绝不在于那些书本中的学问，而是发自内心的感受和体验，因为古代的圣人就是在这种穷荒无书日绎旧闻的环境下，才悟出吾性自足不假外求，只需自求诸心，而不需求诸物的圣人之道的。这就是著名的龙场悟道，它标志着王阳明从程朱理学阵营里走出来，把朱熹所谓绝对至上的“理”移植到每个人的心中，形成了被称为“心学”的哲学思想。王阳明在“心外无物，心外无事，心外无理，心外无义，心外无善”的基础上提出了“知行合一”的主张，认为一切万事万物之理都在我心中，这就是“知”，而内心代表真理的“知”就是“良知”，“良知”表现于行动就是“良能”。“知”表现于“行”，而“不行”就是“不知”，这便是知行合一。一个人如果能不断发掘和表现良知，就能与天地万物合为一体，达于至道。由于王阳明曾任职江西，因镇压赣南农民起义及平定宁王之乱有功，累官至南京兵部尚书（明代北京和南京皆设六部，兵部尚书相当于今国防部长），再加上一生讲学，弟子很多，“王学”随之大行于天下。后来，王阳明总结自己一生的活动集中在两方面：一是“破山中贼”，二是“破心中贼”，前者谓其镇压农民起义和平息宁王朱宸濠叛乱的事功，后者谓其建立心学理论体系，起到了“灭人欲，存天理”的“辅君”、“淑民”作用，挽救了危机中的明王朝。

王阳明创立的“心学”最可贵之处是强调“以吾心之是非为是非”，而不是以孔子之是非为是非，这无异为当时沉寂、僵化的思想界注入了新鲜空气，令人耳目一新。它不但顺应了明代商品经济日益发展后人们对追求个性自由的社会要求，而且对促进儒学的思想解放和新发展起到了极其重要的推波助澜作用。这与当今在建设有中国特色社会主义的过程中，我们不再拘泥于马克思主义原著中的只言片语，而是结合中国实际推动马克思主义的新发展有其相似之处。可见任何理论和学说都不能墨守成规停滞不前，必须随着时代的进步而不断发展，这样才具有生命力。

九、清代以来的理学

清兵入关，明王朝覆灭，顾炎武、黄宗羲、王夫之、颜元等一批儒学大家，有感于亡国的切肤之痛，斥责理学空谈心性误国，转而大力提倡经世致用之学。要经世致用就要有根有据，其结果就是走向考据。而像汉儒那样注重训诂考据之学，清人称之为“质朴之学”，简称“朴学”。朴学在清代为盛，成就超过古人，尤以乾隆、嘉庆年间的朴学成就最为辉煌，形成历史上著名的“嘉乾学派”。如号称清代儒林第一人的顾炎武（公元1613—1682年），以考古求真为宗旨，强调“天下兴亡，匹夫有责”，“行已有耻，博学于文”，反对不讲实际学问而空谈性理的理学。据说，他几十年读书治学结晶的代表作《日知录》和《天下群国利病书》，达到了“无一字无来历的程度”。尽管这种考据不免烦琐细碎，舍本求末，但其“实事求是，无征不信”的学风，很值得称道。尤其是它一扫晚明以来治学的空疏之风，把学者穿凿附会、主观臆断的浮夸之风转变为朴实严谨的学风，是嘉乾学派对中国文化的最大贡献。由此可见，任何事物都会物极必反，做学问也不例外，若到了一个“虚”的顶点，就必然会走向实的极端，反之亦然。犹如今日之中国，若继续以20多年前确定的以经济工作为中心，单纯追求GDP增幅为目标，不及时转变为协调的科学发展，其后果将不可设想。

清代自雍正、乾隆以后，文字狱盛行，思想控制极严，一般学者不愿冒牢狱风险，大多在考据训诂方面下功夫，埋头著述，朴学因此盛况空前，著作也汗牛充栋，以师承和地区可划分为吴派、皖派和浙东派。公元1840年鸦片战争以后，中国屡遭资本主义列强侵略，富国强兵被提上议事日程，不得不与时代并肩前进的儒学大家，便又重新从清代前期推崇古文经的朴学向晚清重今文经的朴学转变，并且从纯学术的研究中进一步解放出来，与议政、改良的现实政治实践相结合，形成新的探求“微言大义”的义理学派，历史终于又一次惊人相似地向人们展示清儒又走上了当年宋儒之路，当然这并非简单的重复而是螺旋形的发展。

随着1905年清政府宣布废除以《四书集注》为标准答案的科举考试制度，朱熹的理学逐渐失去了市场。尤其是辛亥革命爆发后的1912年初，中华民国南京临时政府颁布禁止读经的法令，要求各地学校废止读经和跪拜孔子礼，禁止使用前清学部（即教育部）颁行的各种教科书，要求学校教员遇到教科书中与共和宗旨不合者，可随时修改，禁止讲授，从而宣告了自西汉以来作为立国精神的儒家思想，不再具有准国教的地位。但儒家思想作为中国的传统文化，却没有在社会上彻底消失，它以新儒学的新面孔出现在世人面前，直到20世纪50年代儒家思想在大陆全面衰微之际，港台地区的新儒学仍然在发展。20世纪80年代，随着中国大陆地区拨乱反正，进入改革开放，已经衰落多年的新儒学又开始重新抬头，只不过已经远远没有明清时代占据主导地位的那种强盛气势。今天在“允许一部人先富起来”的市场经济条件下，财富绝对增长和相对集中日益加快，作为新儒学表现形式的新理学对稳定社会又能起到什么作用呢？人们拭目以待！

第四节 综合分成是儒家的天然追求

一、哲学思想影响人的言行

当你迷途时，天空中一颗明亮的北极星会帮助你找到前进的方向，那颗北极星便是哲学。在现实生活中，反映人们气质的举手投足，涉及公私利益的一言一行，无不受自身哲学思想的影响。众所周知，世所公认中国哲学、西方哲学和印度哲学这三大哲学传统，由于自然环境的不同，社会生活的差异而各有其特点。例如，中国哲学长于整体思维，西方哲学长于分析思维，印度哲学则以否定思维为特点。虽然西方亦有重视整体思维的思想家，中国亦有重视分析思维的思想家，但从总体上来讲，每一传统各有特长。如中国的医学讲综合，西方医学讲分析，西方医学重视人体解剖，将牙齿看做粉碎机，头脑视为计算机……因此产生了头痛医头、脚痛医脚的治疗方法；而中医则把人视为整体，不仅所谓经络在解剖学中无处寻觅，而且头痛不医头，脚痛不医脚的治疗方式，更使人对中医的综合思维感触犹深。而在哲学的思维领域里，儒家学说作为中国哲学的支柱之一，其和谐则是儒家全部学说的精髓，也是古代中国崇慕追踪的方向。这与儒家学派继承、弘扬历史上的中和思想，将其与自身的政治学说相结合发展成为中庸，并以此作为儒家最高道德哲学范畴和致思范式密切相关。

二、中庸是中国人的至德

人类天然地具有追求与自然和谐融洽的内在意识，天然地具有追求人际关系和睦，感性与理性平和协调的愿望。这在远古时代曾十分强烈地影响、甚至在某种程度上支配着人类的原始致思途径。再加上文明初始，处于童年期的人类思维认识水平较质朴原始，最初只能感性直观地把握自然界和社会中各种零星片面的表象特征。在经过无数次实践摸索后，先民们才逐渐感到，执中原则对观察处理人与人，以及人与社会或自然的关系有较大的适用度和适时性。因此，持平执中、和谐统一的整体协调原则，很早便获得人们的推崇，“中”、“和”、“同”等观念为远古贤哲所乐道。

但到了春秋时情况发生了新的变化，“弑君三十六，亡国五十二，诸侯奔走不得保其社稷者不可胜数”，社会权力与财富的重新组合分配，加剧了社会各集团间的矛盾冲突。当时，执中原则已无法解决纷繁复杂的新矛盾，人们对古老讲信修睦的中和观念产生了怀疑，甚至到了孔子时代已相当生疏。所以孔子曾哀叹：“中庸之为德也，其至矣乎！民鲜久矣！”于是，他起而力倡，并将其发展到一个更高的伦理、哲学范畴，并称之为中庸。所谓“中”，《说文》在“中”字下释“正业”，段玉裁注：“中者，别于偏之辞也，亦合宜之辞也。”朱熹说：“中者，无过无不以之名。”程颐说：“不偏之谓中。”说明“中”即中正、适宜，不偏不倚不乖戾之意。

“庸”是孔子的发明创造。郑玄注《礼记·中庸》时说：“庸，常也。中和可常行之德。”“一名曰中庸者，以记中和之为用也，庸，用也”。何晏与宋代二程也有类似的解释。可见，庸具有“用”与“常”两层意思。作为“用”，它是观察处理事物的基本法则；作为“常”，它又是恒常不变的绝对之道和至高无上的完美之德。

中庸是孔子在继承前人中和思想基础上首次明确提出的哲学、伦理学概念。虽然通篇《论语》只有《雍也》一节言及“中庸”，且未作进一步阐述，但孔子运用中庸观念观察处理矛盾的事例却随处可见。他不仅以此作为自己思想体系的方法论，同时又把它当作规范人们行为的最高原则，即“至德”。

这种“至德”对人们和谐地协调和妥善地处理各方面的经济关系有着不可估量的指导作用。尤其是根深蒂固地受到这一传统文化影响的中国人更是刻骨铭心，一举一动无不贯穿着这一精神，在财政工作上则表现为自觉、不自觉地对兼顾上下级政府利益的“综合分成”情有独钟。

第五节 分税制与综合分成

由于1980年全国实行分灶吃饭的财政政策以后，地方调控能力增强，减税让利盛行，每年国家财政收入增量只能维持在200亿—300亿元，中央财政收入增量仅占1/10，即20亿—30亿元，致使中央财政捉襟见肘、陷入了困境。为了改变这一窘迫状况，中央于1993年提出了在全国范围内实行分税制财政体制改革，并决定1994年1月1日在全国推行。10年来通过改革税制，规范了纳税人和政府的利益分配关系；划分中央和省、市、自治区的收入，调整和统一了两者的分配比例；建立两个税务局，进行竞争性征收和实施达不到上交“两税”增长目标的赔补政策，遏制了当时愈演愈烈的减免税浪潮。改革不但使1994年至2002年全国财政收入年均增长17.5%，财政收入占GDP的比重也由1993年的12.6%提高到2002年的18.5%；中央财政收入占全国财政收入的比重达到55%，比改革前提高了33个百分点；2002年除税收返还和体制性补助以外，中央对地方转移支付高达4019亿元，是1995年的8.6倍，年均增长36%。分税制改革提高了财政收入在国内生产总值中和中央财政收入在全部财政收入中的“两个比重”，增强了国家财政实力，起到了不可估量的历史性作用。

一、出口退税的巨额累欠

但不容忽视的是，在这次财力分配所进行的改革，由于调节不到位，两个拖欠成了财政部的两大难题。一是县乡财政普遍陷入拖欠工资的困境，据2001年统计，全国有731个县欠发工资，占全国总县数的35.6%。二是出口退税形成了巨额的拖欠。为此中央财政不得不继1999年11月恢复属于个人所得税范畴的储蓄存款利息税，并将其纳入中央收入的增收措施后，于2001年再一次将两个主要属于地方财政收入的个人所得税和企业所得税纳入共享分成的范畴来提高中央财政在全部财政收入中的占有份额，其中2002年中央与地方的分成比例为5∶5，2003年为6∶4。尽管这些改革措施缓解了县乡工资发放问题，但仍然解决不了出口退税的累积拖欠，而且越欠越多还成了发展的趋势，因此解决出口退税的拖欠便成了迫在眉睫的大问题。

1994年实行分税制财政体制改革后，财政部指令各地将1993年外贸出口退税中地方负担的20%部分作为基数上划，此后出口退税100%由中央财政负担。1994年工商税制全面改革时，对出口退税进行了完善，《增值税暂行条例》规定对出口货物实行国际通行的零税率征收，将出口货物所缴纳的增值税，还有出口货物所缴纳的消费税，都退还给出口商，使我国出口货物以不含税的价格进入国际市场，以提高我国出口货物在国际市场的竞争力。据测算，1994年1月1日至1995年6月30日的平均出口退税率为16.13%，但由于财政部对自身财力估计不足，以致1995年7月1日起不得不将出口退税率调整为14%和10%，测算结果1995年7月1日至1995年底平均退税率降为12.90%；到1996年1月1日又调整为3%、6%和9%，平均退税率又降为8.29%；直至1998年1月1日起至1999年7月1日为应对亚洲金融风波引发周邻各国货币大幅度贬值的冲击，起动国内经济，我国除决定人民币盯住美元，汇率不变以外，又连续7次上调出口货物退税率。其中1998年平均出口退税率为9.32%。现行出口退税率为：17%、15%、13%、6%和5%，平均退税率约15%。

我国1985年刚全面实行出口退税制度时，全年出口退税额仅为17.9亿元，1993年上升到299亿元；1994年分税制财政体制改革时跃升为450亿元；2002年达到了1259亿元，比1985年增加69倍，比1994年也增加1.8倍。

由于国家财政实行补贴的出口退税政策，使出口商能够利用国内廉价的劳动力制造大量中国具有优势的外销产品，从而推动了我国国民经济的快速发展。1978年，我国出口额为97.5亿美元（折合人民币167亿元），占当年GDP3624亿元的4.6%，如加上当年进口额，外贸依存度仅为9.8%；2001年出口额增加到2661亿美元（折合人民币22029亿元），占当年GDP95933亿元的22.9%，加上进口额，外贸依存度为44%；2002年出口额增加到3256亿美元（折合人民币26950亿元），占当年GDP102000亿元的26.4%，加上进口额，外贸依存度高达50%。2002年中国已是世界上排行第六的贸易大国了。

从1994年开始，中央财政根据年度财力情况安排退税计划，并规定各省、市、自治区的出口退税在总财力盘子内实行指令性计划指标管理，即无论你出口增长幅度大小，都只能在中央下达的计划指标额度内退税，由于应退和实退相脱节的制度安排，使欠税情况越来越严重。为此，从 2001年开始，在全国范围内对生产企业直接出口货物改“先征后退”为“免、抵、退”的办法，即直接出口货物销售时免征增值税、消费税、城市维护税及教育费附加；出口货物的进项税额在内销商品应纳税额中抵扣，未抵扣完的税额允许留作下期抵扣，或报经国税局批准给予退税，客观上减少了由于国家不能及时退税对生产企业的资金占用，也避免了先征税，再办退税手续的复杂过程。由于中央财政在免征增值税、消费税的同时也免征了属于地方财政收入的城市维护建设税和教育费附加，在减少地方收入的同时也减轻了企业负担，一定程度上调动了生产企业直接出口的积极性。但产生的新问题是中央对地方在“免、抵、退”中地方财力的调库返还仍然乏力，以另一种方式继续出现拖欠，而且对退税额远远超过生产企业的外贸企业欠退问题，更是束手无策。其根本原因不是方法问题，而是财力问题。1999年到2002年中央财政收入年均增长率仅18.2%，而同期出口退税额年均增长却达到了36.3%，是财政增幅的2倍之多。这就是说，中央财政按现行15%的出口退税率和财政体制难以承受来势汹汹的出口退税。因为中国人口多就业竞争激烈，劳动力特别廉价，为外向型的制造业发展提供了极其有利的条件，因此优惠的出口退税政策在中国所产生的效应特别显著，到2002年为止全国拖欠出口退税已高达2477亿元。

在全国人大十届一次会议期间，不少对财政有所了解的代表对财政预决算报告提出了质疑，认为全国财政赤字应再加上2477亿元的拖欠退税款。同时与会的企业家也对企业与国家在法律上不能站在同一条起跑线上表示了强烈不满，他们说企业拖欠国家税款要缴纳滞纳金，甚至罚款，而国家拖欠企业的出口退税款却置若罔闻，这不符合现代国家公民与政府之间关系的平等原则。

二、解困的出路在于改革

2003年3月在全国人大十届一次会议上选举产生的新政府上任伊始，就十分重视这一涉及政府信誉和外贸发展的挠头问题。新政府不但在很短时间里组织了以财政部牵头、国家税务总局、发展和改革委员会、商务部参加的专题小组，着手调查研究，提出解决方案。9月17日国务院领导听取了调整方案的汇报，次日（9月18日）政治局常委听取汇报，并原则同意了上报的方案。此后，财政部又分别征求了有关部门对方案的意见，并将综合意见向国务院领导作了汇报。10月10日国务院在北京召开了有各省、市、自治区的政府领导和财政、外经贸、国税负责人参加的出口退税机制改革工作座谈会，对出口退税办法作适当调整。

这次方案的大原则是“新账不欠，老账要还；改革机制，共同负担；推动改革，促进发展”。一是对出口退税率进行结构性调整。从2004年1月1日开始，将目前平均约15%的退税率调低2.946个百分点；二是建立中央财政和地方财政共同负担出口退税增量的新机制。对截至2003年底累计欠退部分由中央财政全额负担，其中出口退税免抵未调库影响地方财政收入部分，由中央财政在2004年归还，2004年起出口退税超基数部分由中央和地方分别按75%和25%比例分担；三是新增加的进口环节增值税和消费税收入，首先用于出口退税，例如2003年预计收入2650亿元，比计划1950亿元超收700亿元，其中500亿元用于2003年的追加退税指标，200亿元用于2004年，使2004年出口退税预算在2003年1650亿元（其中计划1150亿元，追加指标500亿元，不包括2002年结转2003年的139亿元）的基础上达到1850亿元；四是累计欠企业的退税款由中央财政解决。为不影响企业资金周转，从2004年起中央财政按1年期贷款利率5.39%给企业贴息，2004年全国约需贴息130亿元，其中东部地区为115亿元，占88.46%。

三、各地基数的确定

对于基数的确定，开始的第一方案以2002年1259亿元的实际退税数为全国总基数，考虑到出口退税在地区间、年度间分布不均衡，各地按2000—2002年应退数在全国的份额推算，考虑到2003年增长情况，在2002年基数的基础上给基数一定增长，增长率为25%。随着上半年财政部召开厅局长座谈会，把行将改革之风吹出去以后，东部沿海地区不少省市一方面开始猛增基数，另一方面提出以2003年为基数的要求。曾经吃足1993年以当年为基数苦头的财政部主要领导在坚持绝对不以2003年当年为基数的前提下，重新设计了第二方案，该方案把2003年包括上年结转139亿元、当年计划1150亿元以及追加退税额500亿元在内的1789亿元实际退税数作为全国总基数，地方所占份额数改按2000—2003年4年应退数在全国所占份额计算，全国2003年应退税额则按1—8月比上年增长33.6%推算出全年为2694.58亿元，加上2002年的2155.69亿元、2001年的1704.27亿元、2000年的1384.89亿元，合计为 7939.43亿元。由于中央确定2003年只能按比上年增长25%拿钱增基数，所以在推算各地2003年基数时要乘上0.744的系数（k=25% ÷ 33.6%=0.744），于是便得出地方2003年的出口应退税额的计算公式为：

本地2003年应退税额（亿元）

= 2002年应退税额（亿元）×（1+1—8月增长率）× 0.744

基数（亿元）

= 本地2000—2003年应退税额合计 / 全国2000—2003年应退税额合计 × 1789（亿元）

随着基数的确定，悄然而至的出口退税政策调整就要从2004年1月1日开始执行，届时发生的出口退税从中央国库和地方国库直接按“75%∶25%”的分担比例直接退付，对地方退付的出口退税基数部分，由中央财政通过结算渠道直接返还给地方。至此，一场经历了10年之久的出口退税改革在中国你中有我，我中有你，调动两个积极性的传统儒家中庸文化的推动下又悄然回归了。

第六节 一波三折的农村税费改革

1958年6月3日全国人大常委会96次会议通过的《中华人民共和国农业税条例》规定：全国农业税平均税率为15.5%。紧接着政社合一的人民公社制度的建立，确立了生产队、生产大队、公社三级集体所有制。生产队除了要按规定上缴农业税外，还要按上年纯收入的3%向公社上缴管理费。改革开放后，人民公社改为乡镇政府，生产大队改为行政村，生产队成了自然村。原来公社的管理费也就随之演变成乡镇的"五统筹"，村里的开支则成了村级的"三提留"。"五统筹"指的是向农民收取的农村教育费附加、民兵预备役费、计划生育费、民政优抚费和乡村道路建设费。"三提留"指的是向农民收取的公积金、公益金和管理费。随着乡镇村政府人员的膨胀和支出的扩大，"五统筹"和"三提留"的比例也在不断扩大。农民的负担日益加重，一些地方因此出现了摩擦和纠纷，严重影响了干群关系。为了减轻农民负担，1992年国务院发布了《关于农民承担费用和劳务管理的通知》，规定农民负担必须控制在上年人均纯收入5%的范围内。

由于农民纯收入是一个边界很难界定的数字，有些乡镇村为了多收费，不惜人为地放大了纯收入的基数，从而使5%成了向农民收费的最低比例。因此，2000年3月2日中共中央、国务院发布了《关于进行农村税费改革试点工作的通知》(中发[2000]7号)，指出农村税费改革试点的主要内容是：取消乡统筹费、农村教育集资等专门面向农民征收的行政事业性质收费和政府性基金、集资；取消屠宰税；取消统一规定的劳动积累工和义务工；调整农业税和农业特产税政策；改革村提留征收使用办法，并首先在安徽省试点。在试点的基础上，2001年3月24日国务院又发布了《关于进一步做好农村税费改革试点工作的通知》(国发[2001]5号)。在农业税及其附加总体水平不超过8.4%的前提下征税。其中，7%是农业税正税，1.4%是相当于农业税20%比例的附加税。土地面积以二轮承包土地面积为依据，常年产量以1998年前五年农作物实际平均产量计算。由于良种的推广，农药、化肥的使用和农业生产技术的不断改进，我国农作物实际产量1958年后有了大幅度提高，但是各地的农业税仍然按1958年的实物量固定征收，因此，按当期产量计算全国农业税平均征收率很低，正如2000年4月13日温家宝副总理在安徽农村税费改革试点动员会议上所指出的那样，仅为实际产量的2.5%。显然安徽试点方案有了"并税改革"之嫌，历史上并不引人注目的黄宗羲定律也随之成了人们议论的热点。

农业特产税是以粮为纲的年代为保证粮食生产而出台的税收。浙江省是一个人多地少的省份，在市场经济的条件下，只有鼓励多种经营才能促进农民增收。为此，浙江省在2001年就决定在25个欠发达县市和9个沿海县市停征农业特产税以鼓励农民走上增收之路，取得了良好的效果。于是，浙江省打算从2002年1月起在全省范围内全面停征农业特产税。由于这一消息被一个姓"慎"的新华社记者1月16日"不慎"报道出去了，当晚新华社向全国发布通稿，第二天《经济日报》、

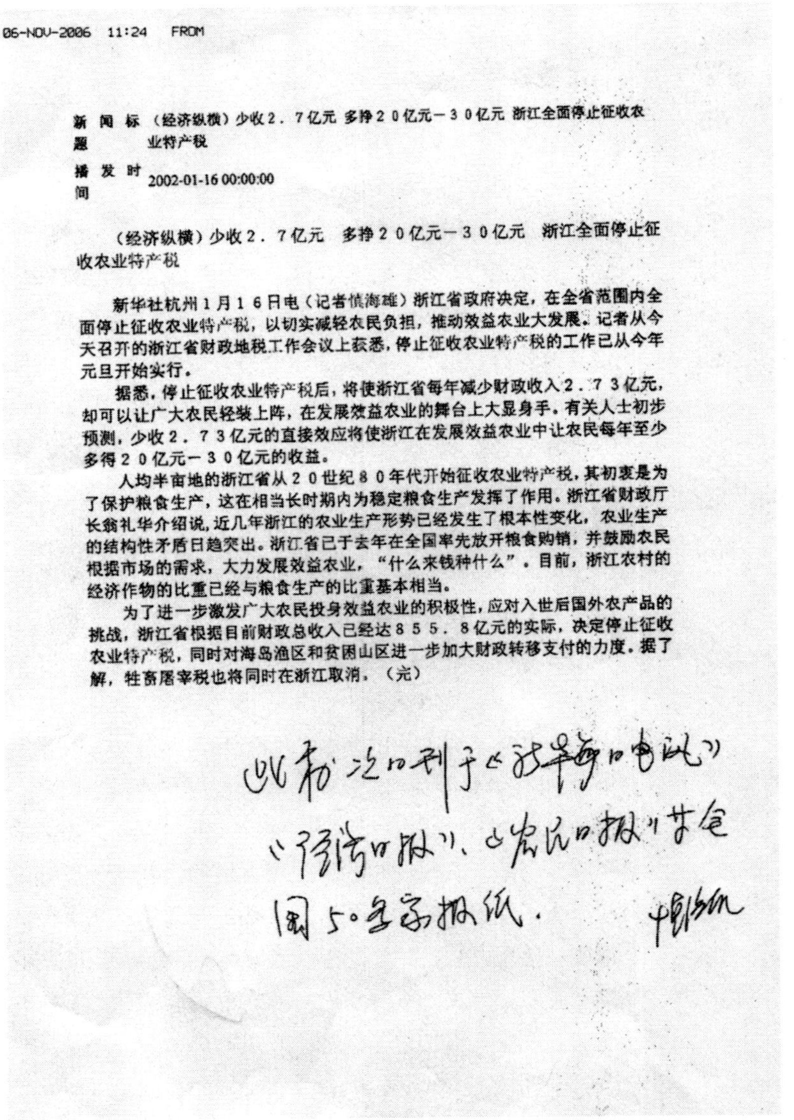

06-NOV-2006 11:24 FROM

新闻标题 （经济纵横）少收２．７亿元 多挣２０亿元－３０亿元 浙江全面停止征收农业特产税

播发时间 2002-01-16 00:00:00

（经济纵横）少收２．７亿元 多挣２０亿元－３０亿元 浙江全面停止征收农业特产税

新华社杭州１月１６日电（记者慎海雄）浙江省政府决定，在全省范围内全面停止征收农业特产税，以切实减轻农民负担，推动效益农业大发展。记者从今天召开的浙江省财政地税工作会议上获悉，停止征收农业特产税的工作已从今年元旦开始实行。

据悉，停止征收农业特产税后，将使浙江省每年减少财政收入２．７３亿元，却可以让广大农民轻装上阵，在发展效益农业的舞台上大显身手。有关人士初步预测，少收２．７３亿元的直接效应将使浙江在发展效益农业中让农民每年至少多得２０亿元－３０亿元的收益。

人均半亩地的浙江省从２０世纪８０年代开始征收农业特产税，其初衷是为了保护粮食生产，这在相当长时期内为稳定粮食生产发挥了作用。浙江省财政厅长翁礼华介绍说，近几年浙江的农业生产形势已经发生了根本性变化，农业生产的结构性矛盾日趋突出。浙江省已于去年在全国率先放开粮食购销，并鼓励农民根据市场的需求，大力发展效益农业，“什么来钱种什么”。目前，浙江农村的经济作物的比重已经与粮食生产的比重基本相当。

为了进一步激发广大农民投身效益农业的积极性，应对入世后国外农产品的挑战，浙江省根据目前财政总收入已经达８５５．８亿元的实际，决定停止征收农业特产税，同时对海岛渔区和贫困山区进一步加大财政转移支付的力度。据了解，牲畜屠宰税也将同时在浙江取消。（完）

此稿还曾刊于《新华每日电讯》《经济日报》、《农民日报》等全国50多家报纸。

慎海雄

图 9–15 新华社 2002 年 1 月 16 日“浙江省全面停止征收农业特产税”的通稿，图为记者慎海雄发送的电子文稿。

《农民日报》、《新华每日电讯》等 50 多份报纸都报道了这一消息，结果引发了轩然大波。不仅很多报纸都发表了诸如《谁有权停征农业特产税》等文章表示坚决反对，有一个省级政府还向新华总社状告这位姓慎的记者。他知道后不但不思悔改反而在 1 月 24 日发表了一篇题为《顾大局算大账》的新华时评，将论战推向了高潮。浙江省早在2001年停征农特税的34个县市的农村运销户也因此遭到了周边省市地方政府的阻击。他们设卡检查从浙江省出境的农产品，是否持有农特税纳税凭证。如拿不出凭证就以逃税为名加以打击。为了打破僵局，浙江省对农特税采取了先征后返的办法，即对运销到外省的农特产品先征税取得农特税纳税凭证，以便通过关卡，运销结束后当地农税征收机关再如数返回所征税款。

鉴于浙江省的特殊省情和财政省管县与众不同的体制，2001年12月浙江省财政厅厅长翁礼华给省委省政府主要领导呈报了《关于在全省农村实行“减、停、免”税费改革的建议》的报告，建议 2002 年 1 月 1 日开始在全省范围内停征农业税和

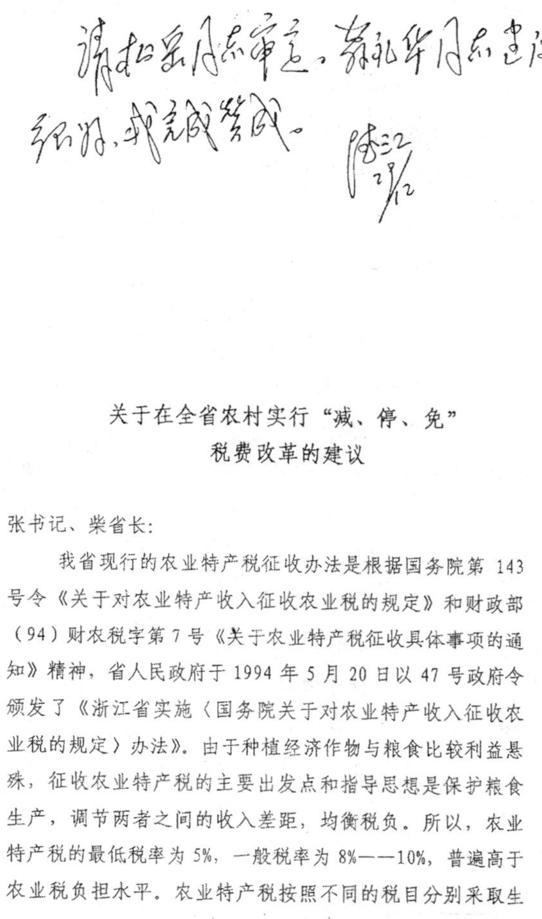
请松岳同志审定。翁礼华同志建议很好，我完成赞成。 德江 29/12

关于在全省农村实行“减、停、免”
税费改革的建议

张书记、柴省长：

我省现行的农业特产税征收办法是根据国务院第143号令《关于对农业特产收入征收农业税的规定》和财政部（94）财农税字第7号《关于农业特产税征收具体事项的通知》精神，省人民政府于1994年5月20日以47号政府令颁发了《浙江省实施〈国务院关于对农业特产收入征收农业税的规定〉办法》。由于种植经济作物与粮食比较利益悬殊，征收农业特产税的主要出发点和指导思想是保护粮食生产，调节两者之间的收入差距，均衡税负。所以，农业特产税的最低税率为5%，一般税率为8%——10%，普遍高于农业税负担水平。农业特产税按照不同的税目分别采取生

图9–16　2001年下半年浙江省准备全省范围停征农业税、农业特产税，免征屠宰税和分三年取消“三提五统”的建议及省委领导12月29日的批示。

农业特产税，取消农村屠宰税，取消农村各种政策外的乱收费，从2003年1月1日起每年减少“三提五统”1/3。省委书记张德江同志在报告中批示道，“翁礼华同志建议很好，我完成（全）赞成”。但由于这一建议只获得了主要领导的个人支持，没有取得相关部门和领导的整体支持，不得不改为稳定农业税、调整（停征）特产税、取消“五统筹”、取消屠宰税的办法，并以省政府的名义向国务院呈报。2002年1月12日，听取了翁礼华的口头汇报后，财政部项怀诚部长表示原则支持这一方案。在3月5日召开的全国人代会上朱镕基总理请浙江省主要领导就方案的具体内容直接向温家宝副总理作一次详细汇报。3月11日下午，翁礼华随同省委书记、省长前往中南海温家宝副总理办公室。在听取浙江省委书记、省长的汇报后，温家宝副总理表示“浙江农民转移到第二、第三产业的比重大，地方财政实力强，与中西部情况大不相同，浙江可以根据本省实际情况制订农村税费改革方案”。根据温家宝副总理的指示，3月29日至4月1日国务院农村税费改革工作小组办公室领导亲自来浙作了实地调研和协调，6月8日国务院办公厅以国办函[2002]60号文正式批复《浙江省扩大农村税费改革试点实施方案》的报告。当年7月，具有浙江特色的农村税费改革在全省全面推开，2003年宁波市率先缓征全市农民的农业税，2004年全省免除了种粮农民的农业税，2005年全面免除农业税。

2003年7月财政部、国家税务总局发文将农特税并入农业税，在全国范围内改征收税额较高的农特税为征收税额较低的农业税。在十届人大二次会议召开以前，财政部金人庆部长积极建议从2004年开始三年内在全国范围免除农业税，温家宝总理在政府工作报告中采纳了这一建议，在中国存在了数千年之久的农业税终于在2006年走到了尽头。

第七节　儒家思想对财经的影响

一、迂回而成是另一种综合分成

综合分成是中庸的一种形式，而迂回而成避开正面冲突则是另一种中庸。诚如人们所知，中国人性喜含蓄，社会舆论对含蓄程度越高者评价越高，甚至会把

口是心非当作觉悟。其司空见惯的典型表现便是一个人想要的东西嘴巴上说不要，最好别人能主动送过来，以便在半推半就的客气中实现，这样既保持了矜持的风度，又得到了有效的实惠。这种办法不但在日常生活的喝茶、吃饭中屡试屡爽，而且在事关社会的大事中亦不乏其例。譬如对机关办企业，赚钱搞福利，在20世纪80年代末，社会大众就反映强烈，中央亦希望加以清理，尽管发过文件，开过会议，进行不止一次的正面冲击，但始终收效不大。后来在90年代清理军警办企业时，出于军警对地方机关办企业攀比的压力，积重难返的脱钩问题竟然在迂回曲折中一举而成。

再如，人们都知道“文明产生于财富的绝对增长和相对集中”，所谓发展生产力，其中一条极为重要的经验是明晰产权，将财富集中在少数人手中，使之成为资本。如果要正面去解决这一问题，在“均贫富”思想根深蒂固的中国势必遭受“国有资产流失”的指责。同时人们在日常生活中长期形成的习惯势力也制约着资产的转让，人们宁愿“看着好苹果烂掉，也不忍心将好苹果吃掉，因为先吃掉好苹果是浪费，先吃烂苹果才是节约”。为了冲破这两道樊篱，地方政府不惜以“改制”的迂回手法进行所谓冠冕堂皇的“转制”，达到既使国有企业转变为民营，同时又达到了集中资产的目的，从而推动了当地生产力的发展。

同样20世纪80年代依托财政、审计部门发展起来的会计师事务所和审计师事务所，一直难以脱钩，其脱钩的难度在于若改制为合伙人的中介机构，首先是国有资产不好处理，其次是工作人员不愿失去公职。后来，国家根据社会对中介机构做假账的强烈反映，强调中介机构要公正执法必须脱离挂靠为名，进行脱钩改制，结果不但所向披靡，而且皆大欢喜。

至于近几年人们反映强烈的中国行政管理多达中央、省、市、县和乡五个级次比世界各国的三级多了2个级次，从而既造成县乡两级工资发放困难，也引发向农民乱收费问题，再加上乡镇财政管理混乱等诸多弊端，使近几年县乡财政赤字及债务问题成了社会舆论关注和抨击的焦点。对这个问题若从正面出击难度很大，如直接减少政府层级便要修改宪法，要取消乡财政会遭遇宪法规定的一级政府，一级财权的障碍阻隔。因此，一些地方采取扩并乡镇，甚至将乡镇改为街道等迂回手法减少了乡镇个数。同时，有些省区还通过试行乡财县管的报账制手段，迂回地取消了乡镇财权，在一定程度上降低了行政成本，提高了行政效率。凡此种种，举不胜举，一言以蔽之：自古至今，迂回而成已经成为中国人克敌制胜的强大武器。

二、对财税的思想渗透无所不在

儒家学说作为一种根深蒂固的传统文化，对财政工作的渗透并非仅仅局限于“利益共享风险共担”的综合分成；而是在“你中有我，我中有你”，“事权财权划不清，也不希望划清”，“保证既得利益，以基数定天下”，“不作存量变动，只作增量调整”，“实行老人老政策，新人新政策”，以及要求“小范围内服务均等化，大范围服务容忍差异”等诸多方面，都有着广泛和深刻的影响。因为在传统人治色彩极为浓厚的中国，假如完全贯彻平等精神，一切从零开始，厘清各种利益边界，那么人们之间的联系和依赖就会毁于一旦，相互之间的感情联络也会随之失色，其在财税工作中的典型影响之一便是1998年动议出台的燃油税。

当时为了解决民间早已怨声载道的公路养路费、客运附加费和运输管理费的征收，国务院欲以世界通行的燃油税取代这些不规范的收费，以贯彻“多用路者多付费，少用路者少付费”的税收原则。对燃油税的征收世界各国一般都在零售环节进行，而在中国由于是感情维系的人情社会，倘在加油站征收便难免会出现陌生人纳税，熟人不纳税或少纳税以及征收成本过高等问题。为此，不得不将征收环节前移到产品源头征收，即炼油厂出厂和海关进口环节征收。这样一来简单的问题便跌入了复杂化的陷井。首先是在生产环节征收会增加炼油厂销售的流动资金，可能出现税款拖欠；其次是带税的高价油容易刺激走私；再次是不上公路的飞机、船舶、火车、农用机具、工业用油如何退税成了难题；同时，原属交通部门管理的大批养路费稽征人员的出路更成了棘手问题。若以浙江省为例，不仅从县到省5000多人的稽征队伍难以安排消化，而且行业退税亦难以合理到户。如根据调查统计，1997年浙江省消耗汽油324.8万吨，柴油887.82万吨，按当时财政部初拟的汽油每升1.15元、柴油每升0.95元的税率计算，全省需负担燃油税151亿元，其中工业企业消耗汽油146万吨、柴油335.8万吨，需负税61亿元；农业机具1997年消耗汽油14.8万吨、柴油304.02万吨，需负税36亿元；车辆1997年消耗汽油164万吨、柴油248万吨，需负税54亿元。其中车辆仅占负税比例的35.7%，也就是说151亿元源头税收，要退税97亿元，占总征收额的64.3%，而这97亿元涉及千家万户的工业企业、农民、渔民和船民，如何返还是一个天大的难题。即使中央财政能大致估算出历史年份返还给地方的税额，而地方在分配到户过程中亦难免分配不公，甚至出现设租寻租，产生腐败的问题。况且用油多少是动态行为，随时随地都在变动，合理返还更是财政界的“哥德巴赫猜想”。

此外，1988年出台的印花税和筵席税，也由于面对中国传统文化的汪洋大海而产生了两种不同的遭遇。筵席税无疾而终，印花税如日中天。由于“三纲五常”的束缚，人们平时不能随心所欲发表意见，弄得口是心非成了觉悟，老百姓只有在筵间酒后才能吐真言，如唐代大诗人李白醉酒后可以“天子呼来不上船”公然让高力士脱靴，杨贵妃磨墨而不被追究，因此人们常常借聚餐之机来释放自己压抑的情感，从而使吃饭成了中国人人际交往的重要途径。由于崇公抑私文化传统，强调集体主义，人们还以上尊下卑坐八仙桌吃桌菜为荣，后来为了一桌多坐一些人，晚清改用西方蕴含平等观念的大圆桌。而挥之不去的儒家思想却改造了大圆桌原本的文化精神，它根据人的社会地位尊卑创造了新的排序就座办法。如主副陪席位置确定以后就进行右尊左贵之客位安排。而当时筵席税出台的目的是限制以消费公款为主的大吃大喝，这不但不利于酒家饭店生意的扩大、销售的增加，且与就餐者的请人吃饭疏通关系以表盛情的文化观念发生直接冲突，导致征纳十分困难。直到1993年，偌大的中国只有91万元收入，还抵不过印制税单在内的各种成本。对于长期承受封建专制统治的中国百姓来说，官府认可的契约具有可靠性，历史上老百姓为获得这种可靠保证不惜向官府付费、钤印。由于印花税是社会特定交易契约的官方认可标志，所以很容易地被中国传统文化精神所接受，1993年全国印花税征收收入达351亿元之巨，为同期筵席税收入的3.85万倍。

可见，在一个仅仅依靠人情维系，而不是主要靠法制规范的儒家文化环境中，要推行任何一项需要制度化的改革都会出现障碍，即便是1994年开始推行的增值税，至今仍然是不够规范，而且的确难以严格规范为真正的价外税。

三、隶属文化引发诚信缺失

儒家的“伦理”是关于秩序的文化，它通过“三纲五常”和“三从四德”来规范人们之间上下左右的“尊卑、男女、长幼”关系，其中至关重要的原则便是卑贱者必须无条件地服从尊贵者，无论尊贵者说得对与不对卑贱者都必须照办。因此，便带来了一个难以解决的问题，倘尊贵者说得不对，卑贱者如何应对？若坚持实事求是的原则便会因有违伦常而遭到惩罚，倘要避免遭罪惟一的办法就是选择投上司所好，弄虚作假，走“顺之者昌”的道路。

尽管在现代社会，这种伦理文化在家庭内部的影响力正在逐步减弱，特别在城市中男尊女卑不但已经消失于无形，而且女尊男卑、阴盛阳衰早已风起云涌，屡见不鲜。但是在家庭外部的社会关系上，旧有的伦理文化却改观甚微。即使在推行市场经济体制的今天，伦理文化不但没有发生革命性的变化，反而随着中央集权的单一制体制的不断强化，正在日益转化为隶属文化。它表现为凡是上司说过的话都千真万确，要积极响应；交待过的事情都必须照办，否则便是大逆不道；对那些顶着不办者不但不能升迁，还要挪动位置，不让你尸位素餐；对情节严重者还要进一步作出严厉的处理，不让你逍遥自在。诚如人们所知，人毕竟是具有理性的动物，为自身利益计不得不趋利避害，除少数具有气节者外，多数人在隶属文化面前还是随着大流走委曲求全之路，不敢再以平等的态度实事求是，其中不少人更是摇身一变，以编造谎言来博得上司的好感，用弄虚作假来赢得领导的青睐，使各项工作的虚功愈做愈实，实功愈做愈虚，将虚与实巧妙地结合起来，睁着眼睛说话，闭着眼睛做事，以满足日益高涨的隶属文化要求，从而使诚信缺失走向新的巅峰，以至于前些年在安徽境内闹出了数千年来从未有过的官粮搬家，宰辅被骗的笑话。在信息社会，信息失真竟然比古代还严重，既说明了欺骗者的骗术高超，也反映了官员作风的粗放，属下竟然无人侦知其光天化日之下的作假。

隶属文化引发的诚信缺失遍及大江南北，反映在社会生活的方方面面，其在财经方面的表现也十分丰富多彩，仅举一例便足以说明问题。例如，为了满足尊贵者的政绩不失，就将国内生产总值、财政收入、招商引资任务、城乡居民收入皆以行政区划为单位按人头摊派到位，超额完成任务者加以表彰，给予升迁，完不成任务者给予批评，甚至摘掉帽子，挪动位置，威胁其本人的名和利。这种办法十分灵验，顷刻之间，形势为之改观，一声号令、山呼海应，鱼龙混杂，以鱼为主，各项指标皆似屠户卖肉均以注水凑数，财政收入更以空转扩张，一手收税，一手返还，数字徒增，其实全无。时至今日，不少地方仍然方兴未艾，究其原因，便是诚信缺失，其源头不外乎儒家伦理的现代翻版——“隶属文化”。

所以说传统文化作为一双看不见的手，时时刻刻在左右着人们的生财、聚财和理财工作。当然，一个国家、一个民族的传统文化也不是一成不变的，但这种改变只能随着经济基础的变化产生渐变，不可能实现突变。这正如一个人，想自己把自己托起来那样，简直是匪夷所思！